毛泽东年谱

第七卷

中共中央党史和文献研究院 编

主　编　逄先知　冯　蕙

副主编　陈　晋　李　捷　熊华源　吴正裕　张素华

中央文献出版社

参加本卷编写的有：

冯　蕙　张素华　郝首栋

目　　录

1959年　六十六岁

4月1日　下午，同邓小平、彭真〔1〕谈话。晚上，同朱德〔2〕谈话，后同陈伯达、陈正人〔3〕谈话。

4月2日—5日　在上海主持召开中共八届七中全会。全会讨论和通过一九五九年国民经济计划草案，检查农村人民公社的整顿工作，讨论和决定国家机构领导人员候选人的提名。毛泽东在会上作关于工作方法问题的讲话。出席这次全体会议的有中央委员八十一人，候补中央委员八十人。不是中央委员和候补中央委员的中央各部门负责人和省、市、自治区党委第一书记列席了会议。

4月2日　上午，中共八届七中全会在上海锦江饭店礼堂举

〔1〕邓小平，当时任中共中央总书记、国务院副总理、国防委员会副主席。彭真，当时任中共中央政治局委员、中央书记处书记、北京市委第一书记、全国人大常委会副委员长兼秘书长、全国政协副主席、北京市市长。

〔2〕朱德，当时任中共中央副主席、中华人民共和国副主席、国防委员会副主席（后两职分别任至1959年4月27日、28日）。1959年4月27日又任全国人大常委会委员长。

〔3〕陈伯达，当时任中共中央政治局候补委员、中央宣传部副部长、中央政治研究室主任、《红旗》杂志总编辑、中国科学院副院长、中国科学院哲学社会科学部委员、毛泽东的秘书。陈正人，当时任中共中央农村工作部副部长兼秘书长、国务院第七办公室（1959年6月撤销）副主任。1959年6月、8月又先后任国务院农林办公室副主任、农业机械部部长。

行，讨论钢、煤、粮、棉四大指标，刘少奇[1]主持。邓小平说：经过中央计委、经委、建委和各省摸的结果，加上原材料不足，最后核定今年钢的数字是一六五〇万吨。即使搞不到一八〇〇万吨，搞一六五〇万吨洋钢，那也比去年翻一番。

同日 晚上，在上海兴国路招待所主持召开中共中央政治局常委会议，刘少奇、周恩来[2]、朱德、陈云、林彪[3]、邓小平出席，彭真列席。会后，同胡乔木[4]等谈话。

同日 阅王任重[5]三月三十一日报送的王延春[6]等写的《麻城县万人大会的情况》等材料，写批语："这几个文件[7]都值得看。特别是《麻城县万人大会的情况》，值得看，办法很好，县、社两级该退还的，迅速地退还给生产队了，一身清净，然后进而解决队与社员的矛盾，公社就可以大大地发展起来。"报告

---

〔1〕 刘少奇，当时任中共中央副主席、全国人大常委会委员长（至1959年4月27日）。1959年4月27日又任中华人民共和国主席、国防委员会主席。

〔2〕 周恩来，当时任中共中央副主席、国务院总理、全国政协主席。

〔3〕 陈云，当时任中共中央副主席、中央财经小组组长、国务院副总理兼国家基本建设委员会主任。林彪，当时任中共中央副主席、国务院副总理、国防委员会副主席。1959年9月又任中共中央军委副主席、国防部部长。

〔4〕 胡乔木，当时任中共中央书记处候补书记、中国科学院哲学社会科学部委员、毛泽东的秘书。

〔5〕 王任重，当时任中共湖北省委第一书记、华中协作区委员会主任委员（1960年10月任中南局第二书记）、湖北省政协主席、中国人民解放军武汉军区政治委员。

〔6〕 王延春，当时任中共湖北省委书记处书记。1961年8月任中共湖南省委书记处常务书记。

〔7〕 指王延春等1959年3月27日关于麻城县万人大会情况和关于棉花技术措施问题给王任重并中共湖北省委的两个报告、王延春同日晚关于穷队赶富队问题给王任重的报告和湖北省委书记处书记许道琦3月23日关于与基层干部座谈"吃饭不要钱"问题给王任重、王延春并省委的报告。

说：麻城县的万人大会采取县委的会议和公社的会议一起开的办法。到会者中，生产队干部二千五百人，生产小队干部五千六百人，还有一部分社员代表和观潮派、算账派。会议期间，有一部分人来来往往，把会内会外联系起来，把开会和领导生产结合起来，把干部开会和发动群众结合起来。会议开始，县、公社和管理区三级党委，层层检讨，承认错误，基层干部大受感动，也纷纷检讨，上下级关系更加密切了。检讨之后，最重要的是强调兑现，认真解决“一平二调三收款”的问题。兑现的内容主要有三：一是公社调生产队的钱和物资，立即退回；二是缺口粮的，立即供应；三是该支援的穷队，立即予以贷款。

4月3日 阅谭震林〔1〕本日关于各省的六级干部会议和县的五级干部会议情况的信，写批语：“各县、社四月不开大会。原定五月开社、队代表大会，可以考虑在五月上旬或中旬到县里开，彻底解决三月会议没有彻底解决的权力下放、算清账目、包产指标三个问题，然后选举公社各级党的领导机关和社、队管理机关。就算账这个问题来说，三月省、县大会我们缺乏精神准备。郑州说的是一般不算，应翻过来，一般要算。有些省已经翻过来了，如湖北，但也没有翻透。说的是县、社要向生产队算清过去几个月大调大抓的账，解决大集体与小集体间的矛盾，这当然是要首先解决的。还有一个必须随着解决的矛盾，生产队干部与生产小队干部、全体社员群众间的矛盾，小集体与社员的矛盾。这个问题，如麻城县那样大规模解决，是最近几天才提出来的，才进入我们的认识领域。这是一个以贪污形式无偿占有别人劳动的问题，是一个普遍的问题，也是一个历史的问题，并非最

〔1〕 谭震林，当时任中共中央政治局委员、中央书记处书记、中央财经小组副组长。1959年4月28日又任国务院副总理。

近才发生，但只有在一九五九年才能解决，只有在现在才能建立真正的群众监督。像这样一个群众性的大问题，没有省的决心、县的直接领导，我看是不能解决的，因此我建议五月的会到县里开。是否如此，请你们委员会讨论一下。”毛泽东的批语和谭震林的信作为八届七中全会文件印发。

同日 晚上，在上海兴国路招待所主持召开中共中央政治局常委扩大会议，刘少奇、周恩来、朱德、陈云、林彪、邓小平、李先念〔1〕、谭震林、柯庆施、李井泉、陶铸〔2〕、王任重、欧阳钦、林铁、张德生〔3〕出席。会议确定一九五九年钢产量为一六五〇万吨（洋钢）。

同日 审阅邓小平起草的准备在中共八届七中全会上讲的

---

〔1〕 李先念，当时任中共中央政治局委员、中央书记处书记、中央财经小组副组长、国务院副总理兼国务院第五办公室（1959年6月撤销）主任、财政部部长。1959年6月又任国务院财贸办公室主任。

〔2〕 柯庆施，当时任中共中央政治局委员、上海局（1960年11月撤销）书记兼上海市委第一书记、华东协作区委员会主任委员（1961年2月任华东局第一书记）、上海市市长、中国人民解放军南京军区第一政治委员。李井泉，当时任中共中央政治局委员、四川省委第一书记、西南协作区委员会主任委员（1960年10月任西南局第一书记）、四川省政协主席、中国人民解放军成都军区政治委员。陶铸，当时任中共广东省委第一书记、华南协作区委员会主任委员（1960年10月任中南局第一书记）、广东省政协主席、中国人民解放军广州军区第一政治委员。

〔3〕 欧阳钦，当时任中共黑龙江省委第一书记、东北协作区委员会主任委员（1960年10月任东北局第二书记）、黑龙江省政协主席、中国人民解放军黑龙江省军区政治委员。林铁，当时任中共河北省委第一书记、华北协作区委员会主任委员（1960年11月任华北局第三书记）、中国人民解放军河北省军区政治委员。张德生，当时任中共陕西省委第一书记、西北协作区委员会主任委员（1960年11月任西北局第二书记）、陕西省政协主席、中国人民解放军陕西省军区第一政治委员。

“两个问题的说明（要点）”，批示：“很好。即还小平同志。”这两个问题是，关于经济工作和关于国家机构的人事配备。关于经济工作，说明要点指出，这次上海会议将一九五九年钢的计划指标确定为一八〇〇万吨[1]。根据钢和煤指标的变动，相应地变动了一些其他主要工业产品的指标。粮食、棉花，武昌会议已经公布的数字（粮食一万零五百亿斤，棉花一亿担）不变。粮食和棉花以外的其他一些农产品产量指标都有一些降低。关于国家机构的人事配备，说明要点指出，中央政治局已经向全会提了一个方案，全会各小组进行了讨论，都表示同意这个名单。为国内外瞩目的，主要是几个主要工作岗位的人选问题。我们认为以刘少奇同志为国家主席、宋庆龄和董必武[2]同志为副主席，朱德同志为人大常委会委员长，周恩来同志继续担任国务院总理和政协主席，是比其他方案更为适当的方案。

同日 阅王任重三月三十一日报送的王延春等关于麻城县万人大会情况的第二次报告，写批语：“此件极好，每一个县、社都应这样做。算账才能团结；算账才能帮助干部从贪污浪费的海洋中拔出身来，一身清净；算账才能教会干部学会经营管理方法；算账才能教会五亿农民自己管理自己的公社，监督公社的各级干部只许办好事，不许办坏事，实现群众的监督，实现真正的民主集中制。”报告说：两天来，会议情况又有新的发展，在大集体与小集体的矛盾初步解决之后，转到小集体和社员的矛盾上

〔1〕 这里讲的1800万吨钢中，洋钢为1650万吨。

〔2〕 宋庆龄，当时任全国人大常委会副委员长、全国政协副主席（均至1959年4月）、中华全国妇女联合会名誉主席。1959年4月27日又任中华人民共和国副主席。董必武，当时任中共中央政治局委员、中央监察委员会书记、最高人民法院院长、全国政协副主席（后两职分别任至1959年4月27日、28日）。1959年4月27日又任中华人民共和国副主席。

来了。因此，县委决定大力发动群众，算清生产队的账。具体做法是：一、县委分别开动员会，表示算清账目的决心。要算五笔账，多劳多得账，成本账，超产奖励账，收入账，开支账。要三个兑现，超产奖励兑现，多劳多得兑现，拿群众的东西退赔兑现。二、分别开小组会，进行酝酿准备。三、交代政策，个别谈话，解决生产队干部和生产小队干部的顾虑。四、开会和搞试点发动群众结合起来。五、开广播大会，明确宣布一九五八年的收入，除上交农业税和上交公社的百分之几以外，余下的都归生产队，要求各生产队都把去年的账目算清，同时动员社员参加算账。在算账过程中，发现生产队许多干部贪污挪用现象严重，县委要求有问题的干部要在会上交代出来，承认错误，具体算账回去再搞，通过开社员代表大会或社员大会彻底算清。

同日 阅王任重四月二日报送的王延春等关于麻城县万人大会情况的第三次报告，批示："此件，连前两件，中央、省、地、县委书记、委员人人必读，各县、社都应仿照办理。"报告说：几天来，麻城县会议的经验，使我们认识到解决好小集体和社员的矛盾的重要性。算账是政治问题、政策问题、立场问题，一定要算，算到底。打开算账的局面，关键在于深入开展思想动员，防止任何简单粗暴行为。对报告中的"对待生产队的干部，首先肯定他们在大跃进当中的功绩，肯定绝大多数的人是好干部，然后严肃地向他们指出贪污多占的错误，诱导大家认识错误的严重性，是在于破坏了党和农民的关系"这句话，毛泽东批注："是在于毁坏社会主义事业，是在于毁坏合作社和人民公社，是在于毁坏干部自身。"毛泽东的批语、批注和关于麻城万人大会情况的三次报告，作为八届七中全会文件印发。

4月4日 阅邓小平四月三日关于中共八届七中全会各组讨论国家机构的人事配备方案（草案）的意见给毛泽东等的信，信中说：我的意见是“毛主席仍应作政协名誉主席，这次也需要重选一次”。毛泽东批示：“我没有上届是名誉主席的印象。如果上届没有就不要增，请查一下。如果有，可以照旧。”〔1〕

同日 关于修改中共中央政治局一九五九年四月上海会议纪要《关于人民公社的十三个问题（修正稿）》，批示田家英〔2〕：“要在今天改好，晚上印出，发给各省第一书记带回去。”毛泽东对修正稿作了一些修改。修正稿说：“也有少数是以几个原高级社合并成的生产大队，或者相当于原高级社联社的生产大队，作为基本核算单位，或者以几个小高级社合并成的生产队作为基本核算单位，这些做法，如果群众同意，也是可以的。”毛泽东在这句话后加写：“如果群众不同意，则不要这样做。总之，要按群众的迫切要求办事。”修正稿说：“上级规定增产技术措施的时候，也要充分考虑到各地情况不同，使下面能够因地制宜。”毛泽东将句中的“也要”改为“必须”，并在这句话后加写：“不管当地情况的区别，由上面强制规定的所谓增产技术措施，例如强制规定种植的密度，是很危险的。”修正稿说：“要由生产队基本所有制、公社部分所有制改变为公社基本所有制、生产队部分所有制，需要有一个过程。……完成这个过程，需要三、四年，五、六年，或者更长一点的时间，急是不行的。”毛泽东将“需要三、四年，五、六年，或者更长一点的时间”改为“要许多时间”，并在这段话后加写：“这种改变，在经济上不能使任何一个生产队、生产小队和任何一个个人吃亏，而只能使他们较之以前

---

〔1〕1954年12月，全国政协二届一次会议选举毛泽东为全国政协名誉主席。1959年4月，全国政协三届一次会议继续选举毛泽东为全国政协名誉主席。

〔2〕田家英，当时任中共中央政治研究室副主任、中华人民共和国主席办公厅副主任、毛泽东的秘书。

更有益处。”修正稿说：“在将来，在把生产队基本所有制改变为公社基本所有制的时候，也要根据广大社员群众的自愿。”毛泽东将这句话修改为：“在将来，在具备了物质条件可以把生产队基本所有制改变为公社基本所有制的时候，还要一个政治条件，即社员群众的自愿。”在修正稿的第八个问题中提出计划指标、争取指标、包产指标，毛泽东批注：“三种指标不适宜，只要包产指标与争取指标〔1〕两种。”

同日　晚上，同田家英谈《关于人民公社的十三个问题（修正稿）》的修改问题。四月五日，《关于人民公社的十三个问题》在八届七中全会上原则通过。二十日，中央办公厅给各省、市、自治区党委的通知中说，中央政治局上海会议纪要《关于人民公社的十三个问题》，经过修改，把原稿中的一些问题单独列出，成为十八个问题。

4月5日　上午，在上海锦江饭店礼堂主持中共八届七中全会，作题为“工作方法”的讲话，共十六个问题。毛泽东说：现在的中心问题是工作方法，要会做工作。（一）多谋善断。单是谋不行，第一要多谋，第二还要能断。现在有些同志不多谋，也不善断，是少谋武断。一月二十六日这个会是我建议开的。其原因就是一月上旬陈云同志表示了非常正确的态度，他讲武昌会议定的今年那个生产计划难于完成。他这个人是很勇敢的。我听了这个话，我就说，那拉倒，甚至于这个总路线究竟正确不正确，我还得观察。要多谋。什么叫多谋呢？你听听人家不同的意见嘛。比如一月上旬我召集的那个小会，陈云同志讲了他估计今年

---

〔1〕　这里的“争取指标”应是“计划指标”。在后来修订为《关于人民公社的十八个问题》的上海会议纪要中，删去了《关于人民公社的十三个问题（修正稿）》中的“争取指标”的提法，只有计划指标和包产指标。

完不成计划，这种话应该听。前天我同乔木同志谈话，他冒出这么一个消息：去年十二月武昌会议公报不是乔木搞吗？陈云向乔木建议，是不是粮、棉、钢、煤四大指标暂时不说，看一看，而乔木顶回去了。这里有两个观点不正确。一个观点，不认识大会有时候就出错误，而大会中间的一个人或者两个人是正确的。第二个观点，是个组织关系，乔木应该跟我反映，跟书记处别的同志谈一谈。多谋，各方面的意见集中了，各方面的分析明确了，恰当了，然后才能得到善断。（二）留有余地。成都会议就讲留有余地，后头不留有余地了。我们过去打仗，是三倍、四倍、五倍、六倍以至七倍的兵力来包围敌人，这是留了很大的余地。不打无准备之仗，不打无把握之仗。而现在我们搞工业很多是打没有把握之仗，没有准备之仗。不晓得多谋善断，留有余地，这是个政治问题，这是个马克思主义的方法问题。（三）波浪式地前进。我反对马鞍形，重点是在反对“反冒进”。马鞍形将来还是有的，就是波浪式地前进，这是个工作方法。（四）我只是不同意“反冒进”，同意依据形势改变计划。（五）观察形势。有些同志不会观察形势。要善于观察形势，脑筋不要硬化。形势不对了，就要有点嗅觉，嗅政治形势，嗅经济空气，嗅思想动态。北戴河会议以后，我们的计划工作一直被动，毫无主动。武昌会议是被迫由三千万吨钢搞成两千万吨的。北戴河会议决议是大会通过的，通过之后我看了一下，我也有责任，没有提出意见，我那个时候也在高潮，越多越好。但到武昌，我就改了，我说不行了。经过郑州会议（指第一次郑州会议——编者注），形势不对了，我就提出降低一千万吨，只搞两千万吨，或者还少一点。后头大家定了两千万吨。（六）当机立断。要当机立断，不要错过形势。机不可失，时不再来。要观察形势正确，才能当机立断。缺乏当机立断，还是对形势观察不妥，断得不恰当，就是有一点武断。我也有武断，比如在郑州会议（指第二次郑州会议——编者注），说一般不算账，这是人们向我建议，我也同意写上去了，这不是个武断？恰好相反，一般要算账。这种错误我们这些人是经常犯的，问题是要快一点观察形势，要当机立断，要改。（七）与人通气。要跟同志们、朋友们、上级和下级的同志们通气。与人通气的时候，反面的话要想一想，那个反面的话很值得注意。（八）解除封锁。他们搞工业的人心里想些什么，我们不知道，等到开会的那天还不知道。你先让人家略微知道一点，慢慢浸润，细水长流，不要突如其来，倾盆大雨。我现在要求解除封锁。（九）一个人有时胜过多数人，这是因为真理在这个人手里，而不在多数人手里。多数时候是多数人胜过少数人，但是有些时候，个别的人要胜过多数人，因为真理在这一位同志手里。列宁提出反潮流，有许多时候是这样，要反潮流，北戴河会议是高潮，武昌会议是中潮，北京会议〔1〕基本上维持武昌会议，没有能够改变。我那个时候有心改变，但是没有人跟我商量，也不听陈云的话。（十）北戴河会议、武昌会议、北京会议、上海会议这个过程，我们得总结一下。客观事物是在实践中间逐步认识的。我所有讲的这些，批评的这些，包括我自己在内。（十一）凡是看不懂的文件不要拿出来。现在有相当多看不懂的文件，而主要出于我们工业界，工业界的文件就是使人看不懂。我希望以后不要拿出这样的文件来，要用口语写出来，每一个问题都要交代清楚，要想到对方的心理状态。最近我们搞西藏问题公报，搞了三天，逐步深入，差不多把一切问题都交代清楚了。这是让中国的共产党员，全世界的共产党员，全国人民了解这个情形，是

〔1〕指1959年1月26日至2月2日在北京召开的省、市、自治区党委第一书记会议。

以他们为对象来写这个问题的。原先那个稿子就不行，那个稿子不晓得以什么人为对象。你讲话是讲给别人听的，写文章是给别人看的，不是给你自己看嘛！这里有一个实质的原因，就是对于那个事物自己并不甚了解，自己并没有作到认真的分析，没有落实，没有注意读者的心理。我是赞成朱自清的风格的，他的文章写得好，另一个侧面不好，就是不神气。第一个神气的是鲁迅，他的文章是口语。（十二）权力集中在常委和书记处。我为正帅，邓小平为副帅。你们如果赞成，就照这样办。我现在要求这个权力，不挂帅不行。解除封锁，与人通气，观察形势，当机立断，多谋善断，留有余地，波浪式地前进，注意个别人的反对意见，从北戴河会议到上海会议的这段时间的经验，文件问题，这些东西都要有这一条才能保证。重大问题的文件首先要在常委会讨论大纲。大的估计，整个形势，要先讨论，讨论清楚，然后你们再去作计划。（十三）“一朝权在手，便把令来行”，唐朝人的两句诗。〔1〕邓小平，你挂帅了，一朝权在手，便把令来行，你敢不敢呀？（十四）我想找几位通信员名字叫做秘书，先在三委（计委、经委、建委）二部（冶金部、一机部）找，然后再找几个部。（十五）李锐〔2〕怕鬼。你前怕龙后怕虎，很多顾虑。（十六）我批评的这些人，以及没有批评的，都是好同志，我没有偏心。但是要批评，批评的目的是使同志们找到一个较好的工作方法。你们的缺点我要批评，我的缺点你们也批评。我送了《明史·海瑞传》给彭德怀〔3〕同志看了，同时也劝你（指周恩来——编者

〔1〕“一朝权在手，便把令来行”，见明代顾大典《青衫记》。唐朝人的两句诗是“一朝权入手，看取令行时”，见唐代朱湾《奉使设宴戏掷笼筹》一诗。

〔2〕李锐，当时任水利电力部副部长、毛泽东的通信秘书。

〔3〕彭德怀，当时任中共中央政治局委员、国务院副总理兼国防部部长、国防委员会副主席。

注）看。你们看海瑞那么尖锐，他写给皇帝的那封信，就是很不客气。毛泽东在讲话中提出他想沿黄河、长江进行考察，说：从黄河口子上沿河而上，搞一班人做警卫，搞个地质学家，搞个生物学家，或者搞个文学家，搞这么三个，只准骑马，不准坐卡车，更不准坐火车、汽车，就是骑马。骑骑走走，走走骑骑，一起往昆仑山，然后到猪八戒的那个通天河，翻到长江上游，然后沿江而下，从金沙江到崇明岛为止。我有这个志向，我现在开支票，但是哪一年兑现不晓得。我很想学徐霞客。最后，他说：我这个讲话你们不要迷信，不对的就是不对的，对的就是对的，这要从实践中才能看得出来，现在这是观念形态。

同日 晚上，从上海到达杭州，住刘庄。

4月7日 晨零时，同谭震林谈《关于人民公社的十三个问题》的修改意见。

同日 就调查研究藏族情况，致信汪锋[1]："我想研究一下整个藏族现在的情况。（一）金沙以西，构成西藏本部昌都、前藏、后藏（包括阿里）人口据说有一百二十万人，是不是？（二）面积有多少平方公里？（三）农奴制度的内容，农奴与农奴主（贵族）的关系，产品双方各得多少？有人说二八开，有人说形式上全部归贵族，实际上农奴则瞒产私分度日，对不对？（四）共有多少喇嘛，有人说八万，对否？（五）贵族对农奴的政治关系，贵族是否有杀人权？是否私立审判，使用私刑？（六）喇嘛庙对所属农奴的剥削压迫情形。（七）喇嘛庙内部的剥削压迫情形，有人说对反抗的喇嘛剥皮、抽筋，有无其事？（八）西藏地方各级政府及藏军每年的广大经费从何而来？从农奴，还是从贵族来的？（九）叛

〔1〕 汪锋，当时任中共中央统战部副部长、宁夏回族自治区委员会第一书记、国家民族事务委员会副主任、中国人民解放军宁夏军区第一政治委员。

乱者占总人口的百分比，有无百分之五？或者还要多些，或者少些，只有百分之一、二、三，何者为是？（十）整个剥削阶级中，左、中、右分子的百分比各有多少？左派有无三分之一，或者还要少些？中间派有多少？（十一）云南、四川、甘肃、青海四省各有藏人多少，共有藏人多少？有人说，四省共有二百多万至三百万，对否？（十二）这四个省藏人住地共有面积多少平方公里？（十三）青海、甘肃、四川喇嘛庙诉苦运动所表现的情况如何？有人说搜出人皮不少，是否属实？以上各项问题，请在一星期至两星期内大略调查一次，以其结果写成内部新闻告我，并登新华社的《内部参考》。如北京材料少，请分电西藏工委，青海、甘肃、四川、云南四个省委加以搜集。可以动员新华社驻当地的记者帮助搜集，并给新华总社以长期调查研究藏族情况的任务。”四月，新华社编印的《内部参考》第二七五三期至第二七五七期，分别登载了《青海藏区封建上层的特权》、《四川藏区基本情况》、《西藏的基本情况》、《西藏的农奴制度》、《甘肃藏区基本情况》等五篇报道。

同日 阅新华社四月五日编印的《参考资料》第二七九二期刊载的印度新闻社记者从噶伦堡发出的关于西藏叛乱的两篇报道，批示：“即送周总理阅。这个新闻社的这两篇报道，是不利于尼赫鲁〔1〕的，我看可以全文发表，请与吴冷西〔2〕一商。”第一篇报道说：一九五八年五月在印度噶伦堡的西藏人举行秘密会议，要求住在当地的西藏人为即将到来的叛乱做好准备，对希望参加叛乱的人进行了登记。会后，一些西藏人回到西藏帮助准备叛乱。第二篇报道说：噶伦堡同情西藏叛乱的人中有一个人说，叛乱并不是像人们认为的那样突然发动的。叛乱是有计划的，早

〔1〕 尼赫鲁，当时任印度政府总理。

〔2〕 吴冷西，当时任新华社社长、《人民日报》总编辑。

在一九五一年就认真地开始了准备工作，成立了叛军军事委员会，建立了一些总部。所有的叛乱领袖不久以前都住在噶伦堡，有的现在还住在这里。《人民日报》四月二十三日以《印度新闻社提供的事实再一次证实，噶伦堡是对西藏进行阴谋活动的中心》为题，转发了印度新闻社的第二篇报道。

同日　晚上，在杭州刘庄召集昨日到达杭州的刘少奇、周恩来、朱德、陈云、邓小平、谭震林、吴冷西开会，讨论修改周恩来准备在第二届全国人大一次会议作的《政府工作报告》稿和《关于人民公社的十三个问题》。

4月8日　阅外交部新闻司三月三十一日编印的《国际时事资料》刊载的《我公布西藏叛乱事件后的反应（之二）》，批送刘少奇、周恩来、邓小平："此件可以发表，似有益，请你们研究一下，是否可行？此件发表后，再将上月三十日至今日的动态加以分析，在报上发表。"这个材料，主要介绍了印度政府总理尼赫鲁三月三十日关于西藏问题的讲话和印度、美国、英国报刊对西藏局势的估计。

同日　晚上，听取杨尚昆〔1〕关于中共中央政治局常委会讨论《政府工作报告》稿情况的汇报。

4月9日　晚上，在杭州刘庄召集周恩来、邓小平、谭震林、陈伯达、杨尚昆、胡乔木开会，讨论修改《政府工作报告》稿和《关于人民公社的十三个问题》。

4月10日　晚上，同谭震林、胡乔木、田家英、李友九〔2〕

〔1〕　杨尚昆，当时任中共中央书记处候补书记、中央办公厅主任、中央直属机关委员会书记。

〔2〕　李友九，当时任《红旗》杂志常任编辑。1959年5月任中共广西壮族自治区委员会书记处书记。

谈修改《政府工作报告》稿和《关于人民公社的十三个问题》。十一日晚上，同胡乔木、田家英继续谈修改这两个文件问题。

4月12日　晨，从杭州到达上海。晚上，到达山东兖州，在专列上同舒同、吴健〔1〕谈话。

4月13日　下午，在停靠济南的专列上听取济南东郊公社党委第一书记郑松的简单汇报，白如冰〔2〕参加。汇报后，由白如冰、郑松陪同，乘汽车到东郊公社大辛庄生产队看冬小麦生长情况。毛泽东看到葱绿茁壮的麦苗非常高兴，详细询问小麦地的深翻和下种量、施肥、浇水等情况，以及今后的管理措施。在一片小麦试验田，当看到田边木牌上写着计划指标亩产一千斤时说：打出来的时候，我才相信。他叮嘱郑松：到小麦收获时，你们要亲自组织一批干部收割和验收，仔细称一称，看一亩地究竟能产多少斤。当看到一片麦田的麦苗长得很密，说要合理密植，不可太稀，不可太密，要搞好通风透光，防止倒伏。随手拔了一墩小麦，仔细观看小麦的分蘖、扎根情况，说：氮、磷、钾肥料要很好地配合使用，要掌握适时浇水。

4月14日　晨，从济南到达天津。

同日　下午二时四十分，在停靠天津的专列上同河北省委和天津市委的负责人林铁、刘子厚、阎达开、万晓塘〔3〕谈话。毛泽东说：整社四月下旬就搞，不要等到五月。春天来了，农民不

〔1〕舒同，当时任中共山东省委第一书记、中国人民解放军济南军区政治委员。吴健，当时任中共山东省委秘书长、政策研究室主任。

〔2〕白如冰，当时任中共山东省委书记处书记、山东省副省长兼计划委员会主任。

〔3〕刘子厚，当时任中共河北省委书记处书记、河北省省长。阎达开，当时任中共河北省委书记处书记、河北省副省长、河北省政协副主席。万晓塘，当时任中共河北省委书记处书记、天津市委第一书记。

安心。对作风极端恶劣、屡教不改的干部，要惩办；要撤换一批不执行党的政策的干部。整社要搞三条。一、落实基本核算单位，基本核算单位主要应该是生产队。二、彻底算账，先算公社同生产队的，后算生产队同生产小队的。三、包产，根本不管指标不指标，就是按去年的实际产量搞增产指标。包产以后，要使群众有产可超，这样他的积极性就大了。让群众有产可超，要落实。公社党委和公社各级领导机构，都要选举，都搞委员会。公社选举时要把生产队有经验的干部选上，公社决定大事情，一定叫生产队长、小队长参加，否则就是冒险。现在人们胆子太大了，不谋于群众，不谋于基层干部，不考虑反面意见，也不听上级的，就是他一人能断，实际上是少谋武断。公社干部认为权力下放是资本主义，集中到自己手里就是共产主义了，这是年轻的表现，是没有经验的表现。下边的话不能完全听，听了要上当的。我在一个地方找五级的干部谈话，就是公社书记一个人在那里讲，生产队、生产小队的就不敢讲。一定要上下夹攻，要小队干部占多数，基层干部占压倒优势，以后省里开会一定要注意这样办。今年一月在北京开会时，中央的占优势，省市委没占优势，计划没有改变，没有解决问题。上海会议你们占了多数，第一天报告计划还说没问题，第二天就给攻垮了。

同日　下午六时十分，从天津回北京途中，在武清县杨村豆张庄下车，看火箭人民公社小麦生长情况。晚八时十分到达北京。

同日　晚八时四十分，在中南海颐年堂召开会议，讨论召开最高国务会议和西藏问题等，刘少奇、邓小平、李富春〔1〕、彭

〔1〕李富春，当时任中共中央政治局委员、中央书记处书记、中央财经小组副组长、国务院副总理兼国家计划委员会主任。1959年6月又任国务院工业交通办公室主任。

德怀、李先念、薄一波〔1〕、谭震林、黄克诚〔2〕、胡乔木、徐冰〔3〕、田家英出席。

4月15日　上午八时，修改《政府工作报告》稿后，致信周恩来："《政府报告》已经基本上修改好，已照你的意见立刻付印，上午印好，下午请你立即分发国务院会议成员们阅读，明十六日上午可阅完，请他们签注修改意见。明十六日下午，请你召集国务院会议当面征集意见，晚上即交田家英（不交乔木，他有别事）开夜工修改，十六日晚上十二时以后，我与田家英核对一次，十七日上午交你最后审定付印，十八日下午即可向大会作报告。以上特告。"十六日上午七时，对《政府工作报告》稿再次作修改后，批示田家英："第一页，第七页，第十二页，第二十五页，第三十七页、三十八页、三十九页、四十页，第五十页，都有一些修改，请注意。"

同日　上午十一时五十分，在中南海勤政殿主持召开最高国务会议第十六次会议。出席会议的有国家领导人员，全国政协、中国共产党、各民主党派和人民团体的负责人，以及社会各界著名人士，共一百零六人。会议就第二届全国人大一次会议、政协三届一次会议的议程和主席团成员交换意见，讨论国家机构领导人员候选人和政协全国委员会领导人员候选人名单。毛泽东在会

---

〔1〕薄一波，当时任中共中央政治局候补委员、中央财经小组副组长、国务院副总理兼国务院第三办公室（1959年6月撤销）主任、国家经济委员会主任。1959年6月又任国务院工业交通办公室副主任（1961年4月任主任）。

〔2〕黄克诚，当时任中共中央书记处书记、中央军委秘书长、国防部副部长、中国人民解放军总参谋长。

〔3〕徐冰，当时任中共中央统战部副部长、全国政协秘书长。

上讲话。他首先说：郭老[1]，你那个论曹操闯祸了。你这个人发难，替曹操讲话。这样吵一吵好，这个曹操是值得论一下。生动一点好，何必那么死板呢？接着讲西藏问题，他说：你们（指班禅额尔德尼[2]等——编者注）西藏的事办得好。你们闷了多少年了。你们要改革，我们就不要改，跟你们总是不对头。阿沛[3]也要改，你们两位都要改，非常不满意我们这个政策什么六年不改革，坚决反对。现在你们胜利了，我们失败了。反革命闹事，越闹越好。不因此一闹，你们这个改革就改不成。有些人对于西藏寄予同情，但是他们只同情少数人，不同情多数人，一百个人里头，同情几个人，就是那些叛乱分子，而不同情百分之九十几的人。在外国，有那么一些人，他们对西藏就是只同情一两万人，顶多三四万人。西藏大概是一百二十万人，还有一百一十几万人他们不同情。我们则相反，我们同情这一百一十几万人，而不同情那少数人。那少数人是一些什么人呢？就是剥削、压迫分子。讲贵族，班禅和阿沛两位也算贵族，但是贵族有两种，一种是进步的贵族，一种是反动的贵族，他们两位属于进步的贵族。进步分子主张改革，旧制度不要了，舍掉它算了。旧制度不好，对西藏人民不利，一不人兴，二不财旺。西藏地方大，现在人口太少了，要发展起来。我看，对革命的贵族、革命的庄

---

〔1〕 指郭沫若。当时任全国人大常委会副委员长、全国政协副主席、中国科学院院长兼中国科学院哲学社会科学部主任、中国文学艺术界联合会主席。

〔2〕 班禅额尔德尼，即班禅额尔德尼·确吉坚赞，当时任全国政协副主席、全国人大常委会委员（1959年4月27日任副委员长）、西藏自治区筹备委员会代理主任委员、中国佛教协会名誉会长。

〔3〕 阿沛，即阿沛·阿旺晋美，当时任西藏自治区筹备委员会副主任委员兼秘书长、中国人民解放军西藏军区副司令员。1959年4月28日又任全国政协副主席。

园主，还有中间派的贵族、中间派的庄园主，只要他不站在反革命方面，就用赎买政策。现在是平叛，还谈不上改革。将来改革的时候，凡是革命的贵族，以及中间派，只要是不站在反革命那边的，我们不使他吃亏，就是照我们现在对待资本家的办法。并且，他这一辈子我们都包到底。毛泽东说：中国共产党并没有关死门，说达赖是被挟持走的〔1〕，又发表了他的三封信〔2〕。我们希望达赖回来，还建议这次选举不仅选班禅，而且要选达赖。他是个年轻人，现在还只有二十五岁。假如他活到八十五岁，从现在算起还有六十年，那个时候二十一世纪了，世界要变的。那个时候，我相信他会回来的。这里是他的父母之邦，生于斯，长于斯，现在到外国，仰人鼻息，几根枪都缴了。我们采取这个态度比较主动，不做绝了。但是，事实上看来他现在难于回国。他脱离不了那一堆人。同时，他本人那个情绪，上一次到印度他就不想回来的，而班禅是要回来的。他如果是想回来，明天回来都可

---

〔1〕 达赖，即达赖喇嘛·丹增嘉措，当时任全国人大常委会副委员长、全国政协常委、西藏自治区筹备委员会主任委员、中国佛教协会名誉会长。1959年3月10日西藏上层反动集团发动武装叛乱，3月17日达赖离开拉萨，后逃到印度。

〔2〕 指《人民日报》1959年3月30日发表的达赖喇嘛3月11日、12日、16日先后写给中央人民政府驻西藏代理代表、西藏军区政治委员谭冠三的3封信。3月11日的信中说："昨天我决定去军区看戏，但由于少数坏人的煽动，而僧俗人民不解真相追随其后，进行阻拦，确实无法去访，使我害羞难言，忧虑交加，而处于莫知所措的境地。"又说："反动的坏分子们正在借口保护我的安全而进行着危害我的活动。"3月12日的信中说："对于昨天、前天发生的、以保护我的安全为名而制造的严重离间中央与地方关系的事件，我正尽一切可能设法处理。"3月16日的信中说："现在此间内外的情况虽然仍很难处置，但我正在用巧妙的办法，在政府官员中从内部划分进步与反对革命的两种人的界限。一旦几天之后，有了一定数量的足以信赖的力量之后，将采取秘密的方式前往军区。"

以，但是他得进行改革，得平息叛乱，就是要完全站在我们这方面来。看来，他事实上一下子也很难做到。但是，我们文章不做绝了。毛泽东说：去年的大跃进，伟大胜利，也确是真的。报纸上吹的那些东西，不能全信，我是不信的。什么几万斤一亩，哪有那个事？那是并拢来的，禾秧要熟的时候，把许多亩并到一亩。这些浮夸现象要破除，要搞老实的。毛泽东说：这几个文件请你们看一下。第一，国家机构领导人员候选人的提名方案，还有政协的名誉主席、主席、副主席、秘书长、常委候选人的提名方案。第二，人民代表大会和政协会议的议事日程。第三，两个会议的主席团成员候选人提名名单。他说：为什么国家主席候选人是刘少奇同志，而不是朱德同志？朱德同志是很有威望的，刘少奇同志也是很有威望的。为什么是这个，不是那个？因为我们共产党主持工作的，我算一个，但是我是不管日常事务的，有时候管一点，有时候不管。经常管的是少奇同志。我一离开北京，都是他代理我的工作。这已经是多年了，在延安开始就是如此，现在到北京已经又十年了。由他担任国家主席比较适合。同时，朱德同志极力推荐少奇同志。我说，你们对调一下，把少奇同志过去的工作（委员长）请你做，他很高兴。在上海会议，在八届七中全会就决定这样做。宋副委员长〔1〕改任国家副主席，还有董必武同志担任副主席，一正两副。其他国务院的组成，人大常委会的组成，政协的组成，旧的大体不变，增加了一些人，这都是经过考虑的，也许有不妥当的，也许有想得不周到的，可以提意见，可以改变。毛泽东说：这次会议，是一个大团结的会议，是一个决定方针政策的会议。我们要团结国内外一切可以团结的人。为什么有一些右派分子选进来加入我们的领导机构呢？世界

〔1〕　指宋庆龄。

上就有左、中、右，你只有左、中，而无右，就不完全。我说还是要，要为好。各民主党派内部的关系，各民主党派与社会的关系，各党派之间相互的关系，我看现在这个气候不是一九五七年那个气候了。我们不是一棍子打死人的办法，要留有余地。

同日 下午，接受越南新任驻中国大使陈子平递交国书。在同大使交谈中，毛泽东说：我们是朋友，又是同志，又是好邻居。有了你们，我们就好办了，不然我们怎能这样安宁地搞建设？你们的功劳大。当陈子平说半年来越南学习中国经验，搞了一些小型水利时，毛泽东说：中国有些经验可以用，有些经验是不好的，你们不要照办。学习是可以的，要分析，要选择。有些失败的经验，你们就要避免。你们要研究苏联的经验，也研究中国的经验和你们自己的经验，运用成功的，避免失败的。任何民族、任何党都有成功的经验和失败的经验，十个指头有长有短。不过共产党、劳动党总是长处占优势，缺点是第二位。

4月16日 下午，同胡乔木、吴冷西、田家英谈话。晚上，同谭震林谈话。

4月17日 上午，在中南海颐年堂同周谷城〔1〕谈话，并共进午餐，陈伯达、康生、胡绳〔2〕参加。

同日 阅国务院秘书厅四月六日关于山东、江苏、河南、河北、安徽五省缺粮情况及处理办法给国务院秘书长习仲勋并总理、副总理的报告，和中央救灾委员会办公室四月九日关于十五

---

〔1〕 周谷城，历史学家。当时任全国人大代表、复旦大学教授、中国农工民主党中央主席团委员。

〔2〕 康生，当时任中共中央政治局候补委员、中央文教小组副组长。1959年4月28日又任全国政协副主席。胡绳，当时任中共中央政治研究室副主任、《红旗》杂志常任编辑（1959年6月任副总编辑）、中国科学院哲学社会科学部委员。

省春荒情况的统计表，批示："总理：此件我已全部看了。建议：（一）将此件（实为两件，一件是十五省的表，一件是五省缺粮情况及处理办法）立刻印三十份，以十五份，在三日内，用飞机送到十五省委第一书记手收，请他们迅即处理，以救二千五百一十七万人的暂时（两个月）紧急危机。我相信，有些地方已经或正在处理，例如山东济宁、聊城两专区；有些可能当地领导人还不知道情况，因而还未处理。（二）由你找人大代表中十五省在京开会代表谈一次（着重五省），每人分发文件一份。如同意，请即办。文件可安一个总题目：《十五省二千五百一十七万人无饭吃大问题》。"

同日　阅周小舟〔1〕四月十四日的报告，批示："尚昆：此件请转各地方同志。"报告说：我们日内即将召开地委书记会议，讨论执行上海会议关于人民公社的十三条指示。会后即可分批召开县的六级干部会议。对于少数违法乱纪的干部，完全应该依法严肃惩处，现已处理了少数分子。我们认为不必集中在一次会议上处理，而以实事求是精神调查清楚后随即处理比较适当。至于某些不称职的干部，在公社代表大会上应该尽量改选掉。

4月18日　下午三时，第二届全国人民代表大会第一次会议在中南海怀仁堂开幕，毛泽东主持会议，周恩来代表国务院作《政府工作报告》。

同日　晚上，同谭震林、胡乔木、田家英谈话。

4月19日　阅王鹤寿〔2〕报送的中共冶金工业部党组四月十七日关于华北地区钢铁系统五级干部大会情况报告及附件，批示："工业界的新事。此件印发各中央委员、候补中央委员及中

---

〔1〕　周小舟，当时任中共湖南省委第一书记、湖南省政协主席、中国人民解放军湖南省军区第一政治委员。

〔2〕　王鹤寿，当时任冶金工业部部长。

央各部委党组，各省委、市委、自治区党委负责同志阅，以供参考。”报告说：到目前为止，钢、铁和钢材的计划都完成得很不好。为了把这个迫切问题直接和广大基层干部商量，以便迅速发动全体职工，扭转生产局面，我们于四月十五日起在北京召开了华北地区钢铁系统的五级干部会议，参加者有部长，司、局、厅长，厂长、矿长，车间主任，工段长五级干部一千四百人。

同日 晚九时，在中南海颐年堂会见以中央书记处书记巴叶塔为团长的意大利共产党代表团，刘少奇、邓小平、彭真、王稼祥〔1〕、杨尚昆、刘宁一〔2〕在座。毛泽东说：我们不仅是朋友，而且是同志。我们是马克思主义者，有共同语言——马列主义。你们看到我们的国家还是破破烂烂的，还很落后。现在已经打开一条道路，有可能使我们的经济、文化生活的建设一年一年地好起来。我们的人口很多，每天要吃，要穿，上一辈遗留下来的东西这么少。我们的底子很薄，建设起来需要时间，需要朋友，需要大家帮忙。毛泽东说：西藏叛乱，世界资产阶级找到了好题目。十八日，我们已经占领了所谓麦克马洪线的几个重要据点。广大的西藏群众同解放军站在一起，他们痛恨他们的领导者——农奴主。西藏叛乱有很多地方与匈牙利事件不同，只讲一点，即群众基础不同。一九五六年十一月匈牙利事件时，群众思想混乱。西藏的农奴并不站在西藏教皇大炮〔3〕那边，大多数站在我们这边，同我们站在一起要求解放。当然，要消灭农奴制，进行

〔1〕 王稼祥，当时任中共中央书记处书记、中央对外联络部部长。

〔2〕 刘宁一，当时任中共中央对外联络部副部长、国务院外事办公室副主任、中华全国总工会主席。

〔3〕 这里的“西藏教皇大炮”，是借用了巴叶塔的一个说法。巴叶塔在谈话中说：“1870年罗马教皇还是罗马国王，意大利资产阶级为了占领罗马，曾向教皇开炮。现在西藏的教皇向共产党开炮并不奇怪。”

社会改革，要向群众讲道理，这还需要时间。有这样一个问题，解放军到西藏已经九年了，西藏为什么不改革？这是我们有意的，把这块地方放慢一步，这是有计划地放慢，倒不是没有群众基础。原来讲一九六二年以后再商量改革问题，现在他们打了炮，就把改革提前了四年。叛乱分子说西藏要求独立，而所谓"独立"，就是要把西藏给外国。叛乱分子的"民族自决"就是站到外国那边去。马克思主义者应该如何处理这个问题呢？西藏一共有一百二十万人，讲民族自决，是由一百一十八万人自决呢，还是由两万反动派去自决？他们要的是两万农奴主反动派的自决。我国有的少数民族过去有自己的武装。武装应该是劳动人民的武装，不是农奴主的武装。现在的问题是要把枪从农奴主的肩上换到劳动人民的肩上。这个问题引导到一个理论问题，即阶级斗争最后总是要打一仗，要和平过渡很困难。西藏这么一小块地方，反动派只有两万人，这么少，还是要打一仗，他们要同我们较量一下。所以我同外国同志们谈话，总要讲，要做好思想准备，不要在精神上解除武装，不要想不打一仗就能夺取政权。公开讲，我们要从两方面提，首先提愿意和平解决问题，和平过渡夺取政权；第二，资产阶级向我们开炮，我们就要打。这是莫斯科宣言中的提法。我们认为这样的提法好。谈话后，邓小平和巴叶塔分别代表中共和意共签署两党会谈公报。

同日 晚十一时，在中南海颐年堂召开会议，讨论达赖喇嘛声明〔1〕问题，刘少奇、周恩来、邓小平、彭真、陈毅〔2〕、杨尚

---

〔1〕 达赖逃到印度提斯浦尔后，1959年4月18日由印度外交官散发了所谓《达赖喇嘛的声明》（英文稿）。

〔2〕 陈毅，当时任中共中央政治局委员、中央外事小组组长、国务院副总理兼外事办公室主任、外交部部长、国防委员会副主席。1959年4月28日又任全国政协副主席。

昆、胡乔木、吴冷西出席。

4月20日　阅陶铸四月十八日关于中共广东省委召开公社代表大会部署的报告，批示："尚昆：请以电话告陶铸，赞成他的意见。"报告说：原计划四月下旬在潮安县搞试点，五月底把公社代表大会开完开好。后接到主席在杭州的指示，省委决定进一步加快进度，已通知各地、县，要各县立即召开一个社的代表大会，省委在潮安搞的公社代表大会试点已提前进行，这就为全省全面铺开、分批召开公社代表大会作好准备。

同日　上午，同胡乔木、吴冷西修改《评所谓达赖喇嘛的声明》稿。毛泽东加写一段话："现在西藏的这一个叛乱班子，完全是英国人培养起来的。印度的扩张主义分子继承了英国的这一份不光彩的遗产，所以这个班子中的人们的心思，是里通外国，向着印度，背着祖国的。你看，他们双方是何等亲热啊！简直是卿卿我我，难舍难分。"他要胡乔木、吴冷西对评论稿中的某些措词再斟酌修改，就当场修改经他过目定稿。他提出这篇评论可以署名为"新华社政治记者评论"，以引起人们的重视。四月二十一日《人民日报》头版头条发表了这篇评论。

4月21日　下午，在中南海怀仁堂出席第二届全国人大一次会议。

同日　晚八时十五分，同李先念谈话。

同日　晚九时，在中南海颐年堂主持召开中共中央政治局常委扩大会议，刘少奇、周恩来、朱德、林彪、邓小平、彭真、李先念、张闻天〔1〕出席。

同日　为转发中共江苏省委四月十八日关于贯彻八届七中全

---

〔1〕张闻天，当时任中共中央政治局候补委员、外交部副部长（至1960年11月）。1960年11月又任中国科学院经济研究所特约研究员。

会精神的报告，起草中央批语："此件值得各省、市、区党委同志们参考、仿行。"并批送刘少奇、邓小平阅，杨尚昆办。报告说：江苏省的公社管理体制问题已经基本解决，各地都以大队为基本核算单位，小队为三包承担单位。群众对算账的要求很迫切，不仅要求算经济账，而且要求算干部作风账。看来，经济账必须算，思想作风账也势在必算。我们接到主席关于分批分期召开社员代表大会的指示以后，确定从四月下旬开始，各县、市分批分期召开公社党代表大会和社员代表大会，五月底以前全部开完。

同日 阅彭德怀四月十八日报送的陈赓〔1〕三月二十四日关于一九五九年常规武器试制任务排队情况的报告，写批语："此件阅过，很高兴。努力奋斗，以求实现。"报告说：据初步统计，在一九五九年需要安排试制、仿制的项目共达三百四十余项，相当于一九五八年的百分之一百二十三。其中仿制项目下降到百分之五十八，自己设计项目增加到百分之四十二。这说明我们已经开始研究、设计适合我国我军情况的重型装备，是一件可喜的事情。

4月22日 中午，同胡乔木、吴冷西谈话。

同日 下午三时，在中南海怀仁堂出席第二届全国人大一次会议。会前，在怀仁堂休息室同彭德怀谈话。

4月23日 下午，在中南海怀仁堂出席第二届全国人大一次会议。其间，在怀仁堂休息室同周恩来、彭真、陈毅谈话。

同日 晚上，同薄一波谈目前钢铁生产问题。

4月24日 阅周恩来四月二十一日送阅的李先念四月二十日关于吕泗洋渔场发生风暴事故的综合情况报告，批示："退总

---

〔1〕 陈赓，当时任中国人民解放军副总参谋长（至1959年10月）、军事工程学院院长、国防科学技术委员会副主任。1959年9月又任国防部副部长。

理。唐人诗云：沉舟侧畔千帆过，病树前头万木春。[1] 再接再厉，视死如归，在同地球开战中要有此种气概。气象预报及收音机，要认真解决。”报告说：在这次风暴事故发生后，上海、浙江、江苏等省市委都采取了一系列的措施，渔民情绪已逐渐稳定，生产情绪也有很大转变。预计到本月二十一日，出海渔船可占总船只的百分之七十。目前急需修船补网，所需物资，就地解决；不足部分，国务院五办、水产部协助解决。

同日 就调演豫剧《破洪州》，致信周恩来：“我在郑州看过一次戏，穆桂英挂帅，叫做《破洪州》，颇好，是一个改造过的戏，主角常香玉[2]扮穆桂英。我看可以调这个班子来京为人大代表演一次。如你同意，请处理。《破洪州》剧本仍有缺点，待后可商量修改。”

同日 为查找吴组缃[3]的一篇文章，批示林克[4]：“请你替我找《关于〈三国演义〉》的（一）（二）两节，我想看一看。”这个批示写在四月二十三日《北京晚报》第三版上，这一版登载了吴组缃写的《关于〈三国演义〉（三）》。这一部分主要就《三国演义》来谈历史和文艺的关系。文章认为，《三国演义》以“拥刘反曹”为总的倾向，把刘备和曹操处理成矛盾对立的双方。不能表面地认为它只是反映了统治者内部的矛盾，那是历史；作为文艺作品，它实质上还反映了封建时代广大被压迫人民跟统治势力的矛盾，反映了黑暗时代人民群众的民主要求和爱国思想。在这里，文艺和历史必须区别开来，不能因为“拥刘反曹”的倾向有正统历史观，就否定它的民主思想。今天我们的历史学家要

---

〔1〕 见唐代刘禹锡的诗《酬乐天扬州初逢席上见赠》。

〔2〕 常香玉，豫剧表演艺术家。当时任河南豫剧院院长。

〔3〕 吴组缃，作家。当时任北京大学教授。

〔4〕 林克，当时任毛泽东办公室秘书。

为曹操恢复名誉，但是把历史和文艺混为一谈，不承认文艺的特点，而以史家的成见来衡量文艺，这种嫌疑怕是不免。《关于〈三国演义〉》（一）（二）分别载于四月九日和十五日《北京晚报》第三版，五月十三日《北京晚报》又登载了《关于〈三国演义〉（四）》。

同日 下午五时二十分，同刘少奇、周恩来、邓小平、彭真谈话。六时，和周恩来在中南海怀仁堂休息室同章士钊〔1〕谈话，并会见沈尹默〔2〕。

4月25日 晨六时，关于西藏叛乱事件的宣传报道问题，致信彭真、胡乔木、吴冷西："'帝国主义、蒋匪帮及外国反动派策动西藏叛乱，干涉中国内政'，这个说法，讲了很久，全不适当，要立即收回来，改为'英国帝国主义分子与印度扩张主义分子，狼狈为奸，公开干涉中国内政，妄图把西藏拿了过去'。直指英、印，不要躲闪，全国一律照十八日政治记者评论〔3〕的路线说话。今日请乔木、冷西召集北京各报及新华社干部开一次会，讲清道理，统一规格。请彭真招呼人大、政协发言者照此统一规格，理直气壮。前昨两天报纸好了，声势甚大。也有缺点：

---

〔1〕 章士钊，当时任全国人大代表、全国政协常委、中央文史研究馆馆长。

〔2〕 沈尹默，书法家、诗人。当时任全国政协委员。

〔3〕 这里的"十八日"是20日之误。署名新华社政治记者、题为《评所谓"达赖喇嘛的声明"》的评论，新华社是1959年4月20日播发的，《人民日报》于4月21日刊载。其中讲道：4月18日经由印度外交官员散发的所谓《达赖喇嘛的声明》，是一个理屈词穷、谎话连篇、漏洞百出的拙劣文件。这个声明不顾中国是由几十个民族形成的统一国家的事实，一开始就鼓吹西藏人的所谓"独立"。近代史上的所谓西藏独立，从来就是英帝国主义侵略中国首先是侵略西藏的阴谋。声明中有种种迹象使人怀疑它究竟是不是达赖喇嘛本人的声明。在目前发表这样一个被称为达赖喇嘛声明的文件，大谈其所谓西藏独立，人们不禁要问：这是不是企图造成一种形势，迫使印度政府允许西藏叛乱分子在印度进行反对中国的政治活动呢？

印度、锡兰（今斯里兰卡）、挪威三国向我使领馆示威，特别是侮辱元首这样极好的新闻，不摆到显著地位，标题也不甚有力[1]。短评[2]好，不用‘本报评论员’署名，则是缺点。昨天评论，《人民日报》的评论不如光明的评论[3]有力，一个是女孩子，一个是青壮年，我有这种感觉。请注意：不要直接臭骂尼赫鲁，一定要留有余地，千万千万。但尼赫鲁二十四日与达赖会面后放出些什么东西，我们如何评论，你们今天就要研究，可以缓一二天发表。”毛泽东将这封信批送刘少奇、周恩来、林彪、邓小平、陈毅阅看。四月二十六日，《人民日报》登载了印度报业托拉斯关于尼赫鲁二十四日同达赖喇嘛会见前后的几次谈话的报道。四月二十七日，《人民日报》以“本报评论员”名义发表《读尼赫鲁总理的谈话》的评论。

同日 中午，同彭真、胡乔木、吴冷西谈话。

同日 同林克谈西藏问题。毛泽东说：《老子》说“不为天下先”，《左传》说“退避三舍”，《礼记》讲“礼尚往来”，我们对西藏问题就是采取了这种政策。一九五六年，驻藏五万军队及工作人员撤回了三万。印度现在处境很尴尬，看看尼赫鲁何时“自起开笼放白鹇”[4]。

---

〔1〕 指1959年4月24日《人民日报》第5版、第6版登载的三则新闻：《孟买“示威者”侮辱我国领袖，公然在我领事馆前猖狂污辱毛主席像》、《锡兰一群僧侣兴风作浪，竟到我驻锡使馆无理取闹》、《挪威执政党公然诽谤我国，奥斯陆报纸恶毒侮辱我国领袖毛主席》。

〔2〕 指1959年4月24日《人民日报》第五版登载的《原来如此!》和《此地无银三百两》两篇短评。

〔3〕 指1959年4月24日《光明日报》发表的题为《清醒点，印度扩张主义者!》的评论。

〔4〕 见唐代诗人雍陶的诗《和孙明府怀旧山》。全诗为：“五柳先生本在山，偶然为客落人间。秋来见月多归思，自起开笼放白鹇。”

4月26日　上午和下午，先后两次同胡乔木、吴冷西谈话。

同日　晚上，在中南海颐年堂会见智利作家罗哈斯，楚图南〔1〕在座。毛泽东说：中国人民过去是受苦的，现在开始自己掌握自己的命运，开始自己办一些事情。我们需要时间，也需要朋友，全世界各国的朋友。朋友可以互相帮助，互相学习长处。中国人口多，按人口计算的生产量还很不够，比不上经济发达的国家。我们现在的情况虽然不十分好，但是我们是有希望的。罗哈斯说：我在大学教了十二年书，教文学理论和智利文学，我的学生读过译成英文和法文的毛泽东诗词并进行过讨论。毛泽东说：诗词，我是业余搞的，是外行。我过去是小学教师，但没有继续教下去，因为政治局势不容许我教下去。现在回想起教书时的情况还很高兴。教员与诗人是要处理人与人之间的关系的。

同日　阅中央救灾委员会办公室四月二十三日编印的《救灾工作简报》第十七期登载的内务部关于各地加强工作春荒有所好转的报告，批示："此件发各省委、市委、自治区党委。请你们对这个问题，务必要采取措施，妥善安排，渡过春荒，安全地接上麦收和早稻，多种瓜菜，注意有吃而又省吃，闲时少吃，忙时多吃。千万不可大意。"报告说：河南的春荒已在全省范围内停止发展，但还有少数食堂没有吃到省委规定的吃粮标准，灾区的地、县委，正在组织干部对社员的生活情况进行大检查。河北省由于各地做了许多工作，目前春荒已停止发展，但还没有从根本上缓和下来，有些地区的粮、柴、钱都相当紧张，必须加强工作，彻底战胜春荒。山东省目前各地正在抓紧安排群众生活，大

〔1〕楚图南，当时任全国政协常委、中国对外文化联络委员会副主任、中国人民对外文化协会会长、中国民主同盟中央副主席。1960年3月又任中国拉丁美洲友好协会会长。

部分地区农民外流现象已经停止，浮肿病现象开始下降，但少数地区的春荒仍在发展。

4月27日 下午三时，在中南海怀仁堂出席第二届全国人大一次会议。会议选举国家机构领导人员，选出刘少奇为中华人民共和国主席，宋庆龄、董必武为副主席，朱德为全国人民代表大会常务委员会委员长。会议根据中华人民共和国主席刘少奇的提名，决定周恩来为国务院总理。投票后，在怀仁堂休息室同潘伯鹰、周世钊、何炳麟[1]谈话。

4月28日 晨，审阅第二届全国人大一次会议关于西藏问题的决议（初稿），批示："即送彭真同志：第二页上有一点修改。"毛泽东将初稿第二页上的"中央人民政府直至叛匪向拉萨人民解放军驻军发动进攻以后，才命令解散原西藏地方政府，命令人民解放军讨平叛乱"这句话，修改为："中央人民政府直至叛匪向拉萨人民解放军驻军发动进攻以后，才命令人民解放军讨平叛乱，才命令解散原西藏地方政府。"并批注："解散政府应放在讨平叛乱之后。"同日，又对彭真送审的决议修改稿，作了个别文字的修改。

同日 下午三时，在中南海怀仁堂出席第二届全国人大一次会议闭幕会。会议通过关于政府工作报告、关于一九五九年国民经济计划、一九五八年国家决算和一九五九年国家预算的决议，作出关于西藏问题的决议，通过国务院组成人员等。

同日 为新华社撰写题为《西藏人民群众拥护人民解放军平叛，亲如家人》电讯稿。文中说："雅鲁藏布江以南、喜马拉雅

---

〔1〕 潘伯鹰，书法家。当时任全国政协委员。周世钊，毛泽东在湖南省立第一师范学校读书时的同学。当时任全国人大代表、湖南省副省长、中国民主同盟中央委员、中国民主同盟湖南省委员会主任委员。1959年12月又任湖南省政协副主席。何炳麟，教育家。当时任全国政协委员。

山国境线以北广大地区平叛战斗，已经基本结束，得到很大胜利。这是当地人民群众对平叛战争热烈拥护与人民解放军英勇战斗两方面相结合而完成的。美国记者艾尔索普说，平叛是不行的，要二十万军队，每天要一万吨物资供应，道路修阻，工具缺乏，所以平叛无望。台湾反动文人头子胡适〔1〕说，中国抗日战争时期，胡适的家乡安徽省徽州府地方，山不甚高，水不甚深，日本人不敢去。西藏的地形特别地高且复杂，像喜马拉雅山、雅鲁藏布江（只有若干小段通皮船），共产党如何能打叛军呢？”“全世界反动派，以胡适为代表，忘记了一件事，日本打中国，反革命打革命，中国平叛匪，以革命打反革命，二者完全相反，胜败判然不同。”“叛乱前，我们只有两万人在那里，分布在一百二十万平方公里中的若干要点，包括军队和工作人员在内。叛乱后增加了两个半师及一批干部，只有两万多人。连前合共五万人，合于艾尔索普认为必须要有二十万人的四分之一。干部中有近万的藏族青年干部，他们干劲十足。”“我们的印度朋友没有惧怕的理由。我们家事还忙得不亦乐乎，还有闲工夫管别人的事吗？何况我们是共产党人，原则上不许可干涉别人内政。但是也请你们不要管喜马拉雅山以北的闲事，并且最好少嚷嚷。嚷是无益的。你嚷我必嚷，难道只许州官放火，不许百姓点灯吗？”这个电讯稿当时没有发表。

同日 阅中共西藏工委四月二十四日关于西藏各阶层最近动态的综合报告，批示：“尚昆同志：（一）此件转发各地和各党组，如前示；（二）请送一份给尤金〔2〕同志转送赫鲁晓夫〔3〕同

---

〔1〕 胡适，安徽绩溪人。曾任国民党政府驻美国大使，北京大学教授、校长。1949年去美国，1954年到台湾。

〔2〕 尤金，当时任苏联驻中国大使。

〔3〕 赫鲁晓夫，当时任苏联共产党中央第一书记、苏联部长会议主席。

志看一看；（三）以上两项处理，请告刘、邓、周。”报告汇报了自拉萨平叛胜利和国务院发布解散西藏地方政府的命令以来，拉萨、昌都地区各阶层的最近动态，说：在已平叛地区，他们主要关心的是改革、生产、生活等问题；在尚未平叛的地区，最关心的则是平叛问题。宗教方面，喇嘛们普遍认为大势所趋，盼望早日安定下来。

4月29日 关于农业方面的六个问题，写一篇给省、地、县、社、生产队、生产小队六级干部的《党内通信》。上午九时，为征求对这封信的修改意见，批示：“刘、邓、周、陈、林、朱、谭、彭〔1〕各同志：心血来潮，写了一篇《党内通讯》，请你们斟酌，看是否可用。如有修改，请直作改动。”“柯庆施、曾希圣、周林、刘仁〔2〕四位同志看一看，是否可行，请求修改。”三十日下午，在中南海颐年堂召集刘少奇、邓小平、谭震林、柯庆施、曾希圣、林铁、乌兰夫、吴芝圃〔3〕、周林开会，讨论《党内通

〔1〕 谭、彭，指谭震林、彭真。

〔2〕 曾希圣，当时任中共安徽省委第一书记、安徽省政协主席、中国人民解放军安徽省军区第一政治委员。1960年11月又兼任中共山东省委第一书记、中国人民解放军济南军区政治委员。1961年2月又任中共中央华东局第二书记。周林，当时任中共贵州省委第一书记、贵州省省长、中国人民解放军贵州省军区第一政治委员。1960年10月又任中共中央西南局书记处书记。刘仁，当时任中共北京市委第二书记、北京市政协主席、中国人民解放军北京卫戍区第一政治委员。1960年11月又任中共中央华北局书记处书记。

〔3〕 乌兰夫，当时任中共中央政治局候补委员、内蒙古自治区委员会第一书记、国务院副总理兼国家民族事务委员会主任、内蒙古自治区人民委员会主席、中国人民解放军内蒙古军区司令员兼政治委员。1960年11月又任中共中央华北局第二书记。吴芝圃，当时任中共河南省委第一书记、河南省省长、河南省政协主席、中国人民解放军河南省军区政治委员。1960年10月又任中共中央中南局书记处书记。

信》。五月二日上午，为下发经过修改的这封信，批示："刘、邓阅后，交尚昆同志：此件请你在今天或明天，用电话发去。再另印如前示。"并将《党内通讯》改为《党内通信》。信中说："我想和同志们商量几个问题，都是关于农业的。第一个问题，包产问题。南方正在插秧，北方也在春耕。包产一定要落实。根本不要管上级规定的那一套指标。不管这些，只管现实可能性。""第二个问题，密植问题。不可太稀，不可太密。许多青年干部和某些上级机关缺少经验，一个劲儿要密。有些人竟说愈密愈好。不对。老农怀疑，中年人也有怀疑的。这三种人开一个会，得出一个适当密度，那就好了。既然要包产，密植问题就得由生产队、生产小队商量决定。上面死硬的密植命令，不但无用，而且害人不浅。因此，根本不要下这种死硬的命令。""第三个问题，节约粮食问题。要十分抓紧，按人定量，忙时多吃，闲时少吃，忙时吃干，闲时半干半稀，杂以番薯、青菜、萝卜、瓜豆、芋头之类。此事一定要十分抓紧。……一定要有储备粮，年年储一点，逐年增多。经过十年八年奋斗，粮食问题可能解决。在十年内，一切大话、高调，切不可讲，讲就是十分危险的。须知我国是一个有六亿五千万人口的大国，吃饭是第一件大事。""第四个问题，播种面积要多的问题。少种、高产、多收的计划，是一个远景计划，是可能的，但在十年内不能全部实行，也不能大部实行。十年以内，只能看情况逐步实行。三年以内，大部不可行。三年以内，要力争多种。目前几年的方针是：广种薄收与少种多收（高额丰产田）同时实行。""第五个问题，机械化问题。农业的根本出路在于机械化，要有十年时间。四年以内小解决，七年以内中解决，十年以内大解决。……提到机械化，用机械制造化学肥料这件事，必须包括在内。逐年增加化学肥料，是一件十分重要的事。""第六个问题，讲真话问题。包产能包多少，就讲能包多少，不讲经过努力实在做不到而又勉强讲做得到的假话。收获多少，就讲多少，不可以讲不合实际情况的假话。对各项增产措施，对实行八字宪法，每项都不可讲假话。老实人，敢讲真话的人，归根到底，于人民事业有利，于自己也不吃亏。爱讲假话的人，一害人民，二害自己，总是吃亏。应当说，有许多假话是上面压出来的。上面'一吹二压三许愿'，使下面很难办。因此，干劲一定要有，假话一定不可讲。"“以上六件事，请同志们研究，可以提出不同意见，以求得真理为目的。我们办农业工业的经验还很不足。一年一年积累经验，再过十年，客观必然性可能逐步被我们认识，在某种程度上，我们就有自由了。什么叫自由？自由是必然的认识。同现在流行的一些高调比较起来，我在这里唱的是低调，意在真正调动积极性，达到增产的目的。如果事实不是我讲的那样低，而达到了较高的目的，我变为保守主义者，那就谢天谢地，不胜光荣之至。”这篇通信，在五月三日由中共中央办公厅正式发出。

同日 阅本日《光明日报》发表的该报资料室编写的资料《落后、黑暗、反动、残酷的西藏社会制度》，批示：“乔木同志：此件可看。《人民日报》、新华社也应发表此项资料，还可说得详细一点，中外皆需要。”资料包括领主对农奴的剥削形式、领主对农奴的高利贷剥削、劳动人民的悲惨境况三个方面的内容。四月三十日，《人民日报》发表了该报国内资料组编写的资料《黑暗、落后、残酷的西藏农奴制度》。

4月30日 晨，同胡乔木、吴冷西谈话。

同日 晚上，在中南海颐年堂会见由乌西迪克[1]率领的阿

〔1〕 乌西迪克，当时任阿尔及利亚共和国临时政府国务秘书。

尔及利亚军事代表团，黄克诚、杨秀山[1]在座。交谈中，毛泽东询问了阿尔及利亚争取民族独立、反对法国殖民主义统治斗争的情况。他说：你们在打仗，在思想上必须有应付一个困难时期的准备。帝国主义是要失败的。我们打过二十二年的仗，先后打过日本、打过蒋介石，后来又同美国打了两年多，只要精神上有充分准备，是可以取得胜利的。现在整个非洲的形势对你们是有利的。法国是大殖民国家，现在正处于瓦解过程中。我们确信只要你们团结一致，坚持斗争下去，英勇的阿尔及利亚人民一定取得最后胜利。

5月1日 上午九时二十分，在中南海颐年堂召开会议，讨论评尼赫鲁讲话的文章，刘少奇、周恩来、朱德、陈云、林彪、邓小平、宋庆龄、董必武、胡乔木参加。这篇文章的标题后来定为《西藏的革命和尼赫鲁的哲学》，署名“《人民日报》编辑部”。

同日 上午十时，和刘少奇等党和国家领导人出席在天安门举行的庆祝五一国际劳动节大会，检阅群众游行队伍。

5月2日 为转发中国科学院经济研究所昌黎工作组副组长王绍飞四月十三日关于河北省昌黎县的公社最近工作情况及问题的报告，写信给各省、市、自治区党委第一书记，题为《党内通信》。信中说：“河北省昌黎县的情况和他们所提出来的意见，是有普遍性的，各地各级党委都应注意解决，越快越好。如果你们同意，请将此信及附件发给各级党委，一直到生产队的支部书记。”并批示：“即送刘、邓、震林阅，尚昆用电报发去。发后再送周、陈、林、朱阅。”王绍飞的报告说：目前农村正大搞春耕播种。体制改变后，出勤率提高，但干劲不大。群众生产积极性不高的原因是：（一）公社化以来，开支很大，分给群众的钱很

---

〔1〕 杨秀山，当时任中国人民解放军总参谋部军校部副部长。

少，群众害怕秋后不按劳分配。（二）上面分配的产量指标，离实际太远，挫伤了干部和群众的生产积极性。（三）目前粮食比较紧张，不少出卖余粮的地方，一日三餐稀饭，难以支持劳动。（四）管理区的手伸得过长，抓得太死，而基本生产力量是生产队，因而也影响着生产的积极性。

5月3日 审阅修改《人民日报》编辑部文章《西藏的革命和尼赫鲁的哲学》稿，作个别文字修改。四日晨一时十五分，同胡乔木、吴冷西、浦寿昌〔1〕谈《西藏的革命和尼赫鲁的哲学》一文的修改问题。晚八时半至五日晨一时半，又同胡乔木、吴冷西、浦寿昌一起修改这篇文章。五日晚上，再次同胡乔木谈《西藏的革命和尼赫鲁的哲学》一文的修改问题。这篇文章五月六日在《人民日报》发表。

5月4日 阅关于蒋介石等指示逃缅蒋军在中国边境扩大骚扰，以配合云南、西藏等地的叛乱活动的一则情报〔2〕，晨五时批示黄克诚："（一）第三件情报应发给云南省委、军区并转有关地区各级党政军直至基层干部，引起警惕，准备应付可能的变乱；（二）指示云南省委、军区立即加强有关地区的工作，派得力人去各地调查情况，研究对策，千万不可马糊大意，轻易相信下面太平无事的书面报告。军委亦应派员去云南布置对策。"这则情报说，逃缅蒋军总指挥柳元麟今年二月中旬奉命赴台湾，蒋介石等亲自接见，指示他设法策应云南、西藏等地匪特暴乱，并答应增加对所部的经费和补给，以巩固和扩充实力。柳元麟返缅后积极部署，拟以云南西盟地区为重点，纠集匪徒发动暴乱。

---

〔1〕 浦寿昌，当时任国务院总理办公室秘书兼英语翻译。

〔2〕 这则情报是《情报简讯》1959年第15号中的第3篇。

同日 上午，在中南海菊香书屋主持召开中共中央政治局常委会议，商谈会见外宾、工业生产和经济计划等问题，刘少奇、周恩来、朱德、陈云、林彪、邓小平出席，陈毅、杨尚昆列席。

5月6日 中午，和周恩来、陈毅在中南海紫光阁会见苏联、匈牙利、保加利亚、罗马尼亚、阿尔巴尼亚、德意志民主共和国、捷克斯洛伐克、波兰、朝鲜、越南和蒙古国等十一个社会主义国家在中国访问的党政、工会、文化、妇女、教育、新闻等三十六个代表团的团长和部分团员，这些国家驻中国的使节也在座。在周恩来、陈毅先后发表谈话后，毛泽东说：世界上有人怕鬼，也有人不怕鬼。鬼是怕他好呢，还是不怕他好？中国的小说里有一些不怕鬼的故事。我想你们的小说里也会有的。我想把不怕鬼的故事编成一本小册子。经验证明鬼是怕不得的。越怕鬼就越有鬼，不怕鬼就没有鬼了。今天世界上鬼不少。西方世界有一大群鬼，就是帝国主义。在亚洲、非洲、拉丁美洲也有一大群鬼，就是帝国主义的走狗、反动派。尼赫鲁是个什么人呢？他是印度资产阶级的中间派，同右派有区别。整个印度的局势，我估计是好的。那里有四亿人民，尼赫鲁不能不反映四亿人民的意志。现在西藏问题闹出许多鬼，这是好事，让鬼出来，我是十分欢迎的。今天请同志们来，讲一点我们的观点，仅仅供参考。你们来中国访问，来看我们，这是非常好的友谊，非常感谢。还有兄弟国家大使馆的同志们，也感谢你们，好久未见，趁此机会见见。中国人很多，要吃饭穿衣，这是很麻烦的问题。我们获得了相当一点成绩，也有不少缺点。对中国的事情要加以分析。我们的胜利是第一方面，错误、缺点是第二方面，都要分析。我们经验少，才开始学习经济建设。至少还要十年，再看我们的工作也许比现在做得好些。

同日 下午，同李先念、谭震林、廖鲁言〔1〕谈养猪和自留地等问题，并要廖鲁言为中央起草一个指示稿。后同胡乔木谈话。

同日 晚上，和刘少奇、朱德、贺龙〔2〕等在中南海西楼观看中国优秀乒乓球运动员的表演比赛，并接见乒乓球、游泳、举重、田径等项目的部分优秀运动员。

同日 审阅修改中共中央对农业的春播、夏收、夏种工作提出五条要求的指示稿，为指示稿拟题《关于农业的五条紧急指示》，批示："即送刘、周、朱、林、陈、小平阅，请尚昆于明七日用电话发去，另印如前示。"指示稿说："恢复社员的自留地，仍然按照原高级合作社章程的规定，自留地不超过每人平均占有土地的百分之五。"毛泽东在这一句中的"不超过"三字后加上"也不少于"四个字，并在这一句后加写："没有自留地不能大量发展私人喂养的猪鸡鹅鸭，不能实行公养私养两条腿走路的方针。"在指示稿的末尾，毛泽东加写："以上五条，请你们立即布置实行。"中共中央指示的五条内容主要是：一、省、地、县各级党委第一书记必须在五、六两个月内，以抓农业生产为中心。二、必须加强小麦后期管理，做好麦收的一切准备，保证丰产丰收，颗粒还家。三、扩大春播和夏种的面积。四、迅速扭转养猪头数大量减少的局面，集体喂养和社员私人喂养应该并重，恢复自留地，对私人养猪要在饲料、劳动时间等方面给以必要的安排

---

〔1〕 廖鲁言，当时任中共中央农村工作部副部长、国务院第七办公室（1959年6月撤销）副主任兼农业部部长。1959年6月又任国务院农林办公室副主任。

〔2〕 贺龙，当时任中共中央政治局委员、国务院副总理兼国家体育运动委员会主任、国防委员会副主席。1959年9月又任中共中央军委副主席。1960年1月又任中共中央军委国防工业委员会主任。

和照顾。五、在群众中普遍传达、讨论和执行毛泽东关于农业方面六个问题的意见，继续贯彻实行农业生产的八字宪法，把群众动员起来，迅速掀起一个春播和夏收夏种的生产高潮。五月七日，中共中央下发了这个指示。

5月7日　审阅修改廖鲁言遵照毛泽东指示为中共中央起草的关于给社员分配自留地以利发展猪鸡鹅鸭问题的指示稿，拟题为《关于分配私人自留地以利发展猪鸡鹅鸭问题》。批示："即送刘、邓、周、朱、林阅，尚昆用电话发去，另印如前示。""昨天同李先念、谭震林、廖鲁言三同志商定的。"毛泽东对指示稿中的一段话作了如下修改（加写和改写的文字用着重号标明）："最近几个月以来，养猪头数大量减少，这对于积肥、猪肉的供应和私人零用钱的取得这样三件大事，都是非常不利的。要迅速改变这种局面，必须采取公社各级集体养猪和社员家庭私养并重的方针，两条腿走路。鸡、鸭、鹅也是如此。"又在指示稿的末尾，加写："此事要快，请你们早作决定，下达执行。"指示说，要社员私养猪、鸡、鹅、鸭，就要给社员一定数量的自留地。自留地的多少，应当按照原高级合作社章程的规定，按人口计算，不超过每人平均占有土地的百分之五，也可以按猪计算，每头猪拨给一分或者二分饲料地，由各省、市、自治区党委根据当地的具体情况，自行决定。五月七日，中共中央下发了这个指示。

同日　下午，在中南海怀仁堂接见班禅额尔德尼、阿沛·阿旺晋美、詹东·计晋美[1]及随行藏族官员，刘少奇、宋庆龄、朱德、周恩来、林彪、邓小平、彭真、贺龙、陈毅、乌兰夫、罗

〔1〕詹东·计晋美，当时任全国人大代表、全国政协常委、班禅堪布会议厅委员会主任委员、西藏自治区筹备委员会常委和办公厅主任。

瑞卿、习仲勋、沈钧儒、黄炎培、陈叔通、刘格平〔1〕、汪锋、张经武〔2〕等参加。毛泽东说：现在看来，西藏广大群众热烈欢迎平息叛乱。这些叛匪要吃、要穿，到处乱抢老百姓的东西，非常脱离群众。群众就非常拥护人民解放军，拥护人民解放军彻底平息叛乱。索康、帕拉〔3〕等人发动叛乱，他们把形势估计错了，把我们对西藏的方针、政策也估计错了。我们的方针，你们知道是六年不改革，六年以后是否改革，还可以根据情况决定。决定六年不改革以后，我们从西藏撤走了三万多部队，这样做的目的是团结他们，使他们有所进步。但是，他们却利用这一形势，组织一些从西康〔4〕跑来的叛乱分子在山南等地发动叛乱。他们发

〔1〕 罗瑞卿，当时任中共中央政法小组组长、国务院副总理兼第一办公室（1959年6月撤销）主任、公安部部长。1959年6月、9月又先后任国务院政法办公室主任，中共中央军委秘书长、国防部副部长、中国人民解放军总参谋长。习仲勋，当时任国务院副总理兼秘书长。沈钧儒，当时任全国人大常委会副委员长、全国政协副主席、中国民主同盟中央主席。黄炎培，当时任全国人大常委会副委员长、全国政协副主席、中国民主建国会中央主任委员。陈叔通，当时任全国人大常委会副委员长、全国政协副主席、中华全国工商业联合会主任委员。刘格平，当时任中共宁夏回族自治区委员会书记处书记、宁夏回族自治区人民政府主席、全国人大民族委员会主任委员、中央民族学院院长。

〔2〕 张经武，当时任中共西藏工委书记、中央人民政府驻西藏代表、中华人民共和国主席办公厅主任（至1960年7月）、中国人民解放军西藏军区第一政治委员。1960年10月又任中共中央西南局书记处书记。

〔3〕 索康，即索康·旺清格勒，原西藏地方政府噶伦，曾任西藏自治区筹备委员会委员。帕拉，即帕拉·土登为登，达赖喇嘛的副官长，曾任西藏自治区筹备委员会委员。他们是1959年3月西藏上层反动集团武装叛乱的其中两个策动者。

〔4〕 西康，省名，1955年撤销。所辖金沙江以东地区划归四川省，原所辖昌都地区1956年划归西藏。

动叛乱的目的，第一步是想赶走人民解放军，把我们吓走。他们根本不了解我们的方针、政策和人民解放军的战斗力。这次平息在拉萨发生的叛乱，只用了十个连，两天两夜就把叛乱平息了。在山南，只用了四个团。现在人民解放军在西藏增加两个半师，一个师在山南，一个师在昌都，半个师维护青藏路的交通。打完仗以后，要组织同原藏军根本不同的人民自卫武装。有了人民自卫武装，就不需要驻这样多的军队了，免得印度政府害怕。毛泽东说：你们对西藏的改革问题，有什么意见？西藏是不是需要改革？改革的具体政策需要商谈，而且需要确定下来。我看西藏可以分成左、中、右、叛四种人。所谓“右”，指的是那些并未拿起枪参加叛乱，也没有跑到印度，但是态度很顽固，反对我们、反对改革的人。对这四种人，在政策上应当有所不同。你们站在爱国、进步方面，是左派，不要怕丧失你们的庄园以后没有饭吃。对左派和中间派，要采取赎买的政策，保证改革以后生活水平不会降低。对你们要同对上海、北京、天津、武汉、广州、西安、兰州、成都等全国所有大城市的资本家一样，同对荣毅仁〔1〕一样，我们对他们采取的是稳固地团结的政策。中间派，是动动摇摇的。还有右派，没有同我们打，只要不同我们打，就还留有余地，你们就要对他们做工作。你们对中间派、右派做工作，比我们讲话好。脱离人民是不好过日子的，站在人民方面是不会吃亏的。现在，你们都是国家干部、人民代表，还分别是人大副委员长、政协副主席、政协常委，在西藏你们还有职务和工作。只要同西藏人民合作，讲民主，一定有你们的政治地位，生

〔1〕荣毅仁，当时任全国政协常委、上海市副市长、中华全国工商业联合会副主任委员兼上海市工商联副主任委员、中国民主建国会中央常委兼上海市委副主任委员。

活上不降低，同过去一样，这一点由中央来保证。过去同米赛[1]关系不好的，要改好一点，像刘文辉[2]，工人、农民就不斗他了。这是第一步，走民主的道路，第二步是走社会主义的道路。汉族地区和内蒙古、新疆等少数民族地区，都走了这两步。你们那里先走民主的道路，打完仗以后，就搞和平改革。关于宗教，我们的政策很明白，就是宗教信仰自由的政策。看来，宗教寺庙也需要进行改革。对宗教寺庙，过去人民政府就是保护的。宗教寺庙如何改革，我想你们应该考虑一个办法。达赖，现在一个可能是回来，一个可能是不回来。最近印度报纸放出来的空气是他要回来。但是，达赖的两个声明[3]，完全是反对中央，反对祖国大家庭，要求西藏独立的。这样，回来的路，达赖就自己堵塞了。据我看，达赖的声明是索康、帕拉等人的作品，同时得到印度某些人的同意。达赖如果赞成这两个声明，就不能回来，要回来就要改变态度，站在反对这两个声明的立场，拥护中央。我们是留有余地的，还选举他做人大副委员长，自治区筹委会主任委员的位子也给他留着。留有余地，我们的态度就很主动。其他的叛国分子，他们也可以回来，但是要改变态度。回来也不能再当噶伦[4]，要不然和你们就没有区别了。赤江[5]等人是犯了罪的，是叛乱的领导分子。我们不准备采取杀的办法，保留他们的生命，慢慢地改变他们的脑筋。但办事是不能让他们再办下去

〔1〕 米赛，藏语，指农民。

〔2〕 刘文辉，曾任国民党政府西康省主席。当时任全国政协常委、林业部部长。

〔3〕 指以达赖名义在印度发表的两个声明，主要内容都是鼓吹西藏独立。

〔4〕 噶伦，原西藏地方政府司伦之下的行政官职。

〔5〕 赤江，即赤江·罗桑益西，达赖喇嘛的副经师。曾任西藏自治区筹备委员会委员。1959年3月西藏上层反动集团武装叛乱的策动者之一。

了，因为他们是叛国分子。你们要同阿旺嘉措、喜饶嘉措、黄正清[1]等很好地团结起来，为着共同目的，把西藏的事情搞好。西藏要发展，人口、文化、经济和政治都要发展。西藏工委和军区的全部工作经费，完全由中央负责，不从西藏地方财政收入中开支。西藏无力举办的事，中央还可以帮助。西藏还是要收税的，谿卡、宗、基恰[2]和自治区政府的经费要由人民来维持。藏族人民是聪明、勤劳的。社会制度进行改革之后，西藏可能很快发展。你们的事业是有希望、有前途的。跑到印度去的人，是没有希望、没有前途的。你们是国家干部，不要只管西藏的事，也要关心北京、天津、上海、成都、西安、兰州的事，关心全国的事。你们在中央有职务，经常工作在西藏，以后可以经常来北京，来一次不要久住，几个礼拜就行了。交通方便可以多往来。

5月8日 审阅中共中央转发湖北省委、广东省委、河北省委关于人民公社和农村工作情况报告的指示稿，批示："即送刘、邓阅，尚昆办。"指示说：农业生产指标必须实事求是：经过一切努力能够达到的，必须力争达到；经过一切努力还达不到的，就应当修改，不要硬性往下派。春荒尚有一个多月至两个月的时间才能基本上过去，决不要再忽视，还应当十分警惕可能发生夏荒。五月十日，中共中央下发了这个指示和转发的报告。

---

〔1〕 阿旺嘉措，当时任全国人大代表、中国佛教协会副会长、四川省甘孜藏族自治州副州长。喜饶嘉措，当时任全国人大代表、全国政协常委、青海省副省长、中国佛教协会会长。黄正清，又名洛桑泽旺，当时任全国人大代表、甘肃省副省长兼甘南藏族自治州州长。

〔2〕 谿卡，一般的相当于宗以下的农村基层行政组织，少数的相当于宗一级的行政组织。宗，相当于县一级的行政组织。基恰，原西藏地方政府的一级地方行政官职，主管所属各宗事务，辖区相当于辖若干县的专区。

同日 致信周恩来、陈毅："看此件[1]（见反面），知道松村谦三到了北京，不知是否即自由民主党反对派领袖之松村谦三，如是，值得注意和他切实谈一下，以求争取这一派。不知你们已知他来此目的、表现、要求和政治态度如何，或者你们还不知道。如有材料，请你们给我一份为盼。"

5月9日 为转发中共湖北省委五月三日关于麻城县发动群众开展算账兑现运动情况报告，起草中央发至县委的批语："此件很好，请你们仿照办理为盼！"将报告题目改为《麻城县开展算账运动，干部过三关的情况》，并批示："即送刘、邓阅，尚昆用电报发去。"报告说：麻城县万人大会以后，以生产队为单位，放手发动群众，进一步整顿、巩固人民公社。边算账，边兑现，边整边改，同时安排生产安排生活。干部作风开始转变，即过好三关。第一关是在生活上和群众打成一片，在生产上和群众共同劳动；第二关是真正退还多分多占的东西，取得群众的谅解；第三关是打人骂人者，要当众检讨，登门道歉。

5月10日 致信周世钊："东园兄：上次谈话未畅，历史唯物论观点[2]讲得不透，可以再来一谈否？如愿意来，企予望之，不胜欢迎之至！祝好！毛泽东一九五九年五月十日上午九时倚枕

---

〔1〕 指中央人民广播电台1959年5月4日编印的《工作情况简报》第9期。简报的第2页上说，广播电台在"五一"以前拟出了"五一"前后约请来中国访问的外宾发表广播讲话的计划。计划中有："请日本自由民主党顾问松村谦三在离京前夕发表十分钟左右的广播讲话，谈访华观感和对打开中日关系僵局的看法。"

〔2〕 周彦瑜、吴美潮编著的《毛泽东与周世钊》一书中说：根据周世钊长子周思永回忆，这封信中的"历史唯物论观点"系指为曹操翻案问题。毛泽东认为应该为曹操翻案，这是符合历史唯物论观点的，周世钊不同意为曹操翻案。

书。尚未睡觉，心血来潮，写此数语。”十六日，晚十一时二十分至次日晨零时三十五分，在中南海颐年堂同周世钊谈话。

同日 晚上，在中南海勤政殿会见由人民议院主席团主席狄克曼、第一副主席马特恩率领的德意志民主共和国人民议院代表团，刘少奇、周恩来、李济深〔1〕、沈钧儒、彭真、陈叔通、徐冰、张苏〔2〕在座，毛泽东说：我们有两个问题没有解决，西藏问题和台湾问题。现在开始解决西藏问题。有人问中国共产党为什么长久不解决西藏问题，这主要是因为我们党过去很少与藏族接触，我们有意地把西藏的社会改革推迟。过去我们和达赖喇嘛达成的口头协议是，在一九六二年以后再对西藏进行民主改革。过早了条件不成熟，这也和西藏的农奴制有关。现在条件成熟了，不要等到一九六三年了。他们的武装叛乱为我们提供了现在就在西藏进行改革的理由。我们要争取多数人，使他们赞成改革。我们在西藏的农村和城市中建立了党组织。藏族人民很好，很勤劳，和人民解放军一起同叛乱分子斗争，很快就能组织起来。我们已培养了近万名藏族干部。在西藏，马列主义者和劳动者可以合作，而且合作得很好。台湾问题暂时不能解决，问题是美国霸占着。去年我们打金门是内战问题。杜勒斯〔3〕的方针是叫我们和蒋介石都不打。我们说，你们管不着，这是我们中国的地方，我们打不打是我们的事，你们不要多管。我们和你们美国只在一点上有关系，就是要求你们从台湾撤军。正因为这样，我们才在日内瓦、华沙同美国谈判。美国要签订一个声明，要蒋介

〔1〕 李济深，当时任全国人大常委会副委员长、全国政协副主席、中国国民党革命委员会中央主席。

〔2〕 张苏，当时任全国人大常委会委员、副秘书长兼办公厅主任、法案委员会主任委员。

〔3〕 杜勒斯，1953年1月至1959年4月任美国国务卿。

石不打我们，要我们也不打蒋介石。我们说不行，金、马、台、澎问题是我们的内政，你们管不着，唯一的问题就是请你们搬家。看来我们和美国还得谈下去。它不赞成我们，我们也不赞成它，谈多久我们不知道。已经谈了三年半，恐怕还会谈十年，这是世界上最长的谈判。我们打金、马是为了帮助蒋介石，因为美国想把金、马让给我们，自己占据台湾。我们放弃金、马，都给蒋介石。蒋介石一困难，我们就打金、马，美国就可以让蒋介石继续做总统。美国有战争边缘政策，主要是为台湾问题而想出来的。去年我们也采取边缘政策。我们打金、马和蒋介石的增援船只，蒋介石就请美国帮助。美国人来了，但只在十二海里以外。我们光打蒋介石的船，不打美国船。美国船升起国旗，叫我们不要打它。美国一炮也没有打我们，我们也没有打它。所以大家都在战争边缘上。美国是强国，霸占的地区太宽，它的十个指头按着十个跳蚤动不了啦，一个跳蚤也都抓不住。力量一分散，事情就难办了。

5月11日 上午，同胡乔木、吴冷西、浦寿昌谈话。

同日 为转发中共湖北孝感地委关于贯彻毛泽东对农业六个问题指示的报告，起草中央批语："此件发各省、市、区党委参考。"并批示："即送刘、邓阅，请尚昆用电报发去，发到省、市、区党委一级。"孝感地委的报告说：接到省委传达的主席指示后，各县把文件都印发到了小队。全地区参加听报告和参加讨论的约有一百五十万人。具体反映是：（一）认为说真话才有真干劲，说假话害死人。（二）生产小队干部对主席关于能包多少就包多少的指示都举双手赞成。（三）许多人认为，密植权下放，又多了一个自主权。（四）群众普遍欢迎多种，许多生产队主动扩大了种植面积。（五）关于节约粮食问题，群众反映这是给我们敲了一个警钟。此外，还有一些小队干部和社员有顾虑，主要是怕领导干部不执行主席的指示。

同日 为中共中央起草批语，将山东省委五月八日关于贯彻执行中央关于分配私人自留地以利发展猪鸡鹅鸭问题的指示的规定转发各省市区党委参考。并批示："即送刘、邓阅，尚昆用电报发去。"山东省委这个文件规定：自留地由社员个人使用经营，长期不动；自留地标准，按人口计算，不超过人均占地的百分之五；社员不能因经营自留地影响集体劳动。

5月13日 晚上，在中南海颐年堂会见以中央政治局委员、中央书记处书记卡博为团长的阿尔巴尼亚劳动党代表团，邓小平、王稼祥、伍修权〔1〕在座。毛泽东说：社会主义国家间有党的关系，有政府间的关系，《莫斯科宣言》把我们联系起来。我们只相信真理。我们都是马克思主义者，马克思、恩格斯、列宁我都没有见过，相信他们，就是因为他们有真理。

5月14日 审阅修改周恩来五月十三日报送的外交部对印度外交部外事秘书杜德四月二十六日谈话〔2〕的答复（三稿）后，批示："加了一段，是否妥当，请加考虑，或者会谈一下。"嘱咐机要秘书派专人于当天送刘少奇、周恩来、朱德、陈云、林彪、邓小平、彭真、陈毅传阅，准备晚上谈一下。毛泽东加写的一段文字是："总的说来，印度是中国的友好国家，一千多年来是如此，今后一千年一万年，我们相信也将是如此。中国人民的敌人是在东方，美帝国主义在台湾、在南朝鲜、在日本、在菲律宾，

〔1〕 伍修权，当时任中共中央对外联络部副部长。

〔2〕 杜德1959年4月26日交给中国驻印度大使潘自力的谈话稿中说：达赖喇嘛随带少数人员已在3月31日进入印度境内，印度政府已经为他的居住作了必要的安排；尼赫鲁在穆索里会见了达赖，同他作了长谈，并在议会中宣布，达赖在印度会得到受尊敬的待遇。这一谈话稿还对印度政府干涉中国内政、损害中印友谊的言行进行辩解，并把中印两国关系中业已出现的不正常现象的责任推到中国方面。

都有很多的军事基地，都是针对中国的。中国的主要注意力和斗争方针是在东方，在西太平洋地区，在凶恶的侵略的美帝国主义，而不在印度，不在东南亚及南亚的一切国家。尽管菲律宾、泰国、巴基斯坦参加了旨在对付中国的东南亚条约组织〔1〕，我们还是不把这三个国家当作主要敌人对待，我们的主要敌人是美帝国主义。印度没有参加东南亚条约，印度不是我国的敌对者，而是我国的友人。中国不会这样蠢，东方树敌于美国，西方又树敌于印度。西藏叛乱的平定和进行民主改革，丝毫也不会威胁印度。你们看吧，'路遥知马力，事久见人心'（中国俗语），今后三年、五年、十年、二十年、一百年……中国的西藏地方与印度的关系，究竟是友好的，还是敌对的，你们终究会明白。我们不能有两个重点，我们不能把友人当敌人，这是我们的国策。几年来，特别是最近三个月，我们两国之间的吵架，不过是两国千年万年友好过程中的一个插曲而已，值不得我们两国广大人民和政府当局为此而大惊小怪。我们在本文前面几段所说的那些话〔2〕，

〔1〕 1954年9月，在美国策动下，由美国、英国、法国、澳大利亚、新西兰、菲律宾、泰国和巴基斯坦八国在菲律宾首都马尼拉签订《东南亚集体防务条约》，又称“马尼拉条约”。1955年条约生效时，成立了东南亚条约组织，总部设在泰国首都曼谷。1977年6月，该组织解散。

〔2〕 这几段话的主要内容是：杜德先生把中印关系最近出现的不正常现象的责任推到中国方面，这是中国政府完全不能同意的；西藏是中国领土不可分割的一部分，中国政府在那里平定叛乱，进行民主改革，完全是中国的内政，别的国家没有任何权利以任何名义、方式进行干涉；西藏叛乱发生前后，印度出现大量诽谤中国和干涉中国内政的言论和行动，不论用“言论自由”或其他什么“自由”来辩解，其严重干涉中国内政和破坏中印友谊的性质是无法改变的；印度政府的负责人公开怀疑中国正式公布的文件，指责中国政府，以及隆重欢迎达赖喇嘛等言行，不管主观意图是什么，客观上都无疑地起了鼓励西藏叛乱分子的作用。

那些原则立场，那些是非界线，是一定要说的，不说不能解决目前我们两国之间的分歧。但是那些话所指的范围，不过是暂时的和局部的——即属于西藏一个地方我们两国之间的一时分歧而已。印度朋友们，你们的心意如何呢？你们会同意我们的这种想法吗？关于中国主要注意力只能放在中国的东方，而不能也没有必要放在中国的西南方这样一个观点，我国的领导人毛泽东主席，曾经和前任印度驻中国大使尼赫鲁先生谈过多次，尼赫鲁大使很能明白和欣赏这一点。不知道前任印度大使将这些话转达给印度当局没有？朋友们，照我们看，你们也是不能有两条战线的，是不是呢？如果是这样的话，我们双方的会合点就是在这里。请你们考虑一下吧。请让我借这个机会，问候印度领袖尼赫鲁先生。”

5月15日 中午十二时，在中南海紫光阁会见亚洲、非洲、拉丁美洲十六个国家和地区的代表团和代表，周恩来、陈毅、胡耀邦、张奚若〔1〕在座。首先由周恩来向客人们介绍西藏问题，以及与此有关的中国和印度的关系问题。随后，毛泽东说：你们来我们国家访问，是看得起我们，是一种友谊。中国和印度吵架不过是一件小事。我们这两个国家的友好关系有一千多年了，难道因为这么一个小指头大的小事情就把两国的友谊闹翻了吗？不会的，绝对不会的。中国人民的敌人在哪一个方向，在西南方的印度吗？不是。我们的一切防御阵地在东方，从鸭绿江到海南岛，一万八千多公里的海岸线。美国在许多国家设置军事基地和在台湾设置军事基地的目的都是对着我们的，东南亚条约组织的主要矛头也是向着我们的。和印度吵架，是因为西藏这样一个具

〔1〕 胡耀邦，当时任共青团中央第一书记。张奚若，当时任全国人大代表、全国政协常委、中国对外文化联络委员会主任、中国人民外交学会会长。

体问题。印度政府想把西藏拿到手里，形式上中国所有，实际上它在那里办事。就是这么一种情形，所以架就必吵。现在我们选达赖当副委员长，因为他有三封信。这三封信可能是真的，也可能是骗我们的，我们不管，我们从表面价值接受下来，所以我们选举了他。现在我们希望他回来。他在印度发表的叛国声明，是别人给他搞的，是一个印度外交官给他起草的，也是这个人下面的人在提斯浦尔散发的。这个外交官的英文程度很高，会写英语文体式的文章，所以他用第三人称。现在他很不高兴，他说如果知道中国人喜欢用第一人称，他就用第一人称来写这个声明了。印度政府是否认的，说不是印度外交官写的，是达赖的顾问们写的。但是现在我们还怀疑，还要看一看，看以后达赖的表现如何。

同日　下午一时，在中南海紫光阁会见智利政界人士，周恩来、陈毅、胡耀邦、张奚若等在座。毛泽东说：我们的心是连在一起的，我们是友好的。我看到从拉丁美洲、非洲来的朋友就高兴，我们比有一些同我国建立了外交关系的国家还要友好。整个拉丁美洲二十个国家，见了这些国家的人，我就高兴，我感到平等。还有非洲人也是一样。黑非洲的人皮肤颜色同我们的不一样，是漆黑的，但我见到他们，仔细看他们，觉得他们很美，黑得出油，我们见到他们是兄弟一样。当客人谈到他们当中有教哲学的大学教授时，毛泽东说：我也喜欢哲学，但我是学哲学的学生。四十年前，当小学教员。我七八岁时，相信过神。以后我相信康德的唯心论、无政府主义、孔夫子，什么东西都相信过。我崇拜过华盛顿、拿破仑、加里波第，看他们的传记。我相信亚当·斯密的政治经济学，赫胥黎的天演论，达尔文的进化论，就是资产阶级那一套哲学、社会学、经济学。因为中国当时的情况实在太惨无人道，三座大山压在我们头上。我小学教师当不成了，就走上了共产党这条路。

同日 下午二时，在中南海紫光阁召开会议，研究外交部对杜德谈话的答复稿，刘少奇、周恩来、邓小平、陈毅、张闻天、胡乔木、张奚若、浦寿昌出席。下午六时，毛泽东批示："总理、陈毅同志：请考虑将印外交部四月二十六日来文，我外交部五月十六日去文，发各驻外使馆，国内各省、市、区党委（西藏工委在内），另印发在京各同志如前示，使他们了解中央对中印关系的方针。另叫潘大使〔1〕找高士〔2〕同志阅读这两个文件一二遍，或径找给之。另召集兄弟国家大使在一处，向他们宣读、讲解一遍这两个文件。是否可行，请酌处。""另叫陈家康〔3〕找尼赫鲁〔4〕大使向他宣读二文件，可缓三几天。"中国外交部对杜德谈话的答复，于五月十六日正式发出。

5月17日 上午十时四十分，在中南海菊香书屋同程潜〔5〕、章士钊、李烛尘、金岳霖、王季范〔6〕谈话，并共进午餐。

---

〔1〕 指潘自力，当时任中国驻印度大使。

〔2〕 高士，当时任印度共产党中央总书记。

〔3〕 陈家康，当时任中国驻阿拉伯联合共和国大使兼驻也门共和国公使。

〔4〕 这里的"尼赫鲁"，指代印度。

〔5〕 程潜，原国民党军将领。当时任全国人大常委会副委员长、全国政协常委、国防委员会副主席、湖南省省长、中国国民党革命委员会中央副主席。

〔6〕 李烛尘，当时任全国政协常委、轻工业部部长、中华全国工商业联合会副主任委员、中国民主建国会中央副主任委员。金岳霖，哲学家。当时任全国政协委员、中国科学院哲学社会科学部委员、中国科学院哲学研究所副所长兼逻辑研究组组长、中国民主同盟中央常委。王季范，毛泽东的表兄，毛泽东在湖南省立第一师范学校读书时的教师。当时任全国人大代表。

同日 为转发内蒙古自治区党委五月十四日关于执行中共中央关于农业的五条指示给各盟委、市委、旗县委的通知，起草中央批语："这个文件有参考价值，发给各省、市、区党委阅读。"并批送刘少奇、邓小平阅，杨尚昆办。通知说：自治区党委讨论了毛主席关于农业六个问题的党内通信和中央关于农业的五条紧急指示后，认为完全符合内蒙古地区的情况，各地必须坚决执行。具体规定如下：一、要尽量扩大农田播种面积，尤其是粮食作物的播种面积，提高总产量。二、包产必须实事求是，把指标订立在经过努力可以达到的基础上。三、要宣传集体养猪和家庭养猪并重的方针，鼓励社员户户养猪。

5月21日 阅中共北京市委办公厅五月十九日编印的《简报》第四十一期登载的《目前市场的一些情况》，批示："小平同志：此件请阅，请书记处召集北京市委，对市场供应问题，讨论一次，如何？"这个材料反映了北京市场供应比较紧张的情况。二十三日，中央书记处举行会议，讨论北京市场供应问题。

5月22日 下午，在中南海颐年堂会见由中央政治局委员、书记处书记莫拉夫斯基率领的波兰统一工人党代表团，邓小平、王稼祥、伍修权在座。毛泽东说：我们对于经济建设还没有经验。像现在这样的全国规模的经济建设和社会主义建设，我们以前没有搞过。当然，不是一点经验都没有，还是有一些经验，但是我还要说经验是不足的。这主要是指对国民经济按比例发展的规律，我们还不太懂。对于经济建设，经济规律，对按比例发展的规律，如何具体化，过去我们没有得到经验。认真地讲，是从去年起我们才抓了这件事情。许多事情，我们还正在试验。许多事，苏联办过的，兄弟国家也办过了，我们是学习他们的，但是别人的经验毕竟是别人的，自己用还要重新学。尽管我们大家在基本上是相同的，但是枝叶方面，民族特点不完全相同。我们中央和地方的负责同志过去都是干革命的，并不是工程技术人员出身，例如我就不是，是教小学的，干经济工作还要重新学习。现在的路线，是基本上正确还是基本上不正确，这要实践才能证明。可以肯定，要犯一些错误，完全不犯错误是不可能设想的。问题在于有错误要发现得快一些，纠正得快一些。如果实践证明路线基本上是正确的，我们就很满意了。我们是靠集中领导同群众路线的结合。但做起来，有一些部分并没有办到。全国大约有五分之一到四分之一的地方，强调集中领导，不强调群众路线，有命令主义的现象，这样的干部占了百分之二十五，问题是相当严重的。大跃进，有些问题是去年提出来的，不仅外国人有怀疑，有些中国人也有怀疑，我自己也有怀疑，要看一下。我们管理经济工作的，有许多级。实际办事的，只有在工厂里的同志们，其他人没有实际去做，是在纸面上工作。这个问题很大。十年之后，这个问题也不能完全解决。想想看，要让这些实际办过工厂的同志们，到政治局来当委员，到政府里去作部长，这该需要多少年的时间啊。我想哪一个党都是一样，这个问题带国际性。劳动生产率的提高，是一个大问题。你们可以看到，我们在全国范围内，靠人力，靠手工，生产效率很低，特别是在农村。要机械化，工业也好，农业也好，要有一个过程。假如在十年之内，能基本上解决这个问题，那就很好了。我们说用二十年的时间，包括解放后的十年在内，才能解决。这只是我们的设想，也许不行，那就再加五年，二十五年，基本上解决。社会主义建设，是十月革命之后苏联才开始创造这方面的经验的。有了苏联的几十年的经验，我们想我们应该时间缩短一些，事情多办一些。我们在想，可不可以快一点。这一点恐怕可以作结论了，是可以快一点的。时间缩短，产量增加，可以多快好省。当然，慢一点也可以。多快好省要得到确实证明，还要有时间，不是今年和明年两年就能出结论的，至少还有八年，总起来说，要十年时间。我们的报上，有些吹牛吹得太大，你们不要相信。我们还是办老实事，吹牛，不能算数，要亲眼看见，才能算数。我们的口号提出来以后，有许多好的新气象，也出现了一些不好的现象，浮夸的现象，想入非非，想到天上去了。不切实际，胡思乱想，这是不好的方面。但是总起来说，提出这个口号还是好处比较多的，比不提这个口号要好。比过去所设想的，还是更加切合实际些。办事要认真，不是吹一口气吹出来的。我们教育干部、教育群众，指出不切实际的、夸大的作风后果是不好的。再过十年时间，中国党，中国人民，大概可以在经济建设上得出点经验来。我国还是很落后的，问题也很多，我们有一个六亿多人的吃饭穿衣问题，可不是件小事。

同日 阅李先念五月三日在全国财贸书记会议上关于粮食问题的报告，批示："小平同志：此件请用中央名义发给各省、市、区党委照办。"对报告中的"四川提出工农商并举，我认为有一定道理"这句话，毛泽东批注："工农商并举，提得很好，一定要这样做。贬低商业，商不挂帅，工农两业是不会发展的。"报告的主要内容包括：粮食调运问题；农村夏季粮食分配问题；夏季粮食收购问题；粮食销售问题；粮食库存问题；通过公社搞好购销问题；粮食出口问题。五月二十三日，中共中央转发了李先念的报告。

同日 晚上，召集刘少奇、周恩来、朱德、陈云、邓小平、彭真、王稼祥开会。

5月23日 阅李富春五月二十二日给中共中央和毛泽东的信和他转报的国家计委委员范慕韩等五月十六日给计委党组并李富春的信。范慕韩等的信中说：我们到江苏各地了解钢的生产情况后，感到江苏省钢铁工业的生产和建设完成得不够好，最根本的问题是基本建设铺得太大、太多，未能集中有限的力量一个一个地上，因而六个新建钢铁厂现在都还是“半拉子”，不能开始生产。现在江苏省委对这六个钢铁厂的建设已经重新作了布置。这种情况并不是江苏省独有的，看来有必要进一步研究各省钢铁厂的建设安排，真正做到缩短战线，集中力量，这是保证完成今年钢产量的有效措施。李富春的信中说，我认为江苏省委决心对钢铁工厂的建设采取缩短战线、集中力量、合理布点的措施是完全正确的，建议冶金部帮助其他有类似情况的省市也采取这一措施。毛泽东批示：“少奇、小平同志阅，请小平与陈云、王鹤寿两同志商量，用中央名义将江苏办法，通知各省、市、区仿照办理。”五月二十六日，中共中央将李富春的信和范慕韩等的信转发各省市区党委。

5月24日　下午，和刘少奇、朱德、邓小平在中南海颐年堂同前来辞行的班禅额尔德尼进行交谈，李维汉〔1〕、汪锋、张经武、谭冠三〔2〕参加。

同日　晚上，同李先念、谭震林、邓子恢〔3〕、廖鲁言谈话。

5月27日　同林克谈话。毛泽东说：我们应当培养专栏作家和政治编辑，政治编辑应当知识比较广博和通晓大局，应该有中国的李普曼和赖斯顿〔4〕。

---

〔1〕李维汉，当时任中共中央统战部部长、全国人大常委会副委员长、全国政协副主席、国务院第八办公室（1959年6月撤销）主任。

〔2〕谭冠三，当时任中共西藏工委副书记兼青年妇女工作委员会书记、中央人民政府驻西藏代理代表、中国人民解放军西藏军区政治委员。

〔3〕邓子恢，当时任中共中央农村工作部部长、国务院副总理兼第七办公室（1959年6月撤销）主任。

〔4〕李普曼，美国专栏作家、政论家。赖斯顿，美国《纽约时报》驻华盛顿首席记者、专栏作家。

5月28日 送一本范晔著《后汉书》给林克，让他研究历史。毛泽东让林克读党锢传、曹操传、郭嘉传、荀彧传、荀攸传、程昱传、贾诩传、刘晔传、夏侯渊传、田畴传、董卓传。毛泽东说，西汉高、文、景、武、昭〔1〕较有意思，东汉只有光武〔2〕可以读。

5月30日 阅赵尔陆〔3〕五月二十六日关于重工业生产建设方面几个问题的意见给邓小平并报毛泽东的报告，写批语："此件好，有相当的说服力，是一个工业界有了改进的文件，可以一读。凡是使人看不懂，看了之后觉得头痛，没有逻辑（内部联系），没有论证，因而没有说服力的文件，以后千万不要拿出来。例如今年一月二十五日的报告（二月六日修改发出的那个今年计划的文件）〔4〕，是一个坏透了的文件，没有内部联系，没有合理论证，已经证明毫无用处。写这样文件的同志，根本不用脑筋，对于事物根本不懂，是个计划经济的外行，所谓有计划按比例的发展国民经济法则，一窍不通，今后应当认真改正。多想多读，多谋善断。谋之于主席、副主席、总书记，谋之于秘书、部长助理、副部长、司局长，谋之于省地县社直至生产小队长，谋之于反对派即不同意见的同志，这一点很要紧。就是说，认真地做调查研究工作。这类不会做工作的同志，在全国可能有半数以上。特别坏的，可能有百分之二十三十。这是一个大教育工作，期以十年，可能相当做好我们国民经济。我写这些，言重了一些，但是我认为必须说，应当说。我必须在这种时候，不怕得罪一大批

〔1〕 指《汉书》中的高帝纪、文帝纪、景帝纪、武帝纪、昭帝纪。

〔2〕 指《后汉书》中的光武帝纪。

〔3〕 赵尔陆，当时任第一机械工业部部长。

〔4〕 指中共国家计划委员会党组1959年1月25日提出、2月6日修改发出的关于1959年国民经济发展计划几个重要问题的说明。

同志，否则事情不好办。我不向同志们封锁我的意见，同志们对我封锁，我是大不高兴的，过去的封锁，必须改正。”六月十七日，又在中共中央办公厅六月十五日印发给中央政治局、书记处各同志的赵尔陆报告上，批示：“此件写得很好。除已发政治局、书记处各同志外，加发中央各经济部门党组和各省、市、区党委。”“刘、彭真阅后，尚昆办理。”报告讲了重工业建设中的三个问题：一、关于加强计划的综合平衡工作问题。当前国民经济出现的一些脱节、失调现象，主要原因是计划指标高了。从工业方面讲，首先是钢铁指标定高了。钢铁指标一高，各方面都跟着高上去，基建盘子要得也就大了，准备数量要得也就多了，于是要的原料、材料也随着多了，运输能力也就显得不够了，等等。近代工业生产是一个大协作，各工业部门都是彼此依赖、互相制约的；各个工业内部，也是环环衔接，互相扣得很紧。因此，计划的制订必须有细致的综合平衡过程。在安排生产时，根据国家需要，保证重点是必要的，但孤立地保证重点，重点也突不上去。二、工业产品数量、品种和质量的统一性问题。从当前重工业部门生产来看，这三者之间有畸轻畸重和脱节的现象，一般是重视数量而忽视品种和质量。当前是否可以这样提，即争取在一定数量基础上，要求即或少些，也要全些，也要好些。三、关于制造和修配问题。目前，设备的维修和维修所需配件的生产供应已成为亟待解决的一个问题。过去制造和修配之间有脱节现象，必须加以弥补。

5月31日 阅中共河南淮滨县委、县人委关于安徽修筑临淮岗拦河水库不按批准的标准施工问题给毛泽东的报告。报告说：河南省淮滨县位于淮河中游，地势低洼，解放前洪水为患，解放后水患解除，群众歌颂为第二次解放。安徽这次于临淮岗修筑拦河水库，不按毛主席曾经批示过的标准施工，抬高蓄洪水位，缩小泄洪闸孔，扩大中上游淹没区，使淮滨县蒙受重大损失，群众极为忧虑。报告要求严格按照毛主席批准的标准施工，并由中央主持河南、安徽两省协商解决。毛泽东批示："少奇、小平同志阅后，送交水利部党组书记李葆华同志：请水利部考虑派一位副部长级、有政治头脑、又有技术经验的党员同志，携此文件去济南先找谭震林同志（谭现在在济南），同他商量一下，因为这件事是去年十二月武昌会议时由谭与曾希圣、吴芝圃三同志会商决定的。然后去合肥，与曾希圣同志商量一下，然后去临淮岗现地加以调查，看情况究竟是否确如淮滨县同志们所说那样，如果有必要召开会议的话，就召集两省水利厅局级或副省长级各一人，淮滨县、临淮县〔1〕、临淮岗水利工程局各来一二人，开会妥为解决。"

5月 审阅修改邓小平五月七日送审的《中央关于在西藏平息叛乱中实现民主改革的若干政策问题的指示（草案）》。草案中的一段话是：对于西藏的封建农奴制度，西藏地方政府拥有的耕地必须分给农民所有，其债务、乌拉〔2〕和差役应予废除。对于贵族的封建占有制也要一律废除，但在做法上应根据他们的政治情况，加以区别对待。凡是参加叛乱的分子，他们拥有的耕地、房屋、牲畜、粮食和农具一律没收，分给农民，其债务、乌拉和差役一律废除。毛泽东对这一段话批注："右派应与叛匪有所区别。叛匪中被胁从者在其回家时，应分给土地、牲畜、工具。领主、二神主、管家、旧政府官吏回家务农者，均分给一份土地和

---

〔1〕 据查，安徽省没有临淮县。临淮岗水库当时建在安徽省颍上县境内。这里的"临淮县"，似应为颍上县。

〔2〕 乌拉，藏语，指西藏民主改革前农奴为官府或农奴主所服的劳役，主要是耕种和运输，还有种种杂役、杂差。

相应的牲畜、工具。”

6月1日 审阅胡乔木五月三十一日送审的中央关于大力紧缩社会购买力和在群众中解释当前经济情况的紧急指示，批示退胡乔木办。指示说：中央认为，解决目前的市场问题，必须采取一系列措施，压缩社会的购买力。（一）坚决压缩公用开支，紧缩集团购买力。（二）控制企业职工人数和工资总额。（三）按照国家计划严格控制农村货币投放。（四）大力开展储蓄工作，动员城乡居民积极参加存款储蓄。

同日 晚上，同陈伯达谈话。

6月2日 阅兰州军区政治部五月二十八日转发的青海省军区海南〔1〕指挥部党委关于在平叛中更深入地开展政治争取工作的报告，批示：“克诚、谭政同志：海南指挥部党委这个文件，是一个马克思主义的文件，有深刻的指导意义。请你们用军委名义转发西藏、成都、昆明三军区党委，并转所属平叛部队党委及地方党委，结合当地情况，加以研究，采纳施行。”“此件先送少奇、小平同志阅，再送克诚办理。”报告认为军事打击、政治争取和发动群众相结合的平叛方针是完全正确的。对政治工作的改进，提出以下几点建议：一、关于平叛、生产两大工作的安排问题。目前凡平叛任务较大的地区，应以平叛为主，在此前提下安排生产；叛乱基本平息但仍有残匪的地区，应以生产与平叛并重；叛乱完全平息的地区，在抓生产的同时，也要进行平叛斗争的宣传和阶级教育，积极做好支前工作。总之，不论以平叛为主，还是以生产为主，二者都应该统一起来，互相促进。二、关于对降、俘之敌的政策问题。（一）对投诚叛匪与战场俘虏应有严格的不同对待。（二）除阴谋叛乱的现行反革命分

〔1〕 指青海省海南藏族自治州。

子外，一般最好不捕；非捕不可时，也要明捕、少捕，减少社会震荡。（三）尽速作一次案件清理工作，将去年招降回来的或俘虏中的错捕错判者纠正过来，恢复和扩大政策影响。（四）案件检查应以改正错误、教育干部为目的，只对情节恶劣、错误严重的个别人作组织处理。三、关于发动群众对敌斗争的问题。广泛开展政治争取工作，实质上就是争取群众，组织广大群众对敌斗争。目前必须注意：关心群众生活；加强群众政治思想工作；改善基层干部作风；允许群众进行公开正当的宗教活动，尊重藏民风俗习惯。

6月3日 同林克谈《东观汉记·梁鸿传》，讲梁鸿“不因人热”的故事，鼓励他不要仰仗别人。毛泽东说他给自己的孩子们讲过这个故事。

同日 为转发中共辽宁省委六月一日关于推广黑山县“包米食用增量法”经验的报告，起草中央批语：“各省、市、区党委：辽宁这个经验，可供你们研究和试行。并请你们研究，别的粮食是否也可以采用辽宁对包米那样的做法。在研究、试验和推广任何新办法的时候，一定要预先防止主观主义和命令主义。”并批送刘少奇、邓小平、林彪、彭真阅，杨尚昆办。

6月4日 晚上，同薄一波谈话。

6月5日 下午，同陈毅谈话。晚上，同薄一波谈话。

6月6日 晨，杨尚昆向毛泽东报告，邓小平不慎摔倒，右腿骨折。毛泽东说：邓小平养病期间，书记处工作由彭真主持。原定六月召开的中央工作会议，可考虑六月不开，因中央对农村和市场问题已有一些指示发下去，地方上需要时间贯彻执行，我自己也想外出一趟，摸一摸情况，可能七月再开会。请周恩来九日回北京，以便常委研究后再决定。

6月7日 上午，关于重印《逻辑指要》[1]一书并代拟再版序言一事，致信章士钊："行严先生：各书都收，读悉，甚谢！实事求是，用力甚勤，读金著[2]而增感，欲翻然而变计，垂老之年，有此心境，敬为公贺。既有颇多删补，宜为几句说明。即借先生之箸，为之筹策：'《逻辑指要》一书是一九××年旧作。一九五九年，中国共产党的中央政治研究室有编逻辑丛书之举，拙作在征求之列。于是以一个月工夫，躬自校勘一遍。因原稿不在手边，臆核颇为吃力。全稿计削去不合时宜者大约二十分之一，增补者略多一点，都只限于古籍例证，能使读者稍感兴趣而已。近年以来，逻辑一学引起了学术界的极大兴趣，于逻辑学的范围及其与唯物辩证法的关系，争论繁兴，甚盛事也。鄙人对此，未能参战，然亦不是没有兴趣的。旧作重印，不敢说对于方今各派争论有所裨益，作为参考材料之一，或者竟能引起读者对拙作有所批判，保卫正确论点，指出纰缪地方，导致真理之日益明白，则不胜馨香祷祝之至！ 一九五九年六月×日 章士钊'这样一来，我看有很大好处，尊意以为如何？先生如果不高兴这样办，我的建议作罢。我害了一个月感冒，前书未复，方以为歉。忽得六日信，极为高兴，倚枕奉复，敬颂教安。"

---

〔1〕《逻辑指要》是章士钊1917年的旧著，1943年在重庆出版。后经修订于1961年由三联书店出版。章士钊1959年5月曾为此书写过一篇再版序言（后未采用），谈到该书再版的由来："北京解放后，一日，主席毛公忽见问曰：'闻子于逻辑有著述，得一阅乎？'予蹴踖答曰：'此书印于重庆，与叛党有关，吾以此上呈一览，是侮公也，乌乎可？'公笑曰：'此学问之事，庸何伤！'"后来毛泽东看完《逻辑指要》，又对章士钊说："吾意此足为今日参考资料，宜于印行。"

〔2〕可能指金岳霖写的《对旧著"逻辑"一书的自我批判》一文，载于《哲学研究》1959年第5期。1961年由三联书店出版的《逻辑丛书》，收入了金岳霖的《逻辑》一书，还收入了这篇文章。

同日 中午，同王鹤寿谈话。晚上，同李先念、邓子恢、廖鲁言谈社员私养家禽和自留地等问题。

6月8日 对陈云本日下午关于因病需要休养的来信，写批语："刘、邓、彭真、周、陈云同志阅，存尚昆处。我认为首先应坚决易地完全休息三个月，然后看情况决定是否恢复工作。职务由李、宋代理是适当的。放心休养，不要顾虑。"陈云的信中说，他因心脏病发作躺了两个星期，现稍能走动但说话吃力，医生认为要三个月才能有所恢复，他拟同意休养三个月。中央财经小组组长职务已请富春同志代理，建委主任由宋劭文代理〔1〕。信中还说他准备离京休息前找财经小组几位同志谈一下市场问题与明年计划的方法问题，毛泽东批注："说话困难，不谈为宜。"

同日 下午，听取陈正人关于农村情况的汇报。

6月9日 审阅陈正人根据毛泽东指示为中共中央起草的关于召开大中城市副食品生产会议的通知稿。毛泽东将通知稿的题目改为《中央关于召开大中城市副食品生产和手工业生产会议的通知》，并批示："少奇同志阅后，尚昆用电报发去。"经毛泽东修改后的通知说：中央决定于六月十八日在上海召开大中城市副食品生产和手工业生产会议，研究郊区农副业生产方针及如何更迅速有效地达到副食品供应自给、半自给问题以及如何恢复和发展手工业等问题，请各市委第一书记、市委农业书记及管手工业的同志一人到会。

同日 下午，同李富春谈话。

6月10日 阅兰州军区司令部六月六日关于五月份平叛斗争情况的通报，批示："克诚同志：此件似可转发西藏、昌都、

---

〔1〕 建委，指国家基本建设委员会。宋劭文，当时任国家基本建设委员会副主任、党组副书记。

成都各地，请酌处。”通报说：五月份全区的平叛斗争中，招降和战场投降的叛乱武装相当多。这说明叛乱武装在我军事打击和政治攻势下，内部矛盾日益加剧，只要我们能够抓紧政治争取工作，就能将大量叛众争取回来；对于有些叛首，经过反复交待政策，解除思想顾虑，也是可以争取其投降的。

同日 阅《中国青年报》编辑部六月八日转送的江苏省涟水县一位化名“东风”的读者的来信，批示：“转寄江苏省委江渭清〔1〕同志一阅。”信中反映当地农村大跃进以来，干部虚报浮夸、弄虚作假，农民生活困难，学生生活下降，耕牛减少，肥料不足，劳动力缺乏等。

同日 阅一九五九年三月一日《光明日报》的“文学遗产”栏刊登的《柳宗元的诗》一文，写批语：“柳宗元是一位唯物主义哲学家，见之于他的《天论》，刘禹锡发展了这种唯物主义。这篇文章却无一语谈及这个大问题。此文送章先生〔2〕一阅。”

同日 晚上，同胡乔木谈话。

6月11日 上午七时，阅中共上海市委关于当前副食品、日用工业品的生产、供应情况和今后安排的意见给中央的报告，致信杨尚昆：“本日看到上海市委六月六日关于副食品、日用工业品两大问题的情况分析和处理意见，我认为是一个很好很好的文件。（一）请你即刻通知常委（不通知小平、陈云）在京各同志（共五人），富春、一波、先念、陈毅、德怀、克诚、子恢、

〔1〕 江渭清，当时任中共江苏省委第一书记、江苏省政协主席、中国人民解放军南京军区第三政治委员兼江苏省军区政治委员。1961年2月又任中共中央华东局书记处书记。

〔2〕 指章士钊。

廖鲁言、叶季壮、姚依林、程子华[1]、王震、邓洁[2]、贾拓夫、宋平、余建亭[3]、宋劭文、彭真、李雪峰[4]、刘仁、天津万晓塘、河北林铁、陆定一[5]、康生、胡乔木、陈伯达、杨尚昆、吴冷西、李锐、王稼祥，共计三十五人，请他们立即阅读上海这个文件。未发给的，请你立即发送。限于六月十二日上午十二时以前读完，并且想一想，同自己的秘书及一二个同事谈一谈，以便六月十二日下午召集他们到会，由我主持。（二）请你告李先念同志，叫他在两日内替中央写一个发给各省、市、区党委并告中央各部，国务院各党组、党委，军委各部，工、青、妇各党组的指示，附上上海这个文件，转发他们，一律仿照执行。此转文写好先给我看一下。此信，你办完后，送刘、周、林、彭、彭、先念、陈毅七同志一阅，然后存你处。”上海市委报告的主要内容是：（一）今年以来，上海副食品和日用工业品市场的基本情况：副食品供应去年下半年即感不足，今年春节后更显紧张。日用工业品市场基本是稳定的，但部分商品一直紧张，现在仍供不应求。上海日用工业品的生产总值上升是快的。（二）

---

〔1〕 叶季壮，当时任国务院财贸办公室副主任兼对外贸易部部长。姚依林，当时任中共中央财政贸易工作部副部长、国务院财贸办公室副主任。程子华，当时任国务院财贸办公室副主任（至1961年12月）兼商业部部长（至1960年2月）。1960年2月又任国家基本建设委员会副主任（至1961年1月）。1961年1月又任国家计划委员会常务副主任。

〔2〕 邓洁，当时任轻工业部副部长。

〔3〕 宋平，当时任国家计划委员会副主任。余建亭，当时任国家计划委员会委员。

〔4〕 李雪峰，当时任中共中央书记处书记、中央工业工作部部长。1960年11月又任中共中央华北局第一书记、中国人民解放军北京军区政治委员。

〔5〕 陆定一，当时任中共中央政治局候补委员、中央文教小组组长、中央宣传部部长、国务院副总理。

在大跃进以后出现这样大紧张局面的原因，除了客观上存在着生产发展赶不上人民需要和购买力增长的矛盾外，还有工作上的原因：去年下半年以来，社会购买力有很大的增长，其中相当一部分是很不正常的；在生产的全面安排上存在着许多问题，以致一部分产品被挤掉了，一部分产品被浪费掉了；财贸工作中存在着某些严重的缺点。（三）我们决定采取的措施是：坚持自力更生为主、力争外援为辅的方针，大搞副食品生产，力争今年有所改善，明年部分自给，后年光景更好，能更多自给；大力发展日用工业品的生产，支援全国市场需要；厉行节约，反对浪费，大力压缩社会购买力，从各方面吸收社会游资，减少市场的压力；切实加强党对财贸工作的领导。十三日，毛泽东审阅中共中央关于转发上海市委报告的指示稿，批示："刘、周、彭真阅后，请尚昆用电报发去，另印如前示。"中央的指示中说：副食品和日用工业品供应紧张，是目前经济生活中一个突出的问题，是有关党群关系的一个重要问题，是经济问题，也是重大的政治问题。

同日　审阅中共中央关于社员私养家畜家禽和分配自留地等四个问题的指示稿，批示："即送刘、周、林、彭真阅，尚昆即刻用电报发去。此件是我同邓子恢、李先念、廖鲁言三人商好后，由廖、邓起草的。"　指示说：为了迅速切实地贯彻中央关于农业生产的五条紧急指示，中央建议各县用人民委员会的名义出一张布告，把下面四件事向群众公布。第一，允许社员私人喂养家禽家畜。第二，恢复自留地制度。第三，鼓励社员利用零星空闲时间把零星闲散土地充分利用起来，收获由个人自由支配。第四，屋前屋后的零星树木（包括竹木果树）仍然归还社员私有，并且奖励社员利用屋前屋后和其他废弃土地种竹木水果，谁种谁有。上述这种大集体当中的小私有，在一个长时期内是必要的，有利于生产的发展和人民生活的安排。允许小私有，实际是保护社员在集体劳动时间以外的劳动果实，并不是什么“发展资本主义”。这些家庭副业搞起来，可能同集体生产、国家的市场管理发生某些矛盾，应该通过加强对社员的集体主义、社会主义和爱国主义思想教育，正确加强市场管理和公社管理工作来加以解决。经验证明，禁止搞这些家庭副业、一切归公的简单办法，是有害的，也是行不通的。在指示稿提出的向群众公布的第一件事“允许社员私人喂养家禽家畜”这一段文字的末尾，毛泽东加写一段话：“为了经营自留地和喂养家畜家禽起见，除家有老幼辅助劳力者外，要给全劳动力每月放假三至五天。家庭自办伙食者，还要给妇女劳动力每天二三小时的时间。”六月十一日，中央将这个指示一直发至生产队党支部。

同日 下午，在中南海勤政殿会见秘鲁议员团，周恩来、张奚若、廖承志、章汉夫〔1〕等在座。毛泽东说：中国是个经济不发达的国家，工农业水平不高，有许多人是文盲。我们现在正在积极组织自己的经济，积极做提高人民文化水平的工作，发展我们的工业，使农业用机器装备起来。现在工作才开始做，仅仅是开始，至于做出成绩来，不是很短时间内所能做到的。我们这样一个大国要提高经济、文化水平，建设现代化的工业、农业和文化教育，需要一个过程。我们现在提出了“多、快、好、省”这个建设经济、文化的口号。可以快一点，但不可能很快，想很快是吹牛皮。中国不仅要自己料理自己，自己过生活，还应该对别的国家和民族进行帮助，对世界有些益处。同别的国家一样，不仅要为自己而且还要对世界做些贡献。和别的国家互相帮助，发

〔1〕 廖承志，当时任国务院外事办公室副主任、国家华侨事务委员会主任、中国人民保卫世界和平委员会副主席、中国亚非团结委员会主席。章汉夫，当时任外交部副部长、党组副书记。

展经济关系，尤其是我们亚洲、非洲、拉丁美洲国家之间互相了解、交流经验，很有必要。搞经济关门是不行的，需要交换。他说：过去干的一件事叫革命，现在干的叫建设，是新的事，没有经验。怎么搞工业，比如炼铁、炼钢，过去就不大知道。这是科学技术，是向地球开战。如果对自然界没有认识，或者认识不清楚，就会碰钉子，自然界就会处罚我们，会抵抗。在与自然界作斗争方面，我们的第一个先生是苏联，美国也是我们的先生。美国炼的钢含硫量是百分之零点零四，我们只有个别地方炼的钢含硫量达到百分之零点零三七，大部分地方炼的钢质量不好。这是新问题，不能调皮，要老老实实学习。如果粗心大意、调皮、充好汉，一定会跌跤子的。革命事业是不容易的，是科学，经济建设也是科学。搞社会主义建设，很重要的一个问题是综合平衡。比如社会主义建设需要钢、铁等种种东西，缺一样就不能综合平衡。农业也要综合平衡，农业包括农、林、牧、副、渔五个方面。中国有希望就是了。这还要靠你们帮助，靠世界上爱好和平人民的帮助，最主要的是保持和平环境，这是大家的最大利益。你们要和平，我们也是这样。

6月12日 审阅李富春为中共中央起草的关于重新建立手工业管理机构的指示稿，批示："刘、周、彭真、一波阅，尚昆办。"指示说：手工业是我国国民经济中不可缺少的一个重要组成部分，必须注意恢复和发展，这就必须有专门的管理机构负责进行工作。因此，中央决定在轻工业部之下，重新建立全国手工业管理总局（和手工业合作总社合并成立），各省、市、自治区在工业厅之下建立手工业管理局，各专署、县也应建立相应专门管理机构。有经验的管理手工业的干部必须归队，以加强手工业管理机构的骨干。

同日 下午，在中南海游泳池住处召集周恩来、彭真、李先念开会。毛泽东问李先念：市场是不是还要继续紧张下去？李先念说：应该说现在到了顶点了。

6月13日　下午，在中南海颐年堂召开会议，研究工业、农业和市场问题，出席会议的是毛泽东六月十一日让杨尚昆通知的三十五人。这次会议决定，一九五九年钢的产量计划指标由上海会议确定的一六五〇万吨再下降到一三〇〇万吨[1]，基本建设项目也作了较大幅度的压缩。会议由李富春、李先念、廖鲁言分别汇报工业、市场、农业的情况，周恩来讲话。在李富春等汇报中，毛泽东有一些插话。当李富春说工业增长超过了百分之二十就是大跃进时，毛泽东说：农业超过百分之二十是大跃进，超过百分之三十就是特大跃进。现在动不动就搞增长一倍，怎么行呢？当李富春说计划定稳一点，超额完成，大家心情舒畅时，毛泽东说：一九五六年紧张了，一九五七年降下来落实是必要的。现在的问题是去年紧张了一年，今年没有及时降下来，现在的压缩是必需的。当廖鲁言说粮食现在包下去的是六千亿斤左右时，毛泽东说：我的意思是包五千亿斤就差不多了，今年只比去年增产两百亿斤，日子过得紧一点，不要放开肚皮吃饭，明年日子会比今年好。一万零五百亿斤是一九六四年的事。粮食有五千亿斤

---

〔1〕1959年钢产量指标从1650万吨调整为1300万吨的经过，大致如下：1959年上海会议后，国家计划委员会和国家统计局核实1958年好钢产量（即所谓洋钢）实际完成数字是800万吨。根据这个经过核实的数字，1959年钢产量1650万吨仍然是一个无法完成的高指标。对此，毛泽东很不放心，委托陈云进一步落实钢铁生产指标。中共中央书记处也要求陈云领导的中央财经小组进行研究，将钢铁指标分为可靠的指标和争取的指标。5月11日，陈云在中央政治局会议上主张将1959年钢的生产指标初步定为1300万吨。陈云的意见，随后被毛泽东和中央政治局所接受。

就好了，不要按五千亿斤安排，按四千五百亿斤安排。当廖鲁言说农村主要是没有那么多劳动力时，毛泽东说：今年应该安排机器和化肥，明年要把机器解决一下。搞工业的人不要只搞工业，要支援农业，多搞一点农业机器。要把农业机械分出来，搞一个小组，由总理专管，总理管不了我来管。把农业机械和其他机械放到一起，就把农业机械挤掉了。现在要搞个机构，管机械、化肥和水利。最后，毛泽东讲话。他说：本来是一些好事，因为一些指标一高，每天处于被动。工业指标，农业指标，有一部分主观主义，对客观必然性认识不足。工业也好，农业也好，指标我们都是同意了的，比如去年十二月武昌会议的两千万吨钢。到了今年一月，有些同志以陈云同志为代表，提出两千万吨难于完成。可是那个时候还难于改变，因为还是一月份，人们还想大干一番。那个时候可以转一下，转得比较主动些，但是要转成上海会议的一千六百五十万吨的指标不可能，转成现在的一千三百万吨也不可能。世界上的人，自己不碰钉子，没有经验，总是不转弯。他说：食堂，保持有三分之一，或者四分之一，或者五分之一的人吃就好了。现在食堂的问题没有完全解决，我想出去跟省委书记谈一谈。粮食要给本人，食堂自愿参加，不愿意参加可以不参加，这样就主动了。剩下一个宣传问题还不主动。过去开了那么大的腔，现在要想一个办法转过来。那么高的指标，吹了，不要了。我们自己立一个菩萨，就在那里迷信这个菩萨。要破除迷信，什么两千万吨钢，多少万担棉花，根本不理。一个时候，我们自己头脑发昏。农业以后不要公布产量了。工业，明年的指标切记不可高，我看大体就是今年的指标，低一点也可以，搞一个马鞍形嘛。一九五六年的错误就是不应该公开反“冒进”，至于把一九五七年的指标降低，完全正确，不降低不好。一九五七年不降低，一九五八年不可能跃进，因为没有物质基础。要存一点力量，人也缓和一点，不要那样人为的紧张，每天那样紧张，每天完不成任务。新问题会不断出现，要随时注意新问题，发现新问题。许多问题是料不到的。谁知道吹“共产风”？根本不管价值法则、等价交换，一办公社，“共产风”就吹出来了，没有料到。现在落实到一千三百万吨钢，我也没有料到。粮食去年大丰收，今年大紧张，也没有料到。虽然出了这么多乱子，但是最大的成绩是自从去年北戴河会议以来，各级党委注意搞经济了，包括工业、农业、商业。权力下放也是我们干的，那个时候好像是越放得多越好，现在又收回了相当一部分，人权、财权、商权、工权都要收。现在我看一直到公社都要控制。过去就是片面性，只注意高炉、平炉的生产设备能力，煤的账不算，焦炭的账不算，矿石的账不算，容积也不算，运输也不算。真正一算，从前那么高的指标就不行。不晓得讲了多少年的有计划按比例发展，就是不注意，不是综合平衡。各个工业部门的联系，工业部门跟农业部门的联系，重、轻、农的联系，就没有顾到。今年还可以抓七个月，这七个月就要搞平衡。毛泽东说：最大的胜利就是这些失败，就是这些主观主义的教训。我到井冈山，头一仗就是打败仗，这是一个好经验，吃了亏嘛。

6月15日 下午，在中南海游泳池住处召开会议，听取彭德怀关于率中国军事友好代表团访问波兰等八个国家情况的汇报，刘少奇、周恩来、林彪、彭真、黄克诚出席。

6月16日 晚上，听取谭震林关于农村情况的汇报，邓子恢、廖鲁言参加。

6月17日 晚上，和刘少奇在中南海勤政殿会见哥伦比亚议会代表团，郭沫若、廖承志、章汉夫等在座。毛泽东说：我们有相同的地方，我们两个国家都是爱好和平的国家，拉丁美洲国家都是爱好和平的。虽然我们两国的社会制度不同，意识形态方面不同，但是我们两国人民还是可以做相互帮助的朋友。在谈到中国人口增长速度快时，他说：过去也曾经把这看作一个问题，现在并不一定是这样。人不仅是个消费者，首先他是个生产者，生产是可以超过消费的。这个人口问题还需要研究研究。一切东西都可以有计划，为什么人口生产就要无政府主义，这不好。

同日 起草中共中央批语，将陶铸六月十五日关于中山县社员代表大会一些情况的报告转发各省市区党委参考。并批示："刘、彭真、震林阅后，尚昆办。办后，退江青阅。"陶铸报告汇报了他在中山县参加张家边公社社员代表大会所接触到的一些问题：（一）要解决口粮标准、干部作风等影响群众情绪的问题，进一步调动社员的积极性。（二）张家边群众对夏收后留够口粮的要求非常强烈。（三）对供给制和食堂的存废问题，必须迅即加以合理解决。今后应少许包一点，既不损害按劳分配的原则，又能体现一种共产主义的互助精神。食堂问题，今天要发展家庭畜牧业，不允许社员自己回家搞伙食，是困难的。（四）由于在农业生产方针与技术措施上某些不当造成的群众对领导的不满情绪，如何加以彻底消除，是改进目前领导与群众关系的一个重要问题。（五）必须使体制下放彻底，给予个人一定范围内的小自由，并迅速宣布固定不变。这是目前安定农民生产情绪与提高生产积极性很重要的一个问题。

同日 批示杨尚昆：用大号字印发苏联《政治经济学教科书》（第三版）下册，分订为五册，分送中央一级、省市区党委一级的主要负责同志阅读，首先送中央委员、候补委员，每人一份。一个月内印出。并请告少奇、彭真、恩来同志。

6月18日 为中共中央起草对《中共中央关于社员私养家禽家畜和自留地等四个问题的指示》的补充指示。全文如下："各省、市、自治区党委：中央收到湖南省委、甘肃省委和吉林省委对于中央六月十一日关于自留地等四个问题的指示规定，提出了一些意见，要求按照各地实际情况，在各县出布告时允许作某些改变。中央认为这是可以的。中央认为只要不违反六月十一日指示的根本精神，应当允许各地按照实际可行的情况，作出适当的修改。”次日晨三时，批示：“即送刘、周、彭真阅，尚昆用电报发去。发后，再送子恢、震林、鲁言一阅。”

同日 下午，和刘少奇在中南海颐年堂会见智利共和国前副总统贝特雷加尔和夫人，张奚若在座。贝特雷加尔说他这次来中国，主要是为了建立智中贸易，其次才是旅行。毛泽东说：你把这件事做好了，是很好的事情。现在在贸易上开了头，以后就好了。在贸易上开了头，不仅对智利，而且对中美洲、南美洲各国都有影响，我们希望同这些国家发展文化、贸易关系。

6月19日 上午，同胡乔木、吴冷西谈关于报刊宣传问题〔1〕。毛泽东提出召开政治局会议讨论这个问题。

同日 下午，同周恩来、张闻天、廖鲁言谈中缅边界问题。

6月20日 晨，阅新华社六月十八日编印的《内部参考》第二八〇一期刊载的《广东水灾继续发展全省工作中心转入抗洪救灾》和《广州市人民极度关心汛情的发展》两篇报道，批示：“乔木、冷西同志：广东大雨，要如实公开报道。全国灾情，照样公开报道，唤起人民全力抗争。一点也不要隐瞒。政府救济，人民生产自救，要大力报道提倡。工业方面重大事故灾害，也要报道，讲究对策。此件阅后退回。”报道说：广东省遭遇解放以

〔1〕 毛泽东在1959年6月13日召集的会议上，指出宣传问题还不主动，过去开了那么大的腔，现在要想一个办法转过来。14日，彭真召集中共中央书记处部分成员和中央宣传部、人民日报社、新华社、《红旗》杂志社的负责人开会，研究当前经济工作方面的宣传问题。会议决定由胡乔木、周扬、吴冷西准备一个关于宣传问题的文件。

来最大的洪水，灾情严重，损失巨大。抗洪救灾，已成为广东省一切部门的中心工作。省委要求一切部门像过去对待战争那样对待这一工作，人员、物资调拨都要服从救灾需要。广州市绝大部分干部和群众已用实际行动来支援灾区。

同日 阅李先念转报的张体学〔1〕六月十六日关于小麦入库、分粮到户及抓手工业等情况的电话汇报记录，批示：“此件请尚昆用电报发各省、市、区党委研究。粮食要分到户。另要大抓副食品、日用工业品，恢复手工业。”张体学在汇报中说：湖北的小麦已快打完了，入库进展不算很快，正在抓。粮食以人分等定量到户后，情况大变，小队干部和农民欢天喜地，大队和公社干部仍有少数思想不通。现在省委的决定直接与群众见面了，可以办得通。渔民已经归队不少，一些河湖里开始有人捕鱼了。抓了一下手工业之后，产品有所增加。

同日 阅洪学智、张国华〔2〕六月十五日关于西藏山南的情况给中央军委并黄克诚的报告，批示：“此件请尚昆转发各省、市、区党委，各军区。另印发各中央委员、候补中央委员。”报告的主要内容是：一、山南是西藏地区靠近边境的一个农业区。寺庙、贵族、政府三大领主除通过占有土地进行剥削外，还以各种不同名目向群众掠夺。二、目前在山南流窜的叛乱分子约一千多人，主要是从外区逃来的和本区少数坚决与我为敌的骨干和坚决分子。三、山南群众总的情况是好的，能积极支援平叛，进行生产。四、根据当前叛乱分子活动情况和其他方面的情况，目前

〔1〕 张体学，当时任中共湖北省委书记处书记（1960年11月任常务书记）、湖北省省长。

〔2〕 洪学智，当时任中国人民解放军总后勤部部长。张国华，当时任中共西藏工委副书记、西藏自治区筹备委员会第二副主任委员、中国人民解放军西藏军区司令员。

清剿的方针应是放手发动群众，政治争取结合军事打击。

同日 下午，同赵尔陆谈话。

同日 晚上，听取彭真、胡乔木、吴冷西汇报当天下午中共中央政治局会议讨论报刊宣传问题的情况。毛泽东说：我们不能务虚名而得实祸。现在宣传上要转，非转不可。

6月21日 晨一时，乘专列离开北京。上午九时到达邯郸，在专列上同中共邯郸地、市委书记谈话。下午三时到达郑州。毛泽东打电话给北京，提议在庐山召开省市委书记座谈会，征求中央政治局常委的意见。当天晚上刘少奇召开会议进行讨论，同意这个提议。

6月22日 晨六时半至上午九时，在停靠郑州的专列上同中共河南省委负责人吴芝圃、史向生、赵文甫、杨蔚屏、戴苏理〔1〕谈话。毛泽东说：认识是逐步深入的。去年大家头脑热，上上下下一起热，一热就充公。有一些所谓“观潮派”，其实不是观潮派，他是老实人。那些人比我们厉害，他们说这样吃不行！这个教训大啦，公社教训，粮食教训，农业教训，工业教训。公社教训就是群众路线的问题，脱离群众，刮“共产风”。哪一件事情触怒了群众呢？就是刮“共产风”。“共产风”刮过来容易，刮回去就难。你们要用群众路线的方法，不要用不退就撤职的办法。粮食，今年的吃法、收法、管法、用法，都不同了。收要精收，颗粒还家；管是分散管，农民个人的由他家里自己去管；吃法就是以人定量，自愿参加，完工吃饭，旷工交钱，吃饭不要钱同吃饭要钱相结合。要抓紧，明年的春荒能够避免就好

〔1〕 史向生，当时任中共河南省委书记处书记。赵文甫，当时任中共河南省委书记处书记、河南省副省长。杨蔚屏，当时任中共河南省委书记处书记。戴苏理，当时任中共河南省委常委、秘书长。

了。当河南省委负责人说由于挖河，修公路、铁路，搞基本建设，耕地面积减少了时，毛泽东说：河不是每年都要挖，公路将来会更发达，工厂占地、房屋占地还会要多，所以一方面是广种薄收，同时要注意精耕细作，重点放在大面积高产上，不要放在少数“卫星”。综合平衡这个思想要普遍提倡。农业里头，有粮、棉、油、麻、丝、茶、果、菜、烟、蔗、药，这十一样要综合平衡，都要有一点，一个县要都有这些，至少一个专区得都有这些。总而言之，你们去搞综合平衡。这是讲农林牧副之农。至于林，无非是有计划地来造，没有林也不成其为世界。牧也多，马牛羊，鸡犬豕，还有骡驴，要来他一个综合平衡。此外还有个副业。要抓小集镇和城乡商品交流。搞点自由市场，开头难免混乱一下，无非是有黑市，高价，也没有什么可怕，然后来一个适当的管理。现在搞得这样死，不论哪一个省，公社化以后，小东西买不到了。家庭副业，生产队搞的手工业，县城以外的小镇要活跃起来。省和县都要把手工业搞起来，把小市场恢复起来。工业方面是，一个综合平衡，一个品种规格，一个质量，一个管理。综合平衡，就是工业方面的“农林牧副渔”。你要搞钢铁，不能只看到小高炉、小转炉，要看到炼焦炉。不搞好洗煤，炼焦，质量没有法子提高。我们搞了十年，八年有综合平衡，第九年（北戴河会议以后）忘记了，现在又恢复了。钢的产量指标，上海会议以后，到北京就落实了。为什么落实了呢？没有那么多东西。回头一想，才晓得缺哪一样都不行。明年这一年跃进口号是不是放弃？明年这一年要着重在品种、规格、质量。数量也是重要的，但着重之点要放在品种和质量，缓过一口气来。去年把材料用光了，没有后备了，今年的头一个季度应该把指标放低。有鉴于此，明年第一季度指标要低。过去的雄心太大了，其志可嘉，就是办不到。明年恐怕要来一个“马鞍形”，所谓“马鞍形”，还是要增加，不是不增加。有些省比如河南、安徽，一般说来是工业不发达的，现在已经是很快了，太快了，我看不巩固。不许有计划外的，不管县的工业，还有什么工业，都要纳入计划。我们批评过“马鞍形”，那一年犯的错误主要是反“冒进”不妥，不是基建计划缩小不妥。这两年稳步前进，好像造房子一样，把地基筑稳固一点。权力下放太多了，有四个权要收回来，收到中央和省，一为人权，二为财权，三为商权，四为工权。比如人权，增加多少工人都由中央、省市控制，都要有计划，像去年一年增加两千万，那还了得？我讲的四权，是讲国家，至于集体，它那个所有权就是基本的队有，部分的社有，生产权是在生产小队。我看还是十五年或者少一点时间在主要工业产品的产量上超过英国，还提这个口号。主要工业产品不只是钢这一项。过去本来很适当的口号，现在不灵了，好像十五年赶上英国不过瘾。还有一个农业发展纲要四十条，好像也不过瘾了。要开关于多种经济的会议，首先是农林牧副渔的，每一类究竟有几项，开个单子，作点规划。经济工作的确是要搞细致一点，要各方面都考虑到。过去一年我们的缺点，就是往往搞了一面，把另一面，或者几面，或者几十面，都忘了。

同日 上午十一时四十五分离开郑州。晚上九时半到达湖北应山县（今广水市）广水镇，在专列上同前来迎接的王任重谈话，谈到农业的综合经营和发展速度问题，粮食问题，党和农民的关系问题，富日子当穷日子过的问题等。

6月23日 晨一时，乘专列离开广水。六时到达武昌，住东湖客舍（今东湖宾馆）。

同日 下午，在王任重陪同下，游长江。游泳后，在船上同王任重谈话，谈到读书、谈心、想问题，还谈了形势和任务。

6月24日 晨七时，在王任重陪同下，乘专列去长沙。途中同王任重谈话。毛泽东讲到春秋时期秦穆公在用大将孟明伐郑失败后，主动承担责任，继续重用孟明，后来在对晋国的战争中取得胜利的故事。他说：决策错了，领导人要承担责任，不能片面地责备下面。领导者替被领导者承担责任，这是取得下级信任的一个很重要的条件。他还说：国乱思良将，家贫思贤妻〔1〕。陈云同志对经济工作是比较有研究的，让陈云同志来主管计划工作、财经工作比较好。我们有的同志思想方法比较固执，辛辛苦苦的事务主义，不大用脑子想大问题。有的部门、有的部长不大向我反映情况。当王任重说大概他们怕主席太累时，毛泽东说：不向我反映情况，我才最累。你把湖北的真实情况告诉我，我就不累了。他说：看来，利用全国人大开会的机会，把去年公布的那些数字和今年的生产指标修改一下就好了。失去了一个机会，造成目前的被动。

同日　下午二时半，到达长沙。在专列上同中共湖南省委负责人周小舟、周惠、胡继宗〔2〕等谈话，罗瑞卿参加。随后，游湘江，并登上橘子洲。来到橘子洲头完全小学，在操场上和围拢来的小学生一起照相。

6月25日　下午四时四十五分，从长沙到达湘潭，换乘汽车于晚七时左右到达故乡韶山，住韶山招待所（今韶山宾馆）。一路上，毛泽东对陪同的王任重、周小舟、罗瑞卿等谈起他一九二二年在长沙做工人运动的经历，谈起他指导的安源路矿工人罢工，等等。到了韶山，在招待所院子里，谈到发动秋收起义、组建人民军队、创建井冈山根据地的情景。晚饭后，同王任重等谈

〔1〕 见《增广贤文》。这个成语，在《史记·魏世家》中为："家贫则思良妻，国乱则思良相。"

〔2〕 周惠、胡继宗，当时任中共湖南省委书记处书记。

起开始创建井冈山根据地的时候，政策很“左”。他说：我自己就亲手烧过一家地主的房子，以为农民会鼓掌赞成，但是农民不但没有鼓掌，反而低头散去。革命才开始的时候，没有经验是难免要犯错误的。去年刮“共产风”，也是一种“左”的错误。没有经验，会犯错误，碰钉子，不要碰得头破血流还不肯回头。

6月26日 晨五时，径自朝招待所附近的小山上走去，来到父母亲墓前。接过身边工作人员采自路边的一束松枝，神情肃穆，敬献在墓前，三鞠躬，说：前人辛苦，后人幸福。当地干部问要不要把坟墓修一下，毛泽东说：不要了，添一下土就行了。返回招待所的途中，看望亲友，看旧居，又到韶山学校，和师生们合影。上午八时回到招待所，对罗瑞卿说：我们共产党人是彻底的唯物主义者，不迷信什么鬼神。但生我者父母，教我者党、同志、老师、朋友，还得承认。我下次来，还要去看看他们两位。

同日 下午，到韶山水库游泳。乘车前往水库途中到毛震公祠祠堂，在祖宗牌位前三鞠躬，对身边工作人员说：菩萨是迷信，但烈士墓和祖宗牌子是个纪念。晚上，请乡亲们吃饭，有长辈、老师、亲友和当地干部，有老党员、老自卫队员和革命烈士的家属。饭后，同王任重、周小舟、罗瑞卿谈话，说：要读马列主义，还要读点历史，读些古诗词。又说：计划工作必须搞综合平衡，经济建设必须鼓足干劲，又要实事求是，管理国家和管理家庭一样，要精打细算。

6月27日 中午，请来几家亲戚一起吃午饭。下午一时，乘汽车离开韶山，经宁乡回长沙。途中，两三次下车同群众交谈，了解基本核算单位、口粮、密植等问题，又在橘子洲下水，游湘江。

同日 晚上，在长沙会见程潜、唐生智、周世钊等，柯庆施、王任重、周小舟、罗瑞卿、谭余保[1]、周惠参加。

6月28日 从长沙给在武昌的周恩来打电话，商量在庐山召开会议的具体问题。同周恩来分析党内的思想情绪，认为人们头脑有些发热，需要冷静下来学点政治经济学。同时提出这次会议不要搞得太紧张，要适当注意休息。毛泽东说他选了一些供讨论用的题目，周恩来作了补充，意见基本一致。

同日 下午二时，在停靠长沙的专列上同周惠谈话，并让周惠在湖南省县委书记会议结束后上庐山参加中央召开的会议。

同日 下午四时十分，乘专列离开长沙去武昌。途中同王任重、周小舟、罗瑞卿谈话，内容包括要从困难处着想，学会把富日子当穷日子过，钢和粮食指标，公共食堂等问题。

6月29日 晨一时，到达武昌，住东湖客舍。

同日 下午，在武昌“江峡”轮上召开协作区主任会议，刘少奇、周恩来、林伯渠[2]、柯庆施、李井泉、王任重、欧阳钦、林铁、张德生、田家英出席。毛泽东在会上讲话[3]，提出庐山会议准备讨论的十四个问题。这十四个问题是：一、读书。高级干部读《政治经济学》，给县、社干部另编《好人好事》、《坏人坏事》和《党的政策》三本。二、形势。好转没有？何时好转？三、今年的工作任务。四、明年的工作任务。五、四年的任务（五年计划的框子）。六、当前的宣传问题。七、食堂问题。八、综合平衡。九、工业和农副业中的群众路线。十、国际形势。十

---

〔1〕 谭余保，当时任中共湖南省委书记处书记兼监察委员会书记、省委党校校长。

〔2〕 林伯渠，当时任中共中央政治局委员、全国人大常委会副委员长。

〔3〕 在现存的档案材料中，这次讲话，和毛泽东1959年7月2日在庐山中共中央政治局扩大会议上的讲话，合并整理为一个讲话记录稿，共18个问题，本书将其内容记在7月2日条中。

一、生产小队的半核算单位问题。十二、基层党团组织领导作用问题。十三、粮食三定政策。十四、如何过日子?

6月30日 下午一时四十分，乘“江峡”轮离开武昌。晚十一时半，到达九江。同船的有刘少奇、周恩来、朱德、林伯渠、柯庆施、李井泉、王任重、欧阳钦、林铁、张德生等。在船上，曾同王任重、田家英谈话，谈到密植、食堂、农业劳动生产率等问题。

6月下旬 作《七律·到韶山》:“别梦依稀咒逝川，故园三十二年前。红旗卷起农奴戟，黑手高悬霸主鞭。为有牺牲多壮志，敢教日月换新天。喜看稻菽千重浪，遍地英雄下夕烟。”在这首诗的前面，毛泽东写有小引:“一九五九年六月二十五日到韶山。离别这个地方已有三十二周年了。”

6月 阅新华社六月三日编印的《内部参考》第二七八八期，写批语:“退江青。此期我已全部看过。第一条新闻，你可以看一看。”第一条新闻是《目前急需做好煤炭生产的准备工作》。这条新闻说:据记者从煤炭工业部在抚顺召开的现场会议上了解，生产准备不足，是当前煤炭工作中一个突出的问题。生产准备落后的原因，除生产成倍地增长，给掘进工作带来一定的困难外，主要是领导思想上有重采煤轻掘进的片面观点，致使采掘不平衡的情况越来越严重。其次，违反技术政策，乱采乱掘，工程质量降低，巷道失修，对生产准备工作影响也很大。

同月 阅李先念六月十一日关于一九五九年社会商品购买力和商品供应量之间的平衡情况的报告。对报告中的“今年全国工农业生产还在继续大跃进，但是截至目前为止，市场供应方面，不论粮食、副食品和日用工业品，供应情况都是比较紧张的。几个月来根据中央历次会议的精神，全党在农副产品收购方面，在日用工业品生产方面，都做了许多工作，但是至今没有得到根本好转”这段话，毛泽东批注：“没有根本好转，但是已经开始了好转。再有几个月，根本好转就会来了，这是明白无疑的。”

同月 阅新华社六月十六日编印的《参考资料》第二九三五期刊载的第一条新闻《印新处报道印度和尼泊尔的联合声明》。联合声明是由印度总理和尼泊尔首相六月十四日在加德满都发表的。对联合声明中的“总理和首相还确信，为了和平的利益以及为了民族的和人类的进步，任何一个国家都不应该受到另一个国家的统治，殖民控制，不管是什么形式，都应该结束”这句话，毛泽东写批语：“尼泊尔不满印对它的控制，在这里，印度方面似已作出了一种让步，以便拉住尼泊尔。”

同月 阅新华社六月十八日编印的《东南亚和中近东情况》(《参考资料》专辑）第十八期，批示林克：“有两三条日本消息，值得一阅。”两三条日本消息，指《〈香港时报〉评日本地方选举》、《美报掩饰日反动势力在地方选举中的失败》、《东京裁判所对砂川事件的判决鼓舞了人民斗争》。第一条消息指出，这次选举结果显示日本保守势力有“退潮”的象征，日本舆论对选举中违法和贿选现象层出不穷极为不满。第二条消息说，《纽约时报》发表一篇社论，吹嘘日本反动势力的“胜利”，掩饰其在地方选举中的失败，为美日反动派打气。第三条消息说，《日本新闻周报》发表文章，指出东京地方裁判所对砂川农民为反对扩大美军基地举行游行示威这一事件作出“美军驻扎在日本是违反宪法的”判决，大大鼓舞了日本人民要求废除《日美安全条约》的斗争。

7月1日 晨，在九江下船登岸，乘汽车上庐山，住180别墅（美庐)。

同日 上午，同林克读英语。其间谈到李白的诗《庐山谣寄卢侍御虚舟》和苏轼的诗《题西林壁》。

同日 下午，在庐山住处同李先念、李井泉、欧阳钦、赵尔陆谈话。

同日 作《七律·登庐山》："一山飞峙大江边，跃上葱茏四百旋。冷眼向洋看世界，热风吹雨洒江天。云横九派浮黄鹤，浪下三吴起白烟。陶令不知何处去，桃花源里可耕田？"

7月2日—8月1日 在江西庐山主持召开中共中央政治局扩大会议。这次会议和紧接着召开的中共八届八中全会，通称庐山会议。

7月2日 下午，在庐山住处召集部分中共中央领导人和各协作区主任开会，刘少奇、周恩来、朱德、李富春、彭德怀、李先念、谭震林、柯庆施、李井泉、陶铸、王任重、欧阳钦、林铁、张德生、杨尚昆出席。会议研究这次中央政治局扩大会议要讨论的问题和会议的开法。关于要讨论的问题，毛泽东除在六月二十九日提出的十四个问题外，又增加了四个问题，共十八个问题。增加的四个问题是：农村初级市场的恢复问题；体制问题，即收回财权、人权、工权、商权，由中央和省市两级控制，反对无政府主义；协作关系问题；加强工业管理和提高商品质量问题。关于会议的开法，决定先开几天座谈会，讨论以上问题，然后再开两三天大会，通过必要的文件。毛泽东在会上讲话。讲话整理稿的主要内容如下：一、读书。有鉴于去年许多领导同志，县、社干部，对于社会主义经济问题还不大了解，不懂得经济发展规律，有鉴于现在工作中还有事务主义，所以应当好好读书。八月份用一个月的时间来读书，或者实行干部轮训。中央、省市、地委一级委员，包括县委书记，要读苏联《政治经济学教科书》（第三版）。对县、社干部，山东、河北的想法，是给他们编三本书：一本是好人好事的书，一本是坏人坏事的书，第三本是中央从去年到现在的各种指示文件（加上各省的），有系统地编一本书。我们提倡读书，使这些同志不要像热锅上的蚂蚁，整年整月陷入事务主义，搞得很忙乱，要使他们有时间想想问题。去年有了一年的实践，再读书会更好些。二、形势。国内大形势还好，有点坏，但还不至于坏到“报老爷，大事不好”的程度。八大二次会议的方针要坚持。总的说来，像湖南省一个同志所说的，是两句话：“有伟大的成绩，有丰富的经验。”〔1〕实际上是：有伟大的成绩，有不少的问题，前途是光明的。基本问题是：（一）综合平衡；（二）群众路线；（三）统一领导；（四）注意质量。四个问题中最基本的是综合平衡和群众路线。要注意质量，宁肯少些，但要好些、全些，各种各样都要有。去年“两小无猜”（小高炉、小转炉）的搞法不行，把精力集中搞这“两小”，其他都丢了。去年大跃进、大丰收，今年是大春荒，现在形势在好转。去年这时很快地刮起了“共产风”，今年不会刮，比去年好。明年“五一”可以完全好转。去年人们的热情是宝贵的，只是工作中有些盲目性。在大跃进形势中，包含着某些错误，某些消极因素。现在虽然存在一些问题，但是包含着有益的积极因素。去年形势本来很好，但是带有一些盲目性，只想好的方面，没有想到困难。三、今年任务。四、明年任务。五、四年任务。（这三个问题，毛泽东是合在一起讲的——编者注）今年钢的产量是否定一千三百万吨？能超过就超过，不能超过就算了。十五年内主要工业产品的数量赶上和超过英国的口号还要坚持。总之，要量力而行，留有余地，让下面超过。过去安排是重、轻、农，这个次序要反一下，现在是否提农、轻、重？过去是重、

〔1〕这是中共湖南省委书记处书记周惠1959年6月22日代表省委在湖南省县委书记会议开幕会上所作的报告中说的。原话是：“去年的成绩极其伟大，经验教训极其丰富，当前的问题也不少，前途无限光明。”

轻、农、商、交，现在强调把农业搞好，次序改为农、轻、重、交、商。这样提还是优先发展生产资料，并不违反马克思主义。重工业我们是不会放松的，农业中也有生产资料。重工业要为轻工业、农业服务。过去陈云同志提过：先市场，后基建，先安排好市场，再安排基建。有同志不赞成。现在看来，陈云同志的意见是对的。要把衣、食、住、用、行五个字安排好，这是六亿五千万人民安定不安定的问题。这样有利于建设，同时国家也可以多积累。赞成成立第三机械工业部，来管农业机械，搞农业机械设计院。现在讲挂帅，第一应该是农业，第二是工业。饲料要有单独的政策。农业问题，一曰机械，二曰化肥，三曰饲料。农、轻、重问题，把重放到第三位，放四年，不提口号，不作宣传。工业要支援农业，明年需要多少化肥、多少钢材支援农业，这次会议要定一下。积极性有两种：一种是实事求是的积极性，一种是盲目的积极性。红军的三大纪律，现在有两条还有用："一切行动听指挥"，即统一领导，反对无政府主义；"不拿群众一针一线"，即不搞一平二调。总的说来，群众生活提高了，文化水平也提高了。共产主义风格有两种：一种是真要搞共产主义；另一种是事情归他办，权力都归他，他就说是"共产主义"，归人家就是"资本主义"，这种占多数。对那些摧残人民积极性的官僚主义就是要整一下。六、宣传问题。去年有些虚夸，四大指标定高了，弄得今年不好宣传，现在有些被动。如何转为主动？上海会议时，有人提出，利用开人民代表大会的机会，把指标改了。后来没有这么做。现在看来失掉了点时机，但不要紧。指标改不改？看来改一下好。粮食是否以后不公布绝对数字。今后钢的产量不算小转炉的，铁不算土铁。七、综合平衡问题。大跃进的重要教训之一、主要缺点是没有搞平衡。在整个经济中，平衡是个根本问题，有了综合平衡，才能有群众路线。有三种平衡：农业内部农、林、牧、副、渔的平衡；工业内部各个部门、各个环节的平衡；工业和农业的平衡。整个国民经济的比例关系是在这些基础上的综合平衡。八、群众路线问题。九、工业管理问题。特别要强调质量问题，应该争取在一二年内解决。十、体制问题。“四权”〔1〕下放多了一些，快了一些，造成混乱，有些半无政府主义。要强调一下统一领导、集权问题。下放的权力，要适当收回，收回来归中央、省市两级。对下放要适当控制，不可过活。十一、协作关系。划区协作倒把原来的协作关系打乱了，搞了大的，挤了小的。搞体系，工厂要综合发展，公社要工业化。十二、公共食堂。要积极办好。按人定量，分粮到户，自愿参加，节余归己。吃饭基本上要钱。在这几项原则下，把食堂办好，不要一哄而散，保持百分之二十也好。食堂要小，形式要多种，供给部分要少些，三七开或四六开，可以灵活些。食堂和供给制是两回事。十三、学会过日子。包括农村、城市，要留有余地，富日子当穷日子过，增产节约。有些地方生产不见得比别处多多少，但只要安排得好，日子好过。今年不管增产多少，估计增产一点，还是按去年四千八百亿斤或者再少一些的标准安排过日子。口号是：富日子当穷日子过。十四、三定政策。定产、定购、定销，群众要求恢复，看来是非恢复不可。政策三年不变，定多少，这次会议要定一下。增产部分四六开，征四留六，有灾照减。自留地不征税。十五、恢复农村初级市场。十六、使生产小队成为半核算单位。十七、农村党的基层组织领导作用问题。基层党的活动削弱了，党不管党，只管行政。十八、国际问题。要统一思想，对去年的估计是：有伟大成绩，有不少问题，前途

〔1〕 指中共中央和国务院自1957年以来为改进财经工作的管理体制而下放的人、工、财、商四大管理权限。

是光明的。缺点只是一、二、三个指头的问题。许多问题是要经过较长的时间才看得出来的。

同日 庐山会议印发《讨论问题》（共十八个问题）和分组名单，分为六个组：华北组，华东组，华中、华南组，西南组，西北组，东北组。华中、华南组组长陶铸、副组长王任重，其他五个组的组长分别为该协作区的主任林铁、柯庆施、李井泉、张德生、欧阳钦。

同日 批示林克："《草字彙》，清人石梁编，集汉章帝以下八十七家草法。请林克嘱北京搜购一本，送此。"

7月3日 晨一时，阅李先念起草的中共中央关于在大中城市郊区发展副食品生产的指示稿〔1〕后，批示："此件阅过，有所修改，是一个好文件。请先念再打清样，校对勿错。改处有错误时，请先念动笔改正，我不看了。然后送交刘、周、朱、谭震林、彭德怀、胡乔木六同志阅过，交尚昆印发庐山到会各同志，另用电报即发各省、市、区党委。勿误为盼！"并为中央起草通知："中央批准李先念同志领导在上海召开的关于彻底解决副食

〔1〕这个指示稿说，为了早日缓和副食品供应紧张的情况，中央特作如下指示：一、解决大中城市副食品供应问题的根本途径，在于城乡并举组织发展副食品生产。二、必须大力加强郊区副食品生产基地的建设，凡是城市郊区都应当为城市生产副食品。三、发展郊区的副食品生产，应当以蔬菜和猪肉为纲，带动其他，全面发展。四、既要发展国营和集体经营的副食品生产，又要允许社员个人饲养家畜家禽和进行其他副食品的生产。五、必须做好副食品的收购供应工作。六、大中城市党委对于郊区的农业生产，必须全面规划，加强领导，实行农工交商四项并举的方针。七、加强大中城市郊区的副食品生产，丝毫也不应当削弱广大农村的副食品生产。这个指示于1959年7月4日下发。

品问题及手工业问题的会议的报告[1]及代中央起草的指示，现在发给你们，望你们彻底遵照执行。先发副食品指示，后发手工业指示[2]。”毛泽东对李先念起草的关于副食品生产的指示稿作了修改。将指示稿中的“大中城市党委，对于郊区农业生产，必须全面规划，加强领导，必须实行工农商并举的方针。既要管好工业（这是城市的重点），也要管好农业；既要管好生产，也要管好流通”这段话中的“必须实行工农商并举的方针”，改为“必须实行农工交（交通）商四项并举的方针”，并在这段话后加写：“为要流通，交通运输必须相应地办起来。城市当然以工业为重点，但现在是处于副食品严重不足的时期，必须强调郊区的农业。所谓农者，指的农林牧副渔五业综合平衡。蔬菜是农，猪牛羊鸡鸭鹅兔等是牧，水产是渔，畜类禽类要吃饱，才能长起来，于是需要生产大量精粗两类饲料，这又是农业，牧放牲口需要林地、草地，又要注重林业、草业。由此观之，为了副食品，农林牧副渔五大业都牵动了，互相联系，缺一不可。”将指示稿中的“无产阶级专政的国家，一定可以做到有菜吃，有肉吃，有

---

〔1〕 李先念的报告说：我们于6月18日到23日在上海召开了全国大中城市副食品和手工业品生产会议。在副食品生产方面，会议一致认为，总的方针应当是城乡并举，除了乡村大力发展副食品生产支援城市以外，大中城市也应当执行“自力更生为主，力争外援为辅”的方针。在手工业生产方面，目前的中心任务是在国庆节至迟年底前，把日用手工业的品种、质量恢复到去年8月以前的水平，数量上则要争取超过。至于手工业的所有制，可以采取基本不动、个别调整的原则，大多数维持现状。只有少数单位需要退回到集体所有制，个别的需要退回到个体经营。手工业产品、服务方式、生产过程、所有制都要多样化，才能适合客观需要。在恢复和发展手工业的同时，对公社工业应当进行整顿。

〔2〕 中共中央关于手工业问题的指示，于1959年8月5日下发。

鱼吃，有蛋吃。我们应当有志气、有决心做到这一点，也应当有信心做到这一点”这段话，改为：“无产阶级专政的国家，一定可以做到有菜吃，有油吃，有猪吃，有鱼吃，有菜牛吃，有羊吃，有鸡鸭鹅兔吃，有蛋吃。我们应当有志气、有决心做到这一项在政治上经济上都有伟大意义的社会主义事业，也应当有信心做到这一项事情。一切为了人民利益，望各级党委接到这个指示以后，精心筹划，立即动手办起来。不但大中城市，县城及四乡集镇都要照此办起来。各级党委要有一个专门管副食品的书记或精心从事的干部。”毛泽东的批示、起草的通知和上述指示、报告作为庐山会议文件印发。

同日 晨一时半，对已印发会议的《讨论问题》（共十八个问题）作修改后，批示杨尚昆：“此件再印，换发，原发件收回。”毛泽东这次修改，将题目改为《庐山会议讨论问题》，增加了一个问题——“团结问题”，对原有的某些问题补充了一些内容。修改后共十九个问题：一、读书。二、形势。三、今年的任务。四、明年的任务。五、四年的任务。六、宣传问题。七、综合平衡问题。八、群众路线问题。九、建立和加强工业企业的各项管理制度和提高工业产品的质量问题。这两个问题，都是极大的问题，立即抓起，一年完成，某些两年完成。十、体制问题。即人权、工权、财权、商权问题。十一、协作区关系问题。十二、公社食堂问题。十三、学会过日子问题。十四、三定政策。十五、农村初级市场的恢复问题。十六、使生产小队成为半基本核算单位。（即要它负担一部分发工资的任务。允许生产小队之间，由于生产和经营的好坏，可以在工资、口粮、肉食上有差别。）十七、农村党团基层组织的领导作用问题。十八、团结问题。中央至县委。十九、国际问题。

同日　下午，同聂荣臻[1]、曾希圣、江渭清、江华[2]谈话。

7月4日　就中共中央宣传部六月二十九日编印的《宣教动态》一九五九年第四十七期刊载的《几篇论述大跃进经验教训的文章》的材料[3]（该刊第二至七页）和《对我国几年来工业生

〔1〕聂荣臻，当时任中共中央科学小组组长、国务院副总理兼国家科学技术委员会主任、国防部国防科学技术委员会主任、国防委员会副主席。1959年9月又任中共中央军委副主席。

〔2〕江华，当时任中共浙江省委第一书记、浙江省政协主席、中国人民解放军浙江省军区政治委员（1960年6月改称第一政治委员）。1961年2月又任中共中央华东局书记处书记。

〔3〕这篇材料说：最近有些省市理论刊物公开发表了有关论述大跃进经验教训的文章。山西《前进》杂志1959年第6期社论《论社会分工与协作》指出，大跃进中出现了某些社会分工和协作关系被打乱的不正常现象，在目前阶段各地区不应强调建立一套工业体系，对待手工业改组要慎重，不能盲目地发展“卫星”厂，不能片面强调人人当“多面手”。广东《上游》杂志1959年第11期发表的陶铸的《总路线与工作方法》一文指出，广东经济建设速度1957年慢了一些、1958年下半年又过快了一些，不能把钢铁生产强调到无限制的程度，广东最近两年仍要贯彻执行农业为主的方针，万事仰求人的情况还不可能一下子改变。北京《前线》杂志1959年第12期社论《注意综合平衡，争取不断跃进》指出，现在国民经济出现许多不平衡，需要进行新的综合平衡工作；该刊1959年第11期社论《产品和产值的计划要同时完成》指出，目前某些工业部门在制订计划时，不是先规定产品计划而后算出产值计划来，而是先订一个产值的数字再去凑产品计划，结果产值计划虽然完成了，产品却不符合需要，完不成国家计划。

产增长速度忽高忽低的一种分析》一文〔1〕（该刊第八至十三页），批示杨尚昆："第二页起一篇，第八页起的一篇，共二篇，请即印发各同志。这两篇分开印，不要连在一起。"这两篇文章分别作为庐山会议文件印发。

同日 阅周恩来七月三日送阅的《一个"普通农民"给毛主席的信》及新华社浙江分社记者写的注。周恩来在附信中说："建议将这一封信及记者注印发到会同志。如同意，请批示尚昆办。"毛泽东批示杨尚昆办。这封信反映了中共桐庐县委领导在虚报产量、包产不落实、不顾粮食短缺强迫恢复食堂、不顾耕地情况盲目强调多种番薯等问题上的形式主义、强迫命令和虚报浮夸。新华社记者写的注说：具名"普通农民"给毛主席写这封信的，是桐庐县新登公社人人叫好的一个生产队长卞竺生，他最近两年所受的待遇是不很顺当的。他原是浙江省第一届人大代表，去年下半年改选时，县里没有提他的名，原因是"右倾保守"。最近县里看他去年工作出色，并不是右倾保守的人，所以他又选上了县党代表大会代表。

7月5日 晨，为印发陈国栋〔2〕七月四日关于一九五九至一九六〇年度粮食分配和粮食收支计划调整意见的报告和李先念

〔1〕 这篇文章指出：1955年至1958年我国工业生产的发展波动较大；1957年工业生产增长缓慢的原因，除了指导思想方面的因素外，主要是上一年国家积累中固定资产和流动资产的比例关系有些失调；1958年流动资产积累在生产积累中的比重下降，影响了今年上半年工业生产；近几年来，国家储备有逐渐减少的趋势；原料工业同加工工业以及基本建设投资的增长不完全相适应；原料工业资源用于基本建设部分的比重逐渐提高，而用于生产部分的比重逐渐下降，只好动用了储备和库存。

〔2〕 陈国栋，当时任粮食部副部长、党组第一副书记。

七月五日为报送这个报告给毛泽东的信，写题为《粮食问题》的批语。批语指出：我基本上同意这个文件所述的意见。但觉："(一) 假定今年年成比去年确实好的情况之下，征购一千一百亿斤，力争办到，这是变被动为主动的第一着。""(二) 下年度销售计划，我感觉不但一千零二十亿斤，是太多了，这个文件上调整为八百五十五亿斤，似乎也略为多了一点。是否可以调整为八百亿斤，或者八百一十、二十亿呢?""(三) 多产粮，是上策。田头地角，零星土地，谁种谁收，不征不购，主要为了解决饲料，部分为了人用。恢复私人菜园，一定要酌给自留地。""(四) 好好地精细地安排过日子。是否可以按照一九五七年的实际产量安排过日子呢？一九五七年的日子不是过得还不错吗？这样做，农民的粮食储备就可以增得较多了。手里有粮，心里不慌，脚踏实地，喜气洋洋。""(五) 在今年秋收确实知道粮食比去年增产的情况之下，一定要划出牲口饲料、猪饲料两种，一定要比过去多些。……在三、五、七年以内，力争做到一亩田一头猪。一头猪就是一个小型有机化肥工厂。肥料的主要出路是猪，是一亩田一头猪。"陈国栋报告说：一九五九至一九六〇年度粮食收支计划，上海会议已经作了初步决定〔1〕，但是经过我们反复研究以后，觉得销售指标偏大了一些，需要作一些调整。我到庐山以后，听了先念同志传达主席对粮食问题的指示，得到很大启发。报告对一九五九至一九六〇年度粮食分配问题和收支计划问题，提出具体意见，认为上海会议确定的征购指标一千一百五十五亿斤虽然不小，但是只要做好工作，还是可以办到的。销售指标九百七十五亿斤则偏大了一些，需要进行调整，可以调整为八百五

---

〔1〕 1959年4月在上海召开的中共八届七中全会确定1959至1960年度的粮食收支计划是：征购商品粮1155亿斤，销售975亿斤。

十五亿斤。一九五八至一九五九年度粮食销量达到一千零二十亿斤，显然是不合理的。毛泽东的批语、李先念的信和陈国栋的报告作为庐山会议文件印发。

同日 阅张闻天六月二十七日在外交部务虚会议上的发言纪要《关于若干国际问题的意见》，批示："印发各同志，很可以一看。"发言纪要共四个问题：一、关于社会主义国家之间的差别的问题；二、对于一些民族主义国家的中间路线的问题；三、关于美英对外政策的变化的问题；四、关于总的形势问题。发言纪要说，"在西方许多共同利害问题上，英国同美国是一致反对我们的"。毛泽东在这句话后，加写一段话："但是在另外一些问题上，甚至是某几个极重要问题上，英美并不是一致对付我们，而是有严重分歧的。例如，打第三次大战问题，英国十分怕打，美国则有一部分人似乎有些想打。例如，英国对苏联较美国为接近，这是因为西德攻击英国很凶，美国挤英国地盘又相当利害的原故。例如，在两个中国问题上他们是一致的，而对于如果美中两国因台湾问题发生战争的话，英国是坚决反对的。"毛泽东的批示和张闻天的发言纪要作为庐山会议文件印发。

同日 阅中国人民解放军总政治部秘书处六月二十四日编印的《政治工作简报》一九五九年第一二四号刊载的《少数营团干部对经济生活紧张有抵触情绪》的材料，批示杨尚昆："此件请印发各同志。"材料说：据第四十二军政治部和海南军区政治部报告，有少数营团干部对经济生活紧张表示抵触和不满。他们认为经济生活紧张是全面的，长期不能解决的，否定成立人民公社的必然性和优越性，认为经济紧张是由于路线上有错误。在少数连排干部中，也有类似情况。毛泽东的批示和这个材料作为庐山会议文件印发。

同日 阅中共中央统战部整理的关于国家机关党外人士听了

国内经济情况解释后的综合反映的材料，批示："此件请尚昆印发各同志。"材料说：国家机关各部和农业科学院等单位的党外人士在听了中央关于大力紧缩社会购买力和解释当前国内经济情况指示的传达报告后，大多数人认为报告做得及时、正确、有说服力，解决了思想问题，相信党和政府的解释，认为当前的困难是暂时性的，是可以克服的。但也有少数人对于这个解释，仍有怀疑和不同的看法。具体表现在：（一）对去年大跃进仍有怀疑。（二）认为去年全民炼钢的口号不正确。（三）认为去年的群众运动有偏差。（四）认为人民公社化运动的速度太快了。（五）对物资出口表示不满意。（六）对市场供应紧张的原因有一些猜疑。（七）对宣传解释工作有一些意见。（八）对现行政策提出一些疑问。此外，也有人对厉行节约，紧缩开支，缓和当前市场供应紧张情况提出了一些建议。毛泽东的批示和这个材料作为庐山会议文件印发。

同日 阅章士钊七月三日关于刘柏荣〔1〕未能进入四川省文史研究馆一事的来信，批示："井泉同志：信三件〔2〕，请看一下。回去，着四川文史馆负责人认真处理一下。如无大不妥处，宜予吸收，使其整理所学，较为有益。如何，请酌办。"

同日 下午，游览庐山仙人洞。

7月8日 批示林克："请找一本袁枚的《子不语》，及《两般秋雨庵随笔》(忘作者名)〔3〕，交我为盼。"

7月9日 晚八时，同周恩来谈话。

---

〔1〕 刘柏荣，原为四川大学教授，后调入四川文史研究馆工作。

〔2〕 指章士钊1959年7月3日给毛泽东的信和此前刘柏荣写给章士钊的两封信。

〔3〕《两般秋雨庵随笔》的作者是清代梁绍壬。

同日 晚九时余，在庐山住处会见贺子珍。[1]

7月10日 下午，召开中共中央政治局委员和各组组长会议，各组汇报讨论情况，刘少奇、周恩来、朱德、李富春、彭德怀、李先念、谭震林、陈伯达、康生、柯庆施、李井泉、陶铸、王任重、欧阳钦、林铁、张德生以及杨尚昆、胡乔木、吴冷西、田家英等出席。毛泽东讲话。他说：这次会议初步安排到十五日，延长不延长到那时再定。关于形势问题，他说：对形势的认识不一致，就不能团结。要党内团结，首先要思想统一。党外右

---

〔1〕 1995年，毛泽东的卫士封耀松回忆说：1959年7月1日傍晚，我与毛泽东主席同车上庐山，住在180号院。在7月5日这天晚上，毛主席突然问我："小封，你什么时候值班？"我算了下，报告主席："7号、9号……"主席当时并没有再说什么，但他似乎在安排着一件事情。7月9日晚，约9点多，一辆轿车停在180号院楼下台阶边。我走到车边，打开车门，将一位女同志扶下来，与同车来的水静同志（江西省委第一书记杨尚奎的妻子——编者注）一起，把她扶进一楼的卫士值班室。我上去报告了主席。我下去与水静同志一起把那位女同志扶上楼来。水静先下去了。我回到卫士值班室。大约过了45分钟，主席按铃召我去。我给他们的茶杯里又加了水，绞了两条小毛巾放在桌上，看他们谈得很热烈，就下去了。水静同志说："小封，贺子珍同志身体不太好（至此，我才知道那位女同志是贺子珍），是从山下边刚接上来的。"这时，铃又响了。我上楼，搀下贺子珍同志，并告诉水静同志："主席要你上去一下。"水静同志上去，只一会儿，即下来与我一起搀着贺子珍上了车。看贺子珍的表情很高兴。她说："主席还像原来一样，只是老了一点，头发有点花白。"送走贺子珍，我上楼去，主席在屋里来回踱着步，对我说："小封，你看怎么办呢？这个同志把我的香烟、安眠药都拿走了。香烟倒还不要紧，安眠药她吃了，身体不行的。"又说："小封啊！这个女同志，是女中豪杰，人是很耿直的，就是缺少文化，本来身体很好的，让她不要去苏联，劝也劝不好，苏联卫国战争期间，生活很艰苦的！我们也不知道消息……"接着，主席让我打电话给水静同志，不要把安眠药给贺子珍吃了。次晨，水静同志来电话，说已将安眠药从贺子珍手中要回来了。我报告了主席，主席连连讲："好！好！"

派否定一切，说我们“人心丧尽了”，“修天安门前面的工程[1]，如秦始皇修万里长城”；说“过去历代开创的时候，减税薄赋，现在共产党年年加重负担”。所谓丧尽了，就是不仅资产阶级、地主，而且农民、工人都不赞成了。天津有些局长、科长议论，去年大跃进是“得不偿失”。是不是这样？有些同志缺乏全面分析，要帮助他们认识，得的是什么，失的是什么。比如说，为什么大跃进之后又发生市场大紧张。不要戴帽子，不要骂一顿了事。对这些党内外的议论，我们应该怎么看法？去年北戴河会议的时候，人心高涨，但埋伏了一部分被动。不论谁批评，都要承认当时有一部分缺点错误。简单来说，就是三千万吨钢，基本建设一千九百项，粮食增产一倍，办公社中刮“共产风”。这四件事搞得很被动。特别是公布了四大指标，自己设个菩萨自己拜。对农业生产的确估计过高，并且据此安排生活，有浪费。工业基本建设是搞多了，金木水火土分散了，工业生产指标过高，缺乏综合平衡。为了三千万吨钢，引起了各方的不满。现在我们有些被动，但也不是完全被动，不会因此垮台。我不相信公社会垮，可能垮一部分，以后再办。食堂即使垮了三分之一，也是好事。食堂准备留他一半，也是好事。垮了和坚持下来，我都赞成，两边都支持。其实，公共食堂在公社化之前就有了。关于总路线，他说：党内要团结，就要把问题搞清楚。有人说总路线根本不对。所谓总路线，无非是多快好省，多快好省不会错。多快是一条腿，好省又是一条腿。跃进中最大的问题就是夸大。使我们被动的问题是不该把四大指标公布。关于人民公社，他说：人民公社叫大合作社，或者说基本上还是高级合作社，就没有问题了。问题就是把公社看得太高了。关于怎样看待成绩和错误，他说：

---

〔1〕 指在天安门广场修建人民大会堂和中国历史博物馆。

我们把道理讲清楚，把问题摆开，也不戴帽子，什么“观潮派”、“怀疑派”、“算账派”、“保守派”等等，都不戴，总可以有百分之七十的人站在总路线下面。世界上的将军没有一个没打过败仗的。在三仗中打两个胜仗、一个败仗就是好的，有威信，两败一胜就差一些。打了败仗，可以取得经验。要承认缺点错误。从局部来讲，从一个问题说，可能是十个指头、九个指头、七个指头，或者三个指头、两个指头。但从全局来说，还是九个指头和一个指头的问题。北戴河会议时就埋伏了被动。经过郑州会议、武昌会议、上海会议到这次庐山会议，逐步认识了这些问题，腰杆子逐渐硬起来了。但是现在还有一部分腰杆子不能硬的，副食品总还不够吧，肉还不够吧，北京有一个时期每人每天四两蔬菜。在这些方面腰杆子还不硬。人家讲这部分问题，讲得对，要承认这一部分缺点错误。去年的确在跃进中有很大的虚名。关于片面性问题，他说：斯大林说，破坏了规律才能认识规律。这句话对，但不全面。我们要从胜利和失败两方面来认识规律。和战争一样，打败仗可以认识规律，打胜仗也能认识规律，不能说只有打败仗才能认识规律。要从成绩和错误缺点两方面来认识。（刘少奇：去年一度对平衡的破坏是暂时的，但建起这些厂子从长期看是起作用的。）我们为什么搞一套两条腿走路的方针？这是鉴于斯大林走的弯路。农业长期短腿，大中小结合、中央和地方结合等这样的问题，苏联几十年没有解决。我们还算抓得快，改得快吧。但是，两条腿走路的方针，我们还没有贯彻到底，有的还没有贯彻好，有的还没有执行。比如去年注意了多快，对好省注意不够，或者还没有注意。但的确也有多快好省的，去年的确办了一些事。平衡部分地被破坏了，但这是暂时的，认识以后就可以转过来。对小洋群也要有正确的看法。小洋群对加快我们的发展速度是有好处的，对为农业机械化、半机械化服务来说也是好的。他说：党的领导干部真正搞经济工作，搞建设，还是从去年北戴河会议以后。从去年起，虽然出了些乱子，但大家都抓工业了。所以还是湖南那几句话：成绩是伟大的，问题是不少的，前途是光明的。对这样的形势分析，是关系全党、全民的问题。有无信心，这也是这次会议的重要问题。路线正确与否，不是理论问题，而是实践的问题，要有时间，从实践的结果来证明。我们对建设应该说还没有经验，至少还要十年。北戴河会议以来这一年经过了许多会议，我们总是把问题加以分析，加以解决，坚持真理，修正错误。党内有些同志不了解整个形势，要向他们说明。从具体事实来说，确实有些得不偿失的事。但是总的来说，不能说得不偿失。取得经验总是要付学费的。全国大办钢铁，赔了二十多亿，全党全民学了炼钢铁，算是出了学费。关于报酬问题，他说：要按劳付酬。把共产主义引导到平均主义是不好的，过分强调物质刺激也不好。革命要有一部分先锋分子、积极分子，建设也要有先锋分子、积极分子。天天讲物质刺激，就会麻痹人的思想。要培养共产主义风格，不计报酬，为建设事业而奋斗。关于宣传问题，他说：什么时候转，如何转，还要讨论一下。有人提出上海会议是一个机会，可以转，但那时指标很难说，改了还会被动。是否这四个指标索性就不讲，明年腰杆子硬起来再说。实际工作上我们逐步采取措施，取得主动。

同日 指示由杨尚昆、胡乔木、陈伯达、吴冷西、田家英五人组成一个小组，起草庐山会议纪要（后定名为《庐山会议诸问题的议定记录》——编者注）。

同日 阅中共河南省委六月二十二日《关于农村人民公社整社算账工作的报告》，批示："印发各同志参考。"报告说：全省整社算账工作已基本上结束。通过算账，落实了公社的管理体制，进一步体现了等价交换、按劳分配的政策，改进了干部作风，更加密切了党和群众的联系，整个农村呈现了蓬蓬勃勃的新气象，出现了新的生产高潮。毛泽东的批示和这个报告作为庐山会议文件印发。

同日 阅中共农业部党组六月二十九日关于冬种准备会议情况的报告，批示："印发各同志，予以讨论。另用电报发各省、市、区党委。"报告说：一九五九年夏粮播种面积比一九五八年减少一亿二千多万亩，使夏粮总产量受到影响，全国小麦总产量预计七百亿斤，加上夏季杂粮产量，共约八百五十亿斤，这个数字与一九五八年夏粮的实产数相等或略多一些，比一九五七年增长约百分之五十，这说明我国的农业生产能够连续跃进。力争一九六〇年小麦总产量突破一千亿斤大关，争取一九六〇年油菜籽产量三千六百万担至四千五百万担。要求各地把今年秋后播种冬麦、杂粮、油菜籽的计划确定下来，面积和产量都要落实到包产单位。当天，中共中央将这个报告转发各省市区党委。毛泽东的批示和这个报告作为庐山会议文件印发。

同日 阅中共河南省委六月三十日关于公共食堂问题的报告，批示："印发各同志参考。"报告说：现在全省城市和农村共有常年性的公共食堂二十八万多个，每个食堂平均一百六十二人，大部分地区食堂的规模是适宜的，一部分规模较大的还在继续调整。现在，除伙食供给制和粮食供给制以外，有一部分基本核算单位采用了半伙食供给制、半粮食供给制和工资加照顾等形式。报告列举了食堂的八条优越性和提出进一步办好食堂需要解决的一些问题。毛泽东的批示和这个报告作为庐山会议文件印发。

同日 阅陆定一报送的《中央的政策和工作方法》的目录草稿和他的来信，批示："印发各同志讨论。"陆定一信中说：县级主要干部读的三本书中的《中央的政策和工作方法》，现已编好目录草稿。有两个方案，第一方案二万三千字，第二方案三万二千字。现将两个方案的目录草稿送上，并附"党的总路线"，"刘少奇同志论党的群众路线”，“邓小平同志论党的群众路线”三段文字。建议发到会各同志征求意见。

7月11日 晚上，同周小舟、周惠谈话，其间李锐来参加。毛泽东谈话的精神主要有：（一）综合平衡，非常必要，过去计委对此搞得不好。（二）会议不应有什么压力，什么问题都可以谈〔1〕。（三）去年农业估产过高。（周小舟说：上有好者，下必甚焉。）（四）有些事不能全怪下面，怪各部门，否则干部会像蒋干一样抱怨，说曹营的事情不好办。还说，国乱思良将，家贫思贤妻。

7月12日 下午，到庐山水库游泳。游泳后，同王任重一起回到住处，谈到《红楼梦》时，毛泽东说第二十八回中贾宝玉唱的那首小曲，是《红楼梦》的主题歌。

7月13日 晨，就起草庐山会议纪要的有关问题，致信杨尚昆：“五人起草小组，建议增加陆定一、谭震林、陶鲁笳〔2〕、李锐、曾希圣、周小舟六同志，成为十一人小组，先议两天，七月十三、十四即今、明两天议事。十四夜印出交我及各组同志每人一份。十五日下午到我处开大区区长会议〔3〕，议修改意见，修改第一次，夜付印。十六日印交所有同志阅读，会谈，修改缺点。十一人小组起草文件（名曰‘庐山会议诸问题的议定记录’）。你们在几天内一定要做苦工，不可开神仙会。全文不超过五千字。此信收到，今天上午立即开会动手实行。请少奇、恩来

〔1〕 周小舟等向毛泽东反映他们感到有压力，会议中有人不愿多谈多听缺点。他们建议将现在按大区划分的编组打乱，各组人员互相穿插编组，利于交流情况和意见。毛泽东表示接受这个意见。

〔2〕 陶鲁笳，当时任中共山西省委第一书记、山西省政协主席、中国人民解放军山西省军区政治委员。1960年11月又任中共中央华北局书记处书记。

〔3〕 1959年7月15日下午的大区区长（即各协作区主任）会议，后来是由刘少奇、周恩来主持召开的。

二同志到会，看此信，请他们二人加以考虑，是否同意。如果同意的话，立即施行。”

同日 阅中共中央办公厅一名干部七月四日关于山东日照县农村情况的来信，批示：“印发各同志参考。”来信说：山东日照县去年的“共产风”刮得不大，大跃进使这个县的面貌焕然一新。去年农业大丰收，家禽家畜也大量增加。目前群众的生产劲头很足，已掀起了夏季生产的高潮。这里有一个特点，就是每个生产小队都经营了不少菜园地，充分供应社员的需要（食堂食用）外，还可以出卖一部分。夏收后，绝大部分生产小队实行伙食供给制，食堂没有垮台，但也有个别的办得不够好。这里还存在以下几个问题：（一）没有认真执行中央关于自留地的指示，直到现在还没有分给社员自留地。（二）夏季口粮还未全部分配到户，不少地方是分到食堂。（三）群众养猪的积极性很高，但对长期吃不上肉不满意。（四）县、社干部认为现在的文件、会议太多，没有时间下基层，学习时间很少，无法提高。毛泽东的批示和这封信作为庐山会议文件印发。

同日 晚上，同周恩来谈话。

7月14日 下午，收到彭德怀本日写的来信。

同日 《庐山会议诸问题的议定记录（草稿）》作为庐山会议文件印发。这个文件包括十二个问题：一、关于形势和任务；二、读书；三、宣传问题；四、综合平衡问题；五、群众路线问题；六、加强企业管理和提高产品质量的问题；七、体制问题；八、协作关系和协作区的问题；九、组织农村集市贸易问题；十、过日子问题；十一、公共食堂问题；十二、加强农村党的基层组织的领导作用问题。随后会议对这个文件的讨论中，意见较多的是第一部分“关于形势和任务”，有的认为成绩讲得不够，有的认为缺点讲得不够。

7月15日 阅中共陕西省委七月七日关于工农商交协力解决市场问题会议的报告，批示："这是一个好文件，印发各同志参考。"在报告中的"这次会议上，我们充分地利用了工农商交共聚一堂的机会，除各按系统制订计划外，又随时进行互相衔接，综合平衡"这句话中的"我们充分地利用了工农商交共聚一堂的机会"后，批注："（毛注：各地都应当这样做。）"报告说，为了迅速改变目前市场供需关系紧张的状况，我们最近召开了县以上工农商交四个方面人员参加的市场问题会议，解决了以下几个主要问题：（一）基本上解决了工农商交各个方面在会上暴露的各自的和相互间的矛盾，明确了全国一盘棋的方针。（二）解决市场供应紧张的根本关键在于增加生产，增加商品的供应量。因此会议用较长的时间和较大的精力来落实工业生产计划、农副业生产计划、商业收购计划和交通运输计划。在落实计划中，一是抓思想认识的提高，一是抓综合平衡。（三）我们相信只要上上下下、工农商交各个方面都能认真执行中央有关方针政策，充分调动广大群众的积极性，增加生产和商品供应量，压缩社会购买力，改善经营管理，目前市场紧张的状况，在不要很长的时间内，是可以基本上缓和下来的。毛泽东的批示和这个报告作为庐山会议文件印发。

7月16日 为彭德怀七月十四日的来信拟了一个题目《彭德怀同志的意见书》，批示："印发各同志参考。"这封信作为庐山会议文件印发，于十七日发给与会者。彭德怀的信分为两个部分，"甲、一九五八年大跃进的成绩是肯定无疑的"和"乙、如何总结工作中的经验教训"。信中首先肯定了一九五八年大跃进的成绩，肯定农村公社化"具有伟大意义"，着重讲了如何总结经验教训的问题。信中说："现时我们在建设工作中所面临的突出矛盾，是由于比例失调而引起各方面的紧张。就其性质看，这种情况的发展已影响到工农之间、城市各阶层之间和农民各阶层之间的关系，因此也是具有政治性的。”彭德怀认为，出现一些缺点错误，从客观因素来说，是对社会主义建设工作不熟悉，没有完整的经验。“我们在处理经济建设中的问题时，总还没有像处理炮击金门、平定西藏叛乱等政治问题那样得心应手。”他从思想方法和工作作风上分析暴露出来的问题，认为主要是：第一，“浮夸风气较普遍地滋长起来。去年北戴河会议时，对粮食产量估计过大，造成了一种假象。大家都感到粮食问题已经得到解决，因此就可以腾出手来大搞工业了。在发展钢铁的认识上，有严重的片面性……总之，是没有必要的平衡计划。”“浮夸风气，吹遍各地区各部门，一些不可置信的奇迹也见之于报刊，确使党的威信蒙受重大损失。当时从各方面的报告材料看，共产主义大有很快到来之势，使不少同志的脑子发起热来。”“严重的是相当长的一段时间，不容易得到真实情况，直到武昌会议和今年一月省市委书记会议时，仍然没有全部弄清形势真相。”第二，“小资产阶级的狂热性，使我们容易犯‘左’的错误。在一九五八年的大跃进中，我和其他不少同志一样，为大跃进的成绩和群众运动的热情所迷惑，一些‘左’的倾向有了相当程度的发展，总想一步跨进共产主义，抢先思想一度占了上风，把党长期以来所形成的群众路线和实事求是作风置诸脑后了。”彭德怀在信中列举一些“左”的具体表现后说：“纠正这些‘左’的现象，一般要比反掉右倾保守思想还要困难些，这是我们党的历史经验所证明了的。”“我觉得，系统地总结一下我们去年下半年以来工作中的成绩和教训，进一步教育全党同志，甚有益处。其目的是要达到明辨是非，提高思想，一般的不去追究个人责任。反之，是不利于团结，不利于事业的。”

同日 晨六时，就改变庐山会议分组办法，致信刘少奇、周恩来、杨尚昆。信中说："建议北京来的同志参加各大区小组的，即日改换一下，例如：参加华东小组的，改为参加中南、华南联合小组或他区，参加西北小组的改为参加华东或他处，如此类推。今日立即排出一个新表，明日起，照新表办事。这样做，见闻将广博多了，可能大有益处。至于各区省委书记，是否也应有一部分人（例如一半或三分之一），也照此样，改入他区，以广见闻，请你们酌定，我无定见。是否由你们找各大区区长及中央少数同志，座谈一下，以利决定？谈一个钟头就够了。"

同日　晨七时，关于请北京的彭真等来庐山参加会议，致信刘少奇、周恩来、杨尚昆。信中说："在北京的人，例如彭真、陈毅、黄克诚、安子文〔1〕，若干部长，三委〔2〕若干副主任，（不要太多，十人左右即可。）是否可以请他们来此参加最后一星期的会议？主持北京的工作，则由此间调动几位同志回去，或以在京二把手顶住几天。以上请酌。又陈云病情如何，是否有可能请他来此参加七天会，请征询陈云意见，能来则来，不能则不要来。〔3〕此点亦请酌。"

同日　下午，刘少奇、周恩来召集协作区主任开会。刘少奇说：下午政治局常委碰了头，决定把小组重新编一编，把原来的按地区编组改为混合编组，编为六个组。〔4〕同时中央已通知北京再来一些人，把会议提出的这些问题好好讨论一下。大家可以按会议纪要草稿来提意见，把问题展开来说，取得思想一致。

---

〔1〕　安子文，当时任中共中央组织部部长。

〔2〕　指国家计划委员会、国家经济委员会和国家基本建设委员会。

〔3〕　陈云因病没有出席庐山会议。

〔4〕　在1959年7月16日印发的分组名单中，第一组组长林铁；第二组组长柯庆施；第三组组长陶铸；第四组组长李井泉、副组长王任重；第五组组长张德生；第六组组长欧阳钦。

同日　晚上，在庐山住处召集刘少奇、周恩来等开会。毛泽东讲了几点意见：一、总的来讲，我们对过去几年工作的总的估计是得多于失，但是也有一部分得不偿失，应该承认这一点。二、总的来讲不能泄气，要鼓干劲。当然有一部分气要泄，一部分基建项目要下马，这就要泄气，这部分气非泄不可。三、现在有没有右倾机会主义？我说有，我就是，我就是嫌右倾的朋友太少了。有好多同志是糊里糊涂地往前闯，碰了钉子还不知道掉头。四、现在事实上就是反冒进，只是不公开讲，反冒进的司令就是我。刘少奇在会上说：成绩要讲够，缺点要讲透。

同日　阅兰州军区政治部七月十日转发的骑兵第一师六月份政治争取工作的简要总结，批示："彭德怀同志：此件好，应发各剿匪区照办。特别是昌都区极需要此种作法。如同意，请交尚昆办理。"总结报告的主要内容是：一、班玛地区六月份的政治争取工作，阵势大，力量强，取得了较大战绩，叛乱武装归降与日俱增，干群信心越来越大。二、政治争取工作，除宣传和体现党的政策外，还注意对叛乱武装施加军事压力，以利政治争取；同时争取反动头人投降，加速瓦解叛乱武装。三、在执行党的平叛政策上，还存在着部分干部对党的关于投降人员不杀、不判、不关、不斗、不咎既往、立功者受奖的政策有怀疑，对投降人员看法不正确，以及对待俘虏与归降人员的界限分不清等问题。七月二十一日，中共中央办公厅将毛泽东的批示和这个总结转发给甘肃、青海、四川、云南、贵州省委，西藏工委并兰州、成都、昆明、西藏军区党委。

7月17日　下午五时，同周小舟、胡乔木、田家英、李锐谈话。毛泽东说，昨天晚上我讲了现在实际上是反冒进，反冒进的头子就是我。他还谈到经济工作还是由陈云挂帅好。当田家英汇报四川省搞过分密植的问题时，毛泽东说，我提倡过密植，现在是中间偏右。谈话后共进晚餐，至晚十时结束。

同日 阅中共西藏工委六月三十日关于自治区筹委会第二次全体会议给中央的报告和周仁山[1]六月二十九日关于边境工作的意见给西藏工委的报告，批示："此两件印发各同志一阅，可以知道一些西藏的情况。"西藏工委的报告说：筹委会第二次全体会议，是为了贯彻执行经中央批准的西藏工委关于当前平息叛乱工作中几个政策问题的决定而召开的，同时要对当前农村工作、牧区问题等方面的若干政策作出决议，然后公布执行。开会前张国华已同班禅、阿沛等开了四天小会，并进行了个别谈话，就若干政策原则反复地充分地协商。班禅等都同意西藏必须进行改革，在改革的步骤和方法上他们反映了不少具体情况，提出了若干意见，也讲了不少心里话。通过交谈和酝酿，最后在政策原则问题上，取得了一致的意见，他们的心情基本上是舒畅的，给大会通过决议打下了基础。周仁山的报告说，他与江孜、日喀则分工委一起召集有关干部研究了边境问题，大家认为在今后一段时间内，边防工作的重要任务是加强控制，打击叛匪，稳定群众，缓后一步再考虑进行民主改革的问题。毛泽东的批示和这两个报告作为庐山会议文件印发。

同日 对黄克诚七月十三日给毛泽东并中央的信，拟题为《黄克诚同志一个建议》，批示："印发各同志。"黄克诚在信中说：第一机械工业部管的工业生产品种太多，任务太重，我感觉确有顾此失彼之趋势。为减轻一机部负担和二机部有事可干，我建议把航空工业和无线电工业两部分交二机部管。毛泽东的批示和黄克诚的信作为庐山会议文件印发。

同日 彭真、黄克诚等到达庐山。

---

〔1〕 周仁山，当时任中共西藏工委副书记。

7月19日 阅中共中央宣传部六月二十日编印的《宣教动态》一九五九年第四十五期刊载的《否定和怀疑一九五八年大跃进的若干论点》的材料，将题目改为《天津一些同志对一九五八年大跃进的看法》，并批示："此件印发各同志研究。"这个材料介绍了天津市部分党员干部对一九五八年大跃进的一些看法：一、否定去年大跃进。认为工业上全民炼钢是得不偿失，农业上粮食不够吃，市场上出现了前所未有的紧张，党的威信不如过去高了。二、工业跃进了，农业没跃进。认为"工农业没有并举"，国家"重视工业，轻视农业"。三、政治跃进了，经济上没跃进。特别是对"以钢为纲"的方针有看法，认为炼钢算政治账可以，算经济账就不行了，其害处是：影响了秋收，影响了工业生产，国家赔了二十三个亿。四、认为人民公社"走得太快了，带来了副作用"。毛泽东的批示和这个材料作为庐山会议文件印发。

同日 阅中国驻苏联大使馆七月二日报送的《苏对我大跃进的反映》的报告，将题目改为《苏联一些同志对我大跃进议论纷纷》，并批示："此件印发各同志研究。"报告说：最近在苏联部分干部中，特别是在与我国有工作关系的某些干部中，相当普遍地流传着有关我国当前某些困难情况的说法。这些议论的基本特点是抛开问题的主要方面，对中国的成绩避而不谈，专讲毛病，结论是中国党犯了错误。但也有不少干部听了这些话后，表示怀疑或有不同的看法。针对上述情况，我们建议领导上考虑是否有必要由中央或外交部向兄弟国家党或驻华使馆作统一的说明和解释。毛泽东的批示和这个报告作为庐山会议文件印发。

同日 刘少奇同胡乔木谈话，让起草小组按成绩讲够、缺点讲透的精神，修改《庐山会议诸问题的议定记录（草稿）》。刘少奇说：不少人对成绩讲得不够有意见，那就多加一点，讲充分一点。但缺点一定要讲透，要讲得深刻一些，更有说服力一些。

7月20日　晨，在庐山住处听取杨尚昆汇报各组讨论的情况。毛泽东讲了四点意见：一、欠债是要还的，不能出了错误一推了之。去年犯了错误，每个人都有责任，首先是我。二、缺点还没有完全改正，现在腰杆子还不硬，这是事实。不要回避这些事情，要实事求是。三、有些气就是要泄，浮夸风、瞎指挥、贪多贪大这些气就是要泄。四、我准备和那些“左派”，就是那些不愿意承认错误、也不愿意听别人讲他错误的人，那些不愿意认真总结去年经验教训的人谈一谈，让他们多听取各方面的意见。

同日　下午，由王任重、杨尚昆陪同到九江下水游长江，晚八时回到庐山。途中，王任重向毛泽东谈了会议讨论中的一些情况。

同日　晚上，在庐山住处召集各协作区主任柯庆施、李井泉、林铁、张德生、陶铸、王任重、欧阳钦开会。毛泽东讲了不要怕别人批评的问题。柯庆施、李井泉对纠“左”表示不赞成。柯庆施说，现在很需要毛主席出来讲话，顶住这股风，不然队伍就散了。他认为彭德怀的信是对着总路线、对着毛主席的。〔1〕

7月21日　阅彭德怀七月五日报送的中共中央军委七月四日关于军事工业原材料问题的报告，批示：“印发各同志。是一个重要建议，应当予以处理。”报告说：最近一个时期，国防工业的发展遇到很多困难，其中最突出的是原材料的数量、品种、规格的保证问题。形成原材料紧张的原因，主要是金属材料数量增长快而品种发展慢，非金属材料在数量与品种方面都较薄弱。因此，我们建议国家的原材料工业在继续提高产量的同时，挪出一部分力量，积极发展金属和非金属材料的品种和规格，提高质

---

〔1〕关于这次会议，王任重1959年7月20日日记的记载是：“晚上主席召集区长们开会，又讲了不要怕批评的精神。但是柯老和井泉已经感到有压力，有些紧张，对彭总的意见感到严重。”

量，弥补空白。在基本建设上同样要贯彻大、中、小企业结合的方针。只有加速中小型企业的发展，才能更快更好地解决供求矛盾。毛泽东的批示和这个报告作为庐山会议文件印发。

同日 阅李富春七月二十日报送的国家计委商业计划局七月九日《对一九五九年下半年市场形势的估计和一九六〇年的展望》的报告及附件《关于明年的购买力与商品供应问题的试算材料》，批示："印发各同志。值得一看，并应研究。"报告的主要内容是：（一）在中央发出六一指示和召开大中城市副食品、手工业生产会议之后，市场全面紧张的状况即逐步停止发展。现在压缩机关、企业、团体的购买力已见效果，商品供应状况开始好转。（二）明年的市场情况决定于今年的农业生产，目前农业生产的全局是好的。这样明年粮食有可能避免出现类似今年上半年的那种过分紧张局面，但棉、麻等轻工原料的供应估计仍比较紧张。副食品、手工业品的情况则会比今年大为好转。（三）对稳定今明两年国内市场的几点建议：1. 大搞野生植物和代用品的采集、收购工作。2. 充分地合理利用废次钢铁。3. 继续抓紧进行副食品的增产工作。4. 继续提倡节约。5. 继续控制社会购买力。毛泽东的批示和这个报告及附件作为庐山会议文件印发。

同日 张闻天在小组会上作长篇发言，讲了十三个问题。主要内容如下：一、关于大跃进的成绩，应该说够，我也赞成。伟大的成绩我是感觉到也是看到的。二、想讲一讲缺点。这方面同志们讲得少一点，我讲多一点，这也是两条腿走路。《记录》上讲的三点〔1〕我也同意，但可以具体一些。三、缺点产生了什么

〔1〕 指《庐山会议诸问题的议定记录》中所说的大跃进中也产生了一些缺点和问题，"主要是：（1）国民经济发展的某些比例失调。（2）公社化运动中的'共产风'。（3）命令主义作风和虚夸作风的发展"。

后果？指标太高，要求太急，比例失调，造成很大损失，发生了经济上一系列的问题。“共产风”在物质上造成很大损失，农民生产积极性不高。强迫命令、浮夸虚报所造成的损失也相当大。四、对缺点的估计。同意《记录》所说缺点是局部的，暂时的，有许多是难免的，纠正得快。但是纠正缺点，把比例调整好，需要相当时间，可能有些东西还看不到。还有决定是很正确的，不一定一下子贯彻得好。五、缺点产生的原因。同意《记录》的意见，主要是缺乏经验。作为研究总结经验，就不能以此为满足，重点应该是从思想作风、思想方法上去寻找原因。六、主观主义、片面性、违反客观规律问题。好大喜功是好的，但也要合乎实际，否则欲速不达，好事变成了坏事。定指标不能凭愿望，想当然。一千三百万吨钢的指标是否行，我看也还有问题。七、政治与经济的关系。领导经济要政治挂帅是对的，但要根据客观经济规律办事，光挂帅不行。要会算政治账，一定也要算经济账，这是统一的。八、关于三种所有制的关系问题。现在要坚决贯彻按劳分配。我个人意见，取消吃饭不要钱，扩大社会保险。不缩小供给部分，按劳分配的原则贯彻不了。九、民主与集中的关系。党内民主作风问题，主席常说要说服不能压服，要欢迎提反面意见，要舍得一身剐，不怕杀头，等等。光是不怕杀头不行，问题还要领导上造成一种风气、环境，使得下面敢于提意见。我们当权的政党，不要怕没有人讲共产党英明、伟大，歌功颂德，怕的是人家不敢向我们提不同意见。十、缺点讲透很必要。至于说缺点正在改正或者已经改正，就可不必讲，这不对。深刻的经验要严肃对待，认真总结，缺点经常讲，印象才会深，不要采取轻描淡写的态度。光讲成绩、不讲缺点，是否会保持积极性呢？我看不会的，因为人家不服。十一、光明前途问题。这是不成问题的。现在的问题是要防止骄傲自满、麻痹大意。主席讲“成绩伟大，问题不少，前途光明”，对其中的“问题不少”一句要特别重视。十二、关于彭德怀同志的意见书。彭德怀同志提出了一些问题，中心内容是希望总结经验，本意是很好的。他说成绩是基本的，个别的说法，说多一点说少一点关系不大。他说“小资产阶级的狂热性，使我们容易犯‘左’的错误”，刮“共产风”恐怕也是小资产阶级的狂热性，这个问题不说更好一点。他说“把长期以来形成的群众路线和实事求是作风置诸脑后了”，我认为如果讲一个时期，这样讲问题不大。十三、大跃进的成绩与缺点问题。成绩与缺点是客观存在的，说多说少，关系不大。我讲的缺点较多，目的是为了总路线，为了更好地跃进，并非怀疑派。

7月22日 下午四时半至晚九时半，同刘少奇、周恩来、林彪谈话。

同日 阅中共西藏工委七月九日报送的阿里分工委关于接管原噶本各级政权工作的综合报告，批示：“印发各同志。读后可以知道西藏极西部阿里地区一些情况，很有益。”报告说，阿里地区接管旧政权的工作，已基本告一段落，解散和接管了原噶本政府和四个宗级政权四个世袭本堡。毛泽东的批示和这个报告作为庐山会议文件印发。

7月23日 上午八时，在庐山人民剧院主持召开中共中央政治局扩大会议并讲话。毛泽东说：你们讲了那么多，允许我讲点把钟，可不可以？吃了三次安眠药，睡不着。我看了同志们的发言记录、文件，和一部分同志谈了话，我感觉到有两种倾向，在这里讲讲。一种是触不得，大有一触即跳之势，因之有一部分同志感到有压力，即不让人家讲坏话，只愿人家讲好话，不愿听坏话。我劝这些同志们要听。好话坏话都要听。话有三种：一是正确的；二是基本正确或不甚正确的；三是基本不正确或不正确的。现在党内党外夹攻我们。右派讲，秦始皇为什么倒台了，就是因为修长城，现在我们修天安门，要垮台了。这是右派讲的。江西党校的反映是党内的代表，有些人就是右派；动摇分子，他们看得不完全，做点工作可以转变过来。有些人历史上有问题，挨过批评，也认为一塌糊涂，如广东军区的材料所反映的。不论什么话都让讲，无非是讲一塌糊涂。这很好，越讲得一塌糊涂越好，越要听。我和这些同志讲过，要顶住，硬着头皮顶住。为什么不让人家讲呢？神州不会陆沉，天不会掉下来。因为我们做了些好事，腰杆子硬。我们多数派同志们腰杆子要硬起来。为什么不硬？无非是一个时期蔬菜太少，没有头发夹子，没有肥皂，比例失调，市场紧张，工业、农业、商业、交通都紧张，搞得人心紧张。我也紧张，说不紧张是假的。说我们脱离群众，我看是暂时的，就是两三个月，春节前后。群众还是拥护我们的，我看现在群众和我们结合得很好。小资产阶级狂热性，有一点，并不那么多。我同意同志们的意见。问题是公社运动。我到遂平详细谈了两个钟头，嵖岈山公社党委书记告诉我，七、八、九三个月，平均每天三千人参观，三个月三十万人。徐水、七里营听说也有这么多人参观。这些人都是县、社、队干部，也有地、省干部。他们的想法是河南人和河北人创造了真理，打破了罗斯福“免于贫困的自由”〔1〕。搞共产主义，这股热情怎么看法？小资产阶级狂热性吗？我看不能那么说，无非是想多一点、快一点。三个月当中，三个三十万，九十万人朝山进香，对这种广泛的群众运动，不能泼冷水，只能劝说，不能性急，要有步骤。这些干部，

〔1〕“免于贫困的自由”，即“免于匮乏的自由”。它同“言论和表达的自由”、“信仰上帝的自由”、“免于恐惧的自由”被称为“四大自由”，是美国总统罗斯福在第二次世界大战期间提出、宣扬和期待的一种新世界的秩序。

率领几亿人民，他们要办公社，办食堂，搞大协作，非常积极，你说这是小资产阶级狂热性？这不是小资产阶级，是贫农、下中农，无产阶级、半无产阶级，三亿五千万人。到春节前后，他们不高兴了，变了。干部下乡，不讲话了，请吃红薯、稀饭，面无笑容，因为刮“共产风”。对“共产风”也要有分析，其中有小资产阶级狂热性。这是什么人？“共产风”主要是县、社两级，特别是公社一部分干部，刮生产队和生产小队的。这是不好的，群众不欢迎。用了一个多月工夫，三、四两月间把风压下去了，该退的退，社与队的账算清楚了。这一个多月的教育、算账有好处，在极短的时间里，使他们懂得了平均主义不行，“一平、二调、三收款”是不行的。他们不晓得做了多少次检讨了，从去年郑州会议以来，大做特做，省六级干部会上、县五级干部会上都要检讨。北京来的人哇啦哇啦，他们就听不进去，说我们检讨多次，你们没有听到？我就劝这些同志，要听人家的意见。我少年中年时，也是听到坏话就一股火。人不犯我，我不犯人；人若犯我，我必犯人；人先犯我，我后犯人。这个原则，我现在也不放弃。毛泽东说：第二方面，我劝另一部分同志，在这样紧急关头，不要动摇。据我观察，有一部分同志是动摇的。也说大跃进、总路线、人民公社是正确的，但要看讲话的思想、方向站在哪一边，向哪个方面讲的。这一部分人是第二种人，“基本正确，部分不正确”的这一类人，但有些动摇。有些人在关键时刻就是动摇的，在历史上大风浪中就是不坚定的。历史上四条路线，立三路线，第一、第二两次王明路线，高饶路线。现在又是总路线。站不稳，扭秧歌。他们忧心如焚，想把国家搞好，这是好的。这次他们不讲冒了，可是有反冒进的味道。比如说“有失有得”，“得”放在后边，是经过斟酌的。如果戴帽子，这是资产阶级的动摇性。假如办十件事，九件是坏的，一定灭亡，应当灭亡。我劝一部分同志讲话的方向要注意。讲话的内容，我看基本正确，部分不妥。这些同志，据我看不是右派，是中间派，不是左派。一些人碰了一些钉子，头破血流，忧心如焚，站不住脚，动摇了，站到中间去了。究竟中间偏左偏右，还要分析。重复了一九五六年下半年、一九五七年上半年犯错误的同志的道路。他们不是右派，可是自己把自己抛到右派边缘去了，距右派还有三十公里，因为右派很欢迎这种论调。这种同志采取边缘政策，相当危险。不相信，将来看。我这些话是在大庭广众之中讲的，有些伤人，现在不讲，对这些同志不利。我出的题目中间，加了一个团结问题，还是单独写一段，拿着团结的旗帜——人民的团结、民族的团结、党的团结。我不讲，究竟对这些同志有益还是有害？有害，所以还是要讲。我们是马克思主义政党。我不是说要讲吗？一条是要讲，一条是让人家讲。我不忙讲，硬着头皮顶住。我为什么现在不硬着头皮顶了呢？顶了二十天了，快散会了，索性开到月底。毛泽东说：食堂是好事，未可厚非。我赞成积极办好，自愿参加，粮食到户，节约归己。食堂，如果在全国范围内能保持三分之一，我就满意了；第二个希望，一半左右。食堂并不是我们发明的，是群众创造的，河北一九五六年公社之前就有办的。食堂现在散掉一半左右，有好处，不可不散，不可多散。可是科学院昌黎调查组〔1〕，说食堂没有一点好处，攻其一点，不及其余。食堂可以多办一点，再试试看，试他一年二年，估计可以办成。他说：去年八月以前，主要精力放在革命方

〔1〕 指1959年中国科学院经济研究所研究员董谦领导的赴河北昌黎调查人民公社问题的调查组。在“反右倾”运动中，董谦被划为右倾机会主义分子。1961年平反。1961年4月3日，毛泽东在同王任重谈话时曾指出：在1959年春，只有科学院的昌黎调查组是正确的。

面，对建设根本外行。在西楼开会时曾经讲过，不要写“英明领导”，管都没管，还说什么英明？但是，同志们，一九五八年、一九五九年主要责任在我身上，应该说我。过去说恩来、陈云，现在应该说我。大办钢铁的发明权是柯庆施还是我？我说是我。我和柯庆施谈过一次话，他说华东搞六百万吨。以后我找大家谈话，有王鹤寿，也觉得可行。我六月讲一〇七〇万吨，后来去做，北戴河会议上有同志建议搞到公报上，也觉得可以。从此闯下大祸，九千万人上阵，搞了小土群，去年补贴四十亿，今年二十亿，明年十五亿，后年五亿，共八十亿。去年是小土群，今年是小洋群。“得不偿失”、“得失相等”等说法，即由此而来。计委机关不管计划，不搞综合平衡，根本不着急。人不着急，没有一股神气，没有一股热情，办不好事情。当然，也不要太急，太急了也不行。毛泽东说：我今天要闯祸，两部分人都不高兴我。一种是触不得的，一种是方向有点问题的。不赞成，你们就驳。说主席不能驳，我看不对。事实上纷纷在驳，不过不指名。江西中级党校的那些意见就是驳。一个是一〇七〇万吨钢，是我建议的，我下的决心；其次是人民公社，我无发明之权，有推广之权，北戴河决议是我建议写的。还有总路线，是虚的。我们现在的经济工作，是否会像一九二七年那么失败？像二万五千里长征时那样，苏区缩小到十分之一？不能这样讲。没有完全失败，也不是大部分失败，是一部分失败。如果讲责任，李富春、王鹤寿，有点责任，农业部、谭震林有责任，第一个责任是我。柯老，你有没有责任？（柯庆施：有。）华东一个地区你就要搞六百万吨，我是全国搞一〇七〇万吨。同志们自己的责任都要分析一下。

同日 对《庐山会议诸问题的议定记录（修正草案）》的第一部分“关于形势和任务”，批示：“立即印发。”二十二日，彭真主持讨论这一部分稿子，会上有三种意见：一、认为缺点错误没有讲透，还要增加分量；二、认为缺点讲得多了，成绩讲得不够；三、认为这个稿子差不多了，个别文字修改一下就可以了。

7月24日 审阅修改七月二十三日印发的《庐山会议诸问题的议定记录（修正草案）》的第一部分“关于形势和任务”，批示：“退胡乔木同志。应安题目[1]。”在修正草案讲到全国职工人数由一九五七年底的二千四百五十万人增加到一九五八年底的四千五百三十二万人，增加过多过猛之后，毛泽东加写：“增加的职工中约有一半人需要返回农村去”。在修正草案讲到我们工作中发生的问题，已经着手解决，一部分问题已经解决，一部分问题还没有完全解决之后，毛泽东加写“一部分问题还没有解决”。在修正草案中的“过早地否定了人民公社的集体所有制性质”一句前，毛泽东加写“许多同志，主要是公社干部”。修正草案中说“现在，人民公社运动中所产生的缺点经过整社、算账，已经基本上得到纠正，党在农村中的威信已经高涨”，毛泽东删去“党在农村中的威信已经高涨”。

7月25日 下午，在庐山住处召集彭真、柯庆施、李井泉、陶铸、王任重、欧阳钦、林铁、张德生开会。毛泽东讲了四点意见：（一）会议还要继续展开，相互有什么意见都讲完，敞开来讲。（二）现在既要对事，也要对人。（三）前一段主要是纠“左”，现在要反右，因为现在右倾抬头了。（四）要划清界限，要跟动摇的、右倾的划清界限。动摇的人还不是右派，距右派还有三十公里。会后，毛泽东同胡乔木谈话，批评秀才们这次表现不好，点了胡乔木、陈伯达、吴冷西、田家英的名字。毛泽东还让胡乔木将《议定记录》修改出第三稿。

---

〔1〕 修正草案的“关于形势和任务”部分，共讲了6个问题，只标出一、二、三、四、五、六的序号，没有题目。

7月26日 上午，同林彪谈话。

同日 对李云仲六月九日关于目前经济生活中的一些问题的来信[1]，写长篇批语，题为《对于一封信的评论》。批语指出：

---

〔1〕 李云仲的信是写给毛泽东的。这封信围绕当时经济生活中所发生的问题及与此相联系的思想作风问题，谈了6个问题。（一）我觉得最近一年来，我们在工作中犯有“左”倾冒险主义的错误，其原因主要是，我们在思想战线上忽略了两条战线的斗争，即在反对右倾保守思想的同时，忽略了“左”倾冒险主义的侵袭。在一个比较短促的时间内，“左”倾冒险主义的思潮曾形成一个主流。问题可能是从大搞水利建设开始的。办水利当然是好事，也收到了很大的效果，但在水利建设高潮期间，似乎造成了一种气氛：认为在短期内，不管条件如何，我们什么都可以做到，什么也没有问题了。以钢为纲的方针是对的，但自去年第四季度以来，实际上不是以钢为纲，而是以钢为一切。应该特别提起的是，全民大搞土法炼铁的运动，这是一条失败的经验，国家经济力量的消耗太大了。人民公社运动无疑是一个方向，是解决社会主义向共产主义过渡的一种形式。问题是要根据客观条件逐步地向前发展，而去年的公社化运动，在生产关系的变革即所有制问题上，可能是跑得太快了，其结果是“一平、二调、三抽款”。去年全国已施工的限额以上的建设项目达1900多个，为第一个五年的两倍，几乎所有的省、市都安排在几年内建成一个工业体系，由于没有这种物质条件，已一减再减，现在继续施工的只有几百个了。看到这些浪费和损失是很痛心的。由于到处都大搞钢铁，大办各种工业，大搞各种基本建设，去年职工增加了2100万。总之，这些方面不能发挥效果的社会劳动花费得太多了，我觉得这就是目前经济紧张的主要原因。虽然您在郑州会议、武昌会议上已提出警告，要防止冒险主义、把气体压缩成液体，等等，但目前还有许多认识问题和一些实际工作问题，仍未得到解决。因此，可否考虑在党内，在一定的会议上，用和风细雨的方法，用批评与自我批评的方法，总结一些经验教训。(二）在各级干部中反对主观主义的思想作风，教育全体党员坚持党的原则，增强党性，是当前党的政治思想战线上一个很重要的问题。(三）关于农民问题和工农关系问题。(四）关于计划工作问题。(五）关于体制问题。(六）关于树立节俭、朴实的风气问题。

"收到一封信，是一个有代表性的文件。信的作者在我们的经济工作中搜集了一些材料，这些材料专门属于缺点方面的。作者只对这一方面的材料有兴趣。而对另一方面的材料，成绩方面的材料，可以说根本不发生兴趣。他认为，从一九五八年第四季度以来，党的工作中，缺点错误是主流。因此作出结论说，党犯了'左倾冒险主义、机会主义'的错误。而其根源则是在一九五七年整风反右的斗争中没有'同时'反对'左'倾冒险主义的危险。作者李云仲同志（他是国家计委一个副局长，不久前调任东北协作区委员会办公厅综合组组长）的基本观点是错误的，他几乎否定一切。""这个同志的好处是把自己的思想和盘托出。""他不隐蔽自己的政治观点，他满腔热情地写信给中央同志，希望中央采取步骤克服现在的困难。他认为困难是可以克服的，不过时间要长一些，这种看法是正确的。信的作者对计划工作的缺点的批判，占了信的大部分篇幅，我认为很中肯。""党中央从去年十一月第一次郑州会议以来，到此次庐山会议，对于在自己领导下的各项当前重大工作中的错误缺点，在足够地估计成绩（成绩是主要的，缺点错误是第二位的）的条件下，进行了严肃的批判。这种批判工作，已经有九个月了。必须看到，这种批判是完全必要的，而且是迅速地见效和逐步地见效的。又必须看到，这种严肃的认真的批判，必定而且已经带来了一些副作用，就是对于某些同志有些泄气。错误必须批判，泄气必须防止。气可鼓而不可泄。人而无气，不知其可也。""现在党内党外出现了一种新的事物，就是右倾情绪、右倾思想、右倾活动已经增长，大有猖狂进攻之势。这表现在此次会议印发各同志的许多材料上。这种情况远没有达到一九五七年党内外右派猖狂进攻那种程度，但是苗头和趋势已经很显著，已经出现在地平线上了。这种情况是资产阶级性质的。另一种情况是无产阶级内部的思想性质的，他们和我们一样都要社会主义，不要资本主义，这是我们和这些同志基本上相同点。但是这些同志的观点和我们的观点是有分歧的。他们的情绪有些不正常，他们把党犯的错误估计得过大了一些，而对几亿人民在党的领导下所创造出来的伟大成绩则估计得过小了一些，他们作出了不适当的结论。他们对于克服当前的困难，信心不很足。他们把他们的位置不自觉地摆得不恰当，摆在左派与右派的中间。他们是典型的中间派。他们是'得失相当'论者。他们在紧要关头不坚定，摇摇摆摆。我们不怕右派猖狂进攻，却怕这些同志的摇摆。""党内遇到大问题有争论，表现不同的观点，有些人暂时摇摆，站在中间，有些人站到右边去，是正常的现象，无须大惊小怪。归根结底，错误观点，乃至错误路线一定会被克服，大多数人，包括暂时摇摆、甚至犯路线错误的人，一定会在新的基础上团结起来。我们党三十八年的历史，就是这样走过来的。反右必出'左'，反'左'必出右，这是必然性。时然而言，现在是讲这一点的时候了。不讲于团结不利，于党于个人都不利。现在这一次争论，可能会被证明是一次意义重大的争论。"毛泽东的批语和李云仲的信作为庐山会议文件印发。

7月27日 上午十时半至下午三时二十分，在庐山住处召集刘少奇、周恩来、林彪、彭真、贺龙、陆定一、罗瑞卿、胡乔木开会。

同日 阅中国驻德意志民主共和国大使馆七月二十日关于岸信介[1]访问德意志联邦共和国情况给外交部的报告，批示："印发各同志。我想请同志们看一下岸信介的话。他说：'在完成长期计划当中，中国像其他共产主义国家一样，固然也存在着困

〔1〕 岸信介，当时任日本首相。

难，但是鉴于目前的成就，人们必须说：中国的远景并不是不顺利的。'〔1〕怎么样？这个日本大资产阶级的代表人物对于我国经济现状和前途的评论，不是说得相当正确吗？他比我们的一些悲观主义者，泄气主义者，就对同一事件的评论这一点来说，不是还要好一些吗？”毛泽东的批示和这个报告作为庐山会议文件印发。

同日 阅周恩来七月二十六日报送的国务院秘书厅党委办公室七月九日编印的《秘书厅学习简报》第二十五期。周恩来附信说：“这是一个需要印发给大家看看的材料。送上请考虑。”毛泽东批示：“立即印发。”简报说：近两周来，我厅多数单位在学习中共中央关于压缩社会购买力的紧急指示过程中，自由议论的空气较前大为活跃，议论很多：（一）认为建立人民公社的条件不成熟，人民公社所有制与我国目前生产力水平不太适应，实行供给制和工资制相结合的分配制度，不适应我国目前生产力发展水平和群众觉悟，吃饭不要钱也不符合按劳付酬的分配原则。（二）“全民炼钢”的口号是不对的，“小土群”可以不搞，一〇七〇万吨钢的指标也可以不提，一〇七〇万吨钢的指标是领导上主观主义地规定的，以钢为纲的口号有问题。毛泽东的批示和这份简报作为庐山会议文件印发。

同日 阅中共江西省委宣传部一九五九年七月编印的《思想动态》第三十期刊载的反映江西省中级党校学员对人民公社的各种看法的材料，批示：“印发各同志。”材料说：有近半数的学员对目前工作中的各项问题提出了不同看法。一、认为人民公社没有优越性，是根据上级指示自上而下从主观愿望出发搞起来的。二、人民公社建立太快了，是一个“早产儿”。有人虽然认为人

---

〔1〕 岸信介的这些话是他在波恩举行的记者招待会上谈到中日关系时说的。

民公社的出现是适时的，但又认为全国公社化是快了。三、认为中央关于人民公社的决议提出在农村普遍发展人民公社，是“心血来潮”。四、有人认为“共产风”是从上面刮下来的，中央和省、地委应负责任；有人认为主要是执行中的问题，应由下面干部负责；有人认为中央、省委有错，下面也有错。五、有人认为公社化后商品生产不应扩大，而应逐步缩小；工资制与供给制相结合提得过早了，应该取消；公共食堂不是共产主义因素，害多利少。六、有人认为实行三级所有是纠偏；有人认为实行三级所有制是使人民公社倒退，权力下放也容易产生资本主义经营思想。毛泽东的批示和这份材料作为庐山会议文件印发。

7月28日 上午，在庐山住处主持召开中共中央政治局常委会议，刘少奇、周恩来、林彪出席，彭真、陆定一、罗瑞卿、胡乔木列席。会议决定召开中共八届八中全会。晚上，刘少奇、周恩来召集各协作区主任开会，传达中央常委关于召开八届八中全会的决定。

同日 下午，同朱德谈话。晚上，同彭真谈话。

同日 关于编印逻辑学论文集一事，复信康生：“信收到。就照那样办吧。我有兴趣的，首先是中国近几年和近数十年关于逻辑的文章、小册子和某些专著（不管内容如何），能早日汇编印出，不胜企望！姜椿芳〔1〕同志的介绍甚为有益，书目搜编〔2〕也是用了功的，请你便时代我向他转致谢意。”

7月29日 晨七时四十分至上午十时五十分，在庐山住处

〔1〕 姜椿芳，当时任中共中央马克思恩格斯列宁斯大林著作编译局副局长。
〔2〕 指姜椿芳等编辑的《逻辑学论文集》第1至6集。

同黄克诚、周小舟、周惠、李锐谈话。[1]

同日 上午十一时二十分，在庐山住处召集刘少奇、周恩来、朱德、林彪、彭真、贺龙、罗瑞卿、李井泉、陶铸、王任重、欧阳钦、张德生、林铁、曾希圣开会。

同日 下午二时，在庐山主持召开中共中央政治局扩大会议并讲话。毛泽东说：商量一件事，关于是不是召集一次中央全会的问题。现在的人数，正式中央委员已经超过一半了，候补中央委员较多的没有到。庐山会议开了一个月了，这是政治局扩大会议的性质。我们想做两件事，就在这一次求得解决。第一，改指标。去年十二月武昌会议规定的一些指标，在上海的时候，有几位同志就建议改，那个时候许多同志觉得暂时不宜改。现在看

---

〔1〕 关于这次谈话的情况，《黄克诚自述》说：谈话时主席显得火气不大，所以我们也较敢讲话。这次谈话，主席给我们戴了几顶帽子。说我：一是彭德怀的政治参谋长，二是湖南集团的首要人物，三是军事俱乐部的主要成员。还说我与彭德怀观点基本一致，与彭德怀是“父子关系”。我答辩说：我和彭德怀观点基本一致，只能就庐山会议这次的意见而言。过去我和彭德怀争论很多，有不同意见就争，几乎争论了半辈子。我又说：我当彭的参谋长，是毛主席你要我来当的。我那时在湖南工作，并不想来，是你一定要我来。既然当了参谋长，政治与军事如何分得开？彭德怀的信是在山上写的，我那时还没有上山，怎么能在写“意见书”一事上当他的参谋长呢？我提了“湖南集团”、“军事俱乐部”是从何谈起呢？周小舟也说“湖南集团”的提法，有压力，希望能给以澄清。主席说：可能是有点误会。主席说：要容许辩论、交锋，让大家把话说出来、说完讲透。主席又把话引到遵义会议前，怎样争取张闻天、王稼祥等。主席要小舟“不远而复”。主席谈遵义会议，分明是要我们回头，与彭德怀划清界限。这次谈话，尽管主席对我的指责颇重，但空气不紧张，能让我们说话感不到压力；即使说的话让主席不满，他表示不同意时，态度也不严厉。所以我们的心情较好。

来，那个时候改也改不彻底，一直到六月间，在北京，才定下一三〇〇万吨钢这个数目字来。武昌会议定的指标，是在全国人民代表大会通过的，公开修改，党内要经过中央全会决定，然后再向人大常委会建议。就在八月间改过来。第二，路线问题。究竟采取一条什么路线好？现在要回答这个问题。同志们大家都扯了很久了，开一次中央全会来再扯几天，我看就差不多了。方法应该开门见山，不搞外交辞令，横直讲老实话。疙瘩不解开，不好工作。有许多疙瘩多少时候了，不是现在才有，非一朝一夕之故。当面不扯，背后又有，那怎么好办事？把一些疙瘩解开，以利于团结起来工作。因为有这两个问题，所以是不是就在这里召集一次中央全会。如果开的话，七月这个会算是一个准备。至于文件，现在起草的这个东西（指《庐山会议诸问题的议定记录》——编者注）在搞第三稿。要搞得比较恰当，比较合乎实际，有利于团结，有利于工作。起草这个东西也是个过程。头一稿，大家轰掉了。第二稿，看来作者本人也不满意。现在搞第三稿。这是不发表的，但是我想建议，要准备能够发表。发表什么呢？发表一个公报。无非是改指标，今年下半年这几个月要鼓劲，为完成这个任务而奋斗。究竟人民公社怎么办？还是解散，还是维持？当前的这些问题要用公报的形式回答一下。不要很长，一两千字就够了。两个文件：一个决议，一个公报。现在这个纪要，索性改为八届八中全会的决议。有些同志发议论，觉得民主不那么够，有些问题扯得不充分，我看这个议论是有理由的。我倒是想民主搞够一点。有些事情没有充分议，的确有问题。以为没有问题，实际上有问题。这一次就应这些同志的要求，在七月份政治局扩大会议之外，在八月上旬开中央全会。全会的方式，恐怕是大会小会两种方式。是不是可以作这样的决定？没有意见就作为通过。

中共中央政治局扩大会议结束后，毛泽东同陈伯达、田家英谈话。他说：你们上庐山后表现了动摇。但是你们还是赞成总路线，赞成人民公社的。你们的意见基本上是对的，但有些话不对，方向不对，立场不对。你们在小组会上讲过一些错话，当然人家就批评你们，但是不要紧，紧张一下有好处。

同日　阅胡乔木七月二十八日报送的新华社编印的《内部参考》第二八三〇期刊载的《增城县重灾公社见闻》和第二八三一期刊载的《赫鲁晓夫谈苏联过去的公社》、《番禺县有些农民自办小型食堂》三篇材料，批示："此三件印发各同志。印时注意，将赫鲁晓夫的一篇（连同中央社的一则纽约消息〔1〕）放在前面。三篇印在一起，请同志们研究一下，看苏联曾经垮台的公社和我们的人民公社是不是一个东西；看我们的人民公社究竟会不会垮台；如果要垮的话，有哪些足以使它垮掉的因素；如果不垮的话，又是因为什么。不合历史要求的东西，一定垮掉，人为地维持不垮是不可能的。合乎历史要求的东西，一定垮不了，人为地解散也是办不到的。这是历史唯物主义的大道理。请同志们看一看马克思《政治经济学批判》的序言。近来攻击人民公社的人们就是抬出马克思这一个科学原则当做法宝，祭起来打我们，你们

〔1〕《内部参考》第2831期还以《外报就赫鲁晓夫谈公社问题挑拨中苏关系》为题，刊载了台湾中央社7月22日的一则消息。这则消息说：《纽约时报》今天在第一版上刊登了一则关于赫鲁晓夫批评整个公社制度的华沙电讯，认为赫鲁晓夫这番话是迄今为止一位苏联领袖对公社的想法所作的最直率的公开批评。在《纽约时报》驻华沙记者看来，赫鲁晓夫这番话"可以认为是暗指中国共产党人去年秋天的一些说法而言的。中国共产党人曾说，建立公社是真正的通向共产主义的道路。这种看法似乎使俄国人感到烦恼，因为苏联报纸有三个月左右对于公社几乎只字未提"。

难道不害怕这个法宝吗?”八月一日，又批示王稼祥：“此件请看一下，有些意思。我写了几句话，其意是驳赫鲁晓夫的。将来我拟写文宣传人民公社的优越性。一个百花齐放，一个人民公社，一个大跃进，这三件，赫鲁晓夫们是反对的，或者是怀疑的。我看他们是处于被动了，我们非常主动，你看如何？这三件要向全世界作战，包括党内大批反对派和怀疑派。”《赫鲁晓夫谈苏联过去的公社》材料中说：苏联《真理报》七月二十一日发表了赫鲁晓夫七月十八日在波兰波兹南省的波拉夫采生产合作社群众大会上的讲话。关于公社问题，他说：可以理解，把个体经济改造为集体经济，这是个复杂的过程。我们在这条道路上曾碰到过不少困难。在国内战争一结束之后，我们当时开始建立的不是农业劳动组合，而是公社。看来，当时许多人还不太明白：什么是共产主义和如何建设共产主义。公社建立了，虽然当时既不具备物质条件，也不具备政治条件——我是指农民群众的觉悟。许多这样的公社都没有什么成绩。于是党走了列宁所指出的道路。它开始把农民组织在合作社中，组织到农业劳动组合中，在那里人们集体地工作，但是按劳取酬。现在我们已走上了康庄大道。集体农庄已成为农民的亲切的家。毛泽东的批示和这三篇材料作为庐山会议文件印发。

7月30日 上午十时十五分，同周小舟谈话。

同日 上午十一时至下午四时，在庐山住处召开中共中央政治局常委会议，刘少奇、周恩来、朱德、林彪出席，彭真、彭德怀、贺龙以及黄克诚、周小舟、周惠、李锐列席。八月一日，上午十时至下午四时三十五分，会议继续举行。这两次会议，从彭德怀过去的表现谈到他这次写给毛泽东的信以及他的世界观等。毛泽东说：我同彭德怀的关系，合作，不合作，三七开，融洽三成，搞不来七成；彭德怀的信是要修正总路线，锋芒是攻击中央；彭德怀有野心，个人英雄主义很危险，野心就出在这里；彭德怀的世界观是经验主义，非马克思主义的。毛泽东还说，现在讲的这些，并非几天就能了解的，一下子改不可能，慢慢改。彭德怀在会上作了一些自我批评，也对会上谈到的某些问题说了自己的不同意见。刘少奇、周恩来等在会上发了言。林彪发言说，彭德怀是野心家、阴谋家、伪君子。在两次常委会议结束后，毛泽东都将黄克诚、周小舟、周惠、李锐留下来，同他们谈话。〔1〕

7月31日　下午五时，在庐山住处召集刘少奇、周恩来、朱德、林彪、彭真、陈伯达、王稼祥、胡乔木开会。六时起，李井泉、陶铸、王任重、欧阳钦、林铁、张德生、曾希圣参加会议。

同日　阅中共辽宁省委报送的鞍山市委七月二十五日关于鞍钢当前生产和群众运动情况与八月份工作安排的报告，批示："印发各同志。必须抓紧八、九两月，鼓足干劲，坚决反对右倾松劲情绪，厉行增产、节约。无论工业、农业、运输业、商业都是如此。反右倾，鼓干劲，现在是时候了。机不可失，时不再来。看不到这一点，是瞎子。在庐山会议上提出反冒进，大泼其冷水，简直是罪恶。"鞍山市委的报告说：自七月十七日开始贯彻中央和省委关于扭转当前钢铁生产下降局面的指示以来，鞍钢的绝大多数厂矿党委已经紧张地行动起来，群众生产情绪大大提高，生产情况也随之趋向好转。为了保证完成八月份主要产品的生产指标和节约指标，目前应努力做好以下工作：（一）继续贯彻中央和省委指示，彻底克服右倾松劲情绪，大干苦干巧干，保证完成和超额完成第三季度计划。（二）全面开展增产节约运动，

---

〔1〕关于两次会后毛泽东同黄克诚等4人谈话的情况，《黄克诚自述》中说："会后，主席把我们四个列席的人留下，又谈了一阵，要我们别再受彭的影响。特别对周小舟寄以希望，要他'迷途知返'。这一串的会议给我的感觉是：主席要教育和争取我们回头。虽然我被认为是彭的亲信，绝对脱不了身，但那时似还没有要定为'反党集团'的迹象。"

目前着重提高技术水平，精简企业多余人员，提高劳动生产率，进一步改进和加强企业管理工作。（三）继续抓紧解决原料、材料问题。（四）采取紧急措施，解决铁路运输暂时中断后造成的严重困难。毛泽东的批示和这个报告作为庐山会议文件印发。

8月1日 晚上，致信周小舟："'迷途知反，往哲是与，不远而复，先典攸高'，几句见丘迟与陈伯之书〔1〕。此书当作古典文学作品，可以一阅。'朱鲔〔2〕喋血于友于，张绣〔3〕剚刃于爱子，汉主〔4〕不以为疑，魏君〔5〕待之若旧'，两个故事，可看注解。如克诚有兴趣，可给一阅。"

同日 阅中共中央宣传部七月编印的《宣教动态》一九五九年第六十期刊载的《广东省委纠正农村副产品自给部分过多的现象》的材料，批示："广东省委的这个材料印发各同志。各省、市、区情况如何？是否同广东相似？你们注意了这个问题没有？你们是否认为广东省委的措施是适宜的？广东的措施是：关于农村副产品，坚决压缩供给部分，实行按劳分配为主的分配方法，你们是否认为是适宜的？照我看，是适宜的，你们以为如何？这是一个大问题，必须一律采取措施，改变现状。请你们回去研究施行。"材料说，广东省委最近批转了番禺公社党委《关于当前

〔1〕 丘迟，南朝梁人，官至司空从事中郎。善诗赋文章。陈伯之，南朝梁人，曾为北魏平南将军。梁北伐，丘迟写信劝陈伯之归梁。陈后官至通直散骑常侍。

〔2〕 朱鲔，东汉初人。刘玄称帝后，被任为大司马。曾劝刘玄杀刘秀之长兄刘縯。刘秀称帝后归降，官至少府。

〔3〕 张绣，三国时董卓部将。后降曹操，不久又反袭曹操，曹军败。曹操征袁绍时，张绣再度归降，在官渡力战有功，任破羌将军。

〔4〕 指东汉光武帝刘秀。

〔5〕 指曹操，去世后追尊为魏武帝。

农村副产品自给部分过多的情况和解决意见的报告》。报告指出，目前值得注意的是，不少已经收获的农副产品，产量比去年大为增加，可是作为商品的部分少得可怜，有些产品原来商品程度很高的，现在也变成自给的了。这一现象是由于农村公社采用了产品直接分配的方法，供给部分比例太大。毛泽东的批示和广东省委的这个材料作为庐山会议文件印发。八月十九日，中共中央转发了毛泽东的批示和这个材料，并指出各级地方党委在人民公社的分配和农副产品收购工作中，应注意：一、适当限制自给部分，尽可能按照城乡需要增加商品部分。二、适当限制供给部分，逐渐增加工资部分。三、切实做好农副产品的收购工作。

8月2日—16日　中共八届八中全会在江西庐山举行，毛泽东主持会议。出席会议的中央委员七十五人，候补中央委员七十四人，列席会议的十四人。全会编为六个组：第一组，组长林铁，副组长宋任穷〔1〕、江华；第二组，组长柯庆施，代组长曾希圣，副组长廖鲁言、甘泗淇〔2〕；第三组，组长陶铸，副组长谢富治、谭政〔3〕；第四组，组长李井泉，副组长王任重、萧

---

〔1〕宋任穷，当时任第二机械工业部部长。1960年10月、11月又先后任中共中央东北局第一书记、中国人民解放军沈阳军区第一政治委员。

〔2〕甘泗淇，当时任中共中国人民解放军监察委员会副书记、中国人民解放军总政治部副主任。

〔3〕谢富治，当时任中共云南省委第一书记、中国人民解放军昆明军区第一政治委员。1959年9月任国务院政法办公室主任兼公安部部长。1960年12月又任中共中央政法小组组长。谭政，当时任中共中央书记处书记、中共中国人民解放军监察委员会书记、国防部副部长、中国人民解放军总政治部主任。

华[1]；第五组，组长张德生，副组长舒同、黄火青[2]；第六组，组长欧阳钦，副组长江渭清、张国华。

8月2日 下午，中共八届八中全会开始举行。毛泽东在会上讲话。他说：会议讨论两个问题：第一，是改指标问题。高指标成了一种负担，一改下来，我们担子就轻了。这是自己立起一个菩萨，然后向他拜。我们现在破除迷信，把菩萨打烂，重新立一个合乎实际的指标。第二，是路线问题。我们的路线究竟对不对？现在有一些同志发生怀疑。初上庐山还不清楚，有些同志要求民主，说有一种压力，压得他们不敢讲话。当时就不晓得是什么事情，摸不着头脑。初上庐山，七月上半月那个时候有点神仙会议的味道，就是闲谈一顿，没有什么着重，没有紧张局势。后头才了解，为什么有些人觉得没有自由呢？就是他们要求一种紧张局势。他们要攻击这个总路线，想要破坏这个总路线。对于去年十一月第一次郑州会议到现在九个月间中央的这些工作（批评“左”的倾向，“共产风”不刮了，公社实行三级所有制，指标逐步落实），他们看不到，他们看不进去，他们认为要重新议过。他们感觉到需要有一种空气，需要有一种民主，并且认为过去就是不民主，许多问题没有彻底讨论。因此我们感觉政治局扩大会不够了，这个民主还小了，现在就请同志们大家来，开中央全会。他们还可能要求扩大，我们还有一个办法，开党代表大会，准备明年春季开党代表大会。现在要求民主，又是一九五七年那

---

〔1〕 萧华，当时任中共中央监察委员会副书记、中共中国人民解放军监察委员会副书记、中国人民解放军总政治部副主任。1959年10月又任中共中央军委副秘书长。

〔2〕 黄火青，当时任中共辽宁省委第一书记、辽宁省政协主席、中国人民解放军辽宁省军区第一政治委员。1960年10月又任中共中央东北局书记处书记。

个要求大民主，大鸣大放大辩论，这么一种形势。至于开会的方法，应该是历来为我们大家所赞成的一种方法，就是从团结的愿望出发。我们中央委员会这个团体，关系着中国的命运，现在社会主义的命运是在我们的肩上，我们担负着这个命运，我们应该团结。现在有一种分裂的倾向。这种倾向，我在去年五月党代表大会上讲了的。那个时候并没有显著的迹象，现在已经有显著的迹象了，要分裂我们这个团体了。我看不行，不应该分裂，我们应该团结。那末，对于犯错误的同志怎么办呢？从团结的愿望出发，经过批评或者斗争，在新的基础上达到团结的目的，惩前毖后，治病救人。只有这种方法。犯了错误的同志可以改，要给一条路走。对于一个同志，要加以分析，对于犯错误的同志，要从分析中看出，这些同志还是有希望的。犯了错误，无非有两个可能：一个改，一个不改，一个能够改正，一个不能改正。所谓看者，就是看他改不改。所谓帮者，就是帮他改。犯了错误，要有一个等候的时期。你不等候，强迫人家马上就接受，不可能的，而且要有材料才能说服。谁人没有一点缺点，谁人没有一点错误？对于犯了错误的同志，采取团结——批评——团结，惩前毖后、治病救人的方针，是能够改变的。要有这个信心，不能改变的是很个别的。要努力，要有好心帮他们。批评的时候，对于错误的东西要无情，要摆事实，讲道理，不要学李逵那种比较粗的办法。有时候凶一点，也不要完全禁止，总的方向就是要摆事实，讲道理，辩论，大鸣大放大辩论。两个议事日程：一个改指标的问题，一个路线究竟正不正确，是否需要修改，或者另换一条路线的问题。请同志们讨论这两个问题。一上山，我就讲了三句话：成绩很大，问题不少，前途光明。我想，这样的话总是可以的吧。后头就是在这个“问题不少”上发生了问题，可见得问题不少。他们要改换题目。问题不少是可以的，看是什么问题。

现在改换的叫右倾机会主义向党猖狂进攻的问题不少，而不是那些别的问题。我们反了九个月“左”倾了，现在基本上不是这一方面的问题了，现在庐山会议不是反“左”的问题了，而是反右的问题了。因为右倾机会主义在向着党，向着党的领导机关猖狂进攻，向着人民事业，向着六亿人民的轰轰烈烈的社会主义事业进攻，找错误、缺点。确实有那么多错误，有那么多缺点，已经改正了，他说改正了不算，还要再改。他们抓住那么一些东西，把结论引导到路线错误，领导机关错误。是否如此，需要讨论。我们七月这一个月的庐山会议大体经过就是这样。会议结束后，召集刘少奇、周恩来、朱德、林彪、彭真和会议各组的正、副组长开会。

同日 全会开会前，写信给张闻天。说张闻天“陷入那个军事俱乐部去了”，找出的那些漆黑一团的材料“尽是假的”。又说张闻天是“旧病复发”，“把马克思主义的要言妙道通通忘记了”，要他“痛改”。

同日 审阅中共八届八中全会《为保卫党的总路线、反对右倾机会主义而斗争》的决议草案第二次修改稿，作个别文字修改，批示胡乔木：“有一点修改，请你们斟酌。”

同日 阅周恩来八月一日报送的《中共中央关于切实抓紧和妥善安排今后五个月的工业生产、基本建设和运输的决定》等三个文件，批示：“照办。”决定说，中央在六月十三日批示下达的国家计划委员会关于一九五九年工业生产的预计数字，是比较落实的。把这些数字变为实际，我们不仅可以在一九五八年大跃进的基础上实现一九五九年工业生产的继续跃进，而且对今后国民经济的迅速发展有重大的意义。决定对今后五个月的钢材的生产和分配、基本建设、工业生产、运输、进一步开展增产节约运动等问题作了具体安排。

同日　阅中共河南省委七月三十日关于抗旱保苗情况的简报和湖北省委七月二十八日关于抗旱情况的报告，批示："此两件印发各同志。今年旱区达五六省，情况严重。广大群众在党领导下的伟大的抗旱斗争，已经起来。吴冷西同志：各省旱情及抗旱斗争，请令新华社如实报道，鼓干劲，一定要把抗旱抗到底，人定胜天，争取丰收。反对一切悲观失望情绪。"

8月3日　晚上，在庐山住处召开会议，刘少奇、周恩来、朱德、林彪、彭真、陈伯达、王稼祥、胡乔木出席。

同日　关于庐山会议简报上应一律称同志问题，致信刘少奇等："少奇、恩来、彭真、尚昆同志，各组组长同志：简报上对于同志的称呼不妥当，这种旧习惯应当改过来。建议：一律称某某同志。例如：主席，称毛泽东同志；总理，称周恩来同志；林总，彭总，贺总，称林彪同志，彭德怀同志，贺龙同志。其他，以此类推。如同意，请各组长在会上宣布一下。请尚昆告简报编者，一律从四日起照此改正。"

同日　将周小舟八月二日的来信，批示印发各同志。周小舟的信中说接到了您一日夜的信和丘迟《与陈伯之书》。他说自己犯了严重错误，并分析了产生错误的原因，表示希望经过这次深刻教育之后，坚定地站稳立场，改造思想，进一步把工作做好。毛泽东的批示和周小舟的信作为八届八中全会文件印发。

同日　将张闻天八月三日的来信和检讨，批示印发各同志。张闻天的信中说："你八月二日的信，我读过了。""我伏案而作自我检讨，长约万言。今特呈上，务请多加指点。"毛泽东的批示和张闻天的信及检讨作为八届八中全会文件印发。

8月4日　晚上，在庐山住处同刘少奇、周恩来、彭真谈话。

8月5日　审阅修改周恩来八月四日夜报送的《中国共产党

第八届中央委员会第八次全体会议的公报》初稿，批示："退恩来同志。有一点增补。"毛泽东在公报初稿中讲到当前的主要危险是在某些干部中滋长着右倾思想和松劲情绪之后，加写："他们对于几亿劳动人民和革命知识分子在大跃进运动和人民公社运动中由于经验不足而产生的若干缺点，估计过于严重，而对于人民的伟大成绩则估计不足。这是完全错误的。他们看不见党领导下的一切人民事业，成绩都是主要的，而缺点错误则是第二位的，不过十个指头中的一个指头而已。"

同日 晚八时半，在庐山住处召开会议，刘少奇、周恩来、朱德、林彪、彭真、柯庆施、李井泉、陶铸、王任重、欧阳钦、林铁、张德生出席。

同日 晚十一时半，审阅刘少奇报送的《人民日报》社论稿《克服松劲情绪，厉行增产节约》[1]，将标题上的"松劲"改为"右倾"，并批示："即送吴冷西同志。如六日来不及见报，七日见报也可。"刘少奇在附信中说："此篇我看可用，请审阅修改后退冷西同志。"社论说：抓紧八、九两个月，进一步展开一个轰轰烈烈的增产节约运动，鼓足干劲，坚决反对在一部分干部中新近抬头的右倾情绪，努力完成和超额完成今年的跃进计划——这是工业、农业、运输业、商业等经济战线上当前的迫切任务。为了争取完成和超额完成今年继续跃进的计划，必须坚决地批判和克服右倾情绪。任何畏难、松劲、泄气，对于社会主义事业都是非常有害的。这篇社论在八月六日《人民日报》发表。

同日 阅中共湘潭地委工作组七月一日整理的《平江谈岑公社稻竹大队食堂散伙和恢复情况》的材料。毛泽东将这个材料的题目改为《湖南省平江县谈岑公社稻竹大队几十个食堂散伙又恢

---

〔1〕 据吴冷西回忆，这篇社论是根据刘少奇的意见起草的。

复的情况》，并批示："印发各同志。此件很值得一看。一个大队的几十个食堂，一下子都散了；过一会，又都恢复了。教训是：不应当在困难面前低头。像人民公社和公共食堂这一类的事情，是有深厚的社会经济根源的，一风吹是不应当，也不可能的。某些食堂可以一风吹掉，但是总有一部分人，乃至大部分人，又要办起来。或者在几天之后，或者在几十天之后，或者在几个月之后，或者在更长时间之后，总之又要吹回来的。孙中山说：'事有顺乎天理，应乎人情，适乎世界之潮流，合乎人群之需要，而为先知先觉者所决志行之，则断无不成者也'。这句话是正确的。我们的大跃进，人民公社，属于这一类。困难是有的，错误也一定要犯的，但是可以克服和改正。悲观主义的思潮，是腐蚀党、腐蚀人民的一种极坏的思潮，是与无产阶级和贫苦农民的意志相违反的，是与马克思列宁主义相违反的。"材料说：稻竹大队六月初有六十三个食堂，后来解散了六十一个。二十来天后，又都恢复起来，办成了八十九个食堂。散伙的原因是：群众对食堂议论纷纷，有的要办，有的要散；干部一方面认为办公共食堂是方向，但又看到食堂存在很多问题一时难以解决，觉得散了是否会好一些；最直接的原因则是口粮紧张。后来食堂又全部恢复，原因有三：（一）部分社员提出要办。（二）有的生产队长、作业组长感到食堂解散后，生产难于统一领导。（三）县委对解散食堂提出了批评。毛泽东的批示和这个材料作为八届八中全会文件印发。

同日 阅中共安徽省委七月四日报送的阜阳地委七月二日关于修建临淮岗水库问题给毛泽东的报告，批示："此件应抄一份给吴芝圃同志。"阜阳地委的报告说：临淮岗水库修建在阜阳地区的颍上县境内。阜阳地区要求水库的蓄洪水位最低是二十七点九公尺，而其上游的河南省淮滨县提出蓄洪水位不能超过二十五点三公尺，淮滨县的要求是不合理的。水利电力部决定推迟修建工程是没有理由的。对于淮滨县所受的损失，我们建议，一可以圈圩改种，二给予适当补偿。十月十五日，中央书记处给安徽省委并河南省委的指示中指出，临淮岗水库工程问题，在庐山已经初步谈过，最近水电部又召两省同志交换了意见，对修建这一水库并使之具有相当防洪能力，取得了一致意见。现在争执的是水位如何确定的问题。为不耽误工程进行，我们同意安徽省可以在今冬按原设计修建控制水闸，并留出扩建的地方。在蓄洪水位未达成协议前，土坝坝顶应不超过二十五公尺。

8月6日　晨，对《中国共产党第八届中央委员会第八次全体会议的公报》第二稿，作个别文字修改后批示："退恩来同志。有一点修改。"后又对周恩来八月七日报送的公报第三稿作修改，在公报稿的"他们对于几亿劳动人民和革命知识分子在大跃进运动和人民公社运动中由于经验不足而产生的若干缺点，估计过于严重，而对于人民的伟大成绩则估计不足"这句话后，加写："他们对于在党的领导下几亿劳动人民轰轰烈烈地进行的大跃进和人民公社运动，污蔑为'小资产阶级狂热性运动'。"并批示："周看后，尚昆办。"

同日　上午，审阅修改中共八届八中全会《为保卫党的总路线、反对右倾机会主义而斗争》决议草案，批示："即送陈伯达、王稼祥、胡乔木三同志：加了一段，认为有必要，不知你们以为然否？请你们讨论一次。有小部分的分析及字句，与（四）节重复，如何调整一下，亦请斟酌。"毛泽东加写的内容是："（三）我国现在还处在由资本主义到社会主义的过渡时期。阶级依然存在。对于旧的社会经济制度虽已基本上改造完成，但是尚未彻底完成。资本家还拿定息。农村尚有例如自留地一类的私人生产资料所有制，尚有私人活动的小型自由市场。地、富、反、坏、右等类分子尚未改造完成。城乡资产阶级反动的思想活动和政治活动，虽经一九五七年整风反右斗争给了一次决定性的打击，但离彻底消灭还很远。他们反动的思想活动和政治活动在一部分富裕中农和知识分子中间尚有市场，一遇风吹草动，他们就要蠢动起来。总之，资产阶级残余的思想政治活动既然存在，就一定会在共产党内找到他们的代表人物。而现在果然出了一小批代表他们说话的党内的右倾机会主义分子。这些人中，有一些是暗藏在党内的阶级异己分子；有一些是历史上犯了错误、受过批评、心怀不满的分子；有一些是动摇成性的分子。除了第一种人之外，后二种人，他们虽然受了资产阶级的影响，不自觉地代表资产阶级说些胡言乱语，向党的大多数、党的领导机关和党的总路线乘机进攻，这种进攻带着猖狂性质，形成了我们同他们的尖锐矛盾。但是这种矛盾还是人民内部的矛盾，不是如同一九五七年资产阶级反动右派猖狂进攻那样的敌我矛盾。只要双方善处，不走绝路，政策恰当，我们又可以把他们争取过来，重新合作的。这些人还有一种模模糊糊地要社会主义的倾向，他们对帝国主义对于我国的压迫，是要反抗的。他们是机会主义者，注意看大势，看见大势于他们不利，他们感到孤立了，只要我们留有余地，他们又可以过来的。一部分共产党人的悲观主义思潮，右倾机会主义思潮是社会上资产阶级反社会主义思潮在党内的反映。无产阶级同资产阶级的思想政治斗争，是波浪式的，高一阵，低一阵，再高一阵，再低一阵，直到这一场斗争彻底熄灭为止，那就是阶级最后消灭的时候。”在八月六日之前，毛泽东对这个决议草案，曾作过一次修改，主要是在原第三节的“犯错误的同志如果只是在口头上承认错误，而不在实际上揭露错误和改正错误，也不能达到团结的目的”这句话后，加写：“这种党内矛盾，是属于人民内部矛盾这一范畴的，因此必须坚持用正确处理人民内部矛盾的方法去处理，帮助犯错误的同志改正错误，使他们获得进步，重新和我们团结起来，为了党的总路线的伟大胜利而奋斗。”

同日 晚上，同彭真谈中共八届八中全会的编组问题。决定将六个小组改编为三个临时小组，即：第二组，组长柯庆施，代组长曾希圣，副组长廖鲁言；第四组，组长李井泉，副组长王任重、萧华；第五组，组长张德生，副组长舒同、黄火青。每个组五十余人。张闻天、周小舟在第二组，彭德怀在第四组，黄克诚在第五组。从八月七日起，小组会议按临时小组的编组进行。

同日 阅胡乔木八月五日报送的《经济消息》刊载的四篇材料：《苏联专家近来的一些表现》[1]、《王国藩社的生产情况一直很好》[2]、《目前农村中“闲话”较多的是哪些人》[3]、《明年重

---

〔1〕《苏联专家近来的一些表现》一文指出：近来许多苏联专家对我党在经济工作方面采取的一些措施表示热烈拥护，他们感到最满意的是各地注意了生产指标的落实和提高产品质量。许多专家现在的工作比以前更加积极，提出的建议也比过去增多。现在心情还不大愉快的是要“下马”的某些基本建设单位的专家。

〔2〕《王国藩社的生产情况一直很好》一文说：7年前曾被称为“穷棒子社”的河北省遵化县王国藩合作社，去年和其他农业社合并成建明人民公社以来，生产和生活都搞得很好，各项工作均名列前茅。这个公社的农副业生产一直稳步上升，远因是合作化以来，当地党组织一直坚持了勤俭办社的原则，逐年进行了农田基本建设，添置了耕畜和大农具等生产资料，提高了农业生产力。近因是当地党组织在大跃进高潮中工作踏实，坚持了群众路线，挡住了“共产风”，正确执行了党的政策，鼓励私人养猪，办好食堂，实行“以人定量、节约归个人”的办法。以王国藩为核心的领导骨干一直同群众保持密切的联系，遇事找群众商量，向上级请示。

〔3〕《目前农村中“闲话”较多的是哪些人》一文，介绍了中共长沙市委最近对郊区临福公社各阶层的政治思想情况所作的调查，指出目前农村中说“闲话”较多的是一些新上中农和老上中农；真正反对我们的是地、富、反、坏、右五类分子，但他们人数很少；占农村人口最多的贫农和新老下中农是衷心拥护党，坚决走公社化道路的。

工业方面要多搞些什么》[1]。批示："将这四篇印发各同志。请各省、市、区党委负责同志将王国藩人民公社一篇印发所属一切人民公社党委，并加介绍，请各公社党委予以研究，有哪些经验是可以采纳的。据我看，都是可以采纳的。第一条，勤俭办社；第二条，多养猪（不养猪的回族除外）；第三条，增殖大牲畜；第四条，增加大农具；第五条，食堂办法；第六条，工作踏实，实事求是；第七条，有事同群众商量，坚持群众路线。这些都是很好的。我想，每一个专区总可以找到一个至几个办得较好如同王国藩那样的公社，请你们用心去找，找到了加以研究，写成文章，公开发表，予以推广。《目前农村中讲闲话较多的是哪些人》这一篇，也值得一看。这同目前在庐山讲闲话较多的人们是有联系的。"毛泽东的批示和这四篇材料作为八届八中全会文件印发。

同日　写信给刘松林[2]："娃：你身体是不是好些了？妹妹考了学校没有？我还算好，比在北京时好些。登高壮观天地间，大江茫茫去不还。黄云万里动风色，白波九道流雪山。这是李白的几句诗。[3] 你愁闷时可以看点古典文学，可起消愁破闷的作用。久不见甚念。"

8月7日　晨五时，关于起草和修改中共八届八中全会关于

---

〔1〕《明年重工业方面要多搞些什么》一文，介绍了国家计划委员会一些工作人员最近在研究明年计划时，对调整重工业内部比例关系问题提出的一些看法：应当少增产铁和钢，多增产钢材；多进口石油和橡胶，多搞些这方面的基本建设，少搞些消耗石油、橡胶的机器和车辆；应多注意发展基本化学工业（三酸两碱）。

〔2〕刘松林，原名刘思齐，1949年10月同毛泽东的长子毛岸英结婚。1950年11月25日毛岸英在抗美援朝战争中牺牲。1957年9月底至1961年8月，刘松林在北京大学俄罗斯语言文学系学习。

〔3〕见李白《庐山谣寄卢侍御虚舟》。

开展增产节约运动决议等三个决议，致信陈伯达、王稼祥、胡乔木："增产节约决议初稿写好了没有？不要字斟句酌，有了一个轮廓就可印发常委及你们三人，看一下，提些意见，再改为第二稿，最后改第三稿，那就是字斟句酌的阶段了。我希望今天晚上能看到初稿，请即办。八月八日，以一天时间改成反右倾机会主义那个决议，主要把我写的第三节，同第四节不调和的地方，改得协调起来，八日晚上交我看。以上两个决议，九号就要印发给一切同志付讨论了。你们则以九日十日两天时间转到写第三个文件，即写关于彭张错误的决议，十日下午交给我看（初稿）。时间紧了，要加紧工作。以上即照办，为盼！"

同日 上午十时至十二时十分，同彭德怀谈话。[1]

同日 晚上，在庐山住处召开会议，刘少奇、周恩来、朱德、林彪、彭真、柯庆施、李井泉、曾希圣、陶铸、王任重、欧阳钦、林铁、张德生、陆定一、陈伯达、康生、王稼祥、胡乔木出席。

同日 阅中共中央关于反对右倾思想的指示稿，批示："退彭真同志照发。"指示指出：现在右倾思想已经成为工作中的主要危险，如果不彻底加以批判和克服，党的总路线的贯彻执行是不可能的，各项建设事业的继续跃进是不可能的，今年调整后的生产指标和基本建设计划的完成，也是不可能的。各级党组织，必须抓紧八、九两月，鼓足干劲，坚决反对右倾思想，厉行增产节约，提高质量，降低成本，全面安排和节约使用劳动力、物力

〔1〕《秘书日记里的彭老总》（郑文翰日记）一书中说，毛泽东同彭德怀谈话时，谈了世界观、思想方法等问题。彭德怀提出不再干军事工作，毛泽东说我也在考虑这件事。王焰主编的《彭德怀年谱》记载：谈话后的当天晚上，彭德怀要秘书帮助他写一个辞掉国防部长、军委委员、政治局委员的信。

和财力。请你们立即在干部中，在各级党的组织中，对右倾思想和右倾情绪，加以检查和克服。这个指示发到各省市自治区党委、中央各部委、国家机关和人民团体各党组、总政治部、团中央。

同日 阅中共江西省委中级党校关于学员对人民公社的认识分歧是如何统一的报告，批示："印发各同志。我们谈论的江西党校对大跃进、人民公社两大问题的辩论，现在已经解决了。开头一阵乌云，结果一片青天。庐山会议上辩论的情况，和江西党校何其相似？江西党校持否定态度的在八十二人中有六个人，我们这里也是五六个人。我们这里持肯定态度的人比江西党校多得多，持模糊态度的也比江西党校较少，这两点是不同的。两处辩论的问题全然相同，都是大跃进与人民公社。阵线也相同，都分左、中、右。同志们可以看一下。报告写得好，一气可以读完。请同志们学江西的样，在省地县三级分批举行，一律照此大辩一场。时间秋季好，冬季好，春季也好，每一批时间两个月，读书与辩论并行，作一次新的整风运动，定有极大利益。"报告说：党校学员关于人民公社的分歧认识暴露以后，我们认真分析了产生动摇的原因，决定采取辩论、读书、辅导、总结的办法，强调摆事实、讲道理，来解决学员们的思想问题。经过两个多月的学习，全体学员的思想发生了重大变化：持肯定观点的人更加坚定了，模糊不清的人清醒明白了，持否定观点的人没有了。毛泽东的批示和江西省委中级党校的报告作为八届八中全会文件印发。

8月8日 审阅中共八届八中全会《为保卫党的总路线、反对右倾机会主义而斗争》决议草案，作个别文字修改，批示杨尚昆："此件请印二十份，发常委，彭真，伯达、稼祥、乔木，七个大区组长及曾希圣。"

同日 审阅修改中共八届八中全会关于开展增产节约运动的

决议草案，批示胡乔木："此件好。有一点修改。即交尚昆印二十份，分发常委、彭真、起草小组、各大区组长，征求意见。"决议草案在讲到一九五九年上半年市场供应比较紧张处说"这种情况，由于党和政府采取了一系列的措施，已经迅速地开始了逐步的好转"，毛泽东将其中的"已经迅速地开始了逐步的好转"，改为"已经迅速有所改变，今后一个时期还将有更大改变"。决议草案中说"克服某些不坚定分子的右倾松劲情绪，为夺取今年的伟大胜利而斗争"，毛泽东改为："克服某些不坚定分子的右倾机会主义情绪，并且坚决打击这类分子的破坏活动，为夺取今年的伟大胜利而斗争。"

8月9日 下午一时二十分，宴请本日到达庐山的胡志明[1]，刘少奇、周恩来、朱德、彭真、杨尚昆参加。宴会结束后，同刘少奇、周恩来、朱德、彭真谈话。

同日 晚上，同林彪谈话。后同周惠谈话。

8月10日 阅中共安徽省委八月四日关于张恺帆[2]在无为县下令解散食堂的报告，批示："印发各同志。右倾机会主义分子，中央委员会里有，即军事俱乐部的那些同志们；省级也有，例如安徽省委书记张恺帆。我怀疑这些人是混入党内的投机分

〔1〕 胡志明，当时任越南劳动党中央主席兼总书记、越南民主共和国主席。

〔2〕 张恺帆，当时任中共安徽省委书记处书记、安徽省副省长。在1959年"反右倾"运动中，受到开除党籍、撤销职务的错误处分。1962年6月20日，安徽省委常委扩大会议通过《关于张恺帆同志问题的甄别结论》，决定撤销1959年9月19日省委扩大会议《关于张恺帆、陆学斌反党联盟的决议》，取消对张恺帆开除党籍、撤销一切工作的错误处分，恢复党籍、名誉、原职务和原级别。在原来宣布、传达的范围内公布。同年7月18日，中央监察委员会在给安徽省委并省委监委的批复中说："中央同意你们对张恺帆同志的甄别处理意见。"

子。他们在由资本主义到社会主义的过渡时期中，站在资产阶级立场，蓄谋破坏无产阶级专政，分裂共产党，在党内组织派别，散布他们的影响，涣散无产阶级先锋队，另立他们的机会主义的党。这个集团的主要成分，原是高岗〔1〕阴谋反党集团的重要成员，就是显明证据之一。这些人在资产阶级民主革命时，他们是乐意参加的，有革命性。至于如何革法，也是常常错的。他们没有社会主义革命的精神准备，一到社会主义革命时期，他们就不舒服了，早就参加高岗反党集团，而这个集团是用阴谋手段求达其反动目的的。高岗集团的漏网残余，现在又在兴风作浪，迫不及待，急于发难。迅速被揭露，对党对他们本人都有益。只要他们愿意洗脑筋，还是有可能争取过来的，因为他们具有反动与革命的两面性。他们现在的反社会主义的纲领，就是反对大跃进，反对人民公社。不要被他们的花言巧语所迷惑，例如说，总路线基本正确，人民公社不过迟办几年就好了。要挽救他们，要在广大干部中进行彻底的揭发，使他们的市场缩得小而又小。一定要执行治病救人的方针，一定要用摆事实、讲道理的方法，还要给他们革命与工作的出路，批判从严，处理从宽。”安徽省委的报告说：我省书记处书记张恺帆同志于七月初到无为县检查工作时，下令解散食堂，并以怀疑的心情责令县委办公室调查公社化前后几个情况的变化，结果引起无为县工作上的混乱。无为县委八月一日给芜湖地委并报安徽省委的报告说：张恺帆同志于七月

〔1〕 高岗，曾任中共中央政治局委员、东北局第一书记、中央人民政府副主席、东北行政委员会主席、国家计划委员会主席、中国人民解放军东北军区司令员兼政治委员。1953年，他和饶漱石（当时任中共中央组织部部长）进行反党分裂活动。1954年2月，中共七届四中全会对高、饶进行了揭发和批判。1955年3月，中国共产党全国代表会议通过决议，开除他们的党籍，撤销他们的党内外一切职务。

四日到无为检查工作。九日下午在新民公社王福大队检查工作时，向队干部和群众宣布吃饭还原、住房还原、小块土地还原的“三还原”。到七月十五日，全县的六千零六十九个食堂即一风吹散，还有一百二十个食堂坚决不散。毛泽东的批示和安徽省委的报告作为八届八中全会文件印发。

同日 晚九时，在庐山住处召集刘少奇、周恩来、朱德、林彪、彭真开会。十时起，柯庆施、李井泉、曾希圣、陶铸、王任重、欧阳钦、林铁、张德生、陈伯达、王稼祥、胡乔木参加会议。

8月11日 上午，中共八届八中全会举行全体会议。毛泽东在会上讲话。他说：世界观、人生观的问题，在我们一部分同志中间是没有解决的。他们是经验主义的世界观、人生观和方法论。我们犯路线错误的同志，历来都是这样。问题为什么要从这里谈起呢？因为历来一讲到政治问题，就限于政治问题，就不讲世界观了，而最根本的根源就在世界观。我跟彭德怀同志个别谈过一次，跟黄克诚同志等几位谈过几次，常委会又跟彭德怀、黄克诚以及其他几个同志，周小舟、李锐，还有周惠，一起谈过两次，统统交心，我们的心交出去了，他们也交了一些。我说犯错误的同志，比如彭德怀同志，我就感觉到，他这三十几年，资产阶级立场没有变动过。他们是以资产阶级民主主义者的资格参加共产党的。在资产阶级民主主义革命阶段，他们是参加的，是积极的，但是在方法上，他们也常常搞错。实际上他们是党内同盟者，是马克思主义的同盟者，是马克思主义者在资产阶级民主主义革命阶段的同盟者。他们对无产阶级革命是没有精神准备的。他们参加民主革命是积极的，对帝国主义、地主阶级是仇恨的，对蒋介石是仇恨的。无产阶级社会主义革命，这十年，对于他们是突如其来的。去年一年，今年这半年，不但有正面的成绩，而且有反面的成绩，比如“共产风”、浮夸之风吹遍全国，强迫命令，否定商品交换、等价交换、价值法则，还有比例失调，市场紧张，引起城乡各阶级紧张。这大为教育了我们的同志，学会什么叫价值法则，什么叫等价交换。这是个大学校。在大跃进中，放了许多假“卫星”，报纸上登了许多这些东西，势必要走向反面，浮夸之风就走到实事求是。果然，现在你看还吹没有？我们报纸上那个“卫星”就不放了。还有比例失调，钢三千万吨，两千万吨，一千六百五十万吨，这三个阶段，对于我们中央和地方做工作的同志，做经济工作的同志，是一次极深刻的教育。因此，我说，不但有正面的成绩，而且有反面的成绩，反面的东西变成一种有益于我们的教材。有些人想把我们的秀才挖去，我看挖不到，秀才是我们的人，不是你们的人。德怀同志提出辞职，不干国防部和军委的工作了。究竟彭德怀同志干不干国防部长，黄克诚同志干不干总参谋长，请同志们考虑。照样不动好，还是改换工作好？工作是要改的。有些同志建议，特别是军队方面的同志建议，要开一次军委扩大会议。我是赞成开的，请你们去研究一下。大概顶多开两个星期就够了，或者开十天，不要开长了，不要像去年那么久。关于彭德怀同志的错误，要作个决议，不然没有证据。这个决议，大体上就是我先前讲的方针，无非是犯了错误，允许他革命，我们要团结他，帮助他，批判从严，处理从宽。只要有这样一个处置，就保障了我们这个党没有危险。我也不赞成把他们开除政治局，更不赞成开除中央委员会。这些都是我们常委会议通过的，我代表常委会说话。我建议，我们这个会，收场要收得好。庐山会议，开头是神仙会议，搞到尾巴上连一点神仙味道都没有了，也不好。要用团结合作收场，双方都交心、通气，一看二帮，或者一批二帮，一斗二帮。现在不是批评吗？批评之后就变成一看二帮了，看你改不改，还要帮。要实行批评从严、处理从宽，“团结——批评——团结”，“惩前毖后，治病救人”的原则。要估计到那些同志们的两面性：革命性和反动性。他们有革命性的一面，不要忘记这一面，他们的历史证明了这一面。说他们完全不革命了，这不合事实。但是他们脑子里头的资产阶级的东西，你不能不讲是反动的。他们从来不提出团结这个口号的，我所以在三号印出来的那个东西上提出团结问题，我就抓这个旗帜，我们大多数人抓这个旗帜。我们要团结，党的团结，人民的团结，民族的团结，就是不团结那些反革命。我们要估计到他们那些同志的两面性，首先是估计他们的革命性。因为我们这个会开到今天四十天，从十六号起到今天，对他们那个反动性的批判比较着重，而现在我们要记起他们还有革命性的一面，同时还要批判反动性。我跟德怀同志讲过：难道我们三十一年的关系，现在就在庐山分手吗？我们就决裂吗？我说不，不应当决裂，我们要合作。总而言之，我认为，我们这个关系应该继续下去，应该搞好，而不应该在这一次分手，把他们抛到海里头，应该把他们留下来，帮助他们，同志式的态度。这样，就必须要搞两条：一条叫做批判从严，一条叫做处理从宽。这个处理从宽，并不是一点职务都不变动。必须满腔热情帮助他们，至于他们采取什么态度，那是他们的事。欢迎最近几天那些同志的进步。他们最近这几天有进步，我在这里表示欢迎。我要喊一句口号：马克思列宁主义万岁！

同日　下午五时，同周小舟谈话。十二日晨六时，致信周小舟：“昨谈甚快。请你将昨日所谈全部情况和意见，用书面形式写给我。希望今天能送给我，不然，明日送来也可。交我的秘书高智同志。”十三日晨二时，周小舟给毛泽东写了一封长信。十四日，毛泽东批示将这封信印发参加全会的各同志。

同日　阅胡乔木八月十日报送的《中国共产党八届八中全会

关于彭德怀同志错误的决议（草案）》[1]，批示："退胡乔木同志。有点小的修改。"毛泽东将草案中的"他的思想方法是资产阶级的经验主义和唯我主义的方法"一句，改为"他的世界观、人生观和思想方法是资产阶级的经验主义和唯我主义的世界观、人生观和思想方法"。

同日 审阅彭真本日报送的中共中央和中央军委关于召开军委扩大会议的通知稿，作个别文字修改，批示"送彭真同志即办"。通知说，为了传达讨论和贯彻执行党的八届八中全会关于为保卫党的总路线、反对右倾机会主义而斗争的决议和其他决议，中央决定八月十八日起在北京召集军委扩大会议。通知要求各军区、军种、兵种、直属院校党委，于八月十四日前将出席此次会议的人员名单报总政治部审核批准。

8月12日 上午八时半，同江华谈话。

同日 上午十时，同彭真、谭政、萧华谈召开中共中央军委扩大会议问题。

同日 晚上，在庐山住处主持召开中共中央政治局常委会议，谈次日会议安排问题，刘少奇、周恩来、朱德、林彪出席，彭真列席。

同日 阅中共辽宁省委八月七日关于辽宁省今后经济建设方针和安排意见的报告，批示："印发各同志。各省应根据当地情况制定一个较长期的经济建设方针和安排计划。辽宁省这个意见书，可供各省、市、自治区参考。"报告说：根据我省国民经济发展的情况，今后经济建设的方针应当是，充分利用现有的工业基础，大力挖掘企业潜力，更好地支援全国，并在此前提下，逐

〔1〕 这个决议的标题，最后定为《中国共产党八届八中全会关于以彭德怀同志为首的反党集团的错误的决议（草案）》。

步扭转国民经济中某些不协调状况，使之更好地有计划按比例发展。(一）大力发展农业，逐步实现农业机械化，增加化肥、农药生产。(二）我省重工业比例特别大，今后除自然增长和补缺、提高以外，冶金、机械、重化工、建材这四个行业，一般不再扩大生产规模。应注意加强煤炭、电站等先行工业和交通运输业的建设。（三）根据资源和技术条件的可能，积极发展轻工业。(四）搞好城市建设，大力解决各城市严重缺水问题，适当发展城市煤气工业，注意有步骤地改善人民的住宅、医疗等生活福利问题，控制城市人口增长。(五）大力发展水产事业。毛泽东的批示和这个报告作为八届八中全会文件印发。

同日 阅中共辽宁省委八月九日关于执行《中央关于反对右倾思想的指示》的情况报告，批示："印发各同志。各省、市、自治区的情况如何？辽宁那样的反右倾、鼓干劲的部署，是否已经做了，效果如何？看来各地都有右倾情绪、右倾思想、右倾活动存在着，增长着。有各种不同程度的情况。有些地方存在着右倾机会主义分子向党猖狂进攻的形势。必须按照具体情况，加以分析，把这种歪风邪气打下去。辽宁做得很快，步骤也好，成效显著。他们取得了主动权，迫使右倾机会主义分子处于被动。这个经验，值得各地注意。"报告说：昨天上午接到中央关于反对右倾思想的指示后，晚上即召开省委常委扩大会议进行讨论。为贯彻中央和主席的指示，决定采取以下措施：一、立即向各级党委发出通知，要求对中央和主席的指示组织学习，对消极思想和右倾情绪，加以检查和克服。二、在正在召开的全省基本建设会议上传达中央和主席的指示，并部署下半年特别是八、九两个月的生产和基本建设工作。三、召开全省工农商学兵各个战线全体职工参加的广播大会，进一步动员群众鼓足干劲，把增产节约运动推向新高潮。四、派检查团到各地督促检查和帮助工作。大力提倡干部和群众同吃、同住、同劳动，深入群众，深入实际，发现问题及时解决。毛泽东的批示和这个报告作为八届八中全会文件印发。

8月13日、14日、15日　中共八届八中全会连续举行全体会议。十三日，张闻天、彭德怀作检讨。十四日，黄克诚作检讨。十五日上午，彭德怀、黄克诚再次作检讨；下午，张闻天再次作检讨，周小舟作检讨。与会者对他们进行揭发批判。

8月13日　晚上，在庐山住处主持召开中共中央政治局常委扩大会议，讨论《中国共产党八届八中全会关于彭德怀同志错误的决议（草案）》，刘少奇、周恩来、朱德、彭真、柯庆施、李井泉、陶铸、王任重、欧阳钦、林铁、张德生、陈伯达、王稼祥、胡乔木出席。

同日　阅周恩来八月八日报送的中共农业部党组八月四日关于抽借各省排灌机械支援紧急抗旱的报告和商业部党组八月七日关于支援抗旱、防洪工作的报告。对农业部党组的报告批示："已阅，退总理。"对商业部党组的报告批示："已阅，很好。退程子华同志。"商业部党组的报告说：为了积极支援各地抗旱、防洪工作，在救灾物资供应方面，拟采取以下几个措施：（一）在抗旱、防洪物资不足的情况下，要优先供应灾区。（二）发扬共产主义协作精神，要求非灾区积极主动支援灾区。（三）受灾地区要想尽一切办法，挖掘地方资源，就地取材，充分发挥现有库存力量。在已成灾地区，商业部门还应在党委统一领导下，积极帮助灾民发展多种经济，做好灾民生产所需原料的供应和成品的推销工作，做好灾民生活资料的供应工作，保证灾民药品的供应，并及早做好防寒取暖物资的准备。

8月14日　晚七时，审阅胡乔木报送的《中国共产党八届八中全会关于彭德怀同志错误的决议（草案）》的修改稿后，批示胡乔木："即付印，今晚发给到会所有各同志。"这个决议草案作为八届八中全会文件印发。

同日 晚十一时，同刘少奇、周恩来、彭真谈话。

同日 阅中共辽宁省委报送的鞍山市委八月八日关于鞍钢克服右倾松劲情绪、厉行增产节约的经验的报告，批示："印发各同志。请令各重点企业研究鞍钢的经验。"鞍山市委的报告说：接到毛主席七月三十一日对鞍山市委关于鞍钢的报告的批示和省委常委扩大会议精神的传达后，决心立即采取措施，进一步克服右倾松劲情绪，迅速地把增产节约运动推向新的高潮。认真加强企业管理工作。加强薄弱环节的领导。各级领导干部深入群众，深入生产，及时发现和解决生产中的问题，总结和推广先进经验，保证按日、按班完成国家计划。毛泽东的批示和这个报告作为八届八中全会文件印发。

8月15日 上午，对刘澜涛〔1〕及其身边两位工作人员摘编的小册子《马克思主义者应当如何正确地对待革命的群众运动》〔2〕写第一个批语，题为《关于如何对待革命的群众运动》。

---

〔1〕 刘澜涛，当时任中共中央书记处候补书记、中央监察委员会副书记。1960年11月又任中共中央西北局第一书记、中国人民解放军兰州军区政治委员。

〔2〕 刘澜涛1959年8月2日给彭真写信说："为了学习和研究毛主席指示的精神，我同我周围工作的两位同志选择节录了毛主席和列宁有关如何正确对待革命群众运动的若干论述。""这本小册子，是由我编好后，经团中央同意后印的，现送上一份，请有暇时看看。"这个小册子，节录了毛泽东《湖南农民运动考察报告》、《在晋绥干部会议上的讲话》、《关于农业合作化问题》和列宁《国家与革命》、《马克思致库格曼书信集俄译本序言》、《十月革命四周年》、《伟大的创举》、《反对抵制》等著作中的一些论述，后来发表在1959年8月30日《人民日报》和《红旗》杂志1959年第17期。

批语指出，编辑这个小册子“是找到了几挺机关枪，几尊迫击炮，向着庐山会议中的右派朋友们，乒乒乓乓地发射了一大堆连珠炮弹”。毛泽东的批语和这个小册子作为八届八中全会文件印发。

同日　晚上，在庐山住处主持召开中共中央政治局常委扩大会议，谈今日大会情况和明天会议安排问题，刘少奇、周恩来、朱德、彭真、柯庆施、李井泉、陶铸、王任重、欧阳钦、林铁、张德生、曾希圣出席。

同日　关于建议读两本书，写信给参加中共八届八中全会的各同志。信中说：“建议读两本书。一本，《哲学小辞典》（第三版）。一本，《政治经济学教科书》（第三版）。两本都在半年读完。”“为了从理论上批判经验主义，我们必须读哲学。理论上，我们过去批判了教条主义，但是没有批判经验主义。现在，主要危险是经验主义。在这里印出了《哲学小辞典》中的一部分，题为《经验主义，还是马克思列宁主义》，以期引起大家读哲学的兴趣。尔后可以接读全书。至于读哲学史，可以放在稍后一步。我们现在必须作战。从三方面打败反党的反马克思主义的思潮：思想方面、政治方面、经济方面。思想方面，即理论方面。建议从哲学、经济学两门入手，连类而及其他部门。”

8月16日　晨五时，审阅胡乔木四时半报送的《中国共产党八届八中全会关于以彭德怀同志为首的反党集团的错误的决议》稿，批示：“彭真同志：即刻照此印发。其他三个决议〔1〕，一个公报，请你督促即行做最后一次修改，务于明（十七日）下

---

〔1〕　指《为保卫党的总路线、反对右倾机会主义而斗争》的决议、《中国共产党八届八中全会关于开展增产节约运动的决议》和《中国共产党八届八中全会关于撤销黄克诚同志中央书记处书记的决定》。

午发给各同志，以便十八日各同志动身回去时能带回去照办。”

同日 下午，主持中共八届八中全会闭幕会议。会议原则通过《中国共产党八届八中全会关于开展增产节约运动的决议》和《为保卫党的总路线、反对右倾机会主义而斗争》的决议，通过《中国共产党八届八中全会关于以彭德怀同志为首的反党集团的错误的决议》[1]、《中国共产党第八届中央委员会第八次全体会议的公报》和《中国共产党八届八中全会关于撤销黄克诚同志中央书记处书记的决定》。毛泽东在会上讲话。他说：看来，这次庐山会议，解决了一个大问题。总结经验应该是这样总结法才好，应该像刚才通过的这几个文件这样的总结法，就是锋芒对着右倾。在这件事上，犯错误的这几位同志帮了大忙。从去年十一月起，落实指标、反对“共产风”等等，几级干部会，不断地批评，就产生了一种右的倾向。我们这几位犯错误的同志，他们不仅不在北戴河对那种高指标提出意见，也不在去年十一月郑州会议提意见，也不在十二月武昌会议提意见，也不在今年一月中央政治局扩大会议提意见，也不在今年二月底三月初第二次郑州会议上提意见，也不在今年三月底四月初上海会议、中央全会上提意见，而到庐山会议来提意见。他这个气候搞得不好。问题都解

〔1〕 1978年11月25日，华国锋在中共中央工作会议上代表中央政治局宣布：纠正八届八中全会对彭德怀的错误结论。同年12月24日，中共中央为彭德怀举行追悼会，邓小平致悼词说：“彭德怀同志在近半个世纪的革命斗争中，在伟大导师毛泽东同志的领导下，南征北战，历尽艰险，为中国革命战争的胜利，为人民军队的成长壮大，为保卫和建设社会主义祖国，做出了卓越的贡献。他的一生，是革命的一生，是忠于党、忠于人民的一生。他的不幸逝世，是我党我军的重大损失。”1981年中共十一届六中全会通过的《关于建国以来党的若干历史问题的决议》指出：“八届八中全会关于所谓‘彭德怀、黄克诚、张闻天、周小舟反党集团’的决议是完全错误的。”

决了，或者剩下尾巴很快就解决，情况好转了，我说这些同志不会观察形势。他们为什么在那么长时间不提意见，而在这个时候提呢？这是因为他们自己有他们的一套，在那种时候他提不出来。等到问题大部分解决了的时候，他们来提，就是认为这个时候如果不提，就没有机会了。再过几个月，时局更好转，他们就不好办事了，他们的扩大队伍、招收党员的目的就不能实现了。这一次对于彭德怀来说，是第五次路线错误了，总要发作。两个阶段，两个总路线。所谓两个阶段，就是资产阶级民主革命阶段，无产阶级社会主义革命阶段。这些同志，他们是为了参加那个资产阶级民主革命阶段而参加共产党的。对于第二个阶段，要消灭资本主义、个体经济，没有精神准备。要估计到他们有可能改造。什么个道理？他们在历史上曾经做过好事。他们要反对帝国主义，反对封建主义。对于社会主义，他们也有一种不很清楚的、决议中所谓“模模糊糊”的愿望，他们也有革命的一个侧面。我们的根据就是因为他们有革命的一个侧面。今天小舟你赞成这个决议，我很高兴。今天以前我还相当悲观。现在听说海瑞出在你们那个里头，海瑞搬了家了。明朝的海瑞是个左派，他代表富裕中农、富农、城市市民，向着大地主大官僚作斗争。现在海瑞搬家，搬到右倾司令部去了，向着马克思主义作斗争。这样的海瑞，是右派海瑞。我不是在上海提倡了一番海瑞吗？有人讲我这个人又提倡海瑞，又不喜欢出现海瑞。那有一半是真的。海瑞变了右派我就不高兴呀，我就要跟这种海瑞作斗争。我们是提倡左派海瑞，海瑞历来是左派，你们去看《明史·海瑞传》。讲我提倡海瑞，又不愿意看见海瑞，对于右派海瑞来说，千真万确，但不是左派海瑞，左派海瑞是欢迎的。如果不欢迎左派海瑞，不喜欢站在马克思主义立场上来批评我们的缺点错误的这种人、这种同志，那末就是错误的，就不是马克思主义的立场了。

决议中有一句说：对于那一些站在正确的立场而批评工作中的缺点的，这是完全应该保护的，应该支持的。这就是指的海瑞，左派海瑞。毛泽东说：我们这个会议取得了很大的成功，分两个侧面：第一个侧面，主要的一个侧面，就是揭露了多年没有解决的矛盾，相当多的同志忧虑的一个问题，这一次解决了。并且把当前的形势搞清楚了，当前的形势主要是反右倾、鼓干劲，把这个问题解决了。庐山会议的空气变了，转了一百八十度了。第二个侧面，是我们这些同志，除了周小舟，其他的同志，主要是彭德怀、黄克诚、张闻天三位同志，看起来，对于他们的缺点错误有认识，承认了错误。当然，还有一个将来实践的问题。（刘少奇：不要性急。）听说你讲过这个话，不要性急。这里头不要搞大跃进。这二十几天已经是个大跃进了，同志们，再搞大跃进就不好了。我们要允许他们有个思索的时期，允许他们有个改正的时期。他们承认错误，愿意跟大多数同志合作、团结，愿意革命，我认为这方面也是收获，我们表示欢迎。我们大家也要做工作，应该跟他们往来。大家应该多采取热烈态度，到他们那里去，穿房入户。你是去影响他，帮助他，帮助害病的人嘛。这样长久的历史，比如彭德怀同志，我说，三十一年，就这么散了啊？我看不要告别。我们尽一切力量，我们要跟他们搞好。我也寄希望于他们，现在他们自己也表示，愿意跟大家搞好。无非是两个可能，一个是能转变过来，第二个是不能转变过来。我们极力争取第一个可能，使他们转变过来。人总是要有一条出路，不要逼得人家没有出路。希望同志们回去传达的时候，无论是中央各部门的同志，还是地方的同志，都注意这一点，不要抹杀他们的好处的一面。天无绝人之路，我们马克思主义者把人的路绝了是不好的，要留有余地，要有保护、关怀、帮助的意思。其所以要如此，因为他们过去历史上做过好事，他们有两面性，有革命的一面。我主要的意思就是这么一点。这个会开了这么多天，二号到今天，中央全会十五天了，我看是成功的，是很好的一次会，是一次胜利。林彪同志刚才讲了两句话：避免一个分裂，避免一个大马鞍形。小马鞍形我看是会有的。如果他们挂帅，如果彭德怀这些同志挂帅，要出大马鞍形的，天下要乱的，农业、工业都要泄掉干劲的。这是第一。第二，避免党的分裂，及时地阻止了党的分裂。就在这个阻止党的分裂里头帮助了他们，他们本人，如刚才彭德怀同志所讲，他们自己得到了挽救。

同日 对《马克思主义者应当如何正确地对待革命的群众运动》小册子写第二个批语，题为《机关枪和迫击炮的来历及其他》。批语指出："庐山出现的这一场斗争，是一场阶级斗争，是过去十年社会主义革命过程中资产阶级与无产阶级两大对抗阶级的生死斗争的继续。在中国，在我党，这一类斗争，看来还得斗下去，至少还要斗二十年，可能要斗半个世纪，总之要到阶级完全灭亡，斗争才会止息。旧的社会斗争止息了，新的社会斗争又起来。总之，按照唯物辩证法，矛盾和斗争是永远的，否则不成其为世界。资产阶级的政治家说，共产党的哲学就是斗争哲学。一点也不错。不过，斗争形式，依时代不同而有所不同罢了。就现在说，社会经济制度变了，旧时代遗留下来残存于相当大的一部分人们头脑里的反动思想，亦即资产阶级思想和上层小资产阶级思想，一下子变不过来。要变须要时间，并且须要很长的时间。这是社会上的阶级斗争。党内斗争，反映了社会上的阶级斗争。""人们对于社会主义时代的阶级斗争的理解，是要通过自己的经验和实践，才会逐步深入的。特别是有一些党内斗争，例如高饶、彭黄这一类斗争，具有复杂和曲折的性质。昨日还是功臣，今天变成祸首。'怎么搞的，是不是弄错了？'人们不知道他们的历史变化，不知道他们历史的复杂和曲折。这不是很自然的吗？应当逐步地、正确地向同志们讲清楚这种复杂和曲折的性质。再则，处理这类事件，不可以用简单的方法，不可以把它当做敌我矛盾去处理，而必须把它当做人民内部矛盾去处理。必须采取'团结——批评——团结'，'惩前毖后，治病救人'，'批判从严，处理从宽'，'一曰看，二曰帮'的政策。不但要把他们留在党内，而且要把他们留在省委员会内，中央委员会内，个别同志还应当留在中央政治局内。这样，是否有危险呢？可能有。只要我们采取正确的政策，可能避免。他们的错误，无非是两个可能性：第一，改过来，第二，改不过来。""改不过来的可能性也是存在的。无非是继续捣乱，自取灭亡。那也没有什么不得了。""但是，我们相信，一切犯错误的同志，除陈、罗、张、高〔1〕一类极少数人以外，在一定的条件下，积以时日，总是可以改变的。这一点，我们必须有坚定的信心。我党三十八年的历史提供了充分的证据，这是大家所知道的。为了帮助犯错误的同志改正错误，就要仍然把他们当做同志看待，当做兄弟一样看待，给以热忱的帮助，给他们以改正错误的时间和继续从事革命工作的出路。必须留有余地。必须有温暖，必须有春天，不能老是留在冬天过日子。我认为这些都是极为重要的。"这个批语作为八届八中全会文件印发。

同日 对枚乘〔2〕《七发》写一篇批语，题为《关于枚乘〈七发〉》。全文如下："此篇早已印发，可以一读。这是骚体流裔，而又有所创发。骚体是有民主色彩的，属于浪漫主义流派，

---

〔1〕 陈、罗、张、高，指陈独秀、罗章龙、张国焘、高岗。

〔2〕 枚乘，西汉辞赋家。

对腐败的统治者投以批判的匕首。屈原[1]高据上游。宋玉、景差、贾谊[2]、枚乘略逊一筹，然亦甚有可喜之处。你看，《七发》的气氛，不是有颇多的批判色彩吗？‘楚太子有疾，而吴客往问之’，一开头就痛骂上层统治阶级的腐化。‘且夫出舆入辇，命曰蹶痿之机。洞房清宫，命曰寒热之媒。皓齿娥眉，命曰伐性之斧。甘脆肥脓，命曰腐肠之药。’这些话一万年还将是真理。现在我国在共产党领导下，无论是知识分子，党、政、军工作人员，一定要做些劳动，走路、游水、爬山、广播体操，都是在劳动之列，如巴夫诺夫[3]那样，不必说下放参加做工、种地那种更踏实的劳动了。总之，一定要鼓干劲，反右倾。枚乘直攻楚太子：‘今太子肤色靡曼，四肢委随，筋骨挺解。血脉淫濯，手足惰窳。越女侍前，齐姬奉后。往来游讌，纵恣乎曲房隐间之中。此甘餐毒药，戏猛兽之爪牙也。所从来者，至深远、淹滞、永久而不废。虽令扁鹊治内，巫咸治外，尚何及哉？’枚乘所说，有些像我们的办法，对犯错误的同志，大喝一声：你的病重极了，不治将死。然后，病人几天，或者几星期，或者几个月睡不着觉，心烦意乱，坐卧不宁。这样一来，就有希望了。因为右倾或‘左’倾机会主义这类毛病，是有历史原因和社会原因的，‘所从来者，至深远、淹滞、永久而不废’。这个法子，我们叫做‘批判从严’。‘客曰：今如太子之病，可无药石、针刺、灸疗而已，可以要言妙道，说而去也，不欲闻之乎？’指出了要言妙道，这是本文的主题思想。此文首段是序言。下分七段，说些不务正业而又新奇可喜之事，是作者主题的反面。文好。广陵观潮一段，

〔1〕　屈原，战国时楚国政治家、诗人。
〔2〕　宋玉、景差，战国时楚国辞赋家。贾谊，西汉政论家、文学家。
〔3〕　巴夫诺夫，通常译为巴甫洛夫，苏联生理学家。

达到了高峰。第九段是结论，归到要言妙道。于是太子高兴起来，‘涊然汗出，霍然病已’。用说服而不用压服的方法，用摆事实，讲道理的方法，见效甚快。这个法子，有点像我们的‘处理从宽’。首尾两段是主题，必读。如无兴趣，其余可以不读。我们应当请恩格斯、考茨基、普列汉诺夫、斯大林、李大钊、鲁迅、瞿秋白之徒‘使之论天下之精微，理万物之是非’，讲跃进之必要，说公社之原因，兼谈政治挂帅的极端重要性，马克思‘览观’，列宁‘持筹而算之，万不失一’。我少时读过此文，四十多年不理它了。近日忽有所感，翻起来一看，如见故人。聊效野人献曝之诚，赠之于同志。枚乘所代表的是地主阶级较低的阶层，有一条争上游、鼓干劲的路线。当然，这是对于封建阶级上下两个阶层说的，不是如同我们现在是对社会主义社会无产、资产两个对抗阶级说的。我们的争上游、鼓干劲的路线，代表了革命无产阶级和几亿劳动农民的意志。枚乘所攻击的是那些泄气、悲观、糜烂、右倾的上层统治的人们。我们现在也正有这种人。枚乘，苏北淮阴人，汉文帝时为吴王刘濞的文学侍从之臣。他写此文，是为给吴国贵族们看的。后来‘七’体繁兴，没有一篇好的。昭明文选〔1〕所收曹植〔2〕《七启》，张协〔3〕《七命》，作招隐之词，跟屈、宋、贾、枚唱反调，索然无味了。”毛泽东的这个批语和枚乘《七发》作为八届八中全会文件印发。

8月17日 审阅修改胡乔木八月十六日晚报送的《为保卫党的总路线、反对右倾机会主义而斗争》的决议、《中国共产党

〔1〕 指南朝梁昭明太子萧统组织编选的《文选》，选入自秦至南朝梁的诗文词赋等七百余篇。

〔2〕 曹植，三国时魏国诗人。

〔3〕 张协，西晋文学家。

八届八中全会关于开展增产节约运动的决议》和《中国共产党第八届中央委员会第八次全体会议的公报》。于晨四时在胡乔木送审时的附信上批示："即刻送刘、周、朱、林、彭真、乔木阅，即刻看一下，如同意我的那一些修改，即刻付印，务于今下午至迟晚上发到各同志手里，以便他们明日带回去。"对《为保卫党的总路线、反对右倾机会主义而斗争》的决议的修改，主要是：在决议的"无产阶级同资产阶级的思想政治斗争，是波浪式的，高一阵，低一阵，再高一阵，再低一阵，直到这一场斗争彻底熄灭为止，那就是资产阶级思想政治影响最后消灭的时候"这句话前，加上"在由资本主义到社会主义的过渡时期"一语。对关于开展增产节约运动的决议的修改，主要是：决议说"这样，我们就有可能在七年左右的时间内，实现'在十五年内，在主要工业产品的产量方面赶上英国'的口号"，毛泽东将"七年左右"改为"八年左右"〔1〕。决议说"为在两年内提前完成第二个五年计划的主要指标而斗争"，毛泽东在"两年内"后加上"(即一九五八和一九五九年)"。对公报的主要修改是：将公报中的"进一步发展我国的社会主义事业"一句，改为"发展我国的一步一步的踏实的又是跃进的社会主义事业"。

同日 中午，同彭真谈话。

同日 下午，出席在庐山召开的中共中央工作会议。会议有两项议程，第一是一些人事安排的通知。第二是关于庐山会议的

〔1〕《中国共产党关于开展增产节约运动的决议》，1959年8月27日在《人民日报》发表，决议中的"八年左右"改为了"十年左右"。

传达问题。在彭真传达中央政治局常委会决定的人事安排的意见〔1〕后，毛泽东说：这个意见，是跟几位元帅同志、各大区的组长都商量了的。同志们有什么意见？这样可不可以？（大家说：赞成。）这是相当大的一个人事变动。第二个问题，怎么传达。大体原则是分两个步骤：头一个步骤是县团一级。县团以上的干部会议开会的时机，跟公报的发表要配合。二十五号发布公报，二十六号公布开展增产节约运动的决议。〔2〕在周恩来、刘少奇讲话后，毛泽东讲话。他说：一班人要有个班长，一个连要有个连长，一个支部要有一个支部书记。当然，要有一个支部委员会，那叫集体；单是有集体，没有一个长，那个集体是不成功的。两个东西都要。这是群众所需要的，生产秩序、生活秩序所需要的，生产同生活所必需，跟自然界斗争所必需，社会斗争所必需。反对的人，并非完全不晓得这一套，他们就是反对他敌对的那个派别来办这个事情。我看是一个反对派的问题，看问题不同。在这种时候，可是不能轻易地把阵地让出来，在这种时候讲

〔1〕 彭真传达的中共中央政治局常委会决定的人事安排的意见是：第一，撤销彭德怀的国防部部长和中央军委委员的职务；第二，撤销黄克诚的中央军委委员、秘书长、总参谋长和国防部副部长的职务；第三，林彪任中央军委第一副主席兼国防部部长，贺龙任中央军委第二副主席，聂荣臻任中央军委第三副主席；第四，罗瑞卿任中央军委委员、秘书长、总参谋长和国防部第一副部长；第五，撤销张闻天的外交部副部长职务，其工作由中央另行分配；第六，撤销周小舟的湖南省委第一书记职务，保留湖南省委委员职务；第七，调张平化任湖南省委第一书记，决定华国锋任湖南省委书记处书记；第八，成立中华人民共和国农业机械部，任命陈正人为部长，黎玉、沈鸿为副部长；第九，成立中华人民共和国物资供应部，人事问题待定；第十，免去罗瑞卿的中央政法小组组长和公安部部长职务；第十一，调谢富治任中央政法小组组长和公安部部长；第十二，调阎红彦任云南省委第一书记。

〔2〕 这两个文件于1959年8月27日在《人民日报》发表。

谦虚我看是不行的，我这个时候不谦虚了，因为那是危险的。正是在反对列宁的时候，列宁说，那不行，要让你们来办不行的，你们是资产阶级、小资产阶级派别。这个问题将来还会存在的，地方上也有，地方上也要建立一个领导核心。一个省委，一个地委，一个县委，一个公社党委，要建立一个领导核心，这要有个过程。有意识地健全我们这个领导机关，讲清楚这些道理，把一些应该挡的风挡住，完全有必要。我看这次会开得好，这是逐步发展的。一个初上庐山时期，一个中期，一个后期，解决了一个大问题，同时工作也没有耽误。我们这么一个大国，我们这个中央委员会一百多人，聚会这么一个半月，很有必要。这也是一种练兵，兵是要练的，可以得到教育。比如我们这些人，就在这次会议得到了教育，我就得到了很大的教育，谁料到出这么一个乱子？我就没有料到。结果它就出了。出了就好，就欢迎，就可以解决。所以，这是一次胜利的会议。中国要搞大跃进，这是不可避免的，你临时搞大小马鞍形都可以的，但是速度要加快，这是形势的要求，群众的要求，有可能。单是要求，还是愿望，如果没有可能也不行的，有这个可能，有这个条件。现在我们的群众运动，是在革命中搞建设，两种运动夹在一起，又是社会主义革命，又是社会主义建设。我看总的情况是好的，国际国内情况是好的，如公报上所说的。国内的政治情况、经济情况，总的是好的，有些缺点，可以改，并且不难改。国际形势也是好的，全世界人民，无产阶级，现在团结起来反对战争，维护和平，有些国家要搞民族独立运动，有些国家要搞人民民主。我们夺取政权以后搞了十年，这十年进行了各种改革，社会主义革命，现在提出了新问题。所以，总路线有两条，那个时候是讲改革的总路线，现在是讲建设的总路线。凡是这样的路线问题，是要经过考验的。就是讲，不是那么安宁，不是那么太平的，并非太平无事。

你看，总路线建立又倒，又倒又建立。去年党代会是五月间，现在庐山闹乱子是七月，只有一年多一点，就觉得不行了，现在经过大家这一议，又可以了。你说将来一点风浪没有，一点台风没有？我看还有。但是总的趋势是好的，这个信心完全要有。不管你出多少乱子，代表无产阶级、劳动农民意志的倾向总要占优势，一个时候不占优势，另一个时候要占优势的。现在看起来，我们是有保证的，我们中央委员会的绝大多数，除极个别少数而外，是团结一致，为我们中国快一点、好一点建设强大的社会主义国家而奋斗。这是一种必然性，而且现在有保证。但是要估计到，还不是那么风平浪静，风平浪静一个时期是完全可能的，完全会有的，另一个时期要准备刮台风的。这个政治台风将来什么时候来，我就料不到。但是有台风要刮，是可以断定的，有阶级存在嘛。在一个省，在地方，也有这个问题，要准备着。世界形势，和平的可能很大，但不是没有战争的可能。把这个方面抛弃是不利的，结果来了，你怎么办呢？

同日 晚上，同彭真、汪锋、张国华、徐冰谈西藏问题。

8月18日 阅张闻天本日上午的来信，批示："印发各同志。印一百六十多份，发给每人一份。走了的，航送或邮送去。我以极大的热情欢迎洛甫这封信。"并为这封信拟题为："洛甫同志八月十八日上午庐山临别赠言，给毛泽东。"张闻天信中说："我这次动了大手术，对我以后的身体健康，定会起良好的影响。我衷心地感谢你和中央其他同志所给与我的帮助。我一定要同昨天的那个反动的我，永远决绝。今天读到你关于枚乘《七发》的批语和机关枪及其他，更使我深为感动。因为没有得到你的通知，所以我没有去见你。我今天下山，希望能在北京，再见到你，并希望你多多指导。"毛泽东的批示和张闻天的信作为八届八中全会文件印发。

同日 晚上，在庐山住处主持召开中共中央政治局常委会议，刘少奇、周恩来、朱德、林彪出席，彭真列席。

8月19日 关于对人民公社进行调查研究问题，致信吴冷西、陈伯达、胡乔木。信中说："为了驳斥国内外敌人和党内右倾机会主义，或者不明真相抱着怀疑态度的人们，对于人民公社的攻击、诬蔑和怀疑起见，必须向这一切人作战，长自己的志气，灭他人的威风。为此就需要大量的材料。请冷西令新华社和人民日报将此信讨论一次，向各分社立即发出通知，叫他们对人民公社进行马克思主义的调查研究，每个省（市、区）选择五个典型，特别办得好的公社，例如广东省增城的石滩公社，河南省长葛县的坡胡公社（以上均见八月十八日《人民日报》〔1〕），河北省遵化县的王国藩社，不要夸大，也不要缩小。总之，实事求是，反复核对，跟县委和公社党委认真研究，不适当的，修改而又修改，文字要既扎实又生动，引人入胜。并且要跟地、县派下去的有能力的工作组的同志们一道去办。每省五个社，要派五个有政治、经济头脑而又文笔很行、思想很通的同志去，你们认为是否可以办到呢？请你们接信后，即日动员，一个月，两个月，至迟三个月交卷。我希望能于三十天、四十天内交来第一批，每省先送一个至两个典型公社，其余陆续交来即可，你们看，是否可以办得到呢？办不到，即延迟，总以情（情况）文并茂为原则。文字可长可短，短可三四千字，长可万余字，平均以七八千字为适宜。写好，一律交给我，由我编一本书，例如一九五五年

---

〔1〕《人民日报》1959年8月18日发表《靠大集体之力，兴大协作之风》一文，介绍了广东省增城县石滩公社统一领导，统一行动，迅速修复被洪水冲坏的水利工程的事迹，和河南省长葛县坡胡公社工农商协同作战，巧胜严重干旱，力争把灾年变成丰年的事迹。

《农村合作化社会主义高潮》一书[1]那样，我准备写一篇万言长序，痛驳全世界的反对派。请陈伯达同志立即组织几位熟习俄国革命初期所办公社的材料，具体情况（要详细材料）及其所以崩溃的原因的同志，一定要加以分析，提出论断。这也是极端重要的。目的在破苏联同志们中的许多反对派和怀疑派。”

同日 阅姚溱[2]八月四日给外交部、外办、中联部的电报。电报说，在古巴期间，劳尔·卡斯特罗[3]接见我们，在谈到古巴和中国的关系时，提出一个建议：设法在哈瓦那的新华社机构中，增加一位中国方面的较重要的人，作为中国的非正式的代表机构，进行宣传和各种联系工作，逐步把各种工作进行起来，将来水到渠成，就可以正式替代蒋介石台湾当局驻古巴大使馆。毛泽东批示：“恩来、陈毅同志：这件事处理了没有？似宜派一位相当于公使或代办级的有政治头脑的同志去，以新华社分社长或记者资格驻古巴，是否可行，请酌。”

同日 为转发中共青海省委八月十三日报送的关于省委第十二次全体会议（扩大）的第一次简报，起草中央批语：“这个报告很有用，发给各省、市、区党委参考。”简报说：省委第十二次全会（扩大）于八月一日召开，省委决心用八、九两个月的时间开好这次会议（包括安排下半年生产工作在内），把反右倾斗争搞深搞透，并拟在十月、十一月间集中进行州、县级党组织内反对右倾思想的斗争。省委在会议期间对当前工业、农业、畜牧

〔1〕 指1955年编辑、1956年1月由人民出版社出版的《中国农村的社会主义高潮》一书。

〔2〕 姚溱，当时任中共中央宣传部国际处处长。1959年9月任中宣部副部长。

〔3〕 劳尔·卡斯特罗，当时任古巴武装部队总司令。1959年10月又任古巴革命武装部部长。

业生产作了具体部署。

同日 阅中共河北省委八月十七日关于执行中央反对右倾思想指示的情况报告，批示："河北省的情况极好。发各省、市、区党委，仿照办理。"报告说：省委在接到《中央关于反对右倾思想的指示》后，进行了讨论，总的精神是：认真贯彻中央指示精神，彻底批判和纠正部分干部中的右倾思想，鼓起干劲，大战八、九月，把增产节约运动推向新的高潮，努力完成和超额完成生产建设跃进计划，迎接国庆十周年。省委认为，检查批判右倾思想必须与当前的生产和工作密切结合，既解决思想问题，又使生产、工作迅速跃上去，而这一工作的关键则在于加强党的领导。

同日 晚上，同刘少奇、朱德、林彪谈话。

8月20日 下午三时半，同邵式平、汪东兴〔1〕谈话。

同日 下午，离开庐山，晚上到达南昌。

8月21日 上午八时半，在专列上同杨尚奎〔2〕、汪东兴谈话。

同日 上午九时半，离开南昌去金华。晚七时半，在专列上听取金华地委书记和金华、兰溪、永康的县委书记汇报工作。十时四十分到达诸暨，在专列上听取诸暨县委书记和副县长汇报工作。

8月22日 晨一时，到达萧山。下午，在专列上听取萧山县委书记和县长汇报工作。后改乘汽车去杭州。途中参观萧山西兴人民公社的一片稻田。晚上到达杭州。

---

〔1〕邵式平，当时任中共江西省委书记处书记、江西省省长。汪东兴，当时任中共江西省委常委、江西省副省长兼农林垦殖厅厅长。1960年9月奉调回北京。1960年12月任公安部副部长。1961年5月又任中共中央办公厅警卫局局长。

〔2〕杨尚奎，当时任中共江西省委第一书记、江西省政协主席、中国人民解放军江西省军区政治委员。1961年2月又任中共中央华东局书记处书记。

8月23日 晨六时，就《人民日报》要多登科学讨论的文章，在八月二十一日《人民日报》第三版上写批示："航送伯达、乔木、冷西、家英四同志：此版右角甘薯问题[1]，很有兴趣，可以一看。这种讨论，是非常之好的。科学讨论，《人民日报》要多起来，要多得占篇幅五分之一左右，岂不是很好吗？请你们于衣食住行用五大要政讨论一下。一塘死水，需要搅动一下了。你们八月二十一日的信收到，做得好，写得好，我看后非常之高兴。"

8月24日 关于分期分批为右派分子摘帽和赦免一批罪犯，致信刘少奇："关于全国四十五万右派分子分期分批摘帽子的问题，据江西省委杨尚奎同志说，是一个重要的政策问题。他说，已经向你说过了，你答应回北京统一考虑此问题。我认为，积以时日，至少可以争取百分之七十的右派分子改变过来。例如说，在今后七年中（或更多时间），每年争取转变和摘掉帽子百分之十左右，是有可能的。请你提向常委和书记处讨论一次，由中央发一个指示，在国庆十周年时机，根据确有改变的情况，给第一批改好了的右派分子，摘掉四万五千人左右的帽子，即百分之十，对于教育右派分子，一般资产阶级、知识分子，民主党派成员，将大有作用，他们会感到确有前途。对于目前反右倾、鼓干劲也甚有利。摘去帽子后，旧病复发，再次、三次……右倾，也不要紧，给他再戴上右派帽子就是了。此外，我想到，今年国庆十年纪念，是否可以赦免一批（不是'大赦'，而是古时所谓'曲赦'，即局部的赦免）确实改恶从善的战犯及一般正在服刑的

---

〔1〕 1959年8月21日《人民日报》第3版右下角有一个《关于甘薯翻藤问题的讨论》栏目，刊载了两篇讨论甘薯翻藤的利弊的读者来信，并发表了一篇中国农业科学研究院甘薯研究所关于这一问题的文章。

刑事罪犯。如办此事，离国庆只有三十几天时间，是否来得及审查清楚？或者不赶国庆，在秋天办理即可，但仍用国庆十年的名义。此事是否可行，亦请召集有关同志商议一下。我月底可回。”九月七日，中共中央向各省、市、自治区党委下发《关于讨论特赦罪犯和摘掉确实悔改的右派分子的帽子问题的通知》。九月十四日，毛泽东代表中共中央为特赦一批确实已经改恶从善的战争罪犯、反革命罪犯和普通刑事罪犯，向全国人大常委会提出书面建议，请全国人大常委会考虑这个建议，作出相应的决议。九月十七日，第二届全国人大常委会第九次会议通过《关于特赦确实改恶从善的罪犯的决定》，同日刘少奇签发《中华人民共和国主席特赦令》，中共中央发出《关于特赦罪犯的指示》。九月十六日，中共中央、国务院作出《关于确实表现改好了的右派分子的处理问题的决定》。

同日 阅黄克诚八月二十二日来信，写复信：“克诚同志：信收到，很高兴。你的那种态度很好。我表示热情的欢迎。错误并不可怕，只要能改就好了。错而能改，出以真诚老实，就能逐步地见信于人、变为一个好同志。这样一想，忧愁就可以减轻了。顺复。祝你大进一步。”并批示：“此信及黄来信送刘、周、朱、林、彭真同志一阅，尚昆将我复信抄一份存底，连同黄来信归档。然后将我复信送与克诚。”“欢迎他这种态度。”

同日 下午，从杭州到达上海。

8月25日 晚上，到达徐州。在专列上听取中共山东省委第一书记舒同、书记处书记谭启龙〔1〕汇报工作。

---

〔1〕 谭启龙，当时还任山东省省长。1961年2月、4月、5月又先后任中共中央华东局书记处书记、山东省委第一书记、中国人民解放军济南军区政治委员。

8月26日 晨，到达济南。

8月27日 下午，回到北京。

同日 晚上，在中南海菊香书屋召开会议，讨论八月十九日开始的中央军委扩大会议的情况，刘少奇、周恩来、朱德、林彪、彭真、贺龙、陈毅、罗瑞卿出席。

8月29日 上午，在中南海菊香书屋召开会议，刘少奇、周恩来、林彪、彭真、贺龙、陈毅、罗瑞卿出席。

8月30日 为转发中共贵州省委八月二十七日关于粮食和市场情况的报告，起草中央批语："此件印发政治局、书记处各同志，每人一份，中央一级各委、各办、各部、各人民团体、新华社、人民日报党组织，每处数份，军委扩大会议及外事会议每人一份。另用电报发各省、市、区党委，作为参考。右倾机会主义分子及反党分子完全看不见我国社会主义事业的主流是什么，他们抓起几片鸡毛蒜皮作为旗帜，就向伟大的党和伟大的人民事业猖狂进攻，真是'蚍蜉撼大树，可笑不自量'了。近日我们收到很多省、市、区的报告，都是邪气下降，正气上升，捷报飞传，声势大振，如同贵州一样。因此报较短，易于阅读，故选发各同志。以后还将选发一批。"并批示："刘、彭真阅后，尚昆即办。要印几千份。"报告的主要内容是：一、粮食问题。今年上半年粮食供应工作，根据中央指示进行了检查整顿，浪费现象、紧张情况已经得到解决。为了保证完成今年秋粮征购任务，必须抓紧粮食生产，确保秋季作物丰收，把粮食征购列为党委一个时期的中心任务。二、市场问题。上半年全省市场情况，总的讲是稳定的。目前商业工作正在进一步贯彻中央指示，反对右倾思想，抓紧收购和销售，改善经营管理，提高服务质量，力争市场进一步好转。

同日 为转发中共浙江省委八月二十八日关于全省三级干部

会议情况的报告，起草中央批语："发各省、市、区党委，在京各同志，各部、委党组。竞赛的方针提得很正确，全国都应当这样做。"并批示："刘、彭真同志阅，尚昆办，如贵州例。"报告说：省委八月二十三日召开省、地、县三级干部会议，主要是传达、学习党的八届八中全会公报和关于开展增产节约运动的决议，讨论确定本省一九五九年工农业增产的主要指标。大家认为，当前最重要的环节是开展社会主义劳动竞赛，开展一个学先进、赶先进、超先进的群众运动。竞赛中必须发扬互相促进、共同提高的共产主义风格。

8月31日 晨，同周恩来谈中印边境武装冲突问题。〔1〕

同日 阅吴冷西本日报送的人民日报社关于宣传中共八届八中全会决议的初步计划，新华社关于宣传八届八中全会的报道计划和关于调查人民公社的情况简报第一至五期，批示："电话告吴冷西同志：信及附件看了，很好。"吴冷西信中说：人民日报社和新华社关于八届八中全会的宣传，都已拟订了初步计划，并且已经开始执行。《人民日报》社论计划中，还增加了两篇，一是论十年左右赶上英国，一是为什么右倾机会主义是当前的主要危险。另外，我们还陆续补充了一些从理论上论述总路线、大跃进和人民公社的文章题目。关于人民公社的调查，现正在积极进行。

同日 阅陈伯达八月二十九日报送的三份材料，批示："印发政治局、书记处各同志。"这三份材料是：一、中共中央宣传部一九五八年一月七日编印的《宣教动态》第四期登载的《有关

〔1〕 1959年8月25日，一支印度武装部队侵入属于中国领土的朗久地区，袭击马及顿（即毛泽东9月4日批语中的"米基顿"）边防哨所，挑起武装冲突。中国边防部队为了自卫，被迫予以还击。

“公社”的一些资料》，内容包括：对“公社”一词的解释；公民公社，共产主义联合体（即共产主义协会）；巴黎公社；苏联农业公社。二、苏联库尔巴诺夫[1]写的《第一个俄国公社的回忆》。三、苏联大百科全书旧版中的“农业公社”释文。

8月下旬　在八月二十二日《人民日报》上批示林克：“共两篇，六版一篇，七版一篇，都可看。”六版一篇，指《我怎样在语文教学中进行思想教育》一文，作者是哈尔滨经纬小学四年级语文教师张兆英；七版一篇，指《射电天文学——打开宇宙秘密的新钥匙》一文，作者是北京天文台筹备处副研究员王绶琯。

9月1日　下午，在中南海颐年堂召集刘少奇、周恩来、朱德、陈云、林彪、彭真、贺龙、陈毅、罗瑞卿开会。晚上，在菊香书屋召集刘少奇、周恩来、朱德、林彪、罗瑞卿开会。

同日　为转发中共甘肃省委八月二十八日关于传达讨论中央关于开展增产节约运动决议的情况简报，起草中央批语：“此件发给各同志参考。”并批示：“尚昆照前例办理。”简报说：凡是中央指示和公报、决议精神所到之处，都马上鼓起了广大群众的革命干劲，只要干部积极领导，马上就会出现新的面貌。我们坚决克服对右倾思想的调和主义，开展反右倾斗争，充分发动群众，为超额完成一九五九年国民经济计划而奋斗。

9月2日　阅李富春九月一日关于国家计划委员会等单位最近工作情况的报告，批示：“电话告富春：此件及前件[2]均已看过。同意他们会议的安排。”李富春的报告汇报了庐山开会回来以后，国家经委、建委、科委和计委的党组传达和讨论庐山会议

〔1〕 库尔巴诺夫曾是第一个俄国公社的秘书。

〔2〕 指国家计划委员会副主任贾拓夫1959年8月向中共中央的检讨报告。

决议的情况。中心是要把思想搞透，认识总路线，维护总路线。准备在九月十五日左右，争取先搞一个明年计划的纲要（准备提出以钢为纲的三个不同的方案作比较）。

同日 阅中共湖南省委办公厅八月三十日关于省委扩大会议情况的电话汇报记录，批示："彭真同志：此件可转各省、市、区党委参考。同时印发军委扩大会及外事会议各同志。"湖南省委的电话汇报说，省委扩大会议第一阶段，已于二十八日作了小结。主要内容是：一、确定了今年主要产品的跃进指标。二、突出地抓当前的生产。三、对于生活安排问题，强调当前主要是加强对农民的思想教育。四、把轰轰烈烈的群众运动与扎扎实实的具体措施结合起来。

9月3日 上午，在中南海菊香书屋召集刘少奇、周恩来、朱德、陈云、林彪、彭真、贺龙、陈毅、罗瑞卿开会。

9月4日 晨，为转发中共上海市委九月二日关于市委扩大会议情况的电话汇报记录，起草中央批语："此件很好，发各省、市、区党委参照办理。"并批示："刘、彭真同志即阅，尚昆立即以电报发去，今日办完为盼。可不另印。"上海市委的电话汇报说：我们从八月二十八日开始举行的市委扩大会议，传达了八届八中全会决议和毛主席的讲话，反响很大，提高了干部们对右倾机会主义的认识。传达后会议准备分三个阶段进行：一、首先搞清右倾机会主义集团的本质，肃清其影响。二、通过学习，进一步认识与右倾机会主义的斗争是一场两个阶级、两条路线的斗争，逐步联系、检查自己的思想认识，提高政治觉悟。三、认真讨论在实际工作中如何贯彻总路线，总结去年以来的经验，推动增产节约运动的新高潮。

同日 中午，同谭震林、廖鲁言、陈正人谈话。

同日 为转发外国专家局八月二十六日整理的《苏联专家认

为反右倾保守很好，希望能反彻底，并称赞中国人民干劲大》的材料，起草中共中央批语："此件发给各有关部门和同志。要团结一切苏联专家同志及其他外国专家同志，和我们一道，反右倾，鼓干劲，争取超额完成任务。即使有少数人在一个时期和我们意见不一致，也应好好说服他们。总之，要遵照中央历次指示，好好团结一切在中国工作的外国同志，为总路线和大跃进服务。"并批示："刘、周、林、彭真阅后，尚昆办。"

同日　为转发中共贵州省委九月二日关于省委三级干部会议情况的电话汇报记录，起草中央批语："此件很有参考价值，发各省、市、区党委。"并批示："刘、彭真同志阅后，尚昆即办。"贵州省委电话汇报的主要内容是：一、在三级干部会议上，绝大部分同志是拥护党的总路线的，有糊涂看法的同志，多数都主动作了检讨。二、有右倾思想和曾暂时动摇的同志，多数是对中央第二次郑州会议以来的一系列政策措施从消极方面去理解，因而对大跃进和人民公社制度发生了怀疑。三、从九月三日起，分别对问题严重的人进行批判。

同日　关于请班禅额尔德尼来京参加国庆，作批示："少奇、恩来、彭真同志：现离国庆只有二十几天了，宜劝班禅于九月十五日以前回拉萨〔1〕，准备于九月二十日左右飞兰州，下旬来京参加国庆。如何，请酌定。张国华宜于九月十日以前返回拉萨。请彭找张谈一下，准备起程。"

同日　阅西藏军区九月一日晚十二时关于对雅斜儿印军侦察情况给中国人民解放军总参谋部、外交部的报告，批示："周、陈〔2〕同志：雅斜儿的印军跑了，二十六日跑的，是在二十五日

〔1〕 当时班禅额尔德尼正在日喀则开展民主改革工作。

〔2〕 陈，指陈毅。

米基顿即朗久区一打的影响之下跑掉的。请与总参谋部联系，侵地未跑的还有几处，告我为盼！又，雅斜儿在什么地方，亦请查告。”

同日　阅中国驻捷克斯洛伐克大使馆八月三十一日给外交部、中联部的电报和中国驻德意志民主共和国大使馆八月三十日给外交部的电报，批示胡乔木、吴冷西，考虑将这两个电报以通讯方式由新华社及《人民日报》等发表。驻捷使馆电报的主要内容是：捷中央各报继续报道了中共八届八中全会和人大常委会的情况，版面突出，标题也很有力。其着重点是中国成就大，人民公社好，八中全会决议正确。驻民主德国使馆的电报说，民主德国各党派、主要群众团体和军队的报纸，对八届八中全会公报及决议均非常重视，其宣传口径同公报精神基本上是吻合的。九月五日，《人民日报》发表两篇新华社电讯，分别介绍捷克斯洛伐克和德意志民主共和国报刊的上述反映。

9月6日　下午，在中南海菊香书屋召集刘少奇、周恩来、林彪、彭真、贺龙、陈毅、罗瑞卿开会。

同日　为转发中共河北省委九月三日关于贯彻执行八届八中全会精神的第二次简报，起草中央批语：“此件发各省、市、区党委参考。”并批示：“刘、彭真阅，尚昆办。另印如前示。”简报说：省委全会八次扩大会议一致拥护八届八中全会关于增产节约运动的决议，认为调整后的一九五九年国家各项主要指标是积极可靠的跃进指标。但也有极少数同志在开始讨论我省粮食问题增产指标时，存在右倾思想和畏难情绪。目前全省工农业增产节约运动的发展极为迅速，钢、铁、煤的生产急剧上升，农业生产竞赛运动已进入一个新的阶段。

同日　就研究新华社九月三日编印的《内部参考》第二八六

二期刊载的《驳“国民经济比例失调”的谬论》[1]一文，致信陈伯达：“‘驳谬论’一篇，你看了没有？如未，请看一下，想一想，是不是有道理？此篇各个论点，是否都是对的？或者还有某些不对的呢？请你找国家统计局的主要几位同志，例如四五位，或者七八位，到你处开一次座谈会，切实研究一下，以其结论（最好写成文字）告我。这是大问题，应当废寝忘餐，全力以赴。座谈会上，此件给他们看。”八日，陈伯达复信毛泽东[2]。十

〔1〕国家统计局党委整理的《驳“国民经济比例失调”的谬论》一文说：国家统计局在学习、讨论八届八中全会决议时，就1958年国民经济综合平衡和比例关系问题进行了讨论。多数同志根据统计数字，驳斥了右倾机会主义分子关于1958年以钢为纲和全民炼钢铁造成了国民经济比例关系失调的论点。大家一致认为，1958年国民经济基本上是按比例地和平衡地向前发展的。文章还列举了一系列统计数据，对上述观点进行了具体的论证。

〔2〕陈伯达1959年9月8日下午给毛泽东复信说：9月7日下午，召集国家统计局五位同志和其他一些研究经济问题的同志开了一个座谈会，会上大家基本上同意统计局提出的关于去年大跃进中比例关系的看法，认为去年国民经济发展的比例关系是相适应的，而不是比例失调。对于某些论点，大家觉得还可以提得更妥切、更完全些。会上提到了以下几点意见：一、认为国民经济中最主要的比例关系，是第一部类——生产资料的生产和第二部类——消费资料的生产的对比关系。二、从去年大跃进中的工业和农业、重工业和轻工业的全部情况看来，可以肯定，第一部类和第二部类的比例关系是适当的。第一部类内部、第二部类内部的比例关系，基本上也是适当的。三、比例关系基本上合适，这并不是说，不可能有某些个别的或局部的暂时性失调。四、去年大跃进是按比例地向前发展的。其中个别的、局部的失调，只是大踏步前进中的暂时性的现象，经过调整，都已经有了很大的改善。五、解决个别的、局部的失调问题，调整某些比例关系，完全应该采取积极的态度，从发展生产方面着眼。陈伯达随信附送了国家统计局根据这次座谈会的内容整理的《我国1958年国民经济比例关系资料》。

日，毛泽东为在《内部参考》发表陈伯达的复信和附送的国家统计局根据座谈会的内容整理的《我国1958年国民经济比例关系资料》，批示吴冷西："另件请付新华社《内部参考》编辑部，请他们于明日（十一日）登载为盼。"并为《内部参考》起草题为《关于〈驳"国民经济比例失调"的谬论〉一文的讨论》的本刊讯，内容如下："本刊九月三日《驳……谬论》一文发表后，毛泽东同志写信给陈伯达同志，请他约国家统计局的同志们开一次座谈会，加以讨论。陈伯达同志和国家统计局的同志及其他同志开了一次座谈会。现将陈伯达同志给毛泽东同志的回信及国家统计局根据座谈结果写出的《我国一九五八年国民经济比例关系资料》一文，刊载于此，以供读者研究。"

9月7日　关于请郭沫若修改《七律·到韶山》和《七律·登庐山》两首诗，致信胡乔木："诗两首，请你送给郭沫若同志一阅，看有什么毛病没有？加以笔削，是为至要。主题是为了反右倾鼓干劲的，是为了惩治反党、反总路线、反大跃进、反人民公社的。主题虽好，诗意无多，只有几句较好一些的，例如'云横九派浮黄鹤'之类。诗难，不易写，经历者如鱼饮水，冷暖自知，不足为外人道也。"十三日，再致信胡乔木："沫若同志两信都读，给了我启发。两诗又改了一点字句，请再送陈沫若一观，请他再予审改，以其意见告我为盼。""'霸主'指蒋介石。这一联[1]写那个时期的阶级斗争。通首写三十二年的历史。"

同日　晚上，在中南海菊香书屋召集刘少奇、周恩来、彭真、陈毅、罗瑞卿开会。

9月8日　晚上，和刘少奇在中南海颐年堂会见阿富汗副首

〔1〕指《七律·到韶山》的颔联（三、四两句）："红旗卷起农奴戟，黑手高悬霸主鞭。"

相兼外交大臣纳伊姆，周恩来、陈毅等在座。在谈到中国同印度的关系时，毛泽东说：我们需要和平。我们现在很忙，我们会不会侵略印度，你们将来就会看到。我国领土很大，不需要侵略别人。外国人说中国人口很多，不侵略怎么办？主要问题不在于人口多寡，社会主义的原则，马列主义的原则，是不允许侵略的。我们的党是共产党，我们反对马尔萨斯的人口论〔1〕。人口多了是否就必须打仗解决？请问，中国人能不能自己解决粮食和其他问题？中国再增加几亿人口，也还能够解决问题的。西方帝国主义说中国人口多了，将会侵略和统治别的国家，这是故意降低我们的影响，企图在我们的脸上抹黑。帝国主义骂我们，但世界上绝大多数国家是不骂我们的，你们不骂我们，帝国主义国家的人民也不骂。我国一百多年的历史都是被侵略的，从没有侵略过任何国家。所以中国历史可以给各国作参考，特别是印度。尼赫鲁的中立政策如能坚持下去，我们欢迎。印度现在的政策是不利于尼赫鲁的，反动分子反对中国，印度人民会起来反对的。印度反动分子要亲美，要参加东南亚条约组织，想把我们包围起来。这个组织不仅威胁中国，还威胁到阿富汗、锡兰〔2〕、柬埔寨、印尼等国，这是个大问题。所以我们很愿意与尼赫鲁先生讲和，以友好的态度解决问题，不愿意印度掉入美国手掌中。我们没有说过印度是侵略者，但在政治上它与西藏叛乱分子是有联系的。他们搞在一起，过去在拉萨，现在在穆索里。印度挑起西藏事件和

〔1〕马尔萨斯，英国经济学家。他在1798年出版的《人口原理》一书中，认为在没有任何限制的条件下，人类社会人口以几何级数增长，而生活资料以算术级数增长，因此人口必定发生过剩现象，只有贫困和罪恶（包括战争和瘟疫等）、“道德的抑制”（包括禁欲、无力赡养子女者不得结婚等）可使生活资料和人口之间恢复平衡。

〔2〕锡兰，今斯里兰卡。

边界问题的纠纷，结果是印度人民吃亏。印度很早就承认中国了，印度在联合国支持我们，我们与印度的纠纷是十个指头中的一个指头，九个指头是友好的。印度也有困难，我们才建国十年也有困难。美国人在背后逼我们，我国与印度为什么不和好呢？整个亚洲在万隆原则上团结起来，这是大势所趋，吵架不能解决问题。日本有一部分人愿意上美国的钩，如日本想搞“两个中国”，日本岸信介首相说我们对金门开炮是侵略，还扯下我国的国旗，影响了两国贸易。你有机会可以与日本政府谈谈。毛泽东说：阿富汗很重要，你们是纯粹中立的国家，政治上不侵略别人。你们说话很有力量，你们国家虽小，但真理在你们的手中。我们不小看小国。有机会欢迎你再来。如果你们欢迎，我们也会派人去访问贵国。

9月9日　对彭德怀本日来信，写批语：“此件即发各级党组织，从中央到支部。印发在北京开会的军事、外事两会议各同志。我热烈地欢迎彭德怀同志的这封信，认为他的立场和观点是正确的，态度是诚恳的。倘从此彻底转变，不再有大的动摇（小的动摇是必不可免的），那就是‘立地成佛’，立地变成一个马克思主义者了。我建议，全党同志都对彭德怀同志此信所表示的态度，予以欢迎。一面严肃地批判他的错误，一面对他的每一个进步都表示欢迎，用这两种态度去帮助这一位同我们有三十一年历史关系的老同志。对其他一切犯错误的同志，只要他们表示愿意改正，都用这两种态度去对待他们。必须坚信，我们的这种政策是能感动人的。而人，在一定的条件下，是能改变的，除开某些个别的例外情况不计在内。德怀同志对于他自己在今后一段时间内工作分配的建议，我以为基本上是适当的。读几年书极好。年纪大了，不宜参加体力劳动，每年有一段时间到工厂和农村去做观察和调查、研究工作，则是很好的。此事中央将同德怀同志商量，作出适当的决定。”并批示：“即送刘、周、朱、林、彭真同志阅，请尚昆办。”彭德怀在信中表示拥护中共八届八中全会和军委扩大会议对他的批判，决心继续彻底反省自己的错误。请求中央考虑，在军委扩大会议结束以后允许他学习或者离开北京到人民公社中去，一边学习，一边参加部分劳动，以便在劳动人民集体生活中得到锻炼和思想改造。

同日 晨零时，在中南海颐年堂同刘少奇、周恩来、朱德、陈毅谈话。谈话后，一同参观即将竣工的人民大会堂。

同日 上午，乘专列去密云水库参观，并在水库游泳。十日下午，回到中南海。

9月10日 晚上，在中南海菊香书屋召集刘少奇、周恩来、朱德、彭真、贺龙、陈毅、罗瑞卿开会。

9月11日 上午八时四十五分，出席中共中央军委扩大会议，并讲话。毛泽东说：这个会开得很好。团结的旗帜非常必要。讲团结，就要有纪律。所谓团结者，包括团结犯了错误的人，要帮助他们改正错误，重新团结起来。现在全国、全民族、全党的任务是要在几个五年计划之内建成强大的社会主义国家，必须团结起来，必须有铁的纪律。军队是无产阶级专政的重要工具之一，请同志们永远要记住这一条。在军队里头组织派别，煽动反对中央，破坏党的团结，反对党的领导机关，无论哪个时候，都是绝对不许可的。还有国际的团结，一定要同苏联同志团结起来。切记不可以背着祖国里通外国，同志们开会批评了。自古以来，凡是背着祖国里通外国的人，从来是没有好结果的，并且是法律上不允许的。我以上讲的这些都是坏话，现在我要讲一点好话。欢迎彭德怀同志的进步，我认为他是有进步的。他的错误缺点只是他的一个侧面，他还有另外一个侧面，他要革命。我们现在争取他的根据就在这里。我想，我们大家都要帮助彭德怀同志以及其他一些同志改正错误。我相信彭德怀同志会改好的。我们这个国家是个大国，是各部分组织形成的。军队有各部分的组织，这个区域，那个区域，地方党也是这个地方，那个地方，形成我们这么一个大党，一个大军，都是五湖四海的人。那末用什么东西团结起来呢？用马克思主义的政治纲领和马克思主义的理论基础，把我们团结起来。不管你是哪个山头，哪个地方，跟自己要好的，或者有点别扭的，总而言之，我们只要是理论基础和政治纲领一致，就能团结。从前的人讲过："人非圣贤，孰能无过？"〔1〕其实，这个话也不妥当，圣人也是有过的。我们总不是孔夫子，我看孔夫子也有过。凡人，都大大小小、多多少少要犯点错误。所以，犯错误也不要紧，不要把错误当做个大包袱，只要能改正就好。从前的人又讲过："君子之过也，如日月之食焉。过也，人皆见之，更也，人皆仰之。"〔2〕就是说，犯了错误，好像是天狗吃掉太阳、吃掉月亮一样，人家都看见了，如果改了，人家都敬佩他。我们大家来学点东西，要学马克思主义。彭德怀同志提出学习的任务，我非常赞成，包括我们所有的人，包括我在内，都应该学。养成学习的习惯，就能够学下去。马克思主义的许多东西我没有学好。我这个人缺点很多，并不是一个完全的人，好些时候我自己不喜欢我自己。马克思主义各个部门的学问我没有学好。学一国外国文吧，也没有学好。经济工作现在刚刚在开始学习。但是，我决心学习，除死方休。总而言之，活一天我就要学习一天。我们大家一起来造成一个学习的环境。还有，自然科学我也很不行的，也要学一点，现在又出了无数门的技术科学。学的东西很多怎么办？还是一样一样、多多少少学

〔1〕见汤斌《汤子遗书》卷一。

〔2〕见《论语·子张》。

一点，钻一点。下了决心，一定可以学好，不管年龄大小。只要有意志，下了决心，我看万事都可以做成功。钢铁是要快，工业是要快，农业也是要快。我们要战胜地球，我们的对象就是地球，把住这个地方不放，建立一个强国。一定要有这样的决心，要下决心。全党、全民团结起来，全世界无产阶级团结起来，我们的目的一定可以达到！

同日 上午十一时，同罗瑞卿谈话。晚上，同安子文谈话。

9月12日 听取杨尚昆汇报昨晚彭德怀同他谈话的情况。

同日 为转发中共甘肃省委九月六日关于反右倾以后工业交通进展情况的报告，起草中央批语："此件发各省、市、区党委参考。"并批示："少奇、彭真同志阅后，请尚昆用电报发去。"报告说：今年上半年我省工业发展速度仍然是很高的，但自六月份以来呈现节节下降的趋势，主要原因是在部分干部中开始滋长着一种右倾思想和松劲情绪。中央反右倾指示下达后，工业系统即开始检查和批判了这种右倾思想和松劲情绪，对主要行业和主要产品都提出了新的增产节约指标，以反右倾、鼓干劲为纲，抓紧四季度，为在今年内提前完成和超额完成第二个五年计划的主要指标而奋斗。

9月13日 中午，在中南海菊香书屋召开会议，讨论给苏共中央的复信等问题，刘少奇、周恩来、朱德、林彪、彭真、陈毅、王稼祥、安子文出席。下午二时半会议结束后，一起到北京工人体育场出席第一届全国运动会开幕式。

9月14日 上午，阅刘少奇九月十二日晨送阅的《马克思列宁主义在中国的胜利》一文修正稿，批示："此件看过，很好。退刘少奇同志。"刘少奇在附信中说："在文章中是埋有许多暗刺的，是批驳外国同志的，是否适当？请您核定。"对此，毛泽东批注："可以这样写，不写反而不好。"这篇文章是刘少奇为庆祝中华人民共和国成立十周年，给《和平和社会主义问题》杂志写的。十月一日《人民日报》和《红旗》杂志一九五九年第十九期转载了这篇文章。

同日 阅中共甘肃省委九月十一日关于粮食工作的报告，批示："彭真同志：请用中央名义写一复电给甘肃省委，指出省委这个报告是正确的。"报告说：自从传达八届八中全会关于反右倾、开展增产节约运动的精神以来，我省各项工作飞速发展，变化很大，粮食问题也是如此。目前全省夏田普遍丰收，秋田丰收在望。夏粮征购工作进展迅速。我们对粮食的生产、征购、供销等作了进一步的安排。

同日 晚上，在中南海菊香书屋召开会议，讨论召集各党派负责人座谈会等问题，刘少奇、周恩来、彭真、陈毅、杨成武[1]、罗瑞卿、徐冰出席。

9月15日 晨一时半至三时，到北京火车站视察。对即将竣工的北京站内外上下各主要部分看了一遍，并向铁道部负责人和北京站工程设计负责人询问有关车站的使用、建筑材料和设备等方面的情况。随后，到母子候车室休息，同参加工程建设的南京工学院的师生和工程设计组负责人进行简短谈话。

同日 上午九时，中共中央邀集各民主党派、各人民团体的负责人，著名无党派民主人士、文化教育界人士，在中南海勤政殿举行会议，到会七十八人。会议座谈关于反右倾、坚持社会主义建设总路线的问题和以彭德怀为首的反党集团问题，关于在中华人民共和国成立十周年期间对确已改恶从善的罪犯实行特赦，以及对确实表现改好了的右派分子摘掉右派帽子的问题。刘少奇、周恩来、朱德等参加会议。毛泽东讲话。他说：今天座谈的

---

〔1〕 杨成武，当时任中国人民解放军副总参谋长。

问题就是彭德怀问题，保卫总路线、反对右倾决议，反右倾的指示，还有个摘掉一部分右派分子帽子的问题。右派分子全国有四十五万，其中十分之一是共产党内的，十分之九是党外的。现在，党内党外这些右派分子，有相当一部分是改好了。趁这个国庆十周年，把各地方多多少少改变了的，有的百分之几，有的百分之十，有的百分之十几，甚至于还有更多的，不等，给他摘掉帽子。这样，其他的右派分子就有希望，有奔头。还有个特赦的问题。几年之前，许多朋友曾经提议过要赦，我们那个时候反对，不赞成。因为那个时候是赦不得的，要经过最近这几年，特别是一九五七年整风反右，去年大跃进，今年的跃进，人民群众大发动。这是个人民的问题，不单是那些人的问题，要人民能接受。现在我们用这种办法，就是凡是改好了的，我们赦免。按照宪法，叫特赦，不是大赦，我们不干大赦这个事，也请诸位考虑一下，请各党派、无党派人士考虑一下。他说：情况正在好转，而且大有好转，就是群众起来了，干劲很大，今年的指标能够完成，而且是大跃进。经过明年、后年、大后年，完成第二个五年计划，然后第三个五年计划就会大见效。我现在希望各位同志们能够同意中共中央这样的意见，我们共同团结起来，保卫总路线，支持大跃进和人民公社。再干十年，中国的面貌会改变，第三个十年会有更大的改变。这一次是不是又是先党内后党外呢？有些朋友他们得了一条规律：共产党办事就是先整自己，后整别人。现在在许多地方，特别是上海一些工商业家，听说有这个顾虑，还有各民主党派。这回在党内是搞运动，研究分析，要搞透，而在党外不要搞运动。所以，那种顾虑可以解除。现在，教员、教授大有进步，民主党派大有进步，工商界也大有进步，但并不是说问题都解决了。什么世界观这些问题，旧的东西一下要刮掉，洗脑筋洗得那么干净，那不容易的，慢慢来嘛。

9月16日　下午，同王鹤寿谈话。

9月17日　晚上，听取李先念汇报粮食情况。

同日　批示林克阅读当天《光明日报》登载的《试论中国农民起义的“目的”问题》〔1〕一文。

9月18日　上午十一时，在中南海菊香书屋召开会议，刘少奇、周恩来、朱德、彭真、李富春、陈毅、薄一波、罗瑞卿出席。

同日　晚八时，乘专列离开北京。十一时，在停靠天津的专

---

〔1〕这篇署名流泉的文章说，郭沫若在《蔡文姬》一书的序言中，提出他对中国农民起义的历史发展过程的看法。按照郭沫若的意见，中国农民起义可以分作两个阶段：在封建制度的上行阶段，从陈涉吴广至黄巢领导的农民起义，都不曾提出土地问题，简要地说他们都是“取而代之”主义者，只是要求有一个好皇帝、新的真命天子出现。到了封建制度的下行阶段，自北宋以后的情况就有所不同了，从李顺、王小波领导的农民起义至太平天国，就提出了“均财富”、“均田”、“均产”等号召，而且有的还一时见诸实施。这篇文章对郭沫若的上述看法提出不同意见，认为：郭沫若说封建前期农民起义，不曾提出过土地问题，这是对的；但不能说这一时期的农民起义的目的就是只要求有一个好皇帝，有一个“新的真命天子”出现。这种说法是不符合历史事实的。文章认为，封建制度上行阶段的农民起义的目的，主要是为了争取生存和人身权利。在整个封建社会中，农民起义都是为反抗地主阶级的统治，这是共同的。但在封建社会的前、后期，农民起义也有它的不同特点：在前期因为农民对封建主的依附关系很重，因此争取人身权利的要求特别迫切；到后期则地主对农民的人身控制相对减弱，而主要凭借土地租佃关系来剥削农民，因此农民对土地的要求也就显得突出了。这种不同亦只是就其主要倾向而言，并不是绝对的。如后期农民起义提出的“等贵贱”，也是在封建等级社会中要求人身的平等地位，而前期农民起义所向往的“太平”世界，也有“均贫富”的意味。因此，在中国封建社会中的农民起义，他们的目的和愿望，就是要求平均和平等。

列上同林铁、刘子厚谈话。

9月19日 中午，到天津赵庄、红五星公社和曹庄公社看水稻生长情况。又到天津杨柳青农场参观。

9月20日 下午，在中共山东省委第一书记舒同的陪同下，到济南泺口视察黄河大堤。

9月21日 上午，在停靠济南的专列上听取舒同和历城县东郊公社党委第一书记郑松分别汇报山东省第三个五年经济建设规划和东郊公社的情况。在舒同汇报“三五”经济建设规划的安排时，毛泽东说：要以农业为基础，农轻重为序，苏联是优先发展重工业，我们一定会比苏联搞得快搞得好。毛泽东问：你们年年谈造了多少林，封了多少山，我怎么从北京到上海，在飞机上看不到？在舒同汇报秋收后全省计划组织九百万劳动力上阵搞山水林田时，毛泽东说：能组织这么多人吗？一定要实事求是，从实际出发，统筹安排，要注意群众的生活问题。毛泽东问郑松：东郊公社今年秋季生产如何？玉米、大豆每亩能产多少？郑松答：大辛庄大队今年的秋玉米亩产五百斤至七百斤、间作大豆一二百斤。毛泽东说：每亩一年增产几成就是很大的成绩了，你们比过去翻一番还多，这是很大的跃进。在谈话中，毛泽东提出要横渡黄河，说：全国的大江大河我都渡了，还没有渡黄河，我明年夏天到济南来横渡黄河。有一点泥沙怕什么？上来冲一冲就没有了。漩涡也不可怕，你们可以事先勘查一下嘛。就这样定了，我明年七月下旬八月上旬来，你们先找人作点准备。下午，由舒同和山东省委书记处书记白如冰陪同，到山东省农业科学研究所，视察棉花试验田，看了大白菜、多穗高粱、红薯等农作物。随后冒雨视察东郊公社大辛庄大队的一片玉米丰产田和玉米、大豆间作田。听说这一片丰产田的玉米亩产可达八百斤左右，他说：加上小麦，一亩就是一千好几百斤了，这是个大跃进啊！在观看玉米和大豆间作田时，又说：这样可以提高土地利用率，增加复种指数，这种种植方法是可以推广的。毛泽东在田间接见历城县三级干部会议的全体代表和东郊公社的干部、社员代表共七百多人。

9月22日 到达郑州。在专列上同吴芝圃、史向生、杨蔚屏、赵文甫等谈话。二十三日上午，继续同他们谈话。

9月23日 下午，到达邯郸。在专列上同林铁、中共邯郸地委第一书记庞钧等谈话。

9月24日 在中共河北省委负责人的陪同下，视察邯郸国棉二厂。随后，到磁县成安镇（今成安县）视察棉田，接见植棉技术员和社员，了解棉花的品种、亩产量及棉田的灌溉等情况。在棉花方办公室休息时，毛泽东说：邯郸曾是赵国的都城，中国的五大古都之一。邯郸是要复兴的，因为它出产铁、煤、棉花、粮食，邯郸有希望搞成一个大钢铁城。毛泽东又到成安镇粮棉厂视察，登上了棉花垛顶，看了轧花车间、清花车间、打包车间和种子库。毛泽东向河北省委负责人提出河北要实现粮食自给。

同日 晚上，到达保定。

9月25日 上午，在专列上同林铁、阎达开、中共石家庄地委第一书记康修民、石家庄市委第一书记王力、保定地委第一书记李悦农、保定市委第一书记杨志昌等谈话。

同日 下午，回到北京。

9月26日 下午，在中南海颐年堂主持召开中共中央政治局常委扩大会议，刘少奇、周恩来、朱德、林彪、彭真、陈毅、罗瑞卿出席。

同日 晚上，同周恩来、陈毅谈话。

9月28日 下午，和刘少奇、周恩来、朱德、林彪、宋庆龄、董必武、彭真、贺龙、陈毅、李富春、李先念、林伯渠、罗荣桓[1]、薄一波、谭震林、聂荣臻、陆定一、邓子恢、乌兰夫、刘伯承[2]、郭沫若、李济深、陈叔通、何香凝[3]、沈钧儒、黄炎培、罗瑞卿、林枫[4]、李维汉、班禅额尔德尼、程潜等，在新建成的人民大会堂出席中华人民共和国成立十周年庆祝大会。参加庆祝大会的外宾有：苏联和其他社会主义国家的党政代表团、十七个兄弟党代表团的团长和代表，一些国家的政府代表团和代表、一些国际组织的代表团等。刘少奇致开幕词。李济深代表各民主党派、无党派民主人士和全国工商业联合会，向毛泽东主席致献词。苏斯洛夫[5]等二十八位外宾在会上致祝词。在庆祝大会开始前，毛泽东和刘少奇、宋庆龄、董必武、朱德、周恩来、林彪、邓小平、彭真等，会见了苏联和其他社会主义国家党政代表团全体成员、各国共产党和工人党代表团全体成员、越南和朝鲜的军事代表团团长、亚非国家政府代表团团长和政府代表，以及六个国际组织代表团团长。

同日 晚上，和刘少奇、周恩来、彭真在中南海颐年堂同以金日成[6]为团长的朝鲜劳动党代表团举行会谈。

9月29日 下午，庆祝大会继续举行。新西兰共产党总书记威尔科克斯等三十二位外宾在会上致祝词。刘少奇致闭幕词。

---

〔1〕 罗荣桓，当时任中共中央政治局委员、全国人大常委会副委员长、国防委员会副主席、中国人民解放军政治学院院长。

〔2〕 刘伯承，当时任中共中央政治局委员、全国人大常委会副委员长、国防委员会副主席。

〔3〕 何香凝，当时任全国人大常委会副委员长、中华全国妇女联合会名誉主席、中国国民党革命委员会中央副主席。

〔4〕 林枫，当时任全国人大常委会副委员长、国务院业余教育委员会主任。

〔5〕 苏斯洛夫，当时任苏联共产党中央主席团委员、中央书记处书记。

〔6〕 金日成，当时任朝鲜劳动党中央委员会委员长、朝鲜民主主义人民共和国内阁首相。

9月30日 上午，和刘少奇、宋庆龄、董必武、朱德、周恩来等去首都机场迎接应邀参加中华人民共和国成立十周年庆祝大会的苏联党政代表团团长赫鲁晓夫和部分团员。在前往钓鱼台迎宾馆途中，在汽车上同赫鲁晓夫交谈。毛泽东说：对帝国主义来说，问题是如何保持现有的殖民地。他们的摊子摊得太大了。他们的处境，好像一个人用双手在桌子上捧起了一万个鸡蛋，顾东顾不了西，不是这个掉了，就是那个掉了。看起来我们有可能再争取十五年的时间，只要是在西方德国不闹事，在东方日本不闹事，仗是有可能打不起来的。过去的两次世界大战，一次是德国发动起来的，一次是德国和日本发动起来的。帝国主义总会要搞点紧张的，但是这对于我们有利，对他们不利。我们两国都不需要战争，这一点我们清楚得很。我们需要同他们共处，哪一个也没想推翻他们的政权，我们只需要赢得十五年的时间。

同日 下午，在钓鱼台迎宾馆同赫鲁晓夫谈话。参加谈话的，中方有刘少奇、周恩来、陈毅等，苏方有苏斯洛夫、葛罗米柯、图波列夫、安东诺夫〔1〕等。毛泽东说：你是去年八月间来的。葛罗米柯同志是去年九月来的。一年来，形势有了很大变化。美国人没有多大本领。他们以为我们双方在炮打金门问题上达成了协议。其实，那时我们双方并没有谈这个问题。我们没有想到打炮会引起这么大的风波，只是想打一下，没曾想他们调动这么多的军舰。你们走了以后，我们在八月中旬才决定打。因为八月二十、二十一号联合国要通过美国撤军的决议，所以我们八月二十一号没打，二十三号才打。美国人在黎巴嫩问题上受到全世界人民的反对，生怕别人打他。美国人没有立刻弄清楚我们的

〔1〕 葛罗米柯，当时任苏联外交部部长。图波列夫，苏联科学院院士、苏联飞机总设计师。安东诺夫，当时任苏联驻中国大使馆临时代办。

目的，以为我们要打台湾，就把他们的军舰从地中海、太平洋、日本、菲律宾调来。等到地中海舰队开到新加坡的时候，一看没什么事情了，就在新加坡停下来，引起了印度尼西亚的恐慌。我们一骂，他们就退回到菲律宾去了，住了两个礼拜。可以看得出来，美国人这次部署很慌很乱。另外，又怕蒋介石捣乱，加强了对蒋介石的控制。杜勒斯的政策是把金门、马祖还给我们，而要我们给他台湾和澎湖列岛。我们原来也是想先解放金门和马祖，至于台湾，要还是要，但要等一个时候。我们后来发现，杜勒斯正是这样想的。我们若是这样做，就是走杜勒斯路线了。后来，我们决定先不拿金门、马祖，团结蒋介石反对美国。美国正向蒋介石施以压力，让他不再当总统。蒋介石也屈服了，表示同意明年不当总统了。但是，蒋介石还不愿意下台，我们也支持他。如果没有我们的支持，蒋介石早就完了。炮打金门是蒋介石希望的，美国人不希望。我们对蒋帮助的方法就是打炮。

同日 晚上，和刘少奇、宋庆龄、董必武、朱德、周恩来出席在人民大会堂宴会厅举行的庆祝中华人民共和国成立十周年盛大国宴，招待八十多个国家的外宾和中国各界人士。

同日 致信王鹤寿："请查云南、贵州、广西一九六〇年能产多少吨铁，多少吨钢。这是第一件。这三省煤炭（有无焦煤）、铁矿的地下蕴藏量，三省各有多少。这是第二件。以上二件，请你查明告我，于今日（九月三十日下午）写明送我为盼！"

同日 阅中国驻阿拉伯联合共和国大使馆九月二十二日关于非洲人士对中印关系问题的看法给外交部的电报，批示："似乎可以把这个情报，读给高士同志们听。请总理斟酌是否可行。送总理阅后，退毛。"电报说：据非洲某些人士称，他们看到我使馆公报刊登的关于中印关系问题的一系列文件后，深信我方立场的正确，相信中印之间的一切纠纷都是由印度政府企图执行英帝国主义遗留下来的侵略政策而引起的。他们完全支持中国反对英帝国主义制造的麦克马洪线〔1〕，指出在黑色非洲大陆，目前就存在着许多“麦克马洪线”，将来非废除不可。

9月 审阅吴冷西九月四日关于充分报道国外对中共八届八中全会反应的报告，为报告拟题《关于外国消息问题》，并批示：“刘、周、朱、林、陈毅、彭真阅，退毛。大多数兄弟国家是拥护我们的，朝鲜、越南、东德、捷克、罗马尼亚、阿尔巴尼亚。匈牙利情况不清楚，似乎也比较好。”

10月1日 上午，去天安门参加中华人民共和国成立十周年庆祝大会前，在中南海颐年堂会见赫鲁晓夫。参加会见的，中方有刘少奇、宋庆龄、董必武、朱德、周恩来、邓小平，苏方有苏斯洛夫。赫鲁晓夫说：在美国时，艾森豪威尔〔2〕曾暗示我，让我和他一同到教堂去做礼拜。毛泽东说：我看可以去，但是要提出一个条件，我在你这儿上教堂，你到莫斯科后要到马克思、列宁像前祷告。赫鲁晓夫说：上帝和《圣经》在美国人心中占很大地位。毛泽东说：我也想读读《圣经》，但一直没有时间。佛经我读过一些。我看，共产党人进教堂，只要群众去，也是可以去的。巴格达什〔3〕上次来提过这个问题，表示不愿到清真寺去。我当时说，既然人民群众还去教堂，为了接近群众、团结群众，我们也应该进教堂。我们可以发表声明，说我们是唯物

〔1〕 麦克马洪线，是1914年3月参加西姆拉会议的英国政府代表麦克马洪背着中国中央政府代表，同西藏地方当局以秘密换文方式制造的一条非法的中印东段边界线。该线将位于中印边界东段历来属于中国的9万平方公里土地划归当时英国殖民统治下的印度。中国政府从未批准或承认这条边界线。1953年印度基本上侵占了该线以南的中国领土。

〔2〕 艾森豪威尔，当时任美国总统。

〔3〕 巴格达什，当时任叙利亚共产党中央总书记。

主义者，是无神论者，但是由于人民群众还信上帝，因此我们也进教堂。列宁当时就曾经表示过，布尔什维克在国家杜马的代表，可以进行表示忠于沙皇的宣誓，不这样宣誓就不能在杜马中活动。

同日 上午十时，和刘少奇、宋庆龄、董必武、朱德、周恩来、林彪、邓小平等党和国家领导人出席在天安门举行的中华人民共和国成立十周年庆祝大会，检阅中国人民解放军部队和群众游行队伍。赫鲁晓夫、胡志明、诺沃提尼〔1〕、金日成、泽登巴尔、萨瓦茨基、道比、加涅夫、谢胡、马特恩、波德纳拉希〔2〕等十一个社会主义国家的领导人及六十个兄弟党代表团团长和代表、八个亚非友好国家政府代表团团长和政府代表、一些国际组织的代表团，应邀参加庆祝大会。

同日 晚上，在中南海颐年堂会见诺沃提尼和夫人，李富春和夫人蔡畅〔3〕在座。毛泽东说：热烈欢迎你们。你们是来自西方前线的。诺沃提尼说：现在西德又重新出现着一九三五年至一

---

〔1〕 诺沃提尼，当时任捷克斯洛伐克共产党中央第一书记、捷克斯洛伐克总统。

〔2〕 泽登巴尔，当时任蒙古人民革命党中央第一书记、蒙古人民共和国部长会议主席。萨瓦茨基，当时任波兰统一工人党中央政治局委员、波兰人民共和国国务委员会主席。道比，当时任匈牙利人民共和国主席团主席。加涅夫，当时任保加利亚共产党中央政治局委员、保加利亚国民议会主席团主席。谢胡，当时任阿尔巴尼亚劳动党中央政治局委员、阿尔巴尼亚部长会议主席。马特恩，当时任德国统一社会党中央政治局委员、德意志民主共和国人民议院主席团第一副主席。波德纳拉希，当时任罗马尼亚工人党中央政治局委员、罗马尼亚部长会议副主席。

〔3〕 蔡畅，当时任中华全国妇女联合会主席、党组书记。

九三七年间的一些情况，北大西洋集团[1]的司令部也不断地侦察捷克斯洛伐克边境情况。毛泽东说：你们感到威胁，我们也感到威胁。日本垄断资本想扩张到菲律宾、南朝鲜和台湾去，这是日本的秘密计划。台湾在中国手里，就不利于日本的扩张，所以日本主张所谓台湾的独立，支持美国的“两个中国”政策。然而日本要扩张到这些地方去又同美国有矛盾。阿登纳[2]主要是把矛头指向东方，指向苏联、德意志民主共和国、捷克斯洛伐克、波兰等国。但问题是苏联强大，甚至美国现在也不能不邀请赫鲁晓夫同志到美国去访问，艾森豪威尔也不得不去苏联访问。从赫鲁晓夫同志去年八月来北京到今年十月他再来北京这一年多来，东西方之间力量的对比又有了相当大的变化。去年赫鲁晓夫同志来北京，以及炮击金门后九月间葛罗米柯来北京期间，我们曾交谈了一些问题，其中一个问题是，谁怕谁多一点。我们两方面彼此都有些害怕，我们也怕帝国主义，怕美国、日本、西德，怕它们捣乱和破坏。但是西方现在是怕我们多一些，资本主义世界怕社会主义世界多一些。诺沃提尼说：我们对帝国主义者可能进行的挑衅甚至挑起战火必须保持警惕。毛泽东说：对，要估计到这一种可能，并有准备。美、英、法这些帝国主义者占的东西太多，因此它们主要想护住这些东西，变得保守起来，而西德、日本则要扩张。西德要扩张，美国不赞成，英国更不赞成。因此，目前有利于我们争取时间搞建设，再过十五年我看事情就更好办

---

〔1〕 1949年4月，美国、英国、法国、荷兰、比利时、卢森堡、挪威、葡萄牙、意大利、丹麦、冰岛和加拿大在华盛顿签署《北大西洋公约》。同年8月24日公约生效，北大西洋公约军事集团建立。希腊和土耳其于1952年、德意志联邦共和国于1955年正式加入该组织。后来，又有一些国家加入该组织。

〔2〕 阿登纳，当时任德意志联邦共和国政府总理。

了。我们绝不要别国的一寸土地。对于我们自己的台湾，我们也不准备现在就去解放，晚十年、二十年、甚至三十年去解放也不要紧。就是只离我们大陆几公里的金门、马祖，我们也不准备马上去解放。美国的政策是要迫使蒋介石让出金、马，使台湾和金、马分开，这样台湾就离大陆更远了，便于美国推行“两个中国”的政策。我们不赞成这个政策，因此我们不忙于去解放金、马，而让蒋介石在那里。蒋介石也不赞成“两个中国”，在这一点上，我们同蒋介石有共同点。我们当时炮轰金门、马祖也是蒋介石所需要的，不打一下，美国就要更多地欺侮蒋介石，不给钱，不给武器；一打，蒋介石就好说话了，说我们怎能在共产党的炮火下屈服。美国并不喜欢蒋介石，它喜欢的是百分之百地赞成美国的人。蒋介石是百分之九十九赞成美国，还有百分之一不赞成。在美国的很大压力下，蒋介石本来不打算做总统了，后来还是我们告诉他做下去好，现在他又起劲了。这个问题很微妙。如果以后我们又轰金、马，这是说蒋介石又需要了。你们不要怕，不会出乱子的。我们这样拴住美帝国主义的一条腿，对你们也许会有些帮助。在蒋介石同美国签订的条约中，并没有把金、马包括在内，因此美国对金、马并不承担有义务。总之，美国霸的地方太宽，家务太大，因而总担心，害怕丢掉了一点，处于被动地位。我看现在冷战和国际紧张对资本主义世界不利，而对世界的人民革命比较有利。搞紧张的结果，使社会主义国家更努力工作，进步更快，各国共产党和人民的觉悟也提高得快些。谈到中印边界问题时，毛泽东说：你们放心，我们决不会侵占印度一寸土地。麦克马洪线是以前英国在印度的外交大臣麦克马洪搞的，一直没有得到中国政府的同意，就是英国当时也不敢加以公开。这条线把中国西藏地方南边约九万平方公里的土地（相当于浙江省那样大）划过去了。一九五〇年以前尼赫鲁所写的一本著作〔1〕，其中所附地图就仍是用的老线，而不是麦克马洪线。一九五六年我们翻译出版这本书时，还请尼赫鲁写过序言。我们不能承认麦克马洪线，这是英国过去企图强加在中国人身上的。如果承认了，西藏人民也不会同意。我们在法律上、形式上不承认这条线。谈到达赖问题时，毛泽东说：西藏解放八年来，我们没有动原来的政权，没有动它的军队。我们原来准备今后四年之内还不动。我们只是在那里驻有两万多军队，上层反动分子对这两万多人不满，尼赫鲁也在中间挑拨，以致发生了叛乱事件，目的是想赶走这两万多军队。这样我们进行了反击，很快先把拉萨控制起来。从今年三月到六七月间，我们已控制了西藏全部局势，并开始了土地改革。这当然使尼赫鲁不高兴，在半年之内发起了两次反华运动。这样搞一下也好，反倒把问题澄清起来。诺沃提尼说：我们很感谢毛泽东同志所谈的这些形势问题，毛泽东同志所谈的观点、立场都很正确。

同日 晚上，和刘少奇、朱德、周恩来、林彪、彭真等党和国家领导人在天安门城楼观看群众联欢和节日焰火，一同观看的还有赫鲁晓夫、胡志明等十一个社会主义国家的领导人和其他外宾。在天安门城楼，毛泽东同赫鲁晓夫谈话。赫鲁晓夫说：在今年联合国大会上表决中国在联合国的代表权问题时，投票赞成中华人民共和国的又增加了一票。毛泽东说：美国操纵了大多数，不让我们进联合国，我们准备十年、二十年以至三十年进不了联合国。中国没有联合国也活得下去，联合国没有中国也活得下去。赫鲁晓夫说：我看用不了那样长的时间中国就可以进入联合国。大家越来越清楚地看到，不让中国这样一个大国进入联合国

〔1〕 指《印度的发现》，中译本于1956年8月由世界知识出版社出版。

是不对的，国际局势的缓和与裁军问题的解决没有中国参加是不可能的。毛泽东说：美国不让我们进联合国，宣布我们是侵略者，说我们侵略蒋介石、侵略朝鲜、侵略越南。既然我们是侵略者，我们又怎么能进联合国呢？赫鲁晓夫说：只要联合国通过了接纳中国的决议，关于宣布中国为侵略者的决议就自然会取消的。不要表示我们对进不进联合国不在乎，美国正是利用这一点，说中国不愿进联合国，怕受联合国的束缚。毛泽东说：我们在公开宣传上从来就是表示要求恢复中华人民共和国在联合国的合法席位，赶走蒋介石的代表，我们从来没有公开说过不愿意参加联合国。但是另一方面，我们知道，由于美国的阻挠，我们一时进不了联合国，我们要作十年、二十年进不了联合国的打算。不能急，急也没用。我们决不能为了增加赞成中华人民共和国的票数而不进行任何活动。至于你们在联合国内进行斗争，那很好，我们一向赞成这种斗争，而我们在联合国外进行斗争，我们大家在两条战线上共同进行斗争。赫鲁晓夫说：这次我们到美国去，感觉美国很怕中国。毛泽东说：它怕的不是今天的中国，而是明天的中国。毛泽东还在天安门城楼先后会见也门政府代表团、伊拉克人民代表团、摩洛哥人民力量全国联盟代表团、日本各界庆祝中国国庆代表团、几内亚政府代表迪亚万杜（教育部部长）、印度尼西亚国民党总主席苏维约和夫人、印度尼西亚前第一副总理哈迪和夫人、世界和平理事会代表团等。毛泽东对世界和平理事会代表团团长贝尔纳说，曾经读过他写的《历史上的科学》一书。

10月2日 下午一时二十分，在中南海菊香书屋同刘少奇、周恩来、朱德、林彪、陈毅研究同赫鲁晓夫会谈问题。

同日 下午五时，在中南海颐年堂同赫鲁晓夫举行会谈，并宴请苏联党政代表团。中方刘少奇、周恩来、朱德、林彪、彭真、陈毅、王稼祥和苏方苏斯洛夫、葛罗米柯、安东诺夫参加。会谈内容包括台湾问题、中印边境冲突、西藏问题等，双方争论激烈。会谈一开始，赫鲁晓夫说：我们正想给同志们念一念这次我同艾森豪威尔会谈时关于中国问题的一段谈话记录，然后同信[1]一起来讨论这个问题（指台湾问题——编者注）。翻译念完记录后，赫鲁晓夫说：正是由于记录里所说的原因，他（指艾森豪威尔——编者注）才赶忙把这封信给我寄到中国来。毛泽东说：信我们已经看了，他的中心意思是叫我们执行有节制的缓和的政策，就是不要打仗。赫鲁晓夫说：你说得对。信里有个意思，就是说台湾问题不是永久不解决，而是拖一个时期。毛泽东说：这也是我们的意思，我们也不要打仗。赫鲁晓夫说：美国人是不想为台湾而战的。毛泽东说：我们历来都讲，台湾问题是中国的内政，中国一定要解放台湾。解放的办法有两个：一个是用和平的方法，一个是用战争的方法。万隆会议时，周总理就声明过，愿意同美国坐下来谈判。后来就谈了，一气谈了四年。在谈

〔1〕 指艾森豪威尔给赫鲁晓夫的信。信中说：“我已经考虑了您在星期日那天，在戴维营关于中国问题和我所谈的意见。”“我产生了一个明显的印象，那就是照您看来，中华人民共和国有权利用武力吞并中华民国的领土，即：台湾、澎湖列岛和其他岛屿。……您强调说，您认为这个有关中国的严重问题是一个内政问题，而不是国际问题。”“把您在我们谈话的最后关于中国所说的话和您关于德国问题（这个国家也是一个伟大的处于分裂状态的国家）所说的话对比以后，使我感到不安。您谈到必须和平解决德国问题，但是，您又说人民共和国可以在中国合法地使用武力。当然，我们是不同意这个意见的。我看，两个问题都是国际问题。我已经表示愿意同您以及其他有关方面认真地讨论德国问题，希望达成和平解决，以利于我们两国和整个人类。我想，中国问题在相当的时候或许也可以这样解决。……我认为，有节制的温和的政策……更为必要。”

判中，我们只是向他们提出一点，就是要他们从台湾撤军，撤军就没事了嘛。剩下来的就是我们同蒋介石的事了，我们可以同蒋介石公开谈判。可是，美国不干，他们怕蒋介石同我们谈判。我们在金门打了炮，实际上并不是战争。我们并不想一下子把台湾等地拿下来，可以把它们放在蒋介石的手里，十年，二十年，三十年，都没有关系。金门、马祖可以不拿下来，并不想为此而打仗。中国问题与德国问题不同，不仅因为人口多少不同，而且因为中国在战时是个同盟国，战后是个战胜国，而德国是战败国。德国是用国际条约，是用波茨坦协定分开的。而台湾和中国大陆的分裂，并无任何国际协定来规定，因此英国对于美国侵台并不满意，甚至就连美国国内也有人不满。赫鲁晓夫说：我看，这一点艾森豪威尔是懂得的。毛泽东说：是啊，美国是懂得的。他们同意谈，但要按照他们的路线来谈。他们曾经暗示，可以说服蒋介石退出金、马，要我们对台湾保证不使用武力，但是我们可以对台湾提出要求。这样，他们对台湾的统治就会合法，而在其他问题上就能为所欲为，不受牵制。赫鲁晓夫说：这个问题已经清楚了。这里有一段插曲，艾森豪威尔说，几年来，他们同中国谈判释放那五个美国人的问题，毫无结果。这件事我不了解，到底情况怎样？周恩来说：这几个人，三个是违犯中国法律做间谍的侨民，两个是被打下来的空投特务，他们的刑期还未满。赫鲁晓夫说：我还是第一次听到这个问题。如果由我们来处理，早就把这些人赶出去了。问题是看你采取什么方针，你要刺激鹅的话，就把它关起来。毛泽东说：美国人侵犯了中国的法律，为何要放他们？赫鲁晓夫说：问题已经清楚了，不要再谈了。在台湾问题上，策略也很重要。台湾问题是个刺激国际局势的因素。去年台湾局势紧张的时候，以及今年这次同艾森豪威尔会谈，都提过台湾问题。我们之间是了解的，我们大家不会为台湾而打仗。但是，对于世界舆论我们并没有表明这一点，这样就给了美国一张王牌，它说我们要打仗。当然，美国在台湾的行动是非法的。然而，美国宣布支持蒋介石，我们宣布支持你们，这样就造成了大战前夕的气氛。毛泽东说：那么你说要怎么办呢，像美国人所说的那样去办吗？我们宣布对台湾不使用武力，承认台湾问题是国际问题。这正像他们在华沙所要求的那样。如果我们保证对台湾不使用武力，这实际上就是承认“两个中国”。这个办法他们很早就提出了，是通过艾登[1]提的。我们还是照我们的办，同美国、同蒋介石是两回事。同美国是国际问题，第七舰队不走，就谈嘛。同蒋介石是内政问题，内政问题可以用和平方法，也可以用其他方法来解决。恐怕这样要妥当些。赫鲁晓夫说：同志们，你们这是怎么了，不能再这样子谈，我们谈的是策略问题，你们一股劲用原则问题来回答我们。周恩来说：这也就是策略。

晚宴后，继续会谈。毛泽东说：怎样解决？赫鲁晓夫说：我们的意见都说了，我看这个问题没有必要再谈了，谈谈别的问题吧！毛泽东同志使得我们很难堪，好像我们是在替美国人说话似的。我想提一个作为客人本来不应该提的问题。我们不了解你们为什么同印度冲突，这种冲突只有利于印度的反动派，有利于侵略势力。我认为，你们同印度的争论不是不可以克制的。很多年来，你们一直和印度友好相处，平安无事，这次突然发生了流血冲突，这是我们无法理解的。毛泽东说：关于中印边境冲突问题，你们不是发表个声明吗？赫鲁晓夫说：我们发表声明是对的，只能这样做。毛泽东说：你们也可以不这样做。赫鲁晓夫说：关于你们同印度的冲突，我们不明白，不了解为什么要开枪？毛泽东说：是他们先开的枪。周恩来说：难道他们打我们，

〔1〕 艾登，1955年4月至1957年1月任英国首相。

我们就挨打吗？是相信我们呢，还是相信他们呢？赫鲁晓夫说：谁先开的枪，我们不知道，要看是谁被打死了呢。周恩来说：印度人被打死了，是他们先开的枪，打了十二个小时。真理要弄清楚。我九月八日写给尼赫鲁的信，连英国工党和保守党的报纸都说是公正的。关于边境问题的详细情况，我在信里都说了。我们向来不承认麦克马洪线，这是一条非法的线，但是我们从来也没有越过这条线。赫鲁晓夫说：我们过去不知道这条线，现在我们对这条线也根本不感兴趣，我们关心的是你们采用了什么方法。被打死的是印度人，不是中国人，这一点被帝国主义抓住了来反对中国，反对整个共产主义运动。边境的事情我不了解，不管怎么说，打死人是错误的。周恩来说：是他们先开的枪嘛，他们拿枪向我们的人身上打，难道我们应该向天上放枪吗？在这种情况下开枪把他们的人打死，这怎能说是我们的错？赫鲁晓夫说：好了，好了，不要再谈了，这个问题已经清楚了。周恩来说：我们谈的是事实，你说的不合乎事实。这些情况，连印度的报纸都承认的。他们越境，先开枪，达十二小时之久，难道还枪不对吗？毛泽东说：这是边境纠纷，是个别事件，美国人都看出了这一些。彭真说：麦克马洪线是一九一四年英国同西藏秘密签订的，很长时期，英国都不敢画在他们出版的地图上。后来，英国出版的大百科全书上也没有这条线。这是一条不光彩的线，一九五一年出版的印度地图上还没有这条线，就连尼赫鲁的著作《印度的发现》上也没有这条线。毛泽东说：这是局部的纠纷，不是双方政府下命令打的，是双方的士兵打的。我们是事后知道的，尼赫鲁也是事后知道的。现在，他知道了，是他们占了我们的地方，所以才撤退了两个地方。不仅我们不知道，就连我们的西藏军区也不知道。周恩来给尼赫鲁的这封信，我们研究了一个多礼拜，信是讲理的。赫鲁晓夫说：我们的意见都讲了，接不接受是你们的事情嘛。毛泽东说：我们不支持你们的意见。赫鲁晓夫说：我们也不支持你们的意见。我们认为，西藏事件是中共的失策，你们应该把达赖抓住，不让他跑掉，对尼赫鲁不是更好吗？这是中国党犯了错误。毛泽东说：达赖走，我们没有办法，边境有几百公里长，他从哪里都可以走，我们很难办。你们给我们扣了两顶大帽子：一个是在西藏犯了错误；另一个是边境事件，于是你们发表了声明。我们给你们戴了一顶帽子，叫做迁就。赫鲁晓夫说：我们不接受。毛泽东说：我们也不接受。帝国主义者高兴你们的声明。我们已经采取了步骤，而你们又要发表声明。帝国主义说我们两党是不一致的。周恩来说：这样做有什么好处？毛泽东说：关于对外问题的意见，我们可以在内部谈，不应当公开。今天，你这样坦率地谈了，很好。在中印边境问题上，你们做得不对，不公平。你们公开地表明了我们两党的分歧。你们的声明已经发表了，不谈了，算了吧！我、刘少奇同志和周恩来同志，都谈过你们的问题，但这是一小部分的问题，是九个指头和一个指头之比。我们的基本路线是一致的，只是在个别问题上有分歧。现在可否还这样认为？赫鲁晓夫说：我们一向是这样认为的。毛泽东说：在原则问题上，个别问题上的分歧，不应该影响我们的团结。赫鲁晓夫说：在我们最困难的时候，中国支持了我们，而我们也支持了你们。今后还是这样的。你们对我们有意见，你们就提。我们对你们有什么意见，我们也坦率地谈。毛泽东说：好，好。会谈于晚十一时十分结束。

10月3日　晚上，和刘少奇、周恩来、朱德、林彪、彭真、陈毅陪同赫鲁晓夫、苏斯洛夫、葛罗米柯在人民大会堂观看歌舞和京剧。在去人民大会堂参加晚会前，毛泽东在中南海颐年堂同赫鲁晓夫、苏斯洛夫就美国、英国的工人情况和政党情况进行了交谈。在晚会中间休息时，毛泽东和刘少奇、朱德会见胡志明。

10月4日 上午八时半，和刘少奇、周恩来、朱德去首都机场为赫鲁晓夫率领的苏联党政代表团送行。十时，在首都机场休息室同赫鲁晓夫交谈。毛泽东说：只要有人民的革命干劲和劳动热情，事情就好办。我们的人民公社也是人民创造出来的。我们研究了一九一八年苏联办公社的章程，这个章程里面有许多好东西，但有两个缺点，一是取消社员的小私有权，二是搞共产主义的按需分配。这两点我们都考虑到了，比如我们的公社允许社员有自留地，仍然实行社会主义的按劳分配。这些都写在我们的决议里面了。赫鲁晓夫说：对你们的公社我们是不大了解的。在初期，根据中国的宣传报道来看，有些中国同志是想否认物质刺激，确有想跨过社会主义原则的样子。我们那儿也有人提出，我们为什么不按需分配。毛泽东说：我们公社的原则，已经都写在决议里面了。我们在公社里也搞积累，不但公社搞积累，国家也搞积累。生产必须走在消费的前面。赫鲁晓夫说：这是列宁的原则。

10月5日 下午，在中南海勤政殿会见巴西、阿根廷、古巴、委内瑞拉等十七个拉丁美洲国家的共产党代表团，刘少奇、周恩来、朱德、彭真、陈毅、王稼祥、伍修权等在座。毛泽东说：欢迎同志们，你们来是对我们党的支持，感谢你们。谈到革命和建设问题时，毛泽东说：资产阶级民主革命为社会主义革命开辟道路。中国的社会主义革命就是这十年。我们用社会主义改造的办法解决资本主义所有制和个体农民所有制的问题，为社会主义建设开辟道路。要为社会主义建设开辟道路，必须有领导权，必须有无产阶级专政。所谓无产阶级专政，就是无产阶级和农民的专政。没有农民帮助，无产阶级专政无法建立。农民的重要性在十月革命和中国革命中都得到了证明。在过去十年内，我们的社会主义经济建设是有成就的，可以说革命和建设是同时进行的。头八年，我们的精力放在革命，放在为社会主义建设扫清道路上。后两年，我们的全部精力放在建设方面。今后十年或二十年内，我们的主要精力将放在社会主义建设方面。谈到世界革命形势时，毛泽东说：现在世界上只有少数国家没有共产党。再过十年、十五年，还会有更大的改变。世界和中国都会有改变。假如我们能争取十五年的和平时期，就中国来说，经济建设方面将取得比现在更大的成就。若是发生世界战争，就会阻止经济建设。全体社会主义国家和所有各国的党都需要和平，再过十五年和平时期，以苏联为首的社会主义阵营可能超过整个资本主义世界。世界的前途属于人民，不属于资产阶级。谈到台湾问题时，毛泽东说：台湾问题很复杂，又有国内问题，又有国际问题。就对美国来说，这是一个国际问题。国际问题只能通过和平道路解决，不能用武力解决。我们还在同美国谈判，可是美国没拿出名堂来。我们要求美军撤出台湾，他们不干，我们只能等，他们要多少时间撤出，我们就等多少时间。我们不会首先同美国打起来的，同志们放心好了。就对蒋介石来说，台湾是一个国内问题。是否一定要用武力解决呢？也不是。我们准备同蒋介石谈判，但他不干。我们没有办法，可能有一天会打起来的。国内问题有两个解决办法，和平解决或武力解决。有人把台湾问题上的国际问题同国内问题混淆了起来。台湾只有几百万人口，几年不收回台湾（包括金门在内）也不要紧。在台湾问题上，美国企图搞“两个中国”，一个大中国，一个小中国。他们说，德国有东德、西德两个，为什么不能有两个中国？我们说德国是战败国，第二次世界大战时是我们的敌人，按照波茨坦协定的规定分为两个。中国在第二次世界大战时是个同盟国，按丘吉尔、罗斯福〔1〕、蒋

〔1〕丘吉尔，1940年至1945年、1951年至1955年任英国首相。罗斯福，1933年至1945年任美国总统。

介石参加的开罗会议的规定，台湾从日本手里归还中国。台湾本来就是中国的，日本暂时占领了，日本失败后应归还中国。蒋介石失败后跑到台湾，在台湾建立政府。全世界还有许多国家同台湾当局有外交关系。我们反对“两个中国”，蒋介石也反对“两个中国”，我们有一致之处，有共同点。

同日　晚上，在中南海颐年堂会见老挝人民党中央总书记凯山·丰威汉和中央办公厅主任坎代，刘少奇、彭真、王稼祥在座。毛泽东说：欢迎你们。你们第一次到中国，我们第一次见面谈话。感谢你们到中国来参加我们的国庆。政治斗争是曲折的，复杂的。日内瓦会议之后，你们组织了爱国战线党，参加了王国政府，他们看见你们有力量，就违背协议，包围你们的两个营。你们受了一些损失，多得了一些经验。革命事业总是有波折的，力量由小而大，有时又由大缩小。革命受挫折是常有的事，只要有干部骨干，就可以重新发展。你们的斗争方针定得好，要持久。最后胜利是你们的，但是在现阶段你们还有困难。毛泽东说：革命没有知识分子不可能胜利。你们有一些知识分子，很好。可以开训练班，利用知识分子的专长。现在你们的斗争是艰苦的，艰苦可以锻炼人，对革命有好处。你们最后是一定会得到胜利的。

10月6日　下午，在中南海颐年堂会见印度共产党中央总书记高士、中央书记处书记古普塔，刘少奇、彭真、王稼祥在座。毛泽东说：从上次同你谈话到现在，隔了九个月。在这个时期，西藏问题使我们两国的关系发生了一点波浪。据我看，这是暂时的、局部的问题，因为在我们两国这样悠久的历史当中，友谊是主要的。这一点波浪，不会妨碍我们的基本友谊，也不应当使它妨碍我们的基本友谊。我们两国都是亚洲国家，虽然社会制度不同，但印度同西方国家是有区别的。现在，双方都同意对边界问题进行谈判，这很好。争论总是要用谈判来解决。你对谈判的看法怎么样？有希望吗？高士说：虽然尼赫鲁在最近一次给中国的来信中采取了强硬的立场，那是因为他要讨价还价。尼赫鲁是渴望谈判的，因此谈判是会举行的。我们希望能够通过谈判求得解决。毛泽东说：会谈是会开始的，什么时候开始，还要看一个时间。将来会谈开始以后，印度资产阶级可能还会发动几个浪潮，为的是帮助他们谈判，同时压制印度共产党。你看达赖和他的集团有没有可能回到中国来？高士说：没有。他们已经放弃了回到中国来的想法。毛泽东说：我们对达赖是保留余地的，就是说，没有开除他的职位。看来他是很难回来了。我们原来想稳定同印度政府的关系，因此答应西藏的上层集团，包括达赖在内，把改革推迟到一九六二年，到那时候再同他们商量，如果他们还不同意，可以再推迟。我们没有准备在今年进行改革，也没有准备解除他们的武装。如果达赖赞成我们的主张，我们希望达赖回来。只要他赞成两条，第一，西藏是中国的一部分，第二，在西藏要进行民主改革和社会主义改革，他就可以回来。尼赫鲁对于这两条并不反对，尼赫鲁承认西藏是中国的一部分，也说应当在西藏进行改革。但是，到现在为止，这两条达赖都反对。世界上的事是常常有变化的。西藏唯一的女活佛〔1〕已经从印度回来。所以，留有余地比较好。现在要达赖改变态度，赞成不分裂国家，赞成在西藏进行民主改革和社会主义改革，是很难的。但是，世界形势一变，情况就会不同。许多白俄不是已经回国了吗？达赖还年轻，他才二十多岁。谈到印度共产党的斗争和发展问题时，毛泽东问：你们提出过这样的口号没有？发展进步势力，争取中间势力，孤立顽固势力。高士说：没有以这样的方式

〔1〕 指桑顶·多吉帕姆。

提出口号，但是我们的行动是以这个口号为基础的。毛泽东说：进步势力，包括工人、农民、革命知识分子。这样，就把劳动农民和革命知识分子从民族资产阶级的影响下争取过来，放在进步势力的范畴里。资产阶级脱离了劳动农民和革命知识分子就无能为力。因此，争夺领导权，实际上就是争夺农民和革命知识分子，这是一个激烈的斗争。当然，对工人也是争夺的。毛泽东最后说：你们应当根据马列主义的基本观点，以你们自己的经验为主，制定你们的路线。外国的经验只供参考，你们自己必须作出独立的决定。每一个党，如果要取得胜利，就必须这样做。

同日 阅中共四川省委十月三日关于省委扩大会议情况的报告，批示："少奇、彭真同志：此件似可转发各地。另，黑龙江一件，河南一件，〔1〕都有批右倾分子，似可转发各地参考。"报告说：这次会议揭发批判右倾思想活动，并揭发出一批右倾机会主义分子，进行了大会重点批判。这个斗争，使全体同志更加鼓足了干劲，对提前和超额完成今年各项国民经济计划任务充满了信心。

同日 阅李六如〔2〕十月四日的来信，批示："定一同志：请你指定一位水平较高同志看一看这部书，如何？"来信说：兹将我所写小说《六十年的变迁》第二卷草稿送请审阅，如若无暇，拟请指定一位秘书看看后半部和一些部分。李六如的这一卷小说

〔1〕 指中共黑龙江省委1959年9月21日关于召开省委扩大会议贯彻八届八中全会决议情况给中央并毛泽东的报告和河南省委1959年9月29日关于右倾机会主义分子的几个典型材料给毛泽东并中央的报告。这两个报告，中央分别于10月13日、12日转发各省市区党委、中央各部委和各党组。

〔2〕 李六如，当时任全国政协常委。1937年至1940年曾任毛泽东办公室秘书长。

从北洋军阀统治开始写到大革命失败。信中请求审阅的部分，主要是与毛泽东有关的内容。

10月7日 下午三时，在中南海菊香书屋同周恩来、陈毅、王稼祥、廖承志谈话。

同日 下午四时，在中南海勤政殿会见拉丁美洲十二个国家的客人，共七十七人。会见时，刘少奇、周恩来、朱德、彭真、王稼祥、廖承志在座。毛泽东说：朋友们，欢迎你们，非常感谢你们。有很远的路，到我们这个国家来参加我们这个庆祝纪念活动，对于我们是很大的支持。我们这个国家解放十年了，现在是中国人民自己做主，但是我们还是个经济不发达的国家，文化不发达的国家。要使经济发展起来，文化发展起来，还需要很长的时间，并且需要朋友们的帮助、支持。十年之前，我们是个半殖民地国家，中国的统治者，是替殖民主义者办事，替帝国主义者办事，替他自己办事，不替人民办事。这十年来，我们开始办了一点事，但是还是很少一点。我们人口多，地方大，目前这么一点经济总量，按人口平均计算，那就是很少的。从一八四〇年鸦片战争起，一百年来，中国曾多次受外国军队进攻，被帝国主义打败过多次，我们的政府同外国订了许多向外国屈服的条约。中国人民在克服许多困难之后，才取得独立。所以，我看亚洲、非洲和你们拉丁美洲，与我们过去的地位大体上是相同的。现在你们正在发展你们的事业，发展民族独立的事业和民主的事业，我们向你们表示祝贺，祝贺你们的胜利。

同日 晚上，在中南海颐年堂会见印度尼西亚客人，刘少奇、周恩来、陈毅在座。毛泽东首先询问印尼的人口、资源等情况，接着他说：我们经济还不太发展，我们受帝国主义剥削时间很长，解放前是很穷的，文化也不大发展，受教育的人很少，百分之八十的人不识字，解放后逐年在减少，但还有很多文盲。解放十年来，我们开始建设，但还不太多。要使经济状况有很大改变，就要有时间，要有和平环境，还要有各方朋友支持。印尼也是一样。亚非民族独立国家也需要有时间建设，需要有和平环境，这是有可能的。你们这次来的各行各业都有，有艺术家，有实业家，有政治家，有教育工作者，有医生，很难得你们到这里来，这是一种友好的表示。希望以后两国政府间、人民间的友谊更加发展。祝贺印尼更加繁荣发展，祝贺你们建立一个伟大的印度尼西亚。

10月8日 下午，和周恩来在中南海勤政殿会见亚洲和非洲客人，共三十一人。

同日 阅薄一波十月七日来信和附送的关于他的家乡山西定襄县和平人民公社情况的一封信，批示："印发政治局、书记处各同志。尚昆办。"薄一波的信中说："我的家乡——和平人民公社的党委书记韩生智同志给我写来一封信，我看了感到十分兴奋：一、公社化后粮食大增产，工业也搞得很好；二、今年每人平均分到三十斤麦子（保证了国家征购任务后），我的家乡主粮是杂粮；三、公共食堂五十九座，看来是基本上都到公共食堂了；四、群众情绪高涨，等等。特将这封令人兴奋的信打印送您一阅。"

10月10日 阅谭震林十月九日报送的中共河北省委十月六日关于解决河北水利问题的报告和他的附信，批示："震林同志：此件看了，请提到书记处会议上谈一下，予以批准。投资问题，请与有关部门及总理研究一下，然后确定。"河北省委的报告说：根据主席最近在保定给我们的指示，河北省的水利工作在现有基础上再搞两个冬春基本解决问题，把水控制起来的精神，我们对我省的水利问题又作了进一步的讨论。从一九六〇年至一九六二年，在水利上我们需要做好三件事：首先解决洪水灾害问题；其次解决沥水灾害问题；与此同时基本实现农田水利化。为此共需国家投资十二亿七千万元，每年平均四亿元左右。谭震林的信中说：我认为这些工程必须做，但是否需要十二亿元投资，能否节约一些，这是需要考虑的。

同日　下午，同周恩来、陈毅谈话。

10月上旬　阅中国驻苏联大使馆十月八日关于赫鲁晓夫六日的讲话给外交部的报告，批示："此三件请刘、周、朱、林、陈毅、彭真、稼祥、康生、定一、陈伯达、胡乔木同志一阅，阅后退毛。""值得一看，想一想。两天内看完，以便在我处会谈一次。"报告说：今天苏联报纸登载了赫鲁晓夫本月六日在符拉迪沃斯托克（海参崴）的讲话，这是他从北京回国后的第一次公开讲话。在引证艾森豪威尔关于害怕战争的话后，讲了他自己对战争的态度："当然，如果把战争强加在人民头上，使他们被迫保卫自己的自由和独立免受侵略者危害的时候，那就是另一回事了。在这种情况下是不能害怕战争的……但是向往着战争，像一只公鸡一样准备打架，这是不明智的。"讲话中还说"很喜欢同他（指艾森豪威尔——编者注）这样明智的和了解国际局势严重性的人交谈"。

同旬　阅中国驻苏联大使馆十月九日关于苏联报刊摘登周恩来文章情况给外交部的报告，批示："此件值得一阅。刘、周、朱、林、彭真、陈毅、伯达、稼祥、乔木、康生、定一阅，阅后退毛。"报告说：十月六日，塔斯社的《内部参考》电讯稿中全文转发了周总理的《伟大的十年》一文。九日，《真理报》和《消息报》摘要刊登了这篇文章，莫斯科电台也据此进行了广播。摘登的情况如下：关于我国十年来的变化部分摘登较详尽；对谈到我国十年来取得飞跃发展的原因，我党如何正确贯彻马列主义的不断革命论和革命阶段论、坚持群众路线的工作方法，阐述我党的总路线、两条腿走路的方针、人民公社以及对右倾机会主义分子的批判等内容，摘登非常简单；对文章最后谈到我国的有利国际条件、支持赫鲁晓夫访美之行以及感谢苏联帮助等部分，摘登很详尽。

10月11日 晨，在中南海颐年堂会见印度尼西亚外交部部长苏班德里约，陈毅、章汉夫在座。毛泽东说：我们是很好的朋友，中国人民对印尼人民是很友好的，我们两国人民间合作，政府之间也应合作，虽然有小小的矛盾，但基本上是没有矛盾的。我希望印尼的工作做得很好，你们的国家繁荣。有群众拥护，政府就有力量，政府要接近群众。苏加诺总统要注意安全。最近在锡兰（今斯里兰卡）、在伊拉克都发生了暗杀事件。请把我的意思带给苏加诺总统，少数的坏分子是不顾一切的。苏班德里约说：我们要维护独立的政策，有时是很困难的，我们多少是在西方包围之下的。毛泽东说：西方国家是有不良之心的。这就要看我们如何做了，把政治、经济问题处理得恰当，它就没有办法了，当你们困难的时候，需要我们的支持，我们是真正支持的。但是支持是相互支持，我们也需要你们的支持。东南亚条约把东南亚国家和我们隔离起来，使你们孤立，也使我们孤立。因此，我们同你们就要友好，我们同印度也一样，同缅甸和锡兰也是一样的。我想是可以友好的，不要把关系搞坏。各民族都要独立地发展起来，广大的群众是什么力量也压不下去的，有时可能有些挫折，但最后帝国主义要把亚非国家压下去是困难的。现在，中国在经济方面刚刚开始搞一点，我们需要时间、和平环境和广大的朋友。所以，很欢迎外长先生这次到中国来，我们谈一谈，这样很好。亚洲国家之间寻找解决方法有时需要忍耐，一部分不友好的人让他们经过一段时期，多少年后关系会搞好的。生活是在创造性的劳动中改善的，而且一定会改善。有困难是暂时的，我们也有困难，但是前途总是光明的。只要群众有信心，知道困难是可以克服的，就会逐步得到克服。各国有各自的困难，因此我们要互相支持。

同日 晚上，和刘少奇、宋庆龄、朱德、周恩来、林彪、彭真前往中山公园中山堂，吊唁中国国民党革命委员会中央主席、全国人大常委会副委员长、全国政协副主席李济深去世。

同日 为转发中共浙江省委九月三十日关于全省三级干部会议情况的报告，起草中央批语："这是一个好文件，发给各省、市、区党委，中央各部门，国家机关各党组，以为参考。"并批示："刘、彭真同志阅，尚昆办。"报告说全省三级干部会议讨论中的几个突出问题是：一、用阶级分析的方法，分析了今年上半年的形势，批判了右倾动摇情绪。二、以八中全会决议为武器，检查和批判了在党内斗争中的错误态度，提高了保卫党的团结、维护党的核心领导和组织纪律的自觉性。三、认识到贯彻执行总路线必须力争高速度，大搞群众运动。

同日 阅陈伯达十月九日送审的《请看彭德怀同志的政治面貌》一文。陈伯达在送审稿上附言："根据彭真同志的意见，这篇文章又作了修改，请审阅。"毛泽东批示："伯达同志：此件看了，很好。略有修改。如能找康生、乔木二同志谈一下，可能进一步改得好一点。"将文章题目改为《资产阶级的世界观，还是无产阶级的世界观》，并批注："原题没有抓住本质，改一下为好。"十六日，毛泽东在陈伯达十三日送审的这篇文章的修改稿上批示："伯达同志阅后，送周、朱、林三同志一阅，然后交尚昆同志办理。"这篇文章的题目后来改为《无产阶级世界观和资产阶级世界观的斗争》，在十一月十六日出版的《红旗》杂志一九五九年第二十二期发表。中共中央已于十月二十三日将这篇文章印发各级党委。

10月12日 下午，同刘少奇、朱德、林彪、彭真、谭震林谈话。

10月13日 晨，在中南海菊香书屋同北京大学哲学系教授任继愈谈话，陈伯达、胡绳等参加。毛泽东对任继愈说：你写的那些研究佛教史的文章我都读了。我们过去都是搞无神论，搞革命的，没有顾得上这个问题。宗教问题很重要，要开展研究。北大除你研究佛教外，还有没有人从事这一方面的研究？任继愈说：除我以外，还没有人从事这一方面的研究。毛泽东问：道教有没有人研究，《圣经》有没有人研究？任继愈说：基督教也没有人专门研究。毛泽东说：那可不好。五百多人的一个哲学系怎么能没有人研究宗教呢？一定要抽出个把人来研究这个问题，不能忽略，包括基督教、佛教、道教，慢慢地来，先做着。梁启超〔1〕写的关于佛教研究的文章我看了，觉得他有些问题没有讲清楚。研究宗教需要外行来搞，宗教徒有迷信，不行，研究宗教也不能有迷信。〔2〕

同日 阅薄一波十月九日报送的中共石油工业部党组九月二十九日关于石油工业当前生产情况和今后措施的报告，批示："送陈伯达同志：此件值得一看。文中大部分，略加改造，似可在《红旗》上公开发表。〔3〕但余秋里同志已写长文在《人民日

---

〔1〕 梁启超，中国近代改良派代表人物，戊戌维新运动的重要活动家。

〔2〕 任继愈在《破除迷信，解放思想——忆毛主席的教导》一文中说，他对毛泽东这句话的理解是：毛泽东的意思是说，有宗教迷信的人，成为宗教的俘虏，不能客观地分析宗教、解剖宗教。"外行"是指没有宗教迷信的人，而不是对宗教一无所知的人。

〔3〕 石油工业部部长余秋里后来将这篇报告略加改写，以《观大局・看主流・辨风向・调动积极因素——从一个环节看党的总路线在工业战线上的伟大胜利》为题，发表在《红旗》杂志1959年第21期。

报》发表，我未看，不知其内容是否就是这个报告里所说的这些，如果是，则不宜再在《红旗》上发表。请找该文看一下，并与余秋里谈一下。”报告说：石油工业经过反右倾、鼓干劲和开展增产节约运动，原油生产节节上升，今年原计划生产三百五十万吨，现预计可以达到三百六十五万吨。今年石油工业又是一个大跃进。经过今年的生产和群众运动的一起一落，对我们来说，教育最大、体会最深的，主要有两个问题：一是要观大局，看主流，辨风向。二是群众运动和集中领导相结合，就能最大限度地挖掘生产潜力。报告说，明年决心至少生产五百万吨原油，并力争再多一些，提前两年完成第二个五年计划的原油生产指标。

同日　阅李富春十月十二日关于一九六〇年国民经济建设方针和任务问题的来信。信中说：我的想法是，在今后若干年内，整个国民经济以农业为纲，工业特别是重工业以钢为纲，农业以粮为纲，来进行国民经济的全面安排。但是整个国民经济的发展以农业为纲的提法，是否妥当，或者提以农业为基础，或者在党内提，党外不提，或者索性都不提，请你考虑见示。我觉得以农业为基础是无问题的。毛泽东批示：“此件及附件〔1〕，请陈伯达同志看一下，提出意见为盼！”十五日，陈伯达致信毛泽东说：富春同志给您的信说到对农业的提法问题，这是一个带有理论性的问题，是可以公开的，似乎不宜在党内和党外采取不同的提法。我想，可以继续保持您原来的“发展工业必须和发展农业同时并举”的提法。这个提法具有科学的严格性，而且已深入人心。计委报告中的“按照国民经济发展以农业为纲的方针，正确处理农业、轻工业、重工业各部门之间的关系”这句话，似可改为：“贯

〔1〕附件，指中共国家计划委员会党组关于拟订1960年国民经济计划大纲草案的报告。

彻执行发展工业和发展农业同时并举的方针，正确处理农业、轻工业、重工业各部门之间的关系。”〔1〕毛泽东为陈伯达的信加了一个标题《关于经济口号的提法》，并批示：“此信及附件〔2〕即送李富春、彭真、刘、周、朱、林、王稼祥、胡乔木同志阅，阅后退毛。在十月十六、十七两天看完，以十七或十八日在我处会谈一次。”

10月14日 晨七时，在中南海颐年堂会见由萨瓦茨基率领的波兰党政代表团，薄一波、王首道〔3〕等在座。毛泽东说：你们非常友好、非常热情，你们的访问是对我们的支持，我们很感谢你们。你们一定看到我们这里还有许多缺点和困难，并非样样都好。新中国成立后，头三年我们一点经验也没有，第一个五年计划期间只能抄苏联的。一九五六年我们开始想多、快、好、省的问题，就在这一年提出了这个口号。一九五八年形成了党的总路线，并且在党代表大会上通过了。总路线是：鼓足干劲、力争上游、多快好省地建设社会主义。这句话不完整，还有个主语和附加语，主语是全国人民团结起来，附加语是在共产党的领导下。有这两部分就太长了，这两部分大家也都知道，因此把它省略掉了。第一个五年计划时需要两年完成的现在只需要一年，甚

〔1〕 1959年12月30日，中共国家计划委员会党组关于1960年国民经济计划给中央和毛泽东的报告中，将这句话改为：“一九六〇年国民经济计划的安排，应当进一步地确定以农业为基础，按照优先发展重工业和迅速发展农业互相结合的原则，更好地处理农业、轻工业、重工业各部门之间的关系，并且有计划有步骤地加强运输业、动力工业、采掘工业等薄弱部门，创造以后年份更好的全面跃进的条件。”

〔2〕 附件，指陈伯达随信送上的3个材料：中共中央政治研究室摘编的《列宁论发展农业》和《斯大林一九二六年论工业农业的关系》，《世界经济资料》1959年第51期刊载的《美国农业劳动生产率》。

〔3〕 王首道，当时任交通部部长。

至更少的时间。时间缩短了一半，投资也节省三分之一，但质量和过去一样。人民公社是群众创造的，中央只是总结经验并把它推广。在中国的条件下不搞公社不行。中国有很多天灾，每年都有，没有大规模的组织就不能抵抗灾害。公社成立后，过去不能利用的资源，现在也能利用了。我们曾研究过苏联一九一八年的农业公社章程，那时列宁很想搞公社，但没有经验，章程中有的条文不够妥当，如规定自留地一点不要，更严重的是实行各取所需的共产主义分配原则。现在我们公社的生产资料所有制是集体所有加个人所有，主要的是集体所有制。农民生活来源百分之八十来自集体经营的生产，百分之二十来自自留地和其他副业。将来，若干年后把私有部分逐步减少。毛泽东说：总的形势是好的，顺利的。问题的性质是属于局部的、暂时的。要在中国建成社会主义，变成近代化的工农业国家，要人民掌握科学知识和文化，需要几十年的时间。总之，要有时间，要有和平环境，要有朋友。你们可以放心，我们不会发动战争，不会跟印度打，也不会跟台湾打。但是，我们反对"两个中国"。台湾归还中国是国际协定——开罗会议决定的，没有任何协议说台湾可以脱离中国，相反，国际协议规定台湾应归中国。我们与印度的关系问题，只是小的边界纠纷。争取和平是我们共同的目的。现在我们还不能说和平可以永久地维持，我们先说维持十五年至二十年的和平环境是可能的。原子战争不好，不打这个战争是有可能的。关于朋友问题，社会主义国家是朋友，我们要好好团结，此外还需要团结资本主义国家的朋友。没有朋友是不行的。我们应该更好地相互了解，使关系更加密切。在两国贸易方面，我们交货交得不好，欠了债，我们有责任，我们要守信用。在工业及航运方面，我们得到了波兰的帮助，很感谢。

同日 上午十时，应苏联驻中国大使馆临时代办安东诺夫的要求，在中南海颐年堂会见他。安东诺夫说：赫鲁晓夫同志委托我把这份苏共中央关于赫鲁晓夫访问美国给各兄弟党的信转交给您。苏共中央认为，赫鲁晓夫同志访美，对于缓和国际紧张局势带来了一定的好处，为进一步谈判创造了条件，扫清了通向首脑会议的道路。毛泽东说：这个估价是正确的，我们完全同意。我们决不会同美国打仗，不会为台湾而打仗，我们现在不去拿台湾，十年、二十年、三十年、四十年不拿都可以。金门打炮也不是为了去解放金门，蒋介石希望我们打炮，这样他就有借口，可以抵抗美国，这一点他的代表和我们谈过。当然，我们开炮的头几天，蒋介石一下子没明白过来，以为我们要拿金门，后来他就明白了，美国过了两个礼拜也明白了。至于中印关系问题，只是在边境上的一个地方发生了械斗，而印度资产阶级却利用这个机会来大吵大闹，好达到自己的目的。在中国的大陆上还有一个殖民地，这就是澳门。我们中央的方针是目前不拿，让它去。有人说我们好战！你看，这是好战吗？我们不要战争，我们不要别人的领土，我们自己的事情就够我们做了。我们在自己的土地上，好好建设个十年、二十年、三十年，就可以取得绝对优势。你刚才说，艾森豪威尔感到美国已经处在一个死胡同里面。什么叫死胡同？就是他们搞冷战、搞国际紧张不能再继续下去了，打又不能打，内部矛盾重重，英、美有矛盾，英、法、西德有矛盾。非洲大陆，民族解放运动蓬蓬勃勃，整个拉丁美洲都在高涨。亚洲有点下降，这是因为这里的民族资产阶级已经取得了政权。帝国主义只在冷战转化为对他们不利的时候，才愿意缓和。我们是不要冷战的，也不要热战。可是当帝国主义搞冷战的时候，天天骂我们，我们也就应该骂他们。去年在赫鲁晓夫同志来的时候，以及前年我去莫斯科的时候，我就谈过这些问题。我谈过冷战的转化问题，谁怕谁多一些的问题，北大西洋公约、马尼拉条约、巴格达条约[1]三个军事集团的性质问题。我说过，不能把这三个军事集团的性质完全估计为侵略性的，只是当我们内部出了大问题，那时它们会是侵略性的，只要我们内部巩固，它们就是防御性质的，是堤坝性质的，是防止共产主义细菌的。帝国主义是拼命地想保持住自己的地盘，他们到处有殖民地。比如美国吧，从台湾、南朝鲜开始，一直到西德为止，都受它的控制。英国、法国也是如此。他们生怕丢掉了一点点地方，会影响他们的威信，影响他们的全部力量。所以他们就连金门这个小岛和西柏林这个小地方都不愿意放嘛。我们一动，他们就十分紧张。美国富得很，它怕变坏，所以就保守，就拼命把持住自己的那个摊子。美国对自己的伙伴并没有同情心，你看它连蒋介石都要整嘛。你刚才谈到美国在中国问题上感到忧虑和不安，我看你们苏联可以利用美国对中国的不安，来达到你们在欧洲提出来的目的。

10月15日　下午二时，阅李富春十月九日晚给周恩来并毛泽东和中共中央的报告。报告说：国家计委拟订的一九六〇年国民经济计划大纲的报告，已根据政治局初步讨论的意见作了修改补充，现送上请审阅。如中央觉得原则上还可以，建议批转各省市和各部委，作为编制明年计划草案的依据之一。鉴于明年计划草案的编制工作应当立即进行，建议在本月十八日召开全国计划会议，讨论今年的经济形势和明年计划的方针、任务，拟出明年计划的草案。毛泽东批示："即退李富春同志：此件今天才收到，

---

〔1〕1955年2月，伊拉克和土耳其在巴格达签订《伊拉克和土耳其间互助合作公约》，通称"巴格达条约"。英国、巴基斯坦、伊朗相继于同年4月、9月和11月加入这个条约。1955年11月，成立巴格达条约组织，美国以"观察员"身份参加该组织，并是军事委员会、经济委员会和"反颠覆"委员会的成员国。1959年3月伊拉克宣布退出该组织，同年8月巴格达条约组织改名中央条约组织。1979年9月，中央条约组织解散。

故计划会议时间宜改十月二十四日，以便计划大纲草案有时间送达地方并加以研究，再来开会。如同意，请即交尚昆办理。”

同日 下午三时，在中南海菊香书屋同谭震林、廖鲁言、陈正人谈话，彭真参加。

10月16日 晚上，在中南海菊香书屋召集刘少奇、周恩来、彭真、李富春、陈伯达、薄一波开会。

同日 为转发中共福建省委十月九日关于传达八届八中全会决议情况的第四次简报，起草批语：“这个文件好。采取这种态度说话，甚为适宜。各地可以参照办理。讲过了一次，可以再讲一次，如福建那样的办法。此件发给各省、市、区党委，想一想，酌量办理。刘、彭真阅后发，留待周阅。”简报说：遵照中央指示，我们于九月二十五日召开民主人士座谈会，宣读八届八中全会的两个决议及有关文件，听了主席九月十五日在北京各民主党派、人民团体负责人座谈会上讲话的录音，叶飞〔1〕同志根据主席讲话精神作了讲话。到会的大多数人表示拥护中共中央的决议，认为对自己教育很大。普遍反映，中央提出反右倾、鼓干劲是十分必要的、适时的。但有一部分人还不同程度地存在着惊奇、猜测、疑惧和糊涂的认识。

10月17日 下午，同胡乔木、吴冷西谈话。

10月18日 晚九时，在中南海菊香书屋召集刘少奇、周恩来、彭真、王稼祥、廖承志开会，谈会见日本共产党代表团问题。

同日 晚十时，在中南海颐年堂会见由野坂参三〔2〕率领的

---

〔1〕 叶飞，当时任中共福建省委第一书记、福建省政协主席、中国人民解放军福州军区政治委员。1961年2月又任中共中央华东局书记处书记。

〔2〕 野坂参三，曾用名冈野进，当时任日本共产党中央主席。1940年3月到延安，任延安日本工农学校校长，并指导在华日本人民反战同盟的工作。1944年4月领导建立了日本人民解放联盟。抗日战争胜利后回日本。

日本共产党代表团。会见时在座的，中共方面有刘少奇、周恩来、彭真、王稼祥、廖承志等，日共方面有袴田里见、藏原惟人〔1〕等。毛泽东说：在抗战时期，你们就同我们一起作斗争。中国革命的胜利，也是由于各国兄弟党的帮助，其中也有日本共产党。中国和日本是近邻，不管历史上有过什么别扭，总的趋势还是要团结起来。过去在战争时期，我们两党是团结的。特别是冈野进同志住在延安，曾同我们一道参加过反对日本侵略中国的战争。过去的情况忘不了，那种受压迫的情况还没忘记。野坂说：日共现在最急迫的问题是反对修改日美安全条约，要加强人民的斗争。毛泽东说：今天主要的问题是美国压迫的问题，民族压迫的问题，要把垄断资本看做是美国的走狗和工具。所以，你们把民族问题提到第一位是完全正确的，独立、和平、民主、中立，这样的口号是正确的。在谈到日本钢铁垄断资本想同中国做生意时，毛泽东说：有些对日本不独立的状态不满、想同中国做生意的资本家，我们表示欢迎。现在没有做生意，这是暂时的情况。浅沼〔2〕来中国访问时，我同他讲，没有必要悲观，这是暂时的现象，可能不久就会改变。我们并未以恢复中日邦交为前提，而只是要他们不要阻挠两国的友好交流，不敌视中国，不搞“两个中国”。浅沼同意这个意见，石桥〔3〕也同意，他还提出了三个原则。野坂说：很想就最近美国动态特别是赫鲁晓夫、艾森豪威尔会谈公报发表以来的情况听听毛泽东的意见。毛泽东说：整个国际形势是在好转。西方的高压政策、实力地位政策，或者

〔1〕 袴田里见、藏原惟人，当时任日本共产党中央干部会（即中央政治局）委员。

〔2〕 浅沼，即浅沼稻次郎，当时任日本社会党书记长。在1959年3月率日本社会党代表团访问中国，毛泽东3月18日在武汉会见他。

〔3〕 石桥，即石桥湛山，曾任日本首相。

说是冷战政策，已难以继续下去了。西方统治集团，比如美国集团、英国集团的大部分，都对打第三次世界大战抱有恐惧。如果说冷战形势有所缓和，那是因为以往的冷战政策对他们不利了，所以才有些改变，才使形势缓和下来。但情况并不是那么简单的，他们有两手：使形势有所缓和，这是一手；另外一手，当缓和对他们不利的时候，又挑起紧张局势。我们有困难，他们也有，他们的困难比我们更多。我们利用他们的困难争取和平时间是可能的，而且和平时间不会是很短的，争取比较长的和平时间是可能的。你们应当利用他们内部的矛盾。此外，亚洲、非洲和拉丁美洲国家的人民都是反对帝国主义控制的。社会主义国家是团结的，阵营加强了。帝国主义发动战争已不是那么容易了，这样帝国主义要发动战争就不能不考虑了。我们历来是这样估计的，整个国际形势是向好发展，不是向坏。只是有个情况也要估计到，那就是疯子要打第三次世界大战怎么办？所以，战争的情况也要估计到。从总的情况来看，形势是向好的方面发展的，争取到十年至十五年的和平时间是可能的。假如这种情况实现了，那时要打世界大战，他们就比现在更加困难了。对冒险集团要有个估计，最强大的就是美国冒险集团。他们在目前发动侵略战争还是有困难的，因为他们还没有准备好。西德和日本处在美国的控制之下，要发动战争不那么容易。岸信介要修改宪法第九条，是因为第九条束缚了他进行扩张，他要复活军国主义。你们党的纲领中有和平与独立的口号，这是最合乎实际情况的。日本垄断资本有参加过战争的经验，他们是还要搞战争的，这就是他们倒向西方的原因。但是现在有走向缓和的趋势，赫鲁晓夫访美，艾森豪威尔访苏，苏美会谈，最高会议也有可能召开。这些都是过去斗争的结果。由于日本共产党和人民斗争的结果，宪法就没有被修改。野坂说：日本垄断资本的主观愿望还是要脱离开美国，但客观上做不到。毛泽东说：西德、日本要求成为一个平等的伙伴的愿望是有的。发展下去，日本是不会安心于半独立状态的，是有野心的，要起变化，要闹独立性。现在世界就有这么几个资本主义大国：美、英、法、西德、日本。所以，可不能看轻日本。如果认为在日本同美国的斗争是战术性、策略性问题，打倒垄断资本是战略问题，那末日本共产党就会丢掉民族独立的旗帜。共产党和无产阶级要抓民族独立的旗帜。最后，毛泽东说：我们不会要别国的一寸土地。我们要争取十年、二十年的时间搞建设。

10月19日　晚上，在中南海颐年堂会见由道比率领的匈牙利党政代表团，陈毅、谭震林在座。会见结束后，同刘少奇、周恩来、彭真、王稼祥、罗瑞卿谈话。

10月中旬　阅彭真十月十五日送阅的赫鲁晓夫写信祝贺艾森豪威尔生日的新华社电讯稿，批示："各同志阅。此件刚到。请各同志即看一下。此外九月二十八日美国总统对记者会议的谈话〔1〕，赫鲁晓夫在九月二十八日在莫斯科欢迎会上的演

---

〔1〕艾森豪威尔在记者招待会上谈话的主要内容是：赫鲁晓夫访问美国，为改善美苏两国关系打下了基础。美苏双方在戴维营交换意见的过程中，消除了美国方面对举行高级会议的许多反对意见，但这个问题还要在美国政府中以及同美国的盟国进行讨论。美苏双方达成了关于恢复讨论柏林问题的协议，但没有确定就柏林问题举行谈判的时限。就裁军问题交换意见的过程中，赫鲁晓夫表示希望西方国家应该研究苏联在联合国提出的普遍和彻底的裁军计划。艾森豪威尔说：美国人民一致认为赫鲁晓夫是一个杰出的人。他表示，他把访问苏联的时间，延迟到明年春天。

说[1]，是两个极重大的文件，值得一看。”电讯稿说：据塔斯社莫斯科十四日讯，赫鲁晓夫写信给艾森豪威尔祝贺生日。信中指出他在访问美国期间同美国总统开诚布公地进行的交谈给他留下了最好的印象。还说：我们的会晤和交谈，更加使我相信，您有诚意而且作了必要的努力，来使苏美两国取得完全的互相谅解，在我们之间建立永恒的友好关系，并使悬而未决的问题得到解决，以利加强普遍和平。

10月21日 上午八时五十分，同彭德怀谈话，杨尚昆参加。十时起，刘少奇、周恩来、朱德、彭真、贺龙、陈毅参加谈话。谈话后，共进午餐。毛泽东要杨尚昆常去彭德怀处，每月二次。

10月22日 下午，和刘少奇在中南海勤政殿接见西藏自治区筹备委员会代理主任委员班禅额尔德尼和副主任委员帕巴拉·格列朗杰、阿沛·阿旺晋美等，彭真、陈叔通、程潜等参加。毛泽东说：现在你们的事情比过去好办了。过去有障碍，事情不好办，现在障碍没有了。达赖周围有许多人，对达赖影响不好。当然也不能说达赖是进步的，他自己不那么进步。他到外国去发表的一些言论，做的一些事，是反对祖国的。他们说，西藏不是中

---

〔1〕 赫鲁晓夫在莫斯科欢迎他访美归来的群众大会上说，美国总统艾森豪威尔对当前国际局势的估计表现了一个国家领导人的明智，表现了勇气和毅力。他真正希望消除冷战状态，建立我们两国的正常关系，促进改善各国的关系。那些害怕和平共处的人正在有意或无意地助长冷战。冷战可以达到白热化的程度，以致在任何时候只要燃起一星火花，就足以引起一场世界战火。在这场战争中许多东西都要毁灭。我们必须执行和平政策，友好相处，不是舞刀弄枪，而是要销毁武器。美国政府正在研究我们关于裁军的建议，美国也像我们一样，愿意全面裁军并实行监督。赫鲁晓夫的演说，以《赫鲁晓夫报告访美观感和结果》为题在1959年9月30日《人民日报》发表。

国的一部分，是独立王国。第二就是改革问题，他们不赞成。你们和他们不同，爱国和改革这两条，你们都赞成。我们的国家除了汉族外，还有五十一个少数民族〔1〕，他们聚居的地方都是中国的一部分。你们可以看到，我们的国家是有希望的。比如鞍钢这样的大企业已经办起来了，各省各地的工业也都搞起来了，只有西藏还没有搞，因为西藏那时没有搞改革。西藏改革后也要办工业，要西藏人自己办，工程师、技术人员都要有藏族的，因此要注意培养藏族的科学技术干部。现在，是否已经开始培养这方面的干部？改革的方针、办法你们都商量好了，是不是有些人觉得将来政策要变化？可能有些人有这个想法，这要请你们作些解释。我们的方针是长期合作，不会随便丢掉原来和我们合作过的人。即使对达赖，我们现在还留有余地。他（指程潜——编者注）是国民党，他（指陈叔通——编者注）是“资产党”，我们合作十多年了，要继续合作下去，合作一辈子。有些右派，我们也还和他们合作。所以你们对那些不相信的人要作解释。到底我们团结起来有利，还是不利？我看，团结起来有利。对你们有利，对我们有利，对全国各族人民都有利。跑到印度的人大部分在修公路，他们也许要在印度待一辈子，也许有些人要回来。西藏民主改革的时间不会很长，再有几个月就会完成吧。以后是社会主义改造，搞合作化。总而言之，改革不是那么可怕，但是会有些变动。改革中不要打人，要说理。以后各少数民族，都要有军事干部、技术干部、文化干部、政治干部。要注意培养这些干部。第一是政治干部，你们都是政治干部，但还要扩大这方面的干部。汉族同少数民族的朋友们、同志们慢慢地熟了，那就好了。比如有些人开始到北京来，不知道北京究竟对你们怎样。现

---

〔1〕 后来中国确认的少数民族有55个。

在已经十年了，我们究竟是害你们的，还是保护你们的？现在有个民族饭店，还有个民族文化宫，我们的首都是各民族的首都。一个叛乱，一个平叛，问题解决了。靠你们办事，我们信任你们。班禅说：今年平叛后，广大的农奴得到了解放，情绪很高。由于对上层实行团结合作的方针和赎买政策，上层也高兴。在宗教方面，实行宗教信仰自由和对寺庙的保护政策，受到了僧众的欢迎。有些担心改革后喇嘛生活困难的人，由于中央实行政府供给，喇嘛的心也放下来了。

同日 晚上，会见由日本社会党顾问片山哲率领的日本各界庆祝中华人民共和国成立十周年代表团，陈毅、刘宁一、廖承志等在座。

同日 阅中共中央办公厅十月十九日编印的《情况简报》一九五九年第一〇二号刊载的《中央国家机关各部门对反右倾斗争的领导存在三种情况》的材料，批示："彭真、尚昆同志：这里没有谈到中央直属机关各单位的情况，不知也有这三种情况没有？请你们抓紧办一下，使这个斗争深入下去。"这个材料讲的三种情况是：一、领导上既有把运动搞深搞透的决心，也有把运动搞深搞透的办法，对运动形成了有力的领导。这样的单位大约有百分之八十。二、群众已经普遍发动，但领导缺乏决心和办法，不能形成强有力的领导。这样的单位大约占百分之十。三、群众未发动起来，领导本身存在着严重的问题，或怯于开展斗争，致使运动进展很迟缓。这样的单位大约也占百分之十。

10月23日 上午，召集刘少奇、周恩来、朱德、林彪、邓小平、彭真、陈毅、贺龙、康生、王稼祥、罗瑞卿等开会，谈国内外形势。

同日 上午，阅中共中央直属机关党委十月二十二日关于中直机关开展反右倾斗争的情况向中央的报告，批示："已阅。送少奇、彭真同志阅后，退尚昆存。”“尚昆同志：中直要与国家机关密切联系，参考他们的经验。他们的劲头很大。”报告说：中直机关反对右倾机会主义的运动，已逐步地开展起来，但发展是不平衡的。为了克服当前运动存在的缺点，中直党委对中直各机关提出了以下要求：各机关领导同志必须挂帅出马，抓紧进行；放手发动群众，领导带头检查；反对不联系思想、不联系实际的教条主义学习方法；不断地反对各种阻碍运动开展的右倾思想，把斗争搞深搞透。

同日 晚上，乘专列离开北京南下。行前，指示要带大量书籍以备阅览。这些书籍包括：马克思、恩格斯、列宁、斯大林的主要著作，普列汉诺夫、黑格尔、费尔巴哈、欧文、傅立叶、圣西门〔1〕的著作，《毛泽东选集》，《鲁迅全集》，中国古代哲学书籍，尤金、米丁、艾思奇、冯友兰〔2〕等的哲学著作，政治经济学书籍，中外历史书籍《二十四史》、《中国通史简编》、郭沫若的著作、西洋史等，中国文学书籍《楚辞集注》、《昭明文选》、《古诗源》、笔记小说等，佛经，自然科学和技术科学的书籍，地图集，字帖和字画，等等。

同日 晚十时四十分到达天津，在专列上听取中共河北省委

〔1〕 黑格尔，德国哲学家，德国古典唯心主义的集大成者。费尔巴哈，德国哲学家，德国古典哲学中唯物主义的代表。欧文，英国空想社会主义者和合作社运动的创始人。傅立叶，法国空想社会主义者、数学家、物理学家。圣西门，法国空想社会主义者、哲学家、经济学家。

〔2〕 米丁，苏联哲学家、苏联科学院院士。当时任苏联共产党中央委员、苏联政治和科学知识普及协会主席。艾思奇，哲学家。当时任中共中央高级党校哲学教研室主任（1959年11月任副校长）、中国科学院哲学社会科学部委员。冯友兰，哲学家。当时任全国政协委员、中国科学院哲学社会科学部委员、北京大学教授。

负责人刘子厚、解学恭、张明河〔1〕和天津市委负责人万晓塘、李耕涛〔2〕汇报工作。

同日 阅新华社十月十七日编印的《内部参考》第二八八九期刊载的《广东实行派购办法，猪和家禽的收购量大增》的报道，批示："李先念同志：广东派购办法，请你研究一下，看是否可以推广。你那里开什么会议没有？如有会议，可和较多的同志一道研究一下。"广东实行的派购办法，是根据市场情况和国家需要，对人民公社的各级集体经济组织和每户社员派购一定数量的猪、鸡、鸭、鹅和蛋品，要求人民公社和社员向国家履行一定的交售任务。对公社、大队、社员卖猪，一律按净肉计发百分之三十至四十的肉票，凭票由国家以优待价格保证供应。派购的鸡、鸭、鹅和蛋品，一般只占产量的很少一部分，大部分产品仍归饲养的集体和社员个人支配。由于这种办法兼顾了国家、公社和个人的利益，受到了社员的普遍拥护，社员出售猪、家禽、蛋品和发展这些副食品生产的积极性都大大提高。

10月24日 上午，由刘子厚、张明河、万晓塘、李耕涛等陪同参观天津市街道工业展览，看了和平、南开等六个区的展室。又到天津市干部俱乐部参观包饺子、做花卷的机器。晚上，从天津到达济南。

10月25日 上午，在停靠济南的专列上会见由中央总书记普列斯特斯率领的巴西共产党代表团，并共进午餐，王稼祥、舒同参加。毛泽东说：拉丁美洲同志很热情，非洲、亚洲的同志也

---

〔1〕 解学恭，当时任中共河北省委书记处书记。张明河，当时任中共河北省委常委兼政法领导小组组长、河北省副省长。

〔2〕 万晓塘，当时任中共河北省委书记处书记、天津市委第一书记。李耕涛，当时任中共天津市委书记处书记、河北省副省长、天津市市长。

很热情，这有客观原因，都是受压迫的。中国也在受压迫，西方国家要孤立我们，我们在世界上没有合法地位，另一方面是我们国家经济落后，人民贫困。这两个原因使中国人民要努力一些，要组织起来，要依靠群众，只有这一条道路。巴西是个大国，有八百五十多万平方公里，同中国的面积差不多，中国还有很大地方不能耕种，如高原地带。毛泽东问：亚马孙河两岸有人居住吗？普列斯特斯说：居民不多，交通不方便，全靠船只，有大森林。这一带地方适合人类居住，现在最讨厌的是饥饿，人口很少，每平方公里只有半个人。毛泽东说：我们革命主要依靠农村的半无产阶级和雇农，他们少地或没有土地。我们党从其基本的社会成分来说，是无产阶级和半无产阶级的政党。直到现在，从前的贫农、雇农、下中农、农业工人是支持我们的。人民公社、总路线、大跃进也是得到他们的支持的。他们占农村人口的百分之七十。上中农是不可忽视的力量，他们占农村人口的百分之二十。我们在农村进行社会主义教育时，要用说服的办法对待上中农，以便使他们走社会主义的道路，这样也可以孤立坚持要走资本主义道路的上中农。通过教育可以有百分之九十的农村人口支持我们，其余百分之十是旧地主富农和一些上中农。十年来，我们在工作中得到很大的成就。将来要在主要工业产品的生产上超过英国，这是好事，但这点不能够解决中国的根本问题。英国只有五千万人口，中国有六亿五千万人口，我们一定要在按人口计算的生产上同英国比，赶上或超过以后才能说解决了问题。要这样做不是几年或十几年时间的事，需要更长的时间，准备五十年，已经过了十年，还有四十年。希望你们帮助我们，有了和平的环境，在国内政策上不犯大错误，在这样条件下可以达到上述目的。错误是免不了的，认识事物的发展要有一个过程，如你们认识巴西也要一个过程。我们现在要同自然界斗争，要搞技术革命，是新的东西，就是不懂。好的是有苏联和其他社会主义国家的帮助，但不能全抄他们的，一部分可以抄，一部分不能抄，中国还是中国，历史条件不同。在根本问题上是一致的，革命也好，经济建设也好，都如一棵大树，树根、树干相同，但枝叶、花朵有些不同。各民族都是这样。个人之间也有不同，各有特点。忽略这些细节就不好办事了。在进餐时，毛泽东说巴西应该有一个土地纲领来争取农民。

10月26日 上午，在停靠济南的专列上会见澳大利亚共产党中央总书记夏基，并共进午餐，王稼祥、舒同参加。毛泽东说：你写的材料提出了如何过渡到社会主义的问题，也提到英共的看法。你说是同意中国同志对这个问题的看法。这是个重大的问题。作为战略问题来说，没有和平过渡。从长远看，用和平手段能够消灭资产阶级政权是不可想像的。从策略上讲，首先可以说无产阶级愿意用和平手段取得政权，表明我们不是好战的。但是如果资产阶级使用暴力，无产阶级就被迫不得不使用暴力。用和平手段也是要斗争的，其实革命的大量日常工作都是通过和平手段进行的。但作为革命家，在用和平手段进行日常工作的同时，要想到革命时机到来时怎么办。也有人拿中国和平改造资本主义工商业的政策作为和平过渡的例子，其实我们是经过了几十年的战争，打倒了国民党政府，建立了强大的无产阶级领导的人民政权，发展到几百万军队，这才有了和平改造的可能。关于国际形势，毛泽东说：国际紧张局势是帝国主义制造的，但走向了它的反面。紧张局势的一部分或大部分使他们觉得对他们不利了，不利于他们保存资本主义和消灭社会主义的目的了。他们想走出这条很窄的路，要有些改变，而且他们害怕战争。缓和对社会主义国家和资本主义国家的人民都有利，这是社会主义国家、各国兄弟党以及世界和平力量斗争的结果。再有十年和平是很好的，中国和苏联能再搞几个五年计划那好得很。但是还要看到另一面，帝国主义为了维持军火工业和夺取外国的利益，需要一定程度的紧张局势。当天晚上，到达徐州，停车休息。

10月27日 下午，从徐州到达合肥。在专列上同中共安徽省委第一书记曾希圣、省长黄岩〔1〕等谈话。晚上，住稻香楼西苑。

10月28日 上午，由曾希圣、黄岩陪同参观中共安徽省委的“试验田”——东风钢铁厂，看了炼钢车间和轧钢车间。下午，参观合肥市蜀山公社，了解农、林、牧、副、渔、工六业俱兴的情况和使用沼气的情况。

10月29日 上午，由曾希圣等陪同乘汽车从合肥前往长江边的裕溪口（属芜湖市）。下午，从这里乘船到马鞍山。参观马鞍山钢铁厂，看了破碎车间、电炉车间、转炉车间、耐火材料加工车间和炼焦厂。参观后，在曾希圣陪同下乘专列离开马鞍山，当晚到达南京，停车休息。

10月30日 在从南京出发驶向上海的专列上，同中共江苏省委负责人刘顺元、惠浴宇、陈光〔2〕和南京市委书记彭冲等谈话，曾希圣参加。毛泽东问：你们情况如何，比较夏季有些起色吧？江苏负责人答：同夏季完全不一样了，现在是一心一意了。毛泽东问：也有两心两意的吧？答：极少数了。毛泽东问：有没有这样的问题，群众中间，干部中间，还要辩论是社会主义还是资本主义？彭冲答：有。最近附近郊区支部书记排队，问题不

〔1〕 黄岩，当时还任中共安徽省委书记处书记。

〔2〕 刘顺元，当时任中共江苏省委书记处书记（1960年2月任常务书记）。惠浴宇，当时任中共江苏省委书记处书记、江苏省省长。陈光，当时任中共江苏省委书记处书记、江苏省政协副主席。

少。比较坚定地拥护党的决定、号召的，占百分之四十一点多。毛泽东说：山东有个惠民县，把生产小队干部算在内的五级干部，有四千三百多人，不动摇的占百分之五十一。你们不是百分之四十一吗？差不多。所以，乡村里头坚定的占百分之四五十，也就很好了。问题是看主要的权力掌握在谁手里。你只是讲的核算单位的，没有讲县、社、管理区的。这个问题是相当大的一个问题，不是个小问题。阶级不消灭，这个问题总是存在。你们今年粮食有没有希望多少增一点产呢？江苏负责人答：粮食情况今年比较好。今年的好处是大面积的高产，这一点比去年好。无论如何明年春天的问题不会再是今年春天那个样子了。毛泽东问：明年春天会比今年春天更好一些？答：恐怕好得多，我觉得，这个粮食问题，心已经是比较放下来了。毛泽东问：心放下来了？答：心比较放下来了。毛泽东说：还是不要放下。搞十年吧，搞十年能够储备一年的口粮就好。能够不能够？答：大概差不多。毛泽东说：十年储备一年，就是到新中国成立二十周年的时候，全国人民有一年储备粮，要办到这一条就好。各种经济作物、多种经济的安排，你们怎么样？有所安排吗？答：明年的经济作物，我们打算稍微多安排一点。毛泽东说：不然积累也上不去，生活也不能改善。

同日　晚上，到达上海。在专列上同中共上海市委负责人柯庆施、陈丕显〔1〕及一同到上海的曾希圣、刘顺元谈话。毛泽东问：李富春他们搞了一个一九六〇年国民经济计划大纲草案，你们收到了没有？柯庆施说：收到了。现在矛盾最大的是一个煤炭

---

〔1〕陈丕显，当时任中共上海市委书记处书记兼市委基本建设委员会主任、上海市政协主席、中国人民解放军上海警备区第一政治委员。1961年2月又任中共中央华东局书记处书记。

问题。煤炭，明年华东地区需要七千万吨，那个草案中只有六千五百万吨，差五百万吨。只好自己想办法吧！在公社方面，比从前巩固一些了，经济的发展比从前也好了。粮食亩产超过千斤的大概是百分之十到十五。我们明年有两个硬东西，一个是想弄一亩地一头猪，五百多万亩地，搞五百多万头猪。毛泽东问：你明年能够搞到啊？柯庆施说：搞得到。第二个就是无论如何想法子使粮食亩产超过千斤。毛泽东问：你今年晚稻七百几？柯庆施答：七百五。毛泽东说：七百五，达到一千，要增加四分之一呀！同志，行不行啊？柯庆施说：现在我们想打破这个千斤关，这个关不好过，过了千斤，以后就好办了。毛泽东说：那你试试看，打打看，不要登报就行了。今年这个马鞍形很有一种教育作用。大马鞍形我们有经验，小马鞍形我们也有经验，这才有比较。庐山会议后，八月上旬起，生产设备、条件还是那样，但是产量、产值就变了，而且变得很显著。今年这个经验很大就是了。柯庆施说：中央防治血吸虫病会议〔1〕正在上海召开，主席是不是要指示一下？毛泽东说：消灭血吸虫病，搞的七年计划，现在已经过了四年了，还有三年，可以成功吗？柯庆施说：这四年当中，医治血吸虫病的方法完全解决了，只要几天就可以治好。毛泽东说：这是个上轨道的问题，上了轨道就好办了。还有，钩虫、血吸虫、血丝虫、疟疾四种病合起来，恐怕有一两千万人吧？柯庆施说：恐怕三四千万都不止。毛泽东说：蚊子不灭

---

〔1〕1959年10月26日至11月1日，中央防治血吸虫病九人小组在上海召开南方13个省、市、自治区的除害灭病工作会议。会议通过两个文件：《南方十三个省、市、自治区一年来除害灭病工作的情况和今后一年的任务》、《南方十三个省、市、自治区除害灭病（控制、缩小、彻底消灭）的具体要求》。12月2日中央将这两个文件转发各省、市、自治区党委参照执行。

掉，疟疾怎么能够治得完啊？要把除四害的任务加到你那个防治血吸虫病委员会里，可以叫除几害委员会。你这个委员会可以延期。治病的钱恐怕要政府出。这笔钱很重要，就是说免费医疗，而且伙食也给他包下来，给他吃好一点。你搞两个礼拜就全部好了嘛。毛泽东问：七年能不能基本灭掉呀？柯庆施答：我们讲基本灭掉，以后还有一个长期的防护斗争，不长期防护斗争是不行的。毛泽东说：那好呀。柯庆施说：现在整个社会各方面还是安定的。毛泽东说：社会主义还是资本主义，在干部和群众中还需要辩论一次。这一次教育做得好，那就比较稳了。公社要储备粮食。我们已经搞了十年了，再搞十年，在这十年中储备一年的口粮。按八亿人口算，共四千八百亿斤，有这一笔储备粮就好。柯庆施说：将来恐怕粮食价钱问题还得考虑，现在太便宜了。毛泽东说：什么东西都可以涨一点价，粮食不能涨价。我也曾经想过这个问题，但是一提到涨价问题就是牵动太大，棉农和城市人口有一亿多。这个问题你们研究一下。

10月31日　晨，阅李先念报送的天津市畜牧局九月五日整理的《大干一年翻了身，魁星庄生产队养猪积肥改变贫困面貌》〔1〕材料。阅后写信给吴冷西："此件很好，请在新华社《内部参考》发表。看来，养猪业必须有一个大发展。除少数禁猪的民族以外，全国都应当仿照河北省吴桥县王谦寺人民公社的办法

〔1〕这个材料说：河北省吴桥县王谦寺公社魁星庄生产队由于土质沙性大，肥料不足，历来粮食产量低，群众生活贫困。1958年以来，干部带头，集资买猪，盖简易圈棚，并对公养私养、育肥、繁殖、积肥、打菜等事情统一领导，全面安排，大干一年翻了身。养猪由公社化前的17头发展到257头（其中户养77头），每户平均6头多，不仅解决了吃肉问题，而且解决了肥料问题。以猪为纲，六畜兴旺，粮食产量一年也翻了一番多，穷队变成了富队，缺粮队变成了余粮队。

办理。在吴桥县，集资容易，政策正确，干劲甚高，发展很快。关键在于一个很大的干劲。拖拖沓沓，困难重重，这也不可能，那也办不到，这些都是懦夫和懒汉的世界观，半点马克思主义列宁主义的雄心壮志都没有，这些人离一个真正共产主义者的风格大约还有十万八千里。我劝这些同志好好地想一想，将不正确的世界观改过来。我建议，共产党的省委（市委、自治区党委），地委、县委、公社党委，以及管理区、生产队、生产小队的党组织，将养猪业，养牛养羊养驴养骡养马养鸡养鸭养鹅养兔等项事业，认真地考虑、研究、计划和采取具体措施，并且组织一个畜牧业家禽业的委员会或者小组，以三人、五人至九人组成，以一位对于此事有干劲、有脑筋而又善于办事的同志充当委员会或小组的领导责任。就是说，派一个强有力的人去领导。大搞饲料生产。有各种精粗饲料。看来包谷是饲料之王。美国就是这样办的。苏联现在也已开始大办。中国的河北省吴桥县，也已在开始办了，使人看了极为高兴。各地公社养猪不亚于吴桥的，一定还有很多。全国都应大办而特办。要把此事看得和粮食同等重要，看得和人吃的大米、小麦、小米等主粮同等重要，把包谷升到主粮的地位。”“苏联伟大土壤学家和农学家威廉斯强调地说，农、林、牧三者互相依赖，缺一不可，要把三者放在同等地位。这是完全正确的。”“我国的肥料来源第一是养猪及大牲畜。一人一猪，一亩一猪，如果能办到了，肥料的主要来源就解决了。这是有机化学肥料，比无机化学肥料优胜十倍。一头猪就是一个小型有机化肥工厂。”“由此观之，大养而特养其猪，以及其他牲畜，肯定是有道理的。以一个至两个五年计划完成这个光荣伟大的任务，看来是有可能的。用机械装备农业，是农、林、牧三结合大发展的决定性条件。今年已经成立了农业机械部，农业机械化的实现，看来为期不远了。”上午九时，为排印这封信，致信柯庆施："附件请印二十份，上午印出，发柯庆施、陈丕显、曾希圣、叶飞、杨尚奎、刘顺元六同志各一份，请他们收到即看一下，想一想，准备提出修改意见，下午或晚上到我处座谈一下。另十四份交我处理。"十二月五日，关于这封信又批示："请彭真同志送交吴冷西同志，在新华社《内部参考》上发表。"毛泽东给吴冷西的信及附件发表在一九五九年十二月八日编印的《内部参考》第二九二九期。

同日 上午，同林克一起读《矛盾论》英文本。

同日 下午，从上海到达杭州，住刘庄。

11月3日 晚上，在杭州南屏游泳池召集周恩来、彭真、王稼祥、胡乔木、雷英夫〔1〕开会，讨论赫鲁晓夫十月三十一日在苏联最高苏维埃会议上的报告、中印边界问题和一九六〇年国民经济计划问题。周恩来等详细介绍了赫鲁晓夫报告的主要内容：宣扬和平主义，散布战争恐怖，迷恋首脑会议，对中印边境最近发生的事件〔2〕表示非常遗憾。王稼祥说：中联部的同志研究了一下，认为美国政府、艾森豪威尔的原则没有变，战略没有变，策略上有变化，现在重点是讲和平，讲缓和国际形势，同苏联搞好关系，对付中国。他们称之为对苏联的绥靖政策。然后麻痹世界人民的觉悟，麻痹民族独立运动，对于反对美帝国主义的整个潮流，用缓和的办法不是用镇压的办法来搞下去。而赫鲁晓夫现在的确是迷恋这些，正在兴头上。这么一种政策是带有危险性的。毛泽东说：各种各样嘛，讲和平的讲和平，讲斗争的讲斗

---

〔1〕 雷英夫，当时任中国人民解放军总参谋部作战部副部长。

〔2〕 1959年10月21日，印军在中印边境西段空喀山口挑起武装冲突。印军分两路向中方阵地实施包围，并开枪射击，中国边防分队被迫进行自卫还击，击退了印军的进攻。

争，亚洲、非洲、拉丁美洲国家本国的资产阶级、外国的帝国主义、本国的帝国主义走狗，对他们不斗？美国的企图就是要把整个世界的革命浪潮压下去。现在看来，所谓和平浪潮，就是西方垄断资产阶级跟拉丁美洲、亚洲的这些反动的民族主义者，跟苏联结合起来，打击的对象就是共产党，工人运动，中国。杜勒斯这一派的策略一直执行到杜勒斯死〔1〕为止，杜勒斯一死，美国的策略要变。苏联想避免氢弹战争，我认为是对的，这个东西真正打起来不好。问题是美国在集中搞导弹，它要超过苏联。所以，要有两手，一手跟艾森豪威尔讲和平，开大国会议，国际问题用和平方法解决比较好；另外一手就是美国共产党、美国人民，他们还是应该斗争的，各国共产党、各国人民还是应该斗争的，不要把这方面的气泄下来，要按照具体环境办。艾森豪威尔这种人物，他不只是有讲和平的一面，还有战争的一面，比如他要分化中苏，要打击美国共产党，向工人进攻，把全世界的反帝国主义浪潮压下来。他们这种策略，第一是对于保护资产阶级有好处，第二是对于破坏社会主义有好处。比如破坏中国，你苏联他就不要破坏呀？他还是要破坏嘛。彭真说：赫鲁晓夫是迷恋于这个首脑会议，西方就拿着这个首脑会议像钓鱼一样总钓着他，他就总想吃。毛泽东说：有一天，西方一翻脸，他就处于被动。不过，赫鲁晓夫这一套，现在不忙去驳，看他几个月，看一个时期再讲。接着，周恩来、雷英夫讲了印度军队十月二十一日在中印边境西段空喀山口挑起武装冲突被击退的情况。毛泽东说：我想提这么一个建议，为避免边界纠纷，按照实际控制线，两国军队相距在二十公里以内的，各退十公里，整个全线，印度也退十公里，中国也退十公里，因为边界没有定，以待谈判解决。原先

〔1〕 杜勒斯于1959年5月去世。

已经相距二十公里的，那就不要退了。尼赫鲁不是主张在朗久双方后撤吗？这二十公里的距离内，还是按照实际控制线，由不带武装的民政人员照旧管理。（王稼祥、周恩来：好，好，好。）武装不要存在，以免引起冲突。不是无人地带，而是无枪地带，一个和平地带。如果说十公里不够，还可以研究一下，可以更长一点。如果说双方各退二十公里，就是四十公里的距离。这还要双方达成协议，或者用换文，或者怎么样。如果他答应，我看两国总理可以见面，在北京或者新德里都可以。我有这么一个盘子，就是要和平。尼赫鲁说双方撤出朗久，我就扩大成整个实际控制线，我们爱好和平就达于极点了。王稼祥说：我估计尼赫鲁不能不同意。彭真说：我们主动了。毛泽东说：还有可能，他就不退。你们还没有来，早两天我在车上就想这个问题。这回你们想来谈，我说是不是这么个方案。周恩来说：这个问题我也在外交部研究方案，怎么才主动，提什么办法？总要打一张牌出去，总是发表什么声明，主张谈判，没有想到各退二十公里。王稼祥说：我也没有想到。毛泽东说：用两国总理通信的方法，恐怕比较好，这个信不要很长。这个方案要召开政治局会议讨论通过。〔1〕关于一九六〇年国民经济计划问题，周恩来说：一九六〇年的计划数字，现在总是看涨，我们是控制了。毛泽东说：下面有劲，不要越涨越搞得被动。周恩来说：钢的产量计划是一千八百万吨，死啃那个一千八。彭真说：少奇同志主持开了政治局会议，我们肯定就是一千八。毛泽东说：死啃一千八，搞个半年再讲，到六月间那个时候，有可能的话，内部搞一个指标，搞一千九。在指标上搞热不如在实际上搞热。指标比较低，实际上

〔1〕1959年11月4日下午，周恩来在北京主持召开中共中央政治局会议，会议讨论通过毛泽东提出的方案，基本通过周恩来致尼赫鲁的信。

热，实际上高，那就好办了。谈到农村的整社在各地都展开了时，毛泽东说：现在是怕“左”，广东就有那个苗头，他们自己也知道。积极分子劲一来了，就对那个有右倾思想的人批评得太凶，有些人受不了。还是要细致，批评要彻底，但是方法要真正讲道理，以理服人，不要人多一股气势，过于紧张。开展起来了是好，但是反右又必出“左”。谈到今年的旱灾等情况时，毛泽东说：今年的旱灾使好多省觉悟，还是要搞水利。有了水利没有肥料也不行。我看解决肥料的方向还是养猪，养猪的利益极大，它可以产肥料，肉可以吃，又可以出口，什么单位都可以搞，家庭也可以搞。全国如果每人搞到一头猪，就有六亿五千万头，这个事情就好办了。我现在找了一个吴桥的材料，那一天早晨心血来潮，写了封信给吴冷西。

11月5日 晚上，在杭州南屏游泳池出席华东协作区会议〔1〕，柯庆施、曾希圣、江渭清、江华、杨尚奎、叶飞、舒同参加。

11月7日 晚上，同王稼祥、胡乔木、浦寿昌谈周恩来就中印边界问题给尼赫鲁的信。毛泽东在信稿中加写一段话：“由于中印两国边界从来没有划定过，而又非常漫长，距离两国政治中心很远或者比较远，如果两国政府不想出一个十分妥善的解决办法，我担心双方都不愿意看到的边境冲突今后还有可能出现。

〔1〕 关于这次会议的召开，毛泽东1959年11月3日在杭州同周恩来等开会时说：我10月29日到马鞍山的时候，柯老知道我从合肥到了马鞍山，就打电话请曾希圣到上海。上海有叶飞医病，我见了他；江西的杨尚奎也在上海医病，我也见了。我说，你们索性把山东的舒同、江苏的江渭清也找来，在上海开会。先在上海开4天，然后到杭州来开3天，我也来参加一下，看看你们怎么搞法。他们说有个煤的平衡问题。他们11月1日开始开会，后天（5日）到杭州来，我跟他们谈谈。

而只要出现了这类冲突，哪怕是很小的冲突，就会被那些敌视我们两国友谊的人们所利用，以达其不可告人的目的。”周恩来的信于十一月八日交给印度驻中国大使帕塔萨拉蒂，十日在《人民日报》发表。信中提出，中国政府建议，双方武装部队从实际控制线各后撤二十公里，并停止巡逻，避免发生武装冲突。

11月8日 晚上，在杭州南屏游泳池听取关于华东协作区会议的汇报，王稼祥、柯庆施、曾希圣、江渭清、江华、杨尚奎、叶飞、舒同参加。

11月10日 为转发中共黑龙江省委十一月五日的报告，起草中央给各省市区党委等的批语：“我们认为此件很好，请你们考虑仿照黑龙江的办法召开一次财贸六级干部会议，由省、市、区党委切实抓紧会议的领导。首先由你们详细研究一下黑龙江省委的报告。”并批示：“彭真同志：此件请用电报发各省、市、区，另印发中央各处。”报告说：我们于十月十二日至二十八日召开了全省财贸系统的六级干部会议，主要是在财贸工作中反对右倾思想并加强工、农、林、交、商的协作，在此基础上安排了当前和今后较长时期的工作。

同日 下午，在杭州南屏游泳池召开会议，王稼祥、柯庆施、曾希圣、江渭清、江华、杨尚奎、叶飞、舒同出席。会议首先由王稼祥介绍印度对周恩来致尼赫鲁信的反应。据印度报业托拉斯政治记者报道，印度政府大概不会接受中国提出的两国武装部队各从实际控制线撤退十二英里的建议。路透社新德里九日电，据印度政界人士今晚说：“尽管周恩来的建议具有据说是‘令人失望的’性质，但是政界人士仍然认为他的信件比以前的信件富有和解精神。”毛泽东说：印度政界人士这样说，是值得注意的，他们认为是富有和解精神了，那就不是侵略精神了。总而言之，现在不说是侵略了。我们的确是和解，继续冲突有什么理啊！这两次冲突谁也不知道，就冲突起来了。第一次冲突不知道，第二次冲突也不知道，是事后才知道，事后还隔一个时间才知道。向后退的事情，我们是政治上进攻，军事上退，但是这个退，是你也退我也退，不是我一方退。只要西藏问题解决了，就剩下一个台湾问题了，台湾拖他几十年吧。台湾问题还要想一想，想个办法出来。当王稼祥说到美国外交官们对周恩来建议会见尼赫鲁来解决边境问题特别感到兴趣时，毛泽东说：他也不得不讲外交官们私下对我们这封信特别感到兴趣。合众社说周恩来的信采取了比过去中国人解决边界纠纷一向的态度较为和解的精神。打仗谁都怕，但是你单怕有什么办法呢？怕，他也要打，尽管你怕得要死，他还是要打。你这个怕有什么用处呢？那末，我不如不怕。是你要打，反正我们是不发动战争的。在会上谈到国内问题时，毛泽东说：财贸问题很值得注意，财贸问题是一个薄弱环节，因为在人们的概念里总是抓工业，要么就是抓农业，而财贸问题往往被人们忽视。可是财贸问题和人们的生活很密切，过去不是市场紧张吗？就是这方面的原因。各省都应该学习黑龙江省委的办法，他们是省委第一书记主持财贸会议，这是一个好方法，这样能被人们重视。不要一个省只有一个财贸书记管一下就行了，各省要抓一下财贸工作。各省还要抓军事，特别是华东的福建、浙江、山东等沿海省。军队负责人参加省委、地委的会议，军队要参加地方建设工作。为了多养猪，目前要大力发展猪饲料，各地应搜集资料，看什么东西是猪的好饲料，加以推广。

11月12日 下午，在杭州南屏游泳池召开会议，讨论中印边境问题和国际形势问题，王稼祥、柯庆施、曾希圣、江渭清、江华、杨尚奎、叶飞、舒同出席。关于中印边境问题，王稼祥说：被俘的印军十六号以前释放比较好。毛泽东说：可以早一点放，不一定要等到十五号，空喀山口那些俘虏十二号放就可以，通知他们。关于国际形势问题，王稼祥说：苏联九月九日公开发表的偏袒印度的塔斯社声明、赫鲁晓夫十月三十一日在苏联最高苏维埃的报告，以及在十一月七日宴会上的讲话，不仅是破坏中苏关系，并且使中印关系的友好发展受到困难，不是得到好处。资本主义国家对赫鲁晓夫的讲演都说好，说什么同西方国家一致了啦，什么苏联领导人从一九二八年以来都没有过这样温和的讲演啦。一些社会主义国家也吹捧，说什么马列主义的新发展，什么伟大的历史文件，等等。毛泽东说：找出了杜勒斯几个文件[1]。这个注释是林克，我的那个秘书注的，新华社原先就有，没有注完全。杜勒斯的路线，在他在世的时候就有了。比如他今年一月二十八日在众议院外交委员会作证时说："基本上我们希望果然苏联世界内部起变化。"这个所谓苏联世界，并不是讲苏联一个国家，而是指社会主义阵营。"从而使苏联世界不再成为对自由世界的威胁，只管他们自己的事情，而不去设想实行共产主义化的目标和野心。"他在众议院外交委员会另一次发言中讲"决不结束冷战"。看来，冷战全部结束，对他们是不利的。还是这次演说，他说"要用正义和法律代替武力"，仗不打，要搞法律和正义。他又说"在这方面极为重要的，是要认识到，在这种情况下放弃使用武力并不意味着维持现状，而是意味着和平的转变"。和平转变谁呢？就是转变我们这些国家，搞颠覆活动，内部转到合乎他的那个思想。就是说，他那个秩序要维持，不要动，要动我们，用和平转变，腐蚀我们。这是杜勒斯的演说，你

〔1〕 指杜勒斯关于对社会主义国家实行和平演变的3篇讲话，即1958年12月4日在加利福尼亚州商会发表的演说《对远东的政策》、1959年1月28日在美国众议院外交委员会一次秘密会议上提出的证词、1959年1月31日在纽约州律师协会授奖宴会上发表的演说《法律在和平事业中的作用》。

们看一看。王稼祥说：赫鲁晓夫在十一月七日那个宴会上说，冷战已经结束，实力地位政策已经结束。他这个政策是个危险的政策。毛泽东说：麻痹无产阶级，粉饰资产阶级。王稼祥说：《纽约时报》十一月三日发表的一篇短评说，赫鲁晓夫的讲演谈到托洛茨基在布列斯特和约问题上反对列宁的灵活的外交政策时所犯的错误，这是指中国党而言的。毛泽东说：他现在假借列宁的名义，假借列宁的所谓灵活，把锋芒去掉。列宁是有锋芒的、有灵活的呀。苏联这个社会，出了一层高薪分子，赫鲁晓夫反映的是这些人的思想。苏联对我们现在相当讨厌呢！他要搞共同舰队，我们不干；他要建立一个长波无线电台，要占百分之七十的投资，我们也不干。这个长波无线电台，摆在我们国家，侦察太平洋。我说，好，但是由我们建设，共同使用。他一定要他们建设，而且我们的投资只限制在百分之三十，他们占七成，三七开。这比日本跟汪精卫“合办实业”百分之四十九比百分之五十一〔1〕还厉害。我们不干，他也没有办法。王稼祥说：他最讨厌我们的，还是我们的世界政策，就是我们支持革命，我们坚持革命立场，他要同美国妥协，他就觉得我们妨碍他。毛泽东说：没有独立的国家就是要求独立，这个事情我看是压不下去的。美国除了缓和这一手之外，还有紧张这一手。现在就是要硬着头皮顶着，硬着头皮顶他十年嘛。王稼祥说：艾森豪威尔对付赫鲁晓夫是两个，一个是搞导弹，赶快赶上和超过苏联；一个是打糖衣炮弹，现在就是打糖衣炮弹。毛泽东说：艾森豪威尔打糖衣炮弹，赫鲁晓夫也打糖衣炮弹，对着世界人民的斗志，经过赫鲁晓夫的

---

〔1〕抗日战争时期在日本占领区搞的所谓“合办实业”，日本提出：在华中、华南，日资占49%，中国资本家占51%；在华北，日资占51%，中国资本家占49%。

口讲出来，比艾森豪威尔讲出来不同一些。现在，硬着头皮顶着是对两方面的：一方面对赫鲁晓夫，一方面对艾森豪威尔。

11月15日 晨一时半，致信柯庆施："此件[1]极好，请看一下。如有省书（即省委书记——编者注）同志未走的，请你递给他们看一下。然后，交王稼祥同志看一下。然后，交江华同志看一下。在两天内看完，由江华退我。我准备请中央转发全国。"

11月16日 为转发华东协作区会议纪要致信周恩来、彭真："华东协作区会议的文件和柯庆施同志给中央的报告，现寄上，请予审阅。如果你们认为可行，请予批复。同时可以转发各协作区及各省、市、区党委，作为参考。至于各协作区是否仿照华东办法在十一月内开一次会，由各协作区自己酌定。如果他们觉得十一月时间仓促，准备在十二月上旬中央政治局扩大会议以后再开协作区会议，较为方便，我想也是可以的。华东此次会议的纪要，共五件，我已看过，觉得可行，建议中央予以批准。"华东协作区会议讨论了五个问题：一、关于农业生产和人民公社。一九六〇年要力争更大的跃进；人民公社用五到十年的时间由基本队有制过渡到基本社有制。二、关于工业生产。一九六〇年一定能够获得继续大跃进，要大搞原料、材料的综合利用，挖掘劳动力的潜力。三、关于财贸工作。财贸部门要保证市场的物资供应首先必须保证生产计划的完成，进一步做好收购工作，进一步做好市场供应工作。四、关于教育和科学工作。必须巩固和发展高等教育，积极筹办新的高级中学，办好初级和中级技术学校、初级和中级职业学校、中级业余学校，充分发挥科研人员的

---

〔1〕 可能指安徽省国营方丘湖农场种饲料放牧养猪的材料。材料介绍了这个农场采用在种饲料的地里直接放牧养猪、肥田的办法，收到良好效果。

积极性，增加必要的科学仪器和设备，尚未建立科学研究机构的，应当积极筹备逐步加以健全和充实。五、关于反右倾斗争。要将这一斗争进行到底。今冬在农村进行一次广泛深入的社会主义教育。十一月二十三日，中共中央将这个会议纪要转发各协作区委员会、各省市自治区党委。

11月22日　下午，在杭州南屏游泳池召开会议，讨论中印边界问题和国际形势问题，周恩来、彭真、柯庆施、王稼祥、胡乔木、雷英夫、何英〔1〕、浦寿昌等出席。

11月23日　晨二时半，阅十一月十八日印发的中共中央直属机关学习党的八届八中全会文件的情况简报（特第一期）后，批示彭真："有重要材料性文件，请随时选一些给我看看。"

11月28日　下午，在杭州南屏游泳池召集刘少奇、周恩来、邓小平、彭真、胡乔木、雷英夫、何英、浦寿昌等开会，讨论一九六〇年国民经济计划和对尼赫鲁十一月十六日来信的复信问题。

11月29日　下午，在杭州南屏游泳池召开会议，讨论一九六〇年国民经济计划问题、养猪问题和给尼赫鲁复信问题，刘少奇、周恩来、彭真、李富春和柯庆施、李井泉、陶铸、王任重、欧阳钦、林铁、张仲良〔2〕出席。这次会议决定将华中协作区与华南协作区合并为中南协作区，由陶铸任协作区主任，王任重任副主任。

同日　阅张劲夫〔3〕报送的关于麻雀益害问题的一些资料，

〔1〕何英，当时任外交部第一亚洲司副司长。1960年1月任西亚非洲司司长。

〔2〕张仲良，当时任中共甘肃省委第一书记、甘肃省政协主席。1960年11月又任中共中央西北局书记处书记。

〔3〕张劲夫，当时任中共中国科学院党组书记、中国科学院副院长。

批示："印发各同志[1]。"资料表明，关于麻雀是益鸟还是害鸟，国内外科学家的意见不完全一致，一般都认为由于地点、季节的不同，益处和害处也不同。麻雀对城市、林区、果园是有益的或益多害少的，对农作物区特别是收获季节则是有害的。资料还说，在普鲁士王国、美国、法国都曾经因捕麻雀而引起严重的虫害。

11月30日—12月4日 在杭州主持召开中共中央政治局扩大会议。刘少奇、周恩来、邓小平、彭真、李富春、李先念、陆定一、薄一波、罗瑞卿、胡乔木、廖鲁言、安志文[2]、柯庆施、李井泉、陶铸、王任重、林铁、张仲良、王世泰[3]、欧阳钦、江华等出席会议，林彪、陈毅、贺龙、陈伯达、康生、王稼祥、谭政出席了十二月四日的会议。会议主要讨论一九六〇年的国民经济计划和中苏关系、中印关系等国际问题。

11月30日 审阅李富春《关于一九六〇年计划问题向中央的汇报提纲》。对提纲中的一九六〇年计划粮食达到六千五百亿斤、棉花六千万担处，打了两个问号。在提纲讲到一九六〇年工业的几种主要产品较一九五九年增加的绝对数都是很大的，其中"钢四百八十万吨左右"处，批注："实际可达到六百万吨以上。"

同日 下午，在杭州饭店三楼会议室主持中共中央政治局扩大会议。会议听取李富春关于一九六〇年国民经济计划问题的汇报。李富春谈到一九六〇年计划工业总产值和工业生产方面的国民收入都比一九五九年增加百分之三十一时，毛泽东问：明年看涨，为什么？李富春说：今年比去年增加百分之三十七。农业总

〔1〕 指参加即将召开的中共中央政治局扩大会议的人。

〔2〕 安志文，当时任国家计划委员会副主任。

〔3〕 王世泰，当时任西北协作区委员会副主任委员。

产值照原来农业书记会议上的安排，粮食是六千五百亿斤，棉花是六千万担，以这两项为纲是九百一十亿元，比一九五九年的七百八十亿元增加百分之十七。毛泽东问：如果减少呢？陶铸说：绝不会减少，可以增加的。毛泽东问：可以增加？李富春答：明年粮食可以增加一千一百亿斤。毛泽东说：可以嘛，现在横竖是我们的指标，你明年超过，大家高兴。你现在又搞这么多，结果明年又完不成计划。你看，今年粮食要搞七千五百亿斤，结果搞了五千四百亿斤，二千一百亿斤不见了，这不是看涨，是看跌嘛！你明年搞这么多，结果达不到。增加百分之十，我看就好，百分之十就算跃进嘛！你先不要搞这么多。李富春说：棉花增加七百万担。毛泽东说：明年增产七百万担是不是太多？增加不了那么多怎么办？这个还要斟酌一下。在李富春讲到明年一季度基本建设的安排问题时，毛泽东说：控制得了吗？你说控制，结果他不控制。控制上马项目的办法，一是控制材料，一是一定要审批。在李富春讲到农业生产时，毛泽东说：还要养猪。各省要专开一个养猪的会议，明年猪至少要增加一倍。猪的地位要提高，把“马牛羊鸡犬豕”改为“猪牛羊鸡马兔”。

同日 阅李先念十一月二十八日报送的关于重庆副食品生产会议的报告和他在会议上的总结发言，批示：“此件很好。印发各同志阅。建议转发各级党组织，研究实行。”李先念在报告中说：一年来各大中城市发展副食品生产的成绩很大，主要表现在蔬菜生产已经基本自给；少数城市的肉食供应按照现有的较低的消费水平，已经做到基本自给，多数城市也有所改善。今后一个时期大中城市副食品生产和供应工作的任务是：进一步巩固、提高和适当发展蔬菜生产；大力发展以养猪为中心的畜牧业生产，在一两年内做到肉食蛋品的基本自给；积极发展油料、水产、果品和其他副食品生产，大力发展多种经营。过去的重点是解决蔬菜问题，今后重点是发展畜牧业，解决肉食问题。会议认为，发展畜牧业要在公私并举的原则下，强调以公养为主。

11月 作《七律·读报》："反苏昔忆闹群蛙，今日重看大反华。恶煞腐心兴鼓吹，凶神张口吐烟霞。神州岂止千重恶，赤县原藏万种邪。遍找全球侵略者，仅余中国一孤家。"

12月2日 主持中共中央政治局扩大会议，并讲话。毛泽东说：尽管满天都黑了，只要中国不黑，那是黑不了的。庐山会议以来，进行了很大的斗争，比哪一次都深刻，现在一般形势好得很，证明绝大多数干部是坚定的。右倾机会主义和有严重右倾思想的，一般不过百分之十，是百分之几，至于个别问题看不清楚的，那就难说，有的是由于工作岗位不同。接着，周恩来谈赫鲁晓夫访美问题，他说：一系列的事情，说明苏联是步步上了帝国主义的圈套。毛泽东说：艾森豪威尔对待赫鲁晓夫，没有像蒋介石对待王明那样"一个巴掌打出来"，而是把他请进去，吃两块糖，给个诺言说开最高级会谈。周恩来说：苏联卫星上天，本是好事，可是它政策摇摆，美国已看清，即利用这个摇摆，来争取时间。毛泽东说：美国准备用三年，把导弹发射赶上去。铀美国本来就多，那时导弹就比苏联更多了。周恩来说：风都向我们刮，说我们是托洛茨基主义、扩张主义、战争贩子等等，这种情况大概要继续三年。毛泽东说：世界上，人民受压迫，大多数不反华反共，而是亲华亲共的，一时可能受迷惑。邓小平说：我们同赫鲁晓夫是一系列的分歧，思想体系的分歧。毛泽东说：这实际上是一种阶级斗争。苏共二十大反斯大林，那样做，哪个阶级欢迎啊？邓小平说：赫鲁晓夫的根本思想是二十大，《莫斯科宣言》实际是对二十大的修改，但是他不认账。他现在用一切办法压我们向他“对表”[1]，向二十大“对表”。过去是内部讲，现在在印度问题上公开讲了，并且出无头告示。他的目的是压我就范。马列主义原则不能让，顶住，方法是不公开，但原则要讲，一些语调不一致，不可避免，只是不冷嘲热讽，不放暗箭。刘少奇说：赫鲁晓夫现在公开与我闹翻，指名骂，看来还不敢。毛泽东说：那也难说。他一怕中国，二怕帝国主义，三怕东欧国家不听话，四怕尼赫鲁等人被右派代替。在北京遭到冷遇，在戴维营得到温暖。刘少奇说：我们要准备应战，从理论上准备。毛泽东说：这种错误，他们国内自己纠正比较好，外国来纠正不好。刘少奇说：他自己纠正有困难，不过可以收缩一些。毛泽东说：他会收缩的，因为帝国主义在，还会整他的。杜勒斯对社会主义国家的演变策略，是有社会基础的，高薪阶层，重技术不重政治，图享受不讲斗争，斗志不旺等等。社会主义社会出高薪阶层，就像列宁说的修正主义与工人贵族一样。现在北京有所谓“三等”：一等礼拜六，二等发薪，三等死。优哉游哉，聊以卒岁，意志衰退。刘少奇说：由社会主义向共产主义过渡，有阶级斗争，这有三条路线，一是积极准备过渡，一是永久停于社会主义，一是恢复资本主义。毛泽东说：看来第一种人占多数。我在武汉讲过，我们不要先于苏联进入共产主义，等也可以，但是从集体所有制过渡到全民所有制，等十年犹可，再等就不利了，对生产不利了。

---

[1] 赫鲁晓夫1959年12月1日在匈牙利社会主义工人党第七次代表大会上的讲话中说：“我们在明智地利用社会主义制度的伟大优越性、全力加强世界社会主义阵营的同时，应当始终如一地、创造性地运用列宁关于建设社会主义和共产主义的学说，成为列宁主义的能手，不落后也不抢先，形象地说，就是‘互相对对表’。如果这个或那个国家的领导人开始骄傲自大起来，这就会合乎敌人的利益。”

同日 阅林铁十一月二十六日关于王国藩公社今年生产的结果和自力更生办“四化”情况的报告，批示：“印发各同志。建议发给各人民公社参考。”并为这个报告拟题《介绍王国藩人民公社》。林铁的报告说：前几天我到王国藩人民公社看了一下，发现这个社今年生产的结果是五业齐跃进，全面大丰收。从去年以来，这个社进行了大规模的水利建设，并积极开展了农业机械化、电气化建设。现在正在着手大搞社营经济，预计明年社营经济的收入比今年全社的总收入还多。这就为在明年内由队基本所有制过渡到公社基本所有制准备了最好的条件。毛泽东将报告中的“这就为在明年内由队基本所有制过渡到公社基本所有制准备了最好的条件”这句话改为：“这就为进一步发展准备了条件。”

12月3日 晨三时，致信刘少奇、周恩来、彭真：“为了讨论国际形势及我们的对策，拟请林彪、陈毅、康生、稼祥、贺龙、谭政、陈伯达七同志到此一谈。十二月三日（即今日）下午到杭。林彪、陈毅四日到杭。请酌处。今日派机去广州，明日林彪可到。国际形势及对策讨论三天就够了。”

12月4日 下午，主持中共中央政治局扩大会议，讨论国际形势和我们的对策问题。毛泽东作长篇讲话，会前写了详细的讲话提纲。他在讲话中说：敌人的策略是什么？硬的软的两种策略。目的是保存自己——保存资本主义，消灭敌人——消灭社会主义。策略：一是在和平的旗帜下准备战争，大搞基地、导弹，准备用战争的方法消灭社会主义。这是第一手。二是在和平的旗帜下，大搞腐蚀、演变，用各种办法包括文化、人员往来等等，以腐蚀、演变的方法消灭社会主义。这是第二手，是着重的一手，杜勒斯在世的时候，这个政策就定下来了。基本原则是有时和解，有时紧张；这里和解，那里紧张，欧洲和解，亚洲紧张；争取机会主义，孤立马列主义。修正主义是否已经成了系统，是否就是这样坚持下去？可能已形成系统，二十大是一个系统。可能就这样坚持下去，还要看一下，也可能有改变，自己改或别人来改。中苏两国的根本利益，决定这两个大国总是要团结的，不团结不堪设想。某些不团结，只是暂时的现象，仍然是九个指头与一个指头的关系。赫鲁晓夫的政策，有消极的方面与积极的方面。农业、工业下放，七年计划，这是人民的要求，也受我们一些影响，虽然不提大跃进，但也在加快，也对我们的表。我跟大家的口径有些不一致，对赫鲁晓夫比大家估计得好一些。想想历史，也有下面这样一些一个指头的事件。一九五六年苏共二十大，反斯大林，同时提出和平过渡论。我们发表了《论无产阶级专政的历史经验》和《再论无产阶级专政的历史经验》两篇文章。《一论》犹可，《再论》使赫鲁晓夫恨透了。一九五七年我们整风反右，他实际上反对；《关于正确处理人民内部矛盾的问题》那篇文章，他是不同意的。这一年秋天的《莫斯科宣言》，实际上是批判了他。他的两次稿都拿出来了，人家都知道用的是我们的稿子，特别是中国共产党代表团向苏共提出的《关于和平过渡问题的意见提纲》。一九五九年，西藏事件，中印边界事件，这实际上是一个问题的两方面。中印边界事件，他们发表塔斯社声明，全世界资产阶级看了都高兴。全世界反华反共运动，除印度以外，还加上印尼反华。反华大合唱，调子不同。苏联射了好多箭。反华大合唱还会唱。我们准备被孤立，这是一方面。另一方面，我们能得到许多国家、许多人民的拥护，许多共产党的拥护。我们从来相信广大群众，我们不会孤立。我们怎么办？周总理讲了三条：一、建立独立的经济体系；二、突破国防尖端；三、党的团结。这三条提得很对，再加一条：四、建立技术队伍。华东协作区这次开会，他们感到在这方面注意不够。搞工业体系，要建立技术队伍，希望各大区都注意这个大问题，各大区、各省要建立无产阶级的理论队伍和技术队伍。中国在八年以内可以比较强大起来。进一步强大，还要到第四、第五个五年计划。赫鲁晓夫的话说了不算，不能严肃地相信他，但是我们要认真对待。他是实用主义，有利就干。少奇同志已经讲了，对苏联要采取谨慎小心的态度。我们要摆事实，讲道理。在外交方面要注意，有些事情，一个时期看起来严重，一个时期看又不那样严重。我们对苏联还是：学习苏联一切优点（他们留一手是常情），拥护苏联正确的主张。在一个相当时期内，我们不说话，不回击。两个社会主义大国吵架，对帝国主义有利。他出无头告示，我们不能这样干。反华反共对我们有好处。一是暴露了反动派的面目，在人民面前丧失威信；二是激起世界大多数人民觉醒起来，他们会看到帝国主义、反动民族主义、修正主义是骗子。全世界极为光明。乌云越厚，光明越多。黄梅雨季节过去，晴天到来。马克思主义、列宁主义大发展在中国，这是毫无疑义的。赫鲁晓夫这些文章相当幼稚。可能是受帝国主义骗了，也可能受骗了一下又回来。他不是老练的政治家，不大懂马列主义，不讲原则，翻云覆雨。他一怕美国，二怕中国。他的宇宙观是实用主义，这是一种极端的主观唯心主义。他缺乏章法，只要有利，随遇而变。迷恋于暂时的利益，丢掉了长远的利益。苏联人民是好的，苏联是十月革命的策源地，列宁的故乡。但是党和若干人中有许多不好的东西，有若干形而上学，资产阶级自由主义，还有大国沙文主义，这是历史遗留下来的。列宁死得早，没有来得及改造。总有一天要走向它的反面，改好，或者自己改好，或者由旁人改好。我们也会走到自己的反面，我们的办法是两年整一次风。目前情况好起来，好好掌握，不要过了。反“左”不出右，反右不出“左”。命令主义值得注意。

12月5日 下午，在杭州南屏游泳池听取康生汇报文教书记会议情况和美国记者斯诺来中国访问问题，周恩来、彭真、陆定一、陈伯达、胡乔木参加。

12月6日 下午，在杭州南屏游泳池召集林彪、贺龙、罗瑞卿、谭政开会，谈军事问题。

12月7日 下午，同陈伯达谈话。

12月10日 自本日起，在杭州同陈伯达、胡绳、邓力群[1]、田家英读苏联科学院经济研究所编写的《政治经济学教科书》修订第三版下册。下册为社会主义部分，共十七章（第二十章至第三十六章）和一个结束语。读书地点在杭州刘庄丁家山或南屏游泳池。在读的过程中，毛泽东发表了许多评论，写了一些批注。以下是摘录其中的主要部分。

本日下午五时半至晚八时，读第二十章《从资本主义到社会主义的过渡时期的基本特点》。

在读到教科书说"列宁指出，<u>要使社会主义革命在一个国家取得胜利，只要具有像革命前的俄国那样的中等资本主义发展水平就可以</u>"[2]时，毛泽东说：列宁指出的那句话很对。一直到现在，社会主义革命成功的国家，资本主义发展水平比较高的，只有东德和捷克；其他的国家，资本主义发展水平都比较低。西方资本主义发展水平很高的国家，革命都没有革起来。列宁曾经说过，革命首先从帝国主义世界的薄弱环节突破。十月革命时的俄国是这样的薄弱环节，十月革命后的中国也是这样的薄弱环节。俄国和中国的共同点是：都有相当数量的无产阶级，都有大量的农民群众，都是大国。中国和俄国的历史经验证明：要取得革命的胜利，就要有一个成熟的党，这是一个很重要的条件。我

---

〔1〕 邓力群，当时任《红旗》杂志副总编辑。

〔2〕 文内的横线，是照毛泽东读教科书时画线处标出的。下同。

们常说中国共产党在一九二七年的时候是幼年的党，从主要意义上来说，就是指我们党在同资产阶级联盟的时候，没有看到资产阶级会叛变革命，而且也没有做好应付这种叛变的准备。

教科书说："为了用社会主义制度代替资本主义制度，在每一个国家中都需要有一个特殊的过渡时期，这个过渡时期开始于无产阶级政权的建立，完成于社会主义革命任务的实现——建成社会主义即建成共产主义社会的第一阶段。'在资本主义社会和共产主义社会之间有一个前者变为后者的革命转变时期'〔1〕。"读到这里，毛泽东说：什么叫做建成社会主义，这个问题很有文章可做。过渡时期包括一些什么阶段，现在也有各种各样的说法。一种说法是，过渡时期包括从资本主义到社会主义，也包括从社会主义到共产主义；另一种说法是，过渡时期只包括从资本主义到社会主义。究竟怎样说法才对，要好好研究。马克思这里讲，从资本主义社会到共产主义社会有一个"革命转变时期"。我们现在就是处在这样的革命转变时期。

教科书说："过渡时期包括整个一个历史时期，在这个时期中要进行一切社会关系的根本改造，要消灭旧的资本主义的基础，建立新的社会主义的基础，保证社会主义胜利所必需的生产力的发展。"读到这里，毛泽东说：在过渡时期中，要"进行一切社会关系的根本改造"，这个提法原则上对。所谓一切社会关系，应该包括生产关系和上层建筑，包括经济、政治、思想、文化各方面的关系。就'保证社会主义胜利所必需的生产力的发展'来说，我们的钢最少需要一二亿吨。

在读到教科书说"每一个脱离了帝国主义体系的国家中必然具有自己特别的具体的社会主义建设的形式和方法"时，毛泽东

〔1〕 见马克思《哥达纲领批判》。

说："这个提法好。"

在读到教科书说"在某些资本主义国家和过去的殖民地国家中，工人阶级通过议会和平地取得政权是有现实的可能性的"这一段时，毛泽东说：这一段有问题。这里说"某些"究竟是哪一些呢？我们认为，每一个国家的共产党和革命力量都要有两手准备：一手是和平方法取得胜利，一手是暴力斗争取得政权，缺一不可。他说：我们党里有人说，学哲学只要读《反杜林论》、《唯物主义和经验批判主义》就够了，其他的书可以不必读。这种观点是错的。马克思这些老祖宗的书，必须读，他们的基本原理必须遵守，这是第一。但是，任何国家的共产党，任何国家的思想界，都要创造新的理论，写出新的著作，产生自己的理论家，来为当前的政治服务，单靠老祖宗是不行的。只有马克思和恩格斯，没有列宁，不写出《两种策略》等著作，就不能解决一九〇五年和以后出现的新问题。单有一九〇八年的《唯物主义和经验批判主义》，还不足以对付十月革命前后发生的新问题。适应这个时期革命的需要，列宁就写了《帝国主义论》、《国家与革命》等著作。列宁死了，又需要斯大林写出《列宁主义基础》和《列宁主义问题》这样的著作，来对付反对派，保卫列宁主义。我们在第二次国内战争末期和抗战初期写了《实践论》、《矛盾论》，这些都是适应于当时的需要而不能不写的。现在，我们已经进入社会主义时代，出现了一系列的新问题，如果单有《实践论》、《矛盾论》，不适应新的需要，写出新的著作，形成新的理论，也是不行的。无产阶级哲学的发展是这样，资产阶级哲学的发展也是这样。资产阶级哲学家都是为他们当前的政治服务的，而且每个国家，每个时期，都有新的理论家，写出新的理论。英国曾经出现了培根和霍布斯这样的资产阶级唯物论者；法国曾经出现了"百科全书派"这样的唯物论者；德国和俄国的资产阶级也有他们的唯物论者。他们都是资产阶级唯物论者，各有特点，但都是为当时的资产阶级政治服务的。所以，有了英国的，还要有法国的；有了法国的，还要有德国的和俄国的。

教科书说："在某些国家中，随着推翻剥削阶级的政治统治，革命立刻具有社会主义的性质。……在另外一些脱离了资本主义体系的国家中……革命在最初阶段主要是资产阶级民主性质的，只是后来才逐渐地发展成为社会主义革命。"读到这里，毛泽东说：这一段值得研究，对民主革命转变到社会主义革命没有讲清楚。十月革命是社会主义革命，它附带地完成了民主革命遗留下来的任务。十月革命一开始，就宣布了土地国有令，但是完全解决农民土地问题，在革命胜利以后还用了一段时间。我国资本主义发展水平，同十月革命以前的俄国差不多，而封建经济则是更大量地存在。一九四九年中华人民共和国建立，标志着新民主主义革命阶段的基本结束和社会主义革命阶段的开始。我们立即没收了占全国工业、运输业固定资产百分之八十的官僚资本，转为全民所有。同时，用了三年的时间，完成全国的土地革命。如果因此说全国解放以后，"革命在最初阶段主要是资产阶级民主革命性质的，只是后来才逐渐地发展成为社会主义革命"，这是不对的。

在读到教科书说在资本主义不发达的国家里，"由于先进的社会主义国家的帮助，也可以胜利地解决社会主义革命的任务"时，毛泽东说：教科书的这个提法不妥当。中国民主革命胜利以后，能够走上社会主义的道路，主要是由于我们推翻了帝国主义、封建主义、官僚资本主义的统治。国内的因素是主要的。已经胜利了的社会主义国家对我们的帮助，是一个重要条件。但是，它不能决定我们能不能够走社会主义道路的问题，只能影响我们在走上社会主义道路以后是前进得快一点还是慢一点的问题，有帮助可以快一些，没有帮助会慢一些。所谓帮助，包括他们经济上的援助，同时也包括我们对他们成功和失败的、正面和反面的经验的学习。

12月11日 下午四时五十分至晚八时半，同陈伯达、胡绳、邓力群、田家英继续读《政治经济学教科书》第二十章《从资本主义到社会主义的过渡时期的基本特点》。

教科书说："无产阶级专政作为建成社会主义经济的工具，对经济发展起巨大的影响。"毛泽东批注："讲得好，使人高兴。"

在读到教科书引述列宁的话"社会主义是生气勃勃的，创造性的，是人民群众本身的创造"[1]时，毛泽东说：列宁这句话讲得好。我们的群众路线，就是这样的。教科书在引用这句话以后，讲要吸收广大劳动群众"直接地和积极地参加生产的管理，参加国家机关的工作，参加国家社会生活的一切部门的领导"，也讲得好。但是，讲是讲，做是做，做起来并不容易。

在读到教科书讲暴力与无产阶级革命、无产阶级专政的关系这一段时，毛泽东说：我们人民革命的目的，是要发展社会生产力。为此，第一，要推翻敌人；第二，要镇压敌人的反抗。要这样，没有人民革命的暴力，是不行的。现在有一种倾向，就是说话、写文章都尽量合乎帝国主义和敌人的口味。其结果是敌人舒服，自己的阶级被蒙蔽。这是欺骗群众和欺骗各国共产党的行为。《东周列国志》值得读一下。这本书写了很多国内斗争和国外斗争的故事，讲了很多颠覆敌对国家的故事，这是当时社会的剧烈变化在上层建筑方面的反映。这本书写了当时上层建筑方面的复杂的尖锐的斗争，缺点是没有写当时的经济基础，当时的社会经济的剧烈变化。

---

〔1〕 见列宁1917年11月4日〔17日〕《在全俄中央执行委员会会议上对于左派社会革命党人的质问的答复》。

教科书说："在中国，资本主义所有制变为社会主义国家所有制的过程具有很大的特点：中国大部分资本主义工商业企业最初被改造为国家和资本家共有的公私合营企业，然后再改造为社会主义的国营企业。"读到这里，毛泽东说：教科书关于中国的资本主义所有制转变为全民所有制的问题，说得不对。它只说了我们对民族资本的改造政策，没有说我们对官僚资本的没收政策。对于民族资本，也没有说我们是经过了三个步骤，即统购包销、加工定货、公私合营，来实现对它的社会主义改造。就每个步骤来讲，如加工定货，也是逐步前进的。公私合营也经过了从单个企业的公私合营到全行业公私合营的过程。由于我们的国家一方面掌握了原料，另一方面又控制着市场，同时又对资本家贷给流动资金，这样就使民族资本家不能不接受改造。实行这样的改造政策，不仅生产没有受到破坏，而且有些私营工厂在过去几年中还进行了部分的扩建。资本家由于在过去几年中有利可图，有些人也还自愿地向工厂进行投资。我们在处理资产阶级的问题上，有很丰富的经验，创造了许多新的经验。例如，公私合营以后给资本家定息，就是一个新经验。

在读到教科书说无产阶级国家把收归公有的土地"一小部分则用来组织大型国营农业企业"时，毛泽东说：在我们的国家里，这部分土地不能很多，只能很少。中国的土地私有，深入人心，农民一寸土地也是得来不易。我国很早以来就有土地买卖。《红楼梦》里有这样的话："陋室空堂，当年笏满床。衰草枯杨，曾为歌舞场。蛛丝儿结满雕梁。绿纱今又糊在蓬窗上。"这段话说明了在封建社会里，社会关系的兴衰变化，家族的瓦解和崩溃。这种变化造成了土地所有权的不断转移，也助长了农民留恋土地的心理。农民的小私有观念很厉害，认为侵犯别人的私有土地，是一种很不好的事情，甚至在土地改革中，还有一些农民说拿人家的祖业是没有良心。因此，在土地改革中，我们必须把绝大部分土地分给农民，满足他们对土地的要求。只有在他们完全自愿的条件下，才把极少一部分土地建立国营农场。

教科书引述俄共（布）第十二次代表大会决议所说的“党的极重要的决定着整个革命进程的政治任务，就是要极注意地和最细心地保护和发展工人阶级同农民的联盟”。毛泽东批注：“这句话，特别是后半句，讲得很好。”

在读到教科书讲工农联盟的重要性这一段时，毛泽东说：我们的工农联盟，已经经过了两个阶段：第一阶段是建立在土地改革的基础上；第二阶段是建立在合作化的基础上。不搞合作化，农民必然向两极分化，工农联盟就无法巩固，统购统销也无法坚持；只有在合作化的基础上，统购统销的政策才能继续，才能彻底执行。现在，我们的工农联盟要进入一个新的阶段，这就是巩固人民公社和实现机械化的基础上的阶段。单有合作化、人民公社化，而没有机械化，工农联盟还是不能巩固的。

在读到教科书说“工人阶级在尽量扩大工人和农民的新知识分子的队伍时，也要努力吸收旧知识分子，包括资产阶级专家在内，参加社会主义建设”时，毛泽东说：这一段讲了培养工农自己的知识分子，吸收资产阶级的知识分子参加社会主义建设，但是，没讲对知识分子的改造。不但资产阶级知识分子需要改造，就是工农出身的知识分子因为在各方面受资产阶级的影响，也需要进行改造。在整个社会主义革命和社会主义建设过程中，改造知识分子的世界观的问题，是一个极大的问题。

同日　批示林克：“请查《焚书坑》一诗，是否是浙人章碣[1]（晚唐人）写的？诗云：竹帛烟销帝业虚，关河空锁祖龙

---

〔1〕《焚书坑》一诗，为唐代章碣所作。其中第三句为“坑灰未冷山东乱”。

居。坑灰未烬山东乱，刘项原来不读书。”

12月12日 下午，同陈伯达、胡绳、邓力群、田家英继续读《政治经济学教科书》第二十章《从资本主义到社会主义的过渡时期的基本特点》。

教科书说，无产阶级国家“发展社会主义生产，在一切经济部门中采用先进技术，并力求有步骤地提高劳动者的福利”。毛泽东批注：“好。”

教科书引述列宁所说的“只有在无产阶级的国家政权最终平定剥削者的一切反抗，保证自己完全巩固，政令能充分实行，在大规模集体生产和最新技术基础（全部经济电气化）的原则上改组全部工业的时候，社会主义对资本主义的胜利以及社会主义的巩固才能认为是有了保证”〔1〕。毛泽东批注：“列宁这段话很对。”

在读到教科书说“列宁的社会主义建设计划是以尽力发展国营工业和农民经济之间的经济联系为前提的”时，毛泽东说：说得好。我们在长期战争中曾经打断了城乡的旧的经济联系，在解放初期，全国普遍召开物资交流会，在新的基础上恢复城乡的经济联系，包括恢复过去的牙行、经纪等。

在读到教科书说十月革命后，由于外国武装干涉，苏维埃政权曾经对农民实行余粮征集制，到一九二一年才过渡到新经济政策时，毛泽东说：我们为什么能够坚持长期战争而又取得了胜利呢？主要是我们对农民采取了正确的政策，例如征收公粮和收购粮食的经济政策，在不同时期实行不同的土地改革政策，在战争中紧紧依靠了农民。

在读到教科书说要利用工人对个人物质利益的关心，来刺激

〔1〕 见列宁《土地问题提纲初稿》。

劳动生产率的不断提高时，毛泽东说：把对“个人物质利益的关心”绝对化起来，一定要出毛病，使人们不是首先关心集体事业，而是首先关心个人的收入。

12月14日 下午，同陈伯达、胡绳、邓力群、田家英继续读《政治经济学教科书》第二十章《从资本主义到社会主义的过渡时期的基本特点》，今天读完这一章。

在读到教科书关于欧洲人民民主国家的社会主义经济建设的一些段落时，毛泽东说：看来，这本书没有系统，还没有形成体系。这也是有客观原因的，因为社会主义经济本身还没有成熟，还在发展中。一种意识形态成为系统，总是在事物运动的后面。因为思想、认识是物质运动的反映。规律是在事物的运动中反复出现的东西，不是偶然出现的东西。规律既然反复出现，因此就能够被认识。在土地改革中要实行平分土地的政策，也是经过反复多次以后才能认识清楚的。按人口平分土地是符合我国民主革命阶段中彻底解决土地问题的客观规律的。我们在土地改革中实际上消灭了富农经济，在这点上带有社会主义革命的性质。

在读到教科书关于中国新民主主义革命的一些段落时，毛泽东说：中国新民主主义革命的任务，长时期内是反帝反封建。在解放战争时期，我们又提出了反对官僚资本主义。反对官僚资本主义的斗争，包含着两重性：一方面，反对官僚资本就是反对买办资本，是民主革命的性质；另一方面，反对官僚资本就是反对大资产阶级，又带有社会主义革命的性质。过去有一种说法，民主革命和社会主义革命可以毕其功于一役。这种说法，混淆了两个革命阶段，是不对的；但只就反对官僚资本来说，是可以的。官僚资本和民族资本的比例，是八比二。我们在解放后没收了全部官僚资本，就把中国资本主义的主要部分消灭了。很有必要写出一部中国资本主义发展史来。研究通史的人，如果不研究个别社会、个别时代的历史，是不能写出好的通史来的。研究个别社会，就是要找出个别社会的特殊规律。把个别社会的特殊规律研究清楚了，那么整个社会的普遍规律就容易认识了。要从研究特殊中间，看出一般来。特殊规律搞不清楚，一般规律是搞不清楚的。

在本日读书中，毛泽东还说：近几年来，我国的家长制度已经进一步地瓦解了。事实上，我国家长制度的不能巩固是早已开始了。《红楼梦》中就可以看出家长制度是在不断分裂中。贾琏是贾赦的儿子，不听贾赦的话。王夫人把凤姐笼络过去，可是凤姐想各种办法来积攒自己的私房。荣国府的最高家长是贾母，可是贾赦、贾政各人又有各人的打算。

12月15日 下午，同陈伯达、胡绳、邓力群、田家英开始读《政治经济学教科书》第二十一章《社会主义工业化》。

教科书说："世界上多数国家，特别是殖民地和附属国，都没有充分发达的大工业。农业的技术发展水平远远落后于工业。走上社会主义建设道路的国家面临着这样一项任务，以加快发展大工业（对经济进行社会主义改造的基础）的办法，最迅速地消除资本主义统治的这些后果。"读到这里，毛泽东说：这里讲发展大工业是对经济进行社会主义改造的基础，说得不完全。一切革命的历史都证明，并不是先有充分发展的新生产力，然后才改造落后的生产关系，而是要首先造成舆论，进行革命，夺取政权，才有可能消灭旧的生产关系。消灭了旧的生产关系，确立了新的生产关系，这样就为新的生产力的发展开辟了道路。这本教科书，只讲物质前提，很少涉及上层建筑，即：阶级的国家，阶级的哲学，阶级的科学。政治经济学研究的对象主要是生产关系，但是，政治经济学和唯物史观难得分家。不涉及上层建筑方面的问题，经济基础即生产关系的问题不容易说得清楚。这本书的另一个缺点，是先下定义，不讲道理。定义是分析的结果，不是分析的出发点。研究问题应该从历史的分析开始。但是，搞出了一本社会主义政治经济学，总是一个大功劳，不管里面有多少问题。写书要有批评对象，就会有生气。这本书，没有展开对错误观点的批判，所以看起来很沉闷。

在读到教科书说“国家的工业化是在生产资料的生产比消费品的生产优先增长的规律作用的基础上实现的”时，毛泽东说：这段话说得对。资本主义长期着重发展轻工业。我们把生产资料优先增长的公式具体化为：在优先发展重工业的条件下，实行几个同时并举；每一个并举中间，又有主导的方面。

教科书说“列宁就强调过，在技术和经济方面赶上并超过最发达的资本主义国家，是俄国的生死存亡的问题”，并引述列宁所说的“或是灭亡，或是开足马力奋勇前进”〔1〕。毛泽东批注：“我们现在就是要这样干。”

在读到教科书说“苏维埃政权初期，在世界上最先进的政权和从过去继承下来的落后的技术经济基础之间，存在着矛盾”时，毛泽东说：同外国来比，政权是先进的，经济是落后的，我国现在也有这种矛盾。但这种矛盾，不是国内的生产关系和生产力的矛盾。

在读到教科书说“苏联在极短的历史时期内建立重工业，就要求苏联人民在初期忍受一定的牺牲”时，毛泽东说：我国人民现在还要像苏联那个时候一样，忍受一点牺牲，但是只要我们能够使农业、轻工业、重工业都同时高速度地向前发展，我们就可以保证在迅速发展重工业的同时，适当改善人民的生活。苏联和我们的经验都证明，农业不发展，轻工业不发展，对重工业的发

〔1〕 见列宁《大难临头，出路何在？》。

展是不利的。

在读到教科书说“彻底采用经济核算，彻底运用按劳分配的经济规律，把劳动者个人的物质利益同社会生产的利益结合起来”时，毛泽东说：“彻底”两字，带来个人主义危险。这本书在不少地方只讲个人消费，不讲社会的消费，不讲公共的文化福利事业。这是一种片面性。

在读到教科书说苏联社会主义工业化能够取得胜利，是因为依据了经济发展规律，并善于利用社会主义经济的优越性时，毛泽东说：计划是意识形态。意识是实际的反映，又对实际起反作用。过去我们计划规定沿海省份不建设新的工业，一九五七年以前没有进行什么新建设，整整耽误了七年的时间。一九五八年以后，才开始在这些省份进行大的建设，两年中得到很快的发展。这就说明，像计划这类意识形态的东西，对经济的发展和不发展，对经济发展的快慢，有着多么大的作用。他还说：都是全民所有制的企业，实行不实行中央和地方分权，哪些企业由谁去管，这些都是有关建设的重大问题。中央不能只靠自己的积极性，还必须同时依靠地方的积极性。中央和地方都要注意发挥企业的积极性。去年有些基本建设单位实行了投资包干制，就大大发挥了这些单位的积极性。

12月16日 下午，同陈伯达、胡绳、邓力群、田家英继续读《政治经济学教科书》第二十一章《社会主义工业化》，并开始读第二十二章《农业的社会主义改造》。

在读到教科书说“工业化的速度对于苏联是一个很尖锐的问题”时，毛泽东说：现在我国工业化速度也是一个很尖锐的问题。原来的工业越落后，速度问题也越尖锐，不但国与国之间比较起来是这样，就是一个国家内部，这个地区和那个地区比较起来也是这样。

在读到教科书说发展重工业“是消灭这些国家失业和农业人口过剩的必要前提”时，毛泽东说：在社会主义工业化过程中，随着农业机械化的发展，农业人口会减少。如果让减少下来的农业人口，都拥到城市里来，使城市人口过分膨胀，那就不好。从现在起，我们就要注意这个问题。要防止这一点，就要使农村的生活水平和城市的生活水平大致一样，或者还好一些。有了公社，这个问题就可能得到解决。每个公社将来都要有经济中心，要按照统一计划，大办工业，使农民就地成为工人。公社要有高等学校，培养自己所需要的高级知识分子。做到了这一些，农村的人口就不会再向城市盲目流动。

在读到教科书说“利用各种形式的工资制，反对平均主义”时，毛泽东说：反对平均主义，是正确的；反过头了，会发生个人主义。过分悬殊也是不对的。我们的提法是既反对平均主义，也反对过分悬殊。

在读到教科书说“过去中欧和东南欧落后的农业国，现在已成为拥有以最新技术装备起来的大工业的工农业国”时，毛泽东说：长时期内，我们这个国家应该叫做工农业国。即使钢有了一亿多吨，也还是这样。如果按人口平均的产量超过英国，那末我们的钢产量最少需要三亿五千万吨以上。

在读到教科书讲中国工业化的政策的一些段落时，毛泽东说：这里没有正确反映我们的洋土并举、大中小并举的思想。因为我们实行这样的方针，不只是由于技术落后，人口众多，要求增加就业。我们在大型企业的主导下，大量地发展中小型企业，在洋法生产的主导下，普遍地采用土法生产，主要是为了高速度。资本主义各国，苏联，都是靠采用最先进的技术，来赶上最先进的国家，我国也要这样。

在读到教科书说社会主义工业为农业创造了各种生产工具，

而小农经济却没有日益扩大的国内市场来销售各种现代化的复杂农业机械时，毛泽东说：关于工农业的关系问题，要说工业向农业要求扩大市场，也要说农业向工业要求增加各种工业品的供应。要保证农民得到更多的工业品，保证农民提高自己的文化水平。

在读到教科书说“列宁指出，和无产阶级的社会主义趋势不同，农民所固有的是商品资本主义趋势，因为简单商品经济自发地产生资本主义”时，毛泽东说：“农民所固有的是商品资本主义趋势”，不能说是所有的农民，而应该说农民不可避免地要向两极分化。

在读第二十一章时，毛泽东还讲了这样一段话：我很担心我们的干部子弟，他们没有生活经验和社会经验，可是架子很大，有很大的优越感。要教育他们不要靠父母，不要靠先烈，要完全靠自己。

同日 为转发中共农业部党组关于当前养猪运动情况的报告，起草中央发至人民公社党委的批语：“（一）现将农业部党组十二月十二日的报告发给你们。（二）各级党组织都应设立一个畜牧业委员会或小组，省、地、县、社四级都应有一个不管别事、专管畜牧业的书记。（三）凡尚未召开养猪会议的，除禁猪民族区域外，都应迅即召开省的（市、区的）、地的、县的、社的养猪会议，总结经验，规定任务和办法。此种养猪会议或畜牧会议，一年至少开两次。”并批示：“刘、周、邓、彭即阅，尚昆以电报发去。”农业部党组的报告说：自毛主席关于发展畜牧业问题的一封信在党内传达后，全国正在掀起一个养猪积肥的群众运动。已有十四个省、市、自治区召开了有地、县委书记参加的养猪会议或电话会议，许多地方由第一书记亲自挂帅，建立了领导小组等养猪机构。

12月17日 下午，同陈伯达、胡绳、邓力群、田家英继续读《政治经济学教科书》第二十二章《农业的社会主义改造》。

在读到教科书说在实行农业社会主义改造的各个国家里，主要的特点在于苏联实行了全部土地国有化，而各人民民主国家在一定时期内还保存着农民土地私有制时，毛泽东说：中国农民对土地的私有观念很深，我们是逐步地引导他们改变这种私有观念。互助组只能解决集体劳动的问题，土地等生产资料基本上还是私有。到了初级社，因为农民的土地有多有少，不能不采取土地入股的办法。经过高级社和人民公社，进一步改变了农民的私有观念。一九五九年，庐山会议以前，像新乡、洛阳这些地方，搞包产到户，就是一部分富裕中农的私有观念对人民公社化的抵抗。

在读到教科书说"机器拖拉机站是对农业实行社会主义改造的重要工具"时，毛泽东说：教科书在很多地方都是这样强调机器对社会主义改造的作用。但是，如果不提高农民的觉悟，不改造人的思想，只靠机器，怎么能行？两条道路斗争的问题，用社会主义思想训练人和改造人的问题，在我国是个大问题。农民具有两重性，这是马克思主义历来的观点。《共产党宣言》对这个问题写得蹩脚一点，列宁把这个问题写明确了，斯大林更具体化了。一般地说来，教科书是把这种对农民的具体分析坚持下来的，当然也还有很不够的地方。

教科书说：苏联全盘集体化，在国内消灭了人数最多的剥削阶级即富农阶级。"'谁战胜谁'的问题不仅在城市中而且在农村中也得到了解决，社会主义取得了胜利。在国内，资本主义复辟的最后根源被消灭了。"对最后一句话，毛泽东批注："完全不对。"

12月18日 下午四时半至晚九时，同陈伯达、胡绳、邓力群、田家英继续读《政治经济学教科书》第二十二章《农业的社会主义改造》，并开始读第二十三章《社会主义国民经济体系的建立》。

在读到教科书说苏联第二个五年计划的完成，“解决了社会主义革命中一个极端困难的任务：完成农业的集体化，彻底巩固集体农庄制度”时，毛泽东说：“彻底巩固”这四个字看了不舒服。任何东西的巩固，都是相对的，怎么能彻底？如果从有人类以来，所有的人都不死，都“彻底巩固”下来，这个世界怎么得了？宇宙间、地球上的一切事物，都是不断发生、发展和死亡的，都是不能“彻底巩固”的。人从出生到死之前，是量变的过程，也有部分质变的过程。人死了，人这个整体的最后质变就完成了。这个质变是通过以往的不断的量变，通过量变中的逐步的部分质变而完成的。量变和质变是对立的统一。量变中有部分的质变，不能说量变的时候没有质变；质变是通过量变完成的，不能说质变中没有量变。质变是飞跃，在这个时候，旧的量变中断了，让位于新的量变。在新的量变中，又有新的部分质变。在一个长过程中，在进入最后的质变以前，一定经过不断的量变和许多的部分质变。这里有个主观能动性的问题。如果我们在工作中，不促进大量的量变，不促进许多的部分质变，最后的质变就不能来到。社会主义一定要向共产主义过渡。过渡到了共产主义的时候，社会主义阶段的一些东西必然是要灭亡的。就是到了共产主义阶段，也还是要发展的。它可能要经过几万个阶段。能够说到了共产主义，就什么都不变了，就一切都“彻底巩固”下去吗？难道那个时候只有量变而没有不断的部分质变吗？一切事物总是有“边”的。事物的发展是一个阶段接着一个阶段不断地进行的，每一个阶段也是有“边”的。不承认“边”，就是否认质变或部分质变。建成社会主义，也有一个“边”，要有笔账。例如，工业占多大比重，生产多少钢，人民生活水平多么高，等等。但是，说建成社会主义有个“边”，当然不是说不要进一步过渡到共产主义。社会主义这个阶段，又可能分为两个阶段，第一个阶段是不发达的社会主义，第二个阶段是比较发达的社会主义。后一阶段可能比前一阶段需要更长的时间。经过后一阶段，到了物质产品、精神财富都极为丰富和人们的共产主义觉悟极大提高的时候，就可以进入共产主义社会了。

教科书说，苏联第二个五年计划完成后，“‘谁战胜谁’的问题，无论在城市或农村中都‘完全地、永远地’、有利于社会主义地解决了”。毛泽东批注：“说得太死，不合乎实际。”

在读到教科书说资本主义生产的发展是自发的，“这就不可避免地要造成生产过剩的危机和失业者的增加”时，毛泽东说：这就是酝酿着战争。难道马克思主义政治经济学的原理忽然不灵了吗？难道在世界上还存在着资本主义制度的时候，就能够彻底消灭战争吗？最近，一九五九年，欧洲十几个国家共产党的会议中说，现在出现了永远消灭战争的可能性，出现了把一切物力、财力利用来为全人类服务的可能性。这种说法，没有马克思主义，没有阶级分析，没有把资产阶级和无产阶级区别出来。战争是阶级冲突的一种形式。有阶级就一定有阶级冲突。一般冲突方法解决不了的时候，就必然要用战争的方法来解决。不消灭阶级，怎么能消灭战争？世界大战打不打，不决定于我们。我们不是艾森豪威尔的参谋长，不是麦克米伦〔1〕的参谋长，我们说了不算数。世界大战还是有两种可能性。即使签订了不打仗的协定，战争的可能性也还存在，帝国主义要打的时候，什么协定也不算数。即使两个阵营不打仗，也不能保证资本主义世界内部不

〔1〕 麦克米伦，当时任英国首相。

打仗。帝国主义与帝国主义可能打。帝国主义国家内部资产阶级和无产阶级可能打。帝国主义国家和殖民地、半殖民地现在就在打。历史的规律是，只有经过革命战争才能消灭阶级，只有消灭了阶级才能永远消灭战争。不进行革命战争，要消灭阶级，我们不相信。没有消灭阶级，要消灭战争武器，这不可能。世界上从有历史以来，没有不搞实力地位的事情。任何阶级、任何国家，都是要搞实力地位的。搞实力地位，这是历史的必然趋势。国家是阶级统治的机关，军队是阶级的实力。只要有阶级，就不能不搞军队。当然我们是希望不打世界大战的，我们是希望和平的。我们赞成用极大的努力来禁止原子战争，并且争取两个阵营签订互不侵犯协定。争取十年、二十年的和平，是我们最早提出的主张。如果能够实现这个主张，对整个社会主义阵营，对我国的社会主义建设，都是很有利的。

在读到教科书说“社会主义在苏联的胜利……工人阶级同农民联合在一起……建立了新的社会主义的生产关系”这一段时，毛泽东说：教科书的增订本，在这之后，加了一段，说现在苏联已经不再受资本主义世界包围了。这个说法有使人睡觉的危险。当然，现在的情况，比起只有一个社会主义国家的时候，有了很大的改变。在苏联的西方，有了东欧各社会主义国家；在苏联的东方，有了我们和朝鲜、蒙古、越南这几个社会主义国家。但是，导弹可以打几千公里、万把公里。在整个社会主义阵营的周围，布满了美国的军事基地，这些基地的箭头，都是朝向苏联和社会主义各国的。能够说，现在苏联已经不在导弹的包围之中吗？社会主义阵营已经不在资本主义世界的包围之中吗？

在读到教科书说“在革命前的俄国，文盲占全国九岁和九岁以上人口的百分之七十六”时，毛泽东说：我国在解放前，文盲占人口的百分之八九十。这两个国家都搞成了革命。欧美资本主义国家，文盲很少，甚至没有文盲，一直到现在革命还搞不起来。这个事实的对比，证明了第二国际所说的，无产阶级如果还没有足够数量的现成的能够组织国家管理的文化干部和行政干部，便不能夺取政权和保持政权，是完全错误的。三国时吴国的张昭，是一个经学家，在吴国是一个读书多、有学问的人，可是在曹操打到面前的时候，就动摇，就主和。周瑜读书比他少，吕蒙是老粗，这些人就主战。鲁肃是个读书人，当时也主战。可见，光是从读书不读书、有没有文化来判断问题，是不行的。

教科书说苏联的妇女在一切方面享有同男子平等的权利，男女同工同酬。毛泽东批注："医生、教师，服务行业和邮政这类工作，尽可能都让妇女去做。"

在读到教科书说"社会主义社会根本就没有阶级对抗和民族对抗，它的特点是团结一致，十分稳定"这一段时，毛泽东说：这一段只说社会主义社会的特点是"团结一致，十分稳定"，不说社会主义社会内部的矛盾；说精神上政治上的一致，是社会主义国家强大的社会发展动力，不说社会矛盾是社会发展的动力。这样一来，矛盾的普遍性这个规律，在他们那里被否定了，辩证法在他们那里就中断了。没有矛盾就没有运动。社会总是运动发展的。在社会主义时代，矛盾仍然是社会运动发展的动力。因为不一致，才有团结的任务，才需要为团结而斗争。如果总是十分一致，那还有什么必要不断进行团结的工作呢？

教科书说，一九三六年通过的新的"苏联宪法不仅仅是宣布劳动者有劳动权利，休息权利，受教育权利，年老、患病及丧失劳动能力时获得物质保证的权利，而且采取多种措施，来保证这些权利"。毛泽东批注："最大的权利是管理国家。"在读完整个这一段后，毛泽东说：这里讲到苏联劳动者享受的各种权利时，没有讲劳动者管理国家、管理军队、管理各种企业、管理文化教育的权利。实际上，这是社会主义制度下劳动者最大的权利，最根本的权利。没有这种权利，劳动者的工作权、休息权、受教育权等等权利，就没有保证。毛泽东针对这一段中所说的“社会主义在苏联的胜利就创造了保证劳动者实际享受各种权利的牢固的经济基础。真正的社会主义的民主就表现在这里”，指出：社会主义民主的问题，首先就是劳动者有没有权利来克服各种敌对势力和它们的影响的问题。像报纸刊物、广播、电影这类东西，掌握在谁手里，由谁来发议论，都是属于权利的问题。人民内部有各个派别，有党派性。一切国家机关、一切部队、一切企业、一切文化教育事业掌握在哪一派手里，对于保证人民的权利问题，关系极大。总之，人民自己必须管理上层建筑，不管理上层建筑是不行的。我们不能够把人民的权利问题，了解为国家只由一部分人管理，人民在这些人的管理下享受劳动、教育、社会保险等等权利。毛泽东又说：人民公社由基本队有转变到基本社有的时候，在一部分人中间，会不会发生抵触现象，这个问题值得研究。我们将来实现这个转变的一个决定性的条件，是社有经济的收入占全社总收入的一半以上。在转变的时候，是队共社的产，而不是社共队的产。社员在这种“共产”以后，比在这种“共产”以前有利。这样，估计绝大多数人不会抵触。但是，原来的队干部，那个时候不能像原来那样当家作主了，他们的管理权力势必相对缩小，他们对这种转变会不会抵触呢？我们的社会主义社会，即使消灭了旧的剥削阶级，资产阶级影响还会长期存在，阶级意识形态还会长期存在。社会主义社会的发展过程中，还有一个问题值得注意，这就是“既得利益集团”的问题。每一个时期，总会有这样一部分人，保持旧制度对他们有利，用新制度代替旧制度对他们不利。他们安于已有的制度，不愿意改变这种制度。任何一种新制度的建立，总要对旧制度有所破坏，不能只有建设，没有破坏。要破坏，就会引起一部分人的抵触。

12月19日 下午至晚上，同陈伯达、胡绳、邓力群、田家英继续读《政治经济学教科书》第二十三章《社会主义国民经济体系的建立》，今天读完这一章。

在读教科书这一章的“各民族经济不平等的消灭”这一节后，毛泽东说：苏联的少数民族人口，占全国人口的一半，他们实行加盟共和国、自治共和国的办法。我们这里少数民族人口占百分之六，实行民族区域自治的办法。有些人想援引苏联的办法，在中国成立加盟共和国或自治共和国，这是不对的。

在读到教科书说“在社会主义制度下，没有同共产主义的利益相冲突的阶级和社会团体，所以向共产主义过渡是不通过社会革命完成的”时，毛泽东说：这句话说得不妥当。向共产主义过渡，当然不是一个阶级推翻另一个阶级的统治，但是不能说这不是社会革命。因为一种生产关系代替另一种生产关系，就是质的飞跃，就是社会革命。

在读到教科书讲中国无产阶级和民族资产阶级的联盟的段落时，毛泽东说：解放以后，民族资产阶级走上社会主义改造的道路，这是逼出来的。我们打倒了蒋介石，没收了官僚资本，完成了土地改革，进行了“三反”、“五反”，实现了合作化，从一开始就控制了市场，这一系列的变化，一步一步地逼着民族资产阶级不能不走上接受改造的道路。另一方面，《共同纲领》规定了各种经济成分各得其所，使资本家有利可图的政策；宪法又给了他们一张选票、一个饭碗的保证。这些又使他们感到接受改造就能保持一定的地位，并且能够在经济上、文化上发挥一定的作用。我们对民族资产阶级是拉住它，又整住它。

教科书引述列宁所说的“国家政权如果掌握在工人阶级手

中，通过国家资本主义也可以过渡到共产主义”〔1〕，以及“付给国家资本主义大宗贡款，不仅不会葬送我们，反而会使我们通过这一最可靠的道路走向社会主义”〔2〕。读到这里，毛泽东说：列宁的这几句话讲得很好。列宁是个干实事的人。他在十月革命以后，因为看到无产阶级管理经济没有经验，曾经企图通过国家资本主义的方法来训练无产阶级管理经济的能力。那时候的俄国资产阶级对无产阶级的力量估计错误，不接受列宁的条件，拒绝同无产阶级妥协，逼着俄国无产阶级不得不没收资本家的财产。当时的俄国，困难确实很大，农业被破坏了，商业联系打断了，交通运输不灵了，搞不到原料，不少工厂没收了也不能开工。我们的情况和他们不同，一条是有苏联的存在和帮助，这是一个很大的因素。但是，主要是国内的因素。我们搞了二十二年的根据地政权工作，积累了根据地管理经济的经验，培养了一批管理经济的干部，同农民建立了联盟，从他们那里得到了粮食和原料。所以，在全国解放以后，很快地进行和完成了经济的恢复工作。接着，我们就提出了过渡时期的总路线，把主要力量放在社会主义革命方面，同时开始了第一个五年计划的建设。由于我们没有管理全国经济的经验，所以第一个五年计划的建设，不能不基本上照抄苏联的办法。到生产资料私有制的社会主义改造基本完成以后，我们就提出了建设社会主义的两种方法的问题，在一九五八年正式形成了社会主义建设的总路线。中国的资产阶级和俄国的资产阶级不同。我们历来把中国资产阶级分为两部分，一部分是官僚资产阶级，一部分是民族资产阶级。我们把官僚资产阶级这个大头吃掉了，民族资产阶级这个小头，想反抗也没有力量。他

---

〔1〕 见列宁《答〈曼彻斯特卫报〉记者阿·兰索姆提出的问题》。

〔2〕 见列宁《论“左派”幼稚性和小资产阶级性》。

们看到中国无产阶级力量强大，同时我们又采取适当的政策对待他们，所以在民主革命胜利后，他们就有可能接受社会主义改造。民主革命在全国胜利之日，才是社会主义革命的开始。

在读到教科书说只有在技术改造方面解决了过渡时期的发展生产力、国家社会主义工业化以及建立社会主义物质生产基础这些任务之后，中国的社会主义社会才完全建成时，毛泽东说：建设社会主义，原来要求是工业现代化、农业现代化、科学文化现代化，现在要加上国防现代化。在我们这样的国家，完成社会主义建设是一个艰巨任务，建成社会主义不要讲得过早了。

教科书说："在中国的特殊条件下，社会主义能在国家工业化实现以前，就在所有制方面（包括农村在内）取得胜利，是因为有强大的社会主义阵营存在，有苏联这样高度发展的工业国家的援助。"读到这里，毛泽东说：这段话讲得不对。对于东欧这些国家来说，他们和我们一样，都"有强大的社会主义阵营存在，有苏联这样高度发展的工业国家的援助"这样两个条件，为什么不能在工业化实现以前完成所有制方面（包括农村在内）的社会主义改造呢？其实，在工业化实现以前，就在所有制方面取得胜利，并不是什么"特殊条件下"才有的事情。苏联也是先解决了所有制的问题，然后才实现工业化的。从世界的历史来看，资产阶级工业革命，不是在资产阶级建立自己的国家以前，而是在这以后；资本主义的生产关系的大发展，也不是在上层建筑革命以前，而是在这以后。都是先把上层建筑改变了，生产关系搞好了，上了轨道了，才为生产力的大发展开辟了道路，为物质基础的增强准备了条件。当然，生产关系的革命，是生产力的一定发展所引起的。但是，生产力的大发展，总是在生产关系改变以后。在英国，是资产阶级革命（十七世纪）以后，才进行工业革命（十八世纪末到十九世纪初）。法国、德国、美国、日本，都是经过不同的形式，改变了上层建筑、生产关系之后，资本主义工业才大大发展起来。首先制造舆论，夺取政权，然后解决所有制问题，再大大发展生产力，这是一般规律。在无产阶级革命夺取政权以前，不存在社会主义的生产关系，而资本主义的生产关系，在封建社会中已经初步成长起来。在这点上，无产阶级革命和资产阶级革命有所不同。但是，这个一般规律，对无产阶级革命和资产阶级革命都是适用的，基本上是一致的。

12月20日 为转发中共上海市委十二月十四日关于上海市养猪工作大会情况的报告，起草中央批语："此件很好，转发各省、市、区党委及各地委参考。可登党刊。"并批示："送彭真同志酌办。"报告说：上海召开了全市养猪工作大会，根据主席关于发展畜牧业问题的指示作了动员报告，广泛交流养猪先进经验，经过反复讨论，市委最后确定了明年郊区农村以猪为主的全面发展畜牧业计划，实现一亩地一头猪，并作了具体安排。

12月中旬 阅中共中央办公厅十二月十日编印的《情况简报》一九五九年第二二三号刊载的《黑龙江省各城市基本上实现公社化》的材料，批示："城市人民公社应否普遍推广问题。陈、胡、邓、田、林〔1〕阅，退毛。"材料说：黑龙江省的大中城市和小城镇在去年九月至十一月间，普遍建立了人民公社。现在哈尔滨等八个大中城市的市区和街道实际上已经开始走上政社合一的道路。

同旬 阅中共中央办公厅十二月十四日编印的《情况简报》一九五九年第二三二号刊载的中央财贸工作部关于在最近召开几个会议的安排的报告，批示："各同志〔2〕阅，退毛。四川江油县

〔1〕 陈、胡、邓、田、林，指陈伯达、胡绳、邓力群、田家英、林克。

〔2〕 指陈伯达、胡绳、邓力群、田家英、林克。

工作做得好。”报告列举了最近要召开的几个会议，其中有江油县财政、银行工作现场会议。报告说：江油县银行在农贷工作上，积极帮助公社和生产队解决所需的生产资金和生产资料。在帮助穷队赶富队工作上，派专人常驻穷队，同吃同住同劳动，负责帮助到底。在储蓄工作上，大办食堂储蓄组，帮助群众安排生活开支。县财政部门各级都订了促进生产发展的规划，帮助企业解决产供销中的困难，帮助公社发展多种经营。

12月21日　下午五时至晚九时，同陈伯达、胡绳、邓力群、田家英开始读《政治经济学教科书》第二十四章《生产资料公有制。社会主义生产关系的性质》。

在读到教科书讲社会主义社会的生产力的那几个自然段时，毛泽东说：这一大段讲生产力的问题，没有讲清楚社会主义社会生产力和资本主义社会生产力有什么不同的特点。

在读到教科书讲机械化的最高阶段是生产的自动化这一段时，毛泽东说：我们现在还不一般地提自动化。机械化要讲，但也不要讲得过头。机械化、自动化讲得过多了，会使人们看不起半机械化和土法生产。

在读到教科书说“化学化是提高农作物单位面积产量的最重要的条件。创造丰富的消费品要求国民经济广泛实行化学化”时，毛泽东说：对农业，我们现在不提化学化。一是因为若干年内还不可能生产很多的化肥，已有的一点化肥，只能集中使用于经济作物；二是因为提了这个，大家的眼睛都看着它，就不注意养猪和充分利用农家肥料了。农业生产必须依靠有机肥料，有机肥料和无机肥料相结合。

在读到教科书说“利用原子能是现阶段技术发展的顶峰。苏联是第一个和平利用原子能的国家”时，毛泽东说：现在的国际局势，比第一次世界大战以后的国际局势紧张多了。当时，资本主义还有一个相对稳定时期，除了苏联以外，其他国家的革命都失败了，英国和法国很神气，各国资产阶级对苏联也不那么怕。除了德国的殖民地被剥夺以外，整个帝国主义的殖民体系并没有瓦解。第二次世界大战以后，德、意、日三个帝国主义国家垮台了，英、法也削弱了，衰落了，社会主义革命在十几个国家成功，殖民体系瓦解了。资本主义世界已经再也不能有第一次世界大战后那样的相对稳定了。

在读到教科书说社会主义的生产方式是“在生产力和社会主义生产关系相互作用的基础上，沿着向共产主义过渡的道路向前发展着”时，毛泽东说：这里只是讲了社会主义生产关系和生产力的相互作用，但没有讲它们之间的矛盾。在劳动生产中人与人的关系，也是一种生产关系。在这里，例如领导人员以普通劳动者姿态出现，以平等态度待人，改进规章制度，干部参加劳动，工人参加管理，领导人员、工人和技术人员三结合，等等，有很多文章可做。所有制方面的革命，在一定时期内是有底的，但是人们在劳动生产和分配中的相互关系，总要不断地改进，这方面很难说有什么底。

在读到教科书说“公有制的两种形式的存在是客观的必然性，它反映出工人阶级和农民走向社会主义继而走向共产主义的道路的特点”时，毛泽东说：这里只讲公有制的两种形式的存在是客观的必然性，没有讲集体所有制过渡到全民所有制也是客观的必然性。我们讲集体所有过渡到全民所有是不可避免的客观过程，现在我国有的地方已经开始可以明显地看出来。河北省成安县的一个材料，说有些经济作物区的公社现在很富，积累高达百分之四十五，农民的生活水平也很高。这种情况如果发展下去，不使集体所有制改变为全民所有制，工业和农业就会发生新的矛盾。

12月22日 下午，同陈伯达、胡绳、邓力群、田家英继续读《政治经济学教科书》第二十四章《生产资料公有制。社会主义生产关系的性质》，今天读完这一章。

在读到教科书说“社会主义社会劳动者的个人财产所有权普及于他们的劳动收入、储蓄、住宅、家庭日用品、个人消费品及其他日常设备”时，毛泽东说：在社会主义社会中，归劳动者享受的消费资料，一部分是个人财产，一部分是公共财产，如文化教育、公共医疗、体育等设备，以及如像西湖这样的游览地区。而且，这一部分公共财产，会愈来愈多。

教科书说：“社会主义制度下的剩余劳动是为社会的劳动，它创造剩余产品，即为社会的产品，用来满足社会的需要：扩大生产，建立后备，发展教育和保健事业，赡养老人和丧失劳动力的人，组织国防，等等。”读到这里，毛泽东说：为社会的产品也要分析。一部分是直接用于扩大再生产的。另一部分是用于社会文化教育和福利保健事业的，其目的是增强人的健康，提高人的文化，养育后代，以便扩大劳动力的后备，这一部分可以说是间接用于扩大再生产的。还有一部分，是用于国防这类公共消费的，是非生产性的，但它是为了保证生产和扩大再生产所必需的。教科书没有作这样的分析。

教科书说：社会主义制度下生产关系和生产力的“矛盾不是对抗性的、不可调和的矛盾。因此，事情不会弄到发生经济危机、阶级斗争和社会革命这类冲突的地步。这些矛盾是发展中的矛盾，是社会主义向共产主义逐步过渡的前进道路上的矛盾。充分认识社会经济发展规律的社会主义国家，依靠群众——共产主义建设者的积极活动，能够及时克服产生的矛盾”。读到这里，毛泽东说：这一段很有问题，不如斯大林讲得好。教科书说社会主义制度下的矛盾不是不可调和的矛盾，这个说法不合乎辩证法。一切矛盾都是不可调和的，哪里有什么可以调和的矛盾？只能说有对抗性的和非对抗性的矛盾，不能说有不可以调和的矛盾和可以调和的矛盾。资本主义制度是没落的，社会主义制度不是没落的，所以社会主义制度的矛盾，是前进道路上的矛盾，这点教科书是说得对的。社会主义制度下，虽然没有一个阶级推翻另一个阶级的革命，但是还有革命。技术革命、文化革命，也是革命。从社会主义过渡到共产主义是革命，从共产主义的这一个阶段过渡到另一个阶段，也是革命。共产主义一定会有很多的阶段，因此也一定会有很多的革命。

在读到教科书说社会主义经济规律，随着生产资料的社会主义公有化，“人们成为自己社会经济关系的主人”，“能够完全自觉地掌握和利用这些规律来为整个社会谋福利”时，毛泽东说：把事情说得太容易了。这要有一个过程。规律，开始总是少数人认识，后来才是多数人认识。就是对少数人说来，也是从不认识到认识，也要经过实践和学习的过程。任何人开始总是不懂的，从来也没有什么先知先觉。斯大林自己还不是对有些东西认识不清楚？他曾经说过，搞得不好，社会主义社会的矛盾可以发展到冲突的程度；搞得好，就可以不致发生冲突。斯大林的这些话，讲得好。教科书比斯大林退了一步。要认识事物发展的客观规律，必须进行实践，在实践中必须采取马克思主义的态度来进行研究，而且必须经过胜利和失败的比较。反复实践，反复学习，经过多次胜利和失败，并且认真进行研究，才能逐步使自己的认识合乎规律。只看见胜利，没有看见失败，要认识规律是不行的。

教科书说：由于生产资料公有制的绝对统治，苏维埃国家有可能“对国民经济实行计划领导，执行经济组织的职能。由于生产资料的私人资本主义所有制和资本主义社会经济发展的自发性，资产阶级国家不能起这种作用”。读到这里，毛泽东说：这几句话讲得太绝对了。实际上，资产阶级国家，对他们的经济是起调节作用的，例如美国政府出来干涉钢铁工人的罢工，就是一种调节。

教科书说列宁的经济管理的民主集中制原则是“国家对经济的有计划的集中领导同依靠广大人民群众的主动精神的社会主义民主制度的结合”。毛泽东批注：“好。”

在读到教科书说“工会的使命是要促使劳动者的物质生活与文化需要得到更充分的满足”时，毛泽东说：教科书不讲工会的主要任务是发展生产，不讲如何加强政治教育，只偏重讲福利。

在读到教科书说社会主义国家要同社会主义法制的破坏者，妨碍迅速发展生产和不断提高人民生活水平的一切惰力、各种落后和守旧的现象，作坚决的斗争时，毛泽东说：这一段讲得有点神气。要上层建筑干什么？就是为了对经济基础起作用。政治是经济的集中表现。

在读到教科书说批评和自我批评“是社会主义社会发展的强大动力”时，毛泽东说：这个说法不妥当。矛盾才是动力，批评和自我批评是解决矛盾的方法。

12月23日 下午五时十五分至晚七时十分，同陈伯达、胡绳、邓力群、田家英读《政治经济学教科书》第二十五章《社会主义的基本经济规律》，今天读完这一章。

在读到教科书说“社会主义的基本经济规律使居民日益增长的有支付能力的需求能够同可以满足这种需求的日益增长的生产合理地协调起来”时，毛泽东说：人们生活的需要，是不断增长的。需要刺激生产的不断发展，生产也不断创造新的需要。人们对粮食的需要，在数量方面总不能是无限制的，但是在品种方面也会变化。

在读到教科书说生产生产资料的部门比生产个人消费品的部

门优先发展的经济规律，对社会主义有特别的意义时，毛泽东说：生产资料优先增长的规律，是一切社会扩大再生产的共同规律。资本主义社会如果不是生产资料优先增长，他们的社会生产也不能不断增长。斯大林把这个规律具体化为优先发展重工业。斯大林的缺点是过分强调了重工业的优先增长，结果在计划中把农业忽略了。前几年东欧各国也有这个问题。我们把这个规律具体化为：在优先发展重工业的条件下，工农业同时并举。我们实行的几个同时并举，以工农业同时并举为最重要。

在读到教科书说“在社会主义国民经济中，能够在一切企业里毫无阻碍地推广科学的最新成就、技术发明和先进经验”时，毛泽东说：这里说“毫无阻碍地推广”先进经验，可不一定。武汉长江大桥的设计者，在苏联不给他任何实验的机会，到了中国，我们把长江给他实验，成功了，才引起他们部长的注意，到中国来总结经验。在社会主义社会中，正如斯大林所说的，还有“学阀”，他们控制科学研究机关，压制新生力量，因此先进经验也不是毫无阻碍地得到推广的。书中的这种说法，实际上是不承认社会主义社会中有矛盾。任何新的东西出来，或者因为不习惯，或者因为不了解，或者因为同一部分人的利益有抵触，它总是不可避免地要遇到阻碍。当然，社会主义社会里阻碍新东西的这种情形，同资本主义社会是有所不同的。

在读到教科书说劳动者“在资产阶级制度下他们的智慧和才能是不可能发挥的”时，毛泽东说：这种说法缺乏历史观点。工人比起奴隶和农民来，他们的才能总要发挥得好些。资产阶级普及了教育，创造了现在这样的学校，这对于劳动者的智慧的增长和才能的发挥是有帮助的。当然，他们的目的是训练一批文明的奴隶，来为他们狭隘的阶级利益服务。因此，在资本主义制度下，劳动者才能和智慧的发挥是受到很大限制的。

12月24日—26日　每天下午，同陈伯达、胡绳、邓力群、田家英继续读《政治经济学教科书》。这三天读了第二十六章《国民经济有计划按比例发展的规律》和第二十七章《社会主义制度下的社会劳动。劳动生产率不断提高的规律》的大部分。

教科书第二十六章中说："社会主义的特点就是计划性，根据列宁的定义，这种计划性意味着经常地自觉地保持着比例"。"自发性和自流性是同生产资料公有制的存在不相容的"。读到这里，毛泽东说：恩格斯说，在社会主义制度下，"按照预定计划进行社会生产就成为可能"。这是对的。资本主义社会里，国民经济的平衡是通过危机达到的。社会主义社会里，有可能经过计划来实现平衡。但是也不能因此就否认我们对必要比例的认识要有一个过程。教科书说"自发性和自流性是同生产资料公有制的存在不相容的"，可以这样说，但是不能认为社会主义社会里就没有自发性和自流性。我们对规律的认识，不是一开始就是完善的。认为对比例关系的认识，不要有个过程，不要经过成功和失败的比较，不要经过曲折的发展，这都是形而上学的看法。自由是对必然的认识并根据对必然的认识成功地改造客观世界。这个必然不是一眼就能看穿看透的。拿我们自己的经验来说，开始我们也不懂得搞社会主义，以后在实践中逐步有了认识。认识了一些，也不能说认识够了。教科书说，"计划性意味着经常地自觉地保持着比例"。这里的"经常"、"自觉"，如果当做任务来提，是对的，但要实现这个任务是不容易的。平衡了又不平衡，按比例了又不按比例，这种矛盾是经常的、永远存在的，教科书不讲这个观点。既然按比例和不按比例、平衡和不平衡的矛盾永远存在，这就告诉我们，任何时候都不要满足，任何时候都会有新的问题提出来要求我们解决。要使我们的人民和干部懂得这一点。这和全国人民的精神状态关系极大。这几年来，我们国家和人民的朝气大发扬，无论如何要永远保持下去。列宁说过，唯物主义者最“唯心”。他们最能够刻苦，最不怕死。金钱是物质，可是金钱收买不了唯物主义者。他们有最伟大的理想，因此他们有顽强的战斗性。

教科书说，苏联从一九二五年到一九五七年，生产资料的生产增加九十三倍以上，而消费品的生产增加十七点五倍，消费品生产的增长速度还不能适应居民对这些消费品的日益增长的需要。读到这里，毛泽东说：九十三同十七点五的比例，是否对发展重工业有利。这么多年来，消费品生产只增长了那么一些，为什么在这个问题上又不讲“物质刺激”呢？要使重工业迅速发展，就要大家都有积极性，大家都高兴。而要这样，就必须使工业和农业同时并举，轻重工业同时并举。

教科书说：“全国通盘有计划地配置工业，保证在以往落后的农业地区建立新城市和工业中心，使农业接近于工业，从而消灭城乡间的本质差别。”毛泽东批注：“好，我们注意了这个问题，到处动手办工业。”

在教科书讲世界社会主义体系各国的经济合作问题，以及还必须估计到社会主义和资本主义两个世界体系之间的经济关系的发展处，毛泽东批注：“不搞关门主义，是对的。”

在读到教科书说“群众积极参加完成和超额完成国民经济发展计划的斗争，这是加快共产主义社会建设速度的最重要的条件之一”时，毛泽东说：这里把群众的斗争只看做重要条件之一的说法，违背了“人民群众是历史创造者”这个马克思主义的原理。无论如何，不能认为历史是计划工作人员创造的，而不是人民群众创造的。这本书看起来是书生的话，不像革命家的话。文章不讲逻辑，甚至形式逻辑也不讲，表明经济学家不懂经济实践，他们对经济问题不很内行。

教科书说："发展社会主义生产的经济杠杆运用得越多，特别是有利于提高劳动生产率、改进生产组织、掌握现有技术和采用新技术的物质鼓励因素运用得愈多，这种斗争所收的效果就愈大。"读到这里，毛泽东说：这本书很多地方一有机会就讲个人物质利益，好像总想用这个东西来引人入胜。钱能通神。这本书没有体系，可是在这点上却有体系。他们说，这个问题和个人物质利益有关，那个问题也和个人物质利益有关。似乎离开了个人物质利益，就什么事也办不成。试问达尔文的进化论是物质鼓励出来的吗？这样强调个人物质利益原则，反映了他们相当多的经济工作人员和领导人员的精神状态，也反映了他们不重视政治思想工作。在这一种情况下，不靠他们的所谓物质鼓励，他们就没有别的办法了。各尽所能，按劳分配，前一句话是讲要尽最大努力来生产。为什么把这两句话分割开来，总是片面地讲物质鼓励呢？在他们那里，唯物主义者就成为不战斗的了。

对教科书说"列宁的民主集中制原则与官僚主义集中制毫无共同之处。计划领导的过分集中，不充分了解和考虑地方条件和可能性而企图由中央编制一个无所不包的计划，以及对待计划工作的狭隘本位主义，都会造成各种错误，束缚地方的主动性"这一段，毛泽东批注："批评得好。"

教科书说，工业和建筑业管理的改组，"进一步扩大了加盟共和国在有计划领导国民经济方面的权力"。毛泽东批注："这本书有个好处，把地方分权写进去了。"

教科书说："在资本主义制度下，技术的发展极不平衡，必然加深生产中的比例失调现象，与此相反，社会主义计划经常保证根据国民经济的需要有计划地发展科学和技术。"读到这里，毛泽东说：这段写得不对，既否认了资本主义制度下的某种平衡，也否认了社会主义制度下的某种不平衡。资本主义技术的发展，有不平衡的方面，也有平衡的方面。问题是他们这种平衡和不平衡，同社会主义制度下的平衡和不平衡，在性质上不同。特别值得注意的，新的技术部门出现以后，技术发展不平衡的状况更加显著，例如我们现在要搞尖端技术，就感到许多东西不相适应。教科书没有接触到社会主义生产发展的波浪式前进。说社会主义经济的发展一点波浪也没有，这是不可能设想的。任何事物的发展都不是直线的，而是螺旋式地上升，也就是波浪式发展。平衡是对不平衡来说的，没有了不平衡，还有什么平衡？事物的发展总是不平衡的，因此有平衡的要求。平衡和不平衡的矛盾，在各方面、各部门、各个部门的各个环节都存在，不断地产生，不断地解决。计划常常要修改，就是因为新的不平衡的情况又出来了。教科书关于国民经济有计划按比例地发展的规律这一章写得很长，但是没有提出平衡和不平衡的矛盾。

在读到教科书将战后苏联和社会主义阵营各国的社会主义经济有计划地高速度发展同美国经济的发展遭受到经济危机进行对比这一段时，毛泽东说：找一个国家来比赛，这个办法很有意义。这是政治鼓舞，不是物质刺激。我们提出赶英国，第一步按主要产品产量来赶，下一步按人口平均的产量来赶。造船业、汽车制造业，我们还比他们落后得很远，我们一定要争取赶过他们。日本这样小的国家，都有四百万吨商船，我们这么大的国家，没有强大的船队怎么能行。现在具体情况变化了，资本主义的经济危机规律仍然存在。资本主义各国之间发展不平衡，在一个国家内部也是发展不平衡。社会主义国家的经济能够有计划按比例地发展，使不平衡得到调节，但是不平衡并不消失。“物之不齐，物之情也”〔1〕。因为消灭了私有制，可以有计划地组织经

〔1〕 见《孟子·滕文公上》。

济，所以就有可能自觉地掌握和利用不平衡是绝对的、平衡是相对的这个客观规律，以造成许多相对的平衡。生产力和生产关系之间、生产关系和上层建筑之间的矛盾和不平衡是绝对的。上层建筑适应生产关系，生产关系适应生产力，或者说它们之间达到平衡，总是相对的。平衡和不平衡这个矛盾的两个侧面，不平衡是绝对的，平衡是相对的。如果只有平衡，没有不平衡，生产力、生产关系、上层建筑就不能发展了，就固定了。矛盾、斗争、分解是绝对的，统一、一致、团结是相对的，有条件的。有了这样的观点，就能够正确认识我们的社会和其他事物；没有这样的观点，认识就会停滞、僵化。我们要以生产力和生产关系的平衡和不平衡、生产关系和上层建筑的平衡和不平衡，作为纲，来研究社会主义社会的经济问题。政治经济学研究的对象主要是生产关系，但是要研究清楚生产关系，就必须一方面联系研究生产力，另一方面联系研究上层建筑对生产关系的积极作用和消极作用。这本书提到了国家，但没有加以研究，这是这本书的缺点之一。当然，在政治经济学的研究中，生产力和上层建筑这两方面的研究不能太发展了。生产力的研究太发展了，就成为自然科学、技术科学了；上层建筑的研究太发展了，就成为阶级斗争论、国家论了。马克思主义三个组成部分中的科学社会主义部分所研究的，是阶级斗争学说、国家论、党论、战略策略，等等。世界上没有不能分析的事物，只是：一、情况不同；二、性质不同。许多基本范畴，特别是对立统一的法则，对各种事物都是适用的。这样来研究问题、看问题，就有了一贯的完整的世界观和方法论。这本教科书就没有运用这样一贯的、完整的世界观和方法论来分析事物。

在读完第二十七章第一节“社会主义制度下劳动的性质”的前六段后，毛泽东说：社会主义社会要有“物质鼓励”和“精神鼓励”。“精神鼓励”拿老子的话来说，就是要“尚贤”，但“尚”得过头了，也像“物质鼓励”过头了一样，会变成个人主义。说社会主义社会中，人的地位只决定于劳动和个人的能力，这个提法不妥。聪明人往往出于地位低、被人看不起、受过侮辱的人中，社会主义社会中也不例外。屈原如果继续做官，他的文章就没有了。正是因为开除“官籍”、“下放劳动”，才有可能接近社会生活，才有可能产生像《离骚》这样好的文学作品。知识都是经过困难、经过挫折得来的。人这种动物有一种毛病，就是看不起别人。只看见自己的长处，看不见别人的长处；有了点成就的人，看不起还没有成就的人。大国富国看不起小国穷国。西方国家历来看不起俄国。中国现在还处在被人看不起的地位，这是有理由的，因为我们还不行。这么大的国家，只有这么一点钢，人民生活水平这么低，有这么多文盲。人家看不起我们，对我们有好处，逼着我们努力，逼着我们进步。教科书上说，物质刺激“使生产增加”。但是物质刺激不一定每年都增加。人不一定天天、月月、年年都要靠物质刺激，人们一样要干，而且还干得很好。教科书把物质刺激片面化、绝对化，不把提高觉悟放在重要地位，这是很大的原则性错误。拿八级工资制来说，他们不能解释同一级工资中间，为什么人们的劳动有几种不同的情况。

在读到教科书说“一个工作者如果具有高度技术或更为勤勉和积极主动，他就能在单位时间内在同样的条件下创造出较多的产品”时，毛泽东说：工作者是否更为勤勉、积极、主动，决定于政治觉悟的高低。有的人文化技术水平高，可是不勤勉，不积极主动；另外一些人文化技术水平虽然低些，可是更为勤勉，积极主动。原因就是前一部分人觉悟低些，后一部分人觉悟高些。

教科书说："在社会主义阶段，使工作者从个人的物质利益上关心劳动结果是刺激生产发展的决定因素之一。……利用每个工作者从物质利益上对劳动结果的关心是社会主义经营的根本方法之一。"读到这里，毛泽东说："决定因素之一"、"根本方法之一"，这个提法可以赞成。但是当做决定性动力，就不对了。要保证人们吃饱饭，然后人们才能继续生产。没有这一条是不行的。物质利益是一个重要原则，但总不是唯一的原则，总还有另外的原则，教科书中不也是常说"精神鼓励"原则吗？同时，物质利益也不能单讲个人利益、暂时利益、局部利益，还应当讲集体利益、长远利益、全局利益，应当讲个人利益服从集体利益，暂时利益服从长远利益，局部利益服从全局利益。他们现在强调的是个人、暂时、局部的利益，不强调集体、长远和全局的利益。

在教科书引述列宁所说的"劳动生产率，归根到底是保证新社会制度胜利的最重要最主要的东西"[1]处，毛泽东批注："对。"在读完教科书这一段后，毛泽东说：苏联的工农业劳动生产率，现在还没有超过美国，我们则差得更远。人口虽多，但是劳动生产率远远比不上人家，还要继续紧张地努力若干年，分几个阶段，把我们的国家搞强大起来，使我们的人民进步起来。经济的发展，人口的多少是个因素。美国在资本主义世界中经济发展最快，有六千多万人就业，是一个重要的原因。

在读到教科书说"机器和生产过程的经常的技术革新是提高劳动生产率的无穷的泉源"时，毛泽东说：资本主义提高劳动生产率，主要靠技术进步。社会主义提高劳动生产率靠技术加政治。我国资本主义虽然不发达，但是也有几十年的历史，形成了

〔1〕 见列宁《伟大的创举》。

像上海、辽宁、天津、重庆这样的工业基地。这些地方在出技术、出工人方面有很大的作用。

在读到教科书说“合理的分配和使用社会劳动资源，经常提高劳动者的文化技术水平，可以保证社会劳动生产率的大大提高”时，毛泽东说：提高劳动生产率，一靠物质技术，二靠文化教育，三靠政治思想工作。后两者都是精神作用。

教科书说：“苏联过去按照部门原则组织工业和建筑业的管理，结果使各部门所属企业的专业化和协作化的发展受到限制……按照地区原则改组了工业和建筑业的管理以后，就可以更充分地利用社会分工以节约劳动和加速生产发展。”读到这里，毛泽东说：一切企业专门由条条来管，会产生很大的片面性。我们现在中央直属的企业只占百分之二十，其他的都归各级地方管，就避免了这种片面性。我们的教育也由中央和地方分管，现在的问题是，地方管的高等学校太少，科系不完全。以后要举办一些完全由地方自行分配学生的高等学校，开始可以成立这样的班或系。毛泽东还说：李斯的《谏逐客书》，有很大的说服力。那时候各国内部的关系，看起来是领主和农奴的关系，每个家族都有自己的战车、武士，一个国家统一的程度，还不如达赖时的西藏，因为西藏的武装还是统一的。为了搞经济学，要参考一下古代人怎样搞学问。像《史记》这样的文章和后来人对它的注释，都很严格、准确。裴松之注《三国志》，收集了很多的资料。

在读到教科书说“由于剥削的消灭，脑力劳动者和体力劳动者之间的关系根本改变了。……由此就产生出体力劳动者和脑力劳动者旨在不断改进生产的创造性的合作”这一段时，毛泽东说：这段的最后一句话讲得好。要达到这个目的，就要做工作。我们的经验，如果干部不放下架子，不同工人打成一片，工人就往往不把工厂看成自己的，而看成干部的。干部的老爷态度使工人不愿意自觉地遵守劳动纪律，而且破坏劳动纪律的往往首先是那些老爷们。不能认为，在社会主义制度下，不用做工作，就自然会出现劳动者和企业领导人员的创造性合作。

12月27日 阅中共中央办公厅十二月二十二日编印的《情况简报》一九五九年第二五八号后，批示："此件极好。各同志[1]阅。上午看过，下午讨论一下。用后直接退毛。请田家英同志找人民公社北戴河、武昌两个决议，下午带来，为盼。"这期简报刊载三篇材料：《东北三省已有少数公社、生产队过渡为全民所有制或基本社有制》、《四川省顺江人民公社实行基本社有制的情况和向全民所有制过渡的三年规划》、《广西柳州地委提出从十个方面发展社有经济》。在第一篇材料谈到东北三省"估计大多数公社在两三年之后社有经济就可以占取优势"处，毛泽东批注："问题：五年社有化，十年国有化，是否有可能呢？"

同日 阅一份介绍关于老子哲学是唯物主义还是唯心主义的争论情况的材料，批示："印十份，交我为盼。高智办。"这份材料说：在认为老子哲学基本上是唯物主义的人当中，一些人认为老子的自然观是唯物的，未涉及老子的认识论；另一些人认为老子的自然观和认识论都基本上是唯物的。而认为老子哲学基本上是唯心主义的人，则认为老子的自然观和认识论都是唯心的。双方从老子书中引证的话，一部分是相同的，但所作的解释各不相同，另一部分是各不相同的。材料对双方引证的话作了介绍。

同日 阅中共江苏省委十二月二十二日关于生猪发展情况的报告，批示："彭真同志：此件很好，请用中央名义转发各省、市、区党委参考。用后退毛。"江苏的报告说：省委在十一月下旬召开的地、市、县委第一书记会议上，对于发展生猪生产问

---

〔1〕 指陈伯达、胡绳、邓力群、田家英、林克。

题，提出的奋斗目标是：一九六〇年全省各地分别达到一亩一头猪、一人一头猪、三人两头猪、二人一头猪、一户一头猪。经过采取一系列的措施，目前发展生猪生产已经在全省范围内形成了一个新的高潮。运动的主要特点是：猪子数量增长快，尤其是集体养猪有了猛烈的发展，上市量也大大增加。

12 月 28 日 下午至晚上，同陈伯达、胡绳、邓力群、田家英继续读《政治经济学教科书》第二十七章《社会主义制度下的社会劳动。劳动生产率不断提高的规律》，并开始读第二十八章《社会主义制度下的商品生产、价值规律和货币》。

教科书说："社会主义生产服从于不断提高全体人民物质福利的目的，这是提高劳动生产率和改进生产的取之不尽的泉源。"毛泽东批注："好，社会主义生产服从于需要。"

在读到教科书说"劳动者由于工作中的成就，不仅得到物质奖励，而且得到勋章和奖章，由于杰出的革新活动，更得到社会主义劳动英雄的称号和列宁奖金"时，毛泽东说：这里说的"得到勋章和奖章"、"劳动英雄的称号"等等，也就是"尚贤"。到了共产主义以后，"尚贤"恐怕也还要继续下去。产品按需分配了，物质刺激也还有那么大的作用吗？先进和落后这两部分人，在任何时期都是存在的。分别这两部分人，就是一个"尚贤"的问题。"社会主义竞赛"这一节，一般写得不错。引用的斯大林的话也好。斯大林讲了先进者给予落后者以帮助，求得普遍的提高。普遍提高之后，仍然有先进和落后的矛盾，又要求进一步的普遍提高。这一节的缺点是没有讲政治。他们还有这样的意思，竞赛所以能成为最大的动力，还靠物质刺激这一条。他们老是提物质刺激，原因是政治太弱。我们要教育人民，不是为了个人，而是为了集体，为了后代，为了社会前途，而努力奋斗。要使人民有这样的觉悟。历史上许多资产阶级革命家英勇牺牲，他们也不是为个人的眼前利益，而是为他们这个阶级的利益，为这个阶级的后代的利益。

12月29日 下午四时半至晚九时，同陈伯达、胡绳、邓力群、田家英继续读《政治经济学教科书》第二十八章《社会主义制度下的商品生产、价值规律和货币》，并开始读第二十九章《按劳分配的经济规律。社会主义制度下的工资》。

在读到教科书说“苏维埃国家的一切主要经济问题以及政治问题，都是同价格问题交错在一起的”时，毛泽东说：调整价格，就是调整工人和农民之间、生产者和消费者之间的经济关系和政治关系。过去我们提高生猪、油料、蚕丝的收购价格，最近又准备提高粮食的收购价格，都是属于调整这些关系的范围。

在读到教科书说“某些经济学家认为在社会主义经济中价值规律也起生产调节者的作用……问题不在于使价值规律具有广阔的活动场所，并使之成为社会主义生产的调节者，而在于把这个规律用作对国民经济实行计划领导的经济杠杆”这一段时，毛泽东说：这段正确，有批评，有议论。价值规律作为计划工作的工具，这是好的，但是，不能把价值规律作为计划工作的主要根据。我们搞大跃进，就不是根据价值规律的要求来搞的，而是根据社会主义经济的基本规律，根据我国扩大再生产的需要来搞的。如果单从价值规律的观点来看我们的大跃进，就必然得出“得不偿失”的结论，就必然把去年大办钢铁说成是无效劳动、土钢质量低、国家补贴多、经济效果差，等等。从局部、短期看，大办钢铁好像是吃了亏，但是从整体、长远来看，这是非常值得的。因为经过大办钢铁的运动，把我国整个经济建设的局面打开了，在全国建立了很多新的钢铁基地和其他工业的基地，这样就使我们有可能大大加快建设速度。多发展农业和轻工业，多为重工业创造一些积累，从长远来看，对人民是有利的。只要农民和全国人民了解到，国家在买卖农产品和轻工业品方面赚的钱是用来干什么的，他们就会赞成，不会反对。农民自己已经提出了农业支援工业的口号，就是证明。当然，赚钱不能过分，工农业产品的交换不能够完全等价，但要相当地等价。总之，我们是计划第一，价格第二。当然，价格问题是我们要注意的。

教科书说："马铃薯、蔬菜、奶类、肉类和谷物的过低的收购价格和采购价格，在某一时期曾经阻碍了这些产品的生产。一九五三年至一九五八年，大大提高了这些产品的收购价格和采购价格，这对于增加这些产品的生产是一个很重要的刺激。"毛泽东批注："这个'物质刺激'不反对。"

教科书说："由于有了经济核算，就能够利用价值规律的作用，来刺激提高劳动生产率、采用新技术、降低成本和提高生产赢利。"毛泽东批注："这样就有奔头了，好。"

在读到教科书说"由于掌握了价值规律，它在社会主义经济中所起的作用就不会带来像在资本主义制度下发生危机的那种毁灭性后果"时，毛泽东说：这一段把价值规律的作用夸大了。资本主义的危机，是由它所有制性质决定的，而不是价值规律决定的。在社会主义社会里，所以没有危机及其"毁灭性后果"，主要不是由于我们掌握了价值规律，而是由于社会主义的所有制、社会主义经济的基本规律、全国有计划地进行生产和分配、没有竞争和无政府状态等。

教科书说："熟练劳动的报酬较高……这就刺激劳动者提高文化和技术水平，使脑力劳动和体力劳动间的本质差别逐渐消失。"毛泽东批注："根本上靠生产的发展。"

教科书说："劳动生产率的水平愈高，工资的水平也愈高。但是，劳动生产率的增长应当超过工资的增长。"毛泽东批注："好。"

同日　复信周世钊："信及诗收读，甚快。我尚好。某先生楚辞，甚想一读。请你代候蒋竹如[1]兄。又请你代候曹子谷[2]先生，谢谢他赠诗及赠南岳志。”

同日 复信钟学坤[3]：“信收到了，谢谢你。九派，湘、鄂、赣三省的九条大河。究竟哪九条，其说不一，不必深究。三吴，古称苏州为东吴，常州为中吴，湖州为西吴。我甚好，谢谢你的关心。你的工作和学习如何？尽心工作，业余学习，真正钻进去，学一点真才实学，为人民服务，是为至盼！”

同日 复信孙燕[4]：“你妈妈的信和你的信，都收到了，感到高兴。望你们好。有困难告诉我。不要来京，我很忙的。问你妈妈好，祝她健康。”

12月30日 晨，写信给李讷[5]：“病好了没有？想你。要读浅近书，由浅入深，慢慢积累。大部头书少读一点，十年八年渐渐多读，学问就一定可以搞通了。我甚好。每天读书、爬山。读的是经济学。我下决心要搞通这门学问。天寒，善于保养，不要再患感冒。”

同日 下午六时至晚十时，同陈伯达、胡绳、邓力群、田家英继续读《政治经济学教科书》第二十九章《按劳分配的经济规律。社会主义制度下的工资》，并开始读第三十章《经济核算和

---

〔1〕 蒋竹如，毛泽东在湖南省立第一师范学校读书时的同学。

〔2〕 曹子谷，即曹典球，当时任湖南省政协常委、湖南省文史研究馆副馆长。

〔3〕 钟学坤，当时是庐山疗养院护士。1959年庐山会议期间，曾在毛泽东处做保健工作，得到毛泽东书赠的一幅《七律·登庐山》手迹。同年9月，她写信向毛泽东问好，并求教这首诗中的一些词语。

〔4〕 孙燕，陈玉英的女儿。陈玉英1926年冬到毛泽东和杨开慧家里当保姆，1930年10月随杨开慧一起被国民党反动派逮捕，在狱中同敌人作了不屈的斗争。

〔5〕 李讷，毛泽东的女儿。当时在北京大学历史系学习。

盈利。成本和价格》。

在读到教科书讲社会主义国家一贯实行降低人民消费品价格的政策和苏联在一九四七年到一九五七年间将日用品零售价格的总水平差不多降低了百分之五十六点五的这两段时，毛泽东说：这两小段中，有两个问题值得研究。一个是消费品价格的问题。教科书说他们的办法是降低物价，我们的办法是稳定物价，一般的不涨也不降。我国工资水平虽然比较低，但是普遍就业，物价低，房租低，不收所得税；前几年发了公债，现在停发了，职工的生活并不坏。究竟是不断地普遍地降低物价好，还是一般的不涨不降好，这是值得研究的问题。另一个是轻重工业品的比价问题。他们是重工业品价格低，轻工业品价格高。相对说来，我们是轻工业品价格低，重工业品价格高。为什么这样，究竟怎样才好，也值得研究。

在读到教科书说“苏联的工作日比革命前的俄国大为缩短”时，毛泽东说：关于缩短工作日的问题。鞍钢有的生产单位，曾经做过一个试验，把三班制改成四班制，六小时比八小时的效率还高一点。原因是精力更集中。英国在资本主义发展的过程中，在工人争取八小时工作制的时候，资产阶级曾经做过调查，证明八小时工作比更多时间的工作，效率更高，这样对资本家更有利，他们也就赞成了。教科书最近的增订本，加了免费分配的意思，并且说这部分会愈来愈扩大。〔1〕这个意思好。这种免费分

〔1〕苏联科学院经济研究所编的《政治经济学教科书》第3版增订本中说：“在社会主义条件下，很大的、日益增长的一部分物质财富和文化财富在社会成员中的分配并不取决于他们劳动的数量和质量，并不包括在工资以内，也就是说，是免费分配。”“随着社会主义社会向共产主义的过渡，物质财富和文化财富免费分配形式的意义和作用在社会成员福利的增长中将逐渐提高。”

配，具有共产主义的性质。

教科书说“经济核算是进行有计划的经营的形式”。毛泽东批注：“两种制度的经营方法虽然不同，但社会主义企业不能不算账、不计盈利。”

在读到教科书说“在基本建设中，巩固经济核算制，缩短建设期限，反对分散建设资金，对于加快社会主义经济的发展速度具有巨大的意义”时，毛泽东说：反对分散建设资金，如果是说建设单位搞得过多，因而都不能按期竣工，这当然是要反对的。如果因此就反对建设中小型企业，那就不对。我国新的工业基地，主要是在一九五八年大量发展中小型企业的基础上建立起来的。今后钢铁工业在建设一些大型基地的同时，还要建设一批中型和小型的钢铁基地。过去的中小型企业对钢铁工业的发展起了很大的作用，拿一九五九年来说，全国全年生产的生铁是二千多万吨，其中一半是由中小型生产的。今后中小型钢铁企业对钢铁工业的发展还要起很大的作用。许多小的会变成中的，许多中的会变成大的，同落后的会变成先进的、土法的会变成洋法的一样，这是客观发展的规律。

在读到教科书说“要求在最先进的技术基础上建设新的企业”时，毛泽东说：我们要采用先进技术，但不能因此否定落后技术在一定时期的必不可免性。

同日　复信陈云：“信收到。病有起色，十分高兴。我走时，约你一叙，时间再定。心情要愉快，准备持久战，一定会好的。”陈云十二月十九日来信说：我是十月一日到杭州的，已经快要八十天了。身体情况比之九月初在北京见你时有了进步，但是进步程度还不快。今年五月二十三日病复发到现在已经休息六个多月，目前还不能工作，只能待我身体能工作时再工作，特此报告。在你离开杭州前如果你有空，我来看你一次，何时有空请通知我。

同日 为经中共中央批准、在中国人民解放军总政治部领导下编辑的回忆中国人民革命战争的大型丛书题写书名：星火燎原。

12月31日 下午，同陈伯达、胡绳、邓力群、田家英继续读《政治经济学教科书》第三十章《经济核算和盈利。成本和价格》，今天读完这一章。

教科书说，苏联重工业品的价格在大多数情况下都低于价值，重工业所创造的一部分纯收入就转入按这种比较低的价格买得生产资料的轻工业和食品工业，而在消费品的价格中得到实现。读到这里，毛泽东说：苏联重工业品的批发价格定得低，可能有它的经济原因，这就是他们的重工业机械化水平高，工人用得少，产品成本低。也可能是重工业是在命令主义的方法下建设起来的，大家不那么关心，不那么积极，又不提高觉悟，结果使搞重工业的人感到横竖是国家的事情，谁也不愿意、不用心去搞经济核算，结果使重工业不能赢利，需要国家补贴。他们的轻工业品的价格高，会不会使这种产品的市场不能迅速扩大？如果不能迅速扩大，那末这样总的算起来，积累的资金不是更多而是更少，反过来，妨碍重工业的发展。这些问题，都要好好研究。要做调查，找些人谈谈，也可以考虑派个代表团去苏联研究研究。

同日 阅胡乔木本日晨七时送审的《人民日报》元旦社论稿《展望六十年代》。社论稿说："中国人民的奋斗目标是，在新的十年间，要在主要工业产品的产量方面赶上或者超过英国，基本上建立起完整的工业体系，基本上实现工业、农业和科学文化的现代化，从而把中国建成为一个强大的社会主义国家。诚然，就在那时，中国的工农业产品按人口计算起来，水平也还不高或者不很高。"毛泽东将其中的"不高或者不很高"改为"是很低的，同英国比较起来，还是很落后的”。

12月 作《七律·读报》：“托洛茨基到远东，不和不战逞英雄。列宁竟撇头颅后，叶督该拘大鹫峰。敢向邻居试螳臂，只缘自己是狂蜂。人人尽说西方好，独惜神州出蠢虫。”

同月 作《七律·读报》：“西海而今出圣人，涂脂抹粉上豪门。不知说了啥些事，但记西方是友朋。举世劳民尊匪盗，万年宇宙绝纷争。列宁火焰成灰烬，人类从兹入大同。”

同月 作《七律·改鲁迅诗[1]》：“曾警秋肃临天下，竟遣春温上舌端。尘海苍茫沉百感，金风萧瑟走高官。喜攀飞翼通身暖，苦坠空云半截寒。悚听自吹皆圣绩，起看敌焰正阑干。”

同月 对新华社十二月一日编印的《内部参考》第二九二三期刊载的《湖北省委召集五个公社工业书记座谈公社工业问题》的报道，批示：“此文请阅，送各同志[2]。退毛。”报道说：十月下旬召集的这次座谈会认为，公社工业具有巨大的优越性，主要表现在有力地支援农业生产、支援国家建设、增加公社资金的积累。一九六〇年公社工业的发展方针应当是，集中力量为农业生产大跃进服务，以农具和农产品加工工业为重点，全面提高和发展。

同月 阅十二月五日编印的《经济消息》第五十三期，批示：“伯达、林克、胡、邓、田阅，退毛。此期全部可阅。”这期刊物登载有《大跃进的、协调的、看涨的计划》、《钢铁煤炭计划第一本账已经超额完成》、《城市副食品生产的任务》、《关于养猪

〔1〕 鲁迅原诗《亥年残秋偶作》为：“曾惊秋肃临天下，敢遣春温上笔端。尘海苍茫沉百感，金风萧瑟走千官。老归大泽菰蒲尽，梦坠空云齿发寒。竦听荒鸡偏阒寂，起看星斗正阑干。”

〔2〕 指陈伯达、胡绳、邓力群、田家英、林克。

好处的一笔大账》、《解决木材不足问题的重要途径》、《各地大办土铁路》、《发展有色金属工业生产的大好形势》、《农村“五冬”工作进入高潮》、《有些职工对工业生产运动有错误看法》等报道。

同月 阅十二月七日编印的《外事动态》第一一五期刊载的由外交部礼宾司提供的《各国驻华使节、外交官在河北、河南参观的反应》的报道，批示：“一个有兴趣的报道，宜一看。送各同志阅。退毛。”报道说：外交部根据周总理的指示，组织各国驻华使节、外交官于十一月十二日至二十一日到石家庄、郑州、洛阳、三门峡等地参观。他们的反应是：一致承认我国发展速度快、建设成就伟大；对小洋群大炼钢铁的发展感到意外；认为人民公社发展情况良好；承认各地物资供应充足。

同月 阅冶金工业部十二月十四日印发的《一九六〇年至一九六七年钢铁工业远景规划草案》，批示：“要件。各同志阅，退毛。”草案说：钢铁工业今后八年发展计划的要求是：一、继续地贯彻执行大、中、小并举，中央与地方并举和土洋并举的方针，坚持保证高速度的发展水平。二、在各大区建立起完整的钢铁工业体系，基本上解决钢铁工业的布局问题。三、完全解决国民经济发展对钢铁产品品种的需要。根据上述方针和任务，初步设想一九六七年钢产量达到六千至七千万吨或七千至八千万吨两个方案。

同月 阅中共山西省委十二月十五日给中央并毛泽东的报告，批示：“此件可看。各同志阅，退毛。”报告说：我省整风运动进入一个新的阶段，把主要目标集中在有右倾思想的负责干部身上。运动几乎涉及每个党员干部。大家一致认为，这次整风运动是每个党员干部过社会主义关，提高了政治嗅觉，揭发出了个别单位的严重错误。反右倾整风的效果立竿见影，经济建设的大好形势步步高涨。

同月　阅新华社十二月十九日编印的《内部参考》第二九三九期，批示："此两篇可看，送各同志阅，退毛。"其中一篇是国家统计局在河北、北京等十四个省、市、区对四百二十三个生产队进行的调查。总的情况是：一、在农业生产继续跃进、收入增长的基础上，收入的分配更加合理了。在这四百二十三个生产队，分配给社员的部分占总收入的比重，由去年的百分之五十提高到百分之五十三点三，社员人均收入由去年的五十二元七角增加到六十七元七角。二、粮食分配情况良好。三、公社部分所有制正在迅速扩大，且具有强大的生命力。四、社员生活显著改善。另一篇说，河北省磁县成安人民公社将按比例分红制度改为固定增长比例的分配制度，这样做的好处是：可以对原来收入大的队加以适当控制，使原来收入低的队多分一些，逐步赶上富队；可以多提些公共积累。毛泽东对这篇材料批注："成安县与磁县合并，现为成安公社，盛产棉花，今年九月我去看过。"

同月　阅新华社十二月二十日编印的《内部参考》第二九四〇期刊载的《我国农业在国民经济中的地位》一文，批示："此件可看。送各同志阅，退毛。"文章说：我国现在还是一个大农业国，农业是整个国民经济发展的基础。目前我国人民生活消费的全部消费品中，农产品和以农产品为原料的工业品约占百分之八十五以上；在我国的工业生产中，以农产品为原料的工业部门所占比重很大，农村是工业消费品的主要市场，历年供应农村的生产资料也迅速增长；目前国家财政收入中，百分之五十左右是直接或间接与农业有关的；目前我国的出口物资中，农产品及农产品加工品占百分之七十以上。

同月　阅国家计划委员会办公厅十二月印发的《计划工作简报》特第一期《今后八年（一九六〇年到一九六七年）我国钢铁

工业的速度、规模和布局的初步设想》，批示："要件。各同志阅，直退毛。"简报说：（一）今后八年我国钢铁工业将持久地、高速度地向前发展，每年钢的产量将平均增长百分之二十至百分之二十三，一九六七年将完全可能达到六千万吨，实行的结果达到七千万吨或再多一点也有可能。（二）我国钢铁工业的发展速度，不仅大大超过美国，而且也快于苏联。（三）经过八年努力，我国钢铁工业的地区分布将发生根本的变化。（四）钢材的品种和质量将适应国民经济继续跃进和尖端工业的需要。（五）在材料、设备和投资方面有可能保证实现上述目标。

1960年　六十七岁

1月1日　关于中共中央政治局扩大会议的开会地点问题，致信刘少奇、邓小平："柯庆施、江渭清二位同志不赞成在南京开会，他们考虑到有几种不甚妥善的因素，主张在上海开。富春同志有信给我，赞成柯等意见，要我向中央建议改变地点。江华同志从上海开会回来，又口头向我转达了此意。请你们召集常委谈一次，考虑一下，是否可以改变地点，并用电话向柯等询问南京所以不宜开会的详细理由，是否有安全原因和房屋原因。再则是否也可以考虑另一地点，即广州，那里有温暖的好处，但时间要推迟三天到五天，因为一律要坐火车去，不能坐飞机。以上请酌处。"后来，这次会议于一九六〇年一月七日至十七日在上海举行。

同日　下午，到杭州谢家花园看望陈云。

1月2日　下午五时二十分至晚九时余，同陈伯达、胡绳、邓力群、田家英开始读《政治经济学教科书》第三十一章《集体农庄制度的经济基础》。

教科书说："一九五六年，国营谷物农场的谷物商品率平均为百分之七十以上。国营农场供应国家大量农产品。一九五七年，国营农场在国家收购量中所占的比重如下：肉类约百分之二十一，奶类约百分之二十一，羊毛约百分之二十七。"读到这里，毛泽东说：国营农场这件事很好，它可以有很高的商品率。可惜这里没有写上苏联从国营农场中得到的谷物，占全部收购谷物的比重是多少。

在读到教科书说“在一九二八年全盘集体化的前夕，春季作物地的翻耕工作，有百分之九十九还是使用木犁和马拉犁”时，毛泽东说：这个事实推翻了教科书在很多地方关于“要有拖拉机，才能合作化”的说法，肯定了教科书关于“社会主义生产关系为发展农业生产力开辟了广阔的场所”的说法。先要改变生产关系，然后才有可能大大地发展社会生产力，这是普遍的规律。

在读到教科书说苏联从一九五三年起，社会主义农业加快了发展速度，这是提高农业机械化程度和为加强物质刺激而采取一系列重要经济措施的结果时，毛泽东说：他们在集体农庄这一章里，特别强调物质刺激，可能是有原因的：过去国家从农民那里拿得太多了。斯大林时代过分强调集体利益，不注意个人所得；过分强调公的，不注意私的。现在走到反面，又过分强调个人物质利益，不大注意集体利益。这样强调下去，又一定会走到自己的反面。公是对私来说的，私是对公来说的。公和私是对立的统一，不能有公无私，也不能有私无公。我们历来讲公私兼顾，早就说过没有什么大公无私，又说过先公后私。个人是集体的一分子，集体利益增加了，个人利益也随着改善了。两重性，任何事物都有，而且永远有，当然总是以不同的具体的形式表现出来，性质也各不相同。例如，保守和进步，稳定和变革，都是对立的统一，这也是两重性。生物的代代相传，就有而且必须有保守和进步的两重性。

教科书说：“为了集体农庄和庄员更加从物质上关心生产成果，各种主要农产品的收购和采购价格都大大提高了，农业税率降低了。”毛泽东批注：“有此必要。”

在读到教科书讲集体农庄的公积金包括哪些部分时，毛泽东说：现在我们都不算土地的价值。土地是最基本的生产资料，经济学家们最好能算算土地的价值。

在读到教科书说“小型集体农庄不可能有效地利用复杂的现代农业技术，而且它们不能全面地发展公共经济”时，毛泽东说：“这一段关于合并集体农庄的道理，讲得好。”

1月3日　下午五时至晚九时，同陈伯达、胡绳、邓力群、田家英继续读《政治经济学教科书》第三十一章《集体农庄制度的经济基础》，并开始读第三十二章《社会主义制度下的商业》。

在读到教科书讲集体农庄的级差地租时，毛泽东说：级差地租不完全是由客观条件形成的。“事在人为”在土地改良里是很重要的。自然条件相同，经济条件相同，一个地方“人为”了，结果就好；一个地方“人不为”，结果就不好。实际上，精耕细作、机械化、集约化，都是“事在人为”。

教科书说：“公共监督对于改善国营和合作社营商业和公共饮食业企业的工作，具有很大意义。”毛泽东批注：“我们对商业的监督，主要靠党的领导、政治挂帅、群众监督这一套。”

1月4日　下午，同陈伯达、胡绳、邓力群、田家英继续读《政治经济学教科书》第三十二章《社会主义制度下的商业》，今天读完这一章。

教科书说，商业工作人员的劳动“是物质生产过程在流通领域里的继续，所以就创造了价值”。毛泽东批注：“他们的劳动，是社会所必要的劳动，没有他们的劳动，生产就不能转化为消费，包括生产和生活的消费。”

在读完第三十二章后，毛泽东说：这次读书是跟着书走，可以了解他们的写法和观点，但是还不能算是研究。最好将来以问题和论点作中心，研究讨论一下，收集一些材料，看看他们的论文，知道争论双方的意见，或者更多方面的意见。问题要弄清楚，至少要了解两方面的意见。看书的时候，大胆怀疑是好的，要有追求了解的意志和愿望，但是最后不要把好的东西否定，要保护一切正确的东西。同做其他的事情一样，要勇敢，也要谨慎。不能说这本书完全没有马克思主义，因为书中有许多观点是马克思主义的；也不能说完全是马克思主义的，因为书中有许多观点是离开马克思主义的。特别是写法不好，不从生产力和生产关系的矛盾、经济基础和上层建筑的矛盾出发，来研究问题，不从历史的叙述和分析开始自然得出结论，而是从规律出发，进行演绎。

同日 晚上，从杭州到达上海。陈伯达、胡绳、邓力群、田家英同行。

1月5日 晨，在停靠上海的专列上同柯庆施、李富春谈话。

同日 下午五时至晚九时，在专列上同陈伯达、胡绳、邓力群、田家英读《政治经济学教科书》第三十三章《社会主义制度下的国家预算、信用和货币流通》，今天读完这一章。

教科书说："国营人身保险是劳动者在遇有不幸事故、丧失劳动能力或家庭抚养人死亡时得到物质保证的形式之一。"毛泽东批注："公社办起来了，就保险了。"

在读完第三十三章后，毛泽东说：人民的需要是逐步满足的。共产主义社会，实行按需分配了，也不能一下子完全满足需要。因为需要是不断被创造的。拿过去来说，没有文字，人们就没有对文具的需要，文字产生了，人们对文具的需要也随着创造出来了。拿现在来说，因为发明了电视机，所以人们对于它的需要也随着提出来了。绝对真理包括在相对真理里面。相对真理的积累，就使人们逐步地接近于绝对真理。不能认为相对真理只是相对真理，不包含任何绝对真理的成分，而到了一天，人们忽然找到了绝对真理。

同日 晚上，在上海住处同杨尚昆谈中共中央政治局扩大会议安排问题。

1月6日　下午，在上海文化俱乐部主持召开中共中央政治局常委扩大会议，谈政治局扩大会议的日程安排，决定从七日起开会。刘少奇、周恩来、朱德、林彪、邓小平、彭真、杨尚昆、柯庆施、李井泉、陶铸、王任重、欧阳钦、林铁、张仲良出席会议。

同日　在一九五九年十二月二十三日编印的《情报简讯》第四十五号上批示："此件请刘、周、朱、林、邓、彭轮阅，以便讨论国际问题。看此三篇。"这三篇是：一、《苏美会谈后美国在对华政策上的若干新动向》〔1〕，毛泽东批注："值得看。"二、《美国力图贬低蒋帮的国际地位并从经济上加紧控制台湾》，毛泽东批注："可看。"在文章讲到美国力图贬低蒋介石集团的国际地位，蒋介石集团则极力抵制的地方，毛泽东批注："蒋帮力争加入、恢复国际组织。我们相反，在三年、五年、十年内，对一切国际组织，毫不在乎，要美就我，我不就美。最后一定要美国服从我们。这种做法，可能较好些。"文章说，美国从经济上加紧削弱蒋介石集团，蒋介石集团的对策是：1. 力图减少对美援的依赖。2. 限制美资渗透，坚决反对出卖公营企业。3. 极力排斥和打击地方资本，收紧对民营企业的贷款。毛泽东批注："这三条值得注意，我们也要准备。"三、《资料：美国最近发表的有关对华政策的五个材料内容》。

1月7日—17日　在上海文化俱乐部主持召开中共中央政治

---

〔1〕　文章说：美国近来在对华政策上出现了一些新姿态：华沙会谈的恢复，美国国务院连续三次发表放宽记者访华限制的声明，特别是美国国务卿赫脱最近在中印边界问题上所表现的"中立"态度。这些都被认为是美国对华政策可能改变的征候。估计今后美国可能更多地向我伸出触角，甚至利用华沙谈判向我进行一些新的试探。

局扩大会议。出席会议的，有中央政治局委员，省、市、自治区党委第一书记和中央有关部门负责人。会议听取李富春关于一九六〇年国民经济计划和今后三年、八年设想的报告，林彪关于国防问题的报告，聂荣臻关于科学规划的报告，陆定一关于教育工作的报告。会议批准李富春的报告。会议认为，一九五九年的大跃进是全面的跃进，一九六〇年还将是一个大跃进年，可能比一九五九年形势更好。会议确定：一九六〇年钢产量为一千八百四十万吨，粮食产量为六千亿斤，分别比上一年增长百分之三十三和百分之十一；三年设想是，在一九六二年提前五年实现中共八届八中全会提出的十年赶上英国的口号，提前五年实现全国农业发展纲要和科学规划纲要；八年的总目标是，基本实现四个现代化，建立起完整的工业体系，同时要基本上完成集体所有制到社会主义全民所有制的过渡，在分配制度上逐步增加共产主义的因素。会议要求本年内大办公共食堂，试办和推广城市人民公社。会议期间，还讨论了国际问题，传达了毛泽东读苏联《政治经济学教科书》（社会主义部分）的谈话内容。

1月7日 下午，在上海锦江饭店小礼堂主持中共中央政治局扩大会议，并讲话。毛泽东说：今天开政治局扩大会议，开十天，主要是谈计划问题，重点是一年、三年计划，也谈谈八年的设想。此外还有教育、农村人民公社、城市人民公社、军事、国际形势、经济理论、整风等问题。题目太多，除了计划问题外，其他只是谈一谈，不一定都有决议。经济理论问题可以说是开一个头。军事问题大家接触一下，过去大家不接触。学会过日子是一个大问题，不患寡而患不安排。各有各的按比例，斯大林有斯大林的按比例，赫鲁晓夫有赫鲁晓夫的按比例，我们有我们的按比例，按照客观可能的高速度。人们主观上有时把客观可能看成不可能。是不是公开讲八年内完成四个现代化？可以考虑，内部要讲。国防尖端这个东西要切实抓一下，现在世界上没有这个东西，好像就不是一个国家，人家就不理你。这个东西，我看是备而不用，要在八年内搞起来，搞个吓人的东西。《政治经济学教科书》讲要向共产主义过渡，但是它没有措施。追逐个人名利的事不要搞。我们打了那样多年的仗，没有一个上将，还不是把蒋介石那个特级上将打倒了。工资在四百元以上的干部，永远不再增加工资。党委制打败了一长制。对于资产阶级法权要限制、改造。《政治经济学教科书》到处强调物质刺激，为什么？一定是没有别的法宝了。

1月8日 下午，在上海文化俱乐部召集刘少奇、周恩来、朱德、林彪、邓小平、彭真、柯庆施、李井泉、陶铸开会。

1月9日 下午，在上海锦江饭店小礼堂主持中共中央政治局扩大会议。在柯庆施、陶铸、李井泉发言后，毛泽东讲话。他说：总的说来生产力是解放了，但是还要不断地解放它。例如，工厂里头生产率低的，那一定是党委不搞群众运动，跟农村中的三类社、队一样，生产力还要解放。前年刮“共产风”，猪刮掉得相当多，结果城里人没有肉吃，今年就来调整一下这个比例，很可能翻一番。养猪搞肥料是多快好省的。一年要开几次畜牧会议，各级畜牧书记要抓紧，不然今年三亿头也成问题。一定要搞起一点储备粮。买了过头粮要赶快退回去。水是一大问题。木材浪费达到百分之五十到七十，这简直是暴殄天物。在谈到经济发展速度问题时，毛泽东说：高速度发展你不信？在人类历史上，资产阶级统治的三百年是一个大跃进。资产阶级能够实现大跃进，无产阶级为什么不能实现大跃进？为什么中国共产党二十三年的历史（到一九七二年）不能超过他们呢？现在我们没有东西，有些人不相信是有理由的。要人家糊里糊涂相信我们，这是不能设想的。经过若干年，我们真正有了东西，而且经过多次反复，他们才会相信我们。农业不要轻易提过关。人均达到一千三百斤粮食也不提，达到一千五百斤是不是提，还要巩固几年再看，十分有把握了再说。我们不能光讲公社党委书记刮三风，“共产风”、“命令风”、“浮夸风”，今后“共产风”可能少，后二风容易刮，可能还会刮的。我们在北戴河提出三千万吨钢，没有料到这是不能实现的。要搞四个计划：一九六〇年的，三年的，八年的，十三年的。现在距离国庆二十周年，还有十年，搞到一亿吨钢，争取超过，有无可能？要保持长期大跃进，必须搞好工农业的比例关系。两条腿走路的方针主要的就是这两条腿。这还是优先发展重工业，从一九六〇年钢材分配的比例就可以看出来，投资也是如此。

同日 在中共中央宣传部一月五日编印的《宣教动态》一九六〇年第一期上批示：“此件印发各同志，主要看第三、第四两篇。”第三篇是《波兰教授明兹说我国大跃进是经济学中的新现象》，第四篇是《日本杂志载文探讨人民公社的若干理论问题》，所载的文章为山下龙三写的《人民公社的若干理论问题》。一月十三日，阅康生送阅的中国科学院经济研究所整理的材料《关于波兰经济学家明兹的一些情况》和日本学者山下龙三的文章《人民公社的若干理论问题》，批示：“印发各同志参考。”经济所整理的材料说：明兹在去年四月底来中国访问一个半月，参观了十四个人民公社，认为中国的人民公社具有世界意义，有远大的发展前途。他说，人民公社的建立会对政治经济学理论作出重大的贡献，写政治经济学教科书，一定要写公社问题。他还认为，大跃进有一种规律性，即某年出现了大跃进，会引起连锁反应，使得以后若干年内国民经济能以持续高速度发展。山下龙三的文章说：中国人民公社的产生和发展，对于广义的共产主义建设理论，提出了许多崭新而且极为重要的问题。

1月10日 晚上，在上海文化俱乐部同陆定一、康生、陈伯达、胡绳、邓力群、田家英、薛暮桥[1]谈话。后又召集刘少奇、周恩来、朱德、林彪、邓小平、彭真、柯庆施、李井泉、陶铸开会。

1月11日 晚上，在上海文化俱乐部召开会议，刘少奇、周恩来、朱德、林彪、邓小平、彭真、柯庆施、李井泉、陶铸出席。

同日 阅周恩来一月十日报送的陈毅一九五九年十二月二十七日在党的文化工作会议上的报告提纲《关于目前国际形势的一些看法》，批示："印发各同志阅读和研究。"周恩来附信说："陈毅同志提议把这个报告提纲印给大家看看，我读了一遍，觉得可以。"报告提纲共分六个部分：一、条条道路通向社会主义的胜利；二、帝国主义有两手；三、反对现代修正主义；四、争取中间地带；五、德日军国主义的复活；六、加强社会主义阵营的团结。

1月12日 晚上，在上海文化俱乐部召开会议，听取中共中央政治局扩大会议小组讨论情况的汇报，刘少奇、周恩来、朱德、林彪、邓小平、彭真、柯庆施、李井泉、陶铸出席。

同日 中共中央批复共青团中央书记处关于开展毛泽东著作学习运动提法问题的请示。批复说："在青年中组织毛泽东著作的学习运动，在提正式的完整的口号的时候，用'学习马克思列宁主义、学习毛泽东著作'的提法较为妥当。在为外国刊物写文章的时候，也可用这个提法。但在国内普通场合（包括演讲题目，文章和消息的标题等在内）可以用'学习毛泽东思想'。……我们不把'学习马克思列宁主义，学习毛泽东思想'并列起来提，是

---

〔1〕 薛暮桥，当时任全国人大预算委员会副主任委员、国家经济委员会副主任、中国科学院哲学社会科学部委员。1960年12月又任国家计划委员会副主任。

避免人们把‘马克思列宁主义’和‘毛泽东思想’误解为两回事；而正确的理解是，‘毛泽东思想’本身就是马克思列宁主义，并且是马克思列宁主义的重大发展。”这个批复还发给各省、市、自治区党委。

1月13日 晚上，在上海文化俱乐部召开会议，刘少奇、周恩来、朱德、林彪、邓小平、彭真、陆定一、康生、柯庆施、李井泉、陶铸出席。

同日 指示伍修权于当晚约见苏联驻中国大使契尔沃年科，请他将以下一段话转告赫鲁晓夫：“谢谢你在一九六〇年一月八日的来信中关于苏联准备单方面宣布在最近一年半到两年内从苏军人员中裁减一百二十万人的通知。中国共产党中央委员会支持苏联采取这一有利于争取世界和平、反对帝国主义扩军备战的斗争的步骤。我们也同意你来信中的这种估计，即帝国主义阵营还远未放弃对社会主义国家发动战争的狂妄阴谋，因此必须继续大力加强社会主义阵营的防御，揭露帝国主义的战争阴谋，以高度警惕性来教育社会主义各国人民，巩固和发展社会主义各国之间的兄弟合作。”这段话是经中共中央政治局常委会议讨论通过的。

同日 阅王鹤寿一月九日报送的中共冶金工业部党组一月八日关于钢铁“小洋群”情况给毛泽东并中央的报告，批示：“此件很好，印发各同志参考。”报告说：钢铁“小洋群”企业，共计一千三百多个，已经担负了一九五九年全国生铁产量一半的生产任务。冶金工业中最可宝贵的最突出的先进经验，是从“小洋群”企业中创造出来的。我们选择了四百多个条件较好的“小洋群”企业，拟逐步培植成小型钢铁厂。其中将来有望发展成年产十万、二十万、三十万吨规模钢铁厂的，约有一百个左右。

1月13日或14日 阅中国驻德意志民主共和国大使馆一九五九年十一月四日给外交部的电报。电报反映德国工会高等学校校长、德国斯巴达克团（德共前身）创始人之一赫·董克尔教授称赞中国所取得的成就和中国共产党丰富马列主义学说作出的贡献。他说中共关于人民公社的决议十分明确地区别了共产主义的第一阶段和第二阶段，并对第二阶段的基本发展原则作了很重要的指示。毛泽东批注："东德一位八十岁老教授（校长）说我国人民公社决议明确指出共产主义第一阶段和第二阶段的任务和远景，他感到十分高兴。"这个电报印发中共中央政治局扩大会议。

1月14日 晚上，在上海文化俱乐部召集陈毅、聂荣臻、李富春、陆定一、陈伯达、康生、王鹤寿开会。

同日 阅中国驻叙利亚大马士革总领事馆一月四日关于纳赛尔〔1〕同叙利亚社会党全面破裂的情况给外交部的电报，批示："印发各同志。看，阶级斗争是何等尖锐！资本主义世界都是如此，不可能有例外。社会主义世界的阶级斗争也还是存在的。"电报说：纳赛尔最近一举免除叙利亚社会党领导人胡拉尼等五人的副总统和部长职务，表明纳赛尔同社会党之间的矛盾，已发展到公开全面破裂的阶段。

同日 阅李先念一月十三日关于安排农村人民生活问题和继续开展爱国售棉运动的报告，批示："印发各同志。"报告说：全部农村人民公社的基本核算单位中，大约有百分之七十左右的单位，粮食分配已经搞好，对人民生活已经作了比较妥善的安排；大约百分之二十左右的单位，作了初步安排，但还没有完全落实；大约有百分之十左右的单位，粮食分配基本上没有安排，存在的问题很多。据部分省区反映，实际缺粮的基本核算单位，大

---

〔1〕 纳赛尔，当时任阿拉伯联合共和国（由埃及与叙利亚联合组成）总统、阿拉伯联合共和国民族联盟主席。1961年9月，叙利亚脱离阿拉伯联合共和国。

约占百分之十、十五到二十。

1月15日 晚上，在上海文化俱乐部召集彭真、李先念、谭震林、薄一波、赵尔陆、余秋里、何长工、彭涛、张霖之、吕正操〔1〕开会。会后同陈伯达、康生、胡乔木、田家英谈话。

同日 写信给刘松林："不知道你的情形如何，身体有更大的起色没有，极为挂念。要立雄心壮志，注意政治、理论。要争一口气，为死者，为父亲，为人民，也为那些轻视、仇视的人们争这一口气〔2〕。我好，只是念你。"

1月17日 下午，在上海锦江饭店小礼堂主持中共中央政治局扩大会议，并讲话。毛泽东说：这次会议作出决定的只是一个问题，就是关于今年的计划。钢产指标，按照中央的方案，第一本账，即向全国人民代表大会提出的，是一千八百三十五万吨，第二本账，就是争取二千万吨或者还稍多一点。大家要努力。今年这个会是年初开的，有整个一年的工作时间，大家努力实现今年计划上面所规定的全部工作任务。其他的问题，是作为交换意见性质的，不是正式的决定。我有一个建议，中央各部党组，各省、市、自治区党委，都去组织读苏联《政治经济学教科书》。读的方法是批判的方法，不是用教条主义的方法。我看是要读他们这个经济学，读他们那个哲学。今年哲学为副，经济学为主，如果行有余力，可以读点哲学，但不是重点。明年就要读他们的哲学，就是那个《马克思主义哲学原理》。在讲到国内形势问题时，毛泽东说：去年这一年的工作有很大的成绩。这个成

---

〔1〕 何长工，当时任中共地质部党组书记、地质部副部长。彭涛，当时任化学工业部部长。1960年3月又任国家计划委员会副主任。张霖之，当时任煤炭工业部部长。吕正操，当时任铁道部副部长、中国人民解放军总参谋部军事交通部部长。

〔2〕 这里的意思是：因为你受到一些人的轻视和仇视，你要争这一口气。

绩，包括对一些错误我们作了纠正在内。国内我们团结了大多数人，这个大多数包括了富裕中农中的百分之九十五的人。赫鲁晓夫这一套我们能够顶得住，尼赫鲁、美国、英国刮的这股大反中国的风能够顶得住，就是因为我们国内有这么广大的团结。最基本的就是国内的形势，就是要把我们自己的事情搞好。我们准备分几个阶段，把我们这个国家搞强大起来，使人民进步起来，把物质力量搞强大起来。在讲到国际形势问题时，毛泽东说：在全世界我们所要团结的人，我们工作的重点是争取人民，即工人、农民、下中农、革命知识分子，加上一些民族压迫问题没有解决的国家的资产阶级分子。所谓国际形势好，就是讲人民觉悟比较过去提高，还有就是苏联强大起来。赫鲁晓夫去访美，我想一方面是好的，跟西方国家讲友好，我们公开支持这一点；另一方面是不好的，就是擦粉，讲话失去分寸。西方国家也给赫鲁晓夫擦粉，但是他们比较有原则，有分寸。中苏关系一定要搞好，中苏两国要团结，这是中苏两国的根本利益所在，整个社会主义阵营的根本利益所在，全世界人民的根本利益所在。赫鲁晓夫虽然有这些缺点，我们应该团结，估计到是可以团结的。和平过渡的观点肯定是机会主义的观点，我们要写一些文章，批判这个东西。今年是《莫斯科宣言》发表三周年，来他一次全国性的活动。（邓小平：有两个纪念。列宁诞辰九十周年快到了，四月二十二日。和平过渡，和平主义，战争与和平的问题，都可以阐明的。）这些若干原则性的问题，我们要公开表示我们的意见。毛泽东说：帝国主义的策略是可以灵活运用的，它的本性是不能改变的，这是从资产阶级的本性不能改变而来的。只要有资产阶级存在，战争是不可避免的，但是一个时期，一个相当时期能够避免，这是可能的。

同日 中午，应宋庆龄邀请共进午餐。

1月18日 晚上，从上海到达杭州，住刘庄。陈伯达、胡绳、邓力群、田家英同行。

1月19日 下午，在杭州刘庄丁家山同陈伯达、胡绳、邓力群、田家英谈话。

1月20日 上午，在杭州南屏游泳池同陈伯达、胡绳、邓力群、田家英谈话，告诉他们在杭州这几天不读《政治经济学教科书》了，到广州再继续读。

1月23日 下午，在杭州刘庄同从北京来请示工作的周恩来谈话。周恩来汇报了昨天晚上刘少奇在北京钓鱼台召开中共中央政治局常委会议讨论中缅问题及一些其他问题的情况。次日，周恩来回北京，到机场迎接来中国访问的缅甸总理奈温。

同日 阅中共中央办公厅一月十一日编印的《情况简报》一九六〇年第十七号。对简报刊登的《七个省市和十四个重点企业对今年一季度工业生产安排的情况》，批示："各同志〔1〕阅，直退毛。准备谈一下此问题。看来，连续大跃进是可能的。"这个材料说：据国家经委对北京、上海、天津、辽宁、广东、四川、陕西七个省市的了解和重庆钢铁公司等十四个重点企业特派员的汇报，各地和各企业对今年第一季度工业生产的安排，不论是产值或产量，除个别市和少数产品外，一般都不低于或略高于去年第四季度的生产水平。为保证一季度生产开门红，各地各企业都在抓紧做好各项工作。有四个需要解决的问题：一、原材料供应还有缺口；二、设备缺少维修材料或备件；三、大型设备添置不足；四、协作关系尚未落实。对简报刊登的《太原市委关于开展以机械化和半机械化为中心的技术革新和技术革命运动的决议》（摘要），批示："总理：此件请你看一下。我意可用中央名义转

〔1〕 指陈伯达、胡绳、邓力群、田家英、林克。

发各省、市、区党委及全国所有中等城市党委，加以研究，参照办理。”摘要说：太原市一九六〇年初步计划工业产值较一九五九年增长百分之四十七点二，有的厂矿将增长一至五倍，不少单位要求大量增加劳动力。太原市委认为单靠增加工人来增加生产的右倾保守思想必须坚决克服，决定立即掀起一个以大搞机械化和半机械化为中心的群众性的技术革新和技术革命运动，通过这一运动提高劳动生产率百分之五十，力争原有生产单位增产不增人，并节省出四万至五万个劳动力，支援新建单位。一月三十日，中共中央转发了太原市委决议的摘要。

1月24日 晨，对中华人民共和国外交部一九五九年十二月二十六日关于进一步申述有关中印边界的事实和重申通过谈判解决边界问题给印度政府的照会，批示：“总理：十二月二十六日我政府给印政府的那个照会，建议用中央宣传部名义发一通知，全党全国各级组织，都阅读及讨论一次。农村中似可不讨论，因他们多数人不能阅读。工厂中则可以讨论。请商常委酌定。”这个照会于一九六〇年一月三日在《人民日报》发表。照会指出：整个中印边界，无论西段、中段和东段，都是没有划定过的。中印边界之有待划定，是印度政府和英国政府在长期间所承认的。中印边界虽然未经正式划定，但是双方都承认有传统习惯线，这就是根据双方历来管辖所及而形成的界线。而印度地图所标出的边界线，除了中段大部分符合实际以外，其他根本不代表传统习惯线。东西两段的边界线，特别可以不容置疑地看出，是英国近代史上侵略扩张政策的产物。照会提出，中印边界有待通过谈判来加以解决。在边界正式划定以前，双方必须有效地维持两国边界的现状和确保边境的安宁。

同日 下午，乘专列离开杭州，去广州。陈伯达、胡绳、邓力群、田家英同行。

1月25日 晨，到达南昌向塘。下午二时，在专列上同方志纯、王卓超[1]谈话。

1月26日 晨，到达衡阳。在专列上同张平化[2]谈话。下午，在专列上同衡阳地委书记宁生、市委书记杨兴洲和四四五仓库党委书记等谈话。宁生汇报衡阳县英陂公社发展家庭养猪，有七户农民搞“一家班”养猪，其中一对青年夫妇带着三个孩子全家养了二百零七头猪。毛泽东认为这个办法好，发展快，养得多，应当推广。

1月27日 晨，到达广州，住小岛招待所（今珠岛宾馆）。下午，同林彪谈话。后同李先念谈话。

1月31日 晚上，同周恩来谈话。

1月 阅国家统计局一九五九年十二月三十一日印发的《国家经济统计报告》第一六六号刊登的一份材料《养猪对于农业生产和人民生活的重大意义》，批示：“科学性总结文章。各同志即阅，准备谈一下。直接退毛。”这份材料用统计数字说明了中华人民共和国成立后十年中，养猪业的发展及其对农业生产、人民生活和出口的重要意义。一九四九年全国猪的总头数下降到五千七百七十五万头，而一九五九年底猪的存栏总头数预计可达一亿八千万头。在我国历年畜牧业的产值中，猪的产值都占到一半或一半以上。从历年来我国居民消费的肉类来看，猪肉一般都占到百分之八十以上。猪肉、猪鬃、猪肠衣等，是我国重要的出口物资，每年为国家换回大量的钢材和机器。

---

〔1〕方志纯，当时任中共江西省委书记处书记、江西省副省长。王卓超，当时任江西省副省长。

〔2〕张平化，当时任中共湖南省委第一书记、湖南省政协主席。1960年2月、10月又先后任中国人民解放军湖南省军区第一政治委员、中共中央中南局书记处书记。

同月 阅一种反映台湾情况的内部材料，批示："各同志阅，退毛。"对其中的《蒋集团焦虑一九六〇年日子难过》、《元旦前后美又连续提出各种推行"两个中国"建议》、《美特拉拢陈诚失败》三篇，批示："很可看。"《蒋集团焦虑一九六〇年日子难过》这一篇说："蒋经国系的台北《大华晚报》说：'东西对立愈尖锐，情势愈紧张，对我们愈为有利；相反的，在和风荡漾、谈判频频的情况下，我们的处境便不免局促。……在一连串的国际谈判中，我们的地位和权益可能被涉及'，这将'对我们构成心理上的困扰'。"毛泽东批注："这几句话，值得注意。"这一篇还说：在未来五年至十年内，非洲大陆可能出现三十个左右的独立国家，非洲在联合国的席位可能超过拉丁美洲，而目前非洲国家中同蒋集团维持外交关系的只有三个，同大陆有外交关系的却占多数。蒋集团对非洲的外交，包含有极大的危险性。毛泽东批注："极值注意。"

同月 阅外交部新闻司一月二十六日编印的《国际时事资料》第六号刊登的美国康伦公司报告摘要《美国对亚洲的外交政策》(中国部分)，批示："各同志阅，直退毛。"报告的这一部分讲了四个问题：一、对中国国内政策的看法；二、对中国的外交政策的看法；三、对台湾的看法；四、美国对华政策。

2月1日 复信赫鲁晓夫。信中说："您一月二十三日的来信收到了。感谢您把召开华沙条约〔1〕缔约国政治协商委员会例会的决定通知我们。我们决定派康生同志（中共中央政治局候补

〔1〕 1955年5月14日，苏联、波兰、捷克斯洛伐克、德意志民主共和国、罗马尼亚、匈牙利、保加利亚、阿尔巴尼亚8国在华沙签订《友好合作互助条约》，通称华沙条约。同年6月4日条约生效时，华沙条约组织正式成立，总部设在莫斯科。1991年7月1日宣布条约结束，华沙条约组织解散。

委员)、刘晓同志（中共中央委员、中国驻苏联大使）和伍修权同志（中共中央委员）为代表，以观察员身份出席这次会议。”

2月4日 自今日起，在广州鸡颈坑广州军区招待所同陈伯达、胡绳、邓力群、田家英继续读《政治经济学教科书》。参加读书的增加了陶铸、胡乔木。下午，读第三十四章《社会主义再生产和国民收入》，今天读完这一章。

教科书说：“生产资料的优先增长意味着工业的发展快于农业。在社会主义制度下，工业和农业间的比例，要在更迅速地发展工业的基础上，保证农业生产的不断增长。”读到这里，毛泽东说：这一段的说法，原则上对。工业的发展当然要快于农业。但是，提法要适当，不能把工业强调到不适当的地位，否则一定会发生问题。因此就必须使农业能够和工业得到相适应的发展。在农村劳动力减少的情况下，必须对农业进行技术改造，提高劳动生产率，更多地增加农产品的生产。我们的提法是在优先发展重工业的条件下，发展工业和发展农业同时并举。所谓并举，并不否认重工业优先增长，不否认工业发展快于农业；同时，并举也并不是要平均使用力量。

教科书说：“必须合理地分配投资，使重工业和轻工业不论何时都保持正确的比例关系。”毛泽东批注：“这里只讲了重工业和轻工业，没有讲工业和农业也要保持正确的比例关系。”

教科书说：“在社会主义制度下，有劳动能力的人的充分就业和人民福利的不断增长，使患病率和死亡率降低，使人口总数迅速增加。”毛泽东批注：“总要有个限度，要有计划。”

读完第三十四章后，毛泽东说：这本书有严重缺点，有原则错误，但是现在还不能说它完全错误，不能说它完全离开了马克思列宁主义。它说了社会主义比资本主义优越，说了高速度，说了不少令人高兴的东西，这些总是好的吧。看来，这本书是想总结他们本国的经验，因此不能不受本国一些经验的限制。

2月5日 下午，同陈伯达、胡绳、邓力群、田家英、陶铸、胡乔木在广州鸡颈坑开始读《政治经济学教科书》第三十五章《从社会主义逐步过渡到共产主义》。

在教科书讲在共产主义的高级阶段国家将逐渐消亡处，毛泽东批注："国家消亡，需要有一个国际条件。人家有国家机器，你没有，很危险。"

在读到教科书说"这并不是说，社会沿着通向共产主义的道路发展就不要克服内部的矛盾"时，毛泽东说：这本书虽然有些地方也承认矛盾，但不过是附带地提起。说明问题不从分析矛盾出发，是这本书的一个特点，一个最大的缺点。当作一门科学，应当从分析矛盾出发，否则就不能成其为科学。这本书没有一个完整的科学的体系。这本教科书有点像政治经济学辞典，总是先下定义，从规律出发来解释问题。可以说是一些词汇的解说，还不能算作一个科学著作。规律自身不能说明自身。规律存在于历史发展的过程中。应当从历史发展过程的分析中来发现和证明规律。不从历史发展过程的分析下手，规律是说不清楚的。看来，斯大林在世时定下的这本书的架子，就不太高明。他死后的修改本，内容上删掉了斯大林的一些好东西，增加了第二十次代表大会的不少坏东西，这是一个很大的退步，而书的架子没有什么大的变动。但是，出了一本书总有好处，可以供我们发议论。毛泽东说：在《哲学研究》上发表了一篇文章〔1〕，《红旗》转载了，批评那种认为思维和存在没有同一性的观点，文章写得还好，用了力气，是认真的。思维和存在有没有同一性这个问题，争论很久了。有位同志一直认为思维和存在没有同一性。照这种看法，

〔1〕 指王若水的《思维和存在没有同一性吗?》一文。

思维只是思维，存在只是存在，思维不能达到存在的彼岸，存在不能被认识，客观不能被主观所认识，这就一定要走到二元论，最后走到康德[1]那里去。人们的主观运动的规律和外界的客观运动的规律是同一的。辩证法的规律，是客观所固有的，是客观运动的规律，这种客观运动的规律，反映在人们的头脑中，就成为主观辩证法。这个客观辩证法和主观辩证法是同一的。这是恩格斯多次阐明的论点。说思维和存在没有同一性，势必走到反对恩格斯的论点。当然，思维和存在不能划等号。说二者同一，不是说二者等同，不是说思维等同于存在。思维是一种特殊物质的运动形态，它能够反映客观的性质，能够反映客观的运动，并且由此产生科学的预见，而这种预见经过实践又能够转化成为事物。恩格斯举了这方面的例子，也可以拿我们的人民大会堂作一个例子。人民大会堂现在是事物，但是在它没有开始建设以前，只是一个设计的蓝图，而蓝图则是思维。这种思维又是设计工程师们集中了过去成千成万建筑物的经验，并且经过多次修改而制定出来的。许多建筑物转化成人民大会堂的蓝图——思维，然后蓝图——思维交付施工，经过建设，又转化为事物——人民大会堂。这就说明蓝图能够反映客观世界，又能够转化为客观世界；说明客观世界可以被认识，人们的主观世界可以同客观世界相符合，预见可以变为事实。存在是第一性的，思维是第二性的，只要肯定了这一条，我们就同唯心主义划清界限了。然后还要进一步解决客观存在能否认识、如何认识的问题。还是马克思说的那些话对，思维是“移入人的头脑并在人的头脑中改造过的物质的

---

〔1〕康德，德国古典唯心主义哲学的奠基人，近代西方哲学史上二元论、先验论和不可知论的代表。

东西”[1]。说思维和存在不能等同，是对的，但是因此就说思维和存在没有同一性，则是错误的。解放后，三年恢复时期，对搞建设，我们是懵懵懂懂的。接着搞第一个五年计划，对建设还是懵懵懂懂的，只能基本上照抄苏联的办法，但总觉得不满意，心情不舒畅。一九五六年，基本完成生产资料所有制的三大社会主义改造。一九五六年春，同三十几个部长谈话，一个问题一个问题凑，提出了《论十大关系》。当时还看了斯大林一九四六年选举演说，苏联在一九二一年产钢四百多万吨，一九四〇年增加到一千八百万吨，二十年中增加了一千四百万吨。当时就想，苏联和中国都是社会主义国家，我们是不是可以搞得快点多点，是不是可以用一种更多更快更好更省的办法建设社会主义。后来提出了建设社会主义的两种方法的问题，提出了多快好省，提出了“促进委员会”，要当社会主义的促进派，不当促退派。还搞了一个农业发展纲要四十条，此外没提其他的具体措施。他还说：浙江省有一个材料，说有些公社现在又出现了“一平二调”的情况。全国都要查查，有没有同类情况，还可能再次出现“共产风”。

2月6日 下午，同陈伯达、胡绳、邓力群、田家英、陶铸、胡乔木在广州鸡颈坑继续读《政治经济学教科书》第三十五章《从社会主义逐步过渡到共产主义》，今天读完这一章。

教科书说：“在乡村里，对集体农庄住区进行合理的规划，建筑设备完善的、样式美观的庄员房屋，逐渐实现所有集体农庄的无线电化和电话化。集体农庄建设优良的学校、俱乐部、电影院和图书馆，这对于庄员们特别是青年们的共产主义教育具有重大的意义。”读到这里，毛泽东说：这一段的设想，很好。苏联有一篇文章，介绍红十月集体农庄的变化情况，说原来几个农

[1]《资本论》第1卷第2版跋。

庄，未合并前很多事情不好办，合并成一个大农庄后这些事情都好办了。现在这个大集体农庄，共有一万人，计划把分散的居民点集中起来，在中心建设一个住三千人的居民点，在此周围建设各住一千人的七个居民点。这个材料很好。斯大林说过，在社会主义社会，生产关系完全适合生产力。这个材料证明，没有合并以前的小集体农庄，那样的生产关系实际上不适合生产力发展的要求。我们中国也有这样的情况。人民公社化前，很多地方都暴露了这类问题。合作社的规模小，土地不能统一使用，要修大中型水库，得利的在下游，受害的要淹掉一部分土地的在上游。明明应当建设这样的水库，但是因为这些利害关系，无法进行建设。广东的漳市社，山里有很多森林资源，但是劳动力不够，不能采集；山下有很多富余的劳动力，可是不能上山劳动。其他如手工业、运输业等，也都不能统一安排，妨碍生产的发展。成立大社，组织公社以后，这些问题都解决了。

2月8日 下午，同陈伯达、胡绳、邓力群、田家英、陶铸、胡乔木在广州鸡颈坑读《政治经济学教科书》第三十六章《世界社会主义经济体系》，今天读完这一章，并开始读《结束语》。

教科书说："社会主义的分工可以使各个国家作为世界社会主义体系的平等成员，彼此取长补短，因而有可能节约财力和人力，消除国民经济中个别部门的不必要的平行发展，以加快各国经济发展的速度。每个国家都可以集中自己的人力财力来发展在本国有最有利的自然条件和经济条件、有生产经验和干部的部门，而且个别国家可以不必生产能靠其他国家供应来满足需要的产品。这样就可以在工业中达到合理的生产专业化和协作化，在粮食和原料生产上达到最适当的分工。"读到这里，毛泽东说：这一段里面的提法不好。我们甚至对各省都不这样提。我们对各省的提法一向是：凡是自己能够生产的，就自己尽可能地发展，只要不妨碍全局。欧洲的好处之一，是各国林立，各搞一套，使欧洲经济发展较快。我国自秦以来形成大帝国，那时以后，少数时间是分裂、割据，多数时间保持统一局面。缺点之一是官僚主义，统治很严，控制太死，地方没有独立性，不能独立发展，大家拖拖沓沓，懒懒散散，过一天算一天，经济发展很慢。现在，我们的情况完全不同了，全国各省又是统一的，又是独立的。在政治上经济上都是如此。从政治上来说，各省服从中央的统一领导，服从中央的决议，接受中央的控制，独立地解决本省的问题，而中央的重大决议，又都是中央同各省商量，共同作出的。从经济上来说，中央要充分发挥地方积极性，不要限制、束缚地方积极性。我们是提倡在全国统一计划下，各省尽可能都搞一整套。只要有原料、有销路，只要能就地取材，就地推销，凡能办的事情，都尽可能地去办。不能办的事情，当然不要勉强去办。这里要注意，原料供应，产品销售，地方应当服从中央的调度安排。在国与国的关系上，我们主张，各国尽量多搞，以自力更生、不依赖外援为原则。自己尽可能独立地搞，凡是自己能办的，必须尽量地多搞。只有自己实在不能办的才不办。特别是农业，更应当搞好。吃饭靠外国，危险得很，打起仗来，更加危险。

教科书说："世界社会主义体系各国的发展，以它们在政治和经济方面的完全独立和自主为特点。"毛泽东批注："赞成。"

在读到教科书说"欧洲各人民民主国家都是中小国家，对其中每一个国家来说，发展所有的工业部门，在经济上是不合理的，也是力不胜任的"时，毛泽东说：就某些产品来说，有些国家有这里所说的"力不胜任"的问题。蒙古人民共和国人口不到一百万，各种东西都搞也有困难。我们国内有些人口少的省，例如青海、宁夏，现在也很难什么都搞。

教科书说："中华人民共和国的情况就不同了。它是一个大国，人口居世界第一，拥有丰富的种类繁多的自然资源，因此它自然给自己提出建立完整的工业体系的任务。同时，中华人民共和国也参加社会主义的国际分工的体系，并享有这个体系的一切好处。”读到这里，毛泽东说：这段写法可以。要知道这是经过我们同他们争论，才这样写下来的。过去，他们和东欧的一些国家都曾经要我们不搞完整的工业体系。

在读到教科书说一九五〇年苏联按优惠条件给中华人民共和国三亿美元的长期贷款时，毛泽东说：贷款这件事，斯大林在世时，赫鲁晓夫刚上台时，他们做的和这里写的是一致的。社会主义国家比资本主义国家好，我们要懂得这个原则。根本的问题是制度问题，制度决定一个国家走什么方向。只要还是社会主义制度，就决定社会主义国家总是要同帝国主义国家相对立的，妥协总是暂时的。社会制度变了，这个国家走的方向就要随着改变。

2月9日 下午，同陈伯达、胡绳、邓力群、田家英、陶铸、胡乔木在广州鸡颈坑读完《政治经济学教科书》的《结束语》。

教科书说，斯大林的《苏联社会主义经济问题》一书有一些错误的原理，“例如，商品流通似乎已经成为生产力发展的阻碍，逐渐过渡到工农业直接进行产品交换的必要性已经成熟，低估价值规律在生产领域中、特别是对生产资料的作用”。读到这里，毛泽东说：这里说的《苏联社会主义经济问题》中的两条罪状，不足以服人。斯大林在他的那本书里说过，有两种所有制就有商品生产。斯大林批评了苏联当时主张消除商品生产的观点，认为“商品生产和商品流通，目前在我国，也像大约三十年以前当列宁宣布必须以全力扩展商品流通时一样，仍是必要的东西”。教科书说斯大林似乎主张立即消灭商品，这个罪状很难成立。另一条罪状是，“低估价值规律在生产领域中、特别是对生产资料的作用”。在社会主义社会的生产领域中，价值规律不起调节作用，起调节作用的只是有计划按比例发展的规律和能够反映这种规律的国家计划。教科书写的这个论点，其实就是斯大林的论点。虽然教科书说生产资料是商品，但是又不能不说在全民所有制范围内“买卖”的生产资料是不转变所有权的特殊商品，不能不承认价值规律在生产领域和流通领域中所起的作用是不同的。这些论点同斯大林的论点，在实质上是差不多的。斯大林和赫鲁晓夫的一个真正区别，是前者反对把拖拉机等生产资料卖给集体农庄，而后者则把这些东西卖给集体农庄。把斯大林丑化，除了其他原因以外，一个重要原因是，斯大林坚决同帝国主义斗争。他们把自己和斯大林区别开来，是要得到帝国主义的赏识。只要阶级斗争存在，战争总有一天不可避免。第二次世界大战以后，在全世界范围内，局部战争没有断过。美国帝国主义现在的战略是，在准备大战的条件下，搞局部战争，连锁反应，一个一个地吃掉我们。

在读《结束语》时，毛泽东还说：最近，艾登发表了他的回忆录，大骂杜勒斯，说艾森豪威尔也是坏人。书中写了不少我们过去不知道的关于帝国主义内部的矛盾和争吵。帝国主义国家之间的相互斗争，列宁看成一件大事，斯大林也看成一件大事，说这是革命的间接后备军。中国革命也吃这一碗饭。我国过去存在着地主买办阶级各派的矛盾，这个矛盾同时反映帝国主义之间的矛盾。正因为他们内部有这样的矛盾，我们善于利用这种矛盾，所以直接同我们作战的，在一个时期中只是一部分敌人，不是全体敌人，而我们常常因此得到了回旋的余地和休整的时间。帝国主义国家当局的回忆录，很值得看看。

读完《结束语》后，毛泽东对教科书从总的方面作了以下一些评价。

总的说来，这次读的教科书修订第三版下册是若干观点有严重错误，部分地又是严重地脱离了马克思主义，还不能说是完全地脱离了马克思主义，可以说是有严重错误的马克思主义的书。说它已经基本上脱离了马克思主义，目前还不好做这样的结论。书中讲了社会主义的基本经济规律，说社会主义经济不是为剥削者谋利润的经济。不能说是错误的。书里还是强调社会主义经济是为人民服务的经济。书里讲了高速度、按比例、计划性，等等。这些都是讲马克思主义的。这本书的基本缺点，是不承认矛盾的普遍性，不承认社会矛盾是社会主义社会发展的动力，不承认他们国内还有阶级斗争，还有社会主义和资本主义的斗争。

这本书的写法很不好，总是从概念入手。研究问题，要从人们看得见、摸得到的现象出发，来研究隐藏在现象后面的本质，从而揭露客观事物的本质的矛盾。《资本论》对资本主义经济的分析，就是用这种方法，总是从现象出发，找出本质，然后又用本质解释现象，因此能够提纲挈领。教科书对问题不是从分析入手，总是从规律、原则、定义出发，这是马克思主义从来反对的方法。原理、原则是结果，这是要进行分析，经过研究才能得出的。人的认识总是先接触现象，通过现象找出原理、原则来，而教科书与此相反，它所用的方法，不是分析法，而是演绎法。教科书对每个问题总是先下定义，然后把这个定义作为大前提，来进行演绎，证明他们所要说的道理。他们不懂得，大前提也应当是研究的结果，必须经过具体分析，才能够证明是正确的。教科书的写法，不是高屋建瓴，势如破竹，没有说服力，没有吸引力，读起来没有兴趣，一看就可以知道是一些只写文章、没有实际经验的书生写的。这本书说的是书生的话，不是革命家的话。他们做实际工作的人没有概括能力，不善于运用概念、逻辑这一套东西；而做理论工作的人又没有实际经验，不懂得经济实践。两种人，两方面——理论和实践没有结合起来。同时作者们没有辩证法。没有哲学家头脑的作家，要写出好的经济学来是不可能的。马克思能够写出《资本论》，列宁能够写出《帝国主义论》[1]，因为他们同时是哲学家，有哲学家的头脑，有辩证法这个武器。写出一本社会主义、共产主义政治经济学教科书，现在说来，还是一件困难的事情。有英国这样一个资本主义发展成熟的典型，马克思才能写出《资本论》。社会主义社会的历史，至今还不过四十多年，社会主义社会的发展还不成熟，离共产主义的高级阶段还很远。现在就要写出一本成熟的社会主义、共产主义政治经济学教科书，还受到社会实践的一定限制。

社会主义政治经济学教科书，究竟怎样写才好？从什么地方开始写起？这个问题很值得研究。苏联教科书的整个结构是从所有制变革开始，先写资本主义所有制转变为社会主义全民所有制，个体经济所有制转变为集体所有制。这样一种写法，原则上是可以的。但是，可以写得更好些。马克思研究资本主义经济，也主要是研究资本主义的生产资料所有制，研究生产资料的占有方式如何决定产品的分配。在资本主义社会，生产的社会性和占有的私人性是基本矛盾，这个矛盾表现为商品的两重性。所以，马克思从商品出发，来揭露商品这种物与物的关系所掩盖的人与人、阶级与阶级的关系。在社会主义社会，商品虽然还有两重性，但是由于生产资料公有制的建立，由于劳动力已经不是商品，社会主义商品的两重性已经不同于资本主义商品的两重性，人与人的关系已经不再被商品这种物与物的关系所掩盖。如果照抄马克思的方法，从商品出发，从商品的两重性出发，来研究社

〔1〕《帝国主义论》，即《帝国主义是资本主义的最高阶段》。

会主义经济，反而可能把问题模糊起来，不容易使人了解。

政治经济学研究的对象，主要是生产关系。按照斯大林的说法，生产关系包括三个方面，即：所有制，劳动生产中人与人的关系，产品分配。如果我们写社会主义政治经济学，也可以从所有制出发，先写生产资料私有制变革为生产资料公有制，把官僚资本主义私有制和民族资本主义私有制变为社会主义公有制；把地主土地私有制变为个体农民私有制，再变为社会主义集体所有制；把个体的手工业变为社会主义集体所有制。然后，再写两种社会主义公有制的矛盾，以及这个矛盾发展的趋势和解决的办法，社会主义集体所有制如何过渡到社会主义全民所有制。集体所有制本身有个变化、变革的过程，全民所有制本身也有变化、变革的过程，如体制下放、分级管理、企业自治权等。在我们这里，同是全民所有制的企业，但是有的由中央部门直接管，有的由省、市、自治区管，有的由地区管，有的由县管。都是全民所有制，归谁管，归哪级管，只要一个积极性还是要两个积极性，这是个很大的问题，是整个社会主义时期进行社会主义建设过程中要经常注意解决的很关重要的问题。人民公社管的企业，有的具有半全民半集体的性质。中央部门管的和地方各级管的企业，都在统一领导和统一计划下，具有一定的自治权。有没有这种自治权，对促进生产的发展还是阻碍生产的发展，关系很大。关于劳动生产中人与人的关系问题，苏联教科书只有一句空洞的话，即社会主义制度下人与人的关系是“同志式的互助合作的关系”。这句话是对的，但是没有展开，没有分析，没有接触到实质问题。教科书没有写这方面的文章。所有制问题基本解决以后，最重要的问题是管理问题，即全民所有的企业如何管理的问题，集体所有的企业如何管理的问题，这也就是人与人的关系问题。这方面是大有文章可做的。当然全民所有制的企业，集体所有制的企业，在所有制方面还要有它的变化，有它的发展。但是所有制的变革，在一定时期内总是有底的，总是不能没有限度的。可是在一定时期内，即所有制性质相对稳定的时期内，在劳动生产中人与人的关系，却不能不是不断变革的。例如我们的国营企业，解放以后，一直是社会主义全民所有制的性质，而在这十年中间，人与人在劳动生产中的关系，变化却是很大的。在这方面，我们做了很多文章。要领导者采取平等态度待人；一年、两年整一次风；进行大协作；对企业的管理，采取集中领导和群众运动相结合，工人群众、领导干部和技术人员三结合，干部参加劳动，工人参加管理，不断改革不合理的规章制度，等等。这些方面都是属于劳动生产中人与人的关系。这种关系是改变还是不改变，对于推进还是阻碍生产力的发展，都有直接的影响。关于产品分配，苏联教科书写得最不好，要重新另写，换一种写法。应当强调艰苦奋斗，强调扩大再生产，强调共产主义前途、远景，要用共产主义理想教育人民。要强调个人利益服从集体利益，局部利益服从整体利益，眼前利益服从长远利益。要讲兼顾国家、集体和个人，把国家利益、集体利益放在第一位，不能把个人利益放在第一位。不能像他们那样强调个人物质利益，不能把人引向“一个爱人，一座别墅，一辆汽车，一架钢琴，一台电视机”那样为个人不为社会的道路上去。“千里之行，始于足下”，如果只看到足下，不想到前途，不想到远景，那还有什么千里旅行的兴趣和热情呢？

毛泽东同陈伯达、胡绳、邓力群、田家英一起读苏联《政治经济学教科书》修订第三版下册，从一九五九年十二月十日开始，至本日结束。

2月10日 下午，在广州鸡颈坑听取康生汇报他和刘晓、伍修权以观察员身份列席二月四日在莫斯科召开的华沙条约缔约国政治协商委员会例会[1]的情况。十一日上午，在广州小岛招待所召开会议，由康生汇报上述情况，周恩来、林彪、邓小平、彭真、李富春、贺龙、聂荣臻、谭政、罗瑞卿、陈伯达、柯庆施、李井泉、陶铸、李雪峰、刘澜涛、杨尚昆、胡乔木出席。下午，在广州鸡颈坑继续召开会议，讨论康生汇报中提出的问题。

2月12日 下午，在广州鸡颈坑听取林彪等汇报军委扩大会议情况，周恩来、邓小平、彭真、贺龙、聂荣臻、谭政、罗瑞卿参加。

2月13日 下午，同邓小平、彭真、柯庆施、李井泉谈话。

2月15日 晨五时，批示机要秘书罗光禄："请在今天到广州书店，买一本书，叫做《哲学研究》杂志，1959年11月－12月综合号[2]，下午交我为盼。"

2月20日 阅李富春二月十四日邀集在广州参加读苏联《政治经济学教科书》的六位部长和国家计委两位副主任[3]座谈有关经济计划的几个问题的纪要。批示："林彪同志：一个有关工业的非正式的文件，送上请你一阅，有些意思。各位元帅都可以一阅，请你阅后转给他们。因是密件，请在阅后退回给我为

---

〔1〕 这次会议讨论了当前国际局势问题，就全面彻底裁军和缔结对德和约问题交换了意见。赫鲁晓夫在会上宣布了关于苏联新的裁减武装部队的措施，以及苏联在即将召开的四国首脑会议上的立场。会议通过了《华沙条约缔约国宣言》。

〔2〕 1959年12月10日出版的《哲学研究》第11、12期合刊，刊载有世诚的《"思维和存在的同一性"是唯物主义的原理吗?》、周谷城的《评〈逻辑推理中真实性和正确性的关系问题〉》、冯友兰的《论"六家"》、周建人的《老子思想真的是唯物主义的吗?》等文章。

〔3〕 指煤炭工业部部长张霖之、铁道部副部长吕正操、化学工业部部长彭涛、农业机械部部长陈正人、石油工业部部长余秋里、水利电力部副部长刘澜波，和国家计划委员会副主任顾卓新、王光伟。

盼。”纪要说：当前经济战线上的形势很好。出现了一些困难，如运输赶不上，有些原料、材料供应不足，但是只要抓紧，就可以解决。不能叫喊困难，有人叫困难，要顶住。今年计划超额完成是肯定的，力争再用十年的时间搞到一亿吨钢，准备紧张努力十三年，在钢产量方面接近和赶上世界上所有的国家。但是不能只从基本建设来打主意，要从技术革命方面多想办法，要有决心创造新的技术。事物不断发展，思想要不断解放。一九六〇年钢产量有可能搞到二千一百万吨。现在是两头“夹”工业，农业和尖端技术分别推动着工业在量和质两方面迅速地发展。整个国民经济，现在也是抓两头的问题，一头抓农业，一头抓尖端技术。

2月21日　下午，在广州鸡颈坑召开会议，讨论中印关系问题，周恩来、林彪、康生、陶铸、胡乔木出席。

2月25日　晚上，同康生、胡乔木谈周恩来给尼赫鲁复信问题。二十六日下午，在广州小岛招待所召集周恩来、康生、罗瑞卿、胡乔木开会，研究周恩来给尼赫鲁的复信〔1〕。

2月26日　阅中共国家经济委员会党组二月十三日关于一月份和二月上旬工业、交通生产情况向中央政治局口头汇报的提纲〔2〕，批示：“周总理：这个总结很好，这是一个新方法，应当

---

〔1〕1960年2月5日，印度总理尼赫鲁致信中国总理周恩来：请在3月下半月前来德里会晤。2月27日，周恩来复信尼赫鲁：中国政府对于两国总理会晤是采取肯定态度和有信心的，我将于4月间前往印度。

〔2〕这个提纲说：1月份的工业和交通运输计划的完成情况，总的来说是很好的，实现了开门红，扭转了历年1月份生产大幅度下降的“常规”，但中旬以后生产有些波动，少数产品没有完成计划。2月上旬有所好转，但与季度计划平均日产水平比较还有距离。要完成第一季度的生产计划，还需要做许多艰巨的工作。当前生产中最薄弱的环节仍然是交通运输。提纲提出了解决问题的一些办法。

继续做。一年总结六次，每两个月总结一次，经中央批准通报出去，一定大有推动作用。请你阅后，给你们读书会[1]各同志一阅，然后送薄一波同志一阅。给少奇、小平、彭真一阅。”在提纲说到“在全国四十个供电地区中，目前还有京津唐、安徽、重庆、湘中、郑州等十六个地区缺电，共缺电约三十万千瓦”处，毛泽东批注：“要大办小洋发电。”在提纲说到一九六〇年要“为全年争取完成二千万吨钢或者更多一点的目标而奋斗，任务还是很艰巨的”处，毛泽东批注：“争取二千二百万吨钢。”

同日 晚上，同陶铸谈话。

2月27日 下午五时至晚八时，在广州鸡颈坑审读《毛泽东选集》第四卷文稿，康生、胡乔木、田家英参加。

同日 和刘少奇、周恩来、朱德致电班禅额尔德尼，祝贺藏历新年。电报说：当此藏历铁鼠年来临，西藏人民正以欢欣鼓舞的心情庆祝自己的彻底翻身和解放的时候，特向你和西藏人民致以热烈的祝贺。祝西藏人民在中共西藏工委和以你为首的西藏自治区筹备委员会的领导下，在新的一年中，在巩固国家统一、加强民族团结、彻底平息西藏上层反动集团所发动的反革命叛乱的残余、进行民主改革和发展生产方面，都取得更加伟大的胜利。

2月28日 下午五时至晚九时，在广州鸡颈坑审读《毛泽东选集》第四卷文稿，康生、胡乔木、田家英参加。

2月29日 阅中共农业部党组二月二日关于全国农业科学研究工作会议情况给中央农村工作部并报中央和毛泽东的报告，批示：“康、乔、田阅后，由乔电告谭震林，为中央起草一文件，

〔1〕 指周恩来1960年2月中旬至3月初组织的在广东从化学习苏联《政治经济学教科书》的读书小组。参加读书的有李富春和国务院部分部委负责人、中南五省区党委第一书记。

将此报告发给各有关学术机关及各级党委，直至公社，照此执行。”报告总结了一九五九年全国农业科研方面的主要成就和经验。同时，对一九六〇年的工作作了具体部署：1. 研究工作方面。继续总结各类作物丰产的经验，进一步探求农业八字宪法的应用规律，培育高产优质的农作物新品种；积极进行农业机械化、电气化的研究和机械化、电气化试点工作，并加强遥控拖拉机及农业生产自动化的研究；以养猪为纲全面开展畜牧兽医的研究，培育畜禽新品种。2. 大力培养新生力量。开办各种类型的农业技术学校和训练班，以满足农业科学发展的急需。3. 农科院在现有基础上积极建成遗传育种、栽培生理、农业化学、农业微生物等研究所，补上空白学科，并组织科研人员赴边远地区进行综合性技术考察，提出在当地发展农业科学的规划。4. 系统学习马克思列宁主义和毛泽东思想，结合科学实践解决生产和科学上的重要问题，创造性地发展我国农业科学。三月八日，中共中央转发了这个报告。

同日 下午五时至晚九时，在广州鸡颈坑审读《毛泽东选集》第四卷文稿，康生、胡乔木、田家英参加。

3月1日 阅中共广东省委二月二十五日关于当前人民公社工作中几个问题的指示。这个指示提出目前农村中存在着值得全党重视的五个问题：第一，有些地方，出现了急于向基本社有制过渡的苗头；第二，有些地方，在发展公社经济上，实际上在重复“一平二调”、刮“共产风”的错误；第三，部分地区在分配问题上没有按照分配计划全部分到社员手上，少数地区积累多了，因而社员增收较少；第四，一些公社大搞非生产性的建筑和购置，不讲究经济效果，财政开支无制度；第五，有些干部在作风上头脑发热、谎报成绩、隐瞒缺点、不听群众意见的作风又开始萌芽。针对这五个问题，广东省委提出：当前的问题不是急于向社有制过渡，而是积极创造过渡条件；过渡到基本社有制的公社试点，必须严格控制，今年一个不再增加。发展公社一级的经济，必须在整个公社经济发展的基础上，逐步扩大其比重，决不能削弱大队经济，采用“割肉补疮”的办法；在发展公社经济上重复“一平二调”、刮“共产风”的错误，要坚决堵死。全党必须重视搞好分配工作，应在生产发展的基础上和适当增加积累的前提下，使社员的收入逐年有显著的增加；公社一级党委必须树立经济核算观念，最大限度地合理使用人力、物力、财力，讲究经济效果。全党要树立一种良好的工作作风。本日，毛泽东致信刘少奇、邓小平，建议今年春季各省、市、自治区都由党委领导开一次六级干部会议，专门讨论广东文件中的五个问题。信中说：请你们将我的这个建议提到中央会议讨论一次，如果大家同意，请即以中央名义发一个批准并转发广东文件的指示。二日晨三时，毛泽东在广东文件上批示机要秘书高智：“此件请印九份，发给总理、富春、康生、乔木及中南五省在从化学习的五位第一书记[1]阅看，准备在三月三号下午讨论一下，在各省推广。”晨六时，毛泽东将他写给刘少奇、邓小平的信，改写为中央为转发广东省委指示给上海局、各协作区委员会、各省市区党委等的指示，并批示：“印九份，发各同志阅看，准备三日下午讨论。”三日，毛泽东对这个指示又作了修改。

同日 下午五时至晚八时，在广州鸡颈坑审读《毛泽东选集》第四卷文稿，康生、胡乔木、田家英参加。

3月2日 阅中共贵州省委二月二十四日关于目前农村公共食堂情况的报告。报告说：我省现有公共食堂十三万多个，固定

〔1〕 指陶铸、王任重、吴芝圃、张平化、韦国清。

的或基本固定的占百分之八十左右。在固定的食堂中，出现了一批办得很好的食堂。这些食堂已成为生产小队政治、经济、文化活动的中心。食堂办得好的地方，人民公社得到巩固，生产也搞得好，显示了食堂的优越性和重要性。毛泽东阅后批示："印九份，发各同志阅看，准备三日下午谈一下。"

同日　下午五时至晚九时，在广州鸡颈坑审读《毛泽东选集》第四卷文稿，康生、胡乔木、田家英参加。

3月3日　为转发中共吉林省委二月二十六日关于技术革新和技术革命运动情况的报告，起草中央给各省委、市委、自治区党委的批语："吉林省委关于技术革新和技术革命运动情况的报告，写得很好，现在转发你们研究和参考。希望各省、市、区党委在这个重大问题上都能迅速总结自己的经验，并写一个报告给我们，同时通知你们的下级一体知晓和遵行。此件及附件，可登党刊，并可转发各地委、市委及县委。"并批示："印发今日下午到会各同志，准备谈一下。"吉林省委的报告说：近三个月来，我省的以机械化、半机械化、自动化、半自动化、连续化为中心的技术革新和技术革命运动，猛烈地开展起来，有在原来的技术设备基础上从一般的改革进入全面技术改造的趋势，而且开始向尖端技术进军。报告总结了这个运动既是生产运动，也是思想运动、自我改造运动等五条经验。

同日　晚上，在广州鸡颈坑召开会议，讨论中共广东省委关于当前人民公社工作中几个问题的指示和毛泽东为中央起草的转发这个指示的指示稿，吉林省委关于技术革新和技术革命运动情况的报告和毛泽东为中央起草的转发这个报告的批语稿，和贵州省委关于目前农村公共食堂情况的报告。出席会议的有：周恩来、李富春、康生、胡乔木、陶铸、王任重、张平化、吴芝圃、韦国清[1]、赵尔陆、张霖之、王鹤寿、彭涛、宋任穷、余秋里、吕正操、刘澜波、陈正人、孔原[2]、薛暮桥、王光伟、顾卓新、许涤新[3]、胡绳、田家英。

同日 晚上，同周恩来、李富春、康生、胡乔木谈《中共中央关于中印边境争端问题给苏共中央的口头通知》稿。通知稿说："中共中央对于苏共中央的口头通知[4]，已经作了详细的研究和认真的讨论。""中共中央现在通知苏共中央：对于中印边境争端的起因和经过，对于在争端中中国、印度、苏联三方面所采取的立场及其评价，中共中央仍然保持原来的观点。""苏共中央在这次口头通知中对于中共中央这些观点的批评和指责，以及对于有关事实的叙述和解释，中共中央认为不能同意。""我们建议，让我们两个兄弟党各自保留自己的意见，冷静等候客观事实的发展来证明真相和判断是非吧。"三月十日，陈毅代表中共中央向苏联驻中国大使宣读这个口头通知。

3月4日 为转发中共贵州省委关于目前农村公共食堂情况的报告，起草中央给上海局、各协作区委员会、各省市区党委的批语："贵州省委关于目前农村公共食堂情况的报告，写得很好，

---

〔1〕 韦国清，当时任中共广西壮族自治区委员会书记处书记（1960年4月代理第一书记、10月任第二书记）、广西壮族自治区人民委员会主席。1960年10月又任中共中央中南局书记处候补书记（1961年7月任书记处书记）。

〔2〕 孔原，当时任国务院外事办公室副主任。

〔3〕 许涤新，当时任中共中央统战部副部长、中央工商行政管理局局长、中国科学院哲学社会科学部委员、中华全国工商业联合会副主任委员、中国民主建国会中央常委。

〔4〕 苏联共产党中央的口头通知，是1960年2月6日由波斯别洛夫、葛罗米柯、安德罗波夫向中国以观察员身份列席华沙条约国政治协商委员会例会的康生、刘晓、伍修权宣读的。

现在发给你们研究，一律仿照执行，不应有例外。中央所以这样下断语，是因为贵州这一篇食堂报告，是一个科学总结，可以使我们在从社会主义向共产主义过渡的事业中，在五年至十年内，跃进一大步。因此，应当在全国仿行，不要例外。仿行时要有步骤，要有坚强领导，要提高干部和群众觉悟，要走群众路线。在一九六〇年一年内，全国食堂达到贵州现时的那种水平，也就很好了。在领导不强的地方可能一年达不到，那就在一九六一年达到也可以。即使更长一点时间达到，也可以。总之一定要达到，并且还要提高。请你们在今年春季专为食堂问题开一次规模较大的会议，是为至要。此件及附件，可登党刊，并可转发公社党委。”〔1〕

同日　致信刘少奇、邓小平：“此三件〔2〕，请你们审阅，并请提到中央会议上讨论、通过。如有不同意见，请加修改。在三月十日以前，送到各省、市、区党委第一书记手里，远地用飞机送。恩来、富春、康生、中央在广州学经济学的各部长、中南五省在此学经济学的五位第一书记，共二十四人〔3〕，昨天开了一次会，大家都同意这三个文件发出去。”中共广东、吉林、贵州省委的文件和毛泽东为中央起草的指示和批语，在三月五日中央政治局会议讨论通过后下发。

毛泽东为中共中央起草的转发广东省委关于当前人民公社中

---

〔1〕中共贵州省委1960年2月24日《关于目前农村公共食堂情况的报告》，中央已于2月26日转发给各省、市、区党委。

〔2〕指毛泽东1960年3月3日起草的中共中央为转发广东省委关于当前人民公社工作中几个问题的指示的指示、中央为转发吉林省委关于技术革新和技术革命运动情况报告的批语和3月4日起草的中央为转发贵州省委关于目前农村公共食堂情况报告的批语。

〔3〕应为25人。

几个问题的指示的指示，全文如下："广东省委关于当前人民公社工作中几个主要问题的指示，是一个很好的文件，甚为切合现时人民公社在缺点错误方面的情况和纠正这些缺点错误的迫切要求。全国各省、市、自治区的情况大体上一定都同广东一样，发生了这些问题（一共有五个问题），都应当提起严重的注意，仿照广东的办法，发出一个清楚通俗的指示，迅速地把缺点错误纠正过来。中央建议，把广东这个指示发到地、县、公社三级党委，请公社党委的同志们，切实讨论几次，开动脑筋，仔细地冷静地想一想，谈一谈，议一议，想通这五个问题，纠正缺点错误。现在形势大好，缺点错误是部分的。但是一定要纠正，不使这五方面的现在还是部分性质的错误扩大开去。我们的相当多的干部，政治水平、经济理论水平和对实际工作分析、理解水平，都是不高的，有些人还是很低的。他们在这些方面还不成熟，这是他们的缺点。他们正在逐步走向成熟的过程中。这是一方面。他们干劲很大，热情很高，要把中国变成一个伟大、强盛、繁荣、高尚的社会主义、共产主义国家的雄心大志，则是很好的。这是又一方面。中央建议这些同志想一想、分析一分析这样实际存在的两个方面，特别是第一个方面，即他们的缺点方面，努力学习，认真思考，在几年之内，例如说，五年至十年之内，将自己的政治、理论和业务水平大进一步地成熟和提高起来。在这里，顺便说一句，工业交通战线，商业流通战线，教育文化科学战线，卫生医疗药物战线，中央建议也照这样办，解决他们自己的问题。今年春季，建议各省、市、自治区都由党委领导，开一次四级、或者五级、或者六级的干部会议，会期十天至十四天，如果是六级，则省、地、县、社、生产大队、生产小队都到人，第五第六两级在一个公社内只到穷队富队的代表各一人，如一九五九年三月间开的那样，但是专门讨论广东文件中的五个问题。

如有余裕时间，也可以讨论一些别的重大问题。春季会议，最好在三月三十日以前开完，因为三月除两广外还不是农业大忙的时候，四月就大忙了。这种会议，下半年再开一次。今年共开两次。广东省委已经发出通知，在三月上旬召开这种会议，讨论上述五个问题。此件及附件，可在党刊上发表。”

3月5日 阅中共河南省委二月二十七日关于当前抗旱浇麦情况的简报（第一号）。简报说：我省当前突出的问题是小麦普遍出现旱象，而且正在继续向严重方面发展。省委为此多次召开会议动员和布置，各级都建立抗旱浇麦指挥部，采取了五项紧急措施：全省人民大动员；千方百计挖掘一切水源；抓好群众生活安排，保证群众旺盛的战斗情绪；在财力物力上支持抗旱；抽调大批干部下乡协助抗旱。毛泽东批示：“很好，各同志阅。有同样情况的，照样办理，是为至要。”

同日 下午，在广州鸡颈坑审读《毛泽东选集》第四卷文稿，康生、胡乔木、田家英参加。

3月6日 阅中共中央办公厅三月一日编印的《情况简报》第一〇三号刊登的《党的思想建设的一个重要课题》（江苏省委关于整风运动的情况报告中的一段）。这个材料说，党内有相当一部分同志，对社会主义革命的思想准备不够，存在三个方面的问题：第一，对小生产者和一部分富裕中农的自发资本主义倾向比较普遍地认识不足。第二，对高速度建设社会主义的思想准备不够，在农业的经营管理上不能适应大跃进形势的要求。第三，对意识形态方面的阶级斗争，估计不足，不同程度地忽视政治思想战线上的不断革命。毛泽东阅后，为中央起草转发这个材料给上海局、各协作区委员会、各省市区党委等的批语：“江苏省委写的关于整风中三个问题的分析，是正确的，应当提起你们大家一齐注意，并采取具体措施，逐步地解决这三个大问题。”

同日 下午，在广州鸡颈坑审读《毛泽东选集》第四卷文稿，康生、胡乔木、田家英参加。

3月7日 晚上，在广州鸡颈坑会见到任不久的苏联驻中国大使契尔沃年科，杨尚昆在座。毛泽东说：欢迎你们。今天我们见面了，我们很好地合作嘛。在契尔沃年科谈到苏联正想办法用四年、最多五年的时间完成七年计划，同时对人民加强思想教育，培养共产主义的思想意识时，毛泽东说：对，思想意识工作很重要。思想意识属于上层建筑的组成部分，它包括政治思想、理论，按照列宁所讲的，是经济的集中表现，它是要率领经济前进。我非常赞成你们那个方针。七年计划如果能够在四年、五年完成，那对于全世界都是非常好的。我们现在得赶一赶。现在我们有了些成绩，但是成绩还很小，我们还很穷，人口多。人民要求摆脱这种处境，所以要鼓足干劲。鼓足干劲，人民是赞成的，只有一小部分人不赞成，党内也有一小部分人不赞成。所以要经常反对右倾。当然，"左"倾也要反对。过去十年我们经过一个曲折的道路。那些不赞成的人，他们也要证明。他们不相信总路线，不相信大跃进，不相信人民公社，也难怪，因为现在还没有充分证明。在国内需要证明，在国际也需要证明。苏联十月革命以后多少年，许多人是怀疑的，资产阶级是反对的。经过第二次世界大战，苏联打败了德国，资产阶级没有话说了，党内那些反对的派别也没有话说了。我们今天的处境就是你们那个时候的处境。人家不相信，怀疑，反对，不能说他们完全没有理由，他们要看一看。当契尔沃年科说生活提出了许多新的组织形式时，毛泽东说：我们在农村，问题已经定了。我们还有个城市搞人民公社的问题，在全国范围内这个问题还没有定，现在在各地试验。比如，黑龙江的哈尔滨、河南的郑州、四川的重庆，这些地方在试验，看来是有成绩的。对于一些闲散的人，主要是家庭妇女这个劳动力，统统使她们走上生产的道路，看来是有效的。毛泽东还说：去年这一年，以美国为首，搞了一个反华反共运动。美国跟我们搞紧张，它一步也不放松。

3月8日 审阅修改刘少奇三月六日为中共中央起草的关于城市人民公社问题的指示稿。指示稿说："中央认为对于城市人民公社的组织试验和推广，应当采取积极的态度。"在指示稿的"中央目前还不能规定城市人民公社的统一办法。待一二年以后，在全国各城市普遍进行了试验以后，那时，中央将总结全国各地的经验，规定一些办法"这段话之后，毛泽东加写"看起来，以大工厂、以街道、以机关学校三种为中心，而又有各种所有制（国有制，社有集体制，社以下集体所有制）同时存在于一个公社内，是不可避免的，也是很好的"，并将指示稿中的"一二年"改为"一个时期"。在指示稿的"在北京、上海、天津、武汉、广州五个大城市，也不要在一个时期满街挂上人民公社的牌子（过去已经挂上者不取消）。但是一切有关城市人民公社的实际工作，都应当放手发动群众去进行"这段话之后，毛泽东加写"慢慢挂上公社牌子则是可以的。除这五个大城市外，其他一切城市则应一律挂牌子，以一新耳目，振奋人心"。在指示稿谈到对城市人民公社的领导问题处，毛泽东加写："最好有一位书记专管城市人民公社。中央希望今年上半年全国城市普遍试点，取得经验，下半年普遍推广。各城市应派一位书记率领几个干部到哈尔滨、天津、郑州等处去参观那里的人民公社。"毛泽东审改后批示："送少奇同志再阅，即发。本件及两附件〔1〕，可登党刊。"

---

〔1〕 指中华全国总工会城市人民公社组1960年2月22日关于哈尔滨市香坊人民公社的发展情况的报告和中共河南省委1960年2月28日关于城市人民公社巩固和发展情况的报告。

这个指示于三月九日发出。

同日　为转发中共河南省委二月二十九日关于召开五级干部会议情况的报告，起草中央给上海局、各协作区委员会、各省市区党委等的批语："河南省委这个报告写得十分好，是一个纲领性的文件和科学性的文件，现发给你们研究和参考。中央希望你们都应当随时做出自己工作的科学总结，一年至少做四次，每季做一次。专题性的总结也要做。一面报告我们，同时即下达所属一体遵行。此件及附件可登党刊。"并批示："即送尚昆带交中央审阅、转发。"河南省委的报告说：省委为了迅速地在河南党内贯彻中央一月上海会议精神，召开了五级干部会议。会议着重讨论了以农业为基础的指导思想，以及在今后三年左右的时间内争取粮食过关问题。讨论确定了一九六〇年的计划，决定工农业总产值比一九五九年增长百分之三十一点九。粮食争取三年过关是可以做到的。

同日　晚上，在广州小岛招待所审读《毛泽东选集》第四卷最后一批文稿。康生、胡乔木、田家英及其他参加《毛选》第四卷编辑工作的许立群〔1〕、姚溱、熊复、逄先知〔2〕参加。

3月9日　上午十一时，乘专列离开广州。

3月10日　晚九时到达株洲，十时五十分到达长沙。其间，在专列上同中共湖南省委负责人张平化、李瑞山〔3〕、周惠谈话。

3月上中旬　应张平化的请求，为《新湖南报》题写报名。

3月11日　下午，在停靠长沙的专列上同张平化、周惠、

---

〔1〕许立群，当时任中共中央宣传部副部长。

〔2〕熊复，当时任中共中央对外联络部秘书长。逄先知，当时任中共中央办公厅秘书，兼管毛泽东的图书。

〔3〕李瑞山，当时任中共湖南省委书记处书记、长沙市委第一书记。

胡继宗、于明涛[1]及湖南十个地市委（长沙、湘潭、岳阳、衡阳、常德、邵阳、郴州、益阳、湘西、株洲）的第一书记谈话。晚上，在张平化、周惠、胡继宗和长沙市委第一书记的陪同下，视察长沙汽车电器厂的生产自动线和技术革新成果。视察后，参观湖南烈士陵园，并观看湘剧。

3月12日 下午，离开长沙。次日晨，到达南昌向塘。上午，在专列上同中共江西省委负责人杨尚奎、方志纯、刘俊秀[2]谈话。后离开向塘，杨尚奎同行。晚上，到达金华。

3月14日 下午，视察金华双龙水电站和人民解放军驻浙某部的高炮三连。晚十时半，到达杭州。

同日 为转发中共江苏省委三月九日关于召开全省六级干部大会部署的报告，起草中央给上海局、各协作区委员会、各省市区党委等的批语："中央同意这个报告的基本思想。万人大会可以开，也可以少于一万人。现将江苏报告发给你们作参考。"江苏省委的报告说，他们确定在三月十八日召开全省六级干部大会，约一万人，会期十天左右，主要解决中央指出的五个方面的问题[3]。

3月15日 为转发关于农村公共食堂的三份材料，起草中共中央给上海局、各协作区委员会、各省市区党委等的批语："《八个省农村公共食堂情况》一件，《河南省农村公共食堂情况》

---

〔1〕 于明涛，当时任中共湖南省委书记处书记兼工业办公室主任。

〔2〕 刘俊秀，当时任中共江西省委书记处书记。

〔3〕 指中共中央转发的广东省委1960年2月25日关于当前人民公社工作中几个问题的指示中提出的5个问题。见本卷第330、331页1960年3月1日条。

一件，《一九五九年年底全国农村公共食堂情况》一件，[1]都好，使人看了高兴。现在发给你们研究、参考、仿行。其中放在括号内的一些指示性的断语，是中央加上去的。请你们对这个极端重要的公共食堂问题，在今年一年内，认真大抓两次，上半年一次，下半年一次，学贵州、河南等省那样作出科学的总结，普遍推行。从省到社四级都应组织生活福利委员会，派一个懂得政治、热心肯干、善于分析问题、勤于到食堂考察研究而没有一点官僚主义作风的书记去充当领导。在每一个食堂内都组织一个食堂管理委员会。工厂、矿山、街道、机关、学校、团体、军队的公共食堂，一律照此办理。”毛泽东在这三个文件中为中央加写的指示性的断语主要是，在《八个省农村公共食堂情况》材料说到农村公共食堂认真执行按人定量，凭票吃饭，节余归己处，加写：“中央指出，一部分不能到堂吃饭的，如老人、病人、孕妇、婴儿，则将他们的粮食送到他们自己手中。另一部分不愿参加食堂吃饭的人，例如少数富裕中农及其他阶层的人，也照这样办。就全国说来，能够争取占全体农村人口百分之八十的人到食堂吃饭，就很好了。像河南、湖南、四川、云南、贵州、上海、安徽七个省市争取了百分之九十以上的人到食堂吃饭，当然更好。但其他各省、市、区，暂时达不到这个程度的也不要勉强，两三年内争取逐渐达到，是可以的。”

同日　为转发湖南省关于农业生产情况的综合报告，起草中央给上海局、各协作区委员会、各省市区党委等的批语，指出：

---

〔1〕这3份材料，依次分别是中共中央办公厅根据河南、河北、山西、山东、甘肃、辽宁、吉林、黑龙江8个省的电话汇报整理的综合材料，河南省委书记处办公室3月5日的电话汇报，国家统计局1月份的统计报告。

“此件很可以一看，其中有些新鲜东西，可以看到农业全貌。”报告说：从去年十一月到今年二月底，全省整修新建各种水利工程八十八万处，其中新建水库三万座；到目前为止，全省积肥二百来亿担，平均每亩达三百担左右；去冬今春，全省改良了八百多万亩亩产四百斤以下的低产田，开垦五百万亩荒地；全省可耕地面积是五千六百万亩，由于大搞粮林间作，大力利用空坪隙地，今年播种面积将在一亿亩以上，争取全省粮食产量达到平均每人一千斤。全省今年计划革新和推广各种新工具近二千万件；全省已有近十三万县以上干部下到基层，平均每个生产队有一个国家干部；今年春季作物普遍长势良好；全省今年计划养猪四千万头；生活安排方面，粮食情况比往年要好得多，今年上半年是可以很好过去了，群众的福利和健康普遍较好；渔业方面，出水鲜鱼等于去年第一季度收购量的总和；去冬今春，全省共造林二千五百四十九万亩。

同日 为转发中共山东省委二月二十七日关于生活安排情况的报告，起草中央批语：“山东这个报告写得很好。有调查，有分析，有研究，有办法。抓住二十个重点落后县，派二百多个得力干部，有强的领导者率领，每个重点落后县有二十多个干部下去帮助，办法很好。一定要把缺粮问题在短时间内彻底地认真地给予解决。中央建议：落后县、社、队领导干部实在不行的，当机立断，实行撤掉，换上好的。不要婆婆妈妈，优容养奸，贻误大事。”山东省委的报告说：我省和全国一样，在连续两年大跃进的基础上，整个形势是很好的，生活安排的条件也是良好的。但是，还有部分县、社、队，在生活安排方面存在不同程度的问题，其中有一小部分（占核算单位的百分之十五左右）问题还相当严重，生活安排没有落实，人口外流和水肿病的情况已经出现。主要原因是，在分配上包产小队和基本核算单位之间存在矛盾，去年遭受了几十年来未有过的自然灾害，一部分干部报喜不报忧等。省委决定抓住问题较大的二十四个县市突出加以解决：增拨口粮、饲料和救济款；对十二个重点县，派出二百六十余名干部坐镇包干，负责到底；省委生活福利办公室直接控制重点县的情况，加强联系，发现问题及时解决。

同日 致信刘少奇、邓小平："湖南文件一件，山东文件一件，我替中央各写了一个批语。另外有江苏文件一件，是请求中央允许他们开万人大会的，我也替中央写了几句批语。共三件，今送上，请提向中央会议通过，在七天至十天内发出，并送达各省市区第一书记手中。你们如感有不妥处，请加修改。华东六省一市第一书记会谈，今日开始，三四日可毕。我想请李井泉同志于明十六日到此参加一谈。"这三个报告和中共中央转发的批语，在三月十八日中央政治局会议讨论通过后发出。

3月15日—17日 和柯庆施、曾希圣、舒同、江渭清、江华、杨尚奎、叶飞及谭震林、胡继宗沿杭州至宁波的铁路线进行考察，在专列上召开华东六省一市党委第一书记会议。在十五日下午的会议上，毛泽东提出十四个问题同大家讨论。第一，四化问题。机械化，半机械化，自动化，半自动化，这是今年突出的普遍的新现象。上海会议时还没有料到。第二，城乡公共食堂普遍化问题。希望今年有百分之八十的人到食堂吃饭，争取超过。第三，城市人民公社问题。上半年搞三分之一，下半年搞三分之二，今年普遍化。首先是区搞，市委、市人委仍然不变。只有少数资本家不愿参加，让他去，其余均参加。第四，农村人民公社的五个问题，还有其他问题。各省开五级、六级干部会议，不搞清楚不散会。第五，农业问题。坚持以粮为纲。第六，工业问题。主要是煤、铁、钢。至少一个县搞一个小洋群。凡有煤、铁资源的人民公社均应搞小洋群。第七，铁路问题。不谈大洋群，只谈小土群、小洋群。第八，工业、财贸系统普遍支援农业问题。要把市、区、厂同农村、公社的挂钩固定下来。第九，教育问题。地方要抓教育，抓业余教育，搞扫盲，办中学（农业中学），办大学。第十，农业发展纲要四十条要提前完成问题。第十一，除四害问题。麻雀可以赦免，用臭虫代替，四害是老鼠、苍蝇、蚊子、臭虫。第十二，“三反”问题。反贪污、反浪费、反官僚主义，中心是反贪污。官僚主义相当严重，实在不行的要撤换。第十三，回避问题。不在本地做官，县、社、队要有区别，回避三分之一就好了。第十四，外宾参观，要使他们看好坏两种，不能只看好的，使他有比较，就是讲老实话。

3月16日　晚上，在停靠绍兴的专列上继续召开华东六省一市党委第一书记会议，四川省委第一书记李井泉从今日起参加会议。毛泽东在会上说：各省总结经验，要自己有主张，能扎住阵脚。自己有章程，能早能迟，不怕人家讲；自己有步骤，不要慌乱，急急忙忙。平衡是相对的，不平衡是绝对的。各省各县永远不会平衡，在一定时期内争取平衡。要经过一二十年，使地方发展，有一定的独立性，同国家统一性不矛盾。统死不能发展，当然分裂也不好。在中央统一之下，要使地方有一定的独立自主。农业全归地方，工业大部、教育大部归地方。要多快好省，中央、省、地、县，要有几级所有制，要恰当分配，好好调整。这是方针问题。县要有大学，而且不只有一个。省要使地、县发展起来，有自己的科学家、理论家、文学家等。地质钻探机太少了，要办地质大学。长江应有几十座大桥。

同日　为中共中央起草关于卫生工作的指示。指示说：“卫生工作，这两年因为忙于生产大跃进，有些放松了。”“中央现在提醒同志们，要重视这个问题，要把过去两年放松了的爱国卫生运动重新发动起来，并且一定要于一九六〇年、一九六一年、一九六二年这三年内做出显著的成绩，首先抓紧今年的卫生运动。”指示要求，省、市、地、县、社各级党委专管书记和有关部门党组书记要在党委第一书记领导之下挂起帅来，“重新恢复爱国卫生运动委员会的组织和工作，发动群众，配合生产运动，大搞卫生工作，无论老人、小孩、青年、壮年、教员、学生、男子、女子，都要尽可能地手执蝇拍及其他工具，大张旗鼓，大造声势，大除四害。一切卫生医药人员都要振作起来，与党委、群众组成三结合，显示自己的能力，批评右倾思想。再有一事，麻雀不要打了，代之以臭虫，口号是‘除掉老鼠、臭虫、苍蝇、蚊子’。至于其他严重疾病，当然要按照计划一律除掉或减少。”指示还说：“环境卫生，极为重要，一定要使居民养成卫生习惯，以卫生为光荣，以不卫生为耻辱。凡能做到的，都要提倡做体操、打球类、跑跑步、爬山、游水、打太极拳及各种各色的体育运动。把卫生工作看作孤立的一项工作是不对的。卫生工作之所以重要，是因为有利于生产，有利于工作，有利于学习，有利于改造我国人民低弱的体质，使身体康强，环境清洁，与生产大跃进、文化和技术大革命，相互结合起来。现在，还有很多人不懂这个移风易俗、改造世界的意义。因此必须大张旗鼓，大做宣传，使得家喻户晓，人人动作起来。”这个指示于三月十八日发出。

同日 为转发全国总工会党组《关于当前技术革新、技术革命情况报告》和《经济消息》第十期刊载的《关于技术革命大丰收》材料，起草中共中央的批语。批语指出：“技术革新和技术革命运动现在已经成为一个伟大的运动，急需总结经验，加强领导，及时解决运动中的问题，使运动引导到正确的科学的全民的轨道上去。这种调查、研究、总结的工作，在今年三、四、五三个月内要基本做完。由中央各部委党组，各级地方党委及各部门党组分头去做，并要开规模较大的现场会议。”全总的报告说：

一个以机械化、半机械化为中心的技术革新和技术革命已成为全民性的轰轰烈烈的群众运动，发展异常迅猛，预示着我国有可能以极快的速度实现机械化、半机械化。随着机械化、半机械化水平逐步提高，不少企业正在向大搞自动化、半自动化，大搞原材料的综合利用，向高大精尖方向发展。《经济消息》刊载的材料说：在全国工业、建筑业和交通运输业的技术革新和技术革命运动，大大推动了当前生产，大量节省劳动力，为原料、材料大量节约开辟了途径，职工精神面貌也在起变化。

同日　致信刘少奇、邓小平："替中央拟了两个批语，一个是关于技术革命问题的，一个是关于食堂问题的，现送上。请邀集有关同志谈一下，如同意，请迅速发出去。如有意见，请径作修改。另为中央草拟一个电报，是关于卫生工作的，一并送上审核，并请迅速办理为盼！"

同日　致信胡乔木："富春报告〔1〕修改进度如何？务请你于三月十八日改完，以便十九、二十两日由你帮助修改先念的报告〔2〕。先念报告现由吴冷西在改，是否请伯达先去帮他改一下，使你在最后两天审改时费力少一些。"

3月中旬　阅中共黑龙江省委农村工作部三月五日关于农村公共食堂情况的电话汇报记录，写批语："加强领导，全民食堂，猪菜丰富，计划用粮，指标到户，粮食到堂，以人定量，凭票吃粮，节余归己，按月算账，明明白白，账单上墙，生产生活，两样都强，人心振奋"。黑龙江的汇报说：省委二月下旬在克东县

---

〔1〕　指李富春准备在1960年3月30日向第二届全国人大二次会议作的《关于一九六〇年国民经济计划草案的报告》。

〔2〕　指李先念准备在1960年3月30日向第二届全国人大二次会议作的《关于一九五九年国家决算和一九六〇年国家预算草案的报告》。

开了现场会，部署如何进一步搞好公共食堂及群众生活福利。各级领导对食堂抓得比较紧，大多数食堂办得较好，一般都有菜园子，大多数养了猪，一部分养了鸡，饭菜花样也多，卫生情况也好。各地食堂都坚持了按人定量、凭票吃饭、节余归己、按月结账、清单上墙等制度。目前，常年的劳动力食堂是我省农村食堂的主要形式，全民食堂是部分的，但发展趋势是向全民食堂过渡。

3月17日 晨，和华东六省一市党委第一书记及谭震林、李井泉、胡继宗乘专列到达宁波。下午，一同参观宁波市容后离开宁波。晚上，在专列上继续开会，十时半结束，到达杭州。毛泽东在会议上讲话，他说：搞五个运动，就是技术革命运动，公共食堂运动，城市人民公社运动，城市支援农村运动，卫生运动。农村人民公社要根据文件，结合各省情况去搞。农业布局问题，主要是粮食，还有其他经济作物，即粮、棉、油、麻、茶、丝、糖、菜、烟、果、药、杂十二个字。农、林、牧、副、渔，也是布局问题。其中各有重点，要适合各县各公社特点来布局。工业，主要是煤、铁、钢，三年内还是要发展小土群、小洋群。凡有煤、铁资源的地、县都要搞。大、中、小是战略方针，也是布局问题。书记处和有关部门要切实研究一下工业、农业、交通运输的布局问题。工业、财贸支援农业如何使之普遍化的问题，也要好好地具体研究一下。不是重轻农，而是农轻重。农轻重，主要是具体化的问题。教育问题回去搞，着重搞地方的。苏联有七百万知识分子（包括中等技术人员），我们六亿多人口，应有二千八百万到三千万知识分子。农业发展纲要四十条，你们回去查一下，究竟有多少公社和县达到了四、五、八指标，一九六二年能否达到，并要提出措施，如何提前达到？达到的如何提高？“三反”问题，各省先搞一二个县，摸摸情况，究竟怎样？上半年先搞试点，根据试点报告再由中央发指示，中央上半年不发指示，秋收以后再搞。下次整风整社以“三反”为中心。干部回避问题，先去试验，比例各地自定。得到经验，写了报告，中央才发指示。外宾参观，不要只让看好的，把缺点藏起来。要好的、坏的都给看，才有比较。任何民族、国家，都有缺点和正确的方面。城市，每个街道都应办工业。国际国内关系，我们只管九百六十万平方公里，其他我们一万年后也不要。管好了自己，就不怕人家反华。煤、铁、钢特别重要。今年钢达到二千二百万吨，明年三千万吨，后年四千万吨，那就形势大变了。煤、铁、钢，现在就要注意布局。目前各项工作的布局极为重要。现在就要地、县、社搞出计划来。毛泽东最后说：再增加一个题目，增产节约与综合利用问题（煤、电、水、盐、木等），共十五个问题。

3月18日 晨，在杭州同周恩来、陈毅谈尼泊尔问题。

同日 晚上，在杭州饭店会见尼泊尔王国首相柯伊拉腊和夫人等，江华、霍士廉、罗贵波〔1〕、潘自力等在座。毛泽东说：听说你们的工作做得很好，注意搞工业、农业和交通运输，很好，我们很高兴。你们八百多万人口，十年、二十年可以搞成强盛之国家。我们同印度有过一些别扭，不要紧，马上就会过去的。我们的利害相同，都是不发达的国家。说中国侵略印度，是不真实的。人家一寸土地我们都不要，要别人的土地是犯罪的。你们尼泊尔的一寸土地我们都不要。关于中尼边界问题，毛泽东说：可以订个边界协定，立上界桩，是不是这样？柯伊拉腊说：需要正式划界。毛泽东说：需要划一下界，划定了之后双方可以有一段地区不巡逻，这段地区多宽可以商量。如果你们愿意，我

〔1〕 霍士廉，当时任中共浙江省委书记处书记、浙江省副省长。罗贵波，当时任外交部副部长。

们可以在条约上订这一条。行政管理可以由双方在各自地区的民政人员管，是否可以搞一点警察、民兵，由当地人民组成，就是不要正式军队，双方正式军队隔开一段，双方都安心。如果你们有兴趣，可以像我们同缅甸一样，订个友好互不侵犯条约。我们是大国，从来不怀疑你们会侵略我们，但你们可能怀疑我们会侵略你们。如果订了条约而我们破坏了条约，我们就输了理，我们就是犯了错误。通过谈判解决中尼边界问题，中国是乐观的。我们要得到你们的友谊，你们也要得到我们的友谊，这是问题的中心。有了这个中心，任何问题都可以解决。就是要安下心来，使我们可以建设我们国家现代化的工业、现代化的农业、现代化的科学文化和现代化的国防。你们也要安下心来，搞现代化的工业、农业、科学文化和国防，这不好吗？我们这些国家，要以自力更生为主，争取外援为辅。对外援要争取，但哪个为主，要考虑。自力更生好办事，主动。每个民族都有长处，都有缺点。要学习每个民族的长处，不管这些民族的大小。我们东方人有一种自卑感，总觉得自己不行，白种人比我们强。这是一种迷信，要破除。既要破除迷信，又要向西方学习。破除迷信与向他们学习并不矛盾，如我们可以派留学生，进口他们的设备等。我不是反对西方的一切，而只是反对那些帝国主义压迫人、欺侮人的东西。他们的文化科学我们要学习。东方人要向西方学习，要在破除迷信的条件下学习西方。

同日 晚上，在杭州饭店观看浙江婺剧团演出的《牡丹对课》和越剧。毛泽东称赞《牡丹对课》这出戏改得好，反映了老不如少、神仙不如凡人、人定胜天的主题。

3月19日 晨，从杭州到达上海。晚上，在上海文化俱乐部接见联华带钢厂党支部书记兼厂长孙令熙、上海工具厂革新能手朱富林、全国先进生产者上联电工器材厂工程师杨新富等，并共进晚餐。毛泽东举杯说：这一次，上海工人在党的领导下，技术革命搞得很好，我请大家吃顿便饭，感谢上海的工人阶级。革命不是一件容易的事情，你们在大搞技术革命的时候，尤其要记住这条真理。不试验，不失败，不会成功，凡事都要经过试验，在失败中取得经验，然后才会成功。饭后，毛泽东同他们到锦江饭店小礼堂观看京剧。

3月中旬　审阅李富春三月十六日报送的《关于一九六〇年国民经济计划草案的报告（第三次修改稿）》。在报告中的“在国家机关中，我们也实行了干部参加体力劳动和下放锻炼的制度，同时要求所有的领导干部都以普通劳动者的身份出现，以平等的态度待人。……”这一段话后，毛泽东加写：“这样一来，上下打成一片，成为完全平等的兄弟般的关系。”“我们一定要把领导上的老爷式作风、官僚主义作风、命令主义作风，完全消灭得干干净净。要达到这个目的，不是短时间内所能完成的，需要一个长期过程，需要每一年整风一次，彻底批判那些老爷式的和官僚主义、命令主义的人们，把他们的缺点改变过来。”

同旬　审阅刘少奇三月十六日送阅的李先念《关于一九五九年国家决算和一九六〇年国家预算草案的报告（第四次草稿）》。批示：“有些意见，待与先念一商。”并批注：“十五个问题〔1〕中的一些问题应加进去。”

3月21日　下午，到达南京浦口，在专列上同中共江苏省委负责人江渭清、刘顺元作简短谈话。晚上，到达徐州，停车休息。

同日　阅周恩来三月二十日报送的外交部关于缔结中蒙友好

---

〔1〕 指毛泽东在1960年3月15日至17日华东六省一市党委第一书记会议上提出的15个问题。

合作条约等问题给中国驻蒙古人民共和国大使谢甫生的电报稿，批示："同意。似应抄送苏联、朝鲜、越南各一份。如朝、越愿意签订同样条约和具有军事援助条款的友好同盟互助条约，我想也是可以的。此意见是否适当，请提向中央会议讨论决定。"电报稿说：请答复蒙外长，我国政府热烈赞同蒙古政府提出的缔结中蒙友好合作条约的建议。如果蒙古政府同意，周总理很愿意到乌兰巴托签订此项条约，和同泽登巴尔主席等会晤，访蒙具体日期待以后另行商定。随电附发《中蒙友好合作条约（草案）》一份，如有意见请电告。

3月22日　下午，从徐州到达济南。晚上，在专列上听取中共山东省委负责人舒同、裴孟飞〔1〕、白如冰、刘季平〔2〕，和济南军区司令员杨得志、第二政委梁必业汇报。舒同说：山东对人民公社过渡问题作了适当控制，在三十三个公社进行过渡试点。毛泽东说：你们控制得对。要告诉下面，现在准备好条件，将来就过渡得好，过渡得快。过渡不要人为，要顺乎自然。舒同说：下面在发展社有经济和大搞水利建设时有"一平二调"的做法。毛泽东说：调猪人家不喜欢，影响积极性嘛！水利工程太多了，控制一下，分几年搞。造林的时间更要长一些，先搞三年看看。舒同说：下面财政部门收款，有的将公社几年的欠款都一齐扣下了。毛泽东说：这是变相的"一平二调"。问题还是去年三月的那一些，贫队富队矛盾、社队矛盾，还是不等价交换，所以等价交换、价值法则问题不是一两年能教育过来的。舒同说：还有全民和集体的矛盾，如国家机关、工厂企业等向公社调东西过多，占用公社土地。毛泽东说：今年两次会，将国社矛盾、社队

〔1〕 裴孟飞，当时任中共山东省委书记处书记。

〔2〕 刘季平，当时任中共山东省委书记处书记。

矛盾、贫队富队矛盾问题反复讲清，说明这样（指“一平二调”——编者注）过渡反而慢，并会脱离群众。是不是要搞“三反”，我们在杭州决定今年上半年先作典型试验，下半年普遍搞。现在就可以讲，使有这种作风的人早收手。当舒同谈到干部贪污的情况时，毛泽东说：现在贪污的钱多已经花掉了，可以叫他用劳动补偿，也是等价交换，只给他留下穿衣吃饭的部分，其余拿过来补偿，什么时候偿完就算。去年整风没讲“三反”这个问题，所以公社的礼堂还是盖，贪污还是贪。社会主义也有两个方面，现在主要是积极方面的，如积极搞生产、搞文化建设等，这是九个指头，但总有一个指头的问题，年年都有。毛泽东对杨得志说：军事也要抓两头，民兵、尖端。尖端让他们搞，你们抓常备兵和民兵。不仅要注意常规军，还要注意民兵。“四化”〔1〕，只相信少数人，不相信多数人，就搞不起来。我们这些人原来不都是老百姓吗？要当群众代表，不要脱离他们，贪污、盖大礼堂就脱离他们。靠老百姓就有出路。毛泽东说：今年出了一些新事情，一月会议时没有反映到我们脑子中来，那时搞国际问题了。现在发现有些新事情，如“四化”问题、城市公社化问题、食堂问题。这些问题，一月份政治局扩大会议没能解决，现在分区开会，五月中央开政治局扩大会议，再做决定。当刘季平谈到业余教育也是个新事时，毛泽东说：地方要有自己的学校，地方没有大学、中学，教育不会发展。又说：你们这个省还是个手工业省，只有百分之三十机械化，要大搞机械化。凡有煤、铁矿的县要搞钢铁厂，第一步县搞，再就公社搞，这样钢铁就多了。你们可以在这次会上议一议。在这次谈话中，毛泽东又说：我想骑马沿着两条河考察，一条黄河，一条长江。这个想法至今未能实现。

---

〔1〕 这里指机械化、半机械化、自动化、半自动化。

你们赞成不？不一定一年走完，做调查研究。你们如赞成，帮我准备一匹马。沿黄河走完大概要两年，我还可以调查一点地质。

同日 为转发中共鞍山市委三月十一日关于工业战线上的技术革新和技术革命运动开展情况的报告，起草中央给上海局、各协作区委员会、各省市区党委等的批语。批语主要内容如下："鞍山市委这个报告很好，使人越看越高兴，不觉得文字长，再长一点也愿意看，因为这个报告所提出来的问题有事实，有道理，很吸引人。鞍钢是全国第一个最大的企业，职工十多万，过去他们认为这个企业是现代化的了，用不着再有所谓技术革命，更反对大搞群众运动，反对两参一改三结合的方针，反对政治挂帅，只信任少数人冷冷清清地去干，许多人主张一长制，反对党委领导下的厂长负责制。他们认为'马钢宪法'（苏联一个大钢厂〔1〕的一套权威性的办法）是神圣不可侵犯的。这是一九五八年大跃进以前的情形，这是第一阶段。一九五九年为第二阶段，人们开始想问题，开始相信群众运动，开始怀疑一长制，开始怀疑'马钢宪法'。一九五九年七月庐山会议时期，中央收到他们的一个好报告，主张大跃进，主张反右倾，鼓干劲，并且提出了一个可以实行的高指标。中央看了这个报告极为高兴，曾经将此报告批发各同志看，各同志立即用电话发给各省、市、区，帮助了当时批判右倾机会主义的斗争。现在（一九六〇年三月）的这个报告，更加进步，不是'马钢宪法'那一套，而是创造了一个'鞍钢宪法'。'鞍钢宪法'在远东，在中国出现了。这是第三个阶段。"鞍山市委的报告说：鞍山地区的技术革新和技术革命，主要特点有三：一是广大职工干劲很大，参加技术革新、技术革命的人很广泛，运动进展很快。至二月底，提出的革新建议达六

〔1〕 指苏联马格尼托哥尔斯克冶金联合工厂。

十二万余件。二是广大职工的首创精神大大发扬，短时期内，就出现了不少重大的新技术和尖端技术。三是促进了生产继续跃进。两个多月来，取得的初步经验是：第一，必须不断地进行思想革命，坚持政治挂帅，彻底破除迷信，解放思想。第二，放手发动群众，一切经过试验。最根本的问题是高度发挥广大职工群众的积极性和创造性。第三，全面规划，狠抓生产关键。第四，自力更生和大协作相结合。第五，开展技术革命和大搞技术表演赛相结合。

同日　阅中国驻巴基斯坦大使馆三月十四日关于中国参加东巴基斯坦工农业展览情况的报告和记者写的中国参加新德里世界农业博览会情况的通讯〔1〕，写长篇批语，题为《关于反华问题》。批语说："附件请同志们一看，这是我国在巴基斯坦开设展览会的一件材料。所谓大反华，究竟是一些什么人，有多少人呢？不过是一些西方国家的帝国主义分子，其他一些国家的反动派和半反动派，国际共产主义运动中的修正主义分子和半修正主义分子，以上三类人，估计共只占全人类的百分之几，例如说百分之五吧，最多不过占百分之十。""巴基斯坦的情况，就是这样一种情况。印度的情况也是如此，真正反华的，不过是一小撮人。在新德里展览的各国农业馆，在所谓大反华空气中展出，到中国馆参观的人民群众达三百五十万人之多，超过任何国家的农业馆。""还有一层。各国坏人半坏人反华，不是每天都反，而是

〔1〕　中国驻巴基斯坦大使馆的报告说：我国参加东巴基斯坦工农业展览的展馆轰动了整个达卡城，东巴其他城市及达卡周围的农村也形成了参观中国馆的热潮。记者写的通讯《盛会难忘，友谊永存——记新德里世界农业博览会中国馆胜利闭幕》一文说：2月29日，新德里世界农业博览会中国馆胜利闭幕，81天来，这里经常是人似潮涌，参观人数达300多万人。

有间歇性的，有题目可借，例如西藏问题和中印边界问题，他们就反一阵。”“不但现在有较小的间歇性，而且将来会有较大的间歇性，看我们的工作做得怎么样。例如说，我们全党全民真正团结一致，我们的主要生产项目的总产量和按人口平均的产量，接近或超过他们了，这种较大的间歇性就会到来，即是说这会迫使美国人同我们建交，并且平等地做生意，否则他们就会被孤立。”“我劝同志们利用巴基斯坦这件材料，想一想我们的任务，想一想我们的工作，想通这个所谓大反华问题的性质和意义，作出充分的精神准备，准备着世界上有百分之十左右的人长期地但是间歇地反对我们。”“总之，一切问题的中心在于我们自己的团结和自己的工作都要做得好。”三月二十五日，毛泽东的这个批语作为中共中央指示，连同两个附件一起发到公社一级党委。

同日　阅山东省六级干部会议秘书处三月二十一日编印的《会议情况》第一期，批示：“此件请各同志看看。这些问题，各省、市、区都有，如不注意处理，定会要脱离群众。山东正在开一万二千人的大会，每个公社到六个人，这种办法似较好。”这个材料说：山东省六级干部会议反映的问题有以下一些：枣庄市反映，干部中急于过渡的思想苗头较普遍。安丘县一个公社调走一个大队七十头母猪，不给钱，严重影响了社员生产积极性。沾化县有几个公社水肿病较多，全县春节后因水肿病死亡五百人，缺粮原因是卖了过头粮。会议还反映，贪污浪费比较严重，不讲真话。有的公社原来准备盖戏院、大礼堂等，现在决定停建。

同日　致信田家英：“此书[1]内除已收者外，打圈的均拟收

---

〔1〕 指解放社1949年7月出版的《将革命进行到底》一书。书中编入有毛泽东为新华社写的社论和评论、起草的中共中央贺电和中央发言人的谈话等。其中有几篇经毛泽东圈定收入《毛泽东选集》第4卷。

人，请印清样送我。此书以前及以后类似此书各文的评论及几个重大战役的贺电，请与乔木商量是否还有可收者，搜集一下，告我为盼!”

同日 晚上，离开济南。次日晨，到达天津。

3月23日 下午，在停靠天津的专列上同林铁、刘子厚、万晓塘谈话。毛泽东问：你们在开大会[1]，是不是？作了报告没有？林铁说：今天上午作了报告，解决主席批的那五个问题。毛泽东说：是有问题吧？林铁说：是有问题，有那个苗头了，这个时候开会真是适时。毛泽东说：跃跃欲试，要过渡，变相的“一平二调”。根本不要上面批准，变成没有纪律了。现在你们怎么办呀，要退回去呀？林铁说：现在我们向公社过渡的还不多，调的数量还不大。分配问题我们还有百分之十几到二十没有搞好，这个问题要下点功夫，做点工作。毛泽东说：还有个作风问题，贪污、浪费、官僚主义，有几个省相当严重，比如湖北、广东、山东。他们赞成搞“三反”，你们有这个感觉没有？听说相当普遍。现在不搞就要烂掉一批，已经烂掉一批了。另外，贪污的数目也很大，比如二千元。救济粮、救济款他都贪污。还有作风问题，请你们把这个问题提出来谈一下。官僚主义者，就是不同群众商量，还有打人骂人，强迫命令。贪污、浪费问题，请你们也摸一摸。有些事情得年年讲，提出警告，要他把手缩回来。几十元的小贪污，只要承认错误，吐出来就行了，也可以不戴帽子。有一部分大的贪污分子那就要法办，比如一千元、二千元，那是“老虎”了，极为恶劣的，单是撤职不行的。治病救人这个口号还是适用。但是怎么治病呢？就是把他撤掉，怎么救人呢？就是把他劳动改造，法办。这样才能治他的病，才能救出来。毛

〔1〕 当时中共河北省委正在召开五级干部会议。

泽东说：下面的事情，十分里头信七分就好了，十分都信就吃亏，就上当。关于城市人民公社问题，毛泽东说：我从前劝天津不要搞城市人民公社。去年三月郑州会议，只主张农村搞人民公社，城市不要搞，怕刮“共产风”。但是河南人不听这个话，他全部都搞了。黑龙江不听，他们没有出事。听说重庆也搞了。所以，我那个话你们不要听了。林铁说：石家庄也搞了。万晓塘说：天津市原来有六个公社，现在又搞了十五个，可能今年“五一”以前全市搞起来。毛泽东说：我计划是一年。城市人民公社对于发展工业，发展集体福利，提高政治觉悟，提高文化程度，改造资本家，改造坏人大有作用。至于说天津、北京、上海、广州这几个大城市的人民公社要不要挂牌子，我想了这个问题，恐怕还是挂为好。林铁请示天津会议如何开法，毛泽东说：明天、后天、大后天开三天，上午看文件，下午在这里（指专列——编者注）谈一谈。我们在浙江谈了十五个问题，中央还不知道，我明天第一次会议把这些问题提出来。其中有几个问题可以深谈一下，有一个问题要比较多地研究一下，多交换一下意见，就是关于现在的主要矛盾究竟是什么。这次会议要加上西北的张仲良，中南的王任重、吴芝圃。

同日 为转发山东省六级干部会议秘书处编印的《会议情况》第二期，起草中共中央给各省市区党委，中央一级各部委、各党组的批语。全文如下：“此件请各同志阅读，并请转发到县级党委。山东发现的问题，肯定各省、各市、各自治区都有，不过大同小异而已。问题严重，不处理不行。在一些县、社中，去年三月郑州决议忘记了，去年四月上海会议十八个问题的规定也忘记了，‘共产风’、浮夸风、命令风又都刮起来了。一些公社工作人员很狂妄，毫无纪律观点，敢于不得上级批准，‘一平二调’。另外还有三风，贪污、浪费、官僚主义，又大发作，危害人民。

什么叫做价值法则，等价交换，他们全不理会。所有以上这些，都是公社一级干的。范围多大，不很大，也不很小。是否有十分之一的社这样胡闹，要查清楚。中央相信，大多数公社是谨慎、公正、守纪律的，胡闹的只是少数。这个少数公社的所有工作人员，也不都是胡闹的，胡闹的只有其中一部分。对于这些人，应当分别情况，适当处理。教育为主，惩办为辅。对于那些最胡闹的，坚决撤掉，换上新人。平调方面的处理，一定要算账，全部退还，不许不退。对于大贪污犯，一定要法办。一些县委为什么没有注意这些问题呢？他们严重地丧失了职守，以后务要注意改正。对于少数县委实在不行的，也要坚决撤掉，换上新人。同志们须知，这是一个长期存在的问题，是一个客观存在。出现这些坏事，是必然不可避免的，是旧社会坏习惯的残余，要有长期教育工作，才能克服。因此，年年要整风，一年要开两次六级干部大会。全国形势大好，好人好事肯定占十分之九以上。这些好人好事，应该受到表扬。对于犯错误而不严重、自己又愿意改正的同志，应当采用教育方法，帮助他们改正错误，照样做工作。我们主张坚决撤掉或法办的，是指那些错误极严重、民愤极大的人们。在工作能力上实在不行、无法继续下去的人们，也必须坚决撤换。”山东的简报反映：现在有的公社对劳力、牲畜随便调，土地随便占，树也随便刨。有的公社将生产队的一部分羊群收归公社所有，也不给代价。有的公社把生产大队的马车都集中起来，致使大队运肥运煤都得交脚力，大队支不起运费，现在谁也不想买马车了。有的公社向生产队要劳力，竟占队里劳力的百分之二十。有的公社划了生产队一百亩地建木厂，地里有三十亩小麦公社也要收，生产队不满，夜间放水把麦子冲毁了。肥城县调大队的东西，有劳动力、工具、树苗、砖瓦等十几种。莒县的一个公社，凡是生产队经营的生产，费用小、收益大的即收归公社。关于干部作风问题，有些县有虚报浮夸现象；有些县社盖大礼堂等非生产性建设很普遍；一些社队吃喝浪费严重，个别干部作风恶劣；财贸部门存在一些贪污现象等。

3月24日 中午，在停靠天津的专列上，主持召开有中共中央领导人，中央有关部门负责人，华北五省市自治区、东北三省、中南的湖北河南两省和西北甘肃省的党委第一书记参加的会议，通称天津会议。出席会议的是：刘少奇、周恩来、邓小平、彭真、李富春、李先念、陈伯达、薄一波、王鹤寿、彭涛、张霖之、吕正操、赵尔陆、胡绳、吴冷西、乌兰夫、林铁、陶鲁笳、刘仁、万晓塘、欧阳钦、黄火青、吴德[1]、王任重、吴芝圃、张仲良。毛泽东在会上讲话，提出十七个问题，要大家讨论。他说：这次要谈的就是一路谈的那些问题。在广东跟一些同志，有中央同志、中南五省的同志，谈了几个钟头，主要谈广东提出的那五个问题。然后，到湖南谈了两次，到江西谈了一次，到浙江开了三天会，有华东六省一市的同志，加上西南的李井泉。我在浙江只讲了十五个问题，这次又加了反华、主要矛盾两个问题，共十七个问题。我提出的这些问题，都是一月上海会议时还没有进入我们脑筋里的。那个时候重心是国际形势，这些问题也没有展开，还没有材料。接着，毛泽东讲十七个问题。（一）四化问题。机械化、半机械化、自动化、半自动化，今年要大搞一下，中央已经发了指示。（二）城乡公共食堂普遍化问题。中央也发了指示，企图在今年这一年搞到百分之八十的人在食堂吃饭。这是今年一个大问题。（三）城市人民公社普遍化问题。不管大城

〔1〕 吴德，当时任中共吉林省委第一书记、中国人民解放军吉林省军区第一政治委员。1960年1月又任东北协作区委员会副主任委员（同年10月任中共中央东北局书记处书记）。

市、中等城市、小城市，一律搞人民公社。这个问题，我在郑州会议的时候是右倾机会主义，因为那个时候，农村刮“共产风”要挡一挡，城市暂时压一压。河南全都搞了，黑龙江全都搞了，没有出问题。河北提出挂牌、登报问题，现在我变成左派了，我倾向于登报，倾向于挂牌，你们议一下。（四）农村人民公社的五个问题相当严重。“一平二调”，不守纪律，根本不问县委，自己就平、调。县委也不管，省委更不管。（五）农业问题。主要是粮食问题。十二个字，粮、棉、油、麻、丝、茶、糖、菜、烟、果、药、杂，是一个农业布局问题，要使省、地、县、社都懂得这个农业布局，有计划地进行。这是农业，还有林、牧、副、渔。种植业同畜牧业要并重。（六）工业问题。主要是煤、铁，有煤有铁才有钢。现在有点冷水洗的味道，小土群、小洋群不多了。凡有煤、铁资源的地方都要搞一点。当然不必今年全部搞，几千万人上阵，又搞得天下大乱。（七）小土铁路、小洋铁路问题。这个问题极端严重。把工业布局搞出来，有煤有铁，就可以搞地方铁路。（八）工业交通系统、财贸系统、文教系统普遍支援农业问题。（九）教育问题。地方要抓教育，办自己的学校，要办得多，中央只要那么一点，让地方去大搞。（十）农业发展纲要四十条提前完成的问题。究竟可以提前几年完成？主要是“四、五、八”粮食指标。（十一）除四害问题。最近一两年，除四害，除麻雀之外比较放松了，麻雀遭殃。现在我建议拿臭虫代替麻雀，臭虫是虱子、跳蚤的代表。除四害，要大搞。（十二）“三反”问题。今年要搞“三反”，就是反贪污，反浪费，反官僚主义。已经六七年没有反了，现在大发作。山东提出了，震动很大。（十三）回避问题。不做本地的官。不是全部回避，应该相信多数同志是好的。大概有三分之一的人要请他回避一下。（十四）外宾参观，一定要使他们看好坏两种。（十五）增产节约与综合利用问题。（十六）反华问题。有一个文件，请你们斟酌。其实是大拥华，小反华。（十七）我们这个社会主要矛盾是什么？主要矛盾还是阶级斗争，就是资本主义道路和社会主义道路两条道路的斗争。几十年还是这个问题。就是在生产关系、所有制方面，是资本主义所有制，还是社会主义所有制？在上层建筑方面，是猖狂进攻的那些意识形态，唯心论哲学，形而上学的宇宙观，还是唯物论辩证法的宇宙观？此外还有一些政治制度，经常要改。

同日　下午，在当天的会议结束后，同刘少奇、周恩来、邓小平、彭真谈话，谈到纪念列宁诞生九十周年和毛泽东思想的宣传等问题。邓小平提出，一定要使我们的报刊的宣传不要把马克思列宁主义这几个字丢掉了，最近的偏向就是只讲毛泽东思想。毛泽东说：这就不正确了。邓小平说：这就不利。始终在国际上拿出马克思列宁主义的旗帜，这样作战才有利，否则庸俗化了。周恩来说：一个是对立起来了，还有一个庸俗起来了，什么都说成毛泽东思想。刘少奇说：不能把马克思列宁主义和毛泽东思想搞成两个东西。彭真说：有些文章对毛泽东的领导和集体的关系处理得不恰当。毛泽东说：写给中央的报告写成主席并中央就不像样子了。二十五日上午，邓小平在天津会议上讲话。关于正确地宣传毛泽东思想问题，他说："对毛泽东思想的宣传问题，我曾经在山东、天津谈过，后来在中央也议了。昨天在毛主席那里还谈了这个问题，他赞成这个意见：第一，现在的主要问题是把毛泽东思想用得庸俗了，什么东西都说成是毛泽东思想。例如，一个商店的营业额多一点就说是毛泽东思想发展了，打乒乓球也说是运用了毛泽东思想。第二，马克思列宁主义很少讲了。这种情况，不少报纸都不同程度地存在。为什么要提出这个问题呢？因为按照我们对毛泽东思想的正确理解，一个是要坚持马克思列宁主义，保卫马克思列宁主义；一个是要发展马克思列宁主义。毛泽东思想同马克思列宁主义是一回事。毛泽东思想坚持了马克思列宁主义的普遍真理，并且在马克思列宁主义的宝库里面增添了很多新的内容。所以，不要把毛泽东思想同马克思列宁主义割裂开来，好像它是另外一个东西。我们在宣传毛泽东思想的时候，一定要按照中央的指示，把‘学习马克思列宁主义’和‘学习毛泽东同志的著作’并提。当然，也可以单独提毛泽东思想，但是一定不要忘记了马克思列宁主义，不要丢掉这个最根本的东西。”“对待毛泽东思想是一个很严肃的原则性的问题，不要庸俗化，庸俗化对我们不利，对国际共产主义运动也不利。”“一定要把毛泽东思想这个旗帜掌握得好。光讲毛泽东思想，不提马克思列宁主义，看起来好像是把毛泽东思想抬高了，实际上是把毛泽东思想的作用降低了。”“还有一个集体领导问题，也要在适当的会议上说一说。我们党是集体领导，毛泽东同志是这个集体领导的代表人，是我们党的领袖，他的地位和作用同一般的集体领导成员是不同的。但是，切不可因此把毛泽东同志和党中央分开，应该把毛泽东同志看作是党的集体领导中的一个成员，把他在我们党里头的作用说得合乎实际。毛泽东同志是尊重集体领导的。他昨天讲，提法要合乎实际，不合实际就站不住脚。我们应该本着这种精神，去做好毛泽东思想的宣传工作。”

3月25日 晚上，在停靠天津的专列上继续主持天津会议，由邓小平汇报上午讨论十七个问题的情况。当汇报到农村人民公社的五个问题时，毛泽东再次强调指出：这五个问题很值得注意，虽然“一平二调”和盖礼堂之类并不是很多，但是跃跃欲试的不少。他说：敢想、敢说、敢做一定是同不敢想、不敢说、不敢做相对立的。如果什么都敢想、敢说、敢做，那就是不行的。有所不为而后可以有为。现在，敢想、敢说、敢做，没有范围了，那就是绝对的了，就不是辩证的了。在汇报到农业问题时，毛泽东说：有些地方不能搞粮。比如王任重同志告诉我，他们那个通山县，本来只有小部分地方种粮食，大部分地方的主业是林业，但是因为搞粮食成风，林业就不搞了，统统去搞粮食了。有些地方是搞渔业的，鱼也不打了，就搞粮食了，结果城里人没有鱼吃。这就破坏了社会原有的经济秩序。今年我们就要鉴于那个情况，不要搞得天下大乱。在汇报工业问题讲到一九六〇年钢材分配情况时，毛泽东说：现在我们这个国家很可怜。为什么人家轻视我们呢？你看，就这么一点。所以，地方的出路在哪里呢？就是分期分批搞小洋群，你们不向中央伸手，中央不向你们伸手，搞了就是你们的，不然就没有出路，就是这个道理。我们现在可怜得很，中央虽然多分一点，也只有这么多，很少。邓小平汇报说：与企业下放相关联的，就有一个生产关系问题。大家赞成这个意见，就是生产关系要有个改革，实际上也是上层建筑要有个改革。目标就是速度加快，更节约，综合经营，综合利用。我们研究，恐怕要走托拉斯道路。就是主席提过的，一行为主，搞其他多行，搞托拉斯。毛泽东说：资产阶级发明这个托拉斯，是一个进步的方法。托拉斯制度实际上是个进步的制度，问题是个所有制，资本主义国家是资本家所有，我们是国有。对《关于反华问题》文章，邓小平汇报说：大家完全赞成主席这个文件，毫无意见，大家都很高兴。毛泽东说：这是个普遍关心的问题。像张平化这样的同志就跟我讲，很担心，很想不通，后来才想通了。现在我写的这个东西，归结到自己的团结、自己的工作，把自己的事情做好。但是对整个客观世界要有个分析，究竟是一件什么事？就是那样一件事。邓小平汇报说：关于主要矛盾问题，上午没有讨论。毛泽东说：基本矛盾，觉得还是应该提阶级矛盾，这是两条道路的矛盾。在我们国家，这是主要矛盾。但是，还有第二种矛盾、第三种矛盾等等，比如两条路线，同是想搞社会主义，方法不同，看法不同，这就不是基本矛盾。八大一次会议所提出的那个矛盾，那是同外国比的，不是对国内说的。现在完全证明，这样蓬蓬勃勃地发展生产力，可见得生产关系是适合的，而部分的不适合，包括部分的规章制度以及所有制、管理权，经常修改。主要矛盾是什么，次要矛盾是什么，现在不作为结论，酝酿一个时期。这个问题就在这里谈一谈，请你们回去少数人比如十个人议一议。这种事情人太多了不好议。作为商量，作为建议，看是不是这么说，或者是另外一种提法。

同日　阅聂荣臻三月十六日报送的《广州、重庆两市工厂技术革命群众运动的若干情况（参观调查的简要报告）》和他写给中央和毛泽东的信，批示："聂荣臻同志给中央的信，对于当前的技术革命运动，做了一个很好的系统的总结，发给同志们研究、参考和仿行。我国工业交通战线，农林牧副渔战线，财政贸易流通战线，文教卫生战线和国防战线的技术革命和文化革命的全民运动，正在猛烈发展，新人新事层出不穷，务请你们精心观察，随时总结，予以推广。"聂荣臻在调查报告和信中说，他通过对广州、重庆两市的初步了解，觉得这次大搞半机械化、机械化、自动化运动，声势浩大，发展迅速，目前技术革命和技术革新的群众运动已进入一个新的阶段。有几个好经验：（一）大搞群众运动。（二）土洋结合。（三）自力更生。（四）内外三结合〔1〕。（五）将解决当前的关键环节和长远、全面技术改造相结合。还说：运动还要继续大发展。通过群众运动来革新技术、进行技术革命是新生事物，前途不可限量。

---

〔1〕　指在厂内，实行工人群众、领导干部和技术人员的三结合；在外部，实行工厂和厂外大专院校、科研机构的三结合。

同日 阅李先念本日报送的新华社三月二十三日编印的《内部参考》第三〇一一期刊载的《哈尔滨市建成两条养猪自动线》材料，批示："印发各同志[1]。这个材料很好。各省、市、区可派人到哈尔滨去参观、学习；学成回来，仿照办理。"材料中说：东北农学院实验农场的养猪自动线由饲料加工室、母仔猪食堂、肥猪舍三个部分组成，由电力带动作业。香坊人民公社的养猪自动线由饲料粉碎、蒸煮、送食三个部分组成。李先念在附信中说：这是一大发明。有了这种自动线，一个人可养猪两千多头。自动线的设备，大部用木料制成，只需小部钢铁。如能逐步推广，可以大大节省劳动力，并加速畜牧业的发展。三月二十六日，中共中央印发了毛泽东的批示和这个材料、李先念的附信。

3月26日 下午，在停靠天津的专列上同林铁谈话。

同日 晚上，回到北京。

3月27日 晚上，在中南海颐年堂召开会议，主要讨论准备向第二届全国人大二次会议提交的李富春《关于一九六〇年国民经济计划草案的报告》和李先念《关于一九五九年国家决算和一九六〇年国家预算草案的报告》，周恩来、朱德、邓小平、彭真、李富春、李先念、薄一波、段云[2]出席。

3月29日 为中共中央文件《全国畜牧书记会议纪要》印字太小问题，批示彭真、杨尚昆："中央有些文件，字印得太小了，使人看起来很不方便，也可能使读者感觉得文件不大重要。其实如经委会党组对一月一日至二月十日四十天工作总结，卫生部党组山西稷山现场会议总结以及本件，都是很重要文件，应将字印得大一些，如中央多数文件那样。请酌处。"

---

〔1〕 指当时天津会议的与会者。

〔2〕 段云，当时任国务院财贸办公室副主任。

同日 阅杨尚昆三月二十八日报送的刘英[1]三月二十五日的来信。刘英在给毛泽东的信中说：最近外交部党委关于我的错误的材料和决议草案也拟把我划为右倾机会主义分子，这真使我难受。我认为不能给我作出这样严重的结论，我对这个决议草案还有意见。我认为对我的错误和对张闻天的错误是应该加以区别对待的，不能因为我是他的妻子，张闻天有什么错误，我一定会有什么错误。毛泽东阅后批示："刘英的信。请恩来、陈毅、安子文、帅孟奇[2]各同志一阅，然后送交少奇、小平、彭真同志阅，然后交尚昆存。刘英的问题是否应与闻天的问题的处理有所分别，请你们加以研究，适当处理。"三十日，陈毅在毛泽东的批示旁批注：一、以不划右派为宜。二、但要向外交部党委和干部作一次解释，我当负责处理此事。同日，周恩来批注：我同意陈毅同志意见，并应与闻天问题有所分别。

同日 下午六时，在养蜂夹道文津街俱乐部同吴晗[3]谈话，并共进晚餐。

3月30日 下午一时半，在中南海颐年堂召集刘少奇、周恩来、朱德、陈云、林彪、邓小平、彭真、徐冰开会，谈本日即将开幕的第二届全国人大二次会议有关问题。

同日 下午三时，第二届全国人民代表大会第二次会议在北京人民大会堂开幕，毛泽东和刘少奇、周恩来、朱德、陈云、林彪、邓小平等出席。会议听取李富春关于一九六〇年国民经济计划草案的报告、李先念关于一九五九年国家决算和一九六〇年国

---

〔1〕 刘英，张闻天的妻子。曾任中共外交部监察委员会书记、外交部部长助理、人事司司长。在1959年"反右倾"运动中，被撤销党内外职务。

〔2〕 帅孟奇，当时任中共中央组织部副部长、中央监察委员会常委。

〔3〕 吴晗，历史学家。当时任全国政协常委、北京市副市长、北京市政协副主席、中国民主同盟中央副主席。

家预算草案的报告。李富春的报告指出：一九六〇年国民经济计划的安排，应当进一步地确定以农业为基础，以工业为主导，使优先发展重工业和迅速发展农业互相结合；应当继续执行工业以钢为纲、农业以粮为纲全面安排的方针，并且进一步加强运输业、动力工业、采掘工业等部门，以便更加适当地处理重工业、轻工业、农业各部门之间及各部门内部各行各业之间的关系，使国民经济跃进得更好。大会休息时，毛泽东在一一八厅同张治中〔1〕、黄炎培谈话。

同日 为中共中央起草《关于反对官僚主义的指示》。指示说："官僚主义这种旧社会遗留下来的坏作风，一年不用扫帚扫一次，就会春风吹又生了。中央在一九六〇年三月下旬将山东六级干部会议的一期情况简报，批发给你们……在这个文件〔2〕中曾经提到，现在就要利用六级和四级干部大会公开指出三反问题的严重性，提出反贪污、反浪费、反官僚主义的任务。关于三反，中央将在四月上旬有一个规定范围和如何处理各类犯错误分子的指示，发给你们。但你们不要等候这个文件，而应利用当前正在开或准备开的六级和四级大会立即号召整风，并作典型调查，使自己心中有数。中央现在所要着重地告诉你们的，是关于官僚主义严重存在的问题。这里有一个山东省历城县的材料。历城县委在今年三月十四日报告山东省委说，他们那里有积极、消极两方面。积极方面是形势大好，这是主要的。消极方面，他们说，突出的表现是五多五少。就是说，会议多，联系群众少；文件、表报多，经验总结少；人们蹲在机关多，认真调查研究少；

〔1〕 张治中，当时任全国人大常委会委员、全国政协常委、国防委员会副主席、中国国民党革命委员会中央副主席。

〔2〕 指1960年3月23日中共中央转发山东省六级干部会议情况的批语。见本卷第357至359页1960年3月23日的“同日”条。

事务多，学习少；一般号召多，细致地组织工作少。他们这个文件，现在发给你们看看。”“同志们，这种情况是不能继续下去的，物极必反，我们一定要创设条件，使这种官僚主义走向它的反面。历城县已经定出办法，克服五多五少。〔1〕山东省委已将历城办法推到全省施行。同志们，这种官僚主义状态，只是存在于历城一个县，或者山东一个省吗？不见得。很可能到处都存在。请你们各自调查一个县、一个市（在大城市里调查一个区），就可知道底细了。克服五多五少的办法，可以仿照历城办理。这种官僚主义的来源，不能只在县，还在省与中央。关于省（市、自治区）的方面，请你们注意处理。关于中央方面，我们将采取处理办法。看来一年要对这个五多五少问题谈两次，至少谈一次。中央几年前曾对这个问题发过指示〔2〕，后来没有再过问（主要指五多中的会议多，文件表报多），自己也有官僚主义，不能只怪别人。”毛泽东起草指示后，批示：“此件送刘、周、朱、彭、尚昆、仲勋、震林、澜涛、富春、一波、先念、定一各同志阅。如有意见，请加修改。争取在四月五日能发出（用电报），请尚昆办。”这个指示在当天（三月三十日）发出。

3月31日 审阅中共中央转发宁夏自治区党委纠正中宁县

---

〔1〕 中共历城县委提出的克服“五多五少”的办法是：（一）县、社党委以及各部门的负责干部，统统走出办公室，和大、小队干部在田间会师。（二）各级会师到田的干部，与社员同吃、同住、同劳动，并对自己所在队的思想发动、生产任务、技术革命、社员生活安排、社队经营管理等，全面包干做好。（三）采取在党委统一领导下的“条条”、“块块”、“片片”相结合的做法，分管各个部门的干部，既要做好中心工作，又要围绕中心，做好所分工的业务工作。（四）立即精简会议，减少文件、表报，有事到下面去就地商量解决。

〔2〕 指1953年3月19日《中共中央关于解决区乡工作中“五多”问题的指示》。见本书第5卷第61至63页。

工作中的严重错误并撤换县委主要领导成员的报告的批语稿，批示："尚昆办。""并可登党刊。"批语说：中宁县谎报成绩，隐瞒缺点，甚至对反映真实情况的人进行打击报复，是一种严重违反党的纪律的行为，是绝对不能容许的。凡有这类坏人坏事的单位，都应当接受中宁县的教训，及时地严肃地予以处理，以教育广大党员干部。

4月6日 晚上，在中南海颐年堂召集刘少奇、周恩来、朱德、陈云、林彪、邓小平、彭真开会，讨论周恩来出访缅甸、印度、尼泊尔等国问题。

4月7日 阅中共吉林省委四月二日《关于部署"三反"的请示报告》。报告说：我省六级干部会议自四月一日转入讨论作风问题，从初步揭露的情况来看，人民公社的干部中贪污、浪费、官僚主义现象，也是相当严重的。目前全省春耕已经开始，如在春耕期间铺开，县、社领导对生产与整风恐难周全兼顾，省委讨论，拟待春耕过后或挂锄期间再召开县的四级干部会，深入地开展农村的"三反"整风，一贯到底。毛泽东批示："此件即送小平、彭真同志阅处。"邓小平当天为中共中央起草转发吉林省委报告的批语稿。批语稿说：中央同意吉林省委的意见，首先集中力量抓春耕生产，而将农村人民公社的"三反"运动，推迟到春耕之后或挂锄期间去进行。中央认为，今年在全国各省区争取一个很好的丰收，是十分重要的事情，其他各项工作都应注意到不要妨碍农业生产。如果目前春耕太忙，可以把运动推迟到农忙之后去进行，而在近几个月则只进行典型试验，积累经验。毛泽东审阅时在批语稿的"积累经验"之后加写："如果有些地方已在进行三反，而又注意到并不妨碍生产或反而有利于生产的促进者，亦可以由你们决定，照样进行。"

同日 为转发中共江苏省委三月三十日关于六级干部会议情

况的报告，起草中央给各省市区党委的批语："江苏六级干部会议开得很好，现将他们的报告发给你们参考。"并批示："即送刘、邓、彭真阅，请尚昆用电报发去。"江苏省委的报告说：我省六级干部大会讨论了当前形势、人民公社所有制的过渡问题和发展社有经济问题。大家认为，在现阶段要坚持以大队为基础的三级所有制，积极地领导和帮助大队发展生产，积极地逐步地发展社有经济，为过渡到基本社有制创造条件。用"一平二调"的办法发展社有经济是行不通的，"共产风"是刮不得的，发展社有经济，必须建立在发展队有经济的基础之上。

同日　阅陆定一四月四日报送的准备在第二届全国人大二次会议上的发言稿《教学必须改革》，批示："已阅，很好。退陆定一同志。"发言稿说：一九五八年以来，我们在各地进行了改革学制、改革中小学课程和改革教学方法的试验，证明教学改革是实际可行的。现在，各省市正在依照自己的情况，做具体安排，进行较大规模的教学改革试验。教育和教学，必须同生产劳动结合起来。学校师生参加劳动，主要的目的，是改造思想，改变教育与生产劳动分离、教育与实际脱节的状况，改变知识分子与工农之间的关系。这是一件重大的政治思想工作，必须坚决实行。

4月8日　阅新华社四月七日编印的《参考资料》第三五二〇期，批示："送少奇、恩来、林彪、小平四同志阅，阅后退毛。第四十七页到五十五页，有五篇文章值得一看，希望同志们认真看一遍。英法将走向合作，对抗美德，是一件大事。"这五篇文章是：路透社四月六日的电讯《美报打击英国，分化英法》；新华社四月五日电讯《美〈明星晚报〉谈西方矛盾，说英国反对西欧一体化并特别担心西德强大》；《参考资料》三月十七日发自纽约的特讯《美国农业工人生活异常困难》；法新社四月六日电讯《戴高乐在伦敦继续参观访问》；新华社四月五日电讯《〈泰晤士报〉发表社论集中攻击西德制造不安》。

同日 晚上，在中南海颐年堂召开会议，主要讨论周恩来出国访问的几个文件（中印总理会谈方案等）和周恩来在第二届全国人大二次会议报告的新闻稿，刘少奇、周恩来、朱德、陈云、邓小平、彭真、陈毅、陆定一、杨尚昆出席。杨尚昆顺便向毛泽东汇报了彭德怀的近况。

4月9日 晚上，同陈伯达谈话。

4月10日 下午，出席第二届全国人大二次会议闭幕会议。周恩来在会上作《目前国际形势和我国对外关系》的报告。会议通过一九六〇年的国民经济计划，确定钢产量为一千八百四十万吨，比上一年提高百分之三十八；煤四亿二千五百万吨，提高百分之二十二；粮食五千九百四十亿斤，提高百分之十左右；棉花五千三百万担，提高百分之十左右。会议还通过《一九五六年到一九六七年全国农业发展纲要》。

同日 关于胡乔木为《人民日报》编辑部写的纪念列宁诞生九十周年的文章（这篇文章发表时题为《沿着伟大列宁的道路前进》——编者注），致信胡乔木：“第五部分需要修改。太长，宜缩一半，至少三分之一。问题太多，很不集中。费话太多，不现实，不如前几部分谨严。台湾部分写得很不好。结尾无力。第四部分也有缺点，但较易改，可暂置，请你今日用全力将第五部分重新写过。”

同日 为转发中共山西省委四月六日关于山西六级干部会议情况的报告，起草中央给上海局、各省市区党委等的批语：“山西六级干部会议开得很好，揭露出来的问题和对这些问题给予解决的方针、政策和办法，都是正确的。这是一个对人民公社现存问题作了认真分析和适当处理的带系统性的文件，可供各地参考，并望结合自己的情况酌量予以采纳。本件及附件，可登党刊。”并批示：“刘、邓、彭、谭[1]阅后，尚昆即办。”山西省委的报告说：六级干部会议揭发出来的问题很多。一、存在急于由基本队有制向基本社有制过渡等情况。经过学习讨论，一致认识到过渡的迟早取决于生产的发展水平和群众的觉悟水平。当前全省实现过渡的条件还不成熟，为了摸索过渡的经验，全省有计划有控制地组织一些试点是必要的。二、各公社制定的一九六〇年发展社营经济的计划中，有百分之七十的公社有“一平二调”的打算。会议指出判别“一平二调”的界限有三：不利于生产的发展；不等价；不自愿。社营经济发展的方向，应该是“大、公、新”。三、积累偏高、社员分到手的现金很少。决定除重灾区外，必须保证社员收入水平比上一年有所增长，可以将积累比例适当压低。四、浪费现象较为普遍，贪污现象也有所增长，有些干部作风恶劣。会议认为必须重申几条禁令，并制定了公社财务管理制度草案。五、关于农村公共食堂，目前不巩固的三类食堂占百分之十。大家对书记挂帅办好食堂，粮食管理实行指标到户、统一保管等极感兴趣。

同日　晚上，同谭震林、廖鲁言、陈正人谈话。

4月12日　上午，在钓鱼台十二号楼召开会议，讨论周恩来出国访问的有关问题及粮食、棉花问题，刘少奇、周恩来、朱德、陈云、林彪、邓小平、彭真、陈毅出席。

4月13日　晚上，在钓鱼台十二号楼召开会议，李富春、李先念、薄一波、陈正人、张霖之、彭涛、赵尔陆、王鹤寿出席。毛泽东讲话，他说：农村劳动力安排，今后一律要学河北省冬春一百天三三制的办法，三分之一搞水利，三分之一搞多种经营，三分之一搞田间管理。全国搞水利八千万人，多了。河南水

[1] 彭、谭，指彭真、谭震林。

利搞得太多了。水利要搞八年十年计划，不要说“三个冬春完成”。十年以后还要搞，水利不要急，要长期打算。三三制中的多种经营包括“小洋群”的工业在内。今后三年，劳动力安排要考虑这个问题。浙江只有四个钢铁厂，“小洋群”不够。各省都要布置一批小洋钢铁厂、小洋铁路，凡是有煤、铁资源的都要搞钢铁。各部门都要搞多种经营、综合利用。要充分利用各种废物，如废水、废液、废气。实际都不废，好像打麻将，上家不要，下家就要。多种经营、托拉斯要发展。技术革命，过去叫了十年，没有掀起群众运动，到第十一年才掀起群众运动。洛阳拖拉机厂、北京电子管厂、长春汽车厂等搞了技术革命，生产率提高一倍以上。要继续大搞下去。今年的计划要超额完成。一靠技术革命，二靠综合利用，三靠“小洋群”，四靠大协作，五靠不断改善生产关系、上层建筑。第二季度生产要抓好，防止松劲现象。这些最现代化的工厂搞了革命，过去他们被“马钢宪法”束缚住了，现在打破了。我们不搞一长制，一长制同党的领导、群众路线都是对立的。党的领导、群众路线这一套要坚持。对人家的长处要学。现在有些同志只注意创造，不注意学人家或学不到底。对人家好东西没有学完的、没有学好的，要继续学。要很好地学苏联。我们学习苏联，开始由于不懂，采取搬过来的办法，也很正常。现在进入第二阶段了，不是照搬，而是有批判地学了，并且自己能创造了。但是要注意，不要把应该学的东西丢掉不学。他们正确的技术要学习，在学会的基础上再行创造、修改，不要马上改。鞍钢还是学了一些东西。写字先学正楷再学草体。先生比学生高明，学生最后一定比先生高明，这是辩证法。后来居上，这是规律。实力政策、实力地位，在世界上没有不搞实力的。手中没有一把米，叫鸡都不来。我们处在被轻视的地位，就是钢铁不够，要继续跃进。憋口气有好处。十年搞一亿吨钢，卫星上天。人家能做到的你也应该做到，人能也，我亦能也。外因通过内因而起作用，要以自力更生为主，外援为辅。世界上的事情就是这样，新事物总有人反对，搞成了就不反对，人家反对就是你还没有搞好。革命胜利，人家是相信的，建设方面人家不相信。你这么一点钢，年产才一千三百多万吨，看不起你是应该的。等我们年产一亿吨钢，看得起的看得起，看不起的也要看得起。其实这一肚子气早已有了，一百多年来人家说我们是“东亚病夫”。中国处在一穷二白，穷者钢不多，白者科学文化落后，这要记住。反华有好处，一可以暴露敌人，二可以使我们怄气，愤怒不要表现出来，要变成力量。三年小变，五年大变，十年更大变。总而言之，人家是要看实力的。养猪，绝不能放松，有了化学肥料，也还要大养其猪。粮食很重要，是宝中之宝，要突出出来，不要被棉花、大豆等东西压掉。没有粮食吃会死人，粮食不但决定吃饭，还决定畜牧业发展。

4月14日　在钓鱼台十二号楼同黄炎培、陈叔通、程潜、张治中、唐生智、傅作义〔1〕、章士钊、王季范、李烛尘、蔡廷锴〔2〕座谈，并共进午餐，徐冰参加。这次座谈，谈到城市人民公社问题。

同日　阅周恩来四月四日报送的谭政、习仲勋三月二十一日关于全国民兵代表会议筹备情况和安排意见的报告，批示：“会前，请谭政同志与小平同志商量一次。我意注重实际解决问题，

---

〔1〕唐生智，当时任全国人大常委会委员、全国政协常委、湖南省副省长、湖南省政协副主席。傅作义，当时任全国政协常委、水利电力部部长、国防委员会副主席。

〔2〕蔡廷锴，当时任全国人大常委会委员、全国政协常委、国家体育运动委员会副主任、国防委员会副主席、中国国民党革命委员会中央副主席。

对外不要大吹。”谭政、习仲勋的报告说：全国民兵代表大会准备在四月十八日开幕，二十七日闭幕，出席会议的代表五千五百人。建议开幕时请毛主席和中央负责同志到会，并请接见一次到会代表，照相留念。二十三日，毛泽东同朱德、林彪、邓小平、宋庆龄、董必武等党和国家领导人在中南海怀仁堂接见出席全国民兵代表会议的代表，并合影。

4月15日 晚上，在中南海颐年堂会见以主席贾尔卡赛汗为团长的蒙古人民共和国大人民呼拉尔代表团，林伯渠等在座。毛泽东说：学习也是互相学习，每一个民族都有它的长处，无论这个民族大小。小的民族有它的长处，人多的国家也有它的缺点。中国还是一个手工业国家，所以很需要机械化，可以说机械化才刚刚开始。我们对经济建设的经验是很不足的。我们搞了几十年革命，不会搞建设，建设才搞了十年，很多东西没有学会。我们现在并没有摆脱落后，至少要十五年到二十年，才能够说得上相当地摆脱落后。中国是一穷二白，穷就是东西少，粮食少，油类少，钢铁少，机器少，各种东西都少。中国这么多人，又这么穷，这成一个什么样子！白就是文化程度不高，不好。同时也有一个好处，一张白纸就好写字嘛！毛泽东还说：先进的、中间的、落后的都要研究，工业中的大、中、小型的企业也都应该研究。还有一个洋法生产、土法生产的问题，洋法要研究，土法也要研究。洋法是近代的方法，是从外国学来的，土法是中国自己的。不要只搞洋的，轻视土的，不要只搞大的，轻视小的。小的搞起来费事小，生效快，而且小的可以变大的，这同我们人类一样，我们大人都是小孩子变的。现在我们有些小型钢铁厂，过几年以后，它就可以变成中型钢铁厂，再过若干年以后，它就可以变成大型钢铁厂。所以，不要轻视小的，不要轻视土法，要大小结合、洋土结合。

4月中旬 连续审阅陈伯达四月十四日、十五日、十六日报送的他为《红旗》杂志编辑部起草的纪念列宁诞生九十周年的文章《列宁主义万岁》。陈伯达在十六日的附信中说："已经把您的意见告诉小平等同志，经过商量后，作了修改。原来一共有十五页提到您的名字，现在只存下四处（见二、十五、十七、三十六页），其中除了纸老虎问题的一处外，都是谈的国内问题。在23页、40页上，加了赫鲁晓夫的名字。"毛泽东审阅时，在文稿上加写一句话："宣言中这一段话〔1〕，说得很正确，情形正是这样。"并写了一些批注："修正主义是主要危险。""和平、战争，要有两手。""将各段要点，在首尾两处总提一下。"在第十七页删去了以下一段话："早在一九四六年，毛泽东同志应用唯物史观考察现代帝国主义问题所作的一些论断，一直在世界上传播得很广泛：'原子弹是美国反动派用来吓人的一只纸老虎。'这个真理现在越来越明白了。"《列宁主义万岁》一文在四月十六日出版的《红旗》杂志一九六〇年第八期发表，四月二十日在《人民日报》刊登。

4月16日　审阅中共中央本日转发中央监察委员会两个报告〔2〕的指示稿《关于对坏人坏事要彻底检查认真处理》，批示："退尚昆即办。"中央的指示说：从报告中也可以看到少数党员干部的严重贪污、浪费、强迫命令以及有些县、社、企业党的组织极不纯洁等情况，已经发展到相当严重的程度。各地和中央一级

---

〔1〕　指1957年11月在莫斯科召开的社会主义国家共产党和工人党代表会议通过的宣言中的以下一段话："现代修正主义企图诽谤马克思列宁主义的伟大学说，说它是'过了时的'，似乎目前对于社会发展已经丧失了意义。修正主义者力图腐蚀马克思主义的革命灵魂，破坏工人阶级和劳动人民对于社会主义的信心。"

〔2〕　指《中央监委关于全国城市监察工作会议上一些突出情况向中央的报告》（1960年3月5日）和《中央监委关于农村党员违反纪律和少数县、社党委领导核心不纯的情况的报告》（1960年4月5日）。

各部门要进一步注意了解和研究这一方面的情况，彻底检查坏人坏事，认真加以处理。

4月18日 为转发中南协作区四月七日、八日常委会议情况的报告，起草中共中央给上海局、各省市区党委等的批语，指出："中央认为报告所提出的基本方针，是正确的，值得你们加以研究和参考。"并批示："刘、邓、彭阅后，尚昆用电报发去。"中南协作区的报告说：常委会议认为到一九六二年全国生产三千八百万吨至四千万吨钢是有可能的，中南地区力争达到六百一十万吨至六百四十万吨。我们要以更大的努力开展技术革新和技术革命运动，大搞小洋群和小土群，继续下放一些企业；提前实现农业发展纲要四十条，主要解决粮食、绿化、除四害、扫盲四个问题。

同日 阅国家计划委员会编印的《计划工作简报》第十五期刊载的《各行各业办机械是高速度发展机械工业的好办法》一文，批示："上海局，各省、市、区党委，中央一级各部委、各党组：这是一个好文件，发给你们遵照执行。可登党刊。""送小平、彭真、富春阅后，尚昆发出。"

4月19日 晚上，在钓鱼台十二号楼召集李富春、薄一波、王首道、宋任穷、吕正操开会。

4月20日 晚上，在钓鱼台十二号楼召集陈伯达、胡乔木、吴冷西谈胡乔木为《人民日报》编辑部起草的纪念列宁诞生九十周年的文章《沿着伟大列宁的道路前进》。这篇文章于四月二十二日在《人民日报》发表。

同日 审阅修改中共中央为转发山西省委关于万荣县开展注音扫盲运动报告的指示稿，批示："少奇、小平、彭真同志阅后，尚昆用电报发去。"指示稿说：万荣县的经验，"解决了扫盲运动中的两个大问题，一个是消灭了扫过盲又大量回生的现象，一个是保证了认识一千五百字的农民可以无师自通地阅读注音书报"。

“现在山西省委已决定在全省普遍推广这一经验，并且争取在一九六〇年实现无盲省。全国绝大多数省区（即是说，除若干少数民族地区和若干方言地区以外）也都可以而且应当普遍推广这一经验。只要各省市区党委下定决心，抓紧时机，在今年秋前试点和训练师资，在秋后就可以大规模地推广。”毛泽东在这段话后加写：“经过一九六一年一年的努力，争取比山西迟一年完成扫盲任务，是有可能的。”

4月21日 阅中共冶金工业部党组四月十八日关于继续大办钢铁“小洋群”和“小洋群”升级问题的报告，批示：“陈伯达、胡乔木、胡绳、田家英四同志阅。很好文件，值得一看，阅后退还。”报告说：“小洋群”已逐渐成为钢铁战线上的一支雄厚的力量，目前正向“小洋群”的高级形式，即既有炼铁又有炼钢、轧钢的钢铁联合企业的方向发展。我们准备使每一个有条件举办的县、社，都有一个或几个钢铁“小洋群”或“小土群”，并分批发展为联合企业。

4月22日 阅邓小平四月二十一日报送的廖承志、刘宁一四月十七日关于亚非大会情况的报告。邓小平在报告上批的意见是：“这个报告太能说明问题了，似可印发政治局、书记处各同志，中央一级各部委、各党组，并用电报发给各省市区党委一阅。送主席阅并请批示，交尚昆办。”毛泽东批示：“请尚昆照小平意见办理。”廖、刘的报告说：在几内亚召开的科纳克里亚非大会，整个过程和代表发言始终充满了反帝、反殖，要求民族独立，从政治、军事、经济、文化上摆脱各帝国主义及其同盟者压迫与控制，对美帝予以谴责的内容和气氛，反动半反动、修正半修正主义者的主张在会议中全军覆没。我们在大会、小会上理直气壮，顺乎人情，合乎真理，占了举足轻重的地位。

同日 晚上，在钓鱼台十二号楼同邓小平、彭真、杨尚昆、伍修权谈古巴、阿尔及利亚、越南等问题，并听取今年五一国际劳动节纪念安排的汇报。

4月24日　晨，在中共中央统战部四月二十三日编印的一份内部刊物上批示林克："第二篇〔1〕请阅，其中谈到五大城市书记在人大会上就人民公社问题的发言〔2〕，请你于本日找来给我一阅。另有钱学森关于农业工厂化一项提案〔3〕，亦请找来。"

---

〔1〕指这一份内部刊物登载的《天津市资产阶级分子、资产阶级知识分子及其家属在当前城市人民公社化运动中的动态》一文。该文说：资产阶级分子、资产阶级知识分子及其家属，对城市人民公社怀疑和顾虑很多，内心矛盾重重。五大城市的书记就城市人民公社问题在全国人代会上的联合发言，引起普遍重视，解除了一些人的顾虑，稳定了情绪。

〔2〕指中共北京市委、上海市委、天津市委、武汉市委、广州市委的书记万里、曹荻秋、万晓塘、宋一平、朱光在第二届全国人大二次会议上的联合发言《建立城市人民公社具有伟大历史意义》。发言说：从1958年起，我们开始试办城市人民公社。一年多来的实践证明，人民公社这种组织形式在大城市也是完全适合的，为广大人民所热烈欢迎。在组织城市人民公社的生产和生活时，应当积极发展，把公社办好，但又要实行自愿原则，决不要求一切人参加；对公共食堂，更应该采取积极办好又根据自愿的原则；个人生活资料和私人存款，仍然都归个人所有；办集体福利事业所需的房屋、用具，应提倡因陋就简、自力更生、政府加以辅助的精神，在发展生产的基础上，积极加以解决。无论参加人民公社与否，生活必需品都应照常供应。

〔3〕钱学森，物理学家、空气动力学家。当时任中国科学院力学研究所所长、国防部第五研究院副院长（1960年3月由院长改任副院长）、中国科学院学部委员。他向第二届全国人大二次会议提交的关于建立农业生产试验工厂的提案中说：充分利用现代生物学，现代数学、物理、化学，现代动力、机械和自动控制技术，以及现代气体力学、流体力学的一切成就，即利用一切"高、精、尖、新"的科学技术成就，进行农业生产工厂化的实验，找出大大打破今天农业生产限度的方法。我们有必要做这项探索性的研究，为农业生产工厂化打开道路。

同日　阅薄一波四月十八日报送的他在工业书记会议上作的关于技术革新、技术革命运动报告，批示："此件送各省委、各大中城市党委、各自治区党委，中央一级各部门各党组。小平、彭真阅，尚昆办。"薄一波的报告说：从前三个半月看全年，今年工业生产肯定是继续大跃进的形势。只要继续努力，第一本账肯定可以大大超过，第二本账也能够超额完成。技术革新和技术革命，在很短时间内已经成为席卷全国城乡的伟大的群众运动。我们已经开始找到了一条采取大搞群众运动的方法，来多快好省地发展我国经济和科学技术的新道路。但是，目前这个运动的发展，还是参差不齐的。当前应当解决的主要问题是：第一，保证超额完成今年国家计划的第二本账，这是当前技术革新、技术革命必须实现的主要目标之一。第二，大力进行原料、材料、燃料的增产节约和综合利用，这是当前技术革新、技术革命的主攻方向。第三，加速农业的技术改造，是工业部门在技术革新、技术革命运动中的一项重大任务。第四，不断地改进管理工作，促进技术革新、技术革命运动的发展。

同日　下午，到中南海瀛台参观一机部举办的新机器展览。

4月25日　致信杨开英〔1〕："杨老太太（岸英的外婆）今年九十寿辰，无以为敬，寄上二百元，烦为转致。或买礼物送去，或直将二百元寄去，由你决定。劳神为谢！"

4月26日　下午，在钓鱼台十二号楼召开会议，讨论《毛泽东选集》第四卷的出版问题，朱德、林彪、邓小平、彭真、贺龙、李富春、陈伯达、康生、薄一波、刘澜涛、杨尚昆、胡乔木、罗瑞卿、吴冷西、田家英出席。

4月27日　下午，在中南海菊香书屋召开会议，邓小平、

〔1〕　杨开英，杨开慧的堂妹。

彭真、康生、杨尚昆、胡乔木、吴冷西出席。

4月28日 乘专列从北京到达天津。杨尚昆同行。

4月29日 下午，在停靠天津的专列上会见古巴人民社会党总书记罗加和夫人，邓小平、杨尚昆、伍修权等在座。毛泽东说：古巴的革命是伟大的革命，有世界意义的革命。你们在美国身边钉了一个钉子，援助了世界的革命，援助了全世界包括中国在内。古巴人民不怕帝国主义，在这点上你们破除了迷信。我看了你们党的纲领草案，认真地看了一遍，使我了解了你们古巴的全貌。看了这个文件我很高兴。这个纲领不但对古巴有影响，而且在世界其他国家也有影响。我很赞同你们的文件，是革命的文件。当罗加提出想听听中国同志对于党纲草案的意见时，毛泽东说：我的意见是个别性质的，只供你们参考。在你们的纲领上还要强调一下民族资产阶级和拉丁美洲各国。在纲领的第四部分工业化问题，是否可以加入“劳资两利”一类的话。纲领第五部分中，关于工人工资问题，是否可以加一句：在发展生产和提高劳动生产率的条件下，适当地改善工人生活。过高的工资会影响生产的发展，只有提高生产才能改善生活。提高工资要在发展生产的基础上进行。再一个意见是关于免费医疗的问题，我们吃过亏，提得太早，讲话容易，实现难，最好是半免费。如果全免费，没有病的人就会有病。同工同酬的原则好。社会保险也有点问题，过去我们提得太多，这些东西不要规定得过细，讲出来了就难以收回。国民收入中的积累和消费部分要有适当比例，积累太少就有害于国民经济。若现在许了许多诺言，以后会感到困难。无产阶级当政时，工人要改善生活，不可不改善，但要逐步改善，要提高，但不能太高。关于纲领第六部分中的统一阵线问题，毛泽东说：中国用这个办法，即建立国内各民族、各民主阶级、各民主党派、各人民团体的爱国人民阵线，这可以包括左、中、右，但都在共产党的领导下。在大城市中可以搞这样的统一阵线组织。关于对待私人资本问题，毛泽东说：我的意见是分两方面说，一方面限制超额利润，另一方面使资本家有利可图。让他剥削，但不能剥削太多；让他有利可图，但不能太多，是合理的利润。关于合作社问题，是否要分几个步骤来进行，一下搞，太快一些。你们要注意苏联的经验，他们在一个长时期内农业减产。一些国家，被苏联的经验搞怕了，到现在还不搞合作社。土地是要给农民，但不能等到两三年以后再搞合作社，要趁热打铁。农民的习惯是不愿意组织合作社，一些国家搞合作社搞迟了，现在搞不起来。只要不减产就要趁热打铁。毛泽东最后再次强调，我们的一点意见仅供参考，你们斟酌实际情况去处理。不要照顾我们，要照顾你们的客观实际情况，只要你们本国能实现就可以。

4月30日 下午，在停靠天津的专列上同在天津主持全国农村工作部长会议后的谭震林、廖鲁言及河北省委、天津市委的负责人刘子厚、万晓塘谈话，杨尚昆参加。毛泽东问：国内国际的形势比较一月上海会议时是不是好一点？谭震林说：好得多。毛泽东问：怎么好得多？谭震林答：工农业的发展，特别是“四化”，威力相当大。看起来，今年工业的产值可能翻一番。粮食形势也是好的。我们派了十几个考察团到安徽阜阳专区，考察的结果，他们反映的材料，事实上，那个死人是个别的，多数病人治好了，外流的人数也不多，而且粮食吃得相当多，并不是九两以下，实际数字比这个多。他们这里（指河北省——引者注）的大名县也是叫做有粮食问题的，我们也派了一个组去摸，一摸，实际并不是什么每天八两、十二两，而是吃一斤，人的脸都红光满面，不像吃八两粮食的样子。毛泽东说：实际的情况我们不大清楚。有些瞒产的，有些以多报少的，也有些以少报多的，不仅是中央的人不大清楚，省的人也不清楚。谭震林说：现在我们发现有些县委手上掌握的粮食，省里不知道，有些地委也掌握着粮食，省委也不知道。毛泽东说：这都是好事，虽然瞒着省委。这是穷的结果，因为穷，穷则瞒嘛。河南统销面很大，全省差不多每个人都统销，哪有那个事呢？我就不相信。谭震林说：这说明他们手里有粮食，没有粮食他不会那么干的。所以，实际吃的，并不是他们所报的什么八两、九两、十一两、十二两。毛泽东说：那好呀，那我又舒服一点。今年能搞到多少粮食？廖鲁言说：今年大概六千亿斤。毛泽东问：保收多少呢？廖鲁言说：保收六千亿斤。毛泽东说：照你的说法，有可能超过六千亿了？谭震林说：超过。廖鲁言说：今年多了一亿五千万亩的播种面积是肯定有的，可能搞到两亿亩。毛泽东在询问了气候和水利建设情况后，对刘子厚关于河北水利建设搞三个冬春的说法，指出：要搞十年，不是什么三个冬春，你三个冬春搞得完？我就不信。索性搞长一点，放长线，钓大鱼。你这个省能不能学安徽那个办法，搞河网化？河网虽然费十分之一的地，可是它本身有用处，可以长芦苇，可以放鱼，可以行船，可以用水。一是灌溉，二是排水，三是航行，四是生产。你这个省的缺点就是水运不昌，你是靠天下水，此外靠地下水。将来总要想出办法来，怎么样把海水变成淡水。渤海这个水库就大了，有没有这个可能性？谭震林说：这个可能性有。毛泽东说：而且引出去，引到乌兰夫那里，引到甘肃，大量的水是在海里。在谈到学习外国经验时，毛泽东说：一九五〇年到一九五七年，基本上可以说是抄的，就是抄苏联。这个抄是必要的，等于写字一样，历来写字讲究临帖，你不临帖怎么行呢？所以，不能讲一九五〇年到一九五七年那个临帖是错了。临帖之后，你就要脱离那个帖，自己独立写字嘛。而且，写草字的人先要写正楷，然后才能写草书，不可以一下子就写草书。看来，要有一个时期学习外国。现在还要学习外国，不能说现在连一点书都不抄了。人家书上是正确的东西，而我们没有书，这一部分还得抄。取经是一万年都要取的，你取我的经，我取你的经。不能搞绝对化，所谓绝对化，就是形而上学观点。全部抄和完全不抄都是形而上学。最后，毛泽东问谭震林："三反"问题你们的会议议了没有？谭震林说：议了，有一个稿子，还得修改，你要看这个稿子，现在可以给你。毛泽东说：给我一份，正式的你们再到北京去研究，因为我关心这个事，各省又都在搞。这个"三反"指示，能不能在五月上旬发出去。教育方面也要发一个指示，现在学生睡眠太少。一个反对贪污浪费问题，一个睡觉同休息的问题，要下个死命令，不准不做，不然要受处罚。谈话结束后，毛泽东到天津俱乐部参观一个尖端技术产品展览。

4月下旬 为转发中共广东省委四月十二日关于"五多"情况的检查报告，起草中央给上海局，各省市区党委，中央一级各部委、各党组的批语："广东报告十分好，'五多'问题业已成灾的程度，十分骇人听闻，等于一次大地震，大火山冲天爆发。请你们省、市、区党委从第一书记到地委书记都看一看，议一议，调查一调查，发现惊人的事实，立即想出切实办法，解决问题，是为至要。"四月二十八日，中央在转发广东省委的检查报告时，根据毛泽东批示的精神写了一个指示，要求各地把那些劳民伤财、却不能解决问题的会议和文件，加以剔除，把官僚主义、文牍主义的恶习，加以扫除。

同旬 审阅修改邓小平四月二十四日为中共中央起草的转发聂荣臻关于"四化"运动宣传报道问题的意见的指示稿。指示稿说："聂荣臻同志在这封信里提出的意见，是值得各地方、各部门研究和注意的。在'四化'的宣传方面，必须实事求是，不要随便宣传指标，并且要善于藏一手，做十分，说八九分，防止发生不切实际的浮夸风。”毛泽东将“说八九分”改为“说五分，甚至只说一二分，有些极密部分则一分也不说”，并在“防止”前加“严格”二字。这个指示于四月二十八日发出。

同旬 阅一份内部刊物摘登的苏共中央书记处书记库西宁四月二十二日在莫斯科纪念列宁诞生九十周年会议上的报告的主要论点，批示：“此文须批评，意见见二页。请尚昆与小平、陈伯达同志商办。”毛泽东在这份内部刊物第二页上写的意见是：“要写一篇《同库西宁同志商榷》的文章，有根据地有说服力地批评库西宁文章中错误观点，先给中央少数同志看看，加以修改，然后考虑是否可以公开发表，或只在党内高级干部中阅读。”库西宁的主要论点是：一、只是重复帝国主义具有侵略性这样一个老的真理是不够的，教条主义的立场是落后的立场。二、新式的战争武器开始使战争成为不可能。三、帝国主义内部出现了头脑清醒的国际活动家，他们也意识到进行大规模毁灭性的战争是不理智的。

5月1日 中午，在天津市中心广场出席五一国际劳动节庆祝大会。下午，到天津市第二工人文化宫参观技术革新和技术革命展览。后乘专列离开天津。

5月2日 晨，到达济南。下午，在专列上同中共山东省委负责人舒同、白如冰、裴孟飞等十人谈话。毛泽东首先问山东的旱情。舒同说，全省受旱面积九千万亩，严重的三千万亩。毛泽东说：“四化”，现在的提法时间太短促了，什么今年“五一”要化完，“七一”要化完。水利也是这样，要作十年的计划，而不是三个冬春的问题。他还提出南水北调的问题，再次提出海水淡化的设想。毛泽东问：今年会不会闹粮荒？舒同说：有些问题，现在正在抓这件事。有一部分县的领导，马马虎虎，本来是有问题，他们却说没有问题；有些县是原来我们认为没有什么问题的，现在暴露出了问题；有一个地区还搞了反瞒产私分。毛泽东说：哪个要反瞒产私分？是地委，还是县委，还是公社党委？现在那些人还在那里办事吗？这种书记就不要让他当了，要他去吃饭就完了。毛泽东问：是不是要中央调点粮食给你们呢？舒同说：中央答应调给一亿斤。我们今年调出去三亿五。毛泽东希望山东把困难局面扭转过来，说：你们搞三年（今年、明年、后年），转过这个弯来。河北省转过来了。去年这一年，他们一粒粮都不要中央供应，而且现在借一亿斤粮食给中央。毛泽东又问今年的麦子比去年是不是多一点？舒同说：今年的麦子原来一百四十亿斤是有把握的，现在全省大旱，多则一百亿斤，少则九十几亿斤，去年是八十亿斤。毛泽东说：是呀，世界上的事情，天有不测风云呀。

5月3日 下午，在济南西郊机场休息室会见拉丁美洲和非洲的十四个国家及地区的工会和妇女代表团，刘长胜、曹孟君〔1〕在座。毛泽东说：我们都是站在一条战线上的，你们的斗争就是对我们的帮助，谢谢你们！帝国主义还在压迫我们中国，占领我们的台湾。美帝国主义不承认我们，它说看不见人民中国。它差不多每天都说我们很坏，可见它还是看见我们的，否则它怎么能说我们坏？美国有钱，有枪炮，有原子弹。它说我们穷，没有钱，枪炮也少，也没有原子弹，所以欺负我们。但是我们有民兵，古巴也有民兵，民兵比原子弹还厉害。苏联不愿打仗，我们也不愿打仗，要争取和平。但是帝国主义的事情我们管不了，它们不请我们当参谋长，所以它们的事情究竟怎么办，我

〔1〕 刘长胜，当时任中华全国总工会副主席兼书记处书记、中国非洲人民友好协会会长。曹孟君，当时任中华全国妇女联合会主席团委员、中华全国妇联书记处书记。

们很难讲。我们有一条，有人民的拥护。全世界最大多数人民站在我们一边，也站在你们一边，这要占世界人口的十分之九。历史上从来就是没有枪的人战胜有枪的人。过去是我们怕帝国主义的时代，这个时代已经过去，现在是帝国主义怕我们的时代。它们的人很少，做的事很坏。我们要区别美国人民和美国帝国主义分子，美国人民是好的，坏人就是帝国主义分子。就是帝国主义分子，我们也不是准备一万年不和他们来往。我们国家解放还只有十几年，人民正在组织起来进行建设，有一些成就，但还不算大。我们仍是很穷的国家，至少还要奋斗十年、二十年才能好一些。我们需要你们的援助和支持，同时我们也支持你们的斗争，要相互团结、相互支持。

5月4日 下午，在停靠济南的专列上同李先念、舒同谈话。谈话结束后，参观山东全省技术革新、技术革命最新成就展览，观看工人的现场技术表演。

5月5日 下午，在专列上同舒同谈话后离开济南。

5月6日 晨，到达郑州。晚上，在专列上同中共河南省委负责人吴芝圃、杨蔚屏、史向生、赵文甫谈话。毛泽东问：我在火车上，在郑州附近看你们的麦子很好，差不多一人高，有水浇没有？杨蔚屏回答：有的有水，是城里的污水和黄河水。偃师是全省第一，麦田管理得好。毛泽东问单位面积产量多少？杨蔚屏答：有一个丰产单位，去年搞到八百多斤。毛泽东问有那么多没有？杨蔚屏答：它那里好。现在天旱得很厉害，河南八千万亩麦子，有二千万亩五个多月不下雨，五千万亩是三个来月不下雨。毛泽东说：去年旱，今年又旱。你们这个水利计划，还是搞长久之计吧，每年不要搞得太紧张了。什么大战两个冬春、三个冬春解决问题，这也是河北人提出的，你何不大战三个冬春，再小战七个冬春呢？并且这个大战，也是三三制的大战法，就免得牵动太大，粮食也吃得很多。索性放长一点，搞个十年计划，把各项基本建设搞好，比如水利化，绿化，扫盲，除四害，农业增产，多种经营，机械化，电气化。种植业要跟饲养业并重。有些事情，有时候搞从容一点，反倒搞成了。现在有些地方又讲，今年七月一号或者十月一号机械化就要化完，那怎么能够化完？机械化、半机械化，自动化、半自动化这个技术革命，至少搞十年嘛。十年以后还要化，就是这么化下去，化一万年再讲，不说死了。今年化了这个，明年又要化另一个嘛，新的发明创造出来了，又提高嘛。毛泽东问：你们这里有没有“五多”？河南负责人说：不少，克服了还有。毛泽东说：年年要克服。我看年年整风，每年上半年三月间省开一次六级干部会，县开一次四级干部会，下半年看哪一个月又搞这么一次。这是调查研究，又解决问题，又整风，又是训练班，共同决定政策，合署办公。这个办法不过是开十天或者十几天会嘛。

5月7日 下午，在郑州河南省委交际处会见非洲十二个国家和地区的社会活动家、和平人士，及工会、青年、学生代表团和代表，杨尚昆、刘宁一在座。毛泽东说：我们和你们是站在一条战线上的，共同反对帝国主义、殖民主义。你们现在很好，团结起来了。整个非洲团结起来、觉悟起来了，或者正在一步步地觉悟中间。你们非洲有两亿多人口，你们团结起来、觉悟起来、组织起来，帝国主义是怕你们的。你们看，古巴人民原来是手无寸铁，而巴蒂斯塔〔1〕政权是武装到牙齿的，美国那么大的国家支持它，又离得那么近，但是人民团结起来就把巴蒂斯塔赶跑了。这么个小国敢于在美国身旁搞革命，所以研究古巴的经验很

〔1〕 巴蒂斯塔，原古巴总统，在菲德尔·卡斯特罗率领起义军于1959年1月1日解放哈瓦那前，逃往多米尼加。

有必要，古巴的革命有世界意义。我们也支持大国会议，这也是一种办法。按照我们中国的说法，这就叫两条腿走路。大国会议是跟它们在桌子上谈，这是一条腿；亚洲、非洲、拉丁美洲人民反殖民主义、反帝国主义的斗争，这又是一条腿，而且是一条重要的腿，也许是第一条腿。帝国主义是会搞欺骗的。帝国主义也有两条腿，有欺骗的一条腿，又有压迫的一条腿。但为什么我们又要支持大国会议呢？是借此看一看，就可以暴露它们那一条腿有病。我们高兴地看到非洲朋友有这么多人破除了迷信。迷信的第一条就是怕帝国主义，你们破除了这一条，不怕帝国主义了。再有一种，是不相信自己的力量，觉得自己力量很小，认为西方世界很行，我们黄种人、黑种人、棕种人都是不行的，这也是一种迷信。朋友们讲到我们有些国家有困难，有忧愁。我认为我们有高兴的一面，又有忧愁的一面。我看帝国主义只有忧愁的一面，看不见高兴的一面。你说美国能睡得着觉？我不相信。所以我们在战略上完全有理由轻视它们，坚信帝国主义制度是要灭亡的，全世界人民是要站起来的。我们在战术上要谨慎，每一个步骤都要好好地研究，要重视它们，要认真办事。合起来就是，战略上藐视敌人，战术上重视敌人，这样才能敢想敢说敢做。

5月8日 阅邓小平报送的中共中央军委五月四日关于成立北海舰队给毛泽东并中央的报告。报告说：根据新的战略方针，为了统一北海区海军力量的建设，在战时更好地配合陆军、空军实施作战，总参谋部和海军党委建议，以青岛海军基地为基础组建北海舰队。北海舰队执行集团军权限。四月二十六日军委常委会议讨论，同意总参谋部和海军党委的建议，决定成立北海舰队。毛泽东批示：“照办。退小平同志。”

同日 阅谭政五月六日给林彪并毛泽东的报告。报告说：关于延安抗大时所提的有关作风的三句话和团结、紧张、严肃、活泼八个字，我们计划好好宣传一下。但是这三句话目前流行的提法不尽一致，一是一九三八年抗大同学会成立时毛主席的题词“坚定不移的政治方向，艰苦奋斗的工作作风，机动灵活的战略战术”。一是一九三九年抗大三周年时毛主席文章中的提法“坚定正确的政治方向，艰苦奋斗的工作作风，灵活机动的战略战术”。两个提法用词不同，究竟以哪个为好，请予批示，以求统一。毛泽东审阅时将“艰苦奋斗的工作作风”改为“艰苦朴素的工作作风”，批示：“退谭政同志。以一九三九年的三句为好，‘奋斗’二字改‘朴素’为宜。”

同日 下午，在郑州河南省委交际处会见智利工人统一工会代表团、哥伦比亚石油工人联合会代表团、哥斯达黎加工会代表团、厄瓜多尔工人联合会代表团，和阿根廷、巴西、智利、厄瓜多尔、秘鲁的文化、教育、政法界的著名人士，以及古巴军队总督察加尔维斯少校和夫人，杨尚昆、刘宁一在座。毛泽东说：你们都是我们的朋友，我们和你们有许多共同点，中国和拉丁美洲各国地位大体是相同的，我们要站在一条战线上。我们中国在政治上虽然获得了独立，经济发展仍然是很差的，但是我们相信可以发展，因此需要时间，需要和平，需要朋友。古巴的人民，拉丁美洲的人民，全世界的人民都是中国人民的朋友，帝国主义以及它们的走狗则是我们的共同敌人。西方国家和美国的逻辑同我们的是两套。朋友们，哪个对，将来看吧！总有一天，美国人民不喜欢帝国主义制度。艾森豪威尔因为没有准备好，又看到我们力量大，不敢打世界大战。但是也很难说，有两个可能：一是有争取持久和平的可能，要为此而奋斗；另有一个可能是还有大战。阿根廷朋友讲得好，“要保持弹药是干燥的”。有些朋友说，到中国是来学习的。我们要互相学习，互相交换经验，尤其古巴的经验。中国的经验是在中国的土地上产生的，中国有中国的条件，希望朋友们作分析，哪些是优点，哪些是缺点，有哪些是经验，有哪些是错误。

5月9日 下午，在郑州河南省委交际处会见伊拉克文化代表团和工人代表团，伊朗工会代表团，塞浦路斯劳工联合会代表团，杨尚昆、刘宁一在座。毛泽东说：欢迎你们到我们国家看看。今天有好多人是伊拉克朋友。你们的革命是一九五八年取得胜利的，这个革命曾经使帝国主义吓了一跳。你们七月十四日革命，十五日美国就下命令美军在黎巴嫩登陆。它为什么这么急？是怕跟着你们会有许多国家要解放。英军也占领了约旦。在全世界人民反对之下，他们后来不得不走路。美国人讲得好听，说要和平共处，爱好和平，可是最近五月一日美国飞机侵入苏联内地，飞到乌拉尔，侦察苏联军事基地，他们就是这样讲和平的。他们不做好事，专做坏事，我相信上帝不会饶恕他们的。什么是上帝？人民就是上帝，人民决不会饶恕他们的。团结人民的大多数才有前途，历史是人民的历史，政党、领袖只能是人民的代表，如果脱离人民群众就要倒台了。人民中间最大多数是工人和农民，主要的基本的是团结工人和农民，要满足他们的要求，代表他们的意志。当然，还有别的人，我国就有民族资产阶级，还有知识分子。要战胜帝国主义，需要有广泛的统一战线，要团结一切可能团结的力量，这是我们的经验。

同日 让杨尚昆打电话通知在北京的邓小平、王稼祥、陈伯达、胡绳明日来郑州，要同他们谈话。

5月10日 下午一时半，在停靠郑州的专列上再次会见古巴军队总督察加尔维斯少校和夫人，并共进午餐，邓小平、王稼祥、杨尚昆等参加。加尔维斯说：前天拉丁美洲代表和你会见的时候，只有你提到古巴革命的意义。毛泽东说：古巴革命是有世界意义的，对整个拉丁美洲有很大的影响。我们非常高兴古巴这一次革命，问题是怎么样把你们这个革命巩固下来。你们要彻底革命，要抵抗帝国主义，就要依靠工人和农民这个最广大的群众。加尔维斯说：如果美国人要对古巴进行干涉，中国政府公开声明支持古巴是很重要的。毛泽东说：不仅可以公开声明支援古巴革命，并且可以供应一些物资和武器。加尔维斯说：我们希望有一位中国的领导人去访问古巴，当然最好是毛主席或周恩来总理，如果不可能，也希望有一位如苏联的米高扬〔1〕那样身份的领导人访问古巴。毛泽东说：我们可以研究一下。加尔维斯说：毛主席同志是否可以写一封信给卡斯特罗〔2〕，向他表示支持，并写信向古巴人民问候。以毛主席在国际上具有的威望，这将会是一个很大的鼓舞。毛泽东说：可以，就托你带回去转交。过去我们对古巴的问题注意得不够，我们只向古巴买了八万吨糖，今后五年中，我们每年要买三十万吨，如果有必要，还可以增加，我们应该如此。告别时，毛泽东同加尔维斯和夫人看了专列附近田地里种的麦子，并说：古巴最好要能自己解决粮食问题，畜牧业也很重要，农业和畜牧业要并重。

同日 下午五时半，在专列上同邓小平、陈伯达、王稼祥、杨尚昆、胡绳谈国际问题和赫鲁晓夫最近的讲话，决定写一些文章。

5月11日 下午，在专列上同中共河南省委负责人吴芝圃、杨蔚屏谈话，杨尚昆参加。毛泽东说：地方要搞铁路，搞汽车，通河流的地方要搞轮船，空中要搞运输飞机。谈到河南的旱情时，吴芝圃说：去年从夏季一直旱到秋季，全省有四分之一地区一直旱到现在，这个情形跟光绪三年连旱三年的情形一样。光绪三年河南大旱，一九四二年河南大旱。最怕夏旱、秋旱。不过今

〔1〕 米高扬，当时任苏共中央主席团委员、苏联部长会议第一副主席。
〔2〕 卡斯特罗，指菲德尔·卡斯特罗，当时任古巴临时政府总理。

年的麦子还算不错。去年工作上也有毛病，一部分地区欠收，对灾情估计不足；搞基本建设吃粮食太多，抗旱也多吃了粮食。所以，今年浮肿病多，主要是信阳专区，旁的专区也都有一点，不怎么严重。今年准备好好总结总结，接受教训。明年有可能不犯头两年的错误，不过还不能大意。毛泽东说：对于事物，首先是认识它，然后才能改变它，而认识要有个过程。我们中央、省这两级做上层工作的人不可能都去看公社，就是选一点要点去看一看，要靠下面反映，而下面反映的材料就有一部分不可靠。总而言之，上级领导机关，比如中央一级，省一级，连地委也是不甚了了。方针、政策、计划是否正确，不是理论的问题，而是实践的问题，横直去做，做出结果出来了，就是正确。方针政策是否反映了客观实际，是要靠做。毛泽东问：河南现在有多少人？吴芝圃说：五千一百万。毛泽东说：恐怕要提倡一下节育，多印一点避孕的书，制造避孕的药品和器具。在这次谈话中，毛泽东又提到南水北调问题。谈话结束后，毛泽东由吴芝圃等陪同到郑州东郊人民公社燕庄看小麦生长情况，接见河南省和郑州市的直属机关的干部一万人左右，参观河南技术革新和技术革命展览会。晚八时左右，离开郑州，南下武汉。

5月12日　上午，到达武昌，住东湖客舍。

5月14日　下午，在武昌洪山宾馆会见日本日中友好协会、工会总评议会等的访华代表团以及古巴、巴西、阿根廷的访华代表团，杨尚昆、廖承志在座。毛泽东说：新的日美“安全条约”〔1〕是为

〔1〕1960年1月19日，日美重新签订了《日美共同合作和安全保障条约》，对1951年9月8日在旧金山签订的日美安保条约作了修改。新的条约规定发展日本“抵抗武装进攻的能力”；在“应付共同危险”时，日本负有保护驻日美军的义务；美国继续有权在日本驻军和使用军事基地等。

了压迫日本广大人民，是以中苏为敌、以亚洲人民为敌的侵略性的军事同盟条约，它对亚洲和世界和平是严重的威胁，同时也必将把严重的灾难带给日本人民。中日两国人民和亚洲人民以及全世界爱好和平的人民都应当反对日美军事同盟条约。目前日本人民正在展开规模宏大的斗争，反对日美军事同盟条约。日本人民是很有希望的。中国人民过去、现在和将来都坚决支持日本人民的爱国正义斗争。最近美国派 U-2 型飞机侵入苏联，进行间谍活动，被苏联击落，苏联人做得很正确。这件事再一次暴露出美帝国主义在虚伪的和平幌子下所进行的准备侵略战争的真面目，进一步向全世界证明了这样的真理：对帝国主义不应当存有不切实际的幻想。曾经有些人把艾森豪威尔说成是一个十分爱好和平的人，我希望这些人能够从这样一些事实中觉悟起来。我们支持首脑会议的召开，不管这种会议有无成就和成就的大小。但是世界和平的取得，主要应当依靠各国人民的坚决斗争。帝国主义最怕的是亚洲、非洲、拉丁美洲人民觉悟，怕世界各国人民觉悟。我们要团结起来把美帝国主义从亚洲、非洲、拉丁美洲赶回它的老家去。

5月16日 晚上，在武昌东湖客舍听取周恩来、陈毅关于访问缅甸、印度、尼泊尔、柬埔寨、越南五国情况的汇报，还谈到中美关系、中苏团结等问题。

同日 在新华社五月十二日编印的《参考资料》第三五九〇期上批示："请总理看一看第四十五页美总统的谈话，很重要。"这一期《参考资料》的第四十五页至第五十二页刊载了艾森豪威尔五月十一日在记者招待会上发表的声明的全文。关于 U-2 型飞机事件，艾森豪威尔说，为了防止"突袭"和"不希望再来一次珍珠港事件"，搜集情报是"必不可少"、"极端必要的"，他将在巴黎最高级会议上再次提出"开放天空"的建议。他表示不改变访苏计划。他说他有权决定是否保卫金门、马祖，作出决定时将考虑金、马对台湾士气的影响。

5月17日 下午，在武昌东湖客舍同王任重、杨尚昆谈国际形势问题。〔1〕

同日 下午，在武昌洪山宾馆会见由副总理兼外交部部长贝勒卡塞姆率领的阿尔及利亚临时政府代表团，杨尚昆、姬鹏飞、李强〔2〕等在座。毛泽东说：中国人民对你们的战争很钦佩，全世界人民都支持你们。我们不仅在道义上，而且在物资上可以支持你们。你们的斗争支持了我们，你们牵制了很大一部分帝国主义力量，你们在北大西洋的后方开了一个战场。你们的情况同我们过去相似，但你们比我们好，外国的东西还能进去。我们那时没有可能接受外国援助，外国的东西运不进来，敌人包围得很紧。但也有一条比你们好些，我们地方大。你们的独立只能靠打出来。看来单靠谈，不打，是谈不出什么的。这也是两条腿走路，一面谈，一面打。你们要能保持力量，依靠群众，坚持下去，以自力更生为主，争取外援为辅。打仗自己消耗不要太大，保存住主力，并每天消耗敌人一点力量。你们十万兵力能保持并发展，胜利就是你们的。法国怕熬时间，你们不怕，已经熬了六

---

〔1〕 王任重在1960年5月17日的日记中写道：下午，主席找去谈国际形势。16日，赫鲁晓夫在四国首脑预备会议上提出了参加会议的3个条件，谴责了艾森豪威尔，这样第一次首脑会议就不欢而散了。杨尚昆在1960年5月17日的日记中写道：下午见主席。赫鲁晓夫在巴黎最高会议上提出强硬声明，如果美国不谴责U-2型飞机侵略苏联，不保证今后再不发生，不惩凶，他将不参加会议，准备回国！主席为此事发表议论。

〔2〕 姬鹏飞，当时任外交部副部长。李强，当时任对外贸易部副部长、中国科学院学部委员。

年，要熬下去，再熬六年，不就胜利了吗？战争是长期的，要依靠自己的人民。战争持久下去，就会有各种不同的意见发生，能保持团结就好，尽可能争取更多的人，使法国孤立，不让自己孤立。困难是暂时的，前途总是光明的。会见后，乘专列离开武昌。

5月18日 晨，到达长沙。晚上，在专列上同张平化、杨尚奎谈话。同日，让杨尚昆打电话告诉周恩来，请他同刘少奇、邓小平、柯庆施、陆定一、陈伯达、康生、王稼祥于二十一日到杭州。

同日 和刘少奇、朱德、周恩来致电胡志明，祝贺他七十寿辰。电报说："欣逢你七十寿辰之际，我们谨代表中国共产党、中华人民共和国政府和中国人民向你——越南劳动党的创始者和领导者、越南人民最敬爱的领袖、国际共产主义运动杰出的战士和中国人民最亲密的朋友致热忱的、兄弟般的祝贺。数十年来，你以自己的全部精力和丰富的革命斗争经验，为越南劳动人民的彻底解放，为越南和平、统一、独立和民主的事业进行了长期的英勇不屈的斗争，并且取得了巨大的胜利。你对越南人民革命事业、国际共产主义运动和工人运动以及世界和平所作的卓越贡献，使你不仅受到越南人民，而且受到中国和世界各国人民的敬爱。我们衷心地祝贺你健康和长寿。祝你在领导越南人民建设社会主义、争取越南和平统一、反对美帝国主义的战争政策和侵略政策和保卫远东和世界和平的斗争中取得更大更新的成就。"

5月19日 从长沙到达南昌向塘。张平化、杨尚奎同车到达。专列途经株洲时，让杨尚昆给邓小平去电话，告诉他要在全国各地举行群众集会，支持苏联对四国会议的立场〔1〕。北京集会要明天举行。二十日，北京举行了有三百二十万人参加示威和集会的声援活动。

5月20日 下午，在停靠南昌向塘的专列上同张平化、杨尚奎、方志纯、汪东兴、王卓超、白栋材〔2〕谈话，杨尚昆参加。后离开向塘，前往浙江。

5月21日 下午，到达杭州，住汪庄。

同日 晚上，在杭州南屏游泳池会见金日成，刘少奇、周恩来、邓小平、柯庆施、陆定一、陈伯达、康生、王稼祥、杨尚昆、江华参加。毛泽东说：你们的事办得好，无论是政治、经济、军事、文化都很好。我们有这么个兄弟国家很高兴。我们是一致的，还有阿尔巴尼亚和我们一致。十七国会议〔3〕是修正主义的。他们说艾森豪威尔是好人、和平人士；第二是说战争现在可以从人类历史上去掉；第三是和平过渡。我们不赞成。他们把阶级观点放弃了。十七国会议是骂我们的，华沙会议〔4〕也主要是骂我们的。金日成说：赫鲁晓夫一九五五年就叫我们不要反对

---

〔1〕 1960年5月16日，苏联部长会议主席赫鲁晓夫针对5月1日美国U-2型飞机入侵苏联国境的事件，在苏、美、英、法四国首脑会议预备会上声明，要求美国政府谴责飞机挑衅行动，宣布放弃这种政策，惩办直接罪犯，否则，苏联不参加会议。美国总统艾森豪威尔拒绝了苏联的要求，四国首脑会议宣告破裂。

〔2〕 白栋材，当时任中共江西省委书记处书记。

〔3〕 指1959年11月21日至24日在意大利首都罗马召开的有意大利、法国、德意志联邦共和国、芬兰、英国、瑞典、比利时、荷兰、丹麦、挪威、瑞士、卢森堡、西班牙、希腊、奥地利、葡萄牙、圣马利诺等欧洲17国共产党参加的会议。

〔4〕 指1960年2月4日在莫斯科召开的华沙条约缔约国政治协商委员会高级会议。

美帝国主义，我们没有接受。毛泽东说：美帝国主义帮助蒋介石打了我们三四年，现在还在台湾，又在搞朝鲜、越南、老挝和菲律宾，它在巴基斯坦、土耳其、西德、英国、法国、意大利、希腊都有军事基地。去年十月三日，赫鲁晓夫在中国放了一炮，说我们不应该拿武装去试验资本主义政权是否稳固。〔1〕他在匈牙利党代表大会上骂我们不战不和是托洛茨基主义，说我们不灵活。五月一日苏联打下美国间谍飞机，五月二日艾森豪威尔就说飞机是他派的，而且说今后还要派，这就逼得赫鲁晓夫再无考虑的余地了，这才下了决心，到巴黎去不是开会，而是去揭露。毛泽东说：现在形势很好。南朝鲜群众起来了，日本、印度的形势也好，印尼、非洲、拉丁美洲的形势都很好。苏联也有了变化。赫鲁晓夫搞和平、搞建设是好的。能取得二十年的和平，那当然很好。问题是在有些问题上，要有两手。搞原子弹，大家都搞，创造条件，才有可能制止战争。大国会议可以开，可以揭露帝国主义，也可以取得某种协议，如禁止原子弹等，但现在时机还没有到。对各国斗争要支持，要长自己的志气，灭敌人的威风。搞建设，我们还是要向苏联学习，它有四十年的经验。你们开大会支持南朝鲜群众斗争，完全是对的，我们也开大会支持苏联，有不同意见是一回事，支持还是要支持，这是原则问题。这样，美国可以规矩点。总之，我们是休戚相关的。意大利共产党说大战就要爆发了，陶里亚蒂〔2〕他们悲观起来了。当然，我看有可能打起来，但是英、法不愿意打，西德、日本还没有武装好，此

〔1〕 1959年9月30日，赫鲁晓夫在庆祝中华人民共和国成立10周年的国宴上的致词中说："但是，我们应当对当前局势有现实的看法和正确的理解。这当然绝不是说，既然我们这么强大，就应该用武力去试试资本主义制度的稳固性。"

〔2〕 陶里亚蒂，当时任意大利共产党中央总书记。

外，还有拉丁美洲和非洲人民的斗争。我看不必悲观，自然也要警惕。

5月22日 下午至晚上，在杭州南屏游泳池召集刘少奇、周恩来、邓小平、柯庆施、陆定一、陈伯达、康生、王稼祥、杨尚昆、江华开会。会议主要讨论四国首脑会议破裂后的时局问题、中苏关系问题、对赫鲁晓夫的看法，以及召开中共中央政治局扩大会议、中共八大三次会议问题和《毛泽东选集》第四卷的有关问题等。关于时局问题，毛泽东说：帝国主义本性是不会变的，因此有两种可能，现在是和平时期，将来有战争的可能。这个基本点现在没有变嘛。十七国共产党会议认为，现在这样的阶段到来了，就是存在着在社会上、在世界范围内根绝战争的可能性，这是反列宁主义、反马克思主义的。要取得世界和平，只有加强力量，在世界范围内建成统一战线，作斗争，使它前方有顾虑（社会主义阵营是不容易惹的），后方有顾虑（亚、非、拉人民的斗争），本国也有顾虑，不然和平的实现是不可能的。陆定一说：苏共二十一大比二十大还反动，二十大讲“战争不是不可避免的”，二十一大则讲在社会生活中出现排除战争的时代。会上大家认为，在一些根本问题上，不能指望赫鲁晓夫会改变。这一次他是被逼的，一是美国逼得厉害，二是国内对美国群情激愤。四国首脑会议破裂之后，已不是西方同他搞得很好的时候、他神气得很的时候。现在两党之间有一点共同点，利用这个关头把赫鲁晓夫拉住一下。毛泽东说：同苏共斗争的形式是用文章，方法叫指桑骂槐。现在对苏共，也要拖时间的，不宜于破裂。谈到对赫鲁晓夫的看法，毛泽东说：这个人一直没有个章程，像游离层一样，他是十二变，跟他相处，怎么个处法呀？这个人，艾森豪威尔形容过，说他是一个钟头之内瞬息万变的。赫鲁晓夫何必那么蠢，把美国人捧得那么上天，也不想想下一着棋。从戴维营回来，那么吹，他不想想，美国人可能变嘛。赫鲁晓夫有两手，对外一手是软，对内一手是搞阴谋，搞颠覆活动。因为这个干涉内政问题，就引起我再看一遍《东周列国志》。《东周列国志》中就是外国干涉内政相当多，多得很。我专看这一条，专找外国怎么样干涉内政。从去年十月革命节以后，在南昌，在火车上，就开始看。我们不是挨了一棍子，说我们要开上兵力去试试资本主义国家稳固的程度吗？在这以前，有塔斯社的声明〔1〕，有颐年堂两党代表团起的冲突，我们心里有气。在谈到《毛泽东选集》第四卷时，毛泽东说：这个第四卷我有兴趣。那个时候的方针是“针锋相对，寸土必争”，不如此不足以对付蒋介石。毛泽东问到第四卷注释的情况，康生说：有三个元帅（林彪、贺龙、罗荣桓）、五个大将和上将（总参谋长罗瑞卿、一野许光达、二野李达、三野陈士榘、四野刘亚楼〔2〕）、一个总书记参加。邓小平说：这就反映了四个野战军。康生说，彭德怀也给他送去了。毛泽东说：是呀，彭德怀应该〔3〕，过去那一段应该承认。这次会议决定，六月八日在上海召开中共中央政治局扩大会议。毛泽东说：议题有两个，一个是三年计划，一个是国际形势。会议开十天，讨论计划用五天。计划要认真议一下，不能学一月上海会议，计划根本不议，专议时局。（杨尚昆：那次中心问题是

---

〔1〕 指1959年9月9日苏联发表的对中印边境事件偏袒印度的塔斯社声明。

〔2〕 许光达，当时任国防部副部长、中国人民解放军装甲兵司令员。李达，当时任国家体育运动委员会副主任、中国人民国防体育协会主任。陈士榘，当时任中国人民解放军工程兵司令员兼特种工程指挥部司令员、政治委员。刘亚楼，当时任国防部副部长兼第五研究院院长、中国人民解放军空军司令员。

〔3〕 指在《毛泽东选集》第4卷的题解和注释中出彭德怀的名字。

反修正主义。）会议还决定六月下旬召开中共八大三次会议。[1]

5月24日 下午五时至晚八时，在杭州南屏游泳池审读《毛泽东选集》第四卷的题解和注释，康生、杨尚昆、田家英、姚溱参加。

5月25日 下午五时至晚九时，在杭州南屏游泳池审读《毛泽东选集》第四卷的题解和注释，康生、杨尚昆、田家英、姚溱参加。晚上，从杭州到达上海。

5月26日 下午，在专列上同柯庆施、康生、杨尚昆谈话。随后，下车看附近的庄稼生长情况。

5月27日 晚上，在上海文化俱乐部会见英国陆军元帅蒙哥马利，并共进晚餐，柯庆施参加。双方就国际局势等问题进行广泛交谈。蒙哥马利问毛泽东如何看待当前的国际局势。毛泽东说：现在的局势，我看不是热战破裂，也不是和平共处，而是第三种，冷战共处。我们要有两个方面的准备，一个是继续冷战，另一个是把冷战转为和平共处。所以你做转化工作，我们欢迎。蒙哥马利说：西方世界的领袖是美国，现在西方国家怕被这个领袖领到战争中去。我们必须把这样一种情况改过来，即西方集团的领袖跟东方集团两个最大的国家根本谈不拢。由于这个原因，美国在西方的领导受到怀疑。毛泽东说：只要美国的领导不削弱，就不可能改变局势。有没有这种可能，英、法、苏、中在某些重大国际问题上取得一致意见？蒙哥马利说：是的，我想是可能的。但是，由于美国的领导，英、法会害怕这样做。毛泽东说：慢慢来。我们希望你们的国家强大一些，希望法国强大一些，希望你们的发言权大一些，那样事情就好办了，使美国、西德、日本有所约束。威胁你们和法国的是美国和西德，还有在远

〔1〕中国共产党第八次全国代表大会第三次会议后来没有举行。

东的日本。威胁我们的也是这三个国家。我们不感到英国对我们是个威胁，也不认为法国对我们是个威胁。对我们的威胁主要来自美国和日本。蒙哥马利说：我觉得很重要的是，在这个非常复杂的局势中，我们首先应当采取的步骤是从别国领土上撤走一切外国军队，大家应该回到本国去。如果我们能做两件事，我们就有可能和缓紧张局势。第一，结束对欧洲的军事占领；第二，解决台湾问题。毛泽东说：主要是美国的势力，美国在国外有一百五十万军队，二百五十个军事基地。一部分在欧洲，一部分在亚洲。蒙哥马利说：你同意不同意，我回到伦敦以后，在结束欧洲的军事占领和解决台湾这两个大问题上动员世界的舆论？你是否同意先从这两个问题开始？毛泽东说：好，我赞成。但是你要有两方面的准备，一方面是你这样做，另一方面就是美国非常自高自大，它是寸土不让的。蒙哥马利问：主席同意不同意周恩来跟我谈的关于美国应该遵守的那几条原则？那就是：第一，美国应该承认台湾是中国的一部分；第二，美军应该从台湾撤走；第三，台湾问题应该由中国和蒋介石谈判。毛泽东说：我知道，我也同意。我们不要同美国用战争解决问题。同蒋介石就不同了，但是如果他不用武力，我们也不用武力。美国声明愿意通过和平谈判解决国际问题，而不使用武力或不以武力威胁。它这个话是否可靠还是个假定，还要等着看。可是蒋介石没有发表这样的声明，他反对同中国共产党谈判，而我们早就表示我们愿意同蒋介石通过谈判解决问题。在谈到日本问题时，蒙哥马利问：你们今天不怕日本了吧？毛泽东说：还有点怕，因为美国扶植日本的军国主义。美国在东方的主要基地是日本。本月十九日日本在国会中强行通过了同美国的军事同盟条约，这个条约把中国沿海地区也包括在日本所解释的远东范围之内。蒙哥马利说：我有一个有趣的问题想问主席一下。五十年以后中国的命运怎么样？那时中国会是世界上最强大的国家了。毛泽东说：你的看法是，那时候我们会侵略，是不是？蒙哥马利说：历史的教训是，当一个国家非常强大的时候，就倾向于侵略。毛泽东说：外国是外国人住的地方，别人不能去，没有权利也没有理由硬挤进去。如果去，就要被赶走，这是历史教训。五十年以后，中国的命运还是九百六十万平方公里。如果我们占人家一寸土地，我们就是侵略者。实际上，我们是被侵略者，美国还占着我们的台湾。关于中英两国关系问题，毛泽东说：你们的政府只要改善一点态度，我们就可以同你们建立正式外交关系，互派大使。你们为什么不稍稍改善一点你们的态度呢？你们同台湾没有正式外交关系，同意北京政府代表中国，基本事情你们已经做了。只剩下个别问题，这就是在联合国讨论蒋介石代表权问题的时候你们同美国站在一起，在台湾你们还有领事，你们的政府比较亲台湾而对中国疏远，在西藏问题上你们也同美国站在一起。所以我看来，不能同英国正式互换大使。蒙哥马利说：我衡量一个政治领袖的标准是看他是否会为了地位而牺牲他的原则。如果一个领袖为了取得很高的地位而牺牲他的原则，他就不是一个好人。毛泽东说：我的意见是这样的，一个领袖应该是绝大多数人的代言人。蒙哥马利说：但是他也不能牺牲他的原则啊！毛泽东说：这就是原则，他应该代表人民的愿望。蒙哥马利说：尼赫鲁已经七十了，他去世以后印度怎么办呢？毛泽东说：他没有准备好继承人。我准备好了，我现在不是国家元首了，国家元首现在是刘少奇。我是共产党主席，第一副主席是刘少奇，我死以后就由刘少奇接替。

5月28日 下午，在停靠上海的专列上会见丹麦共产党中央主席耶斯佩森和夫人，并共进晚餐，康生、杨尚昆参加。毛泽东说：现在国际上思想相当混乱。一九五七年的《莫斯科宣言》，是唯一的国际宣言。时间不过两年，许多共产党不提《莫斯科宣言》了，或者不强调了。几个月前召开的欧洲十七国共产党会议的呼吁书，有许多部分是正确的，另外一些重要部分，我认为是不正确的，是违背了他们自己所同意的《莫斯科宣言》的。《莫斯科宣言》说，关于战争问题，应争取不打第三次世界大战，这是一方面；另一方面存在着打世界大战的危险，应该警惕。呼吁书说存在着从人类社会上连根铲除战争的可能性，这是一个极大的问题。急急忙忙宣布连根铲除战争，意味着什么？谁人高兴？我认为是资本家高兴，欺骗了人民。说社会主义革命不用暴力就可以由资本主义过渡到社会主义，就是所谓和平过渡，马克思列宁主义的理论基础何处去了？马克思的学说，就是阶级斗争的学说。列宁主义是阶级斗争的学说，不是阶级和平的学说。人们反对教条主义，说是马克思、恩格斯、列宁创立的主义，他们那个时代是灵的，现时代是不灵了。说在现时代不灵了，那阶级消灭了没有？世界上有没有资产阶级？有没有资产阶级和无产阶级的区别？还是资产阶级在一个晚上就变成无产阶级了？垄断资产阶级都变成无产阶级了？因此可以和平过渡了？因此战争的可能性可以连根铲除了？我是想不通。不知道你们想得通想不通？帝国主义有两手，骗人的一手和镇压的一手。我们学帝国主义的办法也搞两手好不好？第一手，和平过渡；第二手，如果帝国主义、统治阶级、反动派将武力强加于人民，我们就用武力反抗好不好？我们不是愿意用武力，而是被迫的。为何把第二条瞒着不讲，在人民中散布幻想，使人民群众和工人阶级解除思想武装，说什么和平过渡，战争、军队、武装连根铲除。什么连根铲除？一点也没有铲除，而且他们每天都在加强暴力机关。只有全世界阶级都消灭了，就没有战争。我们不准备创立什么主义，而是把马克思列宁主义与中国实际相结合，完全遵从《莫斯科宣言》所写的九条共同真理，遵从《莫斯科宣言》所说应遵照各国不同条件，有所不同，这是指次要的方面，不是根本的。在谈到中国的社会主义建设情况时，毛泽东说：搞建设，我们刚开始。美国每人半吨钢，我们要赶上美国，就要三亿多吨钢，那需要很长的时间。现在赶上英国，指的是总产量，煤早已赶上英国，棉纱已经超过他们，钢明年可以超过，其他很多东西、很多技术，我们还没有。我们还很少跑外洋的轮船，英国有很大的造船业，欧洲的一些国家如丹麦是资本主义高度发达的国家，生活水平、技术水平比东方高得多，还不是很短时间能赶上的。因此，我们需要和平环境，需要时间，需要朋友。

同日 晚上，在上海文艺会堂参观上海科学技术成果展览，观看了我国一九六〇年二月十九日在上海发射成功的第一枚小型探空火箭的模型。得知这枚火箭的射程高度为八公里时，毛泽东说“不算太低，亦不算高”，鼓励科研人员要从八公里到二十公里、二百公里地搞上去。

5月29日 下午，在停靠上海的专列上同柯庆施、陈丕显、赵尔陆、陈正人谈话，主要谈赫鲁晓夫和苏联等问题。毛泽东说：苏共二十大就是和平过渡、打斯大林这两条，二十一大才有“战争可以在社会上铲除”。我看赫鲁晓夫在柏林不应该发表什么东西，他走一趟，报告一点简单消息更好一些，要发表也应该等到艾森豪威尔发表以后再发表。四国首脑会议，他也感觉到三国对一国有点孤立，人家是三国，你是一国，如果他拉上亚洲三国，那就是四国对三国了，那方面再增加意大利，或者增加巴西。

同日 晚上，到上海中苏友好大厦参观全国机械工业技术革新展览会。

5月30日 从上海到达杭州，住汪庄。

同日 晚上，在杭州南屏游泳池审读《毛泽东选集》第四卷的题解和注释，康生、杨尚昆、田家英参加。

同日　致信菲德尔·卡斯特罗。信中说：我非常感谢您托加尔维斯少校带来的热情的友好的问候。古巴人民的民族民主革命斗争，受到全世界人民的赞扬和尊敬。你们是在最接近美国的地区进行正义的革命斗争。你们的每一个胜利，都沉重地打击了以美国为首的帝国主义反动势力。全世界争取和平和进步的人民，特别是拉丁美洲各国人民，从你们胜利的斗争中，大大增强了斗争勇气和胜利信心。中国人民和我本人，一直非常关心您所领导的古巴人民革命斗争。相同的遭遇和共同的斗争，把我们两国人民紧紧地联系在一起。你们取得的每一个成就、进步和胜利，都使我们感到高兴。你们受到美帝国主义者的每一次侵略、轰炸和破坏，都使我们极其愤怒。我们将继续用自己的胜利斗争和一切力所能及的帮助，来支持你们的正义事业。在我们两国人民面前和世界人民面前，还存在着很多困难。古巴和各国人民今后的斗争，仍然是艰巨的、复杂的、曲折的。但是，只要各国革命领导核心广泛地团结一切可能团结的力量，依靠最广大人民群众，坚持不懈地斗争，世界上没有任何力量可以阻止人民前进。

5月31日　晚上，在杭州南屏游泳池审读《毛泽东选集》第四卷的题解和注释，康生、杨尚昆、田家英参加。

5月　在一份五月十五日编印的内部材料《廖文毅〔1〕谈美、日、廖共同策划“台湾独立”阴谋》上批示：“此件通知蒋先生。”这份材料说：廖文毅自称：统治台湾的人，美选择了廖，美国希望尽早地搞垮蒋介石。最近，富布赖特〔2〕经常给廖去信，

〔1〕　廖文毅1950年在日本成立“台湾民主独立党”，自任主席。1956年在日本宣布成立“台湾共和国临时政府”，自任“大统领”。

〔2〕　富布赖特，当时任美国参议院外交委员会主席。

要他准备着随时飞归台湾。去年廖在巴黎与艾森豪威尔会谈时，明确了"台湾独立"的道路是"外攻内应"。日本外相等一些人是支持"台湾独立运动"的核心，等等。

同月 阅一份五月十六日编印的摘录南斯拉夫方面言论的内部材料。这份材料摘录了铁托等南斯拉夫领导人近期的报告和谈话，以及南斯拉夫一些报纸的社论、文章、评论和按语。其主要观点是：第三次世界大战将葬送全世界，唯一的出路是毫无其他打算地接受积极共处的原则，不同社会制度的国家间全面国际合作的日益广阔的前途正在逐步实现。资本主义作为潜在的侵略力量，表现了非常巨大的变化，资本主义国家目前就能消除制度本身的某些消极后果，给帝国主义的冒险政策留下了越来越小的可能性。毛泽东阅后批示："'奇文共相赏，疑义相与析。'[1] 可以一看。"

同月 将一份五月二十八日编印的内部材料刊登的《四国首脑会议破裂后的初步反应》一文，批给康生、杨尚昆、田家英阅。该文说：因美机入侵苏联国境事件，苏、美、英、法四国首脑会议于五月十七日宣告破裂。资本主义国家大都认为"局势恶化"，会议的"失败可能引起第三次世界大战"。社会主义国家的某些人士认为，中国同志对于世界形势的估计有点道理，帝国主义的本性是不会随着技术进步而变化的。

6月1日—3日 在杭州南屏游泳池审读《毛泽东选集》第四卷的题解和注释，康生、杨尚昆、田家英参加。至三日全部审读完毕。

6月3日 指示杨尚昆通知李富春来杭州，从明天起，谈国家计委关于第二个五年计划后三年（一九六〇年至一九六二年）

---

〔1〕 见陶渊明《移居二首》，原诗句为："奇文共欣赏，疑义相与析。"

补充计划实际安排的报告要点。这个报告要点，李富春在五月二十九日报送毛泽东。

6月4日　下午，在杭州南屏游泳池同李富春、康生、杨尚昆、田家英阅读和讨论第二个五年计划后三年的补充计划要点。五日和六日继续阅读和讨论。毛泽东认为，后三年补充计划大体可行。

同日　阅中国驻巴基斯坦大使馆五月十四日关于中国参加东巴基斯坦国际工业展览会的总结报告，批示："尚昆同志：此件请印发上海六月会议〔1〕各同志一阅。"报告说，我国工业展览馆展出的五十三天中，有七十五万人次参观了展览馆，这次展览在东巴产生了深远的影响。

6月5日　上午，同康生、杨尚昆谈苏共中央六月二日来信。来信建议：利用六月间罗马尼亚工人党举行第三次代表大会的机会，在布加勒斯特召开十二个社会主义国家共产党和工人党代表会议，就美国破坏四国首脑会议后的国际形势交换意见；接着再开一个华沙条约国会议，请中国、朝鲜、蒙古派观察员列席参加。兄弟党会议发表宣言，华沙条约会议发表公告。八日上午，周恩来在上海召开的中央政治局扩大会议座谈会上说：主席考虑，第一，最好兄弟党会议不宜早开，能推迟比较好，因为要进行准备工作，最好是到今年十月革命节，十一月开；第二，范围最好扩大，不是十二国，而是六十多个兄弟党；第三，事前八、九两月搞宣言的草案，就像上一次《莫斯科宣言》的样子，中苏两党先讨论起草，搞出一个文件来比较好。这是主席设想的一个大的方案。如果不行，也可以在八九月来开，采取一个中等的范围，十二个国家的兄弟党，加若干兄弟党，比如法国、意大

〔1〕　指将于1960年6月8日至18日在上海召开的中共中央政治局扩大会议。

利、印度、印度尼西亚、伊拉克、叙利亚等，还有拉丁美洲的古巴、巴西等，也要事先准备。

6月7日 下午四时，在杭州饭店听取习仲勋、姬鹏飞关于同阿尔巴尼亚议会代表团会谈情况的汇报。

同日 下午五时半，在杭州饭店会见由人民议会主席团主席列希率领的阿尔巴尼亚议会代表团，习仲勋、赛福鼎〔1〕、杨尚昆、姬鹏飞等在座。毛泽东说：美国和日本搞军事同盟条约，主要是针对中国和苏联，也针对亚洲一些国家。美国对我们的政策就是想把我们孤立起来，但一切办法都没有成效。全世界反对我们的人不多，顶多有十分之一，我们是不孤立的。世界的进步是注定了的，我对世界是乐观的。美国、法国、日本等不承认我们，很多国家受美国影响，也不承认我们，我们准备等待。中国还不是一个强国，美国就欺负我们这一条。美国要是承认我们，有个条件，台湾要归还我们。这个事情谈不成，因为一承认，美国就得从台湾撤退，他们就是舍不得。毛泽东说：我们和你们总是团结在一起，有事情相互支持。社会主义阵营是以苏联为首的，苏联有四十多年的经验，第一个建成社会主义的国家，大家都向它学习，它也对所有社会主义国家援助。你们将去鞍山，鞍山钢铁厂就是苏联帮助我们建成的，苏联还帮助我们建设了许多项目，有一百七十多项。

同日 阅中国驻英国代办处常任代办宦乡五月二十八日给外交部的电报，批示："印发上海会议各同志。此件说得很好。"宦乡的电报对四国首脑会议破裂后的国际形势进行了分析和展望。

---

〔1〕 赛福鼎，即赛福鼎·艾则孜，当时任全国人大常委会副委员长、中共新疆维吾尔自治区委员会书记处书记兼自治区区委党校校长、新疆维吾尔自治区人民委员会主席、中国人民解放军新疆军区副司令员。

其中说：从美国间谍飞机侵苏事件到苏、美、英、法四国首脑会议流产，正式宣告了所谓“戴维营精神”的死刑，彻底揭穿了“艾森豪威尔是和平爷爷”的胡说。苏联对美国的策略，是逐步由过去单纯的和解绥靖，转变到坚决揭露、强硬斗争的。这一转变，主要是由于美国的蛮横进逼逐步促成的，是由于谍机事件本身发展的逻辑结果，而不是由于对某些带有根本性质的问题（如对帝国主义的本质、对和平与战争的看法等等）有了真正全面、深刻的新认识的结果。因此，今后苏联在对美国的政策上的摇摆和犹豫恐怕还不是一时所能避免的。西方十分害怕这次斗争的影响会进一步加强中苏之间的团结，目前正把冷战的矛头集中指向中国，冷战重点首先是加紧挑拨中苏关系。在这种情况下，我们对有关中苏关系的问题应该十分慎重地处理。

同日　批示将中国驻苏联大使馆五月三十日给外交部的电报印发即将在上海召开的中共中央政治局扩大会议。电报说：赫鲁晓夫三十日在全苏争取共产主义劳动队称号代表会议上的演说，比之他的柏林演说，反击西方的调子略有增高。苏联的外交政策仍然没有根本变化，但某种程度的策略变化是在发生和发展，这一发展是缓慢的、摇摆的、被动的、不彻底的，然而能有一些变化和发展总是好的，应该重视这些变化和发展。

同日　晚上，从杭州到达上海，康生、杨尚昆、江华、田家英同行。

6月8日—18日　在上海主持召开中共中央政治局扩大会议。会议主要讨论第二个五年计划后三年（一九六〇年到一九六二年）的补充计划，并讨论国际形势。会议强调作计划必须留有余地，要坚持以农业为基础的方针，加快发展农业。会议对后三年补充计划的十四项指标，作了较大幅度的降低。

6月8日　下午，在上海文化俱乐部主持召开中共中央政治局常委扩大会议，讨论苏共中央六月二日来信，决定起草回信。刘少奇、周恩来、朱德、陈云、林彪、邓小平、柯庆施、李井泉、乌兰夫、欧阳钦、陶铸、王任重、张仲良、杨尚昆出席会议。晚上，毛泽东得到杨尚昆的报告，说苏共中央六月七日又有来信，提出十二个社会主义国家共产党和工人党代表会议推迟举行。

同日 阅外交部国际关系研究所编写的《有关美国军事生产的一些资料》。资料说：一九六〇年美国有关国家安全的各部门雇用的人员将达三千七百万人。有关国家安全的各项主要开支共为四百五十七亿美元，约占政府预算开支的百分之五十八，占国民生产总值的百分之九，是经济活动中一个重要的决定性因素。美国在一九五〇年至一九五九年，全国企业扩大了百分之七十六点五，而国防部开支则增加了百分之二百四十六点二。国防采购对美国经济起了重大影响，美国最大的五十家公司获得了全部主要军事合同的百分之六十五。毛泽东阅后批示："此件印发各同志。值得研究。美国为什么不愿意裁军呢？答案就在这里。这是资产阶级，特别是垄断资产阶级，需要一个庞大的军力和一个庞大的武器库。"九日，毛泽东将"此件印发各同志"一句改为："此件印发政治局会议各同志阅读。"

6月9日 下午，在上海文化俱乐部主持召开中共中央政治局常委扩大会议，刘少奇、周恩来、朱德、陈云、林彪、邓小平、陈毅、李富春、贺龙、李先念、柯庆施、李井泉、乌兰夫、薄一波、康生、陶铸、王任重、欧阳钦、张仲良、罗瑞卿、杨尚昆出席。会议讨论对苏共中央六月二日和七日两次来信的复信，决定由彭真、康生、王稼祥[1]等组成中国共产党代表团，出席

〔1〕 王稼祥后来因病未能出席罗马尼亚工人党第三次代表大会，改由中共中央对外联络部副部长伍修权出席会议。

罗马尼亚工人党六月二十日至二十五日举行的第三次代表大会和十二个社会主义国家共产党、工人党代表团举行的会晤。毛泽东说：这次去布加勒斯特开会，要做两手准备，一是要准备他们整我们，二是要准备他们拉我们。要充分做思想准备的是他们要整我们，把开不成首脑会议的气都撒到我们身上，组织对我们的围攻。首脑会议破裂后，苏联报刊宣传的还是老一套“三无世界”之类。这次世界工联北京会议苏方代表团团长态度恶劣，值得我们警惕。

6月10日　中共中央主席毛泽东复信苏共中央。信中说：我们收到了你们六月二日和六月七日两次来信。完全同意七日来信所说的关于社会主义各国共产党和工人党代表会议和华沙条约缔约国政治协商委员会会议推迟召开的意见。我们认为，在罗马尼亚工人党第三次代表大会召开的时候，各兄弟党代表团就这两个会议召开的日期和地点，初步交换意见，然后根据各兄弟党中央商谈的结果最后加以确定，同时还可以对兄弟党代表会议的内容初步交换意见，但不作任何决定，这样的安排是适当的。我们建议，参加社会主义阵营十二国兄弟党代表会议的成员，最好还包括资本主义世界所有的共产党和工人党的代表，至少应当包括欧洲、美洲、亚洲、非洲和澳洲的一些重要国家共产党的代表。这次会议的共同宣言，可以考虑仍然像上次莫斯科会议那样，由社会主义阵营各国共产党和工人党签署发表。在这个会议召开之前，经过各兄弟党中央的同意，产生一个起草委员会，为会议准备宣言草案，以便各兄弟党能够事先讨论和交换意见。

同日　上午，同陈毅谈话。

6月11日　下午，在上海文化俱乐部召集刘少奇、周恩来、林彪、邓小平、彭真、康生、王稼祥开会，讨论彭真、康生、王稼祥等出席罗马尼亚工人党第三次代表大会问题。[1] 对代表团应采取的方针，毛泽东归纳为六句话：坚持团结，坚持原则，摸清情况，后发制人，据理辩论，留有余地。

6月12日 批示身边工作人员找龚定盦[2]全集。

6月13日 下午，在上海文化俱乐部召开会议，刘少奇、周恩来、朱德、陈云、林彪、邓小平、贺龙、陈毅、罗瑞卿出席。会议讨论第二个五年计划后三年的补充计划，决定降低指标，对计划进行重新安排。会议还讨论炮击金门[3]问题。

同日 作《七律·读报》："托洛茨基返故居，不和不战欲何如？青空飘落能言鸟，黑海翻腾愤怒鱼。爱丽舍宫唇发紫，戴维营里面施朱。新闻岁岁寻常出，独有今年出得殊。"

6月14日 下午，在上海锦江饭店小礼堂主持中共中央政治局扩大会议，讨论第二个五年计划后三年的补充计划。毛泽东讲话。他说：指标要重新安排。一个钢，一个棉花，一个粮食，一个铁路，一九六二年到底搞多少？（李富春：钢三千万吨，粮食六千亿斤。）三千万吨的数字就准备明年在人大会议提出了。今年我们在人大会议通过的是今年钢的产量一千八百四十万吨，

〔1〕 1960年6月12日，中共中央给伍修权的指示说：口头通知苏联驻中国大使，请他立即转告苏共中央：中共中央已经决定参加罗马尼亚工人党代表大会的代表团的人选，团长彭真，团员康生、王稼祥、许建国（中国驻罗马尼亚大使）。中共代表团定于6月16日到莫斯科，在莫斯科停留两天，19日到罗马尼亚。如果苏共中央同意的话，中共中央委托中共代表团先和赫鲁晓夫同志就兄弟党代表会议的内容和当前某些重大问题交换意见。

〔2〕 龚定盦，即龚自珍，号定盦，清代思想家、文学家。

〔3〕 指准备在美国总统艾森豪威尔访问台湾前夕和离开台湾时，中国人民解放军福建前线部队于1960年6月17日、19日对据守在金门岛的国民党军队进行大规模炮击一事。

无论如何要力争超过。世界上的事情，横直要到了手才算数，没有到手还是一个希望。（李富春：第二本账的安排是二千零四十万吨。）我看提少一点，去做，在做之中增加一点。过去几年的经验，一九五六年八大一次会议通过的“二五”计划，总理作的报告，最好的部分就是指标打得低的那部分，现在谁说八大犯了右倾机会主义错误呢？在杭州，我同富春同志谈了三天，了解一个概念，那时我还没有发表意见，只发表了一点意见，就是说大体可行。到上海我想了一想，觉得还是大体可行，但是盘子还得要降，学习八大一次会议的那些经验，宁可打低一点，在年度中去超过，决不可以打得过高，以至于超不过。八大有两条经验，第一，大多数项目，以钢为例，打得很低，一千零五十万吨到一千二百万吨，以致给我们留了很大余地，留了三年的余地。第二，有些指标打高了，就是棉、油、糖。这一次搞后三年补充计划我看要改，不要勉强去凑那个数，还是要留有余地，不要打那么多。比如棉花，昨天不是说五千万担吗？我看刮下五百万担，只搞四千五百万担，比较恰当。今年的农业情况怎么样？粮食究竟是不是能够增长百分之十左右？就是说要增长四百多亿斤。不管去年是四千五百亿斤也好，四千八百亿斤也好，今年能够增长一点跨过五千亿斤大关，有五千亿斤粮食，大有可为嘛。我们现在提三千万吨钢，假如今年搞到二千万吨，还有两年，平均每年增长五百万吨，会超过的。（邓小平：三千二百万吨也超过。）不要提三千二百万吨，我看还是提三千万吨，搞上三千万吨，事情就很好办。就是按实际可能办事，按实际办得到的，还打点回旋余地，让年度、让地方超过。实际办得到的比如是三千二百万吨，我们就提三千万吨，如果实际可能是只有三千万吨，我们就只应该提二千八百万吨。可以考虑对外提二千八百万吨。（周恩来：三千万吨倒是保险。李富春：三千万吨是可靠的。邓小平：

三千万吨是可靠的。）就是二千八百万吨、三千万吨，我看还是相当紧，超过的可能性比八大一次会议订的那个指标要小。所以，我还是欢喜你（指周恩来——编者注）在八大一次会议上提的那个东西，它给我们留了这么大的余地嘛。基本建设这个盘子，我还是有点不放心。今年大型水利工程计划搞一百个，而结果是搞了三百六十个。搞那么大的规模，就要有那么多的人上阵，质量有些就不够标准，大水一冲就垮，一垮就把人冲走了。水利建设，时间稍微拉长一点，十年基本上解决水利问题。所以，基本建设要好好抓一下，要抓稳。今年和今后两年的基本建设，盘子绝不可以搞得过大，数量不可不讲，但恐怕要提出质量放在第一位。现在是不是到这个时候了？过去有一个时期，包括我在内，想那个大数目字，比如一亿吨钢。多少年之后，我们有一亿吨钢，接近美国，那该多好呀！我看，现在不要着重那个东西，要着重门类样样都有，钢与钢材的规格很高，普通钢之外还有特殊钢，而特殊钢要达到近代水平。总而言之，这次会议要解决这个问题。报告指标要修改，讲质量、品种、规格，把这个提到第一位，把数量放到第二位。至于粮食过关，就是有存粮，人均粮食，包括口粮、饲料、种子、工业用粮、出口粮一切在内，有一千斤到一千五百斤。现在只有七百多斤，还要加一倍，我看要十年。所以粮食的重点，还是放在第二个十年，放到各省。两条腿：第一是现有的耕地增加单位面积产量，第二是开荒。开荒的规模比过去十年可以大一点，但是不能大得太多，不能搞十四亿亩，搞十四亿亩规模太大了，势必闹得很紧张。顶多开四亿亩，就是你们计划的十四亿亩的零头，要替我们后世子孙留点余地呀。还有个铁路，铁道部同交通部今年一月在蚌埠开现场会议的材料，我看了实在是很高兴，土洋结合，小土小洋铁路由地方搞，但是那个数目字现在看起来高了一点。那个时候说三年修五万公里，现在纳入富春这个计划里边的是两万五千公里。时间只有三年，指标恐怕要减下来。我们一九四九年接收政权时，全国铁路只有两万公里，你三年工夫就搞那么多，还得了呀？这个东西要减下来，减到一万公里大概可能，平均每年三千几百公里。我这样讲不是泄气，不是促退派，而是促进派，是为更好地跃进。不是纸头上、口头上留有余地，而是实际上真正留有余地，这个气就可以鼓，干劲有鼓的余地，不然干劲就鼓不上去。巧妇不能为无米之炊。现在要抓生产，抓生活，还要抓作风。今年又搞出一个作风问题，这是广东同志们首先提出来的，后头山东历城县委也有个材料。“三反”酝酿了好久了，去年、前年我们就讲过的，但实际行动是在今年。抓作风就是要反贪污、反浪费、反官僚主义，官僚主义包括打人骂人、命令风、“五多”等。

同日　为转发中共广东省委关于“三反”问题的两个文件，起草中央给上海局、各省市区党委的批语，指出：“中央认为广东省委提出来的问题和对这些问题的处理办法是正确的，可供各地参考。”广东省委的两个文件是，陶铸五月二十一日关于搞好农村“三反”彻底改进干部作风的意见和广东省委六月四日关于农村“三反”一定要大获全胜的报告。陶铸的意见是：近一二年来，官僚主义、形式主义和铺张浪费的坏作风，在相当多的干部中大为滋长了，一部分公社以下干部的贪污腐化、铺张浪费、违法乱纪、强迫命令等行为，发展到了令人难以容忍的地步。“三反”的方针是，发动群众大鸣大放，领导上积极为群众撑腰，把坏人坏事彻底揭发出来，边揭发边处理。“三反”中暴露出来的问题如此严重，省、地、县都有责任，最彻底的办法是改善省、地、县三级的领导作风。

6月15日　中午，在上海文化俱乐部召开会议，刘少奇、周恩来、林彪、邓小平、李富春、李先念、柯庆施、李井泉、谭震林、乌兰夫、陈伯达、薄一波、陶铸、王任重、欧阳钦、张仲良出席。

同日 晚上，同杨尚昆谈炮击金门问题。

同日 为将四个文件印发中共中央政治局扩大会议，写一批语："此四件可看，阅后收回。事物是按照自己固有的规律发展的，不依帝国主义、各国反动派、修正主义者和半修正主义者的意志为转移。革命的工人，革命的农民，革命的民族资产阶级，革命的知识分子，在革命政党领导之下，如果他们认识了客观事物（阶级压迫和民族压迫）的规律，从而采取了正确的斗争方法，并将一切可以团结的力量最大限度地团结起来，从事坚决的斗争，如果他们是这样的话，那末，他们的斗争就一定会胜利。阶级斗争如此。生产斗争也是如此。总之，人们必须在自己的实践中，精心地去寻找客观事物的固有的而不是自己主观地臆造出来的规律，并利用这种由客观反映到主观的规律，亦即客观真理转化为主观真理，就可以改造客观世界，实现人们的理想。否则是不可能的。一切反动派和机会主义者总是脱离人民群众，违反客观规律，因而他们迟早要失败。这一点还有疑义吗？完全没有了。全世界的胜利都是我们的。"这四个文件是：《关于东南亚条约组织外长会议》、《苏联当前的新动态》、《罗〈阶级斗争〉第五期全文转载苏文章》、《对三篇文章的几点零星反应》。第一个文件说：如何对付中国是东南亚条约组织外长会议的中心议题。美国主张加强在军事上反共反华，表示"迟干不如早干"，必要时在东南亚地区发动局部战争，并建议建立东南亚条约集团总司令部和参谋部。但是，美国在会议中极为孤立，最后美国不得不撤回建议，并同意不作出"各国不得承认中国"的决议。第二个文件说：苏联报刊连续发表的谢夫略金关于纪念列宁《共产主义运动中的“左派”幼稚病》一书出版四十周年的文章和马科夫斯基的同样内容的文章，标志着苏联要从前一时期的保护性的辩解转入对我国进行反击，意味着将决心在一个时期内与我们进行一系列的论争。第三个文件说：罗共转载苏联的文章《在修正主义的老立场上》，并发表了对该文的述评。述评虽然批判了南斯拉夫修正主义，但还留有更多的余地。第四个文件说，中国为纪念列宁诞辰发表的三篇文章〔1〕在波兰引起了很多人的谈论，认为很重要、很好。

6月16日 晚上，在上海文化俱乐部主持召开中共中央常委扩大会议，讨论炮击金门问题，刘少奇、周恩来、朱德、陈云、林彪、邓小平、贺龙、聂荣臻、罗瑞卿、杨尚昆出席。十七日，中国人民解放军福建前线司令部发表告台、澎、金、马军民同胞书说：为了表示中国人民对艾森豪威尔的蔑视和鄙视，我们决定，按照单日打炮的惯例，在六月十七日艾森豪威尔到达台湾的前夕和六月十九日艾森豪威尔离开台湾的时候，在金门前线举行反美武装示威，打炮迎送。

6月17日 下午，同邓小平谈话。晚上，在上海文化俱乐部召开会议，刘少奇、周恩来、朱德、陈云、李富春、李先念、薄一波出席。会议讨论第二个五年计划后三年补充计划的调整方案，这个调整方案的指标是根据毛泽东的意见作了压缩的。会上，毛泽东在同大家商议后认为，这个调整方案还要加以调整，要转入主动。

6月18日 晨，写出《十年总结》，着重总结一九五六年以

〔1〕指《红旗》杂志编辑部文章《列宁主义万岁》、《人民日报》编辑部文章《沿着伟大列宁的道路前进》和陆定一在纪念列宁诞辰九十周年大会上的报告《在列宁的革命旗帜下团结起来》。

来社会主义革命和建设的经验。总结说："前八年照抄外国的经验。但从一九五六年提出十大关系起，开始找到自己的一条适合中国的路线。一九五七年反右整风斗争，是在社会主义革命过程中反映了客观规律，而前者则是开始反映中国客观经济规律。一九五八年五月党大会制定了一个较为完整的总路线，并且提出了打破迷信、敢想敢说敢做的思想。这就开始了一九五八年的大跃进。是年八月发现人民公社是可行的。""八月在北戴河，中央起草了一个人民公社决议，九月发表。几个月内公社的架子就搭起来了，但是乱子出得不少，与秋冬大办钢铁同时并举，乱子就更多了。于是乎有十一月的郑州会议，提出了一系列的问题，主要谈到价值法则、等价交换、自给生产、交换生产。又规定了劳逸结合，睡眠、休息、工作，一定要实行生产、生活两样抓。十二月武昌会议，作出了人民公社的长篇决议，基本正确，但只解决了集体、国营两种所有制的界线问题，社会主义与共产主义的界线问题，一共解决两个外部的界线问题，还不认识公社内部的三级所有制问题。"一九五八年八月北戴河会议提出一九五九年钢产量三千万吨，一九五八年十二月武昌会议降至二千万吨，一九五九年四月上海会议规定一个一千六百五十万吨的指标，仍然不合实际。一九五九年六月北京中央会议规定为一千三百万吨，"这才完全反映了客观实际的可能性。五、六、七月出现了一个小小马鞍形。七、八两月在庐山基本上取得了主动。但在农业方面仍然被动，直至于今。管农业的同志，和管工业的同志、管商业的同志，在这一段时间内，思想方法有一些不对头，忘记了实事求是的原则，有一些片面思想（形而上学思想）"。"一九六〇年六月上海会议规定后三年的指标，仍然存在一个极大的危险，就是对于留余地，对于藏一手，对于实际可能性，还要打一个大大的折扣，当事人还不懂得。一九五六年周恩来同志主持制定的第二个五年计划，大部分指标，如钢等，替我们留了三年余地，多么好啊！农业方面则犯了错误，指标高了，以至不可能完成。要下决心改，在今年七月的党大会[1]上一定要改过来。从此就完全主动了。同志们，主动权是一个极端重要的事情。主动权，就是‘高屋建瓴’、‘势如破竹’。这件事来自实事求是，来自客观情况在人们头脑中的真实的反映，即人们对于客观外界的辩证法的认识过程。我们过去十年的社会主义革命和社会主义建设，就是这样一个过程。中间经过许多错误的认识，逐步改正这些错误，以归于正确。”“我本人也有过许多错误。有些是和当事人一同犯了的。”“看来，错误不可能不犯。如列宁所说，不犯错误的人从来没有。郑重的党在于重视错误，找出错误的原因，分析所以犯错误的主观和客观的原因，公开改正。我党的总路线是正确的，实际工作也是基本上做得好的。有一部分错误大概也是难于避免的。哪里有完全不犯错误、一次就完成了真理的所谓圣人呢？真理不是一次完成的，而是逐步完成的。”“自由是必然的认识和世界的改造。由必然王国到自由王国的飞跃，是在一个长期认识过程中逐步地完成的。”“我们对于社会主义时期的革命和建设，还有一个很大的盲目性，还有一个很大的未被认识的必然王国，我们还不深刻地认识它。我们要以第二个十年时间去调查它，去研究它，从其中找出它的固有的规律，以便利用这些规律为社会主义的革命和建设服务。”总结最后说：“我试图做出一个十年经验的总结。上述这些话，只是一个轮廓，而且是粗浅的，许多问题没有写进去”。

同日　下午，在上海锦江饭店小礼堂主持中共中央政治局扩

---

〔1〕　指原拟召开的中国共产党第八次全国代表大会第三次会议，后来没有举行。

大会议闭幕会议，并讲话。毛泽东讲话的主要内容是两个部分。第一，准备向中共八大三次会议提交的一九六二年国民经济计划主要指标调整的初步意见。他说：昨天我们几个同志，中央常委，还有几位管经济工作的同志，交换了一下意见，认为这个调整意见还要加以调整，还要加以修改。钢，二千八百五十万吨，我看大概可以，这是向八大三次会议提出的数字，不是那个三千二百万吨的内部指标（今年要搞到至少一千九百万吨，争取二千万吨）。铁，三千五百万吨略减一点，这里提三千二百万吨。煤，不是五亿五千万吨，而是五亿吨。电，不是一千零五十亿度，而是八百五十亿度。化肥，由七百万吨减成四百五十万吨。拖拉机，不要搞那么多，只公布五万台。棉纱，实际安排七百五十万件。（周恩来：这个数字比今年、去年都减少了。）粮食，昨天议，想出了一个办法，你讲一下。（周恩来：想提这么一个数字：粮食由六千亿斤改为五千五百亿斤左右，棉花由五千万担改为四千五百万担左右，猪搞个二亿六千万头左右。）铁路，不要搞那么多，把三年搞二万三千公里改为二万公里。是不是还可以少一点？（李富春：可以减到一万八千公里。）一万五千公里嘛！奉劝省、市、自治区的同志们，你们公布什么东西，总之搞小一点，做得多一点，说得少一点。第二，关于《十年总结》。他说：总结说“前八年照抄外国的经验”，这没有写完全，应该说这是必要的。今后，对于外国经验，特别是苏联的经验，凡是适合我们的都应该抄。在谈到总结中的“一九五六年提出十大关系起，开始找到自己的一条适合中国的路线”时说：这里讲“开始找到”，是那个时候开始。一九五八年五月少奇同志报告的那一篇话，就比较一九五六年的十大关系以及后头什么多快好省那一些较为完整了。在谈到降低指标把主动权拿过来时说：就是想得点自由，不然总是捆绑手脚，自己不得翻身。我当了这么多年解放军，结果自己又没有解放。在谈到高指标是“忘记了实事求是的原则，有一些片面思想（形而上学思想）”时说：也许有些同志不赞成，说实际工作中不要每一样都搞到哲学上面去，我也赞成，不是每一样都要搞到哲学上头去，但现在搞了那么多年，指标老是提得那么高，就是相信下面的那个统计数字，累计起来打一个折扣就觉得可靠了。所谓片面思想，就是孤立起来看问题，就是形而上学。这里也讲一点我自己，我本人深刻感觉，我总要找点机会讲一讲。这里不过是举两个例子，其他还有。例如，我在北戴河同意一九五九年完成三千万吨钢，不是发疯吗？再一个例子，一九五九年三月第二次郑州会议我主张对“一平二调”的账可以不算。要算账还是不要算账，这是关系广大群众的利益问题，关系公社的所有制能不能巩固、能不能发展的问题。我现在还是不甚摸底就是了，不晓得你们怎么样。比如对于农业，今年一月说去年的粮食产量是五千四百亿斤，到六月呢，少了六百亿斤，跑到哪里去了？棉花，原来说是四千八百万担，现在是三千八百万担，少了一千万担，跑到哪里去了？你说只有我不摸底，你们管粮食、管棉花的人那么摸底？我看也没有摸。到现在可能接近实际了。在谈到总结中的“一九六〇年六月上海会议规定后三年的指标，仍然存在一个极大的危险”时说：是不是“极大”两个字太厉害了？可以改为“相当大”。在谈到总结中的“对于留余地，对于藏一手，对于实际可能性，还要打一个大大的折扣”时说：“大大的”三个字可以不要。最后，毛泽东说：这篇东西你们看怎么样？征求意见。我企图从历史来说明问题，就是讲一点历史，因为不讲历史，就没有说服力。我写这一篇的意思，就是这么几句话：盲目性少一点，自觉性多一点，主动多一点，被动少一点。在周恩来讲话说到在八大三次会议的报告中还要把去年的灾荒交代一下时，毛泽东插话说：去年灾荒实在估计不足，真正地估计不足。今年又是北旱南涝。周恩来说：报告中拟改为“在工业主要产品的产量方面，就大多数产品来说，已经不需要十五年，也不需要十年，而是五年，就是到一九六二年或者稍多一点的时间就可以赶上或超过英国”。毛泽东插话说：这个话我看要斟酌，现在不要说。在周恩来、刘少奇、邓小平讲话后，毛泽东说：总产值，听说报告里的估计是五年平均每年递增百分之三十二，我看高了，昨天我们议了，搞上百分之二十，顶多二十二。我们不是开了十天会吗？留有余地这个问题，最近两三天来才开始认真解决。索性不要那个虚假数字，你搞低一点。国内、国际，总的形势很好，切不要以为形势不好。我们现在指出来的错误都是历史上来的，算一篇历史账，属于部分性质。关于我的错误在内，也属于部分性质。这回算是我向同志们交了一点心，我对于自己的批评，对于别人的批评，都是限于局部性质。总的工作我们是做得好的，总路线是正确的，过去十年是有成绩的。我说再搞十年，大家兢兢业业，全党团结，首先是我们中央委员会的团结同省一级的团结，我们这个国家可能基本上翻身。

6月19日 下午，同田家英谈《毛泽东选集》第四卷问题。

同日 晚上，在上海文化俱乐部召集刘少奇、周恩来、朱德、陈云、邓小平、柯庆施开会。

6月20日 阅新华社六月十六日编印的《参考资料》第三六六〇期刊载的《英报刊载蒙哥马利访华第一篇文章》的报道。报道说，英国《星期日泰晤士报》六月十二日全文刊载了蒙哥马利写的关于谈访华情况的一篇文章《我同毛的会谈》。蒙哥马利说：毛泽东非常有才智，处理问题很讲实际；对西方世界情况的了解是惊人的，对一些政界领袖的评论非常准确；毛泽东的基本哲学非常简单——人民起决定作用。我三十多年前到过中国，旧中国受着外来侵略和内部封建主义的双重压迫，国家贫穷落后，广大人民一贫如洗，革命看来是不可避免的。西方世界对新中国有许多错误的看法，对西方世界的事务造成了巨大的损害。中国需要和平从事长期而艰巨的建设，不会对外进行侵略，中国人人都充满干劲，都决心为祖国的繁荣而努力，五十年后中国将成为一个强大的国家。西方世界最好与这个新中国交朋友。对中国军队我得到的印象太深刻了，民兵组织遍及全国，入侵中国就要大倒其霉。毛泽东阅后批示："江青：此件可看，很有兴趣。蒙哥马利和我、总理的会谈，他盛赞了中国人民的干劲，要和平、不侵略，五十年内大有可为。他说中国革命是正确的，不可避免的。"

6月21日 晚上，和周恩来在上海文化俱乐部会见以野间宏为团长的日本文学家代表团，柯庆施在座。毛泽东说：对日本人民反对"日美安全条约"的英勇斗争感到很高兴，你们的斗争对中国对世界人民都是一个支持。现在日本人民斗争的范围和规模之大，是去年所没有想到的。其基本性质是反对美帝国主义和它的代理人岸信介，要求民族独立和民主。工人罢工不是提经济口号，而是提的政治口号，这在世界上是少见的。日本有美国的军事基地，过去人们对它没有办法。现在你们日本人民想出一个好办法，就是全民性的群众斗争，除了美帝国主义和它的代理人以外，其他所有的力量都要团结起来，对帝国主义和它的代理人进行斗争。我同许多日本朋友谈过，我不相信像日本这样伟大的民族会长期受人家统治。我们总是同你们在一起的，同要求独立、民主、自由的日本人民在一起的。我们互相支援，互相学习。野间宏问：毛主席是否还想写新的哲学著作？毛泽东说：没有时间，如果有时间想写一点。《矛盾论》已经很早了，想把那以后这一段中国革命经验总结一下。会见后，在修改新华社关于报道这次会见的新闻稿时，毛泽东加写："对桦美智子[1]的英勇牺牲，毛主席表示尊敬。他说，桦美智子已成全世界闻名的日本民族英雄。"

同日 对世界知识出版社本年三月出版的蒙哥马利所著《一种清醒的作法——东西方关系研究》一书作批示："少奇、恩来、小平三同志阅，很有意思，必读之书。"书中的主要论点是：西方虽取得对德战争的胜利，但在政治上输给苏联；西方战后在同东方的全球性斗争中遭到惨重的失败；西方要注意外界的发展，未来的斗争已转为政治、经济和意识形态的斗争，西方必须改变策略，承认东西方关系中的某些"现实因素"；争取一个"友好的中国"是西方两大政治目标之一；西方在当前斗争中最需要的是团结和领导，应彻底改革北大西洋联盟的机构；在东西方关系中西方应先解决西柏林问题，采取渐进方式，通过小协议达成较大的协议。

6月22日 致信陈丕显：请通知吴启瑞[2]到此一行，我拟询问她一些事。二十五日，在上海文化俱乐部接见吴启瑞。

6月23日 晚上，在上海文化俱乐部召集刘少奇、周恩来、陈云开会，讨论苏共代表团于本日在布加勒斯特交给中共代表团的苏共中央六月二十一日致中共中央的信。（这封信苏共中央早在六月二十一日就以通知书的形式发给了其他兄弟党代表团——编者注）从本日起至二十七日，毛泽东等四人连续开会讨论苏共

---

〔1〕 桦美智子，日本东京大学女学生。1960年6月15日参加反对《日美共同合作和安全保障条约》的爱国示威游行时，被日本政府警察暴力镇压致死。

〔2〕 吴启瑞，毛泽东在湖南省立第一师范学校读书时的数学教师王立庵的儿媳。长期在无锡师范学校附属小学任教。中华人民共和国成立后，曾为子女入学问题给毛泽东写过信。

中央的信和布加勒斯特会议公报等。[1] 从二十四日起，柯庆施参加会议，有时陆定一、刘晓也参加会议。

6月28日 下午，乘专列离开上海。

6月29日 晨三时到达安徽蚌埠。三时余，对《人民日报》社论稿《高举莫斯科宣言的马克思列宁主义革命旗帜》审阅修改完毕。在社论稿谈到帝国主义好战集团在全世界只是一小撮人，全人类的绝大多数是站在保卫世界和平、反对帝国主义的方面处，毛泽东加写："革命人民有百分之九十以上。大家看，斗争的结果，是落到百分之九十以上的革命人民的手里呢？还是落到

---

〔1〕 1960年6月7日，苏共中央致信中共中央，提出6月20日至25日在罗马尼亚工人党第三次代表大会召开的时候，各兄弟党代表团举行一次会晤，就社会主义各国共产党和工人党代表会议召开的日期和地点，以及代表会议的内容初步交换意见，但不作任何决定。中共中央同意苏共中央的意见，派出以彭真为团长的代表团前往罗马尼亚参加会议。但是，中共代表团一到布加勒斯特，就受到全面封锁。6月22日，在中共代表团的要求下，赫鲁晓夫与代表团会谈，他在谈话时对中共进行了猛烈指责。23日，苏共代表团交给中共代表团一封苏共中央给中共中央的信，通篇内容是反驳《列宁主义万岁》等3篇文章的观点。同一天，苏共代表团又送来出席布加勒斯特会议的《社会主义国家共产党和工人党代表会谈公报》稿，说是准备24日开会讨论。24日，12个社会主义国家共产党和工人党的代表团举行会议，即苏共提出的所谓"会晤"。"会晤"一开始，就对中共代表团进行围攻。赫鲁晓夫又一次对中共进行激烈攻击，涉及中国内政、外交各个方面。彭真给予反击，单批评赫鲁晓夫，批评他违背了马克思列宁主义。彭真提出：原先苏共给我们的来信，只讲"会晤"，没有讲发表公报的事，我们对公报有些意见，请考虑修改。赫鲁晓夫表示，不能修改，而要中共代表团签字。为此彭真多次请示中央。邓小平在北京、毛泽东在上海连续召开会议商量解决问题的办法。中共中央经过反复讨论，采取了比较克制的态度，最后同意中共代表团在公报上签字，同时发表一个声明。声明批评了赫鲁晓夫，同时表示了团结的愿望。

不到百分之十的帝国主义及各国反动派的手里呢？请看今日之域中，竟是谁家之天下？”社论稿说“只有在地球上消灭了帝国主义制度的时候，才会真正出现世界的永久和平”，毛泽东在“帝国主义制度”后，加写“和资本主义制度，真正消灭了阶级”。这篇社论于本日在《人民日报》发表。

6月30日 下午，离开蚌埠。次日晨，到达济南，停车休息。

6月下旬 阅外交部办公厅六月二十四日印发的蒙哥马利六月九日晚在德拉鲁公司宴会上的演讲（摘要）。摘要说：蒙哥马利在演讲中赞扬中国革命对中国是有益的，贪污、腐化、地痞、流氓和洋鬼子都被赶走了。中国领袖都是有学问的，并且是很有智慧的。西方所说的中国领袖对世界了解很少，是不正确的。蒙哥马利介绍所有出席宴会的人都去读毛泽东有关战争的著作。他说，在访问苏联和中国后，得出两条结论：（一）西方国家必须找出办法同共产主义共存；（二）在共存的同时，西方国家必须尽一切努力来保存自己的基督教文明的基础，并把它发扬光大。毛泽东阅后批示：“江青阅。应当研究他为什么要说这些话。”

7月1日 下午，在停靠济南的专列上同舒同谈话。晚上，离开济南。次日晨，到达天津，停车休息。

7月2日 下午，在停靠天津的专列上同刘子厚、万晓塘谈话。晚上，在专列上同从北京来的彭真、陈毅、陈伯达、康生谈话。

7月3日 下午，在专列上同陈毅谈话。随后，离开天津，到达北戴河。

7月5日—8月10日 中共中央在北戴河举行工作会议。会议主要讨论国际问题和国内经济调整问题。会议形成几个文件，主要有《关于开展以保粮、保钢为中心的增产节约运动的指示》、《关于全党动手，大办农业、大办粮食的指示》、《关于全党大搞对外贸易收购和出口运动的紧急指示》。会议决定：坚决压缩基本建设战线，集中力量保证重点产品、重点企业和重点基本建设项目；认真清理劳动力，加强农业第一线，首先是粮食生产战线；以后国民经济计划不再搞两本账，只搞一本账，不搞计划外的东西，不留缺口。会议强调要突破尖端技术。会议还通过《关于向党员干部介绍布加勒斯特会议情况和中苏关系问题的通知》，具体研究了各中央局的组成问题。

7月5日 下午，在北戴河中直俱乐部第一会议室主持召开中共中央政治局常委扩大会议，听取彭真汇报出席布加勒斯特会议情况，以及部分省、市委第一书记关于工农业生产情况的汇报。出席会议的有：刘少奇、朱德、陈云、邓小平、董必武、彭真、李富春、贺龙、李先念、柯庆施、李井泉、谭震林、乌兰夫、陆定一、陈伯达、康生、薄一波、王稼祥、谭政、杨尚昆、陶铸、曾希圣、张德生、欧阳钦、吴芝圃、黄火青、张仲良、刘子厚。毛泽东讲话说：要真正以农业为基础。农业被挤了十年，一挤劳动力，二挤设备、运输力。工业上去了有利有弊，现在要去其弊。把现有劳动力搞出个比例。过去产量估计过高，水利方面上人太多，生活管理又很差。现在要贯彻劳逸结合，管好生活，搞好作风，保证最低生活。城市与乡村同时安排，粮食、经济作物、副食品三者统一安排。国际事情决定于国内的工作。我国的工业、农业都没有过关，力求缩短时间过关。要真正实事求是，密切联系群众，不要脱离群众，把社、队干部训练好，把公社制度建立好，争取六〇、六一、六二年把工作做好，把人民公社搞好，主要建立各种制度，如三级所有制。工业要缩短战线打歼灭战，争取主动。工农业争取三年过关，三年不行五年。什么叫过关？一曰数量，三千万吨钢；二曰质量，要品种齐全。过去说一九六九年要达到一亿吨钢，现在不那样设想，要学日本、西德的方法，要品种齐全，数量不多。一九六二年后，再搞七年，钢达到七八千万吨。农业平均每人有一千五百斤粮食，我看三年达不到，十年做到算很好。上层建筑、经济基础都是保护生产力的，没有生产力人家是看不起的。这是愿望，能否争取到，要看我们努力，应该争取到。有困难就讲，有缺点就改掉，不要怕讲困难缺点。他们说我们是教条主义、民族主义，这是意识形态问题。分歧从苏共二十大起，看来斗争要发展下去，决裂是不可能的，他不敢。他对美国、南斯拉夫都不敢决裂。我们党内有修正主义生存的因素，特别是在知识分子中。这个问题现在可以在县委书记范围内讲清、讨论。总的说，在我们党三十九周年写些文章，从团结出发，经过斗争达到团结。关于会议的开法，毛泽东说：先看三天文件，小组讨论；八号彭真报告，大会讨论；十号富春报告。

同日 阅中国驻苏联、波兰、匈牙利、保加利亚、丹麦、加纳等国大使馆发回的十五份电报和公安部的一份材料，阅后汇集一起，拟题为《十六件关于目前形势的报道》，批示："尚昆同志：这一批文件有趣，共十六件，请印成一本，发给各同志为盼。"这十六份材料中主要有：丹共主席耶斯佩森谈访华观感，赫鲁晓夫在罗马尼亚工人党第三次代表大会结束时招待会上的祝酒词，苏联报纸和领导人继续大力宣传和平共处等，对中国纪念列宁的三篇文章的看法。

7月6日 晚上，同周恩来、罗瑞卿谈中尼边境事件〔1〕及其他国际问题。

---

〔1〕 1960年6月28日，中国人民解放军某部将进入中国边境的尼泊尔人误认为西藏叛乱分子，开枪射击，打死1人、俘10人。中国政府总理获悉后写信给尼泊尔首相表示歉意，指示某部立即追究造成这一事件的责任人，并且愿意接受尼方关于赔偿的要求。同时为了避免中尼边境再次发生误会事件，中国政府在边界本侧采取了一些具体措施。

7月7日　晚上，在北戴河一号楼召开会议，讨论国际形势和中苏关系问题，刘少奇、周恩来、朱德、邓小平、彭真和中央工作会议三个小组的组长柯庆施、李井泉、陶铸出席。会后，同李富春谈话。

7月8日　下午，在北戴河中直俱乐部礼堂主持中央工作会议全体会议，彭真报告布加勒斯特会议情况及中苏两党的分歧问题。

7月9日　上午，在北戴河一号楼召集陈伯达、康生、王稼祥、伍修权、胡绳、乔冠华〔1〕、姚溱、田家英一起研读中共中央同苏共中央的来往文件。十日下午、十一日上午、十二日下午，继续研读。

7月10日　晚上，在北戴河一号楼主持召开中共中央政治局常委会议，刘少奇、周恩来、陈云、邓小平出席，彭真列席。会议听取柯庆施、李井泉、陶铸汇报小组讨论情况，并讨论国际形势、印度尼西亚反华等问题。会议决定由周恩来作一次共产国际和中国共产党的关系的报告。

7月14日　下午，在北戴河中直俱乐部礼堂主持中央工作会议全体会议，周恩来作关于共产国际和中国共产党的关系的报告。十五日和十六日的下午，周恩来继续报告。

7月14日或15日　阅王任重七月十三日报邓小平转毛泽东审阅的两份材料，写批语："湖北三个学校的党员辩论现代修正主义问题，正确者多，错误者少。"材料说：不少人认为，布加勒斯特会议公报过分地强调了"和平过渡"和防止战争的可能性，违背了《莫斯科宣言》的精神。武汉大学哲学教研室党支部有三十六人，对当前国际共产主义运动中的重大问题态度明确、

〔1〕　乔冠华，当时任外交部部长助理、中国人民外交学会副会长。

识别力较强的有二十一人。他们认为，坚决捍卫马克思主义和国际共产主义运动的正确方向，是中国共产党当前最重大的任务。

7月16日 苏联政府照会中国政府，决定召回在中国工作的苏联专家。不等中国答复，于二十五日又通知说，在中国工作的全部苏联专家将在七月二十八日开始撤离，九月一日前全部撤完。

7月17日 晨，批示杨尚昆："请通知今天上午或下午三组同时开会一次。明十八日开大会，富春作报告，因我十九日要去他处两三天。"

同日 下午，在北戴河中直俱乐部第一会议室主持召开中共中央政治局常委会议，讨论李富春准备在中央工作会议上作的关于国内经济问题的报告。

7月18日 下午，在北戴河中直俱乐部礼堂主持中央工作会议全体会议。毛泽东说，今天起重点讨论国内问题。李富春作关于国内经济问题的报告，共三个问题：第一，当前的国际局势对我们国内工作提出的任务；第二，在我国的社会主义革命和社会主义建设中我们应该采取的方针和具体政策；第三，今年下半年的安排和明后两年的设想。毛泽东在讲话中强调指出：一九一七年到一九四五年，苏联是自力更生，一个国家建设社会主义，这是列宁主义的道路。我们也要走这个道路。苏联人民过去十年中在建设上曾经给了我们援助，我们不要忘记这一条。要下决心，搞尖端技术。

同日 阅中共中央宣传部七月十五日编印的《宣教动态》一九六〇年第五十期，批示："尚昆同志：这一本，条条都可看，都应看。值得深思。请印发各同志。"这期《宣教动态》刊载的材料有：《捷共对当前国际共产主义运动所持的观点》、《我电台德语专家擅自篡改〈列宁主义万岁〉等三篇文章的广播摘要》、

《我电台意大利专家不同意播送〈人民日报〉评论〈声援意大利人民的斗争〉》、《地质部和中央电台给比利时听众寄矿石标本》、《国际书店不重视毛主席著作的发行》、《苏一听众给我电台来信》、《瑞典一听众给我电台来信》等。

7月19日 晨，审阅周扬[1]准备在中国文学艺术工作者第三次代表大会上作的报告（七月十八日稿）后，致信周扬："文件看过，写得很好。驳人性论及继承遗产这两部分特好，高屋建瓴，势如破竹，读了为之神往。前两部分和后一部分较弱，能改写一次，使与中间两部分相称，也是势如破竹，神气活现，那就更好。只有几天时间了，是否改得出来？有一个办法，会期推到二十五日，如何？请酌定。今日下午我想和你谈一次。另，有一些小的地方，我给你作了一点修改。对我的诗词那一段颂扬[2]，不适当，请删掉。"周扬的报告稿题为《社会主义文学艺术的道路》，共六个部分：为工农兵服务、为社会主义建设事业服务；百花齐放、百家争鸣和推陈出新；革命现实主义和革命浪漫主义的结合；驳资产阶级人性论；遗产的批判和继承；今后的任务。毛泽东对报告稿所作修改，主要是：将"以最快的速度把我国建

---

〔1〕 周扬，当时任中共中央宣传部副部长、中国文学艺术界联合会副主席、中国作家协会副主席、中国科学院哲学社会科学部委员。

〔2〕 周扬报告稿中的这段话是："作为革命现实主义和浪漫主义相结合的典范，毛泽东同志的诗词，在文学艺术创作上开辟了前人所没有达到的新的境界。毛泽东同志是中国人民最伟大的领袖，同时又是最伟大的诗人。他的诗篇深刻地刻画了中国人民战胜艰难险阻的惊心动魄的革命历程。他的诗词是革命史诗和革命抒情诗的完美结合。磅礴的诗才和雄伟的革命气魄，浑然一体。中国人民的英雄气概和乐观精神在他的诗中达到了登峰造极的地步，结晶为最新最美的艺术形象。诗与人合而为一，毛泽东同志的诗词，是他的伟大人格的体现。"周扬根据毛泽东的意见，在报告中删去了这段话。

设成为高度工业化的社会主义强国”，改为“以客观上许可尽可能快的速度把我国建设成为高度工业化的社会主义强国”；将中国人民“在工农业生产和其他各个战线上创造着历史的奇迹”一句中的“历史的奇迹”改为“伟大的成绩”；将“社会主义建设以前所未有的高速度持续跃进”一句中的“前所未有的”五个字删去；将“中国人民正在迅速改变着自己国家的贫弱落后的面貌”一句中的“迅速”改为“一步一步地”。当天下午，毛泽东在北戴河一号楼同陆定一、陈伯达、周扬谈报告稿的修改。修改后的稿子由六部分调整为五部分，报告题目改为《我国社会主义文学艺术的道路》。这个报告一九六〇年九月四日在《人民日报》发表。

7月20日　下午，在北戴河中直俱乐部第一会议室主持召开中共中央政治局常委扩大会议，讨论国际形势和国内工农业生产问题，以及今年生产任务的完成情况。出席会议的有：刘少奇、周恩来、朱德、陈云、邓小平、彭真、陈毅、李富春、贺龙、李先念、柯庆施、李井泉、乌兰夫、薄一波、杨尚昆、罗瑞卿、曾希圣、陶铸、王任重、欧阳钦、张德生。会议上，毛泽东首先问：今年完成钢的计划有没有希望。周恩来说：上半年已完成八百八十万吨，占全年计划的百分之四十四，这在过去是没有的。邓小平说：总的情况很好，但问题也值得注意，主要是日产量下降，不抓就危险，抓还是可以上去的。毛泽东说：钢，一九六二年搞到三千万吨，再搞三千万吨，就着重搞品种、质量，现在也要注意品种、质量。在谈到同苏联的关系问题时，毛泽东说：现在是联苏、反帝。我们不和他分裂，分裂不利。人民公社杜勒斯骂，赫鲁晓夫也骂，我考虑过到底对不对。总路线我们不搞搞什么？大跃进换个说法就是高速度；两条腿走路，赫鲁晓夫说是两条腿站着；对于我党的建军方针，赫鲁晓夫反对党委领导下的首长负责制、民兵制、将军当兵；他还反对干部参加劳动。这些我们当然不能改，他也不会改。他是他的社会主义，我们是我们的社会主义。

7月中旬 阅廖承志率中国代表团参加世界和平理事会常委会扩大会议[1]情况的多份报告，批示："大有起色，和会开得很好。"报告说：代表团本着中央指示的留有余地、坚持团结、坚持原则的精神，戒骄戒躁，谨慎从事。会议中，一部分人赞成我们的意见，但不便全面支持；有一部分人是准备来充当打手的；大多数是对苏方关于裁军问题的意见仅表示有条件的支持，表态的情况则各有不同，说明他们内部矛盾不少。总的说来，情况并不如我们原先所想像的那么不妙。虽有各种阻挠，但反帝、反殖、反美和支持民族独立，仍成为这次会议的主流。中国代表团在七月十日作了发言，普遍反映良好、热烈，亚、非、拉代表说这是一个很好的发言。

7月21日 晚上，由北戴河回到北京。

7月23日 下午，同周恩来、陈毅谈话。

同日 晚上，在中南海勤政殿会见古巴工人联合会代表团，刘宁一、刘长胜等在座。毛泽东说：古巴离美国近，人口只有六百五十万，但敢于和美国斗争，而且掌握了政权。这不仅对拉丁美洲，而且对全世界，特别是对亚洲、非洲有影响。整个世界正在起变化。现在世界上有许多事情预料不到，亚洲、非洲和拉丁美洲的民族解放运动哪一天会出现新的事情很难说。这几个洲的人口最多，人民最苦。古巴革命发展的道路，我们认为很好。政府依靠群众是很正确的道路。政府不依靠群众，总有一天要倒台的。你们解决了土地问题，你们敢于武装人民，搞民兵，也是许

〔1〕 这个会议于1960年7月9日至11日在瑞典斯德哥尔摩召开。

多国家不敢做的。你们政府和人民合作，凡是与人民合作的政府总有办法克服困难的，基本问题是和群众在一起。我们从拿起枪那一年起，即从一九二七年到一九四九年止，打了二十二年的仗，基本上是和群众在一起的。毛泽东说：我们的建设只有十年，仅仅是开始，要做到较为可观，还要相当长的时间。你们拉丁美洲许多国家都是单一生产，发展独立的经济有一些困难。古巴客人提出请毛泽东写一封给古巴人民的信，以鼓舞古巴人民。毛泽东说：上次托加尔维斯少校已带去了一封给卡斯特罗总理的信，如果还需要的话，我可以再写，如果那封已经可以了，那就不用写了吧。古巴客人齐声说：非常需要毛主席的鼓励，希望有一封给古巴人民的信。毛泽东说：只要对古巴有利的事我都愿意做，好吧，我再写一封信给你们带回去。会见后，毛泽东又写了一封给卡斯特罗的信，由刘长胜交古巴工人联合会代表团团长带回。

7月24日 晚上，和刘少奇、周恩来在中南海勤政殿会见玻利维亚、智利、刚果、马里、桑给巴尔、苏丹六个国家的外宾，廖承志、楚图南、胡耀邦等在座。

7月25日 晚上，乘专列离开北京。次日晨，到达北戴河。

7月26日 晚上，同李先念谈话。

7月27日 下午，同张平化谈话。

7月28日 晚上，在北戴河中直俱乐部第一会议室主持召开中共中央政治局常委扩大会议，讨论外交、外贸、尖端技术、粮食和工农业生产等问题。刘少奇、周恩来、朱德、陈云、邓小平、彭真、李富春、李先念、柯庆施、李井泉、薄一波、聂荣臻、陶铸出席会议。

7月30日 晚上，在北戴河一号楼主持召开中共中央政治局常委扩大会议，讨论中国政府答复苏联政府关于撤回专家照会的复照稿。出席会议的，除二十八日到会的外，还有贺龙、谭震林、陈伯达、康生、王稼祥、杨尚昆。三十一日，外交部将中国政府的复照交苏联驻中国大使馆转苏联政府。复照说：苏联撤回专家的行动，违反《中苏友好同盟互助条约》，违反社会主义国家之间友好关系的准则，希望苏联政府重新考虑并且改变召回苏联专家的决定。中国政府愿意挽留在华工作尚未期满的全部苏联专家，继续按原定聘期在中国工作。如果苏联政府的回答仍坚持将全部苏联专家召回，中国政府将感到极大的遗憾。

7月31日 下午，在北戴河中直俱乐部礼堂主持中央工作会议全体会议，周恩来报告苏联撤走专家问题和对外贸易问题。周恩来说：苏联撤退专家，影响了我们各方面的工作，想拿这个来压我们，这怎么能压得成呢？谈到对外贸易问题时，周恩来说：我们欠苏联的主要是粮、油、肉、蛋四种农产品。外贸方面现在欠它十六亿多卢布，加上到期应还的贷款七亿卢布，明年需要还账二十三亿卢布。会上群情激愤，大家表示勒紧裤带也要还债。有人说，要争口气，明年把债还掉。有人说，共赴国难，有钱出钱，有力出力。毛泽东说：争取明年还清这个账。周恩来说：总之一句话，明年是不是能还光了，最好还光。毛泽东最后说：第一，对外贸易委托总理、富春、先念你们三人小组抓总，在这个下面，中央和地方都设对外贸易指挥办公室；第二，请会议的三个小组明天讨论一次，明年争取把二十三亿卢布还光，这种可能性有没有？如果能够挤得出这么一点物资，能够适合他们的需要，我看那就是很好的事，那我们这个党有希望，人民也有希望，国家也有希望。

8月1日 晚上，同薄一波谈钢铁生产问题。

8月2日 阅新华社七月三十日编印的《参考资料》第三七四八期，批示："请各同志注意看下面这些消息。世界局势将有变化。请你们看一下，想一下，议一下。"这些消息，指关于阿登纳和戴高乐[1]会谈的报道《阿登纳和戴高乐昨天上下午接连密谈》、《法报评法—西德会谈》、《路透社评阿—戴会谈》。这些报道认为国际局势的发展可能迫使西欧加强团结和统一，现在该是建立欧洲共同阵线的时候了。

8月3日 阅中共中央军委关于在西沙群岛建立海军据点的报告，批示："退罗瑞卿同志照办。"报告说：海军方面提出，于今年或明年，在西沙群岛的永兴岛成立巡防区，并进行营房、码头、仓库、雷达等项建设。

8月4日 阅河北省七月二十八日八时至八月三日八时的雨情报表，批示印发会议各同志："请各省、市、区第一书记同志，如河北一样，在三天内，查告分区分县雨情，各列一个表，送我为盼！"河北的雨情报表，详细列举了六天内各县、市的降雨情况。至八月二日，积水达三百一十一万亩，已排水二百万亩，倒房十万间，砸死四十一人、九十一头牲口。

8月5日 晚上，同朱德谈话。

8月6日 下午，在北戴河九十五号楼主持召开中共中央政治局常委扩大会议，讨论苏联专家撤走情况等问题，刘少奇、周恩来、朱德、陈云、邓小平、彭真、柯庆施、李井泉、陶铸出席。

8月8日 中午，同周恩来谈话，周恩来汇报上午同胡志明谈话的情况[2]。

8月9日 晚上，在北戴河九十五号楼召开会议，听取周恩来、邓小平汇报本日同胡志明谈话的情况，并讨论《越南劳动党

---

〔1〕 戴高乐，当时任法国总统。

〔2〕 胡志明于1960年8月7日到北戴河，他说是来做说客的，是来劝和的，向中国共产党提出《越南劳动党向苏中两兄弟党建议的几点意见》。

向苏中两兄弟党建议的几点意见》，刘少奇、彭真、王稼祥出席。

8月10日 晨六时，在北戴河第五浴场会见胡志明及黄文欢、阮春水[1]。上午八时，同胡志明一起下海游泳。九时，继续谈话，并共进早餐。刘少奇、周恩来、邓小平、杨尚昆参加。谈话中，毛泽东说：经济建设上不能强使人听单方面指挥，政治上更不能强加于人。但这次在罗马尼亚开会，苏联突然提出一个公报，一个字也不许改，强加于人，要人立刻签字。这种做法是父子关系。苏联的这种变化是在两年多以来发生的。在莫斯科会议时，苏联同志还不是完全不能商量的。这次你们提出的意见和建议，我已看了，看了两遍。基本是好的，你们心好，我不说完全好，只说基本好。你们想要加强团结，是好的。你劝和，是和平使者。中苏不和是不堪设想的。我们惹祸，无非是为了保卫马克思列宁主义，反对修正主义。修正主义不反对，很危险。赫鲁晓夫四年多以前就不喜欢我们，我们没有跟着他转，骂斯大林，反而还挂斯大林像。据说，他们曾想把斯大林的尸体搬到中国。现在欧洲各党的情况不妙，只热心搞议会。我们反对十七国党会议，这不犯众怒吗？要有勇气坚持真理，保卫马列主义。修正主义有时成为潮流，反对它的居于少数。列宁就教导过我们，要有勇气反对反马克思主义的潮流，列宁自己就这样做过。列宁有时也被孤立，居于少数，但他坚持原则，坚持斗争，不屈服。中国也有修正主义者，但他们是少数，在干部中和社会上不过占百分之十。他们的思想代表资产阶级。二十年、四十年后还会有修正主义。我们不每年整风，将出中国的赫鲁晓夫。如果以后中国有

---

〔1〕 黄文欢，当时任越南劳动党中央政治局委员、越南国会常务委员会副委员长兼秘书长。阮春水，当时任越南国会常务委员会副委员长、越南亚非人民团结委员会副主席、越中友好协会代理会长。

赫鲁晓夫，修正主义成了潮流，希望你们整我们。要反对大国沙文主义，兄弟党之间有权批评大国沙文主义，批评修正主义。你们要用这种办法来帮助中国人民克服可能抬头的修正主义。我恐怕将来中国党也有危险，请你们注意。现在我们的上层、中层干部还没有忘记艰苦的斗争，但现在二十岁的青年，革命胜利时只有十岁，不懂艰苦，要加以教育，使他们有革命干劲。不要当了科学家、干部就忘记艰苦，只搞个人主义。胡志明说：这个意见很正确。毛泽东说：各国都有这种危机。苏联革命胜利已四十年了，赫鲁晓夫反映了这批变质的人的资产阶级思想。胡志明问：我到苏联后，赫鲁晓夫可能会问我，中国同志讲了些什么，我该怎样回答？是不是可以把你们的主要意见讲一讲？毛泽东说：我们同他们都谈过，完全可以讲。胡志明说：我打算说中国同志在四个问题上，不同意苏联同志的意见。一、对我们的时代和对帝国主义的看法；二、对和平与战争问题的看法；三、对两大阵营和平共处的看法；四、对和平过渡问题的看法。我还打算说，中国同志主张用团结、批评、团结的方法，从团结的愿望出发，通过讨论、批评和自我批评，达到在新的基础上的团结。毛泽东说：赞成你的打算。这些他们是知道的，你以第三者的身份去说说也好。胡志明说：我可不可以说，中国同志赞成我们意见书中提出的建议，中国同志同意随便什么时候到任何一个地方会谈。毛泽东说：可以。他们肯给时间充分商谈，就好。在布加勒斯特会议，他们不给时间，公报又是一个字不能改，这才麻烦。胡志明说：我个人有这样的推测，十一月会议如果准备得不好，苏联和一部分党可能利用来通过什么东西责备中国。毛泽东说：所以，赞同你们开三次会的想法，实行共产党的民主制，两国先会谈。胡志明说：我还有一个想法，在我们的意见书里没有写出来。第一步，两国党中央派代表会谈。第二步，做好准备后，毛泽东同志和赫鲁晓夫同志亲自见面谈谈。毛泽东说：我不去。刘少奇、邓小平、彭真同志他们去。我现在不讲话，再过一两年可能讲。赫鲁晓夫已经不知说了多少话了。他说要扔掉我这只“破胶鞋”，扔不掉，扔掉了还有第二只、第三只。胡志明说：我同意中国同志对几个重大问题的意见，中国同志提出的批评原则，我完全赞成。但是，中国同志有时采取的方法，似乎是因为不太了解西方同志个人的性格，所以效果不怎么好。毛泽东说：说得对。我们也要注意批评的方式，要用科学的语言，如像马克思、恩格斯、列宁那样进行批评，不粗暴，批评要具有准确性、鲜明性、生动性。胡志明说：加上同志性。毛泽东表示要看对什么人，我们现在对赫鲁晓夫没有公开指名。胡志明说：有些西方同志对“东风压倒西风”的说法有误解。他们认为“东风”指中国，“西风”指欧洲国家。毛泽东说：西方、西风指帝国主义；东方、东风指社会主义阵营，指亚洲、非洲、拉丁美洲国家。西方记者和政客也自称西方国家、西方世界，说我们社会主义阵营等等是东方国家、东方世界。

同日 上午十一时，在北戴河中直俱乐部礼堂主持中央工作会议最后一次全体会议，并讲话。毛泽东说：这回开了一次办公会议、工作会议，讨论的问题，无非是一个国际形势问题，一个国内问题。关于国际形势，胡志明同志来北戴河三天了，他是来劝中苏两党之和的。他那个意见我们基本上赞成，所谓基本赞成，就是有一部分他是各打五十大板。他一个很好的意见就是程序，他说要分三个段落：中苏两党会谈，搞个筹备委员会会谈，然后再到所有的兄弟党谈。总而言之，依照他的意见，就有充分时间，不是什么突然袭击，搞布加勒斯特那一套。他在这里谈过之后，就要到莫斯科去谈，谈的结果如何，就不得而知了。关于这个修正主义问题讲了好多了，许多同志都讲了，你们也分组讨论了，特别是总理、彭真同志他们作了系统的报告，我就不需要多讲话了。我看形势很好。全世界的人，包括整个社会主义阵营的人，革命的工人、革命的农民、革命的民族资产阶级、革命的知识分子，总之，百分之九十或者还要多的人是好人，其中有一部分是被蒙蔽的，但是好人，坏人总是少数，不过是百分之几，顶多百分之十，要坚信这一条。再就是国内问题，就是工业、农业、交通运输、商业和粮食。我们制定了几个文件，你们可以带回去，希望要切实执行，要认真办事。要抓好粮食生产。要搞好夏季、秋季的田间管理，秋收要力争多打粮食。无论哪一个省、哪一个县、哪一个公社，都要多打粮食、多搞菜、多搞代食品(野生的)。总之，韩信将兵，多多益善，使秋收尽可能搞多一点。这是第一条。第二条，秋种要尽可能种多一点，种好一点。从前我有一个时候偏在一面，就是武昌会议那个时期，赞成一些同志的建议，叫做少种多收。后头看起来不行，还是要两条腿走路：一是少种多收，就是搞丰产方；二是要广种薄收。还有一个肥料问题，种绿肥也是秋种。明年夏收必须要争取多收，比哪一年也要多一点，而关键就在于今年的秋耕秋种。现在横直是天要下雨，娘要嫁人，全靠自己。国际问题，上面讲了的，全靠自己救自己。民以食为天，吃饭是第一条，请同志们注意。所有制，至少五年不变。原说三五年不变，我改成至少五年。至少五年不要变更这个所有制，搞一个死规定。个人所有制的部分，一定还是要的，在田边屋后总要给社员一点自留地，过去批转贵州省关于食堂问题的那个文件中说食堂办得好的地方群众自己不要自留地，这个说法是有毛病的。“大集体、小自由”，一九五八年武昌会议决议里写了的，不要忘记这一点，这个要下一个狠心。你们如果反对，就在这里讲，不要面从心违，当面说赞成，回去又不干。我主要是讲农业问题。至于钢，一定要二千万吨呀？我看有个幅度比较好，一千九百万吨到二千万吨之间。我们在座的心里要有个账，如果硬办不到，也不要那么十分勉强。今天我讲的这些，不是什么发明，也不是我个人的意见，而是我们过去共同决定的，中央并且有指示的，今天重复说一下。劳动力问题，要学四川仪陇县那个办法，从县、社两级压下去多少万人。中央把这个文件批一下。总之，保粮保钢，这是两个大东西，当然别的也要保。

8月上旬 审阅《中共中央关于全党动手，大办农业、大办粮食的指示》的修改稿，批示："退尚昆。加一句：反贪污、反浪费、反官僚主义的三反运动必须完成。三反运动不能占农作时间，应放在农闲时间去做。此句可加在原稿第八页第十行。"这个指示于八月十日发出。

8月12日 批示："《两般秋雨庵随笔》，请林克抄来为盼！"〔1〕

8月15日 晚九时，听取杨尚昆汇报中共中央书记处当晚开会讨论苏共中央来信提出举行两党会谈问题的情况。

8月16日 晚上，离开北戴河。次日晨回到北京。

8月18日 下午，同萧华谈话。

8月19日 下午，听取周恩来汇报同胡志明谈话情况。胡志明于本日从莫斯科到北京。

同日 晚上，在中南海勤政殿会见胡志明。会见时，中方刘少奇、周恩来、彭真、罗瑞卿和越方黄文欢、阮春水、武元

〔1〕 毛泽东请林克抄录的是《两般秋雨庵随笔》（清梁绍壬著）卷四中的《昆明池对联》，这副对联长180字。昆明池即滇池。

甲[1]参加。胡志明介绍他到苏联劝和的情况。他说：苏联同志对中国的一些属于内政的问题和对中国同志的某些提法，有不同的看法，如东风压倒西风、百花齐放、人民公社、大跃进、纸老虎等等。他们说，既然美国是纸老虎，为什么不把它烧掉、毁掉。关于东风压倒西风，他们有误会，把“东风”理解为从东面吹来的风，认为“东风”只能是中国，因为在东方，只有中国是一个社会主义大国。在中国解放以前，西方的人已有中国会成为“黄祸”的说法，现在，中国已成为一个社会主义大国，人口越来越多，军力强大起来，民兵就有好几千万，这就更有可能要压倒西方了。毛泽东说：我们的民兵是自卫的，就是我们的正规军，也是保卫国防的、用来防御的武装。胡志明说：他们对中国修成吉思汗的陵墓，也有误会。说成吉思汗是带兵打到欧洲进行侵略，为什么要给他修建陵墓，这是赫鲁晓夫说的。如果两党中央像我们在这里这样坐下来谈，可以消除误会，解决一些问题。毛泽东说：我们两党之间问题好解决。你上次比方得好，请人抽烟要这样（做手势把烟递过去），不要这样（把烟一扔），但也不必这样（两手合起来捧上）。就是说，讲话、批评、写文章要文明一点，要学列宁，要用科学的语言，要有准确性、鲜明性、生动性。有时还要有一定程度的尖锐性，这要看什么情况，什么问题，不是把烟一丢。我们三篇文章的目的，就是要把问题讲明白。我们同越南同志谈话很好谈。同苏联同志谈话，有时也好谈，有时不好谈。一九五四年赫鲁晓夫、布尔加宁、米高扬来中国的时候，话很好谈。一九五七年在莫斯科举行会议的时候，也还好谈。但一九五八年以后，变了，不好谈了。他们提出要建立

[1] 武元甲，当时任越南劳动党中央政治局委员、越南民主共和国政府副总理兼国防部部长、越南人民军总司令。

共同舰队，要共同建立长波电台，还提出要把旅顺交给苏联管，我们不同意。我们对他们所提的意见表示不同意，他们就不满。他们要我们一概照抄，这里讲的不是大的原理原则问题。实行无产阶级专政的原理，建设社会主义的原理，消灭阶级的原理，实行民主集中制的原则等等，我们都是接受十月革命以后苏联的经验，遵循马列主义原理的。这里讲的是一些路线、方针、政策问题。比如，搞工业，他们只许搞大的，我们主张也搞中小的，他们不同意，问题就来了。我们提出百花齐放，他们一直反对。其实列宁也曾说到，马克思主义者认为，社会主义的艺术，要有多种形式，也就是这个意思。只要内容是社会主义的，形式多样有什么不好。我们并不向外推荐。至于人民公社、大跃进，我们也不向任何人推荐。我们人民欢迎，试验试验，为什么不可以？我们已经试验了两年半，还要再试验七年半。即使失败了，人民还允许我们改正错误，我们就改。他们对中国的内政问题，说得多了，说了十几条，只有成吉思汗这一条是新的。可以把成吉思汗丢到大海里去，但是蒙古人民尊崇他们的祖宗，对成吉思汗有感情，怎么办？至于我们，我们并不崇拜成吉思汗。我们不崇拜秦始皇、汉武帝，不崇拜唐太宗、宋太祖，也不崇拜孔夫子。我们只崇拜孙中山，因为他搞辛亥革命有功。我们崇拜的是马克思、恩格斯、列宁，也相当尊崇斯大林。这四个人都是外国人。我们也崇拜胡志明、崇拜霍查〔1〕。胡志明说：米高扬说，从八大二次会议起，中国提出总路线、大跃进这些新东西，都没有事先通知苏联，交换意见。毛泽东说：按照八大通过的新党章，我们实行常任代表制。五年一次的代表大会，公开邀请兄弟党代表参加，中间的常例会议，不邀请。我们也没有邀请你们。周恩来

〔1〕 霍查，当时任阿尔巴尼亚劳动党中央第一书记。

说：米高扬参加八大，是会知道这一点的。胡志明说：又是一个误会。赫鲁晓夫还说到，中苏边界线上过去没有防卫，现在看到中国设立了岗哨。周恩来问：他有没有提到具体的地点？我们在中苏边界上少数交通口岸，向来设有检查站，这是归公安部门管的。他们在中苏边境有归军事部门管的边防部队，我们没有。新疆有一块地方，当地少数民族每年春夏季都到那里去放牧，历年无事。最近，我几天前刚刚接到消息说，苏联边防部队开到那个地方，突然说那地方是他们的，把群众包围起来。本来边界有问题要解决，也应该通过外交途径进行。兄弟国家之间，为了这件小事，何必调动兵马。毛泽东说：赫鲁晓夫主张全世界要和缓，同美国的关系要和缓，但是他对中国却要搞点紧张。看来中苏边境上已开始出现一些紧张状态。从一九五八年开始，我们提出总路线、大中小结合、两条腿走路，没有事先通知他们，也没有事先通知你们和朝鲜。他们中央全会的新决定，都没有事先通知我们。连二十次大会反对斯大林这件事，也是在做完报告后才通知我们，他们以为斯大林问题是苏联一国的问题，其实是一个国际问题，对国际共产主义运动影响很大的问题。胡志明说：我们建议中苏两党中央见面，赫鲁晓夫表示他也希望这样。毛泽东说：这样先会面很好，几天之内我们中央将做出决定。胡志明强调：我们希望会谈能取得好结果。毛泽东说：我们也抱同样的希望，但愿是这样。

8月20日 下午，在中南海游泳池住处同周谷城谈话。谈话后一起游泳，并共进晚餐。

8月21日 下午，在中南海游泳池住处同周世钊谈话，并共进晚餐。晚上，同周恩来谈话。

8月22日 下午，和刘少奇、周恩来、朱德、彭真等在中南海怀仁堂接见中国国民党革命委员会、中国民主同盟、中国民主促进会、中国农工民主党、中国致公党、九三学社的主席、副主席和秘书长，然后同出席这六个民主党派中央全会扩大会议的代表合影。接着，在中南海游泳池住处同吴晗谈话，并共进晚餐。

同日 让中共中央办公厅秘书室将他写的以下意见寄中共湖南省委统战部酌情处理："这三人（夏在伯、田士清、蒋竹如[1]）是否有资格可以参加湖南省文史馆作为馆员，请省委统战部同志与湖南副省长周世钊先生一商，因周先生知道这三人的情况，周在京开民盟会议，昨天我和他谈过此三人的问题。如不合资格，不要勉强列入。"

8月26日 晚上，在中南海勤政殿召集林彪、邓小平、彭真、王稼祥、杨尚昆开会，讨论三个问题：一是对苏共中央在布加勒斯特会议上发出的通知书的答复文件起草问题；二是准备出席中苏两党会谈的中共代表团名单；三是接待苏共赴越代表团过境问题。

8月27日 为转发中共江苏省委八月二十四日关于省委常委扩大会议情况的简报，起草中央批语："此件发各中央局，省、市、区党委参考，并发中央一级各党组。"简报说：会议对中央工作会议精神进行了讨论。大家认为，赫鲁晓夫在布加勒斯特会议前后的一系列攻击中国共产党的活动，是国际共产主义运动中罕见的大阴谋。我们决心更加紧紧地团结在党中央周围，顶住修正主义者的猖狂进攻，在各条战线上争取更大的胜利。

同日 为转发中共河南省委八月二十四日关于贯彻中央工作会议部署情况的简报，起草中央批语："此件发各中央局，省、市、区党委参考。"简报说：省委常委听取了北戴河会议精神的

---

〔1〕 这3人均为毛泽东在湖南省立第一师范学校读书时的同学。

传达，对中央关于保粮、保钢和保证完成外贸任务的三个重要指示作了研究和部署。

8月28日 晚上，在中南海勤政殿会见途经北京去越南的阿尔巴尼亚国防部部长巴卢库，刘少奇、周恩来、邓小平、彭真、李先念在座。毛泽东说：我们不是孤立的，可能有一个时候我们是少数，但是总有一天会证明，孤立的不是我们。谁孤立，群众会鉴定，脱离群众，就会孤立。如果我们真是教条主义，那我们就脱离群众了。修正主义者所谓的教条主义，就是真正的马列主义。马列主义是革命的学说，只要人民需要革命，马克思主义旗帜就不会倒的。巴卢库说：他们把毛泽东同志关于打仗就要死人的话断章取义了，歪曲了。毛泽东说：谁说一定要打仗？一百年不打仗，我都赞成。帝国主义打来了，你怎么办呀？你是要跪在地下，还是要打？要打就要死人。你如果怕打，天天说帝国主义已经变了，他不会打了，没有世界大战的可能性了，那事情好办了，睡觉就是了。这样是很危险的，使人们丧失警惕。

8月30日 下午，同陈伯达谈话。

8月 阅中联部八月十九日编印的一份内部刊物刊载的《委共政治局候补委员阿里埃蒂对布加勒斯特会议的看法》一文，写批语："一篇好谈话。"阿里埃蒂说：布加勒斯特会议召开的方式很坏，我和拉丁美洲国家有些党的代表（如巴西、古巴）都感到很惊奇。事前我们中央并不知道要开这样一个会，要讨论这些问题。五十一国党的会议，是在大家都没有准备的情况下，去讨论和指责中国党在其国内的政策和工作。会议另一个不好的地方，是要求参加会的个人，作为党的代表表示态度。赫鲁晓夫在会上讲话的态度很傲慢。这个会议的方式使人害怕，不敢坦率地讲话，怕讲错了话。

9月1日 下午，在中南海勤政殿会见墨西哥社会活动家、墨西哥全国和平理事会主席哈拉将军，郭沫若等在座。毛泽东称赞八十二岁高龄的哈拉很精神地为和平而奋斗。他说：世界上多数人是可以争取的，和平是有希望的。哈拉说：帝国主义利用报纸等进行宣传，说我们所争取的是共产党的和平。毛泽东说：和平不一定是共产主义，和平与共产主义是两回事。世界上争取和平的除共产党外，有很多非共产党人。哈拉说：我在东京听到日本人说，美国在冲绳设立军事基地，并不是为了保卫日本，是为了进攻中国。中国并不威胁日本。毛泽东说：日本人民是很好的人民。第二次世界大战时，他们在军国主义的欺骗下进行了侵略战争，但是战争教育了他们，战争失败了。战后的日本政府允许美国在日本建立许多军事基地，并且订立了《日美共同合作和安全保障条约》。正像日本人民对你讲的，这个条约的锋芒是针对中国的。美国不但在日本有军事基地，在南朝鲜、菲律宾也有，在台湾也有。我们处在包围之中，在美国原子武器的射程之内，在美国炮口的下面。美国占领我国领土台湾是犯罪的，别国的地方是别国人民居住的地方，美国人有什么理由去占领呢？我对蒙哥马利谈过，对侵略国家有一个办法，就是把它打回去。在谈到中国的经济建设时，毛泽东说：我们有成绩，但是成绩还很小。我们还只有十年，如果再给我们四十年，到二十一世纪初，我国目前的情况会改变。当然，要请朋友们帮忙，对我们同情和支持，使我们有可能争取一个和平环境，把中国建设得像个样子。现在中国还是很穷的国家，政治上独立了，经济上还没有解决。哈拉说：有一件事使我非常敬仰你，那就是你是一个伟大的人道主义者，一个爱人民的人、了解人民的人、领导人民走向美好未来的人，是伟大的人。毛泽东说：我们要和人民站在一起，干部同群众是联系起来的。中国人民对他们的情况基本满意，因为干部和他们在一道。工厂干部、公社干部是如此，上级干部下去也是和人民在一道，不能摆干部架子。哈拉说：我非常喜欢你讲话的诚恳、坦白的态度，不拘形式，你喜欢批评又喜欢自我批评，这很重要。毛泽东说：说老实话，不能欺骗人民，也不能欺骗外国人，更不能欺骗自己。

同日 阅中共黑龙江省委八月二十九日关于传达中央工作会议精神的报告，批示："尚昆同志：此件请转发各中央局，各省、市、区党委，中央一级各部委、各党组，以供参考。不发新疆、黑龙江。"黑龙江省委的报告说：大家认为，布加勒斯特会议是以赫鲁晓夫为首的现代修正主义者处心积虑准备的一个大阴谋，是他们企图打击我党的整个阴谋活动中的一个步骤。要将义愤化为力量，坚决执行中央关于保粮、保钢，开展增产节约运动的指示，保证完成外贸任务，努力攀科学技术尖端的高峰，给帝国主义、现代修正主义以更有力的打击。

9月2日 复信张维〔1〕："惠书收读，甚为高兴。下次赴沪时当图良晤。你应好好养病，不要忧虑。如有困难，率直告我，不要藏在脑中。"

同日 复信田士清："前后收到两信，极感高谊。'欲东'之志，已与周东园〔2〕兄筹商，并已致函湖南省委统一战线部，请其酌情处理。"

同日 复信吴启瑞："七月十九日的信收到，甚为高兴。选集及照片〔3〕，已寄去了，收到时请告。"

9月5日 晚上，听取杨尚昆汇报《中共中央对苏共中央通

〔1〕 张维，早年同毛泽东有较多交往。当时任中国人民解放军上海第二军医大学教授。

〔2〕 周东园，即周世钊，字惇元、东园。

〔3〕 吴启瑞在1960年7月19日给毛泽东的信中，提出要一部《毛泽东选集》和她在上海同毛泽东的合影相片。

知书的答复》(以下简称《答复书》——编者注)起草工作进展情况。

9月6日　下午，在中南海颐年堂会见阿根廷文化代表团，楚图南、周而复[1]在座。

9月7日　下午，在中南海游泳池住处主持召开中共中央政治局常委会议，讨论《答复书》，刘少奇、周恩来、朱德、林彪、邓小平出席，彭真列席。

同日　德意志民主共和国总统皮克本日去世。晚十一时，毛泽东和刘少奇、周恩来、朱德、邓小平、董必武等前往德意志民主共和国驻中国大使馆吊唁。

9月9日　让机要秘书打电话给王瑞林[2]转告邓小平[3]：《答复书》都看了，写得很好，没有多少意见，只有几处小的修改。明天如果其他同志有事不能参加，请小平、彭真同志来谈一下即可。

9月10日　下午二时，同邓小平、陈伯达、吴冷西谈对《答复书》的一些修改意见。四时半，邓小平召集中共中央政治局会议，讨论《答复书》。十一日上午，董必武召集政治局、书记处部分成员继续讨论《答复书》。下午，毛泽东向杨尚昆询问《答复书》讨论情况。十二日，邓小平、彭真约见苏联驻中国大

---

〔1〕周而复，作家。当时任中国人民对外文化协会秘书长、中国拉丁美洲友好协会副会长。

〔2〕王瑞林，当时任邓小平的秘书。

〔3〕1960年9月9日，邓小平打电话到毛泽东处，说：《答复书》已搞出来了，少奇同志已看过，提了一些小的修改意见。明天上午9时政治局和书记处开会讨论，常委同志不参加。主席看过没有？有意见修改在本子上交我，还是我们来谈谈？

使契尔沃年科，向他递交《答复书》[1]，并通知他中共代表团于九月十五日动身去莫斯科。[2]

9月12日 晚上，在中南海勤政殿会见几内亚总统、几内亚民主党中央总书记杜尔，刘少奇、周恩来、朱德、邓小平、彭真、陈毅等在座。毛泽东向客人询问刚果的情况。杜尔介绍了刚果反对殖民主义、进行民族解放斗争的情况。毛泽东说：不管联合国也好，帝国主义也好，对刚果的占领只能是暂时的。刚果要独立是肯定不移的，整个非洲都是要独立的。我们相信人民，不相信帝国主义，非洲人民总是要翻身的。会见后，同刘少奇等谈话两小时。

9月13日 晚上，在中南海颐年堂主持召开中共中央政治局常委扩大会议，主要讨论中共代表团去苏联参加中苏两党会谈的方针，听取李富春汇报出席越南民主共和国成立十五周年庆祝典礼和越南劳动党第三次全国代表大会的情况。刘少奇、周恩来、朱德、林彪、邓小平、彭真、陈毅、李富春、康生、杨尚昆出席会议。

9月15日 为转发中共安徽省委九月七日关于传达中央工

〔1〕《中共中央对苏共中央通知书的答复》共12个部分，着重讲了5个问题：第一，赫鲁晓夫在布加勒斯特会议上对中共代表团实行突然袭击，组织围攻。第二，在布加勒斯特会议后，赫鲁晓夫把意识形态领域的分歧扩大到国家关系，撕毁中苏两国政府签订的援助中国建设的所有协议，撤回全部在中国的苏联专家。第三，赫鲁晓夫在中印边境冲突中偏袒印度，指责中国，把中苏分歧公开化。第四，赫鲁晓夫吹捧艾森豪威尔，美化美帝国主义。第五，赫鲁晓夫公然对西德总理阿登纳宣传所谓“黄祸”，并要阿登纳帮助他对付中国。

〔2〕中共代表团由邓小平任团长，彭真任副团长。1960年9月17日至22日在莫斯科同苏共代表团举行中苏两党会谈，为开好世界各国共产党和工人党代表会议及其起草委员会会议作准备。

作会议精神的报告，起草中央给各省市区党委等的批语："安徽的报告写得很好，特发给你们研究。"并批示："刘、邓、彭阅后，即发。"报告说：我们传达北戴河会议精神，大家一致认为，我党同赫鲁晓夫的斗争，同修正主义的斗争，关系到要不要马列主义的问题，要不要社会主义和共产主义的问题，要不要殖民地解放斗争胜利的问题，因此必须斗争到底。要战胜修正主义，既要靠政治，也要靠经济。当前，必须进一步开展以粮、钢为中心的增产节约运动，保证完成和超额完成今年粮、油、棉和煤、铁、钢的生产指标。

9月18日　晚上，同陈毅谈话。

9月21日　中午，在中南海颐年堂会见由塞内加尔非宗教教育统一工会副总书记阿玛杜率领的黑非洲教师联合会代表团，就非洲的民族解放运动和独立后如何发展经济、文化等问题，进行了交谈。

同日　下午，在中南海游泳池住处同刘少奇、周恩来、李富春谈话。

9月23日　晚上，在中南海颐年堂主持召开中共中央政治局常委扩大会议，听取本日下午回到北京的邓小平汇报中苏两党会谈情况，刘少奇、周恩来、朱德、彭真、陈毅、李富春、康生、杨尚昆出席。毛泽东说：中苏两党还是应该团结的。我们需要团结，他们也需要团结。问题是如何达到团结。我们要争取在马列主义基础上同苏共达成协议。苏共习惯于以老子党自居，不习惯于兄弟党之间进行民主讨论。这次中苏会谈有好处，你讲我也讲，不是布加勒斯特会议那种一面倒的方式。争是争了，但问题没有解决。将来在世界共产党和工人党代表会议上，争取达成协议，但也不怕分裂，准备苏共要分裂。我们总的方针是坚持原则，坚持团结，坚决斗争，留有余地。

9月25日 在中南海颐年堂会见澳大利亚共产党中央总书记夏基、主席狄克逊，刘宁一在座。毛泽东说：布加勒斯特会议以来形势有很大发展，争论表面化了。布加勒斯特会议对我们是一次突然袭击，他们是事先作了安排的，做成了圈套。他们散发了一个谴责中国党的通知书，除了散发给十一个社会主义国家的党以外，还分别给各资本主义国家的兄弟党看或念给他们听。十一月要在莫斯科开全世界各国党的大会了，先开二十六国党的起草委员会，这是我们建议的，这个月底就开始工作。最近中苏两党会谈，邓小平同志带了一个代表团去莫斯科谈了一个星期。这样同他们谈是有好处的，使他们慢慢习惯于在兄弟党之间民主讨论问题的方式，而不是布加勒斯特会议的那种方式。那是非马列主义的，那只是形式上把中国党孤立，但没有解决问题，因为中国党不服。有些别的党也不服。至于中苏两党应该团结，这是没有问题的，问题是如何达到团结。可能中苏团结也是苏联所需要的，分裂对他们也不利。因此我们要争取同苏联同志达成在马克思列宁主义基础上的协议。但是我们也准备最坏的情况，准备他们采取在一九四八年对待南斯拉夫的那一套办法，把中国当成南斯拉夫那样。一九四八年斯大林的时候，谴责南斯拉夫的方式是不对的，许多党站在一边来谴责一个党，不能解决问题。现在苏共中央对于人民的革命和民族解放运动的看法和我们有所不同。至于欧洲的党，他们发表了一个十七国党的呼吁书，有一些很不正确的提法。在帝国主义还存在的条件下，提什么实现没有武器、没有战争、没有军队的世界，说什么要把武器、军队和战争都从人类社会中排除出去，还认为这些现在就已经有了现实意义。这个文件得到苏共中央的支持。我到现在还不懂得什么叫做全面彻底裁军。夏基说：我也是不懂。我们是看见苏共提出了这个口号才觉得问题严重了的。像我们这个小国家，还不是主要的帝国主义大国，但是资产阶级也是天天在讲加强军事力量，准备战争，而且战争实际上也在许多地方进行着，他们并没有考虑全面彻底裁军。这次美国大选，共和党和民主党都在宣传扩军备战，是一场谁能够在扩军备战中做得更好的竞选。因此，苏共的那一套是不切实际的。毛泽东说：对，你们亲自在资本主义世界看到了实际情况。我们也亲身体验到，在我们的周围有许多军事基地。正当资本主义国家特别是帝国主义国家在全世界不断发展武器和加强国家机器的时候，他们却散布什么没有武器没有战争的世界的幻想，事先解除自己的武装。他们对我们可以施加压力，什么撤退专家、经济封锁都会用。现在中苏两国的文化交流已不可能，《友好报》〔1〕已停刊了，是否不做生意，还没有定，但缩小贸易范围则是肯定的，因为专家撤走了，这些专家设计的工厂的项目就困难了。但是我们认为苏联还是个社会主义国家。修正主义思潮是有社会根源的，有了这种思潮，就会有人出来代表它，这不是个人的问题。真理并不总是掌握在多数手里的。历史上的经验证明，社会发展到一定的时候，有必要反潮流。人民要革命，世界上人民的革命运动是不会停止的，另方面反动派总是要反革命的。

9月26日　阅谭震林九月二十三日关于晋、冀、鲁、豫、辽五省的农业情况给中共中央的报告。报告说：这五省共有耕地四亿九千三百六十四万亩，现有拖拉机二万零二百一十八标准台，机耕占百分之八点一，畜耕占百分之三十七，人力耕种占百分之五十五。我们要求明、后两年给这五个省十万标准台拖拉机，使这五个省的机耕面积由百分之八点一上升到百分之四十

〔1〕指中苏友好协会总会创办的俄文《友好报》，1955年4月15日在北京创刊。

九，比原来计划在两年内分配给这五个省的拖拉机数字多三万二千五百台，需要中央作出决定。毛泽东批示："此件请书记处认真讨论一次。如认为可行，可转到下边去。拖拉机等重型农具，南方应让北方先行，否则问题不能解决。送富春酌处。"十月七日，中共中央批转了谭震林的报告。

9月27日 下午，在中南海颐年堂主持召开中共中央政治局常委扩大会议，讨论修改我方为将在十一月召开的各国共产党和工人党代表会议准备的声明草案，刘少奇、周恩来、朱德、林彪、邓小平、彭真、陈毅、李井泉、陆定一、康生、杨尚昆、胡乔木出席。二十八日，继续开会讨论修改声明草案。

9月28日 同应召从江西回京的汪东兴谈话。毛泽东说：我身边工作人员中有些作风不正，存在一些不健康的思想，需要进行教育，进行一次小整风，展开批评和自我批评，搞好团结，做好工作，遵守三大纪律八项注意。

9月29日 下午六时，在中南海勤政殿会见以保罗〔1〕为首的几内亚法律工作者代表团和来自阿尔及利亚、突尼斯、摩洛哥、塞内加尔、阿根廷、秘鲁、委内瑞拉、哥伦比亚、巴西、智利、乌拉圭的法律工作者，共二十九人，董必武等在座。毛泽东说：你们大家来到中国，我欢迎你们。中国是解放不久的国家，刚开始建设，可以说是开辟了建设的道路。我们需要朋友，需要帮助，需要和平环境，你们也是需要朋友，需要帮助和需要和平环境的。我所说的和平是指不发生世界大战，至于像古巴和阿尔及利亚那样的战争应当继续下去，这是为了民族解放。

同日 晚十一时，和刘少奇在中南海勤政殿会见缅甸总理吴努和国防军总参谋长奈温，朱德、周恩来、董必武、黄炎培、陈

---

〔1〕 保罗，当时任几内亚共和国总检察长。

叔通、贺龙、陈毅、罗瑞卿等在座。毛泽东说：中缅必须友好。现在要签订中缅边界条约了，只要双方友好，边界问题就好解决。吴努说：这种友好不是一般的友好，只有在五项原则基础上的友好，才能永久存在。毛泽东说：你讲得很对。互不损害，这是消极的一面，还有积极的一面，是互相有利。在谈到两国的经济建设时，毛泽东说：建议你们搞点重工业，只有轻工业还不够，自己不能制造机器，总是买外国的，买外国的总是吃亏。在吴努谈到缅甸的拳击表演时，毛泽东说：艺术是应该有多样性，要什么地方都是一个样子，是不可能的。不仅各个国家不能一个样子，各个民族、各个地方也是如此，艺术风格也不同，如汉族的京戏有北京的、上海的、汉口的各派。艺术上的多样性只有好处，没有坏处。最后，毛泽东说：我们有着很好的友谊，我们两国的友好关系以后还要巩固和发展。

9月30日 下午，和刘少奇在中南海勤政殿会见阿尔及利亚临时政府总理阿巴斯，朱德、周恩来、董必武、贺龙、陈毅等在座。阿巴斯说：毛主席的名字已成为阿尔及利亚人民和敌人熟悉的名字。在阿尔及利亚作战的大部分法国军官来自越南战场，毛主席的著作已成为法国殖民主义军官放在枕边的必读文件。但我们知道，毛主席的著作不是教导帝国主义进行战争，而是教导人民和人民军队用一切的力量反抗外国侵略。毛泽东说：你们已经英勇地进行了六年的民族解放战争，我们很钦佩，中国人民支持你们。正是由于你们的战争的人民性和正义性，所以得到全世界人民的援助。现在是八十万对四万，敌我力量对比悬殊相当大，但未来是你们的。你们在地中海岸、在大西洋旁开辟了一个民族解放的战场。全世界要求解放的人民，首先是整个非洲人民，都会向你们学习。我们赞成你们要求公民投票和要求法国撤兵的做法，但是对联合国出兵的问题则需要慎重。刚果的经验很值得研究。因为联合国有许多国家，主要是美国，把它请来了，它就不走了。在讲到中国革命经验时，毛泽东说：我们打了二十二年的仗，曾经吃过大败仗，三十万军队剩下了二万多，后来转变了，这主要是个政策问题。与其说我们打的是军事战，还不如说打的是政治战，因而注意政策问题很必要。这里，重要的是如何团结自己、争取多数、瓦解敌人的问题。我们过去的政策是打击面只有百分之五，一般不超过百分之八。我们同日本人打了八年，抓到的日本人一个不杀，不但不杀，而且不虐待、不侮辱他们，也不拿他们的东西，而是加以教育。建议你们的打击面也不要太大，大概是百分之五到百分之十就好，不管是对法国人还是对阿尔及利亚人都是如此。我们过去有汉奸，你们也有阿奸，阿奸有大、中、小，有罪恶大的，有罪恶小的，需要加以区别；处决的应该是极少数，其中有些可以判刑，强迫他们劳动生产。对抓到的法国人需要多进行工作，每年抓到几百几千，教育好了的放回去，没有教育好的留下来继续教育，分批放回去。当然，放回去的有的还要来打，那就抓了来再放回去，第三次抓了来再放回去。这样，慢慢地就建立了信任，再上战场他们就会交枪的。这样做，团结面就比较广，打击面就比较小，同情你们的人就会增多。对下面的干部需要进行长期的经常教育，使他们认清争取多数、瓦解敌人的重要意义。

10月1日 由中共中央毛泽东选集出版委员会编辑、人民出版社出版的《毛泽东选集》第四卷，今日起在全国发行。

同日 上午十时，和刘少奇、周恩来、朱德、陈云、林彪、董必武等党和国家领导人出席在天安门举行的中华人民共和国成立十一周年庆祝大会，检阅群众游行队伍。晚上，毛泽东在天安门城楼观看焰火，并会见来中国访问和参加观礼的各国代表团的负责人和各方面的著名人士，会见时刘少奇、朱德、董必武在场。

10月3日 下午，听取汪东兴汇报对毛泽东身边工作人员进行教育的想法和安排。毛泽东要汪东兴转告身边工作人员，他们没有犯什么路线错误，只是生活作风、思想意识上的缺点，只要认真进行批评和自我批评，检查一下就完了。如果对有的人批评尖锐一些，也没有什么不好，就是让他不舒服几天、几十天，将来他会感觉到对自己有帮助。

同日 就泰国前总理帕侬荣向毛泽东祝贺中华人民共和国成立十一周年的亲笔贺信，批示国务院外事办公室："要复一信致谢。请你们起草后，送我一阅，然后缮正发出。"毛泽东八日署名的复信说：感谢你对中华人民共和国成立十一周年的祝贺，感谢你对中国人民和我本人的良好祝愿。我们两国人民的根本利益是完全一致的。尽管目前在我们两国关系中还存在着来自美帝国主义及其仆从方面的严重障碍〔1〕，但是，在两国人民的共同努力下，这种障碍必将消除，两国人民的友好关系必将得到发展。

10月4日 晚上，在中南海颐年堂召开会议，讨论中共代表团从莫斯科发回的苏共中央起草的《各国共产党和工人党会议声明草案》〔2〕，刘少奇、周恩来、朱德、林彪、李富春、陈伯达出席。

---

〔1〕 这时泰国还没有同中华人民共和国建立外交关系，1975年两国正式建交。

〔2〕 当时在莫斯科的中共代表团成员杨尚昆1960年10月4日日记记载：晚8时（北京时间5日晨1时）从驻苏使馆回住地后，"接中央指示，对苏共中央草案中的一系列错误观点，必须加以有力的反驳，然后再提出具体的对案。接指示后，又去大使馆开会，认为小平的稿子（指邓小平准备10月5日在声明草案起草委员会会议上的发言稿——编者注）是符合中央精神的，决定不再改了，只是个别词句加强一些"。

10月5日 上午，在中南海颐年堂会见墨西哥前临时总统希耳，楚图南、张致祥[1]在座。

同日 同陈正人谈话。陈正人于今日去济南，了解山东情况。

10月6日 晚上，同陈云谈话。此前，陈云十月三日致信毛泽东说：我到天津住了八天，到济南住了七天，专门与河北省委和山东省委谈谈。我的目的是想到冀、鲁、豫、苏北、皖北这五个地区去一下，了解一下这些地区的灾情、如何渡灾，估计一下今后两三年的可能情况，估计一下这些区域中在什么条件下农业生产可以根本好转，以及关于今后两三年的措施，关于根本好转的条件何在，我想向你报告一次。

10月7日 下午二时五十分，在中南海怀仁堂休息室召开中共中央政治局常委扩大会议，讨论发表赫鲁晓夫在联合国大会的讲话[2]问题，刘少奇、周恩来、朱德、陈云、林彪、李富春、陈伯达出席。

同日 下午四时二十五分，在中南海怀仁堂休息室听取林彪、贺龙、罗瑞卿汇报中共中央军委扩大会议[3]情况，刘少奇、周恩来、朱德、陈云参加。晚上，在中南海怀仁堂观看歌舞剧《刘三姐》。

10月8日 为中共中央办公厅工作人员题词："艰苦朴素"。

---

〔1〕 张致祥，当时任中共中国对外文化联络委员会党组书记、对外文化联络委员会副主任、中国人民对外文化协会副会长。

〔2〕 指赫鲁晓夫1960年10月1日在联合国大会全体会议上就中国在联合国的代表权问题发表的讲话。这个讲话于10月8日在《人民日报》全文发表。

〔3〕 这次中共中央军委扩大会议于1960年9月14日至10月24日在北京举行。

10月9日 下午，在中南海颐年堂主持召开中共中央政治局常委扩大会议，讨论邓小平从莫斯科发来的请示今后工作方针的电报，刘少奇、周恩来、朱德、陈云、林彪、李富春、陈伯达出席。

同日 晚上，和朱德、董必武、李富春在中南海怀仁堂休息室会见缅甸文化代表团团长，并在怀仁堂观看缅甸文化代表团的演出。

10月10日 晨，阅中共湖北省委书记处书记王延春九月十八日关于在沔阳县通海口公社贯彻省委十条政策试点情况的报告，中共福建省委九月三十日批转的闽侯县委第一书记常登榜关于城门公社集中劳动力、加强农业生产第一线工作情况的报告。阅后批示："富春同志：湖北沔阳县一平二调问题至今未解决、粮食减产、问题严重文件一件，福建闽侯县委第一书记在该县城门公社一个社即坚决压下两千多人（占总劳力百分之四十五）下去生产文件一件，以上两个文件极好。请你即令书记处某一位懂事、能文的同志日内即为中央起草一个有力的指示（要有几百字，几句话太少，不足以引起省、地、县、社的注意）。草好送我一阅为盼！"十二日，审阅李富春主持起草的《中共中央关于转发湖北省委和福建省委两个文件的重要指示》稿，批示："已阅。即送富春同志办。"指示于当日发出。指示说：纠正"一平二调"的"共产风"，纠正强迫命令、浮夸和某些干部特殊化的作风，坚持以生产队为基础的公社三级所有制，是彻底调整当前农村中社会主义生产关系的关键问题，是在公社中贯彻实现社会主义按劳分配原则的关键问题。同时，为了农业生产力的发展，必须在农业战线上保持和配备足够的劳动力。现在中央发给你们的两个文件，一个是关于农村中社会主义生产关系的问题，一个是关于农业生产力的问题。如果不实事求是地、迅速地处理这两个根本问题，就不能够实现党中央所提出的关于以农业为发展国民经济基础的这个基本方针。中央要求各地党委，立即参照沔阳县通海口公社和闽侯县城门公社的整顿办法，首先派遣负责的得力的工作组到几个问题最多的公社，进行切实的工作，使自己取得具体的经验，然后继续按照不同公社的不同情况，对上述的两个根本性问题，作全面的彻底的解决。各省的工作部署如何，请尽速报告中央。

同日 下午，同陈伯达、吴冷西谈话，研究在报纸上选登一部分过去苏共攻击中共的文章。

10月14日 阅新华社十月十二日编印的《参考资料》刊载的《联大十一日下午通过由政委会辩论裁军问题》的报道，晨三时批示："刘、周、朱、林、陈云、陈毅、富春、伯达、冷西九位同志：请你们看十月十二日下午版《参考资料》四十七页至五十九页，联合国大会辩论赫鲁晓夫提议裁军问题，苏方大败的情况。希望下午四时以前看完，拟在下午四时左右会谈一下国际形势。"报道说：赫鲁晓夫在十一日下午联合国大会上首先发言，建议各国首脑在联大直接讨论裁军问题，或者明春在欧洲举行联大紧急会议时讨论这个问题。美国代表则提出由联大政治委员会辩论裁军问题。赫鲁晓夫在会议上第二次发言，指责西方无意裁军，表示如果决定先由政委会辩论裁军问题，苏联将保留是否参加辩论的权利。在赫鲁晓夫结束这番发言之后，美国代表再次攻击苏联。随后，联大投票通过了美国的意见，否决了苏联的建议。下午五时，毛泽东在中南海颐年堂召集刘少奇等开会，进行讨论。

10月15日 下午，在中南海颐年堂主持召开中共中央政治局常委扩大会议，讨论邓小平从莫斯科发来的请示电，刘少奇、周恩来、朱德、陈云、李富春、陈伯达出席。此前，毛泽东阅看了邓小平自莫斯科先后发来的二十七份电报。

同日　阅新华社十月六日编印的《内部参考》（增刊）第八十期刊载的《基督教科学箴言报》特派记者哈希写的《麦克米伦的作用》一文，批示印送刘少奇、周恩来、朱德、林彪、陈云、李富春、陈伯达、吴冷西："哈希是一个有头脑的美国记者。此文值得研究。"哈希的文章说：赫鲁晓夫最近几周的行动证明，他已成为中国共产党政策的俘虏。如果他要从他的许多问题中脱身出来，他就需要西方的帮助。这些情况使得英国首相麦克米伦坚信，现在不应该烧毁东西方之间的一切桥梁，比以往更为重要的是保持联络路线的畅通，因为关闭这种路线就能非常容易地把赫鲁晓夫不可挽回地投入中国的怀抱，结局是非常容易发生一次中国人所说的世界战争。麦克米伦希望为恢复举行最高级会议铺平道路，以此作为和平的保障。

10月17日　上午，阅叶子龙〔1〕报送的王海容〔2〕写的一篇文章和她八月一日给叶子龙的信，批示："找王海容今天下午三时至五时来这里一谈。"王海容在信中说：《中国青年》杂志社约我写一篇当学徒工的体会和认识的文章，以便帮助广大的青年徒工安心自己的工作。同时，他们还希望能够得到主席公公对青年徒工的指示和希望。稿子我已写好了，想请主席公公在百忙之中抽一点点时间来替我修改一下。毛泽东给王海容的文章拟题为《我的经验》，署名"徒工王波"，并作了一些修改。文章说"任何书本知识只有和实践结合起来才真正是有用的"，毛泽东改为："任何书本知识只有在书本的作者们在实践中反映了客观真理，才算是真正有用的。否则，书本上的道理便只是无用的假道理，

〔1〕叶子龙，当时任中共中央办公厅机要室主任、毛泽东的秘书。

〔2〕王海容，毛泽东的侄孙女。

决不是能够改造世界的有用的真理。”在文章谈到徒工每天的工作、学习等情况后，毛泽东加写一段话：“在上面，我讲的全是些好事情，这是真的。难道没有一点坏事情，或者叫作错误缺点的吗？当然是有的，年年有的，月月有的。怎么对待呢？以我们工人阶级主人翁的姿态，把所有错误缺点，一件一件克服掉。”下午三时半，在中南海菊香书屋同王海容谈话。

同日 晚上，同谭震林、曾希圣、廖鲁言〔1〕谈农业生产和山东情况，拟派曾希圣兼任中共山东省委第一书记。

同日 阅中共山西省委十月十二日关于农村劳动力问题的报告，批示：“富春同志：此件很好。请你阅后，送陈伯达同志一阅，并请他找几个人看一下，研究一下，替中央起草一个电报，将此件介绍给各中央局，各省、市、区党委，中央各部委、各党组（因为牵涉到工业、商业、交通、教育各方面），予以研究，大力推行，迅速办理。另外，请书记处统计一下，各省、市、区压缩劳动力到农业第一线，各有多少，共有多少，何处成绩大，何处成绩小，告我为盼！”山西省委的报告说：今年农忙的四、五月份，全省参加田间劳动的劳动力仅占劳动力总数的百分之四十八，而且女多男少，老多壮少。主要原因是，基本建设战线、县和公社两级的工业及其他企事业等占用劳动力过多，脱离生产的青少年学生增加过猛。报告介绍了坚决从各方面挤出一切可能挤出的劳动力，充实农业生产战线所采取的具体措施，强调必须保证在农忙季节有百分之八十以上的劳动力参加田间劳动。二十七日，中共中央转发了山西省委的报告。

10月19日 下午，和刘少奇、周恩来、林彪等在怀仁堂休

---

〔1〕 谭震林、曾希圣刚参加了在济南召开的中共中央华东局会议；廖鲁言刚参加了西北五省农业书记会议。

息室同由贺龙、罗瑞卿率领的即将访问朝鲜的中国军事代表团谈话。

10月20日 晚上，和刘少奇在中南海勤政殿会见由阿尔巴尼亚部长会议副主席、阿中友协主席凯莱齐率领的阿中友协代表团，李富春、李先念、陆定一等在座。毛泽东说：看来，发展农牧业比工业困难些，因为搞的都是生物，植物、动物。我们两国都一样，要解决农业还需要些时间，要机械化，要化肥。同时天灾还是难免的，机械化了，也还会有天灾。过去我们强调两条腿走路，实际上重视工业多一些，对农业重视不够。现在吸取过去的经验，抓农业，把农业放在第一位。工业应为农业服务。要几年时间农业才能过关，也许要一个五年，两个五年，三个五年。要机械化也不容易，需要时间。中国现在年产钢总共才有一千几百万吨，分给农业的就只有那么一点，今年起我们专设了农业机械工业部。

同日 阅中共公安部党组十月十七日关于第二批拟特赦和减刑的战犯名单向中央的请示报告，批示："此件送少奇、富春同志阅看，在书记处通过照办。"报告说：根据中央关于每年特赦一批战犯的指示，今年特赦战犯的名额以较去年增加一些为好，拟特赦五十名，比去年多十七名。同时，今年还提出二十一人的减刑名单。被特赦战犯的安置，仍按去年的原则，有家可归的，一律释放回家；无家可归的，也暂不安排工作，立即给以生活安置。

10月21日 晚上，在中南海颐年堂主持召开中共中央政治局常委扩大会议，研究复邓小平二十日从莫斯科来电的问题，刘少奇、周恩来、朱德、陈毅、李富春、陆定一、陈伯达出席。

10月22日 下午，在中南海颐年堂会见斯诺[1]，并共进

〔1〕 斯诺，即埃德加·斯诺，美国进步作家、记者。

晚餐，龚澎、路易·艾黎、马海德[1]参加。毛泽东问：你是哪一年离开延安的？斯诺答：一九三九年。毛泽东说：一隔就是二十一年。我看了你和周总理的谈话记录，你提到在美国中产阶级和小资产阶级对美国的政策并不都是同意的，说我们的宣传应该注意这些人的情绪。在这方面我们是应该注意。斯诺说：我没有想到主席会对这一点感兴趣。毛泽东说：我们在对美国的研究方面有很大的缺点。科学院应该有一个所，至少有一个专门研究美国问题的组。要有一批人专门研究美国，注意美国各阶层的情况。除了上层的以外，你所说的那些中层、下层的舆论我们也要注意。你的这个意见很有益处，特别是一位美国朋友提出的。我们发的新闻，美国人看不惯，看不顺眼。我们看到的是什么呢？都是美国的两大通讯社——美联社和合众国际社，英国的路透社和法国的法新社的新闻。它们并不见得能反映你所说的中间阶层的情绪。我们甚至连美国共产党的周刊可能也没有注意。中美两国之间的人员来往也几乎隔断了，在北京的美国人、外国人太少了。斯诺说：关于台湾问题，不知主席有没有看到美国所进行的一场激烈辩论？是肯尼迪和尼克松[2]两个人关于马祖和金门问题以及美国对远东政策问题所进行的辩论。毛泽东说：他们拿这个问题用在他们的竞选上面，这是因为美国人怕打仗。我们对这个问题有过公开声明，就是让蒋介石守住这两个岛屿。我们也不

---

〔1〕 龚澎，当时任外交部新闻司司长。路易·艾黎，新西兰进步的社会活动家。1958年来中国定居。马海德，祖籍黎巴嫩，生于美国。1933年来中国从事医疗工作。中华人民共和国成立后，加入中国国籍，任卫生部顾问。

〔2〕 肯尼迪，当时任美国参议员，1960年11月美国总统选举民主党总统候选人。尼克松，当时任美国副总统，1960年11月美国总统选举共和党总统候选人。

切断他们的给养。如果他们给养不够，我们还可以接济他们。我们要的是整个台湾地区，是台湾和澎湖列岛，包括金门和马祖，这都是中国的领土。这个问题可能要搅很长的时间。现在已经搅十一年了，比方再过两个十一年吧，或更长的时间，都有可能。斯诺说：我想主席是要等到蒋介石的士兵都成了三条腿的人的时候。毛泽东说：主要是美国政府的问题，不是蒋介石或者其他人的问题。斯诺问：主席访问美国的可能性如何？毛泽东说：我今年六十七岁，如果把我的寿命延长到九十七岁，那我就有希望访问美国了。毛泽东说：中国过去半殖民地、半封建社会的情况实在难以忍受，自己没有工业，粮食不够，百分之七十的人都是很穷的，百分之八十的人是文盲。当然文盲不等于就没有文化，他们会做很好的手工艺品。我们这房间里的雕刻可能都是不识字的人干的。当斯诺谈到新中国在十年内使全国的文化水平迅速提高，他发现已经无法区别农民、工人、城市居民、学生和所谓资产阶级出身的人时，毛泽东说：区别还是有的。只能说有所改变，生活水平也有所改善，但还没有基本改变。美国人的情况我不知道，欧洲人每人每年要吃上几十公斤的肉。中国人基本上是吃素的，肉类吃得不多。要改变这种状况，至少要几十年。如果在本世纪内，就是说在今后四十年内，能够改变那就算很好了。如果加上已过去的十年，就是五十年，半个世纪，再快也难。斯诺问：主席认为中国需要多少时间才能在每人每年平均收入方面达到美国现有的水平？美国现在每人每年平均收入是两千美元，也就是说五千元人民币左右。毛泽东说：那就难计算。半个世纪够不够，现在也还不能回答。中国变化是在革命方面，这方面是基本变化了，至于建设方面，现在才刚刚开始。我们的基本情况就是一穷二白。所谓穷就是生活水平低。为什么生活水平低呢？因为生产力水平低。什么是生产力呢？除人力以外就是机器。工业、农业都要机械化，要同时发展。所谓“白”，就是文盲还没有完全消灭，不但是识字的问题，还有提高科学水平的问题。有很多科学项目，我们还没有着手进行。还要几个五年计划才能解决基本上机械化的问题和工农业发展的问题，所以要根本改变中国的经济面貌需要一个很长的时间。斯诺说：有些美国人害怕中国一旦有了原子弹，就会马上不负责任地使用它。毛泽东说：不会的。原子弹哪里能乱甩呢？如果我们有，也不能乱甩，乱甩就要犯罪。不管美国承认不承认我们，不管我们进不进联合国，世界和平的责任我们是要担负的。我们不会因为不进联合国就无法无天，像孙悟空大闹天宫那样。我们要维持世界和平，不要打世界大战，我们主张国与国之间不要用战争来解决问题。但是，维持世界和平不但中国有责任，美国也有责任。解决台湾问题是中国的内政，这点我们是要坚持的。虽然如此，我们不打。美国人在那里，我们去打吗？我们不打。美国人走后，我们就一定打吗？那也不一定。我们要用和平的方法解决台湾问题。我国好多地方就是用和平方法解决的。北京就是用和平方法解决的，还有湖南、云南、新疆。外面有一种说法，好像在各国共产党中，中国共产党特别调皮，不守规矩，不讲道理，是乱来的。你来了几个月，那种话不可全信。你讲过外面有人说，中国是一个大兵营和一个大监狱。对蒋介石的中国这样说，确实是像的，当时北京、南京、上海确实都是兵营。解放后，通过改造、教育，中国大有不同了。

10月23日 晨二时半，指示通知华北各省市区党委第一书记、中南各省区党委第一书记今日到达北京（乌兰夫二十四日到），准备召集他们开三天关于农业问题的会议〔1〕。晚上，在钓

〔1〕 这次会议和接着召开的东北和西北的各省市区党委第一书记参加的会议，讨论了《中共中央关于农村人民公社当前政策问题的紧急指示信》稿。

鱼台十八号楼主持召开有华北、中南各省市区党委第一书记参加的会议，了解农民的生活情况，谈反对“共产风”问题。陈正人汇报山东的严重情况。刘少奇、周恩来、李富春、李先念、谭震林、廖鲁言、陈正人、陶鲁笳、刘子厚、刘仁、陶铸、王任重、张平化、吴芝圃、刘建勋〔1〕出席会议。

10月24日 晚八时，在中南海颐年堂主持召开中共中央政治局常委、中央书记处书记和华北、中南各省市区党委第一书记及陈毅、陈伯达参加的会议，听取本日下午回到北京的邓小平、彭真等汇报在莫斯科参加二十六国党起草委员会工作的情况〔2〕。

同日 阅蒙哥马利祝贺中华人民共和国成立十一周年的电报，批示：“请外交部拟一谢电，送我阅后发出。”

10月25日 晨零时十分，在中南海颐年堂同刘少奇、周恩来、陶铸谈河南问题。晨二时指示：派飞机接东北区的宋任穷、欧阳钦、黄火青、吴德，西北区的刘澜涛、张德生、张仲良、王恩茂、高峰、李景林〔3〕今日或明日到北京参加讨论农业问题的

---

〔1〕 刘建勋，当时任中共广西壮族自治区委员会第一书记、广西壮族自治区政协主席、中国人民解放军广西军区第一政治委员。1960年10月又任中共中央中南局书记处书记。

〔2〕 1960年10月1日至22日，由团长邓小平、副团长彭真率中共代表团在莫斯科参加26国共产党、工人党文件起草委员会会议。会议以苏共中央提出的声明草案作为讨论的基础，经过多次会议的激烈争论，最后基本达成协议，但尚有几个问题未取得一致意见。

〔3〕 王恩茂，当时任中共新疆维吾尔自治区委员会第一书记、中国人民解放军新疆军区司令员兼政治委员、新疆生产建设兵团第一政治委员。1960年11月又任中共中央西北局书记处书记。高峰，当时任中共青海省委第一书记、中国人民解放军青海省军区第一政治委员。1960年11月又任中共中央西北局书记处书记。李景林，当时任中共宁夏回族自治区委员会书记处书记、宁夏回族自治区政协主席。

会议；西南地区，四川增加一人参加会议，云南的阎红彦〔1〕、贵州的周林亦来参加会议。

同日 晚上，在中南海颐年堂召集谭震林、李井泉、陶铸和东北的宋任穷、欧阳钦、黄火青、吴德，西北的刘澜涛、张德生、张仲良、李景林开会，听取这两个大区汇报农业情况，讨论如何堵塞“共产风”问题。

10月26日 阅李富春十月十六日报送的关于黄绍竑、刘王立明〔2〕两人是否摘掉右派帽子问题的报告，晨二时批示：“黄绍竑、刘王立明二人以摘掉右派帽子较为有利。请总理、富春最后确定。如今后发现他们又有严重反动，甚或反革命行为，那时酌情再处，我们仍有主动。”二十七日，中共中央正式批准今年拟摘掉属于中央审批的右派分子帽子的名单，黄绍竑、刘王立明在内。

同日 阅李富春十月二十四日报送的中共中央组织部、中央监察委员会的四名干部十月二十一日关于河南信阳地区大量饿死人和干部严重违法乱纪等问题的调查材料，批示：“请刘、周今日即看，下午谈一下处理办法。”

10月27日 阅中共中央办公厅十月二十五日编印的《情况简报》一九六〇年第五八一期刊载的河北省委书记处书记阎达开十月二十日关于农村口粮标准、办好食堂和分配等问题的口头汇报的要点，批示：“此件印发各中央局，各省、市、区党委第一

---

〔1〕 阎红彦，当时任中共云南省委第一书记、中国人民解放军昆明军区政治委员。1960年10月29日又任中共中央西南局书记处书记。

〔2〕 黄绍竑，当时任全国政协委员。曾任政务院政务委员、全国人大常委会委员、中国国民党革命委员会中央常委兼和平解放台湾工作委员会副主任委员。刘王立明，曾任全国政协常委、中华全国民主妇女联合会执行委员会常委、中国民主同盟中央委员。1957年他们被划为右派分子。

书记参考。”阎达开说：关于口粮的安排，坚决实行低标准、“瓜菜代”的方针。最近派出大量工作组，已分别按每人每天六、七、八两（十两秤）的标准，将口粮普遍落实到食堂。办好食堂采取两个措施，一是专门给食堂拨出菜地，一是派最好的干部认真办食堂。今年分配要卡住两个“三七开”，一是总收入的百分之七十分给社员，二是分给社员的部分中工资占百分之七十。

同日 下午四时半，在中南海颐年堂再次会见斯诺〔1〕，龚澎在座。斯诺说：我参观了一个坦克学校和一九六步兵师。我很高兴看到你们军队的武器虽然都变为新式的了，但军队仍然保持着当年的精神和传统，官兵一致，军队和群众的密切结合。蒙哥马利比我对武器要更感兴趣，并且也了解得多，但我比他更重视人，我在那里找了许多人谈话。我记得第一次去西北的时候你们还有用红缨枪的。毛泽东说：你说得对。最后决定战争胜负的还是人。有了觉悟的人，他可以很勇敢，奋不顾身，夺取敌人的武器，武装自己。斯诺说：我有这样的问题，即目前的教育与劳动相结合的方针是否就是一九一九年一部分中国留学生提出的“勤工俭学”一样的东西。毛泽东说：不是。一面学习，一面工作，能够学懂，不然学了好像懂，其实并不懂。还有一个重要意义就是使学生变为劳动者，使他们不脱离劳动人民，懂得什么是劳动。斯诺说：我还有一个问题，“百花齐放，百家争鸣”在西方报纸上有许多说法，但最主要的就是说这个政策在一九五七年开始执行时是因为你们认为你们党的威信已经很巩固了，不会有什么反对的人，但运动开展后很快就发现许多反对你们的人，因此你们就把这个运动停止了。毛泽东说：你说的一部分对，一部分

---

〔1〕 1960年10月22日毛泽东会见斯诺时，同意再会见他一次，让他拍5分钟的电影资料。

不对。你说我们停止“百花齐放”，我们并未停止。我们主张社会主义内的“百花齐放”，一开始就是这样提的，不是说社会主义、资本主义都可以放。各种艺术、学术争论应该是百花齐放，让他们去讨论，去争辩，让人们去选择，而不用行政机关去决定，这样比较好些。我讲你说的一部分对，是指运动如此深，运动如此大，我们未料到。斯诺说：能不能这样说，整风运动对党内比对党外的影响更大。毛泽东说：可以这样说。但是党内党外都用这个办法，一年或二年进行一次，不然工作就搞不好。斯诺说：美国的中产阶级占大多数，他们对美国的社会起了稳定作用。毛泽东说：但决定美国社会性质的不是这些人。工人、小业主、职员人数虽多，但决定美国社会性质的不是他们，而是大财团。像中国蒋介石统治时期，中国社会性质不决定于大多数人民，工人、农民、小资产阶级、民族资产阶级，而决定于四大家族的蒋、宋、孔、陈，总起来说，决定于封建阶级和买办资产阶级。最后，斯诺说：我很早就想写你的传记，你看将来有这个可能吗？毛泽东说：你过去不是已经写过我的传记了吗？以后的不好写了。

同日　下午六时，在中南海勤政殿会见拉丁美洲的古巴、巴西等十二个国家的文化代表团和代表，周恩来、陈毅等在座。

10月28日　上午，审阅修改《红旗》杂志编辑部文章《中国人民革命胜利经验的基本总结——为〈毛泽东选集〉第四卷的出版而作》，批示：“田家英同志：写得很好，略有修改，请你及伯达同志加以斟酌。如认为可以，即可付印。”毛泽东修改的地方主要是：文章说“在我们的革命队伍中，当时有一批小资产阶级的‘左’倾冒险主义者”，毛泽东在其后加写“他们在好几年内占领了党的领导机关，把以毛泽东同志为首的大批正确领导同志打下去，使这些同志抬不起头来”。在文章中的“毛泽东同志反对‘左’倾冒险主义的胜利”一语后，毛泽东加写“在当时革命力量削弱到只剩下十分之一的情况下，迅速地重振起来”。二十九日，阅田家英、陈伯达修改稿后，退田家英办。这篇文章，在十月三十一日《人民日报》和十一月一日出版的《红旗》杂志一九六〇年第二十、第二十一期合刊发表。

同日 下午，在中南海颐年堂召集刘少奇、周恩来、李富春、柯庆施、李井泉、谭震林、陶铸、宋任穷、李雪峰、刘澜涛开会，讨论全国粮食调配问题，以及山东、河南两省的问题，食堂问题。

10月 毛泽东开始吃素，不吃肉了。对护士长说：国家有困难了，我应该以身作则，带头节约，跟老百姓共同渡过难关，不要给我肉吃，省下来换外汇。〔1〕

11月1日 晨一时，阅杨尚昆十月三十一日夜报送的赴莫斯科出席各国共产党和工人党代表会议的中国代表团名单，团长刘少奇，副团长邓小平，团员彭真、李井泉、陆定一、康生、杨尚昆、胡乔木、刘晓、廖承志、刘宁一。杨尚昆附信说：代表团的名称拟用党政代表团，是少奇同志规定的。毛泽东批示：“退尚昆照办。”

11月2日 晨二时，为转发中共安徽省委关于召开五级干部大会检查贯彻人民公社各项政策情况的报告，起草中央给各中央局、各省市区党委等的批语，指出：“现将安徽省委一九六〇年十月二十八日的报告发给你们参考。请你们认真看一遍，吸取安徽经验，结合你们自己的情况，定出办法，迅速施行，越快越好。我们希望你们在今年十一月、十二月两个月内，开完县的五级干部会议，并向中央都写一个报告，是为至要。”并批示：“恩来、富春、震林同志阅后，两天内请富春用电报发出，勿误为

---

〔1〕 这是根据毛泽东的护士长吴旭君的回忆。汪东兴的回忆是，1960年12月，毛泽东宣布：从1961年1月1日起，我不吃猪肉和鸡了。

盼！附件用后退我。”安徽省委的报告说：从十月初开始，我省以县为单位分别召开了生产组长以上的五级干部大会，全面检查郑州会议以来中央和毛主席关于整顿、巩固人民公社的一系列指示及各项政策贯彻执行情况。由县委负责同志作报告，指出当前某些社队存在的“共产风”、浮夸风、强迫命令等亟待解决的问题，检查县委在执行政策方面的缺点；在弄清政策、提高认识的基础上，进行群众性的检查评比，表扬好干部，揭发和处理坏人坏事；各级领导订出贯彻执行政策的具体措施，安排好当前的生产。

同日 下午六时半，在中南海勤政殿会见并宴请赴莫斯科出席各国共产党和工人党代表会议途经北京的胡志明，刘少奇、周恩来、朱德、邓小平、彭真、李富春参加。

同日 晚八时，在中南海勤政殿主持召开中共中央政治局常委扩大会议，讨论刘少奇率中国党政代表团去莫斯科出席会议问题，刘少奇、周恩来、朱德、邓小平、彭真、陈毅、李富春、李井泉、杨尚昆、罗贵波、伍修权出席。

11月3日 晨二时五十五分至五时，同胡乔木谈话。

同日 晨，审阅修改《中共中央关于农村人民公社当前政策问题的紧急指示信》稿〔1〕，批示：“恩来同志：作了一些修改，

〔1〕 指示信共12个问题：（一）三级所有，队为基础，是现阶段人民公社的根本制度；（二）坚决反对和彻底纠正“一平二调”的错误；（三）加强生产队的基本所有制；（四）坚持生产小队的小部分所有制；（五）允许社员经营少量的自留地和小规模的家庭副业；（六）少扣多分，尽力做到百分之九十的社员增加收入；（七）坚持各尽所能、按劳分配的原则，供给部分和工资部分三七开；（八）从各方面节约劳动力，加强农业生产第一线；（九）安排好粮食，办好公共食堂；（十）有领导有计划地恢复农村集市，活跃农村经济；（十一）认真实行劳逸结合；（十二）放手发动群众，整风整社。

有几点是重要的。请你召集富春、震林、鲁言、正人、伯达谈一下，最后酌定。用电报发出，越快越好。”指示信稿说“以生产队为基础的三级所有制，是现阶段人民公社的根本制度，从一九六一年算起，至少五年不变”，毛泽东将“至少五年不变”改为“至少七年不变”，并在其后加写：“（在一九六七年我国第三个五年计划最后完成的一年以前，坚决不变）”指示信稿说“以生产队为基础的公社三级所有制……必须在一定时期内稳定下来”，毛泽东将“一定时期内”改为“一个长时期内”。指示信稿说各生产小队之间在口粮标准、工资水平、劳动日的分值上有差别，“对于发展生产是有利的”，毛泽东将“有利的”改为“极为有利的”。指示信稿说“社员户养猪也不可偏废”，毛泽东将“不可偏废”改为“应该鼓励”。指示信稿说“在现阶段，人民公社分配的原则还是按劳分配”，毛泽东在“在现阶段”之后，加上“在很长的时期内，至少在今后二十年内”。指示信稿说“一心一意地发展农业生产，首先是粮食生产，力争明年多打粮食，获得更大的丰收”，毛泽东将“更大的丰收”改为“大丰收”，并在其后加写：“并且力争以后几年，例如说，一连六七年（一九六一年至一九六七年）使粮食和农业作物得到大丰收，使粮食问题基本过关，至少初步过关。中央相信，这是有可能的，只要大家努力执行中央政策，端正工作作风，就可以做到。”在指示信稿末尾，毛泽东加写一段话：“这个文件，除宣读外，各级干部都要分期分批开办训练班，学习一次、二次、三次。今冬一次，明冬一次，后冬一次。”指示信于当天下午发出。

同日　上午，审阅周恩来报送的《中共中央关于贯彻执行“紧急指示信”的指示》稿，批示：“退周即办。”指示说：贯彻《紧急指示信》的关键，首先在于提高干部的思想，特别是县、社两级主要负责干部的思想，提高他们的经济理论水平和政策水平，使全体干部真正弄清楚在现阶段应该做什么、不应该做什么，真正分清共产主义和平均主义的区别、大集体下的“小自由”和资本主义自发势力的区别等。指示要求中央各部委、国家机关和人民团体各党组和军委总政治部，要深入检查自己的工作，再不容许由于自己的主观主义、官僚主义的领导和不切实际的过高要求，而引起下面干部的“共产风”、浮夸风和命令风。

同日 晚上，在中南海颐年堂会见由主席达杜率领的南非共产党代表团，伍修权在座。毛泽东说：非洲的革命已经起来，全世界注意了。这是很好的事，是第二次世界大战后的新现象，特别是最近几年，非洲人民的觉悟程度和组织程度提高得很快。要有核心，作为各种组织的核心，要首先领导人民进行民主革命，这样革命才能坚持下去，并进行得彻底，否则长期坚持就有困难。各国情况不同，你们可参考研究中国经验，但决不可照抄，照抄是要失败的。不根据马列主义普遍真理，使之与本国情况结合，就要失败。马列主义普遍真理适用于任何国家，但运用起来要同每个国家、每个民族的具体情况相结合。达杜说：希望最近出版的一本《毛选》能很快出英文版。毛泽东说：这里头只有一点可参考的，这就是在什么时候用什么方法，情况不同，方法不同。这一点就是马克思主义。毛泽东说：中国人民支持亚、非、拉以及全世界一切反帝斗争的人民，这句话只讲了一半，还有一半，亚、非、拉人民支持了我们。哪一半多？我看后一半多。

同日 审阅周恩来十月二十三日报送的《中共中央关于不准请客送礼和停止新建招待所的通知》稿，批示退李富春办。

11月4日 晚上，在中南海怀仁堂休息室召集刘少奇、周恩来、邓小平、康生谈中国党政代表团去莫斯科参加会议问题。[1] 五日上午，刘少奇、邓小平率代表团第二批人员离开北京赴莫斯科，第一批人员已于四日动身赴莫斯科。

11月5日 阅周恩来十月三十一日的报告。报告说：关于同苏联方面谈判中苏贸易问题和重新谈判援助项目问题，建议立即组成我方的谈判代表团，由章汉夫、叶季壮负责。谈判的地点，我们将力争在北京，以便于中央及时指导。毛泽东批示："同意。"

11月7日 晚上，和周恩来、朱德、林彪、陈毅、李富春等党和国家领导人出席苏联驻中国大使契尔沃年科在大使馆举行的庆祝十月社会主义革命四十三周年招待会。

11月8日 上午，同谷羽[2]谈参观代食品展览问题。

同日 下午，同周恩来谈对《共产党和工人党代表会议声明草案》等的修改意见。晚十一时，周恩来为中共中央起草的给中国党政代表团的电报稿说：十一月七日中央政治局会议基本同意代表团对声明草案的意见，另提了二十条修改意见，供你们研究参考，由代表团最后定稿。何时提出，望电告。政治局会议同时基本通过了少奇同志的发言稿[3]，有些意见另电告，亦责成代表团最后定稿。如对发言稿有大的变动，请电告。周恩来将电报

〔1〕 据吴冷西回忆：中国党政代表团出发前，中共中央政治局和政治局常委开了几次会议，对当前形势作了分析。毛泽东强调指出，八十一党会议辩论会非常激烈，甚至可能发展到破裂边缘，因此我们要有破裂的思想准备，但是也不一定就会破裂，仍有可能争取达成一定的协议。我们的方针，应当是坚持原则，坚持团结，放手斗争，不怕破裂，以斗争求团结，力争达成一定的协议。

〔2〕 谷羽，当时任中国科学院新技术局局长。

〔3〕 后来改由邓小平在各国共产党和工人党代表会议上发言。

稿报送毛泽东时，附言："莫斯科尚无电报来，拟根据今日下午所谈，先发去这一电，请主席审阅批发。"九日上午，毛泽东批示即发。

11月9日 晚上，同周恩来、李富春、陈伯达商谈给刘少奇复电问题。

11月10日 上午十一时，在中南海颐年堂同程潜谈话〔1〕，十一时半又请黄炎培、张治中来一起谈话，并共进午餐。

11月11日 阅《红旗》杂志社论稿《工农业并举是我国社会主义经济的一个重要规律》，批示："退陈伯达同志。此文看过，可用。"社论强调贯彻工农业并举的方针，要把农业放在首要地位。指出必须进一步处理好农业发展的两个关键问题：一个是关于农业生产力的问题，主要是使农业生产第一线保持足够的劳动力；一个是关于农村社会主义生产关系的问题，主要是坚持和巩固以生产队为基础的公社三级所有制。处理好这两个问题，就有可能在较短时间内改变目前农业发展落后于工业发展的状况。这篇社论发表在十一月十六日出版的《红旗》杂志一九六〇年第二十二期。

同日 晚上，同陈伯达谈话。

11月12日 在本日《人民日报》第七版上批示："请林克找到这些刊物和报纸（载了那些人的文章的），送我一阅。"《人民日报》第七版在《学术动态》栏目刊载了两篇述评：《关于矛盾的同一性和斗争性问题的讨论》和《河南哲学工作者讨论事物发展的动力问题》。前一篇述评谈到最近一个时期，一些哲学工作者就错误思维和存在有没有同一性的问题、同一性和斗争性的关系以及质变状态有没有同一性的问题、事物发展的动力问题，

---

〔1〕 程潜定于1960年11月12日回湖南，行前要求见毛泽东。

先后在《新建设》、《光明日报》、《学术月刊》、《文汇报》发表文章，展开讨论。后一篇述评介绍了《中州评论》反映的河南一些哲学工作者关于事物发展的动力问题的讨论情况。

11月13日 晚十时，同周恩来、朱德、林彪、李富春讨论邓小平准备十一月十四日在各国共产党和工人党代表会议上的发言稿。十一时，中共中央致电刘少奇、邓小平、彭真，完全同意邓小平发言稿的要点。同时提出一些具体的修改意见，供他们参考。

同日 在新华社十一月十一日编印的《参考资料》第三九五二期上批示："送总理阅。看五十三页、五十四页、五十五页。"对这三页刊载的《合众国际社透露：肯尼迪将迅速使国会通过扩大军事预算等新立法》、《合众国际社就肯尼迪当选安抚南朝鲜：叫嚷民主党将继续奉行共和党的反共政策》这两篇报道，毛泽东分别批注："可看"。后一篇报道引述了民主党政纲中所说的"我们将利用我们掌握的一切力量、资源和能力来抵制共产主义对自由的进一步侵犯——不论它是发生在柏林、福摩萨[1]……我们决不放弃对保卫自由必不可少的阵地，我们也决不正式同意现状而抛弃现在生活在铁幕后的人民"。

11月15日 晨，阅中央精简干部和安排劳动力五人小组十一月十日关于中央一级机关抽调万名干部下放基层情况的报告，批示："总理：在讲大好形势、学习政策的过程中，要有一段时间大讲三分之一地区的不好形势，坏人当权，打人死人，粮食减产，吃不饱饭，民主革命尚未完成，封建势力大大作怪，对社会主义更加仇视，破坏社会主义的生产关系和生产力。农村工作极

---

〔1〕 福摩萨，即台湾。16世纪葡萄牙人来到台湾，见山水秀丽，称台湾为福摩萨（Formosa），意为"美丽之岛"。

为艰苦，要有坚强意志决不怕苦的精神才能去，否则不能去。以上请你酌定。”在报告谈到对这次下放的干部要进行“深入细致的政治思想工作，大讲形势”处，毛泽东写批语：“全国大好形势，占三分之二地区；又有大不好形势，占三分之一的地区。五个月内，一定要把全部形势都转变过来。共产党要有这样一种本领，五个月工作的转变，一定争取一九六一年的农业大丰收，一切坏人坏事都改过来，邪气下降，正气上升。”

同日 起草中共中央关于彻底纠正“五风”问题给各中央局、各省市区党委的指示，全文如下：“发去湖北省委王任重同志报告一件，湖北省沔阳县总结一件，湖北省沔阳县通海口公社纠正错误后新情况报告一件，供你们参考。必须在几个月内下决心彻底纠正十分错误的‘共产风’、浮夸风、命令风、干部特殊风和对生产瞎指挥风，而以纠正‘共产风’为重点，带动其余四项歪风的纠正。省委自己全面彻底调查一个公社（错误严重的）使自己心中有数的方法是一个好方法。经过试点然后分批推广的方法，也是好方法。省委不明了情况是很危险的。只要情况明了，事情就好办了。一定要走群众路线，充分发动群众自己起来纠正干部的‘五风’不正，反对恩赐观点。下决心的问题，要地、县、社三级下决心（坚强的贯彻到底的决心），首先要省委一级下决心，现在是下决心纠正错误的时候了。只要情况明，决心大，方法对，根据中央十二条指示，让干部真正学懂政策（即十二条），又把政策交给群众，几个月时间就可把局面转过来，湖北的经验就是明证。十二月上旬或中旬，中央将召集你们开会，听取你们的汇报，请你们对自己的工作预作安排。”毛泽东并批示：“即送周、朱、富春、震林、先念、伯达同志阅后，请富春办。因文件较长，只能印送，请富春注意，印送越快越好。不发西藏、新疆。”

同日　阅林彪十一月十日关于不同意中国人民解放军总政治部拟通令各地驻军向各地党委反映地方情况的建议给毛泽东并周恩来、李富春、谭震林的信。信中说：我认为这个建议的出发点是好的，但我很顾虑这个通令发下去后，各地驻军与地方党委的关系容易弄坏，对于党的统一领导等不利，造成军队在党外来干预党的工作的情况。因此，我不同意通令军队要求他们把反映地方情况作为主要任务之一。毛泽东批示："请富春告萧华照林彪同志意见办理。"

11月16日　晚上，在中南海怀仁堂休息室召集周恩来、陈毅、李富春、陈伯达开会，讨论中国党政代表团十一月十五日晚十一时（北京时间十六日晨四时）的来电。来电说：十四日我代表团发言后，情况有新的变化，许多党的代表，特别是社会主义国家一些党的代表，在发言中指名说中共搞宗派主义，以分裂相威胁。在这种情况下，我们如果签字，就意味着向机会主义的攻击投降，开极恶劣的先例。因此，代表团一致意见，如果不从声明草案上删去中共代表团所坚持的不同意的几点，中共代表团就不签字，并发表声明。会议同意代表团来电的意见，并认为一切应作最坏的打算。会议决定召开中央政治局会议，讨论代表团的来电和常委的意见。会后，周恩来即打电话给邓小平，转告中央常委的意见。十七日由周恩来主持召开的中央政治局会议，一致同意政治局常委和代表团所决定的方针。周恩来于十七日晚十时，为中共中央起草的给刘少奇、邓小平、彭真的电报，经毛泽东审阅后发出。电报说：完全同意你们十五日二十三时来电所提的斗争方针，即及时表示，对声明草案如不作原则修改，我决不能签字。我们坚持各兄弟党平等地位和一致协议的原则，任何党没有权利将不同意见强加于人。在这一斗争中，我们要做最坏的打算，即只有我一个党或中阿两个党不签字，而后果将是东西经济封锁和远东局部战争。我们为坚持真理，防止被动，也一定不签。在斗争的进行中，还要准备应付各种可能的复杂的变化。情况望随时电告。

11月19日 下午，在中南海勤政殿会见由国家银行行长格瓦拉率领的古巴革命政府经济代表团，并共进晚餐，周恩来、李先念、耿飚〔1〕等参加。当格瓦拉说古巴有两家加拿大银行没有实行国有化时，毛泽东说：别的帝国主义的企业，让它暂时存在，策略上是可以的。我们这里也有一点。当谈到古巴对美国政府的态度很坚决时，毛泽东说：你们很坚决，贯彻到底，这就有希望，帝国主义更难办。动摇、妥协，帝国主义就更容易办。你们影响了拉丁美洲，甚至亚洲、非洲。你们在相当时间内社会改革不要进行得很急，这样做恐怕对争取拉丁美洲的小资产阶级、民族资产阶级更有利。还有一个问题，你们从登陆到胜利，花了两年多，同农民联合起来，取得了胜利。照这样的做法，在其他拉丁美洲国家有没有可能性？格瓦拉说：这个问题不能一概而论。我个人的看法，古巴的革命是趁着帝国主义麻痹的时候取得了胜利。帝国主义没有集中力量对付我们。他们以为菲德尔〔2〕胜利以后会向美国贷款，同他们在一起。在其他拉丁美洲国家进行工农革命，就有遭到危地马拉那样的危险，美国会派海军陆战队来干涉。格瓦拉说：毛主席著作中有一点菲德尔看出来了是很重要的，我最初没有看出来，这就是优待俘虏。注意了这一点，很起作用。毛泽东说：这是瓦解敌军的办法。格瓦拉说：打游击的时候吃得不好，也缺乏精神食粮，看不到材料。周恩来说：毛主席打游击的时候常常派人出去找报纸。毛泽东说：把报纸当作

〔1〕 耿飚，当时任外交部副部长。

〔2〕 菲德尔，即菲德尔·卡斯特罗。

情报，敌人的报纸往往透露敌人的动态，是情报来源之一。当谈到巴蒂斯塔和蒋介石都受到美国的保护时，毛泽东说：所以美帝国主义是我们共同的敌人，是全世界人民共同的敌人。但是，美国现在也不喜欢蒋介石，我们倒比较喜欢蒋介石，百分之百亲美的人不如百分之九十九亲美的蒋介石，他还想保持自己的势力。他脱离美国回来，我们可以给他一个官做。看样子他是不想回来的。

11月20日　晨，阅中共甘肃省委十一月十五日关于贯彻中央紧急指示信的第二次报告。报告说：我省的三级干部会议于十一月六日开始。从会议揭发的材料看，“一平二调”的“共产风”相当普遍而严重。与一九五八年公社化初期的“共产风”相比较，去年以来的“共产风”有一个显著的特点，就是大量平调社、队的生产资料和劳动力，也平调了社员的一部分生活资料，特别是大办食堂时平调了一批房屋、灶具、用具等，数量很多。报告认为，去年算账以后又刮起“共产风”的根本原因是干部思想认识有问题，特别是省委在执行中央方针政策上有缺点和错误：一、急于过渡；二、当任务与政策发生矛盾时，就丢开政策只顾任务；三、认为“左”比右好，宁“左”勿右。四、生搬硬套，盲目推广执行。经过讨论，大家认为刮“共产风”的做法，不仅是方法上、作风上的错误，在方向上也是一种严重的偏差。毛泽东阅后批示：“可看，应看。”“陈伯达同志：此件送上一阅，请于阅后退回。”

11月21日　晚上，同邓子恢谈话。邓子恢汇报了九、十两月到山西汾阳、河北石家庄、江苏无锡等地调查的情况，认为应当继续做人民公社体制的调整工作，稳定三级所有、队为基础的制度，给生产小队一定的自主权，纠正平调的错误，允许农民经营自留地和家庭副业，分配要合理、要兑现。他提出制定一个

《农村人民公社内务条例》。〔1〕

同日 嘱咐机要秘书：各地送来的贯彻中央紧急指示信的报告，我都要看。

11月22日 晚上，在中南海颐年堂召集周恩来、陈毅、李富春、陈伯达开会，研究中国党政代表团关于答复匈牙利党代表团提出的决议草案问题的来电。〔2〕

11月23日 为转发中共四川省委关于贯彻执行中央紧急指示信的情况的简报，起草中央给各中央局、各省市区党委的批语："发去四川省委一九六〇年十一月二十日简报一件，供你们参考。"并批示："周、富春、震林阅后，即用电报发去，然后交伯达一阅，原件用后退毛。"简报说：接到中央十一月三日的紧急指示信后，我省南充等地区的各试点公社，向干部和社员原原本本地宣读讲解，很快地起到了安定人心、激发群众积极性、推动生产和其他各项工作的作用。"一平二调"的"共产风"和其他歪风开始有所收敛和改变，但也有少数干部反映出程度不同的

---

〔1〕 1961年3月23日在广州召开的中共中央工作会议上，毛泽东说：去年他（指邓子恢——编者注）在山西、石家庄、江苏南部作了一次调查，做得很好，他的观点很正确。农村工作部找谁啊？还是邓老。他有很多意见是正确的。他同我谈过，我介绍他去跟总理谈。总理让他起草个文件，叫做人民公社的章程，首先创议的是总理。（周恩来：是他给我说的。）啊！首先创议的是邓老，然后总理支持。

〔2〕 据吴冷西在《十年论战》一书中说，匈牙利党代表团在1960年11月21日的会议上提出一个关于兄弟党关系的决议草案，要求会议通过。这个决议草案的主要一条是规定国际会议要少数服从多数，要根据多数的意见做决议。苏共想把这个决议草案作各国共产党相互关系的一个章程。中国党政代表团决定坚决反对这个决议草案，如果要讨论我们决不参加。代表团将上述情况和意见电告中共中央。第二天，代表团收到中央复电，同意坚决打掉匈牙利党代表团提出的这个决议草案。

顾虑和抵触情绪。省委决定，凡是生产进度慢，征购和采购任务完成不好的地方，立即进行紧急指示信十二条政策的宣传，并派得力干部到这些地方去工作。

11月25日　阅邓子恢十一月二十三日报送的中共浙江省委八月二十六日关于重点商品粮地区存在问题的报告。邓子恢在附信中说："你那天说没有看到《浙江省委关于重点商品粮地区存在的问题》的报告，现将此电报查出送上，请收阅。"浙江省委的报告说：全省商品粮重点产区的县市和公社中，有不少地方近几年不断发生问题，今年春季发生饿、病、逃、荒现象也主要集中在这些地方。除了领导和工作上的原因外，主要是由于负担过重，收入过少，一是粮食征购任务重，二是农业税负担重，三是粮价低。要根本改变商品粮重点产区的面貌，必须采取以下几项措施：一、合理调整各县市之间的征购任务；二、降低重点商品粮地区的农业税率；三、有重点地提高粮价；四、国家扶助穷队的资金主要用在重点商品粮地区。毛泽东阅后批示："周总理：此件如未看过，请看一下，退回子恢同志。子恢同志最近考察了山西、河北、安徽、江苏四省〔1〕，有些好的意见，你有暇时，可找他一谈。"

11月26日　晨，指示通知各中共中央局第一书记和第二书记柯庆施、曾希圣、陶铸、王任重、宋任穷、欧阳钦、李雪峰、刘子厚、李大章、廖志高〔2〕、刘澜涛、张德生今明两日到京参加中央政治局扩大会议，讨论中国党政代表团关于在莫斯科声明

〔1〕邓子恢考察的是山西、河北、江苏3省。

〔2〕李大章，当时任中共中央西南局书记处书记、四川省委书记处书记、四川省省长。廖志高，当时任中共中央西南局书记处书记、四川省委书记处书记、四川省政协副主席。

上签字问题的请示电报和对声明草案的修改意见。同时，要周恩来召集有关人员对请示电进行分析，准备意见。自二十四日夜至二十五日夜中国党政代表团连续给中央发回三封电报，对代表团是否在莫斯科会议声明上签字的问题，提出意见。第一次电报中说有三种可能：一、声明中保留三条[1]，匈牙利党提出的关于少数服从多数的内部决议也要搞，我们坚决不签字；二、声明中删掉三条，内部决议还要搞，我们可以签字；三、声明中删掉两条，保留肯定苏共二十大的话，内部决议还要搞，我们也不签字。在最后一次电报中，代表团考虑的意见是，在上述三种情况下，统统不签字。

同日 下午二时半，周恩来召集陈毅、李富春、贺龙、李先念、谭震林、陈伯达、薄一波、罗瑞卿、伍修权、周扬开会，分析讨论中国党政代表团关于在莫斯科会议声明上是否签字问题的请示电。

同日 下午五时五十分，在中南海颐年堂召开会议，听取周恩来汇报讨论请示电后提出的意见，陈毅、李富春、贺龙、李先念、谭震林、陈伯达、薄一波、罗瑞卿、伍修权、周扬出席。周恩来说：我们分析了五种可能性：第一种是三条照我们的意见改，内部决议也不搞，这个很简单，签字。我们认为这个情况不可能。第二种是声明上那三条不动，内部还搞决议，这个也很简单，我们不签字。不过，这个情况可能性也不大。第三种是声明上保留一个“二十大”，内部决议也搞，这两种连在一起，照代表团的意见是不签字。我们考虑也是不签字。这种可能性是存在的。第四种是声明上三条都删掉，内部决议还搞，这个签不签字？代表团开始说这样情况要签字，后来考虑还是不签字。我们

---

〔1〕 指肯定苏共二十大，批评所谓民族共产主义，反对所谓派别活动。

认为可以考虑签字，但认为这个可能性不大。第五种是内部决议不搞，声明一定要把“二十大”写上。这个可能性较大，比较有现实性。对第五种可能又有三种方案，第一个方案是只要声明上留下“二十大”，我们就不签字。当然，各兄弟党会来劝，说一九五七年《莫斯科宣言》有“二十大”，你们已经签了字嘛，许多国家的党都说了这个话的。因此，有一个困难，怎样向人民向党员解释。第二个方案是“二十大”在声明上可以保留，但要照我们的意见修改，他们同意修改，我们可以考虑签字，不同意修改，我们就不签字。第三个方案是声明关于“二十大”的写法，照抄一九五七年《莫斯科宣言》上的，我们觉得也不好签字，我们的理由要作解释。关于在声明上签字还是不签字的问题，毛泽东表示先不作结论，等中央局负责人到北京讨论后再说。会上还商量了一件事情，就是在声明里要强调协商一致的原则。会后，中共中央致电刘少奇等：提议在声明的有关段落中，强调协商一致的原则；签字问题，中央正在讨论，待二十七日或二十八日才能答复。

11月27日　下午，中共中央政治局扩大会议在中南海怀仁堂举行，中央政治局委员，各中央局第一、第二书记，中央有关部门负责人等出席。周恩来主持会议并讲话，介绍莫斯科会议进行情况，分析了在莫斯科声明上签字和不签字的五种可能性。会议进行了讨论，对声明上如果保留有肯定“二十大”我们是否签字的问题，多数人主张不签字，少数人主张签字。

同日　晚上，在中南海颐年堂召开会议，讨论是否在莫斯科声明上签字问题，周恩来汇报当天下午政治局扩大会议讨论的情况。陈毅、李富春、陈伯达、曾希圣、陶铸、王任重、宋任穷、欧阳钦、刘澜涛、张德生、李雪峰、刘子厚、李大章、廖志高出席会议。

11月28日 晚七时半，审阅周恩来本日下午六时报送的中共中央关于在声明草案上是否签字问题给刘少奇、邓小平、彭真的电报稿。周恩来附信说："即送主席审阅。如大体可用，请批回，以便召集政治局扩大会议原则通过，文字由常委斟酌后发出。如原则仍须考虑，请再约谈。"毛泽东批示："原则同意。退周办。"晚九时，周恩来主持召开政治局扩大会议，讨论通过中央给代表团的电报。

同日 晚十时十五分，在中南海颐年堂召集周恩来、柯庆施、曾希圣、陶铸、王任重、宋任穷、欧阳钦、刘澜涛、张德生、李雪峰、李大章、廖志高开会，再谈是否在莫斯科声明上签字问题。十一时半，中共中央发出给代表团的电报，电报说：你们连日来电均悉。这两天，政治局在各中央局第一、第二书记参加下，反复地讨论了你们来电所提意见。现在全世界斗争中的人民和各兄弟党都期待莫斯科会议产生积极结果，担心中苏分裂。这种情绪不能不反映到各党代表团中来，绝大多数都没有应付这种分裂的精神准备。鉴于上述情况，我们必须力争在一致协议原则下，求得妥协，好在公开声明上签字。如果苏方硬要逼得我们无法签字，我们也要做到仁至义尽，使左派乃至中派都能看清楚是苏方在拒绝妥协下分裂的，而不是我方要分裂的。目前情况，完全可以看出苏方底牌在"二十大"。内部文件即使多数赞成，对我们也无约束力。中央决定采取对策如下：（一）声明删去我们反对的三点，内部文件不搞，我们当然签字。（二）声明三点不删，又搞内部文件，我们当然不签字。（三）声明三点全删，但搞内部文件，我们应在声明上签字，反对内部文件。（四）声明删去两点，只保留"二十大"，内部文件不搞，这种可能性较大。在争到这种情况时，不要只考虑不签，应考虑为照顾苏共和各方意见，又不违背兄弟党平等地位的原则，可建议对声明草案中关于“二十大”的提法进行修改，要求苏共在这一点上达成协议。万一争到最后，仍不可能妥协，我们应准备同意照抄一九五七年《莫斯科宣言》有关苏共二十大的那一句，并在协议时声明，为照顾苏共和多数党的意见，我党愿作此让步，以达成一致协议，而利团结。电报还说：不论签字与否，我们必须发表声明，我们是坚持原则，坚持团结的，我们保留对“二十大”不正确部分的不同意见，并且也反对把不同意见强加于人。十一月二十九日，中苏双方就《各国共产党和工人党代表会议声明草案》内容修改问题举行会谈。苏方表示：（一）肯定苏共二十大的内容需写上，文字或照抄一九五七年《莫斯科宣言》或另行商定。苏共二十一大可以不提。（二）不点名指责中共搞所谓集团派别活动的内容可以删去。（三）个人崇拜问题可以考虑不写。（四）可以考虑写上协商一致的话。（五）可以不搞内部秘密决定。中方表示基本可以照苏方办法解决，并约定时间由赫鲁晓夫同刘少奇举行会谈最后商定。十二月一日，刘少奇代表中共代表团在声明上签字。

同日 为中共中央起草转发甘肃省委《关于贯彻中央紧急指示信的第四次报告》的批语，全文如下：“各中央局，各省、市、区党委：发去甘肃省委一九六〇年十一月二十五日报告一件，很有参考价值，值得你们及地、县同志们认真研究一遍至两遍。甘肃省委在作自我批评了，看起来批评得还算切实、认真。看起来甘肃同志开始已经有了真正改正错误的决心了。毛泽东同志对这个报告看了两遍，他说还想看一遍，以便从其中吸取教训和经验。他自己说，他是同一切愿意改正错误的同志同命运、共呼吸的。他说，他自己也曾犯了错误，一定要改正。例如，错误之一，在北戴河决议中写上了公社所有制转变过程的时间设想得过快了。在那个文件中有一段是他写的，那一段在原则上是正确的，规定由社会主义过渡到共产主义的原则和条件，是马列主义的。但是在那一段的开头几句规定过程的时间是太快了。那一段开头说：‘由集体所有制向全民所有制过渡，是一个过程，有些地方可能较快，三四年内就可以完成；有些地方可能较慢，需要五六年或者更长的时间。’这种想法是不现实的。现在更正了，改为从现在起，至少（同志们注意，说的是至少）七年时间公社现行所有制不变，即使将来变的时候，也是队共社的产，而不是社共队的产。又规定从现在起至少二十年内社会主义制度（各尽所能，按劳付酬）坚决不变，二十年后是否能变，要看那时情况才能决定。所以说‘至少’二十年不变。至于人民公社队为基础的三级所有制规定至少七年不变，也是这样。一九六七年以后是否能变，要看那时情况才能决定，也许再加七年，成为十四年后才能改变。总之，无论何时，队的产业永远归队所有或使用，永远不许一平二调。公共积累一定不能多，公共工程也一定不能过多。不是死规定几年改变农村面貌，而是依情况一步一步地改变农村面貌。甘肃省委这个报告，没有提到生活安排，也没有提到一、二、三类县、社、队的摸底和分析，这是缺点，这两个问题关系甚大，请大家注意。”毛泽东同时批示：“周、富春、谭震林、陈伯达同志阅后，用电报发去。原件退毛。”甘肃省委的报告说：省委领导工作中的缺点错误，和刮“共产风”直接有关的，是以下三个问题。第一，在执行中央政策方面产生了一些偏差。主要表现在：急于由基本队有制向基本社有制过渡；忽视小队小部分所有制和小队工作；对于发展生产队（基本核算单位）的经济重视不够，抓得不狠；在收益分配政策上，扣留部分多、社员分配部分少，供给部分大、工资部分小。另外，自留地问题变动也较多。发生偏差的原因，主要是因为思想上对正确处理公社内部所有制问题的重要性认识不足，对于不同发展阶段既相互联结又互相区别认识不够清醒。第二，没有把安排工作任务和贯彻政策结合起来。提出的任务大，要求急；对需要考虑得多，对可能考虑得少；看有利条件多，看困难因素少；给下面干部分派任务多，交代办法少，致使他们在政策许可的范围内难以完成任务，就必然出现违反政策的事。这样的错误，多半是领导上逼着他们犯的。第三，各级干部作风有毛病，和省委的领导也很有关系。省委领导工作的一个重大问题就是对农业估产偏高，要求过高过急，作了一些不恰当的宣传、表扬和不准确的批评，助长了“五风”的出现，使领导工作失去主动权。

同日　为转发中共浙江省委关于贯彻执行中央紧急指示信的报告，起草中央给各中央局、各省市区党委的批语：“发去浙江省委一九六〇年十一月二十日报告一件，供你们参考。中央认为这个报告反映了浙江的实际情形，对各地有参考价值。”并批示：“周、富春、震林、伯达阅后，用电报发去。不发西藏。除中央批语外，原件也不发浙江。原件用后退毛。”浙江省委的报告说：省委常委开会，讨论了中央指示，深深体会到“五风”的严重危害。“五风”屡反屡犯的根源，是我们对发展国民经济以农业为基础和现阶段人民公社以队为基础的三级所有制这两个根本问题理解不深，执行不坚决。从一九五九年下半年以来，由于我们不顾实际可能，要求下面大办各项社办工业和农业企业、水利建设等，又助长了“一平二调”，其范围之广，超过了公社化初期。今年三月全省六级干部会议，又大谈创造条件准备过渡，积极发展社有经济，使农业生产力遭到破坏。但是，对于以上问题许多同志简单化地认为是农村中两条道路的斗争。其次，对解决农业劳动力问题是当前发展农业生产的关键，过去也认识不足。第三，对于干部中的命令风、浮夸风、乱指挥生产、生活特殊化，过去虽然反复进行批评，但没有抓到根本问题，主要是我们在任务要求上集中过多，规定过死，要求过急，不实事求是，不给下面留余地，同下面干部商量不够，等等。

11月29日 阅中共中央统战部十一月二十五日编印的一份内部刊物，批示："恩来同志：第四、第五、第六页请看一下，资本家下放农村很紧张，似以下放城市企业为好，如何，请酌定。童少生〔1〕的意见似可考虑。河南党外人士反映一条，可以看看。"在第四、第五页上刊载的是题为《北京市资产阶级分子对精简下放、到农村安家落户普遍感到紧张、恐慌》的简讯。在第六页上刊载的是《童少生对私方人员下放的若干具体建议》。童少生的建议是：（一）采用现在干部下放的办法；（二）下放到工矿；（三）采用重庆的办法，把年老的集中起来搞农场，加上一些干部或年轻的轮流下去；（四）采用在原系统或原单位搞蔬菜基地，工资在原单位领取。《河南一些党外人士对中央紧急指示信的反映》一文说，他们一般都表示拥护中央的政策，有人认为这是解决当前农村问题的对症良药。不少人相信中央的政策贯彻下去后，农村一定会起很大的变化，农业问题可望得到解决。

11月下旬 审阅周恩来十一月二十八日报送的中共中央给南非共产党第五次全国代表大会的贺电稿，将"当前在东风继续压倒西风的大好国际形势下"一语中的"东风继续压倒西风"，改为"世界革命力量占优势"。

12月2日 晚上，同郭沫若、张劲夫、谷羽谈代食品问题。

12月3日 下午四时，在中南海勤政殿召开会议，听取出席各国共产党和工人党代表会议后本日回到北京的邓小平、彭真等汇报会议情况，周恩来、朱德、陈毅、李富春、贺龙、陈伯

〔1〕 童少生，当时任全国人大代表、四川省副省长、中华全国工商业联合会执行委员、中国民主建国会中央常委兼四川省工作委员会主任委员。

达、罗瑞卿出席。

同日 下午五时半，在中南海勤政殿会见并宴请胡志明、黎笋[1]等，周恩来、朱德、邓小平、彭真、陈毅、李富春、贺龙、陈伯达、康生、罗瑞卿、胡乔木、廖承志参加。对刚结束的八十一国共产党和工人党代表会议，毛泽东说：好。结果是协商一致，保持团结。都在社会主义大家庭里，一定要团结，免不了有争吵，结果还是要团结，要和。先和后吵，吵了又和，又和又吵，又吵又和。一九五七年和了，开了莫斯科会议，有了协商一致。那次中苏两党协商，提出一个草案，大家又协商、修改，一致通过。这样就很好。从一九五八年起，中苏情况有些变化。去年九月以后，情况更紧张。在布加勒斯特会议上大吵一场，以后在报纸上继续争吵。胡志明说：争吵不是从世界工联开会时开始的吗？毛泽东说：主要还是三篇文章。为什么有三篇文章？不写不行。你说请人抽烟，要双手递上，不要丢给对方。但是，他给我们丢了几次烟，不是请而是丢，我们就丢回三篇文章。这样双方丢，就吵起来了。结果是越丢越多，越丢越大。布加勒斯特会议后，他丢根大纸烟——撤专家，还有不给汽油。今年六月到十一月一连丢了半年。这次莫斯科会议，有六十几个党骂我们，我们在会上必须把烟丢过去。后来，谈一谈，请抽烟，不丢了。这次又搞个协商一致，这最重要。按照这个原则办事，不一致的就不写。不论大国小国、大党小党，都不能不协商而强加于人。看来，还应该采取一些措施，双方都应该这样。要停止互相攻击，我们同他们搞了个君子协定。这次会终于协商一致，总要管一个时期。再过一个时期，再积一些问题，又开会。邓小平说：我们开头就说，要压我们，即使分裂，也斗争到底。毛泽东说：如果

[1] 黎笋，当时任越南劳动党中央第一书记。

你要破裂，我有什么办法？他们搞边缘政策，一步一步压。撤走了专家，再来一个封锁经济，这还不够，还要公开指名批评中共。压的办法无非是这两条：一条是物质的，一条是精神的。邓小平说：十一月三十日中苏每方三人的谈话中，赫鲁晓夫还攻“纸老虎”，我没有回答他。毛泽东说：这是生活中常见的现象。开一次重要会议，解决当前一些重要问题，还有一些意见，各党保留着，如对“纸老虎”，现在无法达成协议，但这并不妨碍两党团结。中苏两党应该团结，那不仅是双方的需要，也是八十几个党的希望，人民的希望，反对帝国主义的需要，建设社会主义的需要。只是这次会议取得了一致，实现和解，比我们过去所预想的早一点。这次会议取得的第一个胜利，是明确了革命路线；第二个胜利，是承认了协商一致的原则，用说服而不是用压服的办法。兄弟党之间，就只能说服，不能压服，兄弟党之间的矛盾是内部矛盾，不是敌我矛盾。协商一致这个原则写上文件，是大胜利。

12月4日 晚七时十分，和周恩来去中南海紫光阁投票，选举北京市西城区人民代表大会的代表。

同日 晚七时半，陪同胡志明在中南海怀仁堂观看京剧、音乐、舞蹈、杂技演出，周恩来、朱德、邓小平等出席晚会。

同日 晚九时四十分，召集周恩来、邓小平、彭真、陈毅、李富春、贺龙、聂荣臻、陈伯达、康生、罗瑞卿、萧华开会，由萧华、罗瑞卿汇报总政治部整风情况。

12月5日 复信黄炎培：“惠书收读，甚谢！阿尔及利亚总理阿巴斯回去后对法新社记者讲了一篇话，叙述我规劝他不杀俘虏的政策对于瓦解敌军有很大的效力。这篇谈话登在不久前出版的《参考资料》上，现在找不到了。现在找到十二月三日下午版《参考资料》第四十一页寄上。美国刊物上所载的这些话，就是阿巴斯总理对法国记者所说的，可以一阅。”

12月6日 下午，同陈伯达谈话。

同日 以《红旗》杂志编辑部名义写信给中共哈尔滨工业大学机械系机床及自动化专业分总支。信中说：“看了你们在一九六〇年十一月二十五日《光明日报》上发表的文章〔1〕，非常高兴，我们已将此文在本志上转载。只恨文章太简略，对六条结论使人读后有几条还不甚明了。你们是否可以再写一篇较长的文章，例如一万五千到二万字，详细地解释这六条结论呢？对于车、铣、磨、刨、钻各类机床的特点，也希望分别加以分析。我们很喜欢读你们的这类文章。你们对机械运动的矛盾的论述，引起了我们很大的兴趣，我们还想懂得多一点，如果你们能满足我们的（也是一般人的）要求，则不胜感谢之至。”根据这封信的意见，哈尔滨工业大学机械系机床及自动化专业又写成一篇较长的文章，题为《再谈机床内部矛盾运动的规律和机床的“积木化”问题》，在《红旗》杂志一九六一年第九、第十期合刊发表。

---

〔1〕 这篇文章的题目是《从设计“积木式机床”试论机床内部矛盾运动的规律》。文章得出的6条结论为：（一）根据对切削过程基本矛盾的认识，可以进一步研究积木式机床通用的积木块和特殊积木块问题，为大量生产机床创造条件。（二）精密、特种机床和一般机床的主要不同点也在于工作部件，可以将它们和积木式机床联系起来，设计一些特殊的工作部件，就可以在普通机床厂生产精密和特种机床。（三）进一步研究“以小干大”的积木式机床对解决大型零件的加工问题，具有很大意义。（四）许多新的加工方法，由于在加工的同时也改变工件的性能，这必将引起机床的进一步革命。（五）用通用的传动及支承部件加上特殊的工作部件来组成机床的原理也适用于其他机器。（六）认清了机床的矛盾发展，不仅使我们在科研中明确方向，而且使我们决心在机床教学中来一次彻底的改革。《红旗》杂志1960年第24期转载了这篇文章。

12月9日 下午，和周恩来、朱德、陈云、邓小平等党和国家领导人到首都机场迎接刘少奇。刘少奇在出席各国共产党和工人党代表会议后到苏联列宁格勒、明斯克等地进行了友好访问，本日由伊尔库茨克回到北京。

同日 晚上，在中南海颐年堂召开会议，听取刘少奇汇报出席各国共产党和工人党代表会议及访问苏联的情况，周恩来、朱德、陈云、邓小平、彭真、陈毅、李富春、李井泉、陆定一、康生、杨尚昆出席。

12月上旬 审阅周恩来十二月六日报送的中共中央关于山东、河南、甘肃和贵州某些地区所发生的严重情况给各地的指示稿，批示："照办。"指示说：山东、河南、甘肃三省某些地区所发生的严重情况，你们已有所知。贵州遵义和毕节地区的群众生产、生活中的严重情况，特别是干部中的极其严重的不可容忍的铺张浪费、贪污腐化、破坏党章、违法乱纪、不顾人民死活的情况，有些简直不能想像。其中某些反革命的破坏行为，显然是封建势力在地方上篡夺领导，实行绝望性的破坏性的报复。这是农村中阶级斗争的最激烈表现。中央要求山东、河南、甘肃和贵州省委好好检查和纠正这方面问题，更主要的是赶快将中央十二条紧急指示无保留地传达到群众中去，抓生活、生产和劳动力安排，使中央的政策直接与群众见面，先分是非，后清敌我。其他各地、各单位也要检查存在着的或多或少甚至极少的类似情况，坚决纠正，彻底解决。

12月11日 审阅修改中共中央军委十月二十七日报送的《中央军委关于加强军队政治思想工作的决议草案》和代中央起草的转发这个决议的批语草稿。在批语草稿的末尾，毛泽东加写一段话："军队中有文化条件的干部必须研究马、恩、列、斯的经典著作。研究方法，必须是为了我们的工作需要而去作研究，即为了解决中国问题和国际问题的需要而去请教马、恩、列、斯，而不是为研究而研究，不是读死书，而是领会马克思列宁主义的精神实质。读毛泽东同志的著作的方法也应当是这样。过去军队中理论研究工作的方法是读死书的方法，那是不正确的，十月军委扩大会议已指出了这一点，中央认为是正确的。”决议草案说：“毛泽东思想是在帝国主义走向崩溃、社会主义走向胜利的时代，创造性地全面地发展了马克思列宁主义。”毛泽东在“创造性地”前面加写“在中国革命的具体实践中，在党和人民的集体奋斗中，应用马克思列宁主义的普遍真理”，在“创造性地”后面删去“全面地”三个字。十二月十四日，毛泽东同胡乔木、吴冷西、田家英谈对决议草案的修改。他对陈伯达等作了修改的决议草案又作了修改，在加强民兵政治工作，贯彻党的全民皆兵方针这一段的末尾，加写：“民兵必须注意成分的纯洁。民兵必须放在可靠的党员干部的领导之下。”并在当天批示：“刘、朱、周、邓、彭各同志：此件经过修改，修改处并已征得军委及总政方面几个同志（罗、萧、刘志坚〔1〕）的同意，现送上，请审阅。希望在十天左右时间内阅完，交尚昆印发党、政、军、民各系统，先发军事系统。文件虽长，但不难读。修改是陈伯达、田家英诸同志的一个小组进行的。”

12月12日　阅李先念十一月二十九日给毛泽东和周恩来等的信。信中说：面临着明年春荒的困难，克服这个临时困难的办法，除中央一系列方针政策之外，考虑进口十二亿斤粮食或者更多一些的粮食是必要的。毛泽东批示：“退先念同志。完全同意。能进口二十亿斤，更好。”

---

〔1〕 罗、萧，指罗瑞卿、萧华。刘志坚，当时任中国人民解放军总政治部副主任。

同日 阅国务院财贸办公室副主任姚依林十一月十二日整理的关于代食品会议情况的材料，批示："尚昆同志：此件请你用电报发给各省、市、区党委阅读。虽然已过去一个月了，但是仍然有用。"这份材料说：各地代表一致认为谭震林的报告明确了推广代食品的方针、政策。有的说，过去对粮食、蔬菜只重视数量，没有强调质量，只考虑如何用代食品填饱肚子。今后要根据每种作物所含养分不同来安排生产，为此要求科研部门提供各种作物所含养分的资料。十四日，中共中央向各省、市、区党委转发了这个材料。

同日 晚上，在中南海颐年堂主持召开中共中央政治局常委会议，听取周恩来、李富春汇报一九六一年国民经济计划问题，刘少奇、陈云、邓小平出席，彭真列席。

12月16日 晚上，在中南海颐年堂召开会议，讨论韦国清去越南问题，刘少奇、周恩来、邓小平、彭真、陈毅、罗瑞卿、韦国清出席。

12月17日 下午五时半，在中南海勤政殿会见柬埔寨国家元首西哈努克和夫人，及五位最高委员会副主席宾努等，并共进晚餐，刘少奇、朱德、周恩来、彭真、黄炎培、郭沫若、陈毅等参加。西哈努克说：我这次到中国来访问已经是第三次了。毛泽东说：来了三次就熟了。你不在国内期间，老挝的局势发生了变化。美国支持诺萨万〔1〕两路进攻万象，炮是美国的，还有美国的军官，后台是美国。诺萨万已经占领了万象的大部分地方。现在的老挝，不是英国和法国的问题，而是美国的问题。

12月19日 晚上，在中南海颐年堂主持召开中共中央政治局常委扩大会议，讨论一九六一年国民经济计划问题，刘少奇、

---

〔1〕 诺萨万，老挝亲美军阀。

周恩来、陈云、邓小平、彭真、陈毅、李富春、李先念、谭震林、陆定一、薄一波、罗瑞卿出席。

12月22日 晚上，同陈伯达谈话。

同日 为转发中共湖南省委关于整风整社运动部署的报告，起草中央给各中央局、各省市区党委的批语："发去湖南省委一九六〇年十二月十八日报告一件，供你们参考。"并批示："刘、邓、彭真阅后，交尚昆用电报发去。另印发到中央会议[1]各同志。不发西藏。"湖南省委的报告说：我们准备在明年春耕大忙之前（即三月十五日前后），从根本上把目前农村工作的被动局面彻底扭转过来。办法是坚决采取湖北省通海口公社的经验，集中力量打歼灭战，分期分批，由点到面，稳扎稳打。先搞情况严重的社队，再搞问题较多的社队。对中央十二条指示，凡是公社力所能及的，要作出具体规定贯彻执行，如集中劳力加强农业生产第一线，"一平二调"退赔兑现一部分，明年的"三包"，包产单位的"三权四固定"[2]，社员自留地，社员休假制度，初级市场等。

12月23日 晚上，在中南海颐年堂召集中共中央政治局常委和各中央局第一书记、第二书记等开会，听取各中央局汇报农村生活安排和整风整社情况，并讨论中央工作会议的开法。出席会议的有：刘少奇、朱德、陈云、邓小平、彭真、谭震林、陈伯达、柯庆施、曾希圣、陶铸、王任重、宋任穷、欧阳钦、刘澜涛、张德生、李雪峰、乌兰夫、刘子厚、李井泉、廖志高。毛泽东在插话中说：就全国来说，按县、社、队为单位排队，大体是

---

〔1〕 指将于1960年12月24日开始在北京举行的中共中央工作会议。

〔2〕 指在保证完成包产任务的前提下，生产小队有因地种植、制定技术措施、安排农活的权力，和对土地、劳力、耕畜、农具固定使用。

三、五、二的比例，即百分之三十是好的，百分之五十是中间的，百分之二十是坏的。在坏的中间，有若干单位领导权被人家拿去了。干部排队可分为六类：第一类，五类分子。地主阶级复辟的，就是反革命。第二类，本来是好的，变坏了，被人家拉过去了，这也是反革命。第三类，死官僚主义分子，这是子厚同志发明的。死也不改，“共产风”一直刮，党的话不听。他们是前两类的间接同盟军，不能说是我们的人，也是敌人。〔1〕第四类，情况不明，头脑不清。不知道什么是三级所有、队为基础，不知道什么是全民所有、集体所有、个人所有，不知道价值法则、按劳分配、等价交换，不知道什么是社会主义与共产主义，总之是糊涂人。第五类，知道一些，不甚清楚。第六类，头脑清楚，事情办得好，“共产风”很少或者没有。毛泽东说：前三类属于敌我矛盾；后三类是好人、中间的、糊涂的。前三类占多少？在湖北是百分之三，问题严重的地区甚至占百分之几十。对于坏人，要夺权。有些是假共产党之名，行国民党之实。国民党统治那么久，土改在一个乡只不过搞几个月，就搞得那么干净？国民党是不容易消灭干净的。但大多数人是好的，就是烂了的地方也是好人多。对于好人，要帮助他们，帮助他们弄清楚问题。对于前三种人，要由群众撤他们的职，不要只由上级去撤。河南信阳地区的光山县，我们把坏人撤了，群众不相信，说调动工作了，后来开群众大会又撤了一次。毛泽东强调，在这些地方，一定要发动群众，搞阶级斗争。关于干部中的后三类人，毛泽东说第五类、第六类是我们的依靠力量，对第四类要教育，不能让他们担负领

〔1〕关于“死官僚主义分子”的性质，毛泽东在1960年12月27日中共中央工作会议汇报会议的插话中作了改变，说他们和第一、二类有所区别，还是人民内部问题。

导责任。中央和省两级要担一些责任，帮助下边，帮助好人。他再次强调：一定要坚决退赔。自留地可以多留一点，百分之五是否少了？百分之七怎么样？可以议一下。养猪问题，公私并举、鼓励私养，应改为公私并举、私养为主。

同日 阅中共中央办公厅十二月十五日编印的《情况简报》第六六四号刊载的《鲜明的对照》（中央办公厅河北工作组关于三个人民公社的调查简报），批示：“各位同志：此件请你们迅速一看，并加以讨论。全国的情形，我看大体都是这个样子，好的、坏的、中等的三类。此件可以一直发到公社，请你们办理。伯达即阅，送尚昆印发到会各同志。”简报介绍他们最近考察丰润县的一个公社和玉田县的两个公社的情况。这三个公社两年来同样都遭受连续的自然灾害，但由于对党的政策采取了不同的态度，采取了不同的工作作风，得到了不同的结果，形成鲜明对照。一个是正确地执行了党的政策的，年年增产；一个是一直违反党的政策的，年年减产；一个是开始纠正错误，情况就开始好转。这三个社的事实，证明了党的政策就是党的生命的论断的正确性。

同日 阅谭震林十二月十二日关于粮食情况给中央的报告。报告说：今年粮食总产量估计为三千七百亿斤，或者略多一点；入仓量估计为三千二百至三千三百亿斤，到十一月底已入仓二千三百九十亿斤。由于事前认识不足，在十月底以前吃粮指标还没有完全落下来，前松后紧现象严重，农村口粮都很低，城市统销标准和出口也无法再压了。根据这种情况，目前农村工作除认真做好整风整社工作外，首先必须抓紧粮食入仓工作；第二，要抓紧安排生活，认真办好食堂；第三，明年必须采取前紧后松的办法，夏收一开始就抓紧过秤入仓，计划用粮，采取低标准、瓜菜代、农忙多吃、农闲少吃的政策。争取明年丰收是一件大事。毛泽东批示："印发各同志，研究、讨论，是否适宜。"

12月24日 晚上，在中南海颐年堂会见古巴妇女代表团和厄瓜多尔文化代表团，楚图南等在座。在客人提出关于利用中国文化遗产问题时，毛泽东说：对中国的文化遗产，应当充分地利用，批判地利用。中国几千年的文化，主要是封建时代的文化，但并不全是封建主义的东西，有人民的东西，有反封建的东西。要把封建主义的东西和非封建主义的东西区别开来。封建主义的东西也不全是坏的。我们要注意区别封建主义发生、发展和灭亡不同时期的东西。当封建主义还处在发生和发展的时候，它有很多东西还是不错的。反封建主义的文化也不是全部可以无批判地利用的。封建时代的民间作品，也多少都还带有封建统治阶级的影响。我们应当善于进行分析，应当批判地利用封建主义的文化，而不能不批判地加以利用。反封建主义的文化当然要比封建主义的好，但也要有批判、有区别地加以利用。我所了解的是这样，我们现在的方针是这样。至于充分利用文化遗产，我们现在还没有做到。中国古典著作多得很，现在是分门别类地在整理，用现代科学观点逐步整理出来，重新出版。在客人提出中国的画家存在抄袭西方的画法问题时，毛泽东说：这种抄袭已经有几十年、近百年了，特别是抄袭欧洲的东西。他们看不起自己国家的文化遗产，拼命地去抄袭西方。我们批评这种情况已有一段时间了，这个风气是不好的。不单是绘画，还有音乐，都有这样一批人抄袭西方，他们看不起自己民族的东西。文学方面也如此，但要好一些。在这方面，我们进行过批评，批评后小说好一些，诗的问题还没有解决。在文化方面，各国人民应该根据本民族的特点，对人类有所贡献。各国文化有共同点，但也有差别。共同点是都在同一时代，都处于二十世纪的下半个世纪，总有共同点。但是如果大家都画一样的画，都唱一样的曲调，千篇一律就不好了，就没有人看，没有人听，没有人欣赏。

12月24日—1961年1月13日 中共中央工作会议在北京举行。议程有三项：（一）关于农村整风整社和纠正“五风”问题；（二）关于一九六一年国民经济计划问题；（三）关于各国共产党和工人党代表会议的报告。会议形成了《关于农村整风整社和若干政策问题的讨论纪要》。《纪要》在中共中央十二条紧急指示的基础上，进一步作了若干补充规定。《纪要》主要包括三个方面的内容。第一，整风整社，纠正“五风”。整风整社，必须放手发动群众，搞深搞透，反对走过场；采取打歼灭战的办法，首先集中力量整顿三类社；我们同死官僚主义分子的矛盾，仍然属于人民内部矛盾的范围，但是必须严肃处理；县和县以上各级各部门，也必须彻底整风，“共产风”、浮夸风、瞎指挥生产风，在不少地方很大程度上是来自县级和县级以上的。第二，退赔问题。社队各级和县以上各级各部门的平调账，都必须认真清理，坚决退赔。谁平调的谁退赔，从哪里平调的退赔给哪里；要强调退赔实物；国家准备补助二十五亿元，列入财政支出，基本按农村人口分给各省、市、自治区，用于退赔。第三，关于粮食、自留地、社员家庭副业和家庭手工业、农村集市贸易等的一些规定。粮食价格应该提，只提统购价格，不提统销价格，一九六一年中央准备再拿出十亿元专用于提高粮食收购价格，同时适当提高油料、生猪和禽、蛋的收购价格，棉花和其他农产品的价格放到一九六二年再提；节约用粮是一个长期的方针，在粮食没有基本过关以前，必须坚持低标准、瓜菜代的政策；社员自留地包括食堂菜地在内，由占当地人均耕地面积的百分之五提高到百分之七；养猪是公养和私养并举，以私养为主；社员家庭副业和手工业，是社会主义经济的必要补充，是大集体下的小自由，允许有适当发展；对农村集市贸易采取活而不乱、管而不死的方针，目前要放手活跃农村集市，不要过多限制。这个《纪要》于一九六一年一月二十日发给各省、市、自治区党委。

12月25日 为转发中共陕西省委关于当前市场问题的报告，起草中央给各中央局、各省市区党委等的批语："发去陕西省委一九六〇年十二月二十二日关于抓紧解决市场问题的报告一件，供你们参考。请各省、市、区党委在市场方面，仿照陕西的办法，切实抓紧解决。"并批示："刘、邓、彭真、先念、周总理阅后，尚昆用电报发去，并印发到会各同志。"陕西省委的报告说：目前我省许多主要商品的货源供应比较紧张，为了安排好市场，安排好人民生活，省委已成立市场领导小组，迅速逐项分批地加以解决。对当前供求矛盾比较突出的几种主要商品，已采取凭证限量供应等特殊措施，大抓缺门商品的生产，力争达到自给。小商品生产，未经上一级党委批准，不准停产、改产和转业。农副产品的生产，由农业部门安排好明年生产计划，任务逐级落实到公社、生产队、生产小队。迅速恢复农村集市贸易，活跃农村经济。号召全省人民艰苦奋斗，厉行节约，支援国家建设，争取我省市场情况的好转。

同日 晚上，同部分亲属和身边工作人员聚餐，李敏〔1〕、李讷、毛远新、王博文〔2〕、汪东兴、叶子龙、王敬先〔3〕、林克、高智、李银桥、吴旭君、张仙朋〔4〕、封耀松参加。毛泽东说：像今天我们在一起吃饭一样，大家团结得很好，这就好。你们整风，检查一下，批评一下，大家还是团结在一块。批评就是

〔1〕 李敏，毛泽东的女儿。

〔2〕 毛远新，毛泽东的侄子。王博文，江青的外甥。

〔3〕 王敬先，当时任中共中央办公厅警卫局副局长。

〔4〕 李银桥，毛泽东的卫士长。吴旭君，毛泽东的护士长。张仙朋，毛泽东的卫士。

帮助，对人是有好处的。人就是要压的，人没有压力是不会进步的。我就受过压，得过三次大的处分，被开除过党籍[1]，撤掉过军职，不让我指挥军队，不让我参加党的领导工作。那时，给我戴的帽子就多了。说什么山上不出马列主义，他们城里才出马列主义。说实在的，我在山上搞了几年，比他们多了点在山上的经验。他们说我一贯右倾机会主义、狭隘经验主义、枪杆子主义等等。那时我没有事情做，长征中坐在担架上，做什么？我看书！有人又批评我，说我凭着《三国演义》和《孙子兵法》指挥打仗。其实《孙子兵法》当时我并没有看过；《三国演义》我看过几遍，但指挥作战时，谁还记得什么《三国演义》，统统忘了。我就反问：既然说我是按照《孙子兵法》指挥作战的，想必你一定是熟读的了，那么请问《孙子兵法》一共有几章？第一章开头讲的是什么？他哑口无言。原来他也根本没有看过。后来到陕北，我看了八本书，看了《孙子兵法》，看了克劳塞维茨[2]的书，日本人写的军事操典也看了，还看了苏联人写的论战略、几种兵种配合作战的书等等。那时看这些，是为了写《中国革命战争的战略问题》，是为了总结中国革命战争的经验。写《实践论》、《矛盾论》，是为了给抗大讲课。他们请我讲课，我也愿意去当教员。自己作准备，结合实际讲，总结革命经验，听的人就有劲头了。你们整风，批评一下，又有什么关系呢？又不给你戴路线错误的帽子，就是生活上的一些问题嘛，总的说来是小事。

---

〔1〕 1927年11月，中共中央临时政治局扩大会议作出开除毛泽东临时政治局候补委员的决定。1928年3月，中共湘南特委代表周鲁到井冈山，在传达中央的这一决定时误传为开除毛泽东的党籍。不久，毛泽东看到了中共中央文件，澄清了这一误传。

〔2〕 克劳塞维茨，军事理论家和军事历史学家，普鲁士将军。著有《战争论》等。

在我们毛家，我这一代以前还没有大学毕业的。我就没有上过大学。毛岸英、毛岸青他们在苏联上的是军事学校、东方大学，还不是正规大学。现在你们三个[1]，你[2]和我也有关系，算四个，都要读成功，一下子就是四个大学毕业生了。人就是要锻炼，不要怕。我的意见，林克、高智、小封等几位同志下放，到农村去锻炼。我看哪里最艰苦就到哪里去，还有王敬先也下去。到山东去，你们都赞成吗？（众答：赞成。）赞成，那好。我们做一个决议，过了阳历年，一月二日走怎么样？那就这样决定吧。

同日 为辽宁省公安厅副处长杨颖题词："实事求是，努力为人民服务。"

12月26日 写信给林克等："林克、高智、子龙、李银桥、王敬先、小封、汪东兴七同志认真一阅。除汪东兴外，你们六人都下去，不去山东，改去信阳专区，那里开始好转，又有救济粮吃，对你们身体会要好些。我给你们每人备一份药包，让我的护士长给你们讲一次如何用药法。淮河流域气候暖些，比山东好。一月二日去北京训练班上课两星期，使你们有充分的精神准备。请汪东兴同志作准备。你们如果很饥饿，我给你们送牛羊肉去。""信阳报告一件，认真一阅。"毛泽东在署名下面写道："十二月二十六日，我的生辰。明年我就有六十七岁了，老了，你们大有可为。"

同日 晚上，在中南海颐年堂会见苏联驻中国大使契尔沃年科、大使馆参赞苏达里柯夫和罗满宁，杨尚昆在座。契尔沃年科说：苏共中央委托我们向您祝贺您的生日。毛泽东说：不敢当，非常感谢。这次莫斯科会议很好，准备得也好，二十六国起草委

---

〔1〕 指李敏、李讷、毛远新。

〔2〕 指王博文。

员会做了很多工作。契尔沃年科说：您们的同志们辛苦了。会议上有争论，这些争论是有益的。毛泽东说：有争论好，争论不是坏事。契尔沃年科说：这个会议的文件很好，甚至敌人也承认这一点。毛泽东说：关于这个会议的文件，西方已经感觉到压力。我们也在党内进行学习。中央还没有正式指示下去。一月份我们要开一次中央全会，代表团作一个报告，通过一个简短的决议，表示支持这两个文件〔1〕；其次是讨论一九六一年的国民经济计划。搞长期的计划，我们没有经验。本来想作一个第二个五年计划的后三年补充计划，但已经过去一年了，所以只好分别作两个年度计划。明年我们要把工业战线缩短一些，主要是重工业，包括基本建设和工业生产。只注意重工业，不注意轻工业和农业，人民要吃要穿就有困难。当契尔沃年科邀请毛泽东访问苏联时，毛泽东说：今后一定会找到时间去的。就是在国内，我也有不少地方没有去，大概中国的西半部我都没有去过。会见后，同杨尚昆谈话一小时余。

12月27日 晚上，在中南海颐年堂召开会议，听取中央工作会议各小组讨论情况的汇报，刘少奇、周恩来、朱德、陈云、邓小平、彭真、谭震林、陈伯达、柯庆施、曾希圣、陶铸、王任重、宋任穷、欧阳钦、李雪峰、乌兰夫、刘子厚、李井泉、廖志高、刘澜涛、张德生出席。关于会议的安排，毛泽东说：小组会再增加四天，二十八日至三十一日，上午看文件，下午开会。议三个问题：粮食、物价、市场。在听汇报中，毛泽东插话，主要是两个方面的内容。一、关于整风整社问题。毛泽东说，摸底排队很重要，不然心中无数。县、社、队的干部百分之九十基本上

---

〔1〕 指1960年11月20日至12月1日在莫斯科举行的各国共产党和工人党代表会议一致通过的声明和《告世界人民书》。

是好的，百分之十是坏的，包括打进来的、变质的和死官僚。一类是钻进来的敌人，二类是蜕化变质分子，这两类很明显都是敌人，三类是死官僚主义分子。死官僚主义分子同一、二类有所区别，还是人民内部问题。关于糊涂人，说一个故事。楚庄王当皇帝，三年不管事。有一个大臣向楚庄王说，有一种鸟，三年不鸣，一鸣惊人，三年不飞，一飞冲天。楚庄王听了这话，觉悟了，开始振作起来，可见糊涂人也是可以振作起来的。糊涂人对三级所有、队为基础，各尽所能、按劳分配，价值法则、等价交换等等，都是不清楚的。浙江几十个县委书记，只有一个人清楚。这么多人搞不清楚，我们就有责任了，是我们对他们教育不够。我们要帮助这些糊涂人清醒过来。大办社有经济，必然刮“共产风”。这是一字之差，要大办队有经济，小办社有经济。庐山会议后，没有想到会刮“共产风”。去年几个大办，如大办水利，大办交通，大办养猪，大搞商品生产基地，这些都是中央提出的，谁也没有想到他要“一平二调”，如果想到了就不会那么办了。贵州省从农村调出来一百万劳动力，占农业劳动力的百分之十六，这就是“一平二调”的“调”嘛。北京大学五百多学生去修铁路，苦战二十天，回来后又不休整，结果一百多人发高烧，患浮肿病，后来下命令休息，病就好了。可见不要随便搞什么不断革命。江苏有个报告提到，反“左”必出右，反右必出“左”，有右反右，有“左”反“左”，有什么反什么，有多少反多少。这是个新提法，就这样办。整风整社的做法，希望全国各地都按照通海口的经验去办。只要把整风整社搞好了，转变局面、争取丰收并不困难。二、关于生产和生活问题。毛泽东说：战胜灾荒、争取丰收有许多有利条件，最主要的是，有了苦战三年的经验，包括正面的和反面的经验。过去一搞就是几个大办。看来大办只能有一个，大办这个就不能大办那个。过去我们大办工业，现在要大办农业，由大办工业转变到大办农业，工业发展速度要压低。再一条是今年抓得早、抓得紧，三个月抓了三次。今后若干年内，要小办社有经济，大办队有经济。不办丰产方，小办试验田，肥料要大办，水利要由大办改为小办或中办。自留地百分之七，包不包括食堂菜地？是不是每户百分之五，食堂百分之二。养猪问题，我赞成“公私并举，以私为主”的方针。今后可能有多种形式，公有公养，私有私养，公私合养，公有私养，私私合养。从猪的头数算，私养还是主要的。现在公养的猪还是要巩固下来，不要又分散。有些地方，县合并得太大了。要抓好农业，还是以小县制为好。有的省把地委都取消了，合并到市，市委又管工业，又管农业，如何管得了，管得好。还是要恢复地委，但现在可以不动。

12月28日　阅中共中央办公厅秘书室十二月十七日整理的一份材料《最近一个时期人民来信对中央紧急指示信的反应》，批示：“此件印发各同志。信内所提问题，请各组予以讨论。”材料说：陆续收到干部和群众的四十多封来信，除对中央紧急指示信表示极大的拥护外，也提出不少问题，主要有：一、群众对中央政策能否兑现尚有怀疑；二、对指示信中规定超产主要奖现金不很感兴趣，要求奖实物；三、对增产增购有意见，要求定产定购。此外，还有人提到以生产大队为基本核算单位太大，不利于发挥群众的积极性；私养猪没有时间；农村干部要求实行休假制度等。

12月29日　晚九时十分，在中南海颐年堂会见以扎巴拉为首的也门穆斯林代表团，包尔汉〔1〕、何英等在座。毛泽东说：

〔1〕包尔汉，当时任中共新疆维吾尔自治区委员会常委、全国人大民族委员会副主任委员、全国政协副主席、中国伊斯兰教协会主任。

非常欢迎也门的朋友们！中国人民对你们国家的领导者，都是非常友好的。我们跟你们的处境差不多，受帝国主义的压迫。扎巴拉说：我带来了也门国王、王太子和人民对主席、中国政府和人民的友好感情和谢意，感谢中国帮助我们修了第一条公路。毛泽东问：那条公路是不是通向一个海港？扎巴拉说：这条公路是从也门最大的海港荷台达，通向也门的首都萨那。海港是苏联帮助修的，海港和公路将一齐完工。毛泽东问：公路有多长？何英说：我们援助也门七千万法郎，除修一条长二百三十三公里的公路外，还帮助他们建一个一万锭子的纺织厂。毛泽东说：以后你们就可以自己修公路了。帮助你们建立了第一个纺织厂，你们就可以自己建立第二个纺织厂。在扎巴拉谈到也门工人跟中国专家都成了好朋友时，毛泽东说：我们民族不同，宗教不同，国家不同，但是可以成为很好的朋友。何英说：美国也在帮助也门修一条公路，他们专家架子很大，和也门群众的关系不好，而中国专家艰苦朴素，不摆架子，和也门群众的关系很好。毛泽东说：不要在外国摆架子，要跟也门人民一道，帮助也门把工作做好。世界上最讨厌的人就是摆架子的，特别是到外国去摆架子。要告诉我们在也门的员工好好工作。会见中，毛泽东还说：《一千零一夜》就是讲的阿拉伯的故事，有很多好的故事，我看过。

同日 晚十时十分，在中南海颐年堂主持召开中共中央政治局常委扩大会议，讨论老挝局势和干部问题，刘少奇、周恩来、朱德、陈云、邓小平、彭真、陈毅、罗瑞卿、韦国清出席。

12月30日 下午，在中南海颐年堂召开会议，听取宋任穷、李雪峰分别汇报东北小组、华北小组讨论的情况，刘少奇、朱德、陈云、邓小平、彭真、谭震林、陈伯达、杨尚昆、胡乔木、柯庆施、曾希圣、陶铸、王任重、宋任穷、欧阳钦、李雪峰、乌兰夫、刘子厚、李井泉、廖志高、刘澜涛、张德生出席。

在谈到价格问题时，毛泽东说：粮价要提[1]，只提收购价，不提销售价。提收购价而不提销售价，每年差价只有十亿元，问题不大。这样，可以解决一个很大的问题，就是工农业产品不等价的问题。我们很大一部分积累是来自农民，是不等价拿来的。关于退赔，毛泽东说：大多数都要由各地自己退赔，县、社一定要拿一部分实物来退赔。县、社宁可把家业统统赔进去，破产也要赔。马克思主义者永远不许剥夺劳动者。一定要坚决退赔，赔到什么东西都没有，有实物退实物，有钱退钱。不要怕公社没有东西，公社原来就没有东西，他不是白手起家，是黑手起家。只有退赔光了，才能白手起家。县、社干部可能不满意我们，但是这样才能得到群众，得到农民满意，得到工农联盟。大办县、社工业，大办副食品基地，我们都同意过，几个大办一推行就成了“一平二调”。县、社干部不痛一下就得不到教训。苦一下，痛一下，才能懂得马克思主义的等价交换这个原则。退赔兑现了，干部作风才能转变。退赔要让县、社两级干部思想搞通，不通不能改。退赔也要有界限。在大办水利、大办交通、大办副食品基地等情况下平调的，要由国家退赔一部分，由国家退赔的，不能让县、社退赔。现在看来，建设只能逐步搞，恐怕要搞半个世纪。有些东西要切切实实地抓一下，特别是小手工业、市场供应问题。这个问题，一抓就有效。毛泽东赞成多给农民一些自由时间，他说：十二条紧急指示信规定男社员每月放假两天，太少。男的要放四天，女的要放六天，这样农民就有时间搞些小手工

〔1〕 1959年10月30日，柯庆施曾向毛泽东提出恐怕要考虑粮食提价问题。当时，毛泽东说：什么东西都可以涨一点价，粮食不能涨价。我也曾经想过这个问题，但是一提到涨价问题就是牵动太大，棉农加城市人口有一亿多。这次毛泽东对提粮价问题的考虑，有所改变。

业、家庭副业，参加自由市场。这次会议提了好多意见、好多问题，请谭震林同志收集起来。例如，民兵不要过分集中，手工业如木、瓦、铁匠等要下放。当汇报说“五风”以“共产风”为首时，毛泽东说：还有瞎指挥生产风危害也最大。在汇报到省委作检讨问题时，毛泽东说：刮“共产风”，中央是有责任的，各省委把中央的责任担起来了。汇报说廖鲁言曾说搞丰产方、大办水利等是有关部门提的。毛泽东说：过去这些事情是专管部门搞的，可是有我们看过的，批准的，如大办水利、大办副食品基地、大办养猪等，我们有责任，这样才能总结经验。廖鲁言、陈伯达帮忙把我们批转的文件清查一下，看有哪些不妥。汇报中有人说，整风过后，还要讲讲大办的成绩，还是要从一个指头、九个指头出发。毛泽东说：先讲一个指头、九个指头好不好？事实上有的地方的缺点、错误不是一个指头的问题，有的是两个指头，有的是三个指头。总之，把问题查清楚了，有多少就讲多少，不要有一个框框。听完汇报，毛泽东专门讲了总结经验的问题。他说：这几年说人家思想混乱，首先是我们自己思想混乱。总结经验，前后不要矛盾才行。过去一个时期，一方面纠正“共产风”，纠正瞎指挥风；另一方面，又来了几个大办，助长了“共产风”，这不是矛盾吗？庐山会议时以为，“共产风”已经压下去了，右倾也压下去了，加上几个大办，就解决问题了。实际上并不是这样，“共产风”比一九五八年刮得还厉害。原来估计一九六〇年会好一些，但没有估计对。一九六〇年有天灾又有人祸，敌人的破坏尚且不说，我们工作上是有错误的，突出的是大办水利、大办工业，调劳动力过多。三年的经验对我们有很大的帮助，要真正地好好地总结三年经验。把这几年的经验总结起来，接受过来，就可以把消极因素转化为积极因素。信阳专区就是一个证明。基本的经验是什么？看来就是缩短工业战线，大办农业，大办粮食。争取明年形势好转是有条件的，有办法的。关于一九六一年的日子如何过的问题，毛泽东说：大家对明年要有精神准备，把富日子当穷日子过，当灾年过，这一条很重要。陈云接着说：明年情况不一定比今年好。我以为要抓三条：一是做好精神准备、思想准备、工作准备。二是今冬无论是人还是牲畜，都要多休息，养精蓄锐，准备明年春耕。三是进口粮食，能进多少就进多少，我以为要“吃饭第一，建设第二”。（有人补充了一句：市场第二，建设第三。）最后毛泽东概括为：第一是吃饭，第二是市场，第三是建设。他还说：总的说来，要缩短工业战线，延长农业战线，把整风整社搞好，把抽掉的劳动力压下去，把“共产风”搞掉，把坏人搞掉，几个大办变成中办、小办。粮食生产多了，就可以多吃点粮食了。还有，多产的要多吃一点，要有差别。刘少奇插话：碰得头破血流，广大干部才能教育过来。毛泽东说：中央和省这两级教育过来就好办了。

同日　批示将陈伯达报送的关于美、英、苏三国每一个农业劳动力平均担负的农产品消费数量的资料，印发中央工作会议。资料说，一九五八年，美国每一个农业劳动力平均担负三十个人消费的农产品，英国是担负二十六点七人，苏联是担负六点四人。

12月31日　晚上，和中共中央政治局、中央书记处成员同出席中央工作会议人员一起，在北京饭店聚餐，除旧迎新。事前，毛泽东特意叮嘱将没有参加三十日汇报会议的张平化、刘建勋、杨尚奎、叶飞、江华、江渭清、黄岩、陶鲁笳、黄火青、周林、阎红彦等省委书记安排与他同桌吃饭，以便同他们交谈。

同日　阅中共信阳地委十二月二十二日关于整风运动和生产救灾工作情况的报告，批示：“发给各同志。这是一个好文件，全国三类社都应照此执行。”并为这个报告拟题《一个重要文件》。信阳的报告说：目前，全区民主革命补课的群众运动高潮已经出现。结合整风广泛宣传和贯彻中央十二条政策的紧急指示，普遍开展生产救灾工作，发放大批救济物资，采取各种措施扑灭疾病以减轻疾病的蔓延，开展多种经营，执行半日劳动半日休息制度，活跃集市贸易，群众生活得到了初步安排，绝大部分地区群众情绪安定了。实践证明，民主革命补课和完成社会主义革命任务是艰巨的。

12月下旬　批示将中共青海省委十二月十五日关于组织农村集市贸易情况的报告印发中央工作会议。青海省委要求各地党委全面迅速地有领导有计划地开展农村集市贸易，对这项工作务必抓紧，越快越好。省委还提出活跃集市贸易应注意的一些问题。

本年　写信给毛岸青："前复一封信，谅收到了。甚念。听说你的病体好了很多，极为高兴。仍要听大夫同志和帮助你的其他同志们的意见，好生静养，以求全愈。千万不要性急。你的嫂嫂思齐〔1〕和她的妹妹少华〔2〕来看你，她们十分关心你的病情，你应好好接待她们。听说你同少华通了许多信，是不是？你们是否有做朋友的意思？少华是个好孩子，你可以好好同她谈一谈。有信，交思齐、少华带回。以后时时如此，不要别人转。此外娇娇〔3〕也可以转。对于帮助你的大连市市委同志，医疗组织各位同志们，一定要表示谢意，他们对你是很关怀的，很尽力的。此信给他们看一看，我向他们表示衷诚的谢意。"

---

〔1〕 思齐，即刘思齐，后改名刘松林。

〔2〕 少华，即张少华，后改名邵华。1960年同毛泽东的次子毛岸青结婚。

〔3〕 娇娇，即李敏。

本年 致信林克："冯契[1]著《怎样认识世界》一书，中国青年出版社印行，一九五七年出版，我想找四、五、六、七、八本送给同我接近的青年同志阅读。请你找一找。如找不到此书，则找别的青年人能够阅读的哲学书，要薄本小册子，不要大部头。请你办一办，几天之内找来送我为盼！"

〔1〕 冯契，当时任上海社会科学院哲学研究所副所长、华东师范大学教授。

1961年　六十八岁

1月1日　修改审定中共中央转发《信阳地委关于整风运动和生产救灾工作情况的报告》的指示稿，批示："刘、周、朱、陈、邓、彭真即阅，尚昆印发。"指示稿中说："在一切社队，都必须一边抓整风整社，一边抓生产救灾。这两件事，必须同时结合起来，同时做好。"毛泽东在"一边抓生产救灾"后，加上"一边抓群众生活"；将"这两件事"改为"这三件事"。

1月3日　晚九时，在中南海颐年堂会见古巴哈瓦那市市长利亚努萨一行，彭真、冯基平[1]、章汉夫等在座。利亚努萨说：看到中国有了很大进步。毛泽东说：进步是有，不算多，还有缺点。古巴驻中国大使说：你们钢产量增加得很快，什么时候可以超过英国呢？毛泽东说：钢超过英国，用不了多长时间。英国最高产量是两千万吨，我们现在是一千八百万至一千九百万吨。超过英国只是指数量，但就质量来说，那还差得很远。还有，按人口来说，我们平均到每个人就很少。英国是五千万人口，钢产量是二千万吨，我们有六亿五千万人口，这点钢不算什么。去年我们讲，十年内在主要工业产品的产量方面赶上英国。去年和前年两年天灾，水灾、旱灾，农业歉收。今年、明年、后年，在农业上要多用些力量，工业的步子要缩短一些。关于古巴，毛泽东说：你们可以逐步变成一个工业国，工业和农业都发展的国家。

〔1〕 冯基平，当时任中共北京市委常委兼外事工作小组组长、北京市副市长。

你们的人民很好，地方也很好。人口也可以发展，发展到三千万也可以有住的地方。古巴比我们浙江省还大。有困难，经过奋斗，可以克服。困难是可以锻炼人的，人就是从困难中锻炼出来的。每天都顺利，人不可能锻炼出来。困难包括战争。人和动物、植物一样，动物、植物在风雨中锻炼，不能在温室中锻炼。你们和人民好好团结起来，就有出路，人民是最靠得住的。外援只是一个条件，基本上要靠自己，我们的经验就是这一条。你们的地理条件有不利的方面，也有好的方面，有利的就是一个岛，如果是大陆的一部分和美国连在一起就更困难一些。你们是得到人民拥护的，我们相信你们会取得胜利的。

同日 晚十时二十分，在中南海颐年堂召集中共中央政治局常委、中央有关部门负责人和各中央局书记等开会，听取李富春汇报一九六一年国民经济计划。出席会议的有：刘少奇、朱德、陈云、邓小平、彭真、李先念、谭震林、陈伯达、薄一波、杨尚昆、胡乔木、柯庆施、曾希圣、李井泉、廖志高、李雪峰、乌兰夫、刘子厚、刘澜涛、张德生、王任重、宋任穷、欧阳钦。李富春说：去年计划有四条经验。一是计划不全面，去年计划是工业交通计划，忽视了农业，没有以农业为基础，没有贯彻工农业并举；二是计划指标偏高；三是权力下放偏多偏下；四是对计划的执行检查不够。不仅没有注意农业，而是挤了农业，挤了农业的人力物力，工业战线过大，面过宽。首先要保住农业，而后炼钢。关于一九六一年的钢产量指标，会上提出三个方案，一千九百五十万吨、一千九百万吨、一千八百七十万吨。毛泽东说：究竟搞多少，还要看煤能否搞那么多，二是看矿石，三是看运输。要很好安排一下，否则还要吃去年的苦头，到第四季度扔开一切搞钢铁。我担心，就是搞一千八百七十万吨也还可能出现去年的紧张情况。那样搞，实际上是个浪费。去年为什么那么紧张？就是因为由一千三百五十万吨一下提到一千八百七十万吨。总之，今年就是要打重工业的主意，它的人多，设备也多，要缩短重工业的战线，延长农业轻工业的战线。这三年都是指标搞高了，后来退下来。这三年大搞钢铁，挤了农业。定指标主要决定去年下半年和今年上半年投产的有多少，要好好研究一下。毛泽东问：今年的方针是怎么提的？李富春说：是调整、巩固、充实、提高。调整，就是调整各方面的关系。有调整、充实，才能巩固、提高。毛泽东说：是四面八方了。你这个意思就是休整的意思，和部队在两个战役之间的休整一样。毛泽东问：大跃进的口号能不能在一九六一年提？邓小平说：今年元旦社论没提大跃进，是提的争取社会主义建设的新胜利。毛泽东说：今年可能是就地踏步，休养生息。这两年农业减产影响了工业，看来农业机械化、化肥未上去以前，工业是不能大上的。过去农业上是层层加码，收购也是层层加码，以后再不能层层加码了。集中力量打歼灭战，这句话说了好几遍了，就看灵不灵。要收回一些权力，把权力收到中央、中央局、省市区三级，下面收缩一下，这样就不会层层加码了。他说：希望各省市、中央局自己去摸一个生产队，心中就有数了。现在整风是搞坏的，最好摸一个有曲折发展过程的，如像宝坻县那个生产队刮过“共产风”，后来纠正，生产又上去了。

同日 对陈伯达一月二日送阅的中国科学院经济研究所整理的《我国五十年来小麦、猪肉、棉花对棉布交换比率与美、英两国比较表》，批示：“印发各同志阅。”这份材料说：我国农产品的价格比美、英低，而工业品的价格比美、英高。

1月4日 上午，同陈伯达、胡乔木、周扬、何其芳〔1〕谈

〔1〕何其芳，文学评论家、诗人。当时任中国作家协会书记处书记、中国科学院文学研究所所长和哲学社会科学部委员。

话，对何其芳为《不怕鬼的故事》一书写的序言提出修改意见。毛泽东说：除了战略上藐视，还要讲战术上重视。对具体的鬼，对一个一个的鬼，要具体分析，要讲究战术，要重视。不然，就打不败它。你们编的书上，就有这样的例子。你可以再写几百字，写战术上重视。序言改好之后，再送我看看。毛泽东还同他们谈国内形势、逻辑学和诗等。

1月5日 为转发中共河南省委关于贯彻执行毛泽东和中南局对信阳问题的批示给各地委、郑州市委的指示〔1〕，起草中央给各中央局、各省市区党委的批语："发去河南省委一九六一年一月三日文件一件，供你们参考。希望你们注意分别第一、第二类县、社、队和第三类县、社、队的不同情况，随时总结经验，予以指导，而把注意的重点放在第三类县、社、队方面。河南信阳地委关于整风运动和生产救灾工作情况的报告数日前已发给你们参考，谅已收到。"并批示："刘、邓、彭阅，尚昆办，同时印发到会各同志。"

同日 晚上，同前来看望的朱德谈话。

1月6日 和刘少奇出席古巴驻中国大使桑托斯在北京饭店举行的庆祝古巴革命胜利两周年招待会。在交谈中，桑托斯说：自去年十二月三十日以来，美国同古巴关系就很紧张，因此我们要准备。毛泽东说：对付美国军队，不要同他们正面打，要用游击战。我们在朝鲜同美国人打过，美国军队实力还相当强，不好一下子啃掉，要一块块地啃。美国是块骨头不是肉。你们是会胜

---

〔1〕 中共河南省委的指示说：省委要求各级党委根据主席和中南局的指示，学习信阳地区的经验，进一步分析本地区的阶级斗争形势，明确指导思想，不断进行分类站队，凡是属于被敌人篡夺领导权的县、社、队，一律采取信阳地区的办法，坚决地、迅速地夺回领导权，把民主革命补课搞彻底，绝不能有"夹生饭"。

利的。在革命中会碰到困难，但那是一定能克服的。强大的敌人会被弱小的人民战胜的。

同日 致电胡志明、黎笋："感谢你们在我的生日发来的热情的贺电。感谢你们对中国共产党和中国人民所表示的崇高的情谊。我深信，我们两党和两国人民之间所具有的悠久和深厚的团结和友谊，必将是与日俱增的，是牢不可破的。"

1月9日 审阅胡乔木起草的党政干部三大纪律、八项注意〔1〕草稿，批示："印发各组〔2〕讨论，提出修改意见。（一）是否目前颁发？目前是在全国百分之二十的县、社、队夺取政权的问题，是否缓一下再发为宜？（二）太复杂，不如红军三大纪律、八项注意简单明了，使人难记。有几条执行起来，可能起反面作用。以上两项，请予讨论。"

同日 下午，在中南海颐年堂召集中共中央政治局常委、中央有关部门负责人和各中央局书记等开会，讨论"三大纪律、八项注意"草稿和中央工作会议、八届九中全会的安排问题。出席会议的有：刘少奇、朱德、陈云、邓小平、李富春、李先念、谭震林、薄一波、杨尚昆、胡乔木、柯庆施、曾希圣、李井泉、陶鲁笳、刘子厚、刘澜涛、张德生、陶铸、王任重、宋任穷、欧阳

---

〔1〕 胡乔木拟稿的三大纪律是：（一）有事同群众商量，永远同群众共甘苦；（二）重要问题事前请示，事后报告；（三）自己有错误要检讨纠正，别人作坏事要批评揭发。八项注意是：（一）保护人民安全，打人要法办，打死人要抵命；（二）保护人民自由，随便罚人抓人关人搜查要法办；（三）保护人民财产，侵占损害人民财产要赔偿；（四）保护公共财产，贪污盗窃假公济私要赔偿；（五）用人要经过组织，不许任用私人；（六）对人要讲公道，不许陷害好人包庇坏人；（七）对上级要讲实话，不许假报成绩隐瞒缺点；（八）对下级要讲民主，不许压制批评压制上告。

〔2〕 指正在北京召开的中共中央工作会议的各小组。

钦。毛泽东说："三大纪律、八项注意"要写得简单明了，使人容易记住，同时要避免起反面作用。想了一下，提出一个修改稿〔1〕。三大纪律第一条，一切从实际出发。现在，工作中主观主义很多，要整主观主义。三大纪律第二条，提高政治水平。现在许多同志不懂得什么是等价交换、价值法则、按劳分配，对于社会主义与共产主义的界限、大集体与小自由的界限等也不清楚。应当提高他们的政治水平，包括理论水平，要使他们懂得这些原则。三大纪律第三条，草稿写的是：自己有错误要检讨改正，别人做坏事要批评揭发。这样写，可能起反面作用。正面提出问题好。现在改为：实行民主集中制。什么时候都不允许破坏民主集中制。八项注意中第三条到第六条，即：说话和气、买卖公平、借东西要还、损坏东西要赔，是用的军队三大纪律、八项注意里面的几条。说话和气，是从正面说的。当然不能打人。原先写的是：打人要法办，打死人要抵命，随便罚人抓人关人搜查要法办。这样写容易产生副作用，不要从反面说，还是从正面提出好。八项注意第四条是买卖公平。买卖公平包括我们的财政政策和商业政策。现在，我们和农民的关系，买卖不公平，是很大的不公平。买卖公平，就要等价交换。第五条借东西要还，第六

〔1〕在修改稿中，三大纪律是：（一）一切从实际出发；（二）提高政治水平；（三）实行民主集中制。八项注意是：（一）同劳动；（二）同食堂；（三）说话和气；（四）买卖公平；（五）借了东西要还；（六）坏了东西要赔；（七）没有调查没有发言权；（八）工作要同群众商量。后经反复讨论修改，中共中央于1961年1月27日发出《党政干部三大纪律、八项注意（草案第二次修正稿）》。三大纪律是：（一）一切从实际出发。（二）正确执行党的政策。（三）实行民主集中制。八项注意是：（一）同劳动同食堂。（二）待人和气。（三）办事公道。（四）买卖公平。（五）如实反映情况。（六）提高政治水平。（七）工作要同群众商量。（八）没有调查没有发言权。

条损坏了东西要赔，主要讲的是不能平调。第七条，没有调查没有发言权。这样从反面说好不好？要强调调查研究。第八条是工作要同群众商量。原先考虑写反对瞎指挥，恐怕有副作用，又会发生不指挥，还是从正面写好。题目《党政干部三大纪律、八项注意》，以区别于军队的三大纪律、八项注意。这次草稿作为第一次修正稿，讨论一下，这次会上不定，带回去试一试，下次开会再定。在谈到各地存在的问题时，毛泽东说：前年庐山会议，没有意识到有百分之二十的县、社、队会烂掉，被篡夺了领导权。在三类社不能依靠原来的干部来整风，这些人是“假共产党、真国民党”。对河南一九五九年报粮食产量为四百五十亿斤，实际只有二百四十亿斤一事，毛泽东说：这几年，我们在许多工作中缺乏一种谨慎的和实事求是的态度，为某些现象所迷惑，值得我们注意。当李富春谈到一九六一年钢的产量定为一千九百万吨时，毛泽东说：既然大家都赞成，我也赞成，就按这样定下来。在谈到“共产风”时，他说：“共产风”对农民是一大掠夺。对农民通俗地讲，还是等价交换、买卖公平、按劳分配问题。

1月10日　阅黄火青、周扬一月九日关于锦州市四〇一厂解决职工闹粮问题的经验报告，批示：“值得推广，但要注意解决一些实际上存在的问题。下面各件[1]，印发各同志研究。”并为这个报告拟题目《锦州经验是否值得推广?》。报告说：锦州四〇一厂的经验是，一方面开展大鸣、大放、大辩论，组织老工人现身说法，进行回忆对比；另一方面加强食堂工作，实行民主管

〔1〕指周扬1961年1月9日给毛泽东的信和黄火青、周扬的报告，中共中央办公厅1月3日编印的《情况简报》刊载的《目前学校工作中值得注意的几个情况》，中央宣传部1月9日编印的《宣教动态》第2期刊载的《从关心群众生活和耐心教育着手进行治安工作的一些好办法》。

理，保证职工按计划吃够自己的定量，而且吃得较好。现在的实际问题是：职工家属定量低，对职工仍有很大影响；一部分由工人中新提拔的干部，因为变换工种吃粮标准下降幅度过大；对少数高级知识分子照顾不够；全厂还有二十多个浮肿病人。

同日 阅彭德怀一月二日来信。来信简述了他从一九五九年十月起十五个月中读书学习的情况。信中说："在学习《政治经济学教科书》的半年时间内，体会到第三版不如第二版更不如第一版。此书在社会主义部分，过分地强调了物质刺激和专家作用；在资本主义部分也渗浸着和平过渡，轻视无产阶级革命和无产阶级专政的观点。在'有计划按比例'方面，过分强调重工业，忽视工农业同时并举，也就没有一整套两条腿走路的观点。讲技术多，讲政治少；讲生产力多，讲生产关系少；讲经济基础多，讲上层建筑少，读完此书感到是一本技术经济学。"毛泽东阅后批示："彭德怀同志的信，印发到会各同志。"

1月12日 晚上，在中南海怀仁堂休息室召集中共中央政治局常委和即将召开的八届九中全会各组组长开会，讨论全会的安排，并听取周恩来汇报访问缅甸的情况和老挝的局势。出席会议的有：刘少奇、朱德、陈云、邓小平、彭真、柯庆施、李井泉、李雪峰、刘澜涛、陶铸、宋任穷。会后，同周恩来谈话。

1月13日 晨，阅陈伯达一月十二日来信。信中说：遵照您的指示，我准备了一篇发言的稿子，请审查是否可用。此外，从您的著作中摘录了一些论点，编成两份材料：一、毛泽东同志论实践和事物运动的曲折性；二、毛泽东同志论调查研究。同时，还摘录了列宁论社会主义事业要依靠群众的实践经验的一段话。这三份材料，请您考虑是否可以印发给到会同志。毛泽东批示："退陈伯达同志，照此去讲。如无时间讲，送小平印发工作会议各同志。"

同日 上午，在中南海怀仁堂主持中央工作会议全体会议，并讲话。毛泽东说：这一次中央工作会议，开得比过去几次都要好一些，大家的头脑比较清醒一些。我希望同志们回去之后，要搞调查研究，把小事撇开，用一部分时间，带几个助手，去调查研究一两个生产队、一两个公社。在城市要彻底调查一两个工厂、一两个城市人民公社。去做调查，就是要使自己心里有底，没有底是不能行动的。了解情况，要用眼睛看，要用口问，要用手记。这些年来，我们的同志调查研究工作不做了。要是不做调查研究工作，只凭想像和估计办事，我们的工作就没有基础。所以，请同志们回去后大兴调查研究之风，一切从实际出发，没有把握就不要下决心。调查研究极为重要，要教会所有的省委书记加上省委常委、省的各个部门的负责同志、地委书记、县委书记、公社党委书记做调查研究。情况明，决心大，方法对，要有这三条。第一条情况明。这是一切工作的基础，情况不明，一切无从着手。因此要摸清情况，要做调查研究。第二条决心大。这次会议我们开了二十几天，情况逐步明了了，决心逐步增大了，但是决心还是参差不齐。有些同志讲到要破产还债，这个话讲得不那么好听就是了，实际上就是要破产还债。无产阶级不能剥夺劳动者，不能剥夺农民和城市小生产者，只能剥夺剥夺者，这是一条基本原则。第三条方法对。方法就是措施、办法，实现方针、政策要有一套方法。在谈到工业问题时，毛泽东说：工业，我们已经摸了一些底，还要继续摸底。大体上今年的盘子，要缩短基本建设战线，缩短工业战线，缩短重工业战线。除了煤炭、木材、矿山、铁道等，别的都要缩短。特别是要缩短基本建设战线，今年不搞新的基建。现在看来，搞社会主义建设不要那么十分急。十分急了办不成事，越急就越办不成，不如缓一点，波浪式地向前发展。我看我们搞几年慢腾腾的，然后再说。今年、明年、后年搞扎实一点，不要图虚名而招实祸。我们要做巩固工作，提高产品质量，增加品种、规格，提高管理水平，提高劳动生产率。我们对国内情况还是不太明，决心也不大，方法也不那么对。我们要分批摸各省、市、自治区的底，每一个省、市、自治区又按地、县、公社分头去摸。今年搞一个实事求是年好不好？河北省有个河间县，汉朝封了一个王叫河间献王。班固在《汉书·河间献王刘德》中说他“实事求是”，这句话一直流传到现在。提出今年搞个实事求是年，当然不是讲我们过去根本一点也不实事求是。我们党是有实事求是传统的，就是把马列主义的普遍真理同中国的实际相结合。但是建国以来，特别是最近几年，我们对实际情况不大摸底了，大概是官做大了。我这个人就是官做大了，我从前在江西那样的调查研究，现在就做得很少了。今年要做一点，这个会开完，我想去一个地方，做点调查研究工作。不然，对实际情况就不摸底。现在我们看出了一个方向，就是同志们实事求是的精神恢复起来了。

1月14日—18日 中共八届九中全会在中南海怀仁堂举行，毛泽东主持会议。全会听取和讨论了邓小平关于一九六〇年十一月在莫斯科举行的各国共产党和工人党代表会议的报告，并且通过了相应的决议。全会对于以刘少奇为首的中国党政代表团在莫斯科会议期间的工作表示满意，完全赞同这次会议所一致通过的声明和告世界人民书。全会听取和讨论了李富春关于一九六〇年国民经济计划执行情况和一九六一年国民经济计划主要指标的报告。陈云就钢铁生产和粮食问题等作了发言。全会指出，一九六一年全国必须集中力量加强农业战线，贯彻执行国民经济以农业为基础，全党全民大办农业、大办粮食的方针，加强各行各业对农业的支援，尽最大努力争取农业生产获得较好的收成。轻工业部门应当努力开辟新的原料来源，增加生产，尽可能地保证人民生活必需品的供应。这一年应当适当地缩小基本建设的规模，调整发展的速度，采取调整、巩固、充实、提高的方针。全会还提出要改进商业工作，活跃农村初级市场，逐步改善供应状况。全会决定在全国范围内分期分批地进行整风运动，帮助干部提高思想政治水平，改进工作方法和工作作风，并且纯洁组织。这次全会批准成立六个中央局，即东北局、华北局、华东局、中南局、西南局和西北局，代表中央分别加强对各省、市、自治区党委的领导。

1月15日 晨，阅中共中央宣传部编印的《宣教动态》一九六一年第五期刊载的《西欧资产阶级革命过程中封建势力复辟的一些情况》，批示："此件印发全会各同志研究。"

同日 晚上，在中南海颐年堂主持召开中共中央政治局常委扩大会议，听取八届九中全会各组讨论情况的汇报。十七日晚继续开会听取汇报。刘少奇、周恩来、陈云、邓小平、彭真、柯庆施、李井泉、陶铸、宋任穷、刘澜涛、李雪峰、陈伯达、胡乔木出席会议。

1月18日 下午，在中南海怀仁堂主持中共八届九中全会全体会议，并讲话。毛泽东说：近几年来我们也做了一些调查研究，但是比较少，对情况不甚了了，对刮"共产风"情况就不明。中间又夹了一个庐山会议反右，打乱了反"左"。去年这一年，中央几个主要同志都把精力放在对付国际问题上，专顾那一头去了，就影响地方工作。今年不搞两本账，上下只搞一本账，决不要层层加码，总而言之是实事求是，一切从实际出发。坚决实行等价交换，按劳分配，多劳多得，少劳少得。坚决退赔"共产风"刮来的东西，不许可不退不赔。应该退赔的要彻底退赔，农村里坚决整掉"五风"。今年有人主张还是搞一千八百四十五万吨钢，不要去动这个数目。我们谈了一下，觉得这个意见有理，这是叶剑英提的，最近李维汉也提了。我们的五年计划早已完成了，搞了一千八百七十万吨钢。所以，剩下这两年搞质量搞规格，在这方面跃一下，在数量上不要跃。我们来搞质量，搞品种规格，搞管理制度、技术措施，提高劳动生产率、降低成本，搞配套成龙、填平补齐。拿富春的话说叫“调整、巩固、充实、提高”。搞经济我们是没有经验，虽然十一年了，还是经验不足。对于经济建设就是不行，我没有研究，没有亲身看，看也看得不多。凡是规律要经过几次反复才能找到。从一九二一年建党到一九四九年花了二十八年，革命才搞成功。我们能不能二十年取得搞经济的经验，缩短八年。还是要鼓干劲。大家回去实事求是地干，不要老是搞计划、算账，要搞实际工作，调查研究，去督促，去实践。鼓足干劲，力争上游，多快好省，这条总路线要坚持。粮食、轻工业这一头，我们想多搞一点，想快一点。关于团结问题，他说：庐山会议犯错误的少数同志，我们希望跟他们也团结起来。此外，在中央工作的同志，在地方工作的同志，有些也犯了错误的，个别的同志性质也相当严重的，我们希望他们还是要到工作中去改正，欢迎他们在工作中改正，欢迎他们的进步。一切可以团结的同志都要团结。在国际上，要跟苏联团结，跟所有的党都要团结，不管他们怎么骂过我们，我们等候他们觉悟。毛泽东说：马克思主义中国化就是马克思主义普遍真理跟中国革命具体实践的统一。各国有些枝叶的不同，必须有些枝叶的不同，根本是一样的。最后，他说：我今天讲了这么许多，拿调查研究作为一个题目。希望今年这一年，一九六一年成为一个调查年，大兴调查研究之风。调查要在实际中去调查，在实践中间才能认识客观事物。

1月20日　审阅中共八届九中全会公报稿，下午六时五十分批示：“即送乔木、冷西：已阅，很好。即刻发稿，明日（二十一）在全国见报。同时，立刻翻成几种外文，今夜广播。有一点修改，请注意。”晚八时半，又同胡乔木、吴冷西谈公报修改问题。

同日 下午，关于组织三个调查组问题写信给田家英："（一）《调查工作》这篇文章，请你分送陈伯达、胡乔木各一份，注上我请他们修改的话（文字上，内容上）。（二）已告陈、胡，和你一样，各带一个调查组，共三个组，每组组员六人，连组长共七人，组长为陈、胡、田。在今、明、后三天组成。每个人都要是高级水平的，低级的不要。每人发《调查工作》（一九三〇年春季的）一份，讨论一下。（三）你去浙江，胡去湖南，陈去广东。去搞农村。六个组员分成两个小组，一人为组长，二人为组员。陈、胡、田为大组长。一个小组（三人）调查一个最坏的生产队，另一个小组调查一个最好的生产队。中间队不要搞。时间十天至十五天。然后去广东，三组同去，与我会合，向我作报告。然后，转入广州市作调查，调查工业又要有一个月，连前共两个月。都到广东过春节。”“此信给三组二十一个人看并加讨论，至要至要!!!”二十二日，同陈伯达、胡乔木谈他们分别到广东、湖南作农村调查问题。

1月21日 下午，在中南海颐年堂同张经武谈西藏人事安排问题，李维汉和中共西藏工委副书记郭锡南等参加。

1月22日 在张闻天一月二十日的来信上批示："电话告张闻天同志，信已收到，看过，同意他对问题所取的态度。”张闻天在信中说：这次我能参加中央全会，使我得到学习的机会，很是高兴。在全会最后一天，当主席讲到要团结犯错误的同志，并且劝告他们不要因为犯了错误而抬不起头来时，使我深受感动。我决心遵循你的劝告，放下一切包袱，抬起头来，向着伟大的光明的未来，愉快地生活和工作下去。

1月23日 下午，在中南海颐年堂同班禅额尔德尼谈话，刘少奇、周恩来、陈云、邓小平、李维汉、张经武参加。毛泽东说：我对西藏的事情非常谨慎。现在你们那里要纠正“左”的偏向。第一是现在只搞互助组不搞合作社，搞互助组，发展生产，使农民安定下来，生活得到改善。你们那里同内地不同，是由封建农奴制度进到个体所有制，经过个体所有制要多长时间，以后再看。第二是把上层人士的工作搞好，对爱国上层三千多人要搞好团结，长期合作，给他们安排一定的职位，安排好他们的生活。思想改造不要急，要作为长期的任务，要他们自觉地改造，急了改造不好。第三是宗教方面，听说你的意思是保存一部分脱产喇嘛，我同意你的意见，留那么几千人。我赞成有几千人学经，成为佛学知识分子，你看是不是他们同时还要学些社会科学、自然科学，懂得政治、科学、文化及一般知识。世界上有那么多的人信教，我们不懂得宗教。我赞成有一些共产主义者研究各种宗教的经典，研究佛教、伊斯兰教、耶稣教等等的经典。因为这是个群众问题，群众中有那样多人信教，我们要做群众工作，我们却不懂得宗教，只红不专，是不行的。第四是反右必出“左”，不仅日喀则有，西藏其他各地都有，正在纠正，必须纠正。第五是什么时候成立自治区，由筹委会变成正式的地方自治政府。今年是不行了，我看是明年或后年。〔1〕主要是个选举问题。现在先搞个选举法，准备在明年，最迟后年，开西藏人民代表大会。这个会的任务是决定自治区工作的方针、政策，包括政治、经济、文化教育等各方面的政策，选举自治区政府，通过一个自治区自治条例，也就是那里的基本法。第六是西藏工委同你的关系要搞得更密切一点。你有什么不满，有什么意见和问题，

---

〔1〕 西藏自治区于1965年9月成立。

就向他们讲。你所想的，他们不知道不好。我现在非常高兴，西藏有好几千青年干部，平均年龄只有二十岁左右，这是好事，是很好的事。西藏人中不仅要有行政干部，还要有文教、医疗、宗教等各方面的干部，而且还要有科学技术干部。将来逐步发展起来，在每个专区有个中学，各县都有小学。汉人要学藏话，藏人要学汉话，在这里的大学里也要有藏人学习。藏人要有开飞机、办工厂、开汽车、搞地质、搞气象等各方面的人才。各兄弟民族都如此，先是汉人帮助，慢慢地本民族的人才出来了。

同日 审阅何其芳一月十六日报送的按照毛泽东一月四日所谈意见作了修改的《〈不怕鬼的故事〉序》。毛泽东对这个序言作多处加写，其中有一句是："难道我们越怕'鬼'，'鬼'就越喜爱我们，发出慈悲心，不害我们，而我们的事业就会忽然变得顺利起来，一切光昌流丽，春暖花开了吗？"在序言末尾加写了一大段话："这本书从一九五九年春季全世界帝国主义、各国反动派、修正主义组织反华大合唱的时候，就由中国科学院文学研究所着手编辑，到这年夏季即已基本上编成。那时正是国内修正主义起来响应国际修正主义、向着党的领导举行猖狂进攻的时候，我们决定将本书初稿加以精选充实，并决定由我写一篇序。一九六〇年底，国际情况起了很大变化，八十一个共产党和工人党在莫斯科举行了代表会议，发表了反对帝国主义、反对反动派、反对修正主义的声明。这个'不怕鬼'的声明使全世界革命人民的声势为之大振，妖魔鬼怪感到沮丧，反华大合唱基本上摧垮。但是读者应当明白，世界上妖魔鬼怪还多得很，要消灭它们还需要一定时间，国内的困难也还很大，中国型的魔鬼残余还在作怪，社会主义伟大建设的道路上还有许多障碍需要克服，本书出世就显得很有必要。当着党的八届九中全会于一九六一年一月作出了拥护莫斯科会议声明的决议和对国内政治、经济、思想各方面制定了今后政策，目前条件下的革命斗争的战略战术又已经为更多的人所了解的时候，我们出这本《不怕鬼的故事》，可能不会那么惊世骇俗了。”毛泽东修改序言后，当天下午，约陈伯达、陆定一、胡乔木、何其芳谈话。对何其芳说：你写的序言我加了一段，和现在的形势联系起来了。你这篇文章原来政治性就很强，我给你再加强一些。我是把不怕鬼的故事作为政治斗争和思想斗争的工具。他向何其芳提出再增加几句，讲半人半鬼。他说：半人半鬼，不是走到人，就是走到鬼。走到鬼，经过改造，又会走到人。二十四日，再次审阅何其芳又作了修改的序言，批示：“此件看过，就照这样付印。付印前，请送清样给刘、周、邓、周扬、郭沫若五同志一阅，询问他们是否还有修改的意见。出书的时候，可将序文在《红旗》和《人民日报》上登载。另请着手翻成几种外文，先翻序，后翻书。序的英文稿先翻成，登在《北京周报》上。此书能在二月出版就好，可使目前正在全国进行整风运动的干部们阅读。以上请酌办。”

1月24日　下午五时二十分，在中南海勤政殿会见喀麦隆妇女代表团团长玛丽·贾德、北罗得西亚联合民族独立党副主席乔纳、葡属几内亚非洲独立党访华团全体成员。毛泽东说：欢迎你们，中国人民都欢迎你们。谈到北罗得西亚（今赞比亚）正在同英国进行谈判时，毛泽东说：你们准备了两套办法，一套是谈判，一套是斗争，很好。谈判不成就斗，斗得英国人实在不舒服了，他们就可能谈。谈判双方都凭实力，你没有力量谁也不怕。毛泽东说：我们希望整个非洲事务由非洲人自己来解决。帝国主义和殖民主义都要请他们回去。你们可以看到，在我们中国大陆上，帝国主义都回去了，它是被我们赶回去的。葡萄牙在我国现在还有一块小殖民地，我们只要用一个指头，他们就会跑掉。为什么不用一个指头把他们赶跑，让他们留着呢？这是因为首先台湾还由美国人占领着；其次还有香港，由英国人管理着；第三才是葡萄牙管理的澳门。让他们管理几天，也许几年，也许更长一点时间。那些地方不大。我们先把最大一块弄好，那三个地方将来再说。

同日 下午六时十五分，在中南海勤政殿会见巴西共产党和洪都拉斯共产党在中国学习的学员。毛泽东说：中国是有一些经验，有正确的经验，也有失败的经验。是否也对你们讲了失败的经验？必须讲这些。了解错误方面的经验很有必要，你们回去以后应该讲这一部分，犯了什么错误，为什么犯错误，错误的结果如何，这样讲就会引起你们国内同志们的注意。如果说我没犯过错误，我不承认。错误对我很有帮助，因为亲身碰了钉子。再一点，请同志们对中国所有的经验都不能机械地运用，机械地形而上学地运用外国经验很危险。照抄外国经验，一点都不改变地运用，不会适合你们国家的情况。学习外国经验，应该和你们国家的情况相结合，和你们的社会条件、历史条件相结合。毛泽东说：我们要和苏联团结好。有一时期团结得不好，八十一国会议以后又好了。必须坚持和苏联的团结，坚持社会主义阵营十二个国家党的团结，还有全世界共产主义运动的即八十一个党的团结。当客人说毛泽东是当代的伟大的马克思主义者时，毛泽东说：说我是马克思主义者我承认，但最好把形容词去掉，不要“伟大的”这几个字。

同日 晚上，会见日本社会党顾问黑田寿男，社会党国民运动委员会委员长田中稔男，社会党国会议员松本七郎、冈田春夫，廖承志等在座。毛泽东说：浅沼先生遇难[1]，我们表示哀

---

〔1〕 浅沼，即浅沼稻次郎，1960年10月12日在东京遇刺身亡。去世前任日本社会党委员长。1959年3月，浅沼稻次郎访问中国时发表演说，提出“美帝国主义是中日两国人民的共同敌人”。

悼。浅沼先生抓住了日本同美国关系的本质，也抓住了中国以及亚洲、非洲、拉丁美洲甚至欧洲和北美加拿大各民族的问题的本质。当时我曾对浅沼先生说过，对这种观点赞同的人有时少一些，有时多一些，但过些时候总会得到大多数人赞成的。最近同美国有关系的菲律宾、台湾、南朝鲜、南越举行“外长会谈”，日本政府因为害怕日本人民反对，没有去参加。由此可见，日本人民去年的斗争使日本政府很害怕，伟大的日本人民斗争的影响是很深远的。像日本这样伟大的民族应该有独立和主权。日本的经济、文化都走在中国的前面，中国要赶上日本还要一定的时间。我们民间来往、交流是很好的，可以增进了解，相互交换意见，交流经验。贸易已经订了些民间合同，大的买卖也开始做了些。我们有煤、盐、铁矿、大豆，可以同日本交换些东西。中日两国很近，运费也便宜。

1月25日　晚上，在中南海菊香书屋主持召开中共中央政治局常委会议，讨论毛泽东离京后的工作安排，并听取周恩来关于同德意志民主共和国政府贸易代表团会谈情况的汇报。刘少奇、周恩来、陈云、邓小平出席会议，彭真、杨尚昆列席会议。会后，毛泽东乘专列离开北京南下。

1月26日　到达天津。晚上，在专列上同中共河北省委负责人刘子厚、阎达开、万晓塘、王路明〔1〕等谈话，了解河北农村整风整社、城市轻工业及市场供应等问题。毛泽东说：今年这一年要大兴调查研究之风，没有调查研究就决定政策相当危险。退赔问题，这是个大问题，要分析一下，究竟哪一些要退赔。当河北负责人谈到他们的方法是先安排群众生活和第一季度的生

〔1〕　王路明，当时任中共河北省委书记处候补书记兼组织部部长。

产，然后再讲时事问题[1]时，毛泽东说：这样好。当谈到河北这次退赔最坚决，全省震动很大，有四百多万条意见，群众敢说话了时，毛泽东说：这才像个共产党的样子，人民敢说话了。毛泽东问：社员生活怎么样？能够渡过这个粮食难关吗？河北负责人回答：勉强可以渡过去。毛泽东说：四月以后，你们就开始种菜，可不可以？加紧种菜，提前一点。河北养羊情况好，抓得早，要认真抓。

1月27日 到达济南。在专列上同中共山东省委负责人曾希圣、谭启龙谈话，了解山东的整风整社和生活安排情况。在谈到山东有七个县的领导干部烂了时，毛泽东说：河北烂了八个县。必须认识这是反革命分子的复辟，死官僚主义是他们的同盟军，是破坏社会主义建设的。对第三类人（死官僚主义分子）一定要从领导岗位拿下来，第四类人（糊涂人）如果不认真改正错误也不能当第一书记。对干部教育工作很重要，要向干部大讲什么是共产主义，什么是社会主义，什么是全民所有制，什么是集体所有制，什么是三级所有队为基础等问题。谈到“五风”问题时，毛泽东说：反“五风”问题，党内认识是不断提高的，也是不一致的，经过三年现在是否基本一致了呢？在郑州会议时反对“一平二调”，没有坚持退赔，以后上海会议决定要退赔，但实际上大多数还是没有退赔，就是认识不一致。这就是不懂得农民。不懂得农民，怎么能搞社会主义呢？这实际上是反马列主义的。

1月29日 到达南京。晚上，在专列上同中共江苏省委负责人江渭清、刘顺元、惠浴宇、陈光、许家屯[2]，南京市委第

---

〔1〕 指传达邓小平在中共八届九中全会上作的关于1960年11月在莫斯科举行的各国共产党和工人党代表会议的报告。

〔2〕 许家屯，当时任中共江苏省委书记处书记、江苏省副省长。

一书记陈扬谈话，了解江苏省委常委扩大会议传达中央工作会议和八届九中全会的情况及江苏整风整社、轻工业及市场等情况。在谈到纠正“共产风”、“破产退赔”时，毛泽东说：这个产本来不是他的，是抢来的，这是反马克思主义的，是剥夺农民。将来农民富起来了，国家怎么个富法？不是这么抢起来富，而是要农民能够拿得出来的一定的分量。在谈到江苏有百分之十的三类大队时，毛泽东说：你们是二万四千个大队，百分之十就是二千四百个大队。这还要在整风整社的过程中来看，来证实这种看法。可能比较接近实际，还可能有一部分比较不接近实际。马克思主义基本原则是为人民服务，否则是国民党作风。对群众没有感情，对贫农下中农没有感情，不顾群众死活，不了解情况，不听群众的话，也不听上边的话，这种人不能做领导工作。我们搞民主革命是有精神准备、舆论准备的。我们对搞社会主义革命、搞社会主义的经济建设的精神准备、舆论准备是非常不够的，对社会主义革命如何搞法、社会主义建设如何搞法，没有研究，没有经验，宣传也不够。所以，浙江只有一个县委第一书记能把三级所有制、按劳分配、价值法则、等价交换说清楚。我看这不是一个省的现象，是个普遍现象，证明我们过去的宣传工作不够，解释、训练不够，没有给他们开过训练班。今年这一年，我看是个大训练干部的一年。让他们把政策一定搞清楚，一定要在你们这次会议上搞清楚，叫他们明白过来，不然又是糊里糊涂下去。干劲还是要鼓，要是实事求是的干劲，实事求是就要调查研究。水是浑的，有没有鱼不知道，就是要大兴调查研究之风。要把浮夸、官僚主义、不摸底这些东西彻底克服掉。过去有几年不大讲调查研究了，是损失。不根据调查研究来制定方针、政策是不可靠的，很危险，心中也无数，数字也许知道，实际情况并不知道。成绩、缺点要两面听，两点论嘛，正面、反面，成绩、缺点，光明面、黑暗面，已经认识了的世界和未被认识的世界等等，一万年也是这样。最后，毛泽东说："坚持鼓足干劲、力争上游的革命精神，发扬实事求是、艰苦奋斗的优良传统"这两个口号〔1〕很好。

1月30日 到达上海。晚上，在文化俱乐部同柯庆施、杨尚昆谈话。

2月1日 到达杭州，住汪庄。

2月5日 晚上，听取田家英关于浙江嘉兴县魏塘公社〔2〕和合生产队（实际上是生产大队——编者注）调查情况的汇报。田家英主要反映三个问题：第一，和合生产队水稻亩产由常年的四百多斤下降到二百九十一斤，造成粮食生产大幅度减产的原因，主要由于"五风"的严重破坏；第二，和合生产队的规模太大，共辖十一个小队；第三，社员对公共食堂普遍不满，不愿意在食堂吃饭，食堂实际上是造饭工厂，不做菜，社员将饭打回去，还得再热一次。

2月6日 晚上，听取中共浙江省委负责人江华、霍士廉、林乎加、李丰平〔3〕汇报整风整社和省委召开扩大会议的情况。谈到县、社规模时，毛泽东说：县、社规模太大，大了搞不好，管不过来。几年来并县、并社，都是从上面方便着想的，不是从群众要求、从生产有利出发的。浙江有六百个公社，一分为二，一千二百个就好办了。现在先不忙分，你们先在会议上讨论一下，等到秋后再分。目前先分一两个公社试试看，先试点一下，

---

〔1〕 这是中共八届九中全会公报中提出的。

〔2〕 魏塘公社在浙江省原嘉善县境内，1958年11月嘉善县并入嘉兴县，1961年4月恢复嘉善县。

〔3〕 林乎加，当时任中共浙江省委书记处书记。李丰平，当时任中共浙江省委书记处书记、浙江省副省长、浙江省政协副主席。

看有什么问题，对生产有好处还是没有好处。生产队的规模也大了。我们中央有几个调查组，在你们浙江就有一个，让他们调查一个最好的生产队和一个最坏的生产队，不要只钻到一头，好就好得不得了，坏就坏得不成话，应该有好有坏，这样才能全面。关于生产队规模问题，他们反映，生产队管的小队太多。田家英同志调查的那个队就管十一个小队，有几十里宽。这里的农民不知道那里的农民搞些什么事情，这怎么行呢？我看一个生产队管不了这么多，太大了。在一个基本核算单位里，有富的、中等的、贫的，这就有问题，群众就不满意。小队就是过去的初级社。我看把小队改成生产队，把生产队改成大队，明升暗降。原来的小队变成生产单位和消费单位。毛泽东要浙江省委研究一下，把核算单位（这里所说的核算单位，指基本核算单位——编者注）放在过去的初级社好，还是放在过去的高级社好？就是说，放在生产小队好，还是放在生产队好？谈到食堂问题时，他说：食堂划小为好，几户人家办一个，大了恐怕对生产不利。要多样化，有常年食堂，有农忙食堂，也有自己烧饭的。办食堂一定要适合群众的要求。总而言之，不论办什么事一定要适合情况，适合情况了就能增产，适合情况了群众就高兴。谈到党的工作问题时，他说：自从公社化以后，我们是政社合一，并不是党政合一，党和社应有明确的分工。公社党委书记不能生产、行政什么都管，否则什么也管不好，因为还有社员代表大会，它是行政上最高权力机关。党委主要还是应该抓政治思想教育，但是不等于不抓生产，因为与生产有密切的关系。政治思想教育不好，党的政策没有贯彻，群众的生产就搞不起来。关于改造落后队问题，他说：改造落后，要从具体情况出发，确定方针，不要走过场，改造好了要验收。一定要搞通县、社领导干部的思想，落后队同县、社的领导分不开，他们思想不通，工作队一走又要变坏，要和他们一起去改造。

2月8日 下午，在杭州南屏游泳池会见法国参议员、民主社会抵抗联盟主席密特朗，胡愈之[1]等在座。密特朗说：法国虽然离中国很远，那并不要紧，但有一堵墙把两国隔开了。毛泽东说：墙并不高，我们可以越过的。有各种不同的墙，有意识形态的墙，有社会制度的墙，有外交关系的墙，有经济关系的墙，这是暂时的现象，人民终究是要把墙拆掉的。意识形态的墙和社会制度的墙，只要在互不干涉内政的原则下，是可以拆掉的。我们与法国没有建立外交关系，这也是暂时的。美国不承认中国，不让我们恢复在联合国的地位，我们也不急。世界趋向是走向真理，走向各国人民的合作，但是要经过努力，要经过斗争。谈到阿尔及利亚问题时，毛泽东说：法国想征服阿尔及利亚人民是不可能的。你们首先要用诚恳的态度和阿尔及利亚谈判，这不仅对阿尔及利亚有利并且对法国也有利。但是，谈判必须在双方平等的地位上，不能像过去戴高乐要别人投降，要人投降怎么能谈判呢？在阿尔及利亚的那一百万法国人中，大多数都可以同穆斯林合作的。但是有两个先决条件，承认阿尔及利亚独立和撤退法国全部在阿的军队。在这个基础上，使得一百万的法国人同八百万的穆斯林和平相处。否则，一百万法国人掌握了政权、军权、经济命脉等，那八百万穆斯林对他们是害怕的。你们可以同阿巴斯谈一谈，我们是不能替他说话的，这是他们自己的内政。阿尔及利亚问题是你们双方的事，应由你们自己去解决。谈到中国情况时，毛泽东说：困难是有的，但是可以克服的。无论工业也好，

---

〔1〕 胡愈之，当时任全国人大常委会副秘书长兼办公厅副主任、全国政协委员、文化部副部长、中国人民外交学会副会长、中国民主同盟中央副主席。

农业也好，它总会好起来，但是要有时间，而且要有和平环境和外国朋友的支持帮助。

同日 晚上，同江华、林乎加、薛驹[1]、田家英谈话，主要谈农村整风整社问题。毛泽东问：有没有希望？整好社，去掉“五风”，能不能达到你们的指标？（江华曾汇报说浙江粮食产量一九六一年争取达到一百六十亿斤——编者注）落后的地方要找到落后的原因，是天灾，还是人祸？嘉兴魏塘公社和合生产队亩产只有二百九十一斤，主要是“五风”，瞎指挥，去掉这些因素，恢复大概要两三年。毛泽东问：退赔，有没有决心？林乎加答：决心退赔，破产退赔，哪一级决定的，哪一级负责。毛泽东说：这个办法好，谁决定的，谁负责赔。问题是中央、省、地、县四级有没有决心。单是中央和省有决心还不行，地、县没有决心就搞不好。地、县有了决心，即使有些公社、生产队没有搞好，也是时间问题。要使他们真正懂得共产主义和社会主义的区别，全民所有制和集体所有制的区别，等价交换，不能剥夺农民。我们只讲过剥夺地主，哪里讲过剥夺农民。江华说：这种思想是反动的。毛泽东说：是的，是最反动的，不是建设社会主义，而是破坏社会主义。林乎加说：瞎指挥有些是从省里下去的。毛泽东说：也有从北京下去的。一九五九年十月开了一次农业书记会议，搞了一套文件，没有批准就发了。我对谭震林同志说，三年不要开农业书记会议。春耕生产指示，一年一个，形式主义，谁人去看，农民要饿肚子，他不懂得要耕要种？问题是要搞一些具体措施和办法。林乎加说：自留地几年来几放几收，放有放的道理，收有收的道理。毛泽东说：两个道理，归根到底，只能是一个道理，还是要给农民自留地，而且要把为什么反复交代清楚。

---

〔1〕 薛驹，当时任中共浙江省委副秘书长，参加田家英领导的浙江调查组。

农民不相信，是你变得太多了嘛！现在反复不下去了，再搞下去，就是你们所说的饿、病、逃、荒、死。毛泽东再次谈到生产队规模太大，把生产小队改成基本核算单位的问题，说：现在这样口粮拉平分配，工分拉平分配，这是破坏农民的积极性。基本原则是要增产，做到不饿、不病、不逃、不荒、不死。当然有正常的死，人也难免要生点病，主要的问题是饿不饿的问题。当林乎加谈到三类队的排队数字和比例的时候，毛泽东对三类队作了一个分析，说：三类队不完全是敌人篡夺领导权，有的是坏人当道；有的是“五风”重，加上“三风”〔1〕等等；有的是领导能力太弱，糊里糊涂。要按情况办事。毛泽东又谈了社会主义革命和社会主义建设没有精神准备的问题。毛泽东说：社会主义革命没有经验，没有舆论准备。转入社会主义革命，很多人没有精神准备，很多人不是为社会主义而参加我们队伍的。有些人为了个人目的，为了发财、分土地，为了逃命，逃命的人不一定都是共产主义者。总是要变的，现在正在变化，到了一定时期又要变化。像细胞分裂一样，不断变化。要抓紧对干部的教育，使他们懂得什么是共产主义，什么是社会主义。全民所有制、集体所有制，这都是社会主义性质的。自留地是个人所有制的尾巴，并不危险。不懂得社会主义革命和社会主义建设这些道理，就会死人的。今年、明年这两年，要搞得好一点，事情就好办了。虚报浮夸，以少报多，这种人不能说是决心搞社会主义的。在处分干部时，一定要分清他们犯的错误的轻重、大小。犯大错误、原则性错误以至死官僚、蜕化变质，被敌人拉过去等，这总是少数，略微有一点缺点错误的占绝大多数，不要每次犯一点错误就都撤换一批，结果势必把原来一些比较老的干部换光，每次一定要有一

〔1〕 指贪污、浪费、官僚主义。

个控制面。要按群众意见办事。群众能原谅，允许他改，允许他过关就行；群众不许过关，就要撤职。要认真教育干部，领导集团是先进分子，自己手脚不干净，如何能领导别人？在谈到食堂问题时，他说：食堂问题要多种多样。单身汉、劳力强的要求办常年食堂，一个队五十户有五户愿意就可以办，多数愿意办农忙食堂，还有少数愿意自己拿回家烧饭。要适合这三种人，按照群众的需要办事。不适合情况总是要垮台的。在这次谈话中，毛泽东采纳了田家英提出的搞一个人民公社工作条例的建议。他说：调查组可以搞一个半月，二月一整月，三月半个月。在广州开会时，每个调查组去三个人，三个调查组九个人，连我组成十个人的小组，认真研究解决一些问题，搞一个文件。

2月9日 乘专列离开杭州南下。

2月10日 上午，在停靠南昌向塘的专列上听取中共江西省委负责人杨尚奎、邵式平、方志纯、刘俊秀汇报江西省农村整风整社等情况。毛泽东说：整风整社，今年一年能搞完就好了，但是一定要搞彻底。办食堂要满足三种人的要求：愿意常年吃食堂的；愿意农忙吃食堂的；还有一部分人不愿意在食堂吃，那就满足他，可以不在食堂里吃。我就给浙江的同志说过，让他们这样办，不要千篇一律。办食堂这一条是肯定的，但是要多样性，一定要满足群众的要求，群众反对的事情就不要干。毛泽东问：一个生产队，你们平均有多少户？刘俊秀答：大部分是一百多到二百户，每小队有十几户。毛泽东说：这是不是太大了。你们看，核算单位放在生产队好还是小队好？公社是不是太大了，一个公社恐怕一万多人为好，人少的地方大的公社两三千人也可以，不然就管不起来。现在看来，只有四川一个省按中央的政策办事，他们的公社都是以乡为单位。横直你们给它分开，以乡为单位，一个乡一个公社，凡是以原来区为单位的给它一个不合法。现在春耕来了，先不搞，你们先可以酝酿酝酿，研究研究，先搞几个典型也可以。谈到并社并县问题，毛泽东说：这也是一股风，特别是河北省委，将地委都撤掉了，天津地委撤了归天津市管，唐山、保定地委都撤掉了。你们看，有那么多的工业，又要管那么多的县，怎么行？县也不要合，合大了不好。他问：你们退赔了没有？退赔的是什么？杨尚奎说：我们估计全省共平调了四亿多元，已经退了两亿元，退的主要是实物，实在不行的再退钱。毛泽东说：什么实在不行，让他们自己去退赔，要学浙江的办法，首先是社、县退赔，要破产退赔，最后国家可以稍微补贴一点，不然他们就要依赖国家。总而言之，不能脱离群众，凡是不适合群众要求的事都不办。包括社、队干部和商业人员的作风，要彻底搞一下。目的就是教育干部，挽回人心，搞好与农民的联盟。如果百分之八十几的农民不满意国家的政权，不满意共产党，那怎么能搞社会主义和共产主义呢？

2月11日 下午，在停靠长沙附近的专列上听取中共湖南省委负责人张平化、胡继宗、周礼〔1〕和胡乔木关于湖南农村整风整社情况的汇报。毛泽东说：第一书记都要作调查研究，做一些思想工作，如果第一书记忙不过来，就抽出那么一个书记来做。总而言之，要有心里闲一点的人，不要每天忙于事务。谈到社队规模时，毛泽东说：我看你们这个社也大了，队也大了。江西有一千一百几十个社〔2〕，你湖南也是一千一百几十个社，你这里还比江西多一千七百万人口。江西我还嫌他们那个社大了。大体上现在的社划成三个社比较恰当，就是以乡为单位比较恰

〔1〕 周礼，又名周里，当时任中共湖南省委书记处书记、湖南省副省长、湖南省政协副主席。

〔2〕 据杨尚奎1961年2月10日的汇报，江西有1289个公社。

当。胡乔木说：开始提的是以乡为单位，后来不断加码，撤区并乡，小乡并大乡，几乡一社。实际上，还是小队的劳动为基础，大队作经济核算，加以联合，公社恐怕只是一个联络组合的形式。毛泽东说：究竟是队为基础好，还是下放到小队为基础好，有人提出这样的疑问。因为现在队底下管的小队多，而小队就是过去的初级社。有三种方案，一种方案就是现在的这种方案，队为基础，比较大的队平均三四百户。这种方案在一些地方是否适宜还值得研究，这么大，从东到西，从南到北，老百姓自己不清楚。小队里边又分三种情况，比较富的，比较自保的，比较穷的，统一分配，结果就是吃饭拉平，工分拉平。第二个方案，就是把现在这个队划成三个队，使经济水平大体相同的小队组成一个基本核算单位，不要肥的搭瘦的。肥瘦搭配，事实上是搞平均主义，吃饭平均主义，工分平均主义。山区还要小，只要几十户，二三十户、三四十户一个生产队。胡乔木说：这几年的经验，就是越偏僻的地方大概是比较好的地方。毛泽东说：是官僚主义达不到的地方，主观主义达不到的地方，瞎指挥达不到的地方。你们是一万六千个生产队，我看不要脱离群众，还是大体上恢复到原来的高级社的范围，分成五万个就对了。他问：你们并了县没有？张平化说：并了，现在又准备分。毛泽东说：通通拆散。现在需要离，我看现在变成“离则两利，合则两伤”。当张平化、胡乔木汇报食堂问题时，毛泽东说：吃食堂不能勉强，你们这里是不是还勉强？胡乔木说：食堂这个制度现在还不算勉强的，我们原来很留神研究这个问题，问了一些贫农、下中农，他们对食堂都还是满意的。毛泽东又问：你们有没有农忙食堂？张平化答：没有。我们有个规定，冬天的时候，晚上可以回家做一顿饭，因为要烤火。毛泽东说：烤火问题要解决。张平化说：食堂办得好不好，柴火关系很大。毛泽东说：浙江同志讲，食堂实际上是一个造饭工厂，它不做菜的，社员把饭打回去吃，回去凉了，又要热一顿，结果柴火两头分散，家庭要烧柴火，食堂又要烧柴火。张平化说：我们也有这种情况，因为居住分散，回家他还得煮一次。毛泽东说：那何必呢？毛泽东最后说：搞一个人民公社的章程，恐怕困难一些。准备搞一个人民公社的工作条例，职权、权力，做什么不做什么，生产队都做哪些事，规定好了就好办事了。生产小队的权力必须增加，就是过去的初级社。他要胡乔木继续调查，准备三月上旬或三月十日到广州集中。

2月12日 晚上，在停靠长沙附近的专列上再次听取张平化和胡乔木汇报，主要谈公社体制问题。张平化说：昨天谈了以后，我们回去商量了一下，认为对体制调整决心下得不够。如果基本核算单位就相当于原来的高级社，全省可能有五万多个大队；现有的一千一百个公社可能变成三千个公社或者多一点。春耕之前，先解决基本核算单位划小的问题，大家的意见是一致的。毛泽东说：我看是群众的要求。你们既然叫大队，底下就不要叫小队，就叫队。因为一讲小队，这个“小”字就有个缺点，它职权小。其实这个小队有很多工作，有人计算有十五项工作，就叫生产队。上面叫生产大队，是基本核算单位，再上面是公社。公社、大队、队，不要这个“小”字。张平化说：好。原来没有承认它是一级，现在承认它是一级，而且是很重要的一级。毛泽东说：是啊！是很重要的一级。所以，有人怀疑，基本核算单位究竟是小队，还是队。所谓队为基础，哪个是基础？张平化问：一般的可不可以这样说：公社是部分所有制，小队也是部分所有制，大队是基本核算单位、基本所有制。毛泽东说：可以，应该是这样说。小队它有家务，它也应该核算，它也应该是一个核算单位。胡乔木说：可以考虑把现在的公社变成区联社，恢复区委，大队变成公社。毛泽东说：那么小队变成生产队？胡乔木说：叫小队也可以，叫生产队也可以。毛泽东立即纠正：不要叫小队，就叫生产队。张平化提出农民很希望实行三定，就是定产、定购、定销，而最关心的还是一个定购问题，他们就怕多生产要多购。毛泽东说：有人[1]提出不要每年每亩田去定产，要按几年的收成，按一大片田的平均产量来定产，是一个中等的标准，以后这个定产就不变，就按这个定产定购。超产不超购，减产也不减购，除特大灾害例外。这是河北一个公社社长给谭震林同志的信中提出的，我看这是代表了农民的要求。农民对于我们过去多产多购很有意见。总而言之，中央要求你们上调不超过十亿斤，以后你们去努力，省里自己调剂，让你们有个奔头。我看中央只管京、津、沪，人民解放军和出口的粮食，其他通通不管。谈话后，毛泽东离开长沙，前往广州。

2月13日　到达广州，住小岛招待所。

2月14日　下午，同林彪谈话。

2月15日　晨，阅二月十一日《光明日报》发表的何明的文章《框框乎？指导原则乎？》[2]，在文章标题下批注“好文章”，并批示陈伯达：“何明是谁？一九五七年反右整风时期，他写过一篇短文[3]，很好，我跟你谈过，想找他谈谈，未果。现在请你找他坐飞机来广州一次。同时请艾思奇、胡绳、王若水、

---

〔1〕　指河北深县五公公社社长耿长锁。

〔2〕　何明，关锋的笔名。关锋当时任《红旗》杂志学术组组长（学术组后改为哲学史组）。这篇文章的主要内容是：到实际中，到群众中去做调查研究，要虚心，不要事前定出个主观主义的框框。指导原则和框框是两回事，要坚定不移地用马克思列宁主义为指导原则。

〔3〕　可能指关锋1957年8月10日《光明日报》发表的《批判费孝通的〈知识分子的早春天气〉》一文。

任继愈[1]、关锋五人一起同来。以上请你即办为盼!”

2月16日　下午，同陶铸谈话。

2月19日　晚上，听取陈伯达汇报调查情况。陈伯达送上《广东农村人民公社几个生产队调查纪要》。纪要说：“我们同意主席的意见，把现在所称的‘生产小队’，一律改称生产队。现在的基本核算单位，有的地方叫做生产大队，有的地方叫做生产队，有的地方叫做管理区，以后也一律改称生产大队。”“现在有的生产大队把富村和穷村勉强地合在一起，作为一个基本核算单位，原来收入较多的社员意见很多，可以根据不同的经济条件、自然条件和群众意见，划分为不同的基本核算单位。”纪要还说：“公社各级的关系，在解决了自上而下的刮‘共产风’问题以后，似乎应当注意更适当地解决队与队之间、社员与社员之间在分配问题上的某些平均主义。”广东调查组的这个意见，受到毛泽东重视。

2月21日　晚上，听取陈伯达、胡乔木汇报调查情况，陶铸参加。

2月23日　晚上，听取田家英汇报调查情况。

2月25日　下午，在广州鸡颈坑广州军区招待所召集陶铸、陈伯达、胡乔木、廖鲁言、赵紫阳[2]、田家英开会，讨论起草农村人民公社工作条例问题。毛泽东说：现在我们准备起草一个人民公社的工作条例，三月十日起草好。分两段，共十四天，前七天一段，把初稿搞出来，后七天一段，加一些同志来讨论。原

---

〔1〕王若水，当时任《人民日报》编辑。任继愈，哲学家。当时任中国科学院哲学研究所研究员、北京大学教授。

〔2〕赵紫阳，当时任中共广东省委书记处常务书记、中国人民解放军广东省军区第一政治委员。

来准备三月搞城市调查，我们现在可以商量一下，城市的问题还是让省、市去搞，他们说城市经过整风也准备搞个十二条。廖鲁言说：北京市委在讨论人民公社体制时，有的主张改，有的主张不要改，讨论的结果是，人民公社大中小都有比较好。毛泽东说：大中小相结合这个原则不能动摇，问题是太大了。陶铸说："大"还是个方向，问题是现在的社、队也大了。毛泽东说：县太大了也不好办事。县大了不行，社大了不行，队大了也不行，都不行。陶铸说：广东一九五七年是四万五千个高级社，一九五八年合成了三万七千多个，这是南宁会议以后的数字。毛泽东说：你们的基本核算单位恐怕四万五千个适合。如果社队划小后，大队与大队的平均主义解决了，现在还存在两种平均主义没有解决，一个是小队与小队之间的平均主义，一个是个人与个人之间的平均主义。我看这样好，把小队的名字去掉，公社就是三级，公社、大队、队。胡乔木说：昨天彭真同志来电话，准备搞一个关于粮食问题的党内文件发到支部讨论，把粮食的情况讲一下，讲一讲灾情，讲一下暂时的困难，要求大家千方百计想办法，号召少劳动的或者不劳动的人节约粮食给参加劳动的人吃。毛泽东说：中央少发文件为好，不要去搞。中央一写文件就等于命令发下去了，下面就要抓，又要开电话会议等等这一套，结果大批问题又来了。我看这个文件不搞为好。毛泽东最后说：条例的起草工作由陶铸挂帅，陈伯达为副帅，廖鲁言、田家英两人执笔。

2月27日　阅林彪转报的罗瑞卿二月十日关于几个地区部队情况的考察报告，批示："退林彪同志。此件已阅，很好。建议每个军区派有能力的人去调查两个连队，一个好的，一个坏的。如何，请酌。这几天牙痛，谈话待过几天通知你。"罗瑞卿的报告说，他在昆明、成都、重庆、武汉等地看了几个连队，并同一些团、师、军和大军区的负责干部谈话，听了几个单位的汇报，了解到部队的两忆三查〔1〕运动、整风、连队管理工作、军事训练等方面的情况。

2月 作《七绝·为女民兵题照》："飒爽英姿五尺枪，曙光初照演兵场。中华儿女多奇志，不爱红装爱武装。"

3月1日 圈阅同意周恩来关于进口粮食问题致毛泽东信。信中说：截至二月二十二日止的计算，粮食上半年尚差四十四亿多斤，估计第三季度还差三十亿斤，两项共差七十四亿多斤。因此，决定今年进口粮食一百亿斤。现已签好合同的有五十二点四亿斤，正在谈判中的还有五十亿斤。

3月3日 晚上，同廖鲁言、田家英谈农村人民公社工作条例问题。

3月4日 晚上，在广州小岛招待所主持召开中共中央政治局常委扩大会议，讨论国际形势问题和农村人民公社工作条例草案初稿，以及苏联提议以贷款方式给中国一百万吨粮食和转口古巴五十万吨糖一事。周恩来、林彪、邓小平、彭真、陈伯达、陶铸、胡乔木出席会议。

3月5日 晚上，在广州小岛招待所主持召开中共中央政治局常委扩大会议，周恩来、朱德、林彪、邓小平、彭真、陈伯达、陶铸、胡乔木出席。周恩来汇报工业生产和市场供应等情况，毛泽东主要谈人民公社体制等问题。毛泽东回顾第二次郑州会议以来的情况说：在庐山会议之前，我们对情况的了解还是比较清楚的，但在庐山会议之后就不大清楚了。因为庐山会议之后一反右，有人讲真实话，讲困难，讲存在的问题，讲客观实际情况等等，都被认为是右的东西。结果造成一种空气，不敢讲真实

---

〔1〕 两忆三查，指忆阶级苦、忆民族苦，查思想、查工作、查斗志。

情况了。相反就产生了另外一种情绪，不讲实际了，例如河南本来粮食产量只有二百四十亿斤，他们说有四百多亿斤，这都是反右反出来的。郑州会议的召开，是为了反“左”。凡是贯彻郑州会议精神比较彻底的省，工作就比较实一些。从三月到六月只反了四个月的“左”，如果继续反下去，那就好了。谁知道彭德怀在中间插了一手，我们就反右。右是应该反的，反右是正确的。但是带来一个高估产、高征购、高分配。这个教训值得我们吸取，这件事也教育了我们，反“左”中间插了一个反右，在群众中间一反，结果就反出一个浮夸风。庐山会议反右这股风把我们原来的反“左”割断了。看来“十二条”下去以后，现在我们比较摸底了，粮食产量也落实了。去年北戴河会议以后，各省都注意安排生活了，那时就提出低标准、瓜菜代的方针。可是有些省就抓迟了，如安徽、山东、河南就抓迟了，甘肃就更抓迟了，结果问题就多。这些省都抓得太晚了，对本省的问题估计不足。反革命复辟、掌权，这也是一个经验教训。还有几千万人搞工业，是个大问题。根据调查，在农村主要的是个领导问题。他问：今年我们的钢产量能不能搞到去年的水平？周恩来说：三月份我们准备日产量搞到三万吨，以后三个季度准备平均日产量搞到六万吨，如果这个水平可以达到，还是有希望的，如果不行，还可以改指标。毛泽东说：我看今年一、二月比去年一、二月要好，虽然今年一、二月比去年一、二月少一百亿产值，因为实在了，会上去的。关于人民公社体制问题，毛泽东说：我这次出来之后，沿途和河北、山东、江苏、上海、浙江的同志谈了一下，也和江西、湖南的同志谈了一下。他们所反映的问题和你们了解的情况差不多。他们普遍感到社、队大了，要求划小一点。我们搞了三个调查研究组，目前他们来在这里起草一个农村人民公社各级的工作条例，初稿已经起草好了，准备让几个省来几个同志参加讨论修改。修改后让他们带回去广泛征求意见，研究讨论是否可行，然后再提交四月会议[1]。针对会上有人对社、队规模划小和起草工作条例还存在种种顾虑，毛泽东进一步阐述社、队划小的必要性。他说：我的家乡湘潭，原来是二十一个都。以前对那个都还嫌大，分成了上七都、下七都。如果一个都一个公社，全县也要二十一个公社，但现在只有十三个公社。你们看，湖南只有一千二百个公社，浙江只有六百个公社，公社都太大了。总而言之，要适合群众的要求，要反映群众合情合理的要求。食堂也是一样。田家英同志在浙江调查了一个生产大队，二百多户。这个大队领导了十一个生产小队，这十一个小队里面有富队，有中等队，也有穷队，在分配的时候统统拉平，这么一来就发生问题了。现在他们建议将这个生产大队分成三个大队，把经济基础差不多的小队分在一起。这样，分配上就不拉平了，使得经济情况都差不多。这是队与队之间的拉平问题。还有一个队里面人与人之间的拉平问题，这个问题还没有解决。如果这些问题解决了，就可以调动起群众的积极性。毛泽东说：过去我们老是要数字，什么东西种了多少，产了多少，今天积了多少肥，明天又搞些什么，天天统计，天天上报，统计也统计不及。横直就是那样，你瞎指挥，我就乱报，结果就浮夸起来了，一点也不实在。包括我们中央发的文件在内，也是那样。今后不要搞那么多文件，要适当压缩。不要想在一个文件里什么问题都讲。为了全面，什么问题都讲，结果就是不解决问题。不要批文件过多，过去我也是热心家，也批了许多文件。我就批了贵州关于食堂问题的那个文件，结果对各省影响很大。又比如，每年到春耕时，中央就要发

〔1〕 指原计划1961年4月在北京召开的中共中央工作会议，后来改在1961年5月21日至6月12日召开。

指示，国务院就要发命令，今年不搞了好不好？我说这都是多余的。每年有那么几篇就行了，就像少奇同志批的河南灵宝纪登奎那一类的文件〔1〕有一些就行了，不要多了。我就不信，每年批了那么多的文件你们都看了，各省的同志都看了。肯定有许多没有看。关于人民公社划小的问题，毛泽东再次强调：这个原则是肯定了的，今年不划小，明年得划小，明年不划小，后年一定得划小，横直是要划小就是了。至于调整是不是全国都一样，那还要看，调整先不要去惊动全国。工业也有大中小，太大了也不行，大了就不好管。农业不比工业，公社大了就更不好管。公社划小不划小、分不分，不要听干部的，主要听群众的。干部他肯定不愿意分的，他会找出许多理由来，说什么没有房子，有什么困难等等。我们只要得到了群众就得到了干部。我们把生产指挥权下放了有什么不好。如果按干部的意见，自留地也不能留，平调的东西也不要退赔，生产指挥权更不能下放了，这样我们就得不到群众了，就不能取信于民。毛泽东还谈到商业问题，说："三反"以来，将近十年了，商业上的问题也不少，这个问题秋后再搞。会议决定，在广州、北京分别召开会议，讨论人民公社问题。南方三个中央局的会议在广州召开，北方三个中央局的会议在北京召开。

3月6日　上午八时二十分，同张平化谈农村人民公社规模划小问题。

---

〔1〕1961年1月10日刘少奇对中共河南省委批转洛阳地委第一书记纪登奎《关于灵宝县大王等公社层层召开"兑现会"的经验报告》作了批示。批示中说："看来，贯彻执行中央十二条政策，首先是认真退赔刮'共产风'的财物，就是在一、二类社队的许多干部还是有很大的抵抗的。必须省、地、县、社四级下最大的决心，并且派工作队下去督促，真正发动广大的群众运动，才能冲破抵抗，使中央政策兑现。"

同日 上午十时二十分，同周恩来、邓小平、彭真谈农村人民公社体制问题。后又同陶铸谈这个问题。

3月7日 下午，同王任重谈话，了解湖北农村情况。毛泽东说：你们的自留地到底交下去了没有？看来一个自留地，一个退赔，一个指挥权，这是三个主要问题。参加食堂要大家愿意，如果不愿意就搞农忙食堂。农村和城市总不一样，不愿意吃食堂的就让他不吃食堂。我们办食堂这个制度是肯定的就是了。王任重说：食堂不办不行，肯定还是要办，现在就是一个烧柴问题，好多人去拾柴供食堂用，结果就没有多少劳动力去搞生产，有的拆房子烧，有的拆桥烧，甚至于有的把修好了的水闸拆了当柴烧。毛泽东说：那就非得改变不可！王任重说：干部有个情绪，就是怕右倾，有意见也不敢提。张体学说“十二条”下来，把什么问题都揭开了，就是食堂问题没有揭开。毛泽东说：农村跟城市总有区别，农业跟工业总有不同，农业就不能像工业那样来指挥生产，农业更不能用通电话的办法来指挥生产，农村常开电话会议，布置任务，实际就是死命令，这可害死人。我看，领导生产这方面就要搞消极一点，不要搞得那么积极，有时间你可以多看看文件，多读一点书，多学习一点，多做一点实际工作，总之不要瞎指挥。他说：想搞一个人民公社各级工作条例，目的就是把公社各级职权搞清，把生产小队改作生产队，就是三级：公社、大队、队。把各级的职权搞清楚后，他们就知道该办什么不该办什么，该管什么不该管什么。公社没有一个章程，原来有的都废掉了。“十二条”解决了一些问题，就是不具体，没有规定生产队、生产大队、公社各级管些什么事。毛泽东问：你看有什么办法保证不瞎指挥？王任重说：瞎指挥主要是公社和县两级，来源是省、地两级，有的属于错误，有的属于一般对、个别不对，不因地制宜。毛泽东说：今年你们省、地这一套就不要再搞了。你们吃了旱改水的亏，浙江吃了连作稻的亏，心是好心，想多打粮食，但不因地制宜，瞎指挥，结果减产就很厉害。王任重谈到城市请客之风很厉害，还有走后门的问题，说这种现象就是不和群众同甘共苦。毛泽东说：我看还是要反一下，从“三反”以来，八年多都没有反过。

3月8日　上午，在广州小岛招待所召集陈伯达、胡乔木、陶铸、赵紫阳开会，讨论修改《农村人民公社工作条例（草案）》。

3月10日　晨，阅陆定一二月二十七日关于在新会参观情况和三月一日关于在花县参观情况先后写给毛泽东的两封信。第一封信中说：新会县委第一书记党向民说，人民公社以来有三点不同，第一点，没有经过试点，是一哄而起。第二点，人民公社办法不具体，不细致，有的问题反复多次。第三点，管理制度不严密。人民公社要不要？看了新会，肯定必须要，不能不要。总之，群众不想解散公社，公社也有事可为。新会的公社是可以站住脚的。食堂要不要？要，可以办好。第二封信中说：昨天（二月二十八日）去花县参观，才知道那里不仅三年来年年增产，而且全县六个公社，有三个公社是社有制为基础。看来，在人民公社运动中，信阳一类的地区是一个极端，花县一类的地区又是一个极端。一个坏极，一个好极。花县虽然不大，但其成功将有极大意义，横扫那些对人民公社运动的悲观情绪。毛泽东批示：“陶铸同志：（一）请邀朱德、陆定一两同志参加我们的会；（二）陆定一同志在新会、花县两处参观后给我的信，请印发到会各同志。”同时批示：“鲁言、田家英、陈、胡阅，退毛。”

同日　上午，在广州小岛招待所召集柯庆施、李井泉、陶铸、陈伯达、胡乔木开会，讨论中共中央华东局、中南局、西南局及所属各省、市、自治区负责人参加的工作会议（即三南会议）的开法问题。

3月10日—13日 在广州小岛招待所主持召开三南会议，主要讨论人民公社体制和工作条例问题。同时，刘少奇、周恩来、陈云、邓小平于三月十一日至十三日在北京主持召开有中共中央华北局、东北局、西北局及所属各省、市、自治区负责人参加的工作会议（即三北会议），讨论的问题与三南会议相同。后来，北京方面向毛泽东建议，两边合起来开会，得到毛泽东同意。十四日，参加三北会议的同志到达广州。

3月11日 上午，同胡乔木、田家英谈《调查工作》一文修改问题。

同日 为印发《调查工作》一文给三南会议写如下批语："这是一篇老文章，是为了反对当时红军中的教条主义思想而写的。那时没有用'教条主义'这个名称，我们叫它做'本本主义'。写作时间大约在一九三〇年春季，已经三十年不见了。一九六一年一月，忽然从中央革命博物馆〔1〕里找到，而中央革命博物馆是从福建龙岩地委找到的。看来还有些用处，印若干份供同志们参考。"并批注："送林彪同志阅，一九三〇年的，从闽西找出来的。阅后退毛。"毛泽东在印发这篇文章时，对正文作了一些文字修改，将标题改为《关于调查工作》。一九六四年这篇文章编入《毛泽东著作选读》甲种本和乙种本，题目改为《反对本本主义》，写作时间定为一九三〇年五月。

3月12日 晚上，听取陶铸、胡乔木汇报三南会议开会情况，研究会议开法问题。

3月12日或13日 批示将中共河北省委三月十日《关于调整社、队规模和分配体制的意见》印发三南会议，并在标题下注明："（主张以生产小队为基本核算单位）"。河北省委的报告说：

---

〔1〕 指中国革命博物馆。

为了研究调整社队规模和分配体制，先后召开两次座谈会。大家的意见是：现在的生产小队改为生产队；现在的生产队改为生产大队，规模大体上相当于原来的高级社；原来的一个公社准备划分为四五个，规模大体上相当于原来的乡。关于分配体制，大家都同意由生产队统一分配改变为以生产小队为分配单位，可以更充分地调动生产小队和广大社员的生产积极性。这样改变以后，生产队（原来的生产小队）作为基本核算单位，生产大队（原来的生产队）和公社为部分所有制。

3月13日 上午八时，为认真调查公社内部两个平均主义问题，致信刘少奇、周恩来、陈云、邓小平、彭真以及三北会议各同志。全文如下："今天派陶铸同志到你们那里来，向你们作报告；并向到北三区会议的同志们提出一些建议，以供参考。大队内部生产队与生产队之间的平均主义问题，生产队（过去小队）内部人与人之间的平均主义问题，是两个极端严重的大问题，希望在北京会议上讨论一下，以便各人回去后，自己并指导各级第一书记认真切实调查一下。不亲身调查是不会懂得的，是不能解决这两个重大问题的（别的重大问题也一样），是不能真正地全部地调动群众的积极性的。也希望小平、彭真两位同志在会后抽出一点时间（例如十天左右），去密云、顺义、怀柔等处同社员、小队级、大队级、公社级、县级分开（不要各级集合）调查研究一下，使自己心中有数，好做指导工作。我看你们对于上述两个平均主义问题，至今还是不甚了了，不是吗？我说错了吗？省、地、县、社的第一书记大都也是如此，总之是不甚了了，一知半解。其原因是忙于事务工作，不作亲身的典型调查，满足于在会议上听地、县两级的报告，满足于看地、县的书面报告，或者满足于走马看花的调查。这些毛病，中央同志一般也是同样犯了的。我希望同志们从此改正。我自己的毛病当然要坚决改正。你们为什么那样忙呢？开三天会太少了，至少五天至七天才行。为什么南方三区反倒不忙，开七天〔1〕，北方三区倒那样忙呢？因此，派陶铸同志到你们处走一遭。今天去，明天回。另派廖鲁言同志于几天后回北京，去作北方的调查工作。我的那篇《关于调查工作》的文章也请同志们研究一下，那里提出的问题是作系统的亲身出马的调查，而不是老爷式的调查，因此建议同志们研究一下。可以提出反对意见，但不要置之不理。”后因三北会议与三南会议合起来在广州开会，陶铸没有去北京。

同日 主持三南会议，并讲话。毛泽东说：这次会议要解决两个很重要的问题：一是生产队与生产队之间的平均主义；一是生产队内部人与人之间的平均主义。这两个问题不解决好，就没有可能充分地调动群众的积极性。看来人民公社需要有一个条例。这次会议讨论一下，先听听你们的意见，你们回去再调查，下次会议作决定。要做系统的由历史到现状的调查研究。省委第一书记要亲自做调查研究，我也是第一书记，我只抓第一书记。其他的书记也要做调查研究，由你们负责去抓。只要省、地、县、社四级党委的第一书记都做调查研究，事情就好办了。今年一月找出了三十年前我写的一篇文章。这篇文章我是喜欢的，是经过一番大斗争以后写出来的，一九三〇年写的。过去到处找，找不到，像丢了小孩子一样。文章的主题是，做领导工作的人要依靠自己亲身的调查研究去解决问题。过去这几年我们犯错误，首先是因为情况不明。情况不明，政策就不正确，决心就不大，方法也不对头。最近几年吃情况不明的亏很大，付出的代价很大。大家做官了，不做调查研究了。我做了一些调查研究，但大

〔1〕 三南会议原计划开7天，后因三北会议方面提出合起来开会，得到毛泽东同意，三南会议遂于1961年3月13日结束，只开了4天。

多也是浮在上面看报告。现在，我要搞几个点，几个调查的基地，下去交一些朋友。对城市问题我没有发言权，想调查几个工厂，此心早已有了。我和大家相约，搞点副食品基地的调查研究，目的是为了解决问题，不是为了报表。报表有一点也可以，统计部门搞统计需要报表，可是我们了解情况主要不靠报表，也不能靠逐级的报告，要亲自了解基层的情况。他说：人民公社三年没有搞条例，当然也搞了些规定，比如北戴河会议的决议，武昌会议的决议，郑州会议的记录，上海会议十八条，我写给生产队、生产小队信里提的六条。这些文件和规定在有些地方不灵，在有些地方灵了。犯了错误能改就行，只要好好地去干，错误和失败就会走向反面，反面就是正确和胜利，不要抬不起头来。他说：有些食堂难以为继。广东有个大队总支书记说，办食堂有四大坏处：一是破坏山林，二是浪费劳力，三是没有肉吃（因为家庭不能养猪），四是不利于生产。这个同志提出的问题值得注意。这些问题不解决，食堂非散伙不可，今年不散伙，明年也得散伙，勉强办下去，办十年也还得散伙。没有柴烧把桥都拆了，还扒房子、砍树，这样的食堂是反社会主义的。看来食堂要有几种形式，一部分人可以吃常年食堂，大部分人吃农忙食堂。北方冬季食堂非散伙让大家回家吃饭不可，因为有个取暖的问题。

3月14日 下午，同陈伯达、胡乔木、廖鲁言、田家英谈《农村人民公社工作条例（草案）》修改问题。

同日 晚上，主持召开中共中央政治局常委扩大会议，讨论《农村人民公社工作条例（草案）》的修改问题，刘少奇、周恩来、朱德、林彪、邓小平、彭真、柯庆施、李井泉、李雪峰、刘澜涛、陶铸、宋任穷出席。毛泽东讲话说：三北会议的同志们今天都来了，这个会准备开到二十号结束。现在搞的那个条例，还要修改，一个是太长，第二太杂，第三逻辑性不强。准备再写一个说明，把条例的主要条文加以说明，这样条例就不那么长了。由廖鲁言、田家英负责写条例，陈伯达、胡乔木负责写说明。条例后天就可以写出来，大体上议一下，然后各省带回去，到农村广泛地征求意见，到实际中调查研究。下月的会就不开了，放到五月上旬开好了，同志们可以利用这段时间去抓农业、抓工业，在抓农业的同时各省就可以修改条例。现在就不要通过条例了，因为还没有和群众见面，没有经过群众讨论，所以我看到了五月会议时再通过。关于公社的体制问题，公社划小这个原则已经肯定了，公社划小，生产大队也要划小，过大了不利于生产。河北、浙江提出要求小队包产、核算，小队不核算怎么行呢？但不是基本核算单位。队与队之间的平均主义，队里面人与人之间的平均主义，是从开始搞农业社会主义改造，搞集体化、搞公社化以来，就没有解决的。现在这个条例，就是要解决平均主义问题，可以使小队满意，但是要让小队完全满意还不可能。关于基本核算单位问题，究竟是以大队为基础，还是以小队为基础，这个还可以研究。基本核算单位可以划小，但是单位太小了，对天灾人祸抵抗不了。总的原则要搞到相当原来一个高级社的范围作为一个基本核算单位。基本核算单位的大队太大了也不好，它底下管的生产队就太多了。这样势必就要拉平，就要搞平均主义，非改不可。穷队富队拉平，现在已经证明，对富队不好，对穷队也不好。必须对生产大队下面的生产小队贫、中、富区别对待。小队里头人与人之间的平均主义，也就是劳动力多的与劳动力少的社员户之间的矛盾。因为实行粮食供给制，劳动力少的户跟劳动力多的户吃粮都一样，他横直有的吃，所以就不积极；劳动力多的户，他们想我干也是白费了，所以也不积极了。毛泽东最后说：这次会议谈三个问题，一个是公社体制问题，一个是条例问题，一个是粮食问题。

同日 批示将《群众对搞好今年生产的要求和意见——醴陵

县石塘庵生产队座谈会记录》印发到会各同志。记录中说：社员要求政府现在就把粮食征购任务确定下来，使社员早就心中有数；要求多劳多得，按初级社的办法，实行劳动定额管理。

3月15日 上午，同曾希圣、谭启龙谈话。曾希圣向毛泽东汇报了安徽试行责任田[1]的由来、主要好处和可能出现的问题以及解决问题的办法。毛泽东听说实行责任田能够较快地增加粮食产量，说：你们试验嘛！搞坏了检讨就是了，如果搞好了，能增产十亿斤粮食，那就是件大事。谈话后，曾希圣立即打电话通报安徽省委，说：现在已经通天了，可以搞。不久，毛泽东又请柯庆施转告曾希圣：责任田可以在小范围内试验。

同日 将《生产小队改为基本核算单位的利弊——陕西省委同志三月十二日在西安座谈的意见》批示印发到会各同志研究。这个材料认为，生产小队改为基本核算单位有七个好处、八个缺点和问题。

同日 中共中央转发中央宣传部《关于毛泽东思想和领袖革命事迹宣传中一些问题的检查报告》。报告说：在对毛泽东思想的宣传中存在着简单化、庸俗化的现象；在宣传领袖革命事迹的出版物中，有的文章所写的事实不真实，或者过多地描写生活琐事。报告提出：宣传毛泽东思想和革命领袖事迹，是一件十分重大、严肃的事情。希望各地党委和中央有关各部党组，督促报刊书籍出版部门认真对待这一工作。

3月15日—23日 在广州小岛招待所主持召开有各中共中央局书记，各省、市、自治区党委书记参加的中央工作会议。这次会议讨论通过了《农村人民公社工作条例（草案）》（简称“农业六十条”）和《中共中央关于讨论〈农村人民公社工作条例（草案）〉给

---

〔1〕 当时全称为“定产到田，责任到人”，通称“责任田”。

全党同志的信》,《中共中央关于认真进行调查工作问题给各中央局,各省、市、区党委的一封信》。对这次会议,毛泽东的评价是,这是公社化以来中央同志第一次坐下来一起讨论和解决农业问题。

关于这次会议的情况,邓小平三月二十七日和二十九日先后在中央书记处和书记处召开的报告会上作了传达。他说:这次会议,主要解决两个问题:一是两个平均主义,这是政策问题;二是调查研究,这是工作方法问题。“十二条”解决了公社、大队的平调问题,但没有解决生产队与生产队之间、生产队内部人与人之间的平均主义问题。两个平均主义问题不解决,群众的积极性不能很好地调动起来。会议通过的《农村人民公社工作条例(草案)》,有意识地限制公社这一级的权力,真正实行三级所有制,主要基本核算单位是生产大队,还有相当一部分所有制放到生产队,这一级所有制范围扩大了。社员个人所有制也肯定了,有不少东西。这个条例草案,主要的规章制度是恢复了高级社的,但人民公社的有些制度也保留下来,如三七开等。条例写得比较活,可以照顾到不同的情况。这次会议是畅所欲言的,大家想讲的话都讲了,实事求是地加以分析。讨论条例草案时,各种意见都讲了,比如有主张小队为基本核算单位的,有主张只办农忙食堂的,也有主张包产到户的。这些主张,讨论的结果都否定了。这几年的教训,是实事求是的精神受了损失。过去几年调查研究很少,对实际情况没有真正了解,搞了许多虚假现象。主席作了自我批评,并对省、地、县和中央各部将了一大军,要认真调查研究,一切经过试验,把工作搞得更稳、更踏实些。主席交待我们在北方(包括四川)组织搞试点,要十个中央同志亲自率领,至少搞十个点,认真调查研究,看农村还有些什么问题,把这方面的问题进一步解决得透一些。同时,还要把工矿企业的调查研究搞好。工业问题,这次会议没有讨论,大家都说没有发言权，因为还没有调查，还不摸底。

3月16日 晨，阅陈伯达三月十五日报送的《一个座谈会的记录》，批示："一个重要文件，印发各同志讨论。"这个座谈会是由中共广东省委和中央调查组同新兴县里洞公社蒙坑大队总支书记和公社宣教委员交换意见，内容包括社队规模问题、分配问题、食堂问题、定征定购问题。记录中说：蒙坑大队原来是两个高级社，一个收入高，一个收入低，公社化后合成一个基本核算单位，拉平了，原来收入高的很有意见。最近他们按原来高级社的规模，分为两个大队，解决了穷村和富村的矛盾，两边对生产、积肥都积极了，对耕牛、农具也都爱惜了。基本核算单位太小了也不好，领导能力差、人少力量小、积累有限，不容易扩大再生产，不好搞多种经营，没有多大的发展前途。在分配问题上实行三七开，事实上不劳动者也可以食。可以考虑打破过去三七开的框框，全部实行按劳分配，用公益金和公益粮补贴困难户。主张粮食分到户，农忙办食堂，这样生产队菜地就有可能给市场提供更多的蔬菜，社员也能养猪、积肥。征购粮要定下来，使农民心里有底，至少三年不变，能五年不变就更好。

同日 下午，同陈伯达、胡乔木、廖鲁言、田家英谈《农村人民公社工作条例（草案）》第二稿，决定印发中央工作会议讨论。

同日 阅陶铸三月十五日报送的关于广东省南海县大沥公社沥西大队试行生产队（小队）包上调任务的情况报告，批示："印发各同志。请各组讨论，这个办法是否可以在各地推广。"调查材料反映：沥西大队社员对生产好的队超产不能多吃粮食有意见，说"共产风"没有反彻底。为了解决这个问题，他们试行了一种办法，即在"三包"（包产、包工、包成本）、"四固定"（固定劳力、土地、耕牛、农具）的基础上，在全大队统一分配的原则下，将各生产队对大队的包干上调任务定死，完成上调任务后，超产部分全部由生产队自行处理。这个办法将生产队干部和社员的生产积极性进一步调动起来，效果很好。

3月17日 阅三月十三日编印的三南会议情况简报第三号，批示：“此件印发各同志。此件提出许多重大问题，很值得研究。”简报反映了三月十二日下午华东、中南、西南三个小组分组讨论《农村人民公社工作条例（草案）》的情况。讨论中，谭启龙说：除了公社条例外，提议再搞一个党内文件，着重解决党内思想上、政策上、组织上、领导方法上几个未解决好的问题。目前领导上需要解决的问题有：必须及早下决心把工业和各项事业过多的劳动力砍下去，压缩城镇非农业人口；坚决把许多权力，特别是生产权下放到小队和农民；领导要检查为什么不从实际出发，不能正确执行政策。现在党内生活不够健康，下情不能上达是个很大的问题。还有许多问题，如党政、党社关系，干部民主作风，监察工作以及如何教育提高干部等，都要予以解决。江渭清说：搞两个文件比较好，一个是条例或示范章程，一个是党内指示。条例可以参考高级社行之有效的一套政策（如按劳分配、多劳多得、自留地、家庭副业等）、制度和办法，使之条例化。党内指示要大讲形势，大鼓干劲。要讲清以农业为基础的问题，主要讲农业各部门的关系。要讲加强党的领导，比如加强干部的思想政治教育，健全组织生活，改进干部作风等；要亲自动手进行调查研究，痛改不切实际的作风。中南小组认为，如何充分发挥生产队的积极性，是一个重大的政策性问题。必须扩大生产队的自主权，凡是生产队能办的事，大队不要去争，更不要限制。

同日 阅三南会议文件《华东几个同志〔1〕关于当前农村人

---

〔1〕 指柯庆施、曾希圣、谭启龙、江渭清、江华、林乎加、杨尚奎、刘俊秀、叶飞、魏文伯。

民公社需要解决的几个问题的意见》，批示："此件写得很好，印发各同志研究。讨论公社条例问题时，请认真考虑这些意见。"这几个问题，是组织规模、管理体制、党政社关系、干部问题、经营管理。文件指出：调整社、队规模，要根据生产水平和收入水平、地理情况、原来的基础、群众自愿等条件，由群众充分讨论决定，做到有利生产、便利群众。公社对生产大队和生产队，主要是抓政策、方针，抓计划，抓生产资料的供应，以及其他生产队不能解决的问题；对于农活安排、技术措施等主要由生产大队和小队当家，公社不得瞎指挥。要发扬政治、经济、生产生活三大民主。要认真选好、管好、教育好干部。目前农村工作中还需要解决的问题有：粮食征购任务要定下来；农村生产资料供应，除国家计划供应外，还应组织各县、社、队之间有计划地进行物资交流；进一步压缩城镇人口和农村非农业人口；社有经济的管理应当建立一定的群众监督制度，一部分应当收归县管。

同日 中午，同陶铸、陈伯达谈话，了解中央工作会议情况。

3月18日 中午，听取柯庆施、李井泉、陶铸、李雪峰、刘澜涛、宋任穷汇报中央工作会议各小组讨论情况，彭真参加。

同日 阅中共中央办公厅三月十一日编印的《情况简报》第八十号刊登的《杨放之[1]同志谈农村见闻》和《河北省和北京郊区农村的新气象》两个材料，批示："印发各同志。这两个材料都可看。河北省的工作大有起色。但交河县太大了，九十多万人，应分为两个县。公社也太大，只有二十三个，四万多人一社，太大了。交河整风还未贯彻，'十二条'群众还不知道，应当加紧整社。"

---

〔1〕 杨放之，当时任国务院副秘书长兼秘书厅主任、外国专家局局长。

同日 阅田家英三月十八日的信，批示："即送曾希圣同志阅，阅后送刘、周、陈、邓、彭、柯庆施同志阅，退毛。"田家英的信中说：我从魏文伯[1]同志处借到一个安徽省宿松县试行包产到户情况的报告。这个材料很值得看，现送请主席一阅。我们的方针应当是，办好集体经济，扭转群众情绪。宿松的材料里说，在连年增产的九姑公社，大部分人不赞成包产到户；在情况很坏的二郎公社，便有大部分人拥护包产到户。要在二郎公社实行包产到户，就是把一些孤儿寡妇丢下不管。工作是我们做坏的，在困难的时候，又要实行什么包产到户，把一些生活没有依靠的群众丢开不管，作为共产党人来说，我认为，良心上是问不过去的。信中提出：维护集体经济，是我们考虑问题的出发点。依靠集体经济来克服困难，发展生产，是我们不能动摇的方向。为了总结多方面的经验，我们应该进行各种各样的试验。包产到户的办法，也不妨试一试，但是只能是试点。从宿松的材料看，包产到户，在安徽已经不是简单的试点了，已经是在大面积推行。这种做法，应该制止。

3月19日 阅李井泉三月十七日报送的材料《群众拥护哪一种分配方案?》，批示："印发各同志。这个问题有普遍性，请各地同志注意研究四川的经验。"材料说：南充地委农村工作部工作人员二月份在南充市火花公社第三管理区与群众一起讨论一九六〇年决算分配问题。对提出的三种分配方案，百分之八十一点二的人赞成第三种方案，即：包五保户，照顾困难户，劳动力实行小部分伙食供给。他们认为，这一方案既解决了困难户的问题，又使劳动力强的人可以多劳多得，体现按劳分配的原则。

---

〔1〕 魏文伯，当时任中共中央华东局书记处候补书记、上海市委书记处书记兼监察委员会书记和农村工作委员会主任。

同日 阅宋任穷报送的材料《关于东北地区农村人民公社和农业生产的若干问题》，批示："此件写得很好，印发各同志研究采纳。"材料说：东北的同志一致认为，目前农村人民公社需要逐步解决的有组织规模、体制、分配、食堂等十八个问题。公社大体上一乡一社，大队大体上相当于原来的高级社，生产队大体上相当于原来的初级社。同意以生产大队为基本核算单位，并适当扩大生产队的部分所有制，生产队的部分所有制一般应比高级社时期大一些。分配实行多劳多吃，多劳多得，适当缩小供给部分，增加工资部分。食堂积极办好，自愿参加，适当划小。

同日 中午，在广州小岛招待所同陈伯达、胡乔木、廖鲁言、田家英谈《农村人民公社工作条例（草案）》第二稿修改问题。毛泽东说：这个条例怎么样？没有危险吗？农业问题抓得晚了一些。这次一定决心解决问题。第二次郑州会议，问题解决得不彻底，只开了几天会，而且是一批一批地开，开会的方法也有问题。庐山会议本应继续解决郑州会议没有解决的问题，中间来了一个插曲，反右，其实应该反"左"。一九六〇年上海会议对农村问题也提了一下，但主要讨论国际问题。北戴河会议也主要是解决国际问题。"十二条"起了很大作用，但是只解决了"调"的问题，没有解决"平"的问题。十二月中央工作会议，只零碎地解决了一些问题。农村问题，在一九五九年即已发生，庐山会议反右，使问题加重，一九六〇年更严重。饿死人，到一九六〇年夏天才反映到中央。

3月20日 中午，在广州小岛招待所同陈伯达、胡乔木、廖鲁言继续谈工作条例草案第二稿修改问题。

3月21日 下午，在广州小岛招待所主持召开中共中央政治局常委会议，讨论《农村人民公社工作条例（草案）》第三稿，刘少奇、周恩来、朱德、陈云、林彪、邓小平出席，彭真列席。

同日 嘱身边工作人员向有关图书馆借以下书籍：南史列传、张元幹的《归来集》、张孝祥的《于湖居士文集》、洪皓的诗文集。二十二日，又嘱借唐代文学家罗隐的《江东集》、宋代诗人林和靖的诗文集。

3月22日 下午，主持中央工作会议，会议讨论通过《农村人民公社工作条例（草案）》（简称“六十条”）。

同日 阅陈伯达本日报送的材料《一些社员和干部对于按劳分配问题的意见》，批示：“印发各同志。这是一个全国性问题，必须迅速解决。”材料反映：河北霸县的一位贫农说，不按劳分配，干活没有劲。霸县的一个贫农小组的代表说，实行按劳分配，社员干活就出力了。实行按劳分配，大伙也会帮助困难户，因为那种帮助是明的帮助，他们要领这份情。广东高鹤县的一位贫农说，实行供给、工资三七开，不光劳动力多的拥护，就是我这劳动力少的也拥护。因为不实行三七开，工分不值钱，劳力多的就不好好生产。

3月23日 晨，同彭真谈话。

同日 在中央工作会议全体会议开会前，审改由胡乔木起草的中央关于认真进行调查工作问题的指示信，为这封信加标题《中共中央关于认真进行调查工作问题给各中央局，各省、市、区党委的一封信》，并加写“（请发至地方县级，军队团级，城市发至区级及大工厂党委，大学党委，大报党委）”，对信的内容作个别文字修改。毛泽东在会议上解释说：这是我加的括弧，因为各级党委太多了。中央只要抓省、地、县这三级，抓多了，等于不抓。至于公社以下各级，只要把县搞好了，就会大办起来，所以这封信也不要发给他们。

同日 下午，主持中央工作会议全体会议，会议对《中共中央关于认真进行调查工作问题给各中央局，名省、市、区党委的一封信》进行讨论。讨论后，毛泽东讲话，逐节介绍《关于调查工作》一文的主要内容，强调调查工作的重要性。他说：这篇文章中心点是要做好调查研究工作。建立一条马克思列宁主义路线是很不容易的。文章第二节讲调查就是解决问题。这篇文章是为了解决民主革命的问题而写的。第三节讲反对本本主义，这里头包含一个破除迷信的问题。那个时候不管三七二十一，只要是上级的东西就认为是好的。比如党的第六次代表大会的决议，那个东西你拿来如何实现呢？你如果不搞些具体措施，是很难实现的。不要说第六次代表大会的决议有部分的原则性错误，即使都是正确的，没有具体措施，没有调查研究，也不可能实现。现在我们中央搞的文件，如果没有具体措施也是不可能实现的。要有正确的措施，就要做调查研究工作。第四节讲离开实际调查就要产生唯心的阶级估量和唯心的工作指导，它的结果，不是机会主义便是盲动主义。现在呢？现在我们还是要做阶级分析，无论城市或农村，都不能离开阶级分析。有一位同志在小组发言讲，现在的核心问题还是争取农民，把农民团结在党的周围。这话说得好。我们中国有这么多人口，大部分在农村，城市只一亿多一点，农村五亿多，一与五之比。没有农民拥护，不管你修多少铁路，搞多少钢铁，也会搞翻的。第五节讲调查工作的纵断法和横断法。这两个名词我只用了一次，写出这篇文章之后我自己也没有再用过。纵断法的特点是什么呢？只是收集许多材料，没有观点，没有思想，这种调查结果是无益于实用的。我们的调查工作，不能停止于纵断法，而要用横断法，就是要做阶级分析，要做典型调查。第六节讲的内容，我看现在还有不少用处，将来也用得着。中国革命斗争的胜利要靠中国同志了解中国情形，不能依靠外国同志了解中国情形，或者是依靠外国同志帮助我们打胜仗。第七节讲调查的技术，也就是调查的方法。要开调查会，做讨论式的调查；调查会各种人都要；调查纲目要事先准备好；要亲自出马，从乡政府主席到中央政府主席，从大队长到总司令，从支部书记到总书记，都要亲自出马；要从个别问题深入，深入解剖一个麻雀，了解一处地方或一个问题；要自己做记录。我总是不相信没有调查会有发言权的。我们大部分人，包括我自己在内，都是调查研究不够。现在全党对情况比较摸底了，中央、省、地各级对下面的情况比较摸底了，我看应该这样说。我的经验历来如此，凡是忧愁没有办法的时候，就去调查研究，一经调查研究，办法就出来了，问题就解决了。调查研究就会有办法，大家回去试试看。这几年出现的高指标等问题，总的责任当然是我负，因为我是主席。我的责任在什么地方呢？为什么到现在才提倡调查工作呀？为什么早不提倡呢？而且我自己也没有下去，搞一个公社、一个工厂的调查。为补过起见，现在我来提倡一下，今年我在中央工作会议上讲过一次，九中全会上又讲了一次，这次会议还得讲一次。民主革命阶段，要进行调查研究，社会主义革命和社会主义建设阶段，还是要进行调查研究，一万年还是要进行调查研究工作。教条主义这个东西，只有原理原则，没有具体政策，是不能解决问题的。正确的策略只能从实践经验中产生，只能来源于调查研究。我不是反对理论，马克思主义的原理原则非有不可，我这篇文章里头也讲了的。要把马克思主义当作工具看待，没有什么神秘，因为它合用，别的工具不合用。我在一九四一年三月写的《农村调查》的序言中，说到我自己做调查的态度，是必须恭谨勤劳，把人家当作同志对待。有了平等的态度，当小学生的态度，才能够调查到一点东西。

会后，毛泽东根据讨论的意见，对关于调查工作的指示信又作了一次修改。将信中的“但是在具体工作中，也发生了不少严重的问题”，改为“但是在农业、工业等方面的具体工作中，也发生了一些缺点错误，造成了一些损失”。将信中的“并且根据许多不符合实际的或者片面性的材料作出判断和决定”，改为“并且在一段时间内，根据一些不符合实际的或者片面性的材料作出一些判断和决定”。将“夸夸其谈，以感想代政策的恶劣作风，又有了抬头。这是一个主要的教训，全党决不可忽略和忘记这个代价很大的教训”，改为“在这段时间内，夸夸其谈，以感想代政策的恶劣作风，又有了抬头。这是一个主要的教训，全党各级领导同志决不可忽略和忘记这个付出了代价的教训”。

3月24日 晨零时四十分，同田家英谈话，指示农村调查工作延续到五月，去江苏搞二十几天，选三个点。〔1〕

同日 晨四时二十分，同周恩来谈给赫鲁晓夫复信问题。

同日 晚上，同陈伯达、胡乔木、田家英谈调查组继续调查农村问题。

3月25日 阅参加中共广西桂林地委四级干部会议的恭城栗木公社全体代表给中央的电报。电报说：桂林地区出现严重死亡事件，党的基层组织受到严重破坏，现仍有大批病人急需抢救，请速派人参加现正在召开的四级干部会议，了解实情，以便严肃处理。毛泽东批示陶铸：“此件请交刘建勋同志一阅，并请他迅速予以处理。告诉恭城县栗木公社的同志们：他们三月二十日的电报，我已看到了，对他们及整个桂林专区的不幸情况，极为怀念。中央委托自治区党委派大员去他们那里直接处理这件大事。”

3月26日 下午，同陈伯达谈话。

3月28日 阅周恩来三月二十七日报送的中共中央对苏共中央三月二十一日来信的口头答复稿，批示：“恩来同志：来件

---

〔1〕 田家英领导的农村调查组，后来没有去江苏，继续在浙江调查。

收到，略有修改，请酌定。”答复稿说：苏共中央在来信中重申，拟以贷款形式为中国拨出一百万吨粮食和五十万吨糖，并且同意把一百万吨粮食留作中国的后备。我们再一次感谢苏共中央所表示的这种国际主义的关怀和好意。如果今年我们能够争取到一个好的夏收或者秋收，或者今年夏季从国际市场进口粮食比较顺利，那么，我们就将通知你们，不再使苏联为我们承担一百万吨后备粮的负担。毛泽东加写：“如果那时粮食情况不那么顺利，我们将通知你们，那一百万吨粮仍作为我们的后备粮。我们认为，这样处理，比较切实有利。我们想，你们会同意的。”

3月29日 阅中共中央办公厅三月二十四日编印的《情况简报》第一一三号刊载的山东省召开公社体制问题座谈会的材料，批示：“陶铸、陈伯达同志：你们一到，请即看此件。下午一时左右，我们谈话时，研究一下这个问题。”材料说：山东省委农村工作部召开了四次关于公社体制问题的座谈会，县、社的同志都一致要求把目前的大县、大社划小。生产小队对生产队统一分配，口粮、工资拉平，意见很大。小队干部要求，除了完成国家的征购任务、农副产品采购任务和上交生产队一定的储备粮食以外，所有产品收入统统由小队分配。目前生产队内部所存在的一个普遍的突出的矛盾是小队承担各项生产任务，但是没有分配权。经过座谈讨论，大家认为必须实行四权统一，即生产资料的所有权和使用权的统一，生产权和分配权的统一。核算单位应当就是直接的生产单位。核算单位的规模，不宜过大，一般应相当于原来的小高级社和大初级社，也就是相当于现有的小核算单位和大包产单位。生产队的户数一般以五六十户为宜，生产小队（作业组）一般以十户左右为宜。

同日 下午，同陶铸、陈伯达谈话，了解广东番禺县大石公社的群众对“六十条”草案的意见。陶铸、陈伯达说：群众对这个条例草案基本上同意，但是还有某些意见。群众最大的一条意见是，过去一些重大问题，就是上边决定，根本不和他们商量。这次这个条例草案跟他们商量，他们很高兴。谈话中，还就山东提出的四权统一、核算单位等问题进行了研究。

同日 乘专列离开广州。在广州期间，毛泽东还同陈云一起商量用外汇进口一些设备，多搞快搞一些化肥以增产粮食的问题。

3月31日 下午，在停靠长沙的专列上听取张平化汇报。张平化说：在讨论“六十条”中，群众最关心、议论最多的是食堂问题、供给部分占多少的问题，还有“三包一奖”〔1〕问题，群众对奖励粮食很感兴趣。毛泽东说：粮食是群众生产的，还叫什么“奖”呢？群众多生产的就可以多归他们，还能拿自己生产的东西奖自己？可以不叫“奖”。这只是公社、大队两级干部对“六十条”的反映，也只是初步的，还没有拿到小队、拿到群众中、拿到有经验的农民中去宣读，宣读后会有更多的意见。这个条例草案只是征求意见，是试行，就是说还要修改还要补充。你们可要注意，这只是一个草案，要让群众提意见，切记不要当成一种命令去贯彻。毛泽东问：群众肯说真话吗？他们敢不敢说话？张平化回答：群众还是肯讲真话。毛泽东说：“六十条”也是教育干部的主要教材，这个教材经过群众和干部的讨论，对他们的教育就更深刻。将来在五月会议期间，按照各省征求的群众意见把条例草案加以修改，再拿到群众中试行。这个条例修改后也还不能作为正式的文件，可以叫做修正草案，再在群众中广泛征求意见。张平化说：我们调查的一个生产队二十四户，只有十一户愿意回家吃饭。毛泽东说：我看不止十一户，回去多了比较

〔1〕 三包一奖，指包工、包产、包成本和超产奖励。

有利，还是办农忙食堂好。在谈到供给部分怎么搞时，毛泽东说：五保户得保，困难户得补助，必须采取这个办法。最后，对张平化说：你还是以下乡为主，就不要回来了。我到湖北去停三几天，接见个客人就回来了，我回来时你不要回来，如果需要再打电话找你。

4月1日 晨，到达武昌南站，在专列上同王任重谈话。王任重汇报他二十七日回到湖北后进行调查研究的情况，包括社、队规模，供给制，食堂，粮食，手工业、副业问题，还有商业问题。下车后住东湖客舍。

同日 下午，在武昌东湖客舍会见古巴青年代表团，胡耀邦、王任重在座。毛泽东说：你们这次来看中国，是在中国革命胜利后十一年，大概要几十年才能看到显著的成绩。你们革命胜利，我们很高兴。你们政府的名字也取得很特别，叫作古巴革命政府，有“革命”二字。中国革命经过对内对外的革命战争。我们曾经在反对帝国主义、封建主义和官僚资本主义的斗争中，花了很大代价，找到了一条民主革命的政治路线。所以，我们对阶级斗争、革命斗争比较熟悉，对于建设，如发展工业、农业，我们比较不熟悉，经验还不足。十一年的时间当然相当长，但要学会经济工作，还是困难的。最近几年，我们的工作比较深入，这方面的教训也比较深刻。如何增产粮食、发展畜牧业和多种经济作物，如何炼钢、炼铁、增产煤炭、制造机器，如何找到石油并且提炼制成各种可用的石油产品，所有这些都要有一个综合的平衡。现在可以说有点经验了，也不能说有很多经验。苏联经验比我们多。我们现在有一条经济建设的路线，有些成绩，但不完全，有缺点。假如你们十年后再来，我们可能有更多的经验。基本的一条经验，就是要同群众合作，不要脱离他们，要得到群众的同意。经济建设路线也好，理论也好，总是发动人民群众，同群众合作，从群众那里发源，如工厂一样，他们供给我们原料。意识形态是概括群众的反映。阶级的经济基础消灭了后，它的意识形态、思想方面是可以改造的，但时间要长。地主阶级和买办资产阶级中的大多数都是可以改造的，有一部分没有希望，是要反对我们到底的。

4月3日 晚上，同王任重、张体学谈话，主要谈食堂和供给制问题。张体学从河南回来，向毛泽东反映河南的情况。

4月4日 晚上，同王延春谈湖北农村人民公社情况。

4月5日 晚上，同中共武汉市委书记处书记赵修谈话，了解人民公社情况。

4月6日 晚上，同周恩来谈一九六一年的基本建设计划问题和老挝问题，王任重参加。

4月7日 下午，同农垦部部长王震谈话。毛泽东询问国营农场怎么样，有搞头没有？究竟有多少荒地可开？这几年高等学校训练了一些农业化学、土壤肥力的技术人员没有？我从广州过来途中，在火车上看见插秧还是太密了。王震谈到瞎指挥有许多出自领导生产的部门，是由于没有实际生产经验，也没有现代农业科学知识。毛泽东说：在政治上也是这样，关于所有制的问题，关于公社的组织规模问题等，这方面没有像教科书那样发个本子，所以出了许多乱子。“十二条”只解决了所有制问题和“调”的问题，没有解决生产队与生产队之间和生产队内部人与人之间的平均主义，“六十条”就是要解决这个问题。但是，“六十条”对技术问题没有解决。你和农业部用几个月时间找些全国农业科学技术专家来研究一些技术问题，国营农场也来研究些技术问题。科学技术问题也要调查研究，可以编个教科书吗？你们就是要讲科学技术，我很赞成你搞科学技术。打仗要军事技术，生产怎么能不学技术呢？从来我们都主张学技术，政治挂帅，就是要掌握技术。毛泽东听王震说吉林编的农业技术课本写得好，要王震找一本给他，翻译苏联的技术书好的也给他。毛泽东说：五保户还要供给，有点共产主义。五保户有的是完全失去了劳动力的，有的有各种原因，要保证他们的生活。现在调查，五保户只占百分之一，人数很少。毛泽东说：在农村中真正将所有制问题改正过来，生产队之间的、生产队内部人与人之间的平均主义问题解决了，上面的瞎指挥完全改正过来，真正搞好了，形势有的一年就可以转过来，有的要二三年。二三年不搞积累，农民多生产多留，多留就多得多吃。社、队都要有点积累，将来定个比例。“一大二公”，公就表现在社队有点积累。

4月8日 下午，离开武汉，前往长沙。临行前同王任重谈话，强调要走群众路线，要坚持两项基本原则——等价交换和按劳分配。

4月9日 晚上，在停靠长沙的专列上同张平化谈话，了解湖南群众对“六十条”的反映及整风整社的情况。张平化说：讨论“六十条”时，争论比较多的是三个问题，食堂、供给制、粮食定购。通过参加讨论，觉得自己原来对食堂的看法有些片面，原来认为好像不喜欢食堂的就是那些富裕中农。毛泽东说：才不是哩！愿意参加食堂的是少数人。食堂的确存在几个问题，用工太多，浪费劳动力嘛！浪费柴火，破坏森林嘛！还有浪费粮食。再一个就是社员不能养猪。还得两头搞，一头是搞食堂，一头是家里开伙。张平化说：供给部分可以少于百分之三十，究竟少到多少，现在还没有完全弄清楚，估计可能是百分之二十至百分之十之间，或者百分之十左右基本上就解决问题了。毛泽东说：是不是不要那么多？如果只包五保户，补助困难户，就可能不要那么多，百分之一、二、三就可以解决问题。基本原则是两个，一个是各尽所能，按劳分配；一个是价值法则，等价交换。我看在两三年内新的公社不要去搞积累了，万万不要再平调了。那末公社干什么事呢？就去搞政治领导，搞“六十条”中规定的公社管的那些事。我看就是要恢复一九五七年那个时候的评工记分、多劳多得那一套。湖北在群众中讨论“六十条”的时候，也是这么几个问题，供给制问题、食堂问题、粮食问题、体制问题，另外还有手工业问题、商业问题，集中在前面四个问题。供给制，是多劳多得，还是多劳不能多得？是平均主义问题嘛！食堂也是个平均主义问题嘛！从前我们总认为郑州会议解决了问题，搞了各尽所能、按劳分配，价值法则、等价交换这一套。而到现在不但没有解决问题，供给部分还占百分之三十，这太多了，这就违反了价值法则。

同张平化谈话之后，毛泽东听取胡乔木汇报在湘潭韶山公社调查的情况。胡乔木说：韶山各大队讨论“六十条”时，群众最关心的有三个问题，一是超产奖励，二是分配制度，三是食堂问题。食堂问题在目前特别突出，干部和群众一谈就是食堂问题。好些大队反映，宣读“六十条”时，对食堂问题群众最欣赏的是条文中“可以不办”〔1〕几个字。他们讲了办食堂有很多不利的方面，如肥料减少等。毛泽东说：还有浪费劳动力，破坏山林，个人不能养猪，就是广东提的那几条。还有一条，是不是浪费粮食的问题。另外，还有一个很大的不好，就是食堂的饭没有家里搞得好吃。毛泽东问：现在马上散行不行呢？胡乔木说：我认为，第一现在散了比较有利，第二可以现在散。现在就是一个房

---

〔1〕“六十条”草案规定：“公共食堂必须真正实现自愿参加的原则，根据具体情况和社员要求，可以办全部人参加的食堂，也可以办一部分人参加的食堂，可以办常年食堂，也可以办农忙食堂。在居住分散或者燃料困难的地方，也可以不办公共食堂。”

子问题，锅灶问题。还有就是省委对食堂问题搞得太死了，成了一个框框，总认为食堂在农村是社会主义的阵地，食堂万岁等等，《人民日报》也提过这样的口号，实际上群众是不愿意办食堂的。毛泽东说：河北就提食堂万岁的口号，他们说食堂多么重要等等。有些人的思想就被这些东西束缚住了，这个意见要给省委的同志说一下。现在不是“顺三七”、“倒三七”的问题，而是包五保户、酌量照顾困难户的问题，其他通通按劳分配。胡乔木谈到群众要求包产定死，超产部分归生产队所有，不然他们有几种办法来对付国家。毛泽东说：是的，老百姓会用许多办法来抵制的。现在是将过去的瞒产合法化。超产奖励问题就是要求多产多吃，按劳分配就是多劳多吃，基本原则就是这么个原则，叫做不劳动者不得食，各尽所能，按劳分配。这里是两个方面，一个是生产，一个是分配。分配中又有交换，按照价值法则实行等价交换。胡乔木谈到有人主张把耕牛由生产大队所有交给生产队所有，毛泽东说：山东也提出了这个意见。他们提出所有权和使用权结合起来，生产权和分配权结合起来，就是不赞成四权分裂，他们主张四权合一，就是说，主张小队为基本核算单位。胡乔木说：湖南省委最近要开会，最好能够把食堂问题作个明确解决，这是个很重要的问题，也是群众最关心的问题。胡乔木问毛泽东还有什么指示？毛泽东说：就是要有真正听群众意见这种态度。

4月10日 下午，到长沙蓉园同刘少奇、谭震林就农村情况交换意见。

4月11日 致信汪东兴：“请打电话给王任重、王延春二同志，请他们二人于十四日下午二时到长沙，在这里住三五天，带全部湖北三级会议简报及重要文件来。帮助湖南同志解决一些问题，主要是走群众路线，及时看出问题、先下手、争取主动权，这样两个问题。湖南在这两个问题上有些同志似乎还不大懂。

（一）对“十二条”没有认真坚决去做，有些县群众没有真正发动，无蓬蓬勃勃之气，有不敢讲话之风；（二）去冬十月至今，整整半年，‘五风’没有普整，相当多的地区，政权还没有从敌人手上夺过来。见事迟，抓得慢，以致春耕大忙临近，在许多地区党还没有取得主动权。古人有言：‘亡羊补牢，未为晚也；见兔顾犬，未为迟也。’〔1〕在这次三级会议上彻底解决这些问题，是可以做到的，无所用其忧虑，前途一定是光明的。此件同时送湖南省委书记处各同志及少奇同志，谭震林、胡乔木二同志。”

4月13日　晚上，在长沙蓉园会见委内瑞拉和平人士、左派革命运动主席、参议员洛萨诺等，廖承志、张平化在座。客人介绍了委内瑞拉的政治情况。毛泽东说：统治阶级千方百计隐瞒他们的统治，在他们面临危险时就会拿起武器杀人。如果人民没有准备，对统治者有幻想，会受到很大损失。对敌人可以压服，但不能说服，说服在人民内部用。你们可以研究中国的经验，但你们要根据委内瑞拉的具体情况确定方针。我们中国共产党过去犯过右倾机会主义和“左”倾机会主义的错误，“左”倾机会主义错误中主要是不顾本国情况机械搬用外国经验。

4月14日　晚上，同张平化和从武汉来到长沙的王任重、王延春谈话。

4月15日　上午，阅胡乔木四月十四日报送的关于解决公社食堂问题等的调查材料〔2〕，批示：“张平化同志：胡乔木同志来信一件及附文四件，送上请阅。我看可印发你们的三级干部会

---

〔1〕见《战国策·楚策四》。原文是：“见兔而顾犬，未为晚也；亡羊而补牢，未为迟也。”

〔2〕胡乔木报送的4份材料是：《关于在韶山公社解决食堂问题的报告》，《韶山人民公社讨论农村人民公社工作条例（草案）情况简报》，《韶西大队杨家生产队食堂分伙后情况》，毛华初《访问东塘生产队》。

议各同志，予以讨论。请在今日印好发出。发出时，请送刘少奇同志、王任重同志、王延春同志各一份，送我二十份，为盼。”胡乔木信中说：昨天我们去了一趟湘乡县委，发现经过彻底整风的地方，群众敢于讲话，气氛较好，倒是一类二类的队，因为没有整风，现在问题反而多些。湘乡原被认为是一类县，从我们所看到和听到的问题说来，其严重程度不下于湘潭。但是只要把问题揭开，发动群众认真整风，也是可以比较快地扭转局面的。胡乔木报送的《关于在韶山公社解决食堂问题的报告》中说：韶山公社的大多数食堂目前实际上已经成了发展生产的障碍，成了党群关系中的一个疙瘩，大多数食堂势在必散。韶山大队旺冲生产队解散食堂的经验证明，群众要求散的食堂不但应该散，而且可以散得很快很好。

同日　晚上，同王任重谈话。王任重汇报了他当天下午参加湖南三级干部会议常德地委小组会的情况和他的意见，提出要改变会议的开法，要先把人们迫切要求解决的问题提出来加以解决。毛泽东同意这个意见。

同日　为转发中共中央西北局关于调查研究问题的报告，起草中央给各中央局、各省市区党委的批语：“现将西北局四月十一日关于调查研究问题的报告一件发去，供你们参考。”并批示：“小平同志阅办。”报告说：最近西北局书记处召开会议，讨论广州会议的精神和《关于调查工作》这篇文章。会议决定西北局各级党委都要把调查研究作为自己的首要任务，领导干部特别是第一书记要亲自动手。目前，调查研究的重点是农村，主要是结合“十二条”和“六十条”的贯彻执行，解决两个平均主义问题和其他问题，把农民的积极性充分调动起来，以争取今年的农业丰收。

4月16日　晚上，在长沙蓉园召集刘少奇、陶铸、王任重、胡乔木等开会。在谈到食堂问题时，大家都认为这是脱离群众、最不得人心的一件事，办了公共食堂妨碍了生产的发展，对于救灾非常不利。

4月17日 晚上，同王任重谈话，交谈湖南三级干部会议如何开会的问题。毛泽东提出要敞开思想，要作自我批评。

4月18日 晨，离开长沙，前往南昌。

4月19日 在南昌会见以教育部部长达瓦洛斯为团长的古巴文化代表团，楚图南、邵式平等在座。毛泽东说：美国帝国主义是帝国主义中最大的一个，它不但压迫我们，也压迫你们。它压迫全世界人民。我们不但要反对帝国主义，也要反对帝国主义的走狗。我们是同行，我过去也当过教员。我只教过四五年书，后来帝国主义不让我教书了，迫使我们这些教书的人走上了革命的道路。我也在资产阶级学校读过书，那时不知道有马克思列宁主义的思想，没有准备革命，也没有准备组织共产党。后来社会的潮流压迫我们，封建主义和帝国主义把我们推上了革命的舞台，因此就唱起了革命的戏，在革命过程中得到了自我改造。我想你们也是如此。对于知识分子这一阶层，我们不能采取铲除的办法，而是要争取和欢迎他们。但是团结只是政策的一个方面，还有另一面就是要改造。因为他们是旧知识分子，所以必须改造思想，主要是改变旧的世界观为工人阶级的世界观。这一工作不能是很快的，只能用劝说的办法，而不能用强迫的方法，只能通过在斗争过程中他们自己的观察，使他们感到旧的不好，无用了，初步接受新的思想，这样才行。在我国，我们接受了马克思列宁主义思想，但光靠马列主义是不行的。光读马列主义的书不等于接受了马列主义的思想，必须要与本国具体情况结合。因此我们的口号是：马克思列宁主义的普遍真理与中国革命的具体实践相结合。如果不把马克思列宁主义与本国的具体情况和历史条件结合起来，那就是教条主义；但如果只强调本国情况和经验，而不接受马克思列宁主义，就会产生右倾机会主义。

4月21日 到达杭州，住刘庄。

4月23日 同田家英谈话，研究下一步的调查工作，谈到全党范围的，也谈到浙江调查组的。

4月24日 晚上，同当天下午陪同老挝富马首相、苏发努冯[1]亲王一行到达杭州的周恩来谈话。

同日 晚上，在杭州饭店会见富马和苏发努冯一行，周恩来、陈毅、伍修权等在座。双方就老挝目前局势进行交谈。富马说：在日内瓦会议两主席（苏联外交部部长葛罗米柯和英国外交大臣霍姆——编者注）发出停火呼吁以后，我将发表一项声明，希望能在停火的方法和步骤上同万象方面达成一致意见。毛泽东说：我已经看了你的声明，很好，这样做很主动。你在声明中要求沙湾拿吉集团派代表团到川圹谈判，还保证他们的安全，并给予他们一切便利，这对你们有利。你在声明中要求老挝人民提高警惕性，加强团结和发扬斗争精神，很好。在形势对他们有利的时候，他们不要和平，而要战争。当形势对他们不利时，他们需要和平。他们现在所以要和平，是你们近九个月来斗争的结果。如果你们不提高警惕，一旦有机可乘，他们又会要战争，而不要和平。

同日 复信臧克家[2]：“来信及附文收到。此事不忙，待我返京面谈再作决定为宜。我颇有一些事想同你谈一谈。”

---

〔1〕 苏发努冯，当时任老挝爱国战线党主席。

〔2〕 臧克家，诗人。当时任全国人大代表、中国作家协会书记处书记、《诗刊》主编。

同日　将一九二九年至一九三一年写的六首词[1]交田家英，要他分别填上词牌，并查出共工怒触不周山的典故。

4月25日　上午九时，致信在杭州的邓小平："请你起草一个召开中央工作会议的通知，各中央局，各省、市、区党委的负责同志于五月十五日到达北京，农村人民公社工作条例起草委员会的委员们（列举名单，照广州原样）则于五月九日到达北京。此次会议的任务是继续广州会议尚未完成的工作：收集农民和干部的意见，修改工作条例六十条和继续整'五风'，不讨论工业和城市整风问题，或者只在会议末尾略为讨论一下，这个问题留待七月会议上去讨论。为此，到会各同志，应利用目前这一段时间，对农村中的若干关键问题（食堂问题，粮食问题，供给制问题，自留山问题，山林分级管理问题，耕牛、农具大队有好还是队有好问题，一、二类县、社、队全面整风和坚决退赔问题，反对恩赐观点、坚决走群众路线问题，向群众请教、大兴调查研究之风问题，恢复手工业问题，恢复供销合作社问题）进行重点调查，下十天至十五天苦工夫，向群众寻求真理，以便五月会议能比较彻底地完成上述任务。此通知，请你找田家英同志合作起草。今天晚上我们谈好，明天用电报发出，是为至盼。"

同日　上午，在杭州饭店会见由部长会议副主席凯莱齐率领的阿尔巴尼亚政府经济代表团，伍修权、霍士廉在座。

同日　晚上，在杭州刘庄召集周恩来、邓小平、田家英等开会，讨论五月中央工作会议通知稿，还决定浙江调查组在嵊县就

---

〔1〕这6首词，即《人民文学》1962年5月号发表的《词六首》，包括《清平乐·蒋桂战争》、《采桑子·重阳》、《减字木兰花·广昌路上》、《蝶恋花·从汀州向长沙》、《渔家傲·反第一次大"围剿"》、《渔家傲·反第二次大"围剿"》。

毛泽东给邓小平信中提出的那些问题进行调查，时间定为十天。

4月26日 下午，邓小平在北京主持召开中共中央书记处会议，传达毛泽东关于召开中央工作会议讨论修改“六十条”等问题的意见。邓小平说：主席说，看来“六十条”有些写法不当，需要修改。主要问题是：（一）所有制不落实。耕畜归大队好，还是归小队好？（二）食堂问题很突出。这个问题一不摸底，二受骗。过去把食堂提得很高，说是社会主义的心脏。如果群众不满意，今年不垮明年垮。（三）分配问题。供给制多种多样，有个别维持的，多数是站不住。主席到湖南、浙江，发现“十二条”没彻底贯彻，退赔不彻底。他很着急，感到工作不深入，没有群众路线，政策上农民吃亏。主席意思，要把农业这一项抓稳，这方面搞不好，影响工业。

4月27日 晚上，在杭州饭店会见几内亚、约旦、南非、塞内加尔、北罗得西亚（今赞比亚）、乌干达、肯尼亚的外宾，廖承志等在座。毛泽东说：非洲是斗争的前线，亚洲有些地方也是斗争的前线。台湾问题没有解决是因为美国霸占了台湾，所以我们也是一个斗争中的国家。革命是有可能胜利的。中国经过许多艰难困苦，经过胜利，也经过失败，又胜利，又失败，经过这些曲折，最后取得胜利。失败的时候是政策上犯了错误。犯错误是一件坏事，但也有好处。我们犯过右的和“左”的机会主义错误，所以我们的党和人民有可能找到正确的路线。革命必须依靠群众，得到广大人民群众的支持，才能有正确的路线，才能胜利。毛泽东最后说：我们支持全世界所有人民的斗争，包括你们的斗争，团结所有向帝国主义及其走狗作斗争的朋友，不管什么国家，什么政党。

4月28日 离开杭州，到达上海。

4月 对四月二十九日《人民日报》发表的中国散文作家杨

朔写的旅日游记《樱花雨》一文批示："江青阅，好文章。阅后退毛。"文章通过对日本社会的观察，把驻日美军比作摧残樱花的风雨，把日本人民比作风雨中开放的樱花。

5月1日 下午，在柯庆施等陪同下，到上海电机厂同该厂和上海汽轮机厂等工厂的职工群众及全市各大工厂的二百九十多名先进生产者、老工人和技术人员一起欢度五一国际劳动节。毛泽东说：工人要有革命骨气，要坚持独立自主、自力更生的方针，战胜困难，勇往直前。晚上，出席上海市举行的庆祝五一国际劳动节联欢晚会，和上海各界人民的代表一起观看戏曲演出。晚会前，毛泽东同各民主党派上海市地方组织的负责人和教育、文化、科学界的代表座谈，柯庆施、曹荻秋〔1〕、魏文伯等参加。座谈中，毛泽东对谈家桢说：你的研究在搞吧，现在还有没有人压迫你？应该发展学派，学派总要有代表人物的，你好好干吧！

5月3日 下午，同周谷城谈话，就文学、说唱艺术等问题交换看法。

5月4日 为中共中央起草推迟召开中央工作会议的通知："各中央局，各省、市、区党委：五月中央工作会议时间，因有几省负责同志提议推迟几天召开，以便多做几天调查研究工作，向群众寻求真理。中央认为可以推迟几天。现决定：起草委员会各同志于五月十五日到达北京，各中央局，各省、市、区党委第一书记及其助手，于五月二十日到达北京。特此通知。"并批示："小平同志：此件请你与在京各同志商酌。如以为可，即用电报发出。"

5月5日 阅张平化四月十四日关于湖南工作给毛泽东、刘

---

〔1〕 曹荻秋，当时任中共上海市委书记处书记兼市委经济计划委员会主任、上海市副市长。

少奇等的信，批示："小平同志：此信请印发中央常委、书记处各书记。五月工作会议时，是否印发到会各同志，那时再定。这信是一封中肯而又真诚的信，是一封很好的信，值得表扬。"张平化在信中说：主席四月十一日给汪东兴同志的信，已印发省委书记处各同志，并在省委常委和各地（市）委书记会议上作了传达和讨论。这封信，对于湖南省委、首先对于我是一服对症的良药。"见事迟，抓得慢"，这主要是我的毛病。其根本原因是没有充分发动群众贯彻党的政策。在我们的实际工作中，存在着两种错误：第一是恩赐观点。不少的地方不是由群众当家作主来解决问题，而是由少数人站在群众上面"发政施仁"。第二是主观主义。我们有若干政策性的具体措施是脱离实际、脱离群众的，例如过分强调办公共食堂、供给部分过大、征购任务过重等。所有这些错误，应当由省委、首先应当由我负主要责任。

5月6日 关于调查研究工作致信李井泉、陈正人："陈正人同志五月一日给我的信收到，很高兴。再去简阳做一星期，最好是两星期的调查，极为有益。井泉同志：你为什么不给我写信呢？我渴望你的信。你去调查了没有？中央列举了一批调查题目，是四月二十五日通知你们的。五月四日又发了一个通知，将会期推迟到五月二十号，以便有充分调查研究的时间，将那批问题搞深搞透，到北京会议时，比起广州会议来，能够大进一步。我在这里还有一个要求，要求各中央局，各省、市、区党委第一书记同志，请你们在这半个月内，下苦功去农村认真做一回调查研究工作，并和我随时通信。信随便写，不拘形迹。这半个月希望得到你们一封信。如果你们发善心，给我写信，我准给你们写回信。此信并告中央。你们来信，用保密电话直达我的住地及火车上，勿误为要。"

5月7日 晨四时，阅周恩来本日晨三时左右自邯郸打来的电话汇报的记录，批示："此报发给各中央局，各省、市、区党委参考。"周恩来汇报说，他在邯郸调查中发现，绝大多数甚至于全体社员都愿意回家做饭，他正在解决如何把食堂解散好和安排好社员回家吃饭的问题；社员不赞成供给制，赞成只把五保户包下来和照顾困难户的办法；社员群众坚决要求恢复高级社时的评工记分办法，并有所发展，具体做法是包产到小队、以产定分、包活到组。

同日 批示机要秘书徐业夫："请用电话告林彪同志：他在四、五两月给我的两封信都收到了。五月去杨村七天，下连调查，极为有用，所提出的问题都是有益的。十天后，我返京找他长谈一次（两小时）。请他好好保养身体，是为至要，是为至要。"

5月9日 晨二时，阅李井泉五月八日从内江打来的关于粮食问题电话汇报的记录，批示："李井泉同志此信，发给各中央局，各省、市、区党委，供参考。"李井泉汇报说：关于粮食问题，我在南充、内江两地同干部、社员座谈，他们反映比较强烈，主要是感到口粮标准低，要求增加口粮；提出按高级社时的分配办法，实行粮食三定；要求口粮按人口分配后，多余的粮食按劳动工分分配；要求及早宣布、固定国家征购任务。

同日 晨三时，阅胡乔木五月八日关于湖南调查组工作情况的电话汇报的记录，批示："胡乔木同志此信，发给各中央局，各省、市、区党委，供参考。"下午四时半，批复胡乔木："你的信收到，很有用，已发各中央局，各省、市、区党委参考。你继续在湘鄂两省就那几个问题进行调查，很有必要。五月十五日返京的计划，还可以改为五月二十日到京。"又批示邓小平："起草委员会各委员到京时间不必提早，仍以五月十五日到京为宜，使他们可以多作几天调查工作。胡乔木同志则宜于五月二十日到京，因为他提出了几个新问题，须作较详的调查。”胡乔木汇报说：现在想较多地了解一下以前没有多了解的商业和手工业问题，主要是想了解恢复供销社和手工业社的试点情况。关于食堂问题，韶山公社食堂已由原有的一百一十二个减少为六个，湘乡沙田公社仅仅用三天时间就把食堂问题基本解决了，群众的热烈程度难以想像，甚至说成是“第二次解放”。关于农村商业问题，群众对现在的农村国营商业意见极多，省委已在作成立供销合作社的试点。原供销部的工作人员虽对由国家干部转为集体干部感到震动，但第二天又显著改变了对社员顾客的态度，马上到各生产队去征求意见，拨给对许多产妇应供应而过去未供应的糖。关于农村手工业问题，现在手工业工人劳动积极性极低，现行办法几乎到了无法继续下去的程度。为了调动手工业工人的积极性，恢复市场供应，中南局各省委都决定恢复单独核算的、既有集中生产也有分散生产的手工业生产合作社。我们建议各省都可以进行一些试办供销社和手工业社的试点工作。关于城市居民食堂问题，我们在湘潭市调查发现城市人民公社办的食堂实际上是强迫参加的，问题的严重程度不下于农村。我们在长沙还附带问了一些城市工商业和城市整风的情况，据反映，这方面确有很多重大的方针政策问题。除计划指标外，工资奖励制度问题，经济核算问题，工厂管理制度和党政关系问题，职工生活和职工私自回乡问题，工会工作问题，目前都很尖锐，迫切要求认真解决，这方面的问题，需要进行专门深入的调查。

5月11日　到上海淮海路宋庆龄寓所看望宋庆龄。当天乘专列离开上海回北京。

5月13日　阅邓小平、彭真五月十日关于调查农村人民公社几个问题的电话汇报的记录，批示：“此信发给各中央局，各省、市、区党委，供参考。”汇报谈到在北京近郊和顺义、怀柔等县一个多月的调查中，对几个问题的了解。一、社、队规模的调整大大提高了社员的生产积极性。二、多数生产队赞成包产部分购九留一，超产部分购四留六。三、干部和群众普遍主张取消供给制，只对五保户生活和困难户补助部分实行供给。四、凡是几年来年年增产的单位，多是大体上坚持执行三包一奖、评工记分制度的。五、食堂问题比较复杂，不能像供给制一样一刀两断地下决心，要走群众路线，完全根据群众自愿。六、社员普遍主张农具归生产队所有，多数主张耕畜折价归生产队所有。七、必须大力恢复和发展手工业和家庭副业，又必须迅速恢复和健全供销社的工作。

5月14日 到达天津。阅张平化五月十三日关于农村调查的来信，批示："此信转发各中央局，省、市、区党委，供参考。张平化同志：你的这封信，可发湖南全省各地、市、县、社党委研究，仿照办理。都要坚决走群众路线，一切问题都要和群众商量，然后共同决定，作为政策贯彻执行。各级党委，不许不作调查研究工作。绝对禁止党委少数人不作调查，不同群众商量，关在房子里，作出害死人的主观主义的所谓政策。"张平化在来信中说，从五月二日起，他同一个调查组在浏阳县一个大队作调查。群众对"六十条"非常欢迎，对小自由表现特别积极，听到食堂可以不办，认为是"松了绑"，一些人主张分田到户。有人说："共产党是走群众路线的，现在两条群众路线，已经走了一条，食堂可以不办了，还有一条，就是分田到户，迟早也是要走群众路线的。"

同日 在天津同中共河北省委负责人刘子厚等谈话。提出食堂散得越快越好，政策出自于调查研究。晚上，回到北京。

5月15日 阅李井泉五月十三日关于恢复供销合作社试点工作情况的来信，批示："此件发给各中央局，各省、市、区党委，供参考。另印发到会[1]各同志。小平阅后发。用保密电话。”来信说：关于恢复供销合作社的问题，我们在四川南充县新民区进行了试点工作。在当前我国几种不同性质经济并存的情况下，恢复集体所有制的供销合作社是完全必要的。同时，为了适应当前农村副业和集市贸易的情况，对小商贩的组织也要作相应的调整。

同日 阅王任重五月十日关于湖南省委三级干部会议情况的来信，批示：“印发政治局常委、书记处书记各同志。原件退毛。”来信说，湖南省委三级干部会议已于四月二十六日结束。湖南的主要问题是：第一，一九五九年庐山会议以后，反右倾斗争中是非界限有些不清，一部分好同志被打击，一些坏分子、反革命分子乘机进行阶级报复，在湖南一部分地区造成了十分严重的后果。第二，对一九五九年粮食估产过高，征购和外调过多，挫伤了群众的生产积极性，这也是一九六〇年农业减产的主要原因之一。第三，一九六〇年生产上的瞎指挥，是造成农业减产的另一个主要原因。第四，一九五九年大办水利时缺乏必要的控制，有些大中型水利工程事先没有勘察设计，结果劳民伤财。

同日 下午，主持召开中共中央政治局常委扩大会议，讨论农村问题与和平解决老挝问题的日内瓦会议问题，周恩来、朱德、陈云、林彪、邓小平、彭真、陈伯达、廖鲁言、田家英出席。

5月16日 阅阎红彦五月九日的来信，批示：“阎红彦同志此信写得很好。他的调查方法也是好的，普遍与个别相结合。发给各中央局，各省、市、区党委，供参考。”“小平同志：此信请你阅后，用保密电话发去，另印发到会各同志。”阎红彦在来信

---

〔1〕 指1961年5月21日至6月12日召开的中共中央工作会议。

中说，他在思茅地区作了些调查研究，参加了普洱、景谷两县的县委扩大会议，同一些公社、大队、生产队的干部进行了座谈，并找了若干社员听取意见。信中主要谈了以下几个问题：一、社队规模的大小，必须考虑居住条件、经济联系、民族关系，该大就大，该小就小。在一个公社内，可以有的核算单位是大队，有的是生产队。二、群众对公共食堂反映普遍都很强烈，主要意见是：浪费大，平均主义，同发展私人养猪、家庭副业有矛盾。三、多数地区群众一致同意包五保户、照顾困难户。一部分地区群众仍愿意除包五保户、照顾困难户外，对全体社员实行部分粮食供给制。我觉得上面两种办法都可以实行，全省不必强求一律。四、耕牛、大农具多数意见是归生产队所有。五、山林问题，大家认为要迅速确定林权，明确所有制，并规定应尽的义务和应有的权益，山林恢复起来很快。六、社员要求实物按工分分配，多劳多吃。

5月17日　审阅邓小平五月十六日报送的关于即将召开的中央工作会议到会人员名单。名单中，中央参加会议的共二十七人；各中央局，省、市、自治区党委和六个大市委〔1〕的第一书记共三十八人（赵紫阳、廖志高在内）；另起草小组共五人，以上总共七十人。并提出：中央各工业部门同志都不参加。在京其他政治局同志不参加。还可考虑邓子恢、胡耀邦两同志参加。毛泽东批示："同意。邓子恢、胡耀邦二同志应参加。"

5月21日—6月12日　中共中央工作会议在中南海怀仁堂举行，毛泽东主持会议。会议讨论调查研究、群众路线、退赔、平反、粮食、"六十条"、手工业、山林、商业和城市整风等问题。对《农村人民公社工作条例（草案）》作了重要修改，制定

---

〔1〕 指中共沈阳、天津、武汉、广州、重庆、西安市委。

出“修正草案”。对草案的最重要修改是：将原规定的公共食堂“应积极办好”，改为“在生产队办不办食堂，完全由社员讨论决定”；取消了原有的分配中的供给部分。会议制定了《关于减少城镇人口和压缩城镇粮食销量的九条办法》、《中共中央关于坚决纠正平调错误、彻底退赔的规定》、《中共中央关于改进商业工作的若干规定（试行草案）》（简称“商业四十条”）、《中共中央关于城乡手工业若干政策问题的规定（试行草案）》（简称“手工业三十五条”）、《中共中央关于确定林权、保护山林和发展林业的若干政策规定（试行草案）》（简称“山林十八条”）。会议决定在三年内减少城镇人口二千万以上，本年内减少一千万；当年的钢产量由原定的一千八百万吨调整为一千一百万吨。

5月21日 晚上，在中南海菊香书屋主持召开中共中央政治局常委扩大会议，讨论中央工作会议的安排等问题。毛泽东说：会议打算开半个月，讨论修改农村人民公社工作条例，讨论商业问题、手工业问题、粮食问题等。我们的干部在讲到按劳分配、等价交换这些社会主义原则时，都是一致的，但一到具体事情就不一样了。需要用实际来教育干部，用彻底退赔来教育干部。郑州会议只讲了农村人民公社政策的原则，但没有讲具体政策，没有章程。上海会议提出了十八条，有了具体政策，但是不灵。我写的党内通信六条也不灵，那时没有提退赔，对干部也没有规章制度的教育。现在不少地方退赔不到一半，很需要用实际退赔来教育我们的干部，使干部懂得什么是社会主义。今年夏、秋、冬，以至明春，看能否做到彻底退赔，退赔到百分之八十至九十，教育干部懂得马克思主义不能剥夺劳动者和劳动者组成的集体经济。彻底退赔，才能使群众相信我们，相信共产党到底是共产党。这几年有些不相信了，是你平调嘛！总之，凡是国家平调集体的或个人的，集体平调集体的或个人的，都要坚决退赔。

湖南平调物资款十二亿元，全国估计约二百亿元，要分期分批退赔。退赔还要道歉，才能取信于民。一天没有退赔，一天不是马克思主义，一部分没有退赔，一部分不是马克思主义。马克思主义是根本反对剥夺农民的。我们与农民的关系，一是所有制，一是人与人的关系，一是分配。所有制主要是讲全民所有制同集体所有制的关系，还有同个人所有制的关系。人与人的关系，有党和农民的关系、干群关系、领导者与生产者的关系，这其中也有所有制问题。生产是集体的，你瞎指挥行吗？分配主要是反对平均主义。过去我们开会，都是说的人家的话，听地委、县委的，总之都是听来的。说人家的话，因为你没有到群众中去，听群众的话。如食堂问题，这次蹲了点，了解了真实情况，才能说我们自己的话。无论农业、工业、商业、文教、军队，都要采取这种办法。庐山会议前，我们还没有弄出个章程，后来又弄出了几个大办，谁晓得会发生平调？孟子说过“君子可欺以其方，难罔以非其道”〔1〕，我们提出大办这个大办那个，他们就大平调。如果叫他们反对革命，他们就不会干，这是“难罔以非其道”。食堂，原来都说是群众要求办，说群众如何热烈欢迎，现在看，群众实际是不欢迎的，是反对的。庐山会议时，四川、湖南、河南都坚持要大办食堂，以后还有贵州、云南、上海附近的十个县都要办。那时分成两派，要办就办。现在群众不欢迎它，这也是“君子可欺以其方”，可知了解群众心理不容易啊！城乡关系，解放初期被战争打断了，我们用公私兼顾，劳资两利，城乡互助，内外交流四句话的办法恢复了城乡关系。我在天津看了物资交流会，四十八里长，三天才看完。现在用退赔，用商业的老办法，用“复古”的办法解决。要退赔的东西，农民每户都是很清楚

〔1〕见《孟子·万章上》。

的，大概需要几年才能搞好。中国这个国家，离开农民你休想干出什么事情来。得罪了小资产阶级可不得了，永世不得翻身，因为他们占人口的百分之八十以上。

5月22日 同王任重谈话。毛泽东说决定调王延春到湖南省委工作。

5月23日 下午，在中南海颐年堂主持召开有各中央局第一书记参加的中共中央政治局常委扩大会议。毛泽东说：彻底退赔，一年不行就两年、三年。马克思主义不能剥夺劳动者，只讲剥夺剥削者。我们党从来是对地主、官僚资本实行剥夺，对富农只征收其封建部分，对民族资产阶级还是实行赎买政策，对帝国主义只没收德、意、日交战国的财产。地主、国民党才剥夺农民。我们平调了农民二百亿元，我们不退赔，就要被打倒，这是简单的真理。我在广州就说过，人民公社不彻底退赔，就会成为人民的敌人。宣传三面红旗，我赞成，但退赔必须彻底。人民公社不彻底退赔，不能说是一面红旗。彻底改了，两三年才能成为红旗。究竟需要退赔多少，一百五十亿元、二百亿元？要分期分批、坚决彻底、全部退赔，在退赔中训练干部。现在农民与我们还有隔阂，不相信我们，只有坚决退赔，农民才相信"共产党到底是共产党"。剥夺农民还能搞什么社会主义？无论哪一个国家的共产党，特别是中国共产党，永远不准剥夺农民。农民占百分之八十，得罪了农民，一事无成，你就休想搞好社会主义。中心是调查研究、群众路线、退赔、反"五风"、平反、处罚坏人。过去我们听你们的，你们没有亲自调查，你们也是听人家的。你们要亲自调查。调查研究，走群众路线，才能退赔好。群众路线很重要。河南一级一级从上往下贯，根本不是从群众中来的，是他脑子里想的。实际上事物很复杂，具体事物都是有差异的。理性应该从实际中来，比如山、河、狗等概念，都是从具体事物中抽象出来的。把许多差异都舍掉，只抽出一个片面，就是概念，那怎么会不发生问题。规律也是事物的一部分，要经过调查研究，才能发现规律，定出政策，这是唯物论。以上这些是简单的真理。我们党内有许多人是唯心主义的，我们有时也是唯心主义的，比如食堂问题，没有调查，只是听人家的，不是听的群众的。退赔是处理调的问题，不是解决平的问题。把工、农、商业、文教调的，都要赔清。平反也要搞一些，不改不是马克思主义，部分不改就不完全是马克思主义。现在先讲这几件事，调查研究，群众路线，退赔，平反。

5月28日　阅田家英报送的戚本禹〔1〕五月十二日写的材料《关于“调查研究”的调查》和田家英的附信。附信中说：秘书室工作人员戚本禹，去年六月下放到长辛店机车车辆工厂劳动。最近他寄了一份材料给我，反映一些机关、学校人员到工厂做调查的情况。这个材料提出了一些在大兴调查研究之风中间值得注意的问题。戚本禹的材料说，他们利用业余时间摸了一下各级领导机关到长辛店机车车辆厂做调查研究工作的情况，认为在二十几个调查组的工作里，比较普遍地存在着“十多十少”〔2〕的问题。毛泽东为戚本禹的材料拟了一个题目《调查成灾的一例》。批示：“此件印发工作会议各同志。同时印发中央及国家机关各部门各党组。派调查组下去，无论城乡，无论人多人少，都应先

〔1〕 戚本禹，当时在中共中央办公厅秘书室工作。

〔2〕 “十多十少”是：（一）一般干部挂帅的多，领导干部挂帅的少。（二）漫无边际的多，充分准备的少。（三）浮在上面的多，深入下层的少。（四）昂首望天的多，当小学生的少。（五）晃晃悠悠的多，参加劳动的少。（六）吃小食堂的多，吃大食堂的少。（七）住招待所的多，住工人宿舍的少。（八）干干净净的多，满身油腻的少。（九）带走的东西多，留下的东西少。（十）“十月怀胎”的多，“一朝分娩”的少。

有训练，讲明政策、态度和方法，不使调查达不到目的，引起基层同志反感，使调查这样一件好事，反而成了灾难。”戚本禹的材料说“现在工作里出了一点小毛病，也是难免的”，毛泽东将“一点小”改为“很多”，将“也是难免的”改写为“未经过派出的机关、党委对他们进行严格训练，对政策、态度和方法等方面反复讲明，并有一个强有力的组长以前，出毛病、闹笑话、成灾难，一定是难免的”。三十日，毛泽东对这个材料再次批示：“此件，请中央及国家机关各部门各党组，各中央局，各省、市、区党委，一直发到县、社两级党委，城市工厂、矿山、交通运输基层党委，财贸基层党委，文教基层党委，军队团级党委，予以讨论，引起他们注意，帮助下去调查的人们，增强十少，避免十多。如果还是如同下去长辛店铁道机车车辆制造工厂做调查的那些人们，实行官僚主义的老爷式的使人厌恶得透顶的那种调查法，党委有权教育他们。死官僚不听话的，党委有权把他们轰走。同时，请将这个文件，作为训练调查组的教材之一。”

5月29日 阅陈伯达五月二十八日报送的由胡耀邦带领的中共中央机关和辽宁省委组织的调查组五月五日写的调查材料之四《农村商业要办活一点》和陈伯达的附信。附信中说：读了这个材料，觉得非常好，可以在商业工作问题上，引人深思。看来，学会做生意，还是我们今天搞好工农关系和繁荣经济的一个极重要的课题，因为我们许多人还没有学会。请主席考虑，此件可否发给中央工作会议参考。毛泽东批示：“印发工作会议各同志。我看了这个谈商业的文件，也觉得很好，可发到县、社两级讨论。”调查材料说：我们在海城牛庄公社和其他一部分社队，对农村商业工作进行了一些调查，大家议论最多的有两个问题。一、改变农村商业体制势在必行。不少社队干部和社员，对商业工作一条腿走路的现状表示不满。自一九五八年公社化以后，农村商业工作就由两条腿（国营商业和供销社商业）变成为一条腿（国营商业），由两种所有制（全民所有制与集体所有制）变成为一种所有制（全民所有制），农村的商品交易就由包括集市贸易在内的三条渠道变成为一条渠道。从最近两年多的情况可以看出，所有购销业务统统由国营商业独家包揽经营，是害多利少的。集体商业变为国营商业以后，出现的一个突出矛盾是，商品生产方面有几种所有制（全民的、集体的和家庭的），而商品交换却只有一个渠道。作为商品生产者的集体和个人之间，不能直接交换自己的任何产品，这既不方便于消费，也不利于生产。还有国营商业部门统统实行一个牌价，价格的不尽合理，影响社员个人和集体物资的出售，使市场上的商品量大大减少，造成人为的物资紧张，等等。改变体制的比较彻底解决问题的方案是，恢复供销社的原有性质，改变为集体所有制的企业。这是农民一致同意的办法。国营商业与集体商业要有适当的分工，处理这个问题应当以刺激商品生产、活跃农村市场和便利群众生活为原则，对集体商业的活动，不宜限制太多太死。二、怎样把农村商业工作做活一点？要求适当调整农副产品的购留比例，以奖励生产。不可统得太多，管得太死。统一计划，统一收购，统一分配，破坏了商品生产的规律，结果是一购什么什么就少，什么少了就统什么，最后却变成了奇缺物资。由于价格不合理，使一些商品的生产萎缩。合理调整农副产品的购销价格，已成为活跃农村商品生产的一个重大环节。要设法减少商品的迂回运输。在某些商品的供应上，要求适当照顾农村的产妇、婴儿、病人和老人的特殊需要。

6月1日 为印发关于湖南工作的一些文件，批示：“关于湖南工作的四封信，印发工作会议各同志研究。湖南的问题在各省、市、区大体相同，有普遍性，所以值得大家注意。”这四封信是：毛泽东四月十一日请王任重、王延春到湖南帮助工作给汪东兴的信；张平化四月十四日检讨湖南在实际工作中存在着两种错误（恩赐观点和主观主义）给毛泽东、刘少奇等的信；王任重五月十日汇报湖南三级干部会议情况给毛泽东的信；刘少奇五月十一日关于在长沙福临公社天华大队和在家乡宁乡的调查情况给毛泽东的信。刘少奇在信中说：天华大队很有可能是被漏网的地主和富农分子实际上掌握领导（正在进行审查）。社员生活远不如一九五七年，这主要是由于社员过去都有自留地，还在山上开了些荒土，每家都收有几千斤红薯、芋头和田埂上的豆子，养了猪和鸡鸭，而现在这些几乎完全没有了，只有定量的大米和小菜。因此，都感到不够吃。去年下半年也有相当多的人害浮肿病，山林竹子受到严重破坏，房屋拆毁三分之一，干部贪污多占的现象也相当严重等等。信中还就社员住房问题，退赔问题，巩固国家、集体和社员个人的所有制问题等，提出了处理意见。

6月3日 上午，关于中共中央工作会议第二、第三阶段日程安排问题致信刘少奇、邓小平、彭真："工作会议讨论调查等四个问题，早已过去了。这是第一阶段。第二阶段，讨论粮食、"六十条"、手工业条例、山林条例、商业条例等五个问题之后，还要讨论湖南工作的四封信，调查组下去要遵守长辛店支部戚本禹同志的十多十少问题所提出的意见。这是第二阶段，大约七天（一号起）可以够了（要休息一天）。第三阶段以四天时间讨论城市问题。五月二十一日以来十几天时间的工作，讲一讲会取得了什么成绩，鼓足干劲，干下去。再就是七月下旬或八月上旬（似以八月上旬为较好）庐山会议的时间问题和题目问题（城市整风和工业两个问题），一天就够了。这样八号或九号就可以结束了。以上你们如果同意的话，就请通知各中央局同志转三大组各同志。”当日，邓小平将根据毛泽东上述意见作出的具体安排，请杨尚昆转报毛泽东：“七号结束第二阶段，十一号结束城市工作（要四天），十二号庐山会议等问题。故八、九号不能结束。如城市工作只讨论两天，到十号可以结束，此点请尚昆报告主席。”四日上午，毛泽东批示：“同意这样安排，十二号结束会议。”

6月4日 阅刘少奇六月三日报送的中共中央文教小组根据刘少奇的意见起草的《中共中央关于举办“抗大”式政治学校训练一批革命的知识青年派到农村工作的指示（草稿）》。刘少奇在附信中说：“此件经小平同志提议，由我批印中央工作会议各同志，尚未进行讨论。请主席审阅，如认为可用，请批示小平同志提中央工作会议讨论一下。”毛泽东批示：“小平同志：此件请提交工作会议讨论一下，如得同意，即可发出。”指示稿说：最近农村许多三类社队的出现，证明了没有大批的革命知识分子到农村去工作，同农民结合起来，在乡村中就很难建设社会主义，很难防止地主富农的复辟。为着进一步巩固农村人民公社，发展农业生产，迫切需要训练一批具有中等以上文化水平、比较熟悉党的方针政策的革命的青年知识分子，充实公社和生产大队的干部队伍，改进公社和生产大队的管理工作。必须在今后几年内，继续地有计划地训练大批的革命的青年知识分子到农村中去。

6月6日 晨零时，同周恩来谈话。周恩来谈了关于减少城镇人口问题和压缩城镇粮食销量的九条办法。毛泽东要周恩来写成文件。本日上午，周恩来在中央工作会议上就组织起草的《关于粮食问题的九条办法》作了说明，提请会议讨论。

6月8日 上午，在中南海游泳池住处主持召开有各中共中央局第一书记参加的中央政治局常委扩大会议。谈到对于社会主义的认识问题，毛泽东说：第一、二次郑州会议，北戴河会议，我还是小学程度。到了广州会议和这次会议，才到了初中程度。

搞社会主义革命、社会主义建设，不能急。在退赔问题上，第二次郑州会议讲不算旧账，到了上海会议就改正了。我是坚决主张退赔的，等价交换也是坚持了的。庐山会议，反对彭德怀右倾机会主义，在贯彻执行反右倾时，搞到了县以下，发生了问题，出了毛病。食堂问题，那时只主张搞百分之三十，首先遇到河南的抵抗，我们也没有坚持搞百分之三十，结果普遍搞开了。供给制三七开的办法，也是不能搞的。管他马克思、恩格斯、列宁、斯大林、毛泽东、你们、伙夫、马夫讲的，拿到群众中行得通才行。违反客观事物的规律，硬去实行，要受惩罚。受了惩罚，就要检讨。现在我们受惩罚，土地、人、牲畜瘦了。“三瘦”不是受惩罚是什么？过去中央苏区搞AB团，湘鄂西、鄂豫皖苏区搞肃反，杀了不少人。延安整风有点经验，虽然出了毛病，但未杀人。后来把王实味〔1〕杀了，不应当杀。对张国焘〔2〕应该反，但抗大反得过火，使四方面军的同志低人一等，混不下去，我应负主要责任，这恐怕是执行中发生的问题。现在的“三瘦”，主要

---

〔1〕 王实味，曾任延安中央研究院文艺研究室特别研究员。1942年底以“反革命托派奸细分子”的罪名被关押。1947年7月，在国民党军进攻延安后进行转移的战争环境中被处决。1991年2月公安部的决定纠正了王实味的“反革命托派奸细分子”的结论，对其被错误处决给予平反昭雪。

〔2〕 张国焘，曾任中共中央政治局常委、鄂豫皖中央分局书记、中华苏维埃共和国临时中央政府副主席等职。1935年6月红军第一、第四方面军在四川懋功地区会师后任红军总政治委员。他反对中央关于红军北上抗日的决定，进行分裂党和红军的活动，另立中央。1936年6月被迫取消第二中央，随后与红军第二、第四方面军一起北上，12月到达陕北。1937年9月任陕甘宁边区政府副主席、代理主席。1938年4月，逃离陕甘宁边区，投入国民党特务集团，成为中国革命的叛徒，随即被开除出党。

是中央和我负责，我负主要责任。这些话应该在三级干部会上讲。钢铁，我也满腔热情，劲也大，北戴河会议也很有点来头。你们在座的，大区的同志，如果四六开，你们也有四成吧！（陶铸：还是我们这些人搞的。）我这话一直讲他几年，你们作好思想准备，听厌了，我就不讲了。湖南见事迟，抓得慢，我听了心情有点那个。要重读斯大林的《苏联社会主义经济问题》，这本书写得比较好，是对苏联社会主义建设三十五年的总结。我们才十一年，写不出政治经济学来。这本书里，斯大林讲了两个经济法则：一是生产关系一定要适合生产力性质；一是国民经济有计划按比例发展的必然性。会上，毛泽东针对不能剥夺农民问题，读了斯大林转述的列宁的一些论述。他说：这里讲的是给农民东西，不是剥夺农民。对于价值法则的作用问题，毛泽东又读了斯大林的一些话，其中有："我们的企业是不能不而且不应该不考虑到价值法则的。""这好不好呢？这并不坏。""糟糕的并不是价值法则影响我国的生产。糟糕的是我们的经济工作人员和计划工作人员，除了少数的例外，对于价值法则所发生的作用知道得很差，不研究这种作用，不善于在自己的核算中考虑这种作用。"

6月11日 阅田家英六月十日上午报送的中共中央关于讨论和试行农村人民公社工作条例修正草案的指示稿和中央农村工作部关于王国藩公社西铺大队粮食生产与畜牧业生产相结合的调查报告。批示："即退田家英同志。两件都已看过，很好，请即送小平同志照办。"又在西铺大队调查报告上批示："这个经验很好，印发会议各同志参考。"田家英在送阅上述两个文件的报告中说：关于讨论和试行修正草案的指示稿，是小平同志要我送给主席审阅的。小平同志说，这个文件，再作修改后，准备同"六十条"一道尽快发给各地；其他文件，在发出这个文件以后，再陆续修改，陆续发出。这样做法是否妥当，请主席指示。王国藩社的调查，是伯达同志进医院时嘱我送给主席的。伯达同志希望主席考虑可否批发各地参考。

中央关于讨论和试行“六十条”的指示稿中说：“各级党组织必须保证把这个工作条例的每条、每款，一字不漏地、原原本本地告诉群众。要防止把那些不合乎自己口味的规定不告诉群众，或者任意加以篡改的现象。”要“在群众同意的基础上，领导群众逐步实行”。“我们共产党人的每一条政策，每一个措施，都要符合群众的利益，都要通过群众的自觉自愿，并且要根据各地的不同情况因地制宜地去实现。”“各级党组织，必须吸取近几年来工作中的经验教训，继续改进领导作风，认真加强调查研究，坚持群众路线的工作方法，坚决改正平调错误，充分发扬党内党外的民主。”“为着发扬民主，有必要对于最近几年来，受过批判和处分的干部和党员，实事求是地加以甄别。”“今后在不脱产干部和社员群众中间，不允许再开展反对右倾或者‘左’倾的斗争，禁止给他们戴政治帽子。”各个社、队和干部的问题，应该“实事求是地慎重地作出结论，不要拿‘民主革命不彻底’的框子到处去套”。十七日，毛泽东在修改后的指示稿上批示：“退尚昆即办。”他作了一处修改（加写和改写的文字用着重号标明）：“要真正认识到：**用马克思列宁主义观点到群众中去做深入**的调查研究，是做好一切工作的前提”。后来，毛泽东在六月十九日印发这个指示和工作条例修正草案的中共中央文件上批示：“江青精读。两个好文件，可以为各级干部的学习教材。现在是一定要重新教育一切上中下干部的时候了。”关于西铺大队的调查报告说：西铺生产大队是一个有一百七十四户人家的村子，王国藩就是在这里办起“穷棒子社”的。这个村由个体生产时期到合作化时期以至现在，粮食生产和畜牧业生产结合得好，互相促进，因此粮食和畜牧业生产一直在稳定地上升。而与西铺村一路之隔的东铺村，由于畜牧业逐年下降，粮食产量也不断下降。西铺村与东铺村粮畜发展的相互关系，从正反两方面都证明了粮多、畜多、肥多，畜多、肥多、粮多的道理。西铺村生猪逐年增加的主要原因，是他们一直坚持了公养与私养同时并举、以私养为主的方针，采取各种措施鼓励社员养猪。在整个畜牧业的发展上，则贯彻了自养自繁的方针。

6月12日 上午，主持中共中央工作会议全体会议，并讲话。毛泽东说：两次郑州会议开得仓促。我那时对中国社会主义如何搞还不甚懂。第一次就是搬斯大林，讲了一次他写的《苏联社会主义经济问题》。第二次就是分三批开会，第一批是一天，最后一批是一天半。这怎么能解决问题呢？那时心里想着早点散会，因为三月份春耕来了。如果要把问题搞清楚，一天两天是不行的。时间短了，只能是压服，而不是说服。那时许多同志找我谈，我打你通，你不通。一两天，怎么能打通呢？庐山会议后，我们错在什么地方呢？错就错在不该把关于彭、黄、张、周的决议〔1〕传达到县以下，应该传达到县为止。县以下继续贯彻《郑州会议记录》、上海会议的“十八条”，继续反“左”。一反右，就造成一个假象，可好了，生产大发展呀，其实不是那样。彭、黄、张、周的问题，在十几万人的小范围内传达就行了，军队不搞到连队，地方不搞到公社以下就好了。搞下去就整出了许多“右倾机会主义分子”。现在看是犯了错误，把好人、讲老实话的人整成了“右倾机会主义分子”，甚至整成了“反革命分子”。郑州会议基本上是正确的，上海会议提出的“十八条”也还是基本

〔1〕 在1959年庐山会议上，毛泽东错误地发动了对彭德怀、黄克诚、张闻天、周小舟等的批判，会议通过了《关于以彭德怀同志为首的反党集团的错误的决议》。

上正确的，但对食堂问题、供给制问题是讲得不正确的。一九五九年四月，我在北京召集中央常委和在京参加人代会的一些同志谈了一下，就给六级干部写了那六条。那六条等于放屁，因为我们各级干部中许多人不懂得社会主义是什么东西，什么叫按劳分配，什么叫等价交换。一九六〇年春看出“共产风”又来了。先在广州召集中南各省的同志开了三个小时的会，时间这样短。接着在杭州又召集华东、西南各省的同志开了三四天会，议题不集中，将搞小高炉、技术革新和技术革命、机械化和半机械化等等一些问题都插进去了，整“一平二调”没有成为中心。一次会只能有一个中心，一个中心就好。一次会发很多文件，没有一个中心就不好。后来又在天津召集东北、西北、华北各省同志开了会，也不解决问题。那时候提倡几个大办：大办水利，大办县社工业，大办养猪场，大办交通，大办文教。这五个大办一来，糟糕！那不又是“共产风”来了吗？去年七八月北戴河会议，百分之七八十的时间是谈国际问题，只剩下一个尾巴谈粮食问题、农业问题，也没有批评两个平均主义。“一平二调”问题的彻底解决，还是从十一月发出“十二条”指示开始的。“十二条”指示，在执行中发生了一个错误，就是只搞了三类县、社、队，其他一类、二类放过了，没有去动。河南用整整半年的时间搞三类县、社、队，一、二类不去触动，“共产风”、命令风、浮夸风、瞎指挥风、干部特殊风没有普遍去整。一提“五风”，说是一、二类可以放心，现在一查，那些地方“五风”可厉害了。所以，今年的中央文件上规定，一、二、三类县、社、队都要普遍地整“五风”，在劫者难逃。整风，三年不行五年，五年不行七年，一直整下去。要搞四个工作，调查研究，群众路线，坚决退赔，冤枉的人要平反。比如河南新乡地委书记耿起昌，他完全正确，被打成右倾机会主义，要改过来，要恢复名誉，仍当地委第一书记。

今年三月的广州会议启发了思想，解放了思想，搞了个“六十条”，但是解放得彻底吗？还不彻底，什么三七开呀，食堂问题呀，粮食问题呀，还有些别的问题，没有解决；至于商业问题、手工业问题、山林问题，没有提到。这次北京会议，我看大有收获，把我们中国社会主义革命的事情搞清楚了，对于社会主义的认识，怎样建设社会主义，大为深入了。可见，认识客观世界是逐步认识的，包括我们这些人在内，没有任何一个人例外。现在是一个教育干部的问题，不教育干部我们毫无出路。我看从现在开始，用“六十条”（城市也要搞若干条）长期教育干部，没有几十年不能教育好。关于学习材料，我看就是“六十条”之类加上斯大林那本《苏联社会主义经济问题》。斯大林的这本书，只有极少数个别问题有毛病。我最近又看了三章。现在的经济学教科书，讲成了道理的，还是这一本。他讲客观规律，第一章就讲客观真理。他把社会科学的这种客观真理，同自然科学的客观真理并提，你违反了它就一定要受惩罚，我们就是受了惩罚，最近三年受了大惩罚。我建议下次在庐山开会，就要讨论斯大林这本书。我们各级干部中许多人不懂得什么是社会主义，什么叫按劳分配，什么叫等价交换，“共产风”一刮，大多数干部就不懂得了。我希望今年能够懂得什么叫社会主义，今年能有点成绩，不能打五分，四分、三分也好。我们搞了十一年社会主义，现在要总结经验。我今天讲的就是总结经验，我下回还要讲。我们是历史主义者，给大家讲讲历史，只有讲历史才能说服人。民主革命从建党到胜利是二十八年，社会主义革命和社会主义建设取得经验的时间是不是可以缩短一点。这是一种设想。如果社会主义革命和社会主义建设搞二十二年，比民主革命减少六年，也还要十一年。是不是能够缩短？苏联的经验是苏联的经验，他们碰了钉子是他们碰了钉子，我们自己还要碰。一定要搞好调查研究，一定要贯彻群众路线。要坚决退赔，但不要有恩赐观点。还有一个，凡是冤枉的人都要平反。你们回去以后，农村工作的事情交给第二把手、第三把手去搞，今年就把精力用来搞城市工作。如果你们同意的话，今年八月在庐山开会，搞城市整风、工业问题。今年我觉得有希望，感觉有希望。

本日会议上，周恩来、李富春、李先念还先后讲话。李富春谈到计划安排要首先满足农业、满足市场需要时，毛泽东说：陈云同志过去讲过要以市场第一，当时有很多人反对，我也没有开腔，现在看，还不是回到那个轨道？李富春谈到削减基建投资时，毛泽东说：过去批判马鞍形，现在我们也搞马鞍形了，大马鞍形。要逐步配套，逐步前进，现在退一下，几年之后可以在那个基础上又上去。李先念谈到收购食油问题时，毛泽东说：要先留后购，不留就没有。两头猪购一头，不要只留十三斤肉，结果十三斤也没有。李先念谈到出口问题时，毛泽东说：出口第一，内销第二；市场第一，基建第二。这个办法我看不能推翻。在大家发言之后，河北省遵化县王国藩公社西铺大队的那个文件，请你们好好看一下。这个大队是粮食、牲畜、猪并举。他们说，有了肥料就有了粮食，有了粮食就有了牲畜；倒过来，有了牲畜就有了肥料，有了肥料就有了粮食。因此，西铺村就年年增产，没有刮过“共产风”。猪是私养为主，公养为辅。这个文件，你们可以当作一个教育材料，在三级干部会上学习一下，当然各省总可以找到个把王国藩这样的大队。你们还要到马克思那里去问？马克思是德国人，那么远！到列宁那里，列宁是俄国人，也不近。而我们河北省遵化县有个王国藩，为什么不可以去学习他的具体经验？粮食年年增产，过去每年都要国家救济，而这四五年内，每年都向国家提供了粮食，国家的征购粮增加了，卖给国家的猪也增加了。

6月13日 晚上，在中南海勤政殿会见印度尼西亚总统苏加诺，刘少奇、周恩来等在座。毛泽东说：上一次总统来的时候，我曾经说过，因为联合国里有蒋介石的代表，所以我们不进联合国，这是同台湾问题有关系的。只要蒋介石的代表还在联合国，我们就不进联合国。我们已经等了十一年了，再等十一年或者更久也没有关系。我们不忙于进联合国。苏加诺说：关于中国进入联合国的问题，目前外界有两种主张，一种主张是中国大陆同台湾成为整体，作为一个国家进入联合国；另一种主张认为中国可以先进入联合国，然后在联合国里同朋友们一道进行斗争，使得在联合国中只有中国，把蒋介石的代表驱逐出联合国，台湾归还中国。毛泽东说：只能一步走。如果台湾归还中国，中国就可以进联合国。如果台湾不作为一个国家，没有中央政府，它归还中国，那末台湾的社会制度问题也可以留待以后谈。我们容许台湾保持原来的社会制度，等台湾人民自己来解决这个问题。苏加诺问：能不能像乌克兰同苏联那样在联合国有两个代表？毛泽东说：不行，中国在联合国只能有一个代表。

同日 写信给刘松林："你好！哪有忘记的道理。你要听劝，下决心结婚吧，是时候了。五心不定输得干干净净。高不成低不就，是你们这一类女孩子的通病。是不是呢？信到，回信给我为盼！"

6月15日 晨，和刘少奇、周恩来等到钓鱼台迎宾馆回访苏加诺，并共进早餐。毛泽东说：昨晚想来看你，但怕影响你休息，所以今早才来。我就在这里向你送别。你要更加注意，反革命分子是不会放过你的，这是我的临别赠言。以后我们再见。

同日 上午，在中南海颐年堂会见由总理范文同率领的越南政府代表团，周恩来、罗贵波等在座。范文同说：昨天我见到了中国到越南工作过的专家，向他们表示感谢。毛泽东说：不要感谢，这是国际主义义务。你们在我们南方前线，在社会主义阵营前线，你们的贡献很大。你们的事业对全世界，对中国，对苏联，对社会主义阵营，对世界无产阶级和劳动人民都是帮助。因此，中国、苏联、社会主义阵营、世界无产阶级有义务帮助你们，特别是中国。

6月16日 下午，在中南海颐年堂会见印度尼西亚共产党中央委员会主席艾地，刘少奇、邓小平、彭真、王稼祥等在座。毛泽东说：什么和平过渡，我们就不相信。全世界也许有那么几个，在一百个当中也许有几个可能和平过渡，但九十多个是要经过武装斗争的。我们的意见，有些人不赞成。他们说他们是可以和平过渡，又可以不要共产党的领导，这是我们不赞成的。艾地问：可能性小，但毕竟是有可能？毛泽东说：列宁就是那么样讲过，将来有一个时候，全世界只剩下几个小国，资产阶级没有办法，不敢反抗，也许有可能和平过渡，但也有可能资产阶级不干。马克思也讲过。谈到台湾问题，毛泽东说：我们现在还愿意同蒋介石讲和。我们提出要跟他讲和，他不干。我们从来没有放弃同国民党讲和的口号，现在也未放弃。他是很怕的，我们就不怕。美国也很怕，怕我们同国民党讲和。谈到社会主义革命和建设问题，他说：你们知道，我们对付帝国主义和封建主义是有一套的。我们取得胜利后，进行社会主义革命和社会主义建设，这是新事，我们没有经验，需要重新学习，重新教育党的干部，重新制定党的总路线。在这十一年中间，很多的同志不知道什么叫社会主义革命。在农民问题上，他们表现为侵犯农民的利益，就是叫做平均主义。他们虽然赞成马克思主义的两个基本原则，即按劳分配、等价交换的价值法则，但是具体做起来就不赞成了。这跟我们缺乏一套具体的政策也有关系。革命只有总口号、总路线，而没有具体的政策，那是不行的，无论哪一个国家的革命也是这样。没有具体的政策，他们就搞他们的，搞平均主义。所以我们现在搞出一套具体政策来，这就可以教育干部。干部是要重新教育的，因为这一场革命是新的革命，不重新教育是不行的。要完成一套适合群众的具体政策是需要一个过程的。这时期还有一个建设工作，这也是一个革命，可以说是技术革命，在农业、工业、交通运输方面的技术革命。过去这些都没有经验。同样的，这方面单有总路线也是不行的，还要有具体政策。你们知道，我们是学习苏联，但是照抄苏联也是不行，必须要有自己的经验，把马列主义的革命和建设方面的原理原则同中国革命和建设的实际情况结合起来，规定政策，这样才好。毛泽东强调：以上我讲的国内情况，主要是两点：第一点是新的时期一定要制定新的总路线和新的具体政策。具体政策要完全正确是要经过一个过程的，就是要在取得经验之后。现在我们有这个可能，因为我们有了十一年的经验。第二点是新时期需要重新教育干部，即制定新的总路线，制定新的具体政策，来重新教育他们。

6月21日 下午，在中南海颐年堂会见以中央政治局委员志贺义雄为团长的日本共产党国会议员访华代表团，彭真、廖承志在座。毛泽东说：日本共产党和日本人民进行了英勇的伟大的斗争，你们的斗争很出色，很正确。这样的党在全世界是不多的。我们认为党在历史上的错误，是党今天的财产。绝对主义就是不许犯错误，犯了错误就要被整垮，而且把不是错误也被当作错误对待。我们在一九四二年到一九四五年整风运动中，采取了惩前毖后、治病救人的方针，提出了团结、批评、团结的公式。这就是说，对犯错误的同志，首先要有团结的愿望，促使他们改正错误，好一起工作，如果没有这种愿望，就会发生“左”的错误。从这种团结的愿望出发，经过批评和斗争，在新的基础上来达到新的团结。这是有原则的团结。这个办法富有成效，它留有余地，不是绝对主义。例如斯大林的方法就不好，他对反对派只有斗争，没有团结，而且不仅仅限于斗争，还把反对派杀掉了。托洛茨基派、季诺维也夫派、布哈林派都犯过错误，除了托洛茨基走掉以外，其他都被杀掉了。我们不能采取这种方法。干部是不能杀的。希望你们研究中国党的历史，不仅要研究胜利的历史，也还要研究失败的历史。只有经过很多痛苦，才能取得经验。不要把错误认为单纯是一种耻辱，要看作同时是一种财产，不能说错误路线没有用处，它是有很大的教育意义的。

6月22日 阅习仲勋六月十九日关于中央国家机关精简情况和今后意见的报告。报告说：自从去年九月中央批转了《关于中央各部门机构编制情况和精简意见的报告》以后，中央各部门进行了比较认真的精简。在人员方面，中央各部门在京单位原有二十四万余人，至今已经精简了八万余人，在机构方面，中央各部门的司局机构，撤销、合并了八十九个，精简了百分之十五，事业机构合并了一百一十一个，精简了百分之二十六。到目前为止，精简工作虽然还没有全部结束，但已经取得了一定的成绩，主要表现在三个方面：一、改善了工作作风，提高了工作效率。二、充实了基层，加强了生产第一线。三、纯洁了组织。目前中央各部门的机构编制虽经过一次精简，但一般的还是偏多偏大。对中央各部门的机构和人员再作适当的精简，这是完全必要的，也是可能的。毛泽东批示："小平同志：此件很好，应当批发给各中央局，各省、市、区党委，照此报告，坚决执行。如果中央二十四万人中，已减三分之一，即八万人，并且还可以减去几万人，我想再减四万人，不知行不行？如能共减十二万人，占总数二十四万人的一半，肯定工作效率会大为提高。各省、市、区一级，专区一级，县一级，这地方三级均照此计划，坚决精简，则将在全国范围内大为减少官僚主义，提高工作效率。现在城镇人口要减少二千万以上，人民公社三级人员已有规定，如能坚决妥善实行，则一个人浮于事的严重问题就可解决了。以上请酌办。”

6月23日　下午，在中南海颐年堂主持召开中共中央政治局常委会议，讨论中国共产党成立四十周年庆祝活动事项。

同日　听取胡绳汇报《红旗》杂志情况。

6月下旬　对刘少奇准备在庆祝中国共产党成立四十周年大会上的讲话（六月二十三日稿），作以下修改：讲话稿说在中国“为了建成一个具有现代工业、现代农业、现代科学文化的伟大的社会主义国家，还需要相当长的时间，为了实现从社会主义到共产主义的过渡，还需要更长的时间”。毛泽东将“相当长的时间”改为“一个很长的时间”；将“还需要更长的时间”改为“则需要一个更长的历史时期”。讲话稿说“社会主义的社会制度已经在中国的大地上根深蒂固地建立起来了，贫穷落后的中国已经开始走上繁荣富强的道路了”。毛泽东删去了“根深蒂固地”五个字，将“走上繁荣富强的道路了”改为“走上翻身的道路了”。讲话稿说“社会主义革命和社会主义建设得到了伟大的胜利”，毛泽东将“伟大的胜利”改为“第一步的胜利”。讲话稿说中国社会主义革命和社会主义建设取得的胜利，“在很大程度上改变了国际力量的对比，对世界历史的发展不能不产生伟大的影响”。毛泽东将“很大程度上”改为“一定程度上”，将“伟大的影响”改为“一定的影响”。讲话稿说“中国共产党的四十年……引导中国人民取得了伟大的历史性的胜利，这就充分地证明了，我们的党是一个伟大的、光荣的、正确的党”。毛泽东删去了“充分地”三个字。

6月25日　晚上，在中南海菊香书屋召集周恩来等开会。

6月26日　下午，同周恩来谈话。

6月27日　晚上，在中南海菊香书屋召集周恩来等开会。

6月30日 晚上，同党和国家领导人在人民大会堂出席中国共产党成立四十周年纪念大会。大会由周恩来主持，刘少奇发表讲话。会后，观看文艺演出。

6月 阅中国驻瑞士大使馆六月十五日关于瑞士劳动党中央总书记沃克谈他对《毛泽东选集》的看法给中联部的电报，批示："田家英同志阅后，送江青阅。"电报说：昨天李清泉大使同沃克同志谈话，对他亲自校对《毛选》第四卷法译稿再次表示感谢。沃克说：这是一件有兴趣和喜欢做的事情。目前各国党的领导人，包括他自己在内，谈问题都是一般化，不能摆脱已形成的公式，唯有毛泽东同志具有独特的风格，问题写得生动、细致。《毛选》第四卷的出版，对各国党的领导人都是有益的。